Ruprecht Dröge, Markus Raatz

Microsoft SQL Server 2008 –
Überblick über Konfiguration, Administration, Programmierung

D1668888

Ruprecht Dröge, Markus Raatz

Microsoft – SQL Server 2008 – Überblick über Konfiguration, Administration, Programmierung

Ruprecht Dröge, Markus Raatz:
SQL Sever 2008 – Überblick über Konfiguration, Administration, Programmierung
Microsoft Press Deutschland, Konrad-Zuse-Str. 1, 85716 Unterschleißheim
Copyright © 2008 by Microsoft Press Deutschland

15 14 13 12 11 10 9 8 7 6 5 4 3 2 1
10 09 08

ISBN 978-3-86645-513-9

© Microsoft Press Deutschland
(ein Unternehmensbereich der Microsoft Deutschland GmbH)
Konrad-Zuse-Str. 1, D-85716 Unterschleißheim
Alle Rechte vorbehalten

Korrektorat: Kristin Grauthoff, Lippstadt
Fachlektorat: Klaus Löffelmann, ActiveDevelop, Lippstadt (www.ActiveDevelop.de)
Satz: Silja Brands, ActiveDevelop, Lippstadt (www.ActiveDevelop.de)
Layout: Gerhard Alfes, mediaService, Siegen (www.media-service.tv)
Umschlaggestaltung: Hommer Design GmbH, Haar (www.HommerDesign.com)
Gesamtherstellung: Kösel, Krugzell (www.KoeselBuch.de)

Inhaltsverzeichnis

Vorwort .... **XIII**

    Danksagungen .... **XIV**

1   Neue Besen kehren gut – die Neuerungen in SQL Server 2008 .... **1**

   Der SQL Server **2**

   Enterprise Data Platform **5**

      SQL Server 2008 Updateratgeber **5**

      Verbesserte Installationsroutinen **6**

      Partitionierte Tabellen **6**

      Indizierte Sichten sind jetzt auch an der Partition ausgerichtet **7**

      Integration der Volltextsuche in die Datenbank-Engine **8**

      Pluggable CPU **8**

      Extended Events **9**

      Change Data Capture **9**

      Performance Data Collection **10**

      Declarative Management Framework **11**

      Servergruppen-Verwaltung mit einem Configuration Server **13**

      SQL Server Change Tracking **13**

      Auditing **16**

      Datenkomprimierung **16**

      Backup-Komprimierung **16**

      External Key Management **17**

      Transparent Data Encryption **17**

      Neue Dynamische Verwaltungssichten **18**

      Powershell-Integration **18**

      Erweiterungen bei der Datenbankspiegelung **19**

   Über relational hinaus **20**

      Neue Datentypen **20**

      Speicherattribute **21**

      Sparse Columns **23**

      Filtered Indexes **23**

   Dynamische Entwicklung **24**

      T-SQL Erweiterungen **24**

      Neue Dynamische Verwaltungssichten für Objekt-Abhängigkeiten **25**

      Neue Möglichkeiten im SQL Server Management Studio **26**

      Neue Möglichkeiten bei der Programmierung **27**

Business Intelligence (Pervasive Inside) **29**
  Was ist neu bei Integration Services ? **30**
  Was ist neu bei Analysis Services ? **32**
  Was ist neu bei Reporting Services ? **38**

2 Meine erste eigene Datenbank – Erstellung und Verwaltung von Datenbanken **41**
  Das SQL Server Management Studio **43**
    Fenster, Fenster, Fenster **43**
  Anlegen der Datenbank **51**
    Die Datendatei MDF **53**
    Die Logdatei LDF **55**
    Weitere Datendateien und Dateigruppen **56**
  Anlegen einer Tabelle **57**
    Der richtige Aufbau von Tabellen **57**
    SQL Server Datentypen **64**
    Beliebig viele Spalten: Sparse Columns **66**
    Datentypen mit umfangreichen Werten (Large Value Data Types) **67**
    Large Object Data Types (LOB) **68**
    Der XML-Datentyp im SQL Server **68**
    Benutzerdefinierte Datentypen **71**
    Indizes **73**
    Index-Tuning und Performance **80**
  Festlegen der Sicherheit **85**
    Sicherheitskonzepte im SQL Server 2008 .... **85**
  Datensicherung und Wiederherstellung **101**
    Grundlegendes zur Datensicherung **101**
    Festlegen der Sicherungsstrategien **105**
    Erweiterte Backupmöglichkeiten **108**
  Wartung einer einfachen SQL Server Datenbank **111**
    Backup als wiederkehrender Task **111**
    Index-Wartung **114**
    Datenbankwartungspläne **116**
  Der SQL Server Agent **119**

3 Mehr als schöne Worte – Transact-SQL-Erweiterungen **125**
  MERGE-Statement **126**
  Output-Klausel **128**
  Row Constructor **129**
  Grouping Sets **130**
  Neue Datentypen **131**
    Datums- und Zeitdatentypen **131**
    Vereinfachtes Verschieben von Partitionen in partitionierten Tabellen **132**
    Geodatentypen **133**
    Hierarchische IDs **135**

Deklaration und Initialisierung einer Variablen **137**
Neues Inkrement und Dekrement **137**
Tabelle als Parameter **137**
Transparent Data Encryption **138**
Komprimierung **139**
    Komprimierung einer Sicherung **139**
    Datenkomprimierung **141**
DDL-Trigger **142**
ALTER DATABASE SET COMPATIBILITY_LEVEL **144**
LOCK_ESCALATION **145**
FORCESEEK und INDEX-Hinweise für Ad-Hoc Abfragen und Abfragepläne **145**
Nicht mehr verfügbare Features **148**

4   Da hat man was Eigenes – XML und .NET-Integration **151**
Das .NET Framework **152**
    Technologie **152**
    Produkte **153**
    Die Vorteile von .NET **154**
    Anwendungsarchitektur in .NET **159**
    Die Datenschicht **164**
    Die Geschäftsschicht **166**
    Die Präsentationsschicht **168**
    Verteilte Anwendungen **171**
.NET im SQL Server 2008 .... **178**
    Erstellen einer .NET DLL für den SQL Server 2008 .... **180**
    Ein SQL Projekt in Visual Studio 2008 .... **180**
    Gespeicherte Prozeduren mit .NET **185**
    Trigger in .NET **194**
    Benutzerdefinierte Datentypen in .NET **196**
    Unterstützung von .NET im SQL Server 2008 .... **198**
XML in SQL Server 2008 .... **199**
    Der Datentyp XML **200**
    Typisiertes XML **205**
    XQuery **208**
    XML DML **210**
    XML Index **211**
    Primärer Index **212**
    Sekundäre Indizes **212**
    Webservice-Architektur **213**
    Webservice in SQL Server 2008 .... **214**
    Vorteile von ASP.NET **220**
Zusammenfassung **221**

5   Wer austeilt, muss auch einstecken können – SQL Server Intergration Sevices.............. **223**
    Grundlagen zu Integration Services 2005 .... **225**
        Integration Services-Projekte im Business Intelligence Development Studio.................. **225**
        Integration Services-Pakete im Überblick.. **226**
    Ablaufsteuerung... **226**
        Datenfluss... **227**
        Ereignishandler **229**
        Integration Services-Debugger **230**
    Einfache Pakete mit dem Import/Export-Assistenten erstellen.. **232**
        Der Datenflusstask und die Verbindungs-Manager... **233**
        Test und Bereitstellung von Paketen **234**
    Bereitstellung und zeitgesteuerte Ausführung.. **235**
        Sensible Daten im Paket: die Paketschutzebene... **236**
        SSIS-Pakete im SQL Server Agent **237**
    Nützliche Tasks der Ablaufsteuerung... **238**
        Variablen des SSIS-Paketes **239**
        Pakete dynamisieren mit Expressions **239**
        Der Task Paket ausführen und Paketkonfigurationen.. **240**
        Skriptentwicklung mit VSTA... **241**
        Gespeicherte Prozeduren und der Task SQL ausführen... **242**
        Schleifen der Integration Services – For-Schleife und Foreach-Schleife........................ **244**
    Entwicklungsunterstützende Funktionen **246**
        Flexible Taskoptionen... **246**
        Schmutz sofort erkennen durch den Data Profiling Task **246**
        Datentypen für Textdateien **248**
    Datentransformationen mit Tasks.. **248**
        Abgeleitete Spalte.. **248**
        Bedingtes Teilen... **249**
        Suche-Task... **250**
    Zusammenfassung... **252**

6   Drei Dimensionen sind nicht genug – SQL Server Analysis Services........................... **253**
    Würfel für Einsteiger **255**
        OLAP auf dem Server.. **255**
        Die Teile eines OLAP-Cubes... **256**
        OLAP auf dem Client... **257**
    Geschichte der SQL Server Analysis Services.. **258**
    Erstellen eines Cubes im SQL Server 2008... **260**
        Die Benutzeroberfläche Business Intelligence Development Studio **260**
        Bereitstellung... **261**
        Der Cube Wizard **262**
        Dimensionen von Sternen und Schneeflocken **263**
        OLAP ohne Datawarehouse... **266**

Dimensionen basieren auf Attributen... **267**
Attributbeziehungen: der Dimensions-Turbo.. **269**
Speichermodi HOLAP, ROLAP, MOLAP und Proaktives Zwischenspeichern.............. **271**
Erweiterte Funktionen der Analysis Services.. **273**
Bei schmutzigen Daten: als »Unbekannt« ablegen.. **273**
Business Intelligence Assistent.. **273**
Key Performance Indicators.. **274**
Perspektiven.. **276**
Cubes ohne Daten bauen **277**
m:n-Dimensionen **278**
Dimensionen in verschiedenen Rollen **279**
Langsam veränderliche Dimensionen... **279**
Wartung der Analysis Services-Cubes.. **280**
SQL Server Management Studio **280**
Verarbeitung.. **281**
Scripting.. **281**
SQL Profiler – Integration **282**
Mehrere Instanzen und Clustering... **283**
Analysis Services weltweit: Internationalisierung **286**
Was denn nun noch.. **287**

7 Das Auge isst mit – SQL Server Reporting Services **289**
Zur Geschichte.. **291**
Architektur der Reporting Services **293**
Datenzugriff **295**
Sicherheit.. **296**
Erstellung.. **297**
Auslieferung.. **297**
Erweiterungsmöglichkeiten **298**
Reportgestaltung.. **299**
Neue Visualisierungen.. **310**
Der Berichts-Manager **317**
Ausführung.. **318**
Verlauf.. **321**
Abonnements... **322**
Eigene Anwendungen mit den Reporting Services **323**
Webverweis.. **324**
Reporting Services Steuerelement.. **326**
Zusammenfassung... **330**

8   Man glaubt nur, was man sieht – Das Microsoft Office System als Client für SQL 2008   **333**
    Excel 2007 als OLAP Client.. **335**
        Excel als Datenbank auf dem Client **335**
        Verbesserte Unterstützung für Analysis Services **336**
    Data Mining-Add-Ins für Office 2007 .... **344**
        Data Mining – was ist das ? **344**
        Data Mining – wie geht das ? **344**
        Data Mining wird einfacher **346**
        Tabellenanalysetools für Excel.. **347**
        Data Mining-Client für Excel... **348**
        Data Mining-Vorlagen für Visio **349**

9   Wir spielen mit den großen Jungs – SQL Server 2008 Enterprise Features.................... **351**
    Viele Daten... **352**
        Dateigruppen.. **354**
        Datendateierweiterungen im SQL Server 2008 .... **357**
        Anwendungsmuster **357**
        Aufteilung über mehrere Server **360**
        Partitionierte Sichten.. **361**
        Partitionierte Tabellen **364**
        Transaction Isolation Level **370**
    Performance Tuning.. **374**
    Wichtige Erweiterungen im SQL Server 2008.. **378**
        Declarative Management Framework **378**
        Resource Governor.. **381**
        Auditing **383**
        Performance Data Collection... **385**
        Change Data Capture **387**
    Der Profiler... **389**
    Hochverfügbarkeit.. **396**
        Protokollversand (Log Shipping) **396**
        Database Mirroring **399**
        SQL Cluster... **403**

10 Über raue Pfade zu den Sternen – Vorraussetzungen, Installation und Upgrade.......... **407**
    Editionen und Voraussetzungen **409**
        Enterprise Version... **409**
        Standard und Workgroup Edition **410**
        SQL Server Express Edition... **411**
        Betriebssysteme.. **412**
        Arbeitsspeicher... **413**
        Platten... **413**

Installation..**414**
Upgrade zu SQL Server 2008..**414**
   Upgraderatgeber...**415**
   Upgrade SQL-Datenbanken **416**
   Upgrade Integration Services **417**
   Upgrade Analysis Services **418**
   Upgrade Reporting Services **419**
   Reporting Services Datenbanken...**420**

Stichwortverzeichnis **425**

Vorwort

Nun ist es tatsächlich wieder soweit. Ein neuer SQL Server, Version 2008. Viele von Ihnen arbeiten wahrscheinlich noch mit dem SQL Server 2000, haben also noch nicht den Wechsel zu 2005 umgesetzt, und nun schon wieder eine neue Version. Muss das sein?

Es muss.

Der SQL Server 7.0 war eine Revolution damals. (Fast) alles neu. Es war so vieles neu, dass man zunächst die neuen Funktionalitäten einmal erfassen musste, bis man merkte, dass hier und da noch nicht alles so war, wie man es sich vielleicht vorgestellt, gewünscht, gedacht und als sinnvoll erachtet hatte. Aber dann kam auch schon der SQL Server 2000 auf den Markt (viel zu rasch, meinten auch damals schon viele) und setzte (beinahe) alles um, was der SQL Server 7.0 noch an Wünschen und Funktionen angedeutet und möglich gemacht, aber noch nicht umgesetzt hatte. Ein sensationelles Produkt, das dem gesamten Markt für relationale Datenbanken zu Recht seinen Stempel aufgedrückt hat und das 5 Jahre lang mit dieser einen Version den Markt unter Windows anführen konnte.

Und so wie der SQL Server 2005 mit seiner Explosion an Technologie und Funktionalität wieder ein riesiger Schritt, tatsächlich ein Paradigmenwechsel war, so kommt dieser SQL Server in der nun bald vorliegenden Version 2008 zu sich selbst. Ein Beispiel.

Der SQL Server 2005 machte mit den integrierten Reporting Services unternehmensweites Berichtswesen in nie da gewesener Funktionsfülle und dabei doch Einfachheit möglich. Aber man vermisste doch eine genau so einfache und dennoch leistungsfähige Möglichkeit für Endanwender, Berichte zu entwerfen und bereitzustellen. Der SQL Server 2008 wird es (wahrscheinlich) möglich machen, Berichte in Word und Excel zu entwerfen, auszuführen und zu veröffentlichen. Und mit diesen Produkten kennen wir uns als Anwender alle aus, mehr oder weniger.

Viel zu gut, wie die Autoren manchmal meinen. Sie kennen **die** IT-Frage des 21. Jahrhunderts? Sie lautet: Wie kriege ich es in Excel?

Und so sehr wir als diejenigen, die beruflich mit Datenbanken zu tun haben, manchmal darüber stöhnen, dass technologisch doch so manche Daten wirklich besser in einem Datenbankserver wie dem SQL Server untergebracht werden sollten, so sehr verstehen wir, dass Anwender, Controller und Geschäftsführer nichts von Servern und Protokollen hören wollen, sondern ihre Daten sehen wollen, ganz einfach, unkompliziert und schnell, in den Tools, die sie kennen: Das ist eben hauptsächlich Excel.

Auch da macht es der SQL Server 2008 genau richtig. Er bietet die Technologie und die einfache Umsetzbarkeit, dass die Daten sauber im Server gehalten werden, dass aber der Anwender selbst auf solche zunächst sehr komplex anmutenden Aspekte wie Data Mining ganz einfach über ein Add-In in Excel zugreifen kann. Ideal für die IT-Abteilung und ideal für die Benutzer, und das will schon wirklich was heißen.

Was hören Sie aus diesen Worten? Dass wir begeistert sind über den SQL Server 2008. Natürlich, werden Sie sagen. »Wess' Brot ich ess, des Lied ich sing«, und Sie halten nun mal ein Buch von Microsoft Press in den Händen. Aber das ist es nicht. Wir denken, dass jeder, der uns persönlich kennt, uns unsere Begeisterung für dieses Produkt glaubt. Interessanterweise tut es unserer Begeisterung allerdings keinen Abbruch, dass wir manchmal dafür Brottauschmittel erhalten.

Daher wollen wir nun sagen, was Sie in diesem Buch erwartet, denn enttäuscht werden kann man nur, wenn man eine bestimmte Erwartung hat, die nicht erfüllt wird. Insofern sollen Ihnen die folgenden Seiten diese Erwartungen nehmen und Sie zu einem freien und unbelasteten Lesen führen.

Wir sind in der Tat der Meinung, dass viele von unseren Lesern noch mit dem SQL Server 2000 arbeiten. Sie werden also in diesem Buch auch Dinge erklärt finden, die schon im SQL Server 2005 umgesetzt wurden, die aber zum einen Voraussetzung für den SQL Server 2008 sind und zum anderen auch im SQL Server 2008 immer noch wahr sind.

Weil aber viele von Ihnen den SQL Server 2005 doch schon kennen, haben wir neben der Vorstellung der Neuerungen in den einzelnen Kapiteln, wo es speziell um die Teilfunktionalitäten geht, diesen Neuerungen auch ein eigenes Kapitel gewidmet. Damit Sie nicht lange suchen müssen, gleich das erste.

Unsere langjährige Berufserfahrung bringt uns zu dem Anspruch, direkt aus und von der Praxis zu schreiben. Aus diesem Grund beginnen unsere Kapitel immer mit einer kleinen Einleitung, einem Szenario, indem wir anhand eines fiktiven Unternehmens vermitteln wollen, wie in der Welt draußen mit dem SQL Server umgegangen wird. Dieses Mal ist es die Tiefkühlbackwaren-Firma *StarBack*, deren Name allein schon unseren raffinierten und witzigen Umgang mit der Sprache und all ihren Feinheiten dokumentiert. Diese Firma überlegt nun, einen bestimmten Datenbankserver anzuschaffen, und die Abwägung beginnt - wie so oft - auch mit der Sichtung der verfügbaren (neuen) Funktionen.

Die anderen Kapitel erläutern dann die einzelnen Aspekte des SQL Servers 2008 anhand der Anforderungen dieser Firma an die Software im täglichen, konkreten Umgang. Wenn also *StarBack* eine eigene Software entwickeln will, die ihre Daten im SQL Server ablegt, dann kann Sie dabei die .NET Integration oder XML-Fähigkeiten im SQL Server benutzen, die wir an diesem Beispiel vorstellen. Ein Berichtswesen mit Auswertungen für den Vertriebsbereich wird *StarBack* mit den Reporting Services umsetzen.

Wir wollen dabei zeigen, was man mit den Funktionen und Aspekten des SQL Servers 2008 tatsächlich anfangen kann, nicht primär, welche es alle gibt. Einige werden daher das ein oder andere Feature vermissen – zu Recht. Wir haben es weggelassen. Eben weil wir der Meinung waren, dass es entweder nicht wirklich praxistauglich ist oder dies in sehr wenigen Situationen, oder weil es schlicht und ergreifend (den vorgegebenen) Rahmen dieses Buches sprengen würde.

Das Buch erhebt daher keinen Anspruch auf Vollständigkeit. Alle Aspekte des SQL Servers 2008 in jeder beliebigen fachlichen Tiefe auf diesen paar Seiten abbilden zu können, diese Hybris haben wir dann doch nicht. Aber wir wollen Ihnen einen sehr guten und praxisnahen Überblick geben, so dass Sie, wenn Sie bereits mit dem SQL Server arbeiten, schnell und einfach die tollen neue Funktionen finden und benutzen können, oder eben die Entscheidung für den SQL Server 2008 bestmöglich vorbereiten: Und Sie sehen, eine Entscheidung dagegen können wir uns wirklich nicht vorstellen.

Danksagungen

Traditionell endet das Vorwort mit den Danksagungen. Wir lieben Traditionen und wollen auch mit dieser nicht brechen.

Ruprecht Dröge hat sich entschlossen, dieses Buch nicht seiner Frau zu widmen. Er ist auf eine für die Umgebung manchmal schwer erträgliche Weise nach 15 Jahren Ehe immer noch in diese Frau verliebt und gedenkt ihr daher sein Leben zu widmen – was kann da noch ein Buch sein? Die gemeinsamen wunderbaren

Kinder David, Sarah, Ada und Zoe verdienen ebenfalls mehr als ein Buch, das Ihnen – ausgerechnet über Weihnachten – zu oft den Vater geraubt hat, ihnen gehört unser Herz.

Bei dem ersten Buch, damals noch über den SQL Server 2005, hat wie auch bei diesem Klaus Löffelmann das Fachlektorat verantwortet. Nach seinen wundervollen, witzigen Bemerkungen am Rande hat man sich kennen gelernt und einen wunderbaren Freund gefunden. Das alles kann Sprache.

Ruprecht Dröge möchte dieses Buch aber seinem Co-Autor Markus Raatz widmen. Er ist ein wundervoller, intelligenter Mensch, der alles Glück dieser Welt verdient. Und sicher auch bekommt.

Markus Raatz möchte erstmal Ruprecht seinen Kumpel nennen und ihm für die schöne Widmung danken. Ja, in diesem Buch steckt viel Liebe drin! Lieben Dank auch allen, die mit mir an diesem Buch gelitten haben: die Familie, die Freunde – ja, jetzt könnt Ihr mich wieder anrufen – und die Kollegen bei ixto, die klaglos die zusätzliche Last des monatelang fehlenden Geschäftsführers mitgeschleppt haben. Ohne Euch wäre es nicht gegangen, ich hoffe, Ihr seid jetzt alle auch ein bisschen stolz!

Und für mein reizendes Töchterchen, das gerade lesen lernt und mich so oft und charmant vom Schreiben abgehalten hat; meist mit der Aufforderung: »Papa, schreib doch mal meinen Namen«, muss ich es wenigstens einmal auch tun, damit sie es lesen kann: LOTTE RAATZ.

Die Autoren möchten gemeinsam dem Team von Microsoft danken: Thomas Braun-Wiesholler von Microsoft Press für seinen unermüdlichen Einsatz – sogar dann, wenn man eine Marginalspalte will.

Wir danken dem SQL Server-Produktmanager, Dr. Bernd Kiupel, für die Beschleunigungs-Energie, die er diesem Buch gegeben hat, und dem SQL Server-»Evangelisten« Steffen Krause für seinen jederzeit verfügbaren fachlichen Rat.

Kapitel 1

Neue Besen kehren gut – die Neuerungen in SQL Server 2008

In diesem Kapitel:

Der SQL Server	2
Enterprise Data Platform	5
Über relational hinaus	20
Dynamische Entwicklung	24
Business Intelligence (Pervasive Inside)	29

Die Firma StarBack stellt Tiefkühlbackwaren her, vertreibt sie und liefert sie auch mit einer eigenen LKW-Flotte an Tankstellen, Restaurants, Kantinen und Bäckereien. Als mittelständisches Unternehmen in Deutschland hat StarBack in den letzten Jahren ein rasantes Wachstum erlebt. Aufgrund des IT-Leiters, der selbst einer der drei Besitzer und ein begeisterter Programmierer ist, verfügt die Firma über eine optimal angepasste, aber inzwischen auch etwas in die Jahre gekommene selbstentwickelte Hausanwendung. Diese Anwendung wurde in der Anfangszeit vom IT-Leiter selbst geschrieben, wird inzwischen jedoch von der eigenen IT-Abteilung gewartet und weiterentwickelt. Es ist mittlerweile fast ein echtes ERP-System mit Buchhaltungs- und anderen Modulen geworden! Die Daten werden aufgrund der langen Historie dieser Applikation je nach Modul oft in unterschiedlichen Formaten gespeichert. Von Textdateien über Excel-Arbeitsmappen, ISAM-Datenbanken und einer relationalen Datenbank ist alles dabei. Weil die Anforderungen an die Software immer weiter steigen, hat sich das Besitzergremium – und mit ihm auch schweren Herzens der IT-Leiter – dazu entschlossen, eine ERP-Standardsoftware anzuschaffen. Die Entscheidung dazu ist noch nicht gefallen, mehrere Systeme sind in der engeren Wahl und allen Beteiligten ist klar, dass das alte System nicht von heute auf morgen abgelöst werden kann, und dass der Weg nicht immer einfach werden wird. Einige besondere Module der bisherigen Software, für die es keine Lösungen am Markt gibt, sollen dann mit modernen Werkzeugen möglichst produktiv firmenintern neu implementiert und über Standardschnittstellen mit dem ERP-System verbunden werden.

Wegen des schnellen Wachstums und neuer Konkurrenz im geöffneten europäischen Markt muss das Unternehmen, das zudem über einen Wechsel der Gesellschaftsform nachdenkt, unbedingt die vorhandenen Daten zur besseren Entscheidungsfindung für Geschäftsführung, Controlling und auch für alle anderen Anwender einfacher und schneller auswerten und im Unternehmen zur Verfügung stellen können. Dazu soll, zunächst unabhängig vom vorhandenen oder später anzuschaffenden ERP-System, im laufenden Geschäftsjahr ein Datawarehouse-Projekt umgesetzt werden.

Im Zuge der Sichtung der am Markt angebotenen Systeme ist auch der SQL Server in das Blickfeld von StarBack geraten. Auf einer Microsoft-Konferenz hat der IT-Leiter die Herren Dröge (droege@beconstructed.de) und Raatz (mraatz@ixto.de) kennen gelernt, die in seiner Firma einmal das Konzept und die Vorteile des SQL Servers vorstellen sollen. Dies ist von besonderer Bedeutung, weil allen klar ist, dass man sich später bei der Anschaffung der Standardsoftware auf jeden Fall auf der gleichen Plattform bewegen will. Mit anderen Worten: das System, das Grundlage des Datawarehouse-Projektes wird, soll später auch die Standardsoftware bedienen.

Der Zeitpunkt ist zudem besonders günstig. Im Februar 2008 wird eine neue Version des SQL Servers vorgestellt: Der SQL Server 2008. Seine neuen Funktionen können direkt in die Entscheidungsfindung mit einfließen.

Der SQL Server

Das obige Szenario ist alles andere als konstruiert. Aus unserer Erfahrung können wir sagen, dass uns solche Konstellationen (gesamt oder in Teilen) wirklich mehr als vertraut sind. Zudem sehen wir, dass auch Microsoft solche Umstände (neben den wirklich großen Accounts und internationalen Konzernen in den USA, für die viele Aspekte des SQL Servers passgenau umsetzt sind) vor Augen gehabt haben muss, als es den neuen SQL Server 2008 und viele seiner neuen Module konzipierte. Der SQL Server ist tatsächlich die Antwort auf viele Fragen, die solche Konstellationen, wie eben in dem Szenario skizziert, aufwerfen.

Dabei ist es besonders wichtig zu verstehen, was der SQL Server von Microsoft ist. »SQL Server« bezeichnet zunächst nur ein technisches Konzept. Ein Server, der SQL Befehle entgegennimmt und darauf in einer festgelegten Art und Weise reagiert. Die Sprache SQL ist zudem von der ANSI Kommission standardisiert worden, die aktuellen Standards können Sie z. B. hier einsehen: *http://savage.net.au/SQL/*.

Insofern war Microsoft so kreativ, ihr Auto »Auto« zu nennen, allerdings »Microsoft Auto«, in der aktuellen Version also »Microsoft Auto 2008«. Auch andere Hersteller bieten Autos an, SQL Server sind von vielen Herstellern verfügbar, wobei ein Großteil des Marktes zwischen Microsoft und zwei anderen engagierten Marktbegleitern aufgeteilt ist (so das offizielle *Wording*, nachdem wir erfahren durften, dass Microsoft keine Konkurrenten o.ä. kennt). Unter dem Windows Betriebssystem ist Microsoft mit dem Microsoft SQL Server nach verschiedenen Quellen inzwischen Marktführer.

Der Microsoft SQL Server ist aber viel mehr, daher ist der Markenname teilweise sogar verwirrend. Er bezeichnet in Wirklichkeit eine ganze Produktsuite, die unter anderem aus einem relationalen Datenbank-system besteht, das ein SQL Server ist. Unter dem bescheidenen Namen *Analysis Services* enthält das Pro-dukt (in den meisten Versionen) einen vollständigen OLAP (Online Analytical Processing)-Server, unter der marketingmäßig ganz stark nach vorne gehenden Bezeichnung *Integration Services* ein sehr umfangreiches und leistungsstarkes ETL (Extraction, Transformation, Load)-Tool. Beides Module, denen wir neben den *Reporting Services*, einem vollständigen Berichtsserver, ein eigenes Kapitel gewidmet haben.

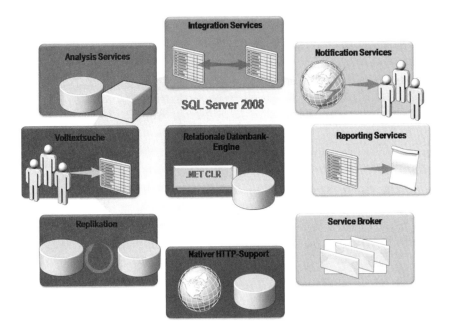

Abbildung 1.1 Alle Dienste und Module des SQL Servers 2008

Um auf das dem Kapitel vorgestellte Szenario zurückzukommen, kann man also schon sagen, dass die Entscheidung für den SQL Server 2008 (und seine Vorgängerversionen) oft dadurch fällt, dass das Gesamt-angebot ausgesprochen günstig ist – auch und gerade im Marktvergleich. Ganz amerikanisch kann man sagen »buy one, get x free«. Mit der Anschaffung des SQL Servers als relationale Datenbank zur Grundlage beliebiger Anwendungen oder Datenwarehouse-Szenarien bekommt man einen Auswertungsserver (*Analysis Services*), ein Datenimport, -export und -integrations-Tool mit dazu (*Integration Services*) und – ach ja – ein Berichtsserver ist auch noch mit dabei (*Reporting Services*). Dazu sind diese Produkte jeweils keine halbherzigen Zugaben, sondern wie bei Analysis Services beispielsweise sogar unangefochtene Marktführer. Man kann daher die Funktionen und Aspekte des Microsoft SQL Servers unter die folgenden vier Hauptbereiche zusammenfassen.

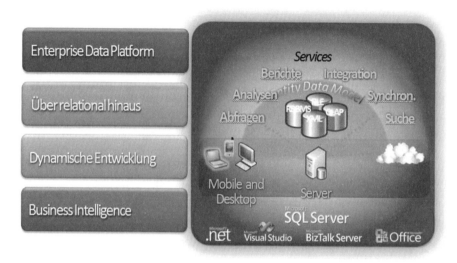

Abbildung 1.2   Die vier Hauptbereiche des SQL Servers 2008

Wie schon im Szenario angedeutet, wird ein SQL Server natürlich danach bemessen, wie er mit allen Arten von Daten und auch mit beinahe allen Mengen von Daten im Unternehmen umgehen kann. Dabei sind mit dem SQL Server 2008 tatsächlich Petabytes große Datenbanken möglich – Datenbanken also, die größer als 999 Terabyte sind. Auch wenn solche Datenbankgrößen in Deutschland sicher die Ausnahme darstellen (obwohl sie in entsprechend international agierenden Unternehmen sicher auch vorhanden sind), ist es doch von großem Wert, dass der SQL Server mit ihnen umgehen kann. Wenn man sich vor Augen führt, dass es eine kostenfreie Version gibt, den SQL Server 2005 Express Edition,[1] die Datenbanken bis maximal 4 Gigabyte verwalten kann, und man das gleiche System, die gleichen Befehle für Datenbanken jenseits von Terabyte einsetzen kann, dann hat das schon sehr viel mit Skalierungsmöglichkeiten und damit Investitionsschutz zu tun.

Zudem kann der SQL Server 2008 tatsächlich mit (beinahe) allen Arten von Daten im Unternehmen umgehen. Ob diese nun in relationaler Form, wie traditionell für SQL Server üblich, oder anders vorliegen: Strukturiert als XML, für das der SQL Server 2008 einen eigenen Datentyp anbietet, oder ganz einfach große Dokumente oder Bilder, für die es im SQL Server 2008 den neuen Datentyp FILESTREAM gibt. Eine ausführliche Liste der unterstützten Datentypen finden Sie in Kapitel 2.

---

[1]   Dass eine solche Edition im SQL Server 2008 verfügbar sein wird, ist wahrscheinlich, aber zurzeit nicht hundertprozentig sicher.

Anhand der oben vorgestellten vier Bereiche sollen daher in diesem ersten Kapitel die Neuerungen im SQL Server 2008 komplett vorgestellt werden.

> **HINWEIS**   Wenn Sie bislang noch mit keinem SQL Server von Microsoft gearbeitet haben, bzw. zuvor nur mit dem SQL Server 2000, dann empfehlen wir Ihnen, hier die Lektüre zu unterbrechen und im Kapitel 2 und den darauf folgenden weiter zu lesen. Erst als Abschluss können Sie dann noch einmal die Zusammenfassungen der Neuerungen hier weiter studieren. Der folgende Teil ist nämlich für die ganz Ungeduldigen gedacht, denn die wichtigsten neuen Features werden natürlich auch in den einzelnen Kapiteln, wo sie inhaltlich in den Zusammenhang gehören, vorgestellt.

Enterprise Data Platform

Wir haben uns dazu entschlossen, nicht alle Begriffe zu übersetzen bzw. nicht für alle Begriffe die uns bekannten deutschen Bezeichnungen von Microsoft zu verwenden. *Unternehmens-Daten-Plattform* trifft es eben nicht ganz so wie der englische Begriff und ist nebenbei aus unserer Sicht einfach grauenhaft.

Wie schon erwähnt wächst Microsoft weiter in den Markt der großen Unternehmensdatenbanken. Nach verschiedenen Quellen werden mehr als die Hälfte der SAP-Neuinstallationen auf Microsoft SQL Server ausgeführt.[2] Neben SAP als großem ERP-System nutzen immer mehr Anwendungen und eben auch große unternehmenskritische Anwendungen Microsoft SQL Server als Datenbasis. Daher reflektieren viele Neuerungen das Bedürfnis nach der Unterstützung solcher VLDBs (*very large databases*).

Zudem sollen immer mehr Arten und Typen von Daten unterstützt werden. Diese Daten müssen zudem optimal gesichert im Server untergebracht werden: er muss eigentlich wirklich eine Plattform für Unternehmensdaten sein.

SQL Server 2008 Updateratgeber

Der Updateratgeber (*Upgrade Advisor*) ist genau genommen natürlich kein neues Feature, sondern nur eine Weiterentwicklung des Updateratgebers von SQL 2005. Er kann, bevor man seinen SQL Server 2000 oder 2005 auf die Version 2008 aktualisiert, überprüfen, an welchen Stellen dieses Unterfangen schief gehen wird. Dann kann man alle angesprochenen Probleme vorher beseitigen und sich später über ein erfolgreiches Update freuen.

Dazu genügt es im Prinzip, die Software von der Microsoft Website herunterzuladen oder sie dem Ordner *Servers/redist/Upgrade Advisor* der SQL Server 2008 Installations-CD zu entnehmen und zu installieren. Nur bei Reporting Services muss der Updateratgeber wirklich auf demselben Rechner wie die zu aktualisierende Komponente installiert sein, sonst genügt es, ihn auf einer Maschine zu haben, die sich über das Netzwerk verbinden kann. Nach dem erfolgreichen Scannen aller gewünschten Komponenten wird ein XML-Report erzeugt, der dann mit dem Berichts-Viewer des Updateratgebers betrachtet werden kann. Mehr zum Upgrade finden Sie im Kapitel 11 dieses Buches.

---

[2]   Siehe z. B. *http://download.microsoft.com/download/7/9/8/798fc5f9-cd6c-4e54-a22c-9490dbfe1e97/CS201_Kloster_fin_170804.doc)*

Verbesserte Installationsroutinen

Unter dem Überbegriff *streamlined installation* hat sich bei der Installation des SQL Servers einiges verändert. Der ganze Vorgang teilt sich jetzt auf in Installation, Setup und Konfiguration, wobei die Installation der physischen Software auf der Festplatte und die Konfiguration so geteilt erfolgen, dass man eigene Konfigurationen verwenden kann. Außerdem ermöglicht es das Verteilen eines installierten, aber nicht konfigurierten SQL Servers auch über Disk Images oder etwa auch das Deinstallieren von Service Packs.

Wirklich verbessert worden ist auch die Tatsache, dass man jetzt den Speicherort für die Datenbank-Dateien, die Transaktionsprotokoll-Dateien (mehr dazu in Kapitel 3) und die *Tempdb*-Datenbank des Servers gleich bei der Installation getrennt angeben kann! Standardmäßig werden übrigens jetzt weder Administrationswerkzeuge noch Beispieldatenbanken installiert, sie müssen optional hinzugefügt werden, wobei die offiziellen(!) Beispieldatenbanken erst von *www.codeplex.com* herunterzuladen sind.

Partitionierte Tabellen

Partitionierte Tabellen wurden mit dem SQL Server 2005 eingeführt. Sie erweiterten ein Feature des SQL Servers 2000, das partitionierte Sichten hieß. Partitionierte Tabellen sind nur in der Enterprise Version verfügbar, partitionierte Sichten inzwischen auch in der Standard Version (wir hoffen, dass dies beim SQL Server 2008 auch der Fall sein wird). Die Idee ist denkbar einfach. Wenn man eine sehr große Tabelle hat, die alle Umsatzdaten von 2005-2008 enthält, und man bestimmte Umsätze im Jahr 2008 sucht, und wenn man überhaupt sehr häufig nach Buchungen anhand des Datums sucht, wäre es dann nicht geschickt, wenn der SQL Server die Tabelle in bestimmte Bereiche (Partitionen) aufteilen würde, die dann nur bestimmte Buchungsdaten enthalten? Genau dies leisten partitionierte Tabellen.

Wenn nun nach Daten aus dem Jahr 2008 gesucht wird, z. B. nach denen mit einem Umsatz über 200.000 €, dann muss nur die entsprechende Partition durchsucht werden.

Erweiterte Parallelität

Im SQL Server 2008 wurde diese Möglichkeit in seiner Leistungsfähigkeit deutlich erweitert. Nicht immer muss nur eine Partition der Tabelle durchsucht werden. Die nachfolgende Abbildung vereinfacht das Prinzip durch die Aufteilung in nur vier Partitionen nach dem Buchungsjahr. Es sind in der Praxis aber durchaus Tabellen anzutreffen, die Partitionen nach dem Monat oder sogar der Woche bilden. Wenn dann Buchungen aus dem ersten Quartal 2006 gesucht werden, müssen eben mehrere Bereiche durchsucht werden. Microsoft hat dabei die bislang geltende Beschränkung, wie viele Threads parallel solche Partitionen durchsuchen können, aufgehoben. Dies steigert die Abfrageleistung noch einmal erheblich.

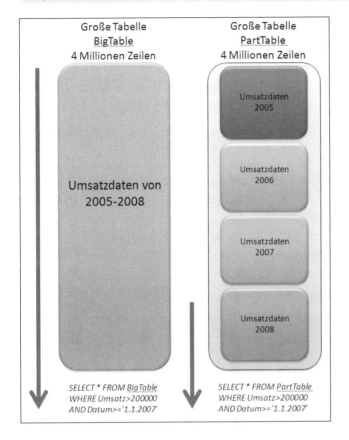

Abbildung 1.3 Partitionierte Tabellen

Indizierte Sichten sind jetzt auch an der Partition ausgerichtet

Besonders fortgeschrittene Nutzer werden natürlich die partitionierten Tabellen gleich mit einem weiteren, sehr effektiven Abfrage-Beschleunigungs-Werkzeug verbinden wollen, nämlich mit den indizierten Sichten (*indexed views*). Normalerweise nimmt eine Sicht auf dem SQL Server ja keinen Platz weg, sondern speichert nur die Definition einer Abfrage ab. Wenn aber in der Sicht z.B. Spalten aggregiert werden und dies bei jeder Abfrage erneut viel Zeit wegnimmt, dann kann man – schon seit SQL Server 2000 – in der Enterprise Edition auch einen Index auf der Sicht erstellen. Dieser Index speichert dann das Ergebnis der Abfrage quasi auf der Platte, und wird vom System ab dann bei Datenänderungen automatisch aktualisiert. Er wird vom Abfrageoptimierer sogar dann zur Beschleunigung benutzt, wenn er in der eigentlichen Abfrage gar nicht angesprochen wird!

Die automatische Aktualisierung der Inhalte dieser indizierten Sicht funktioniert aber leider beim SQL Server 2005 nur bei INSERT, UPDATE oder DELETE-Statements, und nicht bei der allerschnellsten Form, Daten in eine partitionierte Tabelle hinein- und wieder herauszubekommen: ALTER TABLE SWITCH PARTITION. Mit diesem Verfahren, *Partitionswechsel* genannt, schaltet man quasi eine Menge bereitstehender Daten direkt in die partitionierte Tabelle hinein, ohne dass diese dabei kopiert werden und mit minimaler Sperrung von Datensätzen. Bislang bekamen die indizierten Sichten diese Umschaltung nicht mit, man musste sie nach jedem Partitionswechsel aufwändig komplett neu erzeugen! Beim SQL Server 2008 kann man sie nun mit derselben Partitionierung (z. B. nach Jahren) anlegen wie die partitionierte Tabelle; man sagt, sie sind »an der Tabelle ausgerichtet«. Damit werden sie auch bei Partitionswechseln ebenfalls automatisch mit in die partitionierte Tabelle hinein geschaltet oder aus ihr entfernt: sie warten sich also selbst.

Integration der Volltextsuche in die Datenbank-Engine

Auch andere Suchmöglichkeiten sind bei großen Tabellen von besonderer Bedeutung. Der SQL Server bot schon in früheren Versionen die Möglichkeit, für Spalten, die Textdaten enthalten, einen Volltextindex aufzubauen, in dem jedes einzelne Wort (bis auf einige sogenannte Stoppwörter) in einen Index aufgenommen wird. In diesem Index kann dann sehr schnell gesucht werden; das stellt einen enormen Leistungsgewinn gegenüber LIKE-Abfragen auf solche Textspalten dar.

Diese Funktion war bis zum SQL Server 2008 ein eigener Dienst. Der Hauptkatalog dieser Indizes war nicht Teil der Datenbank und damit auch nicht Teil von Sichern (Backup) und Wiederherstellen (Restore).

Nach einem Totalausfall eines Servers und der Wiederherstellung der Datenbank musste also dann der Volltext-Katalog manuell wieder erstellt werden.

Im SQL Server 2008 ist die Volltextsuche vollständig in der Datenbankmaschine integriert. *Alle* Objekte sind Teil von Backup und Restore der Datenbank.

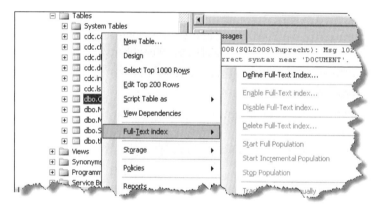

Abbildung 1.4 Auch die Definition der Volltextindizes ist optimal in das SQL Server Management Studio integriert

Pluggable CPU

Dies bezeichnet die Möglichkeit, CPUs zur Laufzeit dem SQL Server dynamisch zuzuordnen. Mit dem SQL Server 2005 wurde *Hot Add Memory Support* eingeführt. Dies ermöglicht es, während der Server läuft (und zwar sowohl die physikalische Maschine, also das »Blech« wie es in Administratorenkreisen liebevoll genannt wird, als auch der SQL Server-Dienst auf der Maschine), Arbeitsspeicher hinzuzufügen – unter der Voraussetzung, dass dies von der Hardware unterstützt wurde. Wir wissen nicht, wie viele Anwender das wirklich ausprobiert haben. Wahrscheinlich zittern einem einfach zu schrecklich die Hände – aber es ist möglich. Mit dem SQL Server 2008 können Sie dieses Geschicklichkeitsspiel nun auf den Prozessor ausdehnen.

Tatsächlich ist diese neue Möglichkeit aber in virtuellen Umgebungen im Unternehmensumfeld sehr wichtig und wünschenswert. Es ermöglicht unter Virtualisierungen, wie sie Microsoft Virtual Server, Virtual PC und bald auch Windows Server 2008 bieten, während der Laufzeit einzelnen SQL Server Instanzen CPUs dynamisch zuzuweisen. Dies erhöht die Flexibilität und als Folge die Verfügbarkeit der virtuellen Systeme.

Extended Events

Extended Events sind auch als *XEvent* bekannt. Es handelt sich dabei um die Unterstützung des neuen Ereignissystems in Windows (dann also ab Windows Server 2008), das unter dem Codenamen *Crimson* bekannt geworden ist.

Es war schon immer möglich, Informationen zu Diagnosezwecken mit dem SQL Server aufzuzeichnen – sogar mehrere Systeme boten hierbei Unterstützung. Bei den ersten Versionen waren dies die DBCC-T-SQL Statements. Dazu kam der SQL Trace, später der SQL Profiler, der das Überwachen von gesendeten SQL Statements und anderen Serverereignissen möglich macht. Der SQL Server 2005 war ein sehr großer Schritt weiter nach vorne, indem er die sogenannten *Dynamischen Verwaltungssichten* (engl. *Dynamic Management Views*) einführte. Dazu kamen noch DDL-Trigger, also die Möglichkeit, auch bei Ereignissen, die die Struktur der Daten ändern (DDL=Data Definition Language), automatisiert SQL Statements ausführen zu können, sowie die Notification Services.

Im SQL Server 2008 werden diese Möglichkeiten nun durch die Extented Events erweitert. Ein neues Statement namens CREATE EVENT SESSION ermöglicht die Einrichtung und Überwachung solcher Events, die mindestens aus einem zu überwachenden Ereignis und einem Eventziel (*Target*) bestehen müssen.

Alle verfügbaren Ereignisse sind in sogenannten Paketen (*Packages*) organisiert. Der SQL Server 2008 wird dabei die drei Pakete *sqlserver*, *sqlos* und *package0* mit ausliefern.

Ziel einer solchen Ereignisüberwachung kann das Windows Ereignisprotokoll, aber auch eine Textdatei sein (in CTP5 noch nicht umgesetzt).

Nach der Einrichtung kann eine solche Ereignissitzung mit dem Befehl ALTER EVENT SESSION...STATE=START/STOP gestartet bzw. gestoppt werden.

Später, in Kapitel 9, werden wir das Einrichten und Benutzen solcher Eventsessions detaillierter vorstellen.

Change Data Capture

An neuen Funktionen, um die Änderungen an einer Tabelle zu überwachen, herrscht beim SQL Server 2008 wirklich kein Mangel. Sinnvoll unterscheiden kann man sie eigentlich nur anhand ihres Zwecks, für den sie vom Entwicklungsteam entworfen wurden! *Change Data Capture* (etwa: *Datenveränderungserfassung*) protokolliert die Veränderungen an Tabellen mit, indem es sie aus dem Transaktionsprotokoll ausliest. Die veränderten Inhalte werden von einem SQL Server Agent-Job in automatisch erzeugten Protokolltabellen abgelegt, die jede Spalte der überwachten Tabelle enthalten. Man hat damit einen sehr ressourcenschonenden Weg gefunden, alle Änderungen auf einer Datenbank auslesen zu können, ohne die veränderten Tabellen selbst abfragen zu müssen!

Diese Funktionalität soll vor allem dazu dienen, bei Ladeprozessen für Datawarehouses, also für Datenbanken, die eine teilweise Kopie Ihrer Daten nur zu Auswertungszwecken enthalten, bei jedem Aufruf die Daten in Tabellenform auszugeben, die seit dem letzten Aufruf aktualisiert wurden. Das aufwändige Vergleichen von Inhalten zwischen Quelltabelle und Datawarehouse-Tabelle entfällt; man erfährt sehr einfach, welche Datensätze neu sind (mit Inhalt!) und welche Datensätze wie verändert wurden (mit dem Zustand vor der Veränderung und dem Zustand danach).

HINWEIS   Natürlich ließe sich ein ähnlicher Effekt auch durch das Anfügen einer Spalte vom Typ `timestamp` an die Quelltabelle erzielen. Allerdings verändert dies ja die Datenstruktur, was oft nicht zulässig ist. Und die `timestamp`-Spalte verrät uns ja nur, dass diese Zeile seit dem letzten Mal geändert worden ist, aber nicht, ob sie neu ist oder nur aktualisiert wurde.

Change Data Capture finden Sie in unserem Kapitel 9 genauer beschrieben.

Performance Data Collection

Welcher Administrator kennt das nicht: Die Nutzer fragen ihn verzweifelt, was denn gerade auf dem Server los sei? Die letzte halbe Stunde sei er viel langsamer als sonst gewesen… Jetzt wäre es wieder gut. Gestern sei es schon mal so gewesen, so am Nachmittag!

Was macht man dann als gewissenhafter Serververwalter? Im Management Studio, unter *Management / SQL Server Logs / Activity Monitor* kann man den aktuellen Zustand betrachten, die *Dynamischen Verwaltungssichten* (*Dynamic Management Views*) zeigen auch nur, dass jetzt wieder alles ruhig ist, und einen SQL Server Profiler-Trace hatte er leider gerade nicht mitlaufen.

Der SQL Server 2008 hat hierfür eine fast perfekte Lösung, indem er jetzt selber von Zeit zu Zeit die dynamischen Verwaltungssichten ausführen kann und die Ergebnisse in ein eigenes Datawarehouse schreibt, genannt *Performance Warehouse*. Diese Datenbank speichert dann historisch ab, welche Belastungen auf dem Betriebssystem und dem SQL Server gelegen haben (*Server Activity*), welche Datenbanken sich von der Größe her in letzter Zeit wie entwickelt haben (*Disk Usage*) und welche 10 Abfragen auf dem System am längsten liefen oder die meisten CPU oder Disk-IO verbraucht haben (*Query Statistics*). Die mitgelieferten Berichte auf diesem Warehouse im Management Studio sind natürlich mit Reporting Services erstellt, und sie nutzen das Feature »Benutzerdefinierte Berichte«, das mit dem Service Pack 2 zum SQL Server 2005 dazukam. Die Reporting Services müssen dabei nicht installiert sein, und man könnte leicht eigene Berichte als *.rdl*-Datei hinzufügen.

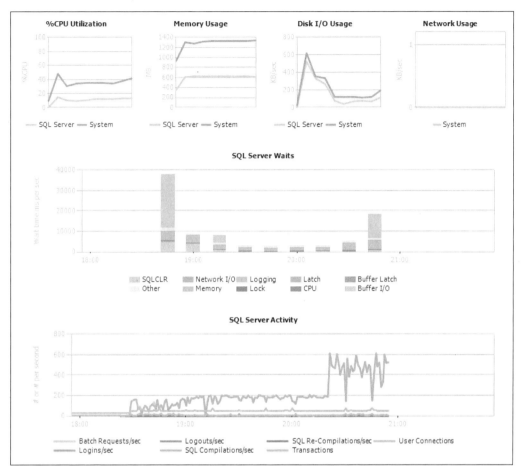

Abbildung 1.5 Der Server Activity-Bericht der Performance Data Collection

Die Berichte sind nicht nur optisch attraktiv, sondern auch interaktiv: Der Klick auf fast jede Grafik bringt den Nutzer zu einem neuen Bericht mit Detail-Informationen. In Kapitel 9 werden wir das Feature ausführlicher vorstellen.

Declarative Management Framework

Gerade im Umfeld von Unternehmen mit vielen SQL Servern ist es eine echte Herausforderung, auf Servern bestimmte Qualitätsstandards zu halten. Nicht alle Anwendungen und alle Server brauchen dabei die gleichen Einstellungen. Wenn man aber auf Produktionsservern der Kategorie B gerne möchte, dass alle Datenbanken im Wiederherstellungsmodell *Vollständig* laufen – wie kann das dann sicher gestellt werden? Natürlich kann man ein entsprechendes Skript schreiben und auf allen Servern der Gruppe laufen lassen, aber: Hat man alle »erwischt«? Hier könnten natürlich die neuen Möglichkeiten helfen, eine Abfrage direkt mit der neuen Funktionalität *Configuration-Server* zu verwalten, die es erlaubt, eine Abfrage direkt auf mehreren Servern auszuführen.

Vor allem muss man sich fragen, was geschieht, wenn ein Server in diese Gruppe hinzukommt. Dann steht man vor der Aufgabe, alle in der Zwischenzeit eingespielten Skripte, die einen gewissen Standard definieren, wieder anzuwenden, und das wäre ein sehr hoher Verwaltungsaufwand.

Daher ist in den SQL Server 2008 die Idee übernommen worden, die schon im Windows-Umfeld die Administration erleichtert. Es werden Richtlinien definiert, die dann nach festgelegten Kriterien angewendet werden.

Im SQL Server 2008 sind so schon eine ganze Reihe von *best practice*-Richtlinien vordefiniert. Wenn Sie also z. B. möchten, dass in allen Datenbanken beispielsweise der *guest*-Account keine Zugriffsrechte hat, können Sie die Richtlinie *Guest Permissions Best Practice* überprüfen.

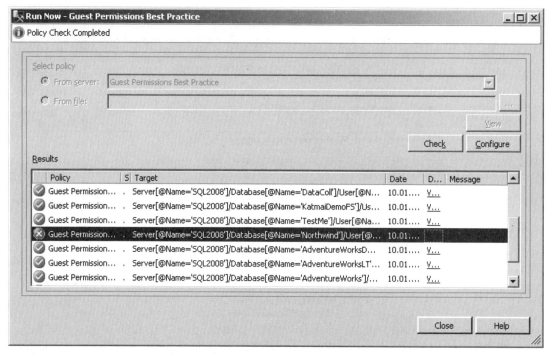

Abbildung 1.6 Hier entspricht eine Datenbank nicht den Richtlinien

Mit einem Klick auf *Configure* wird die Richtlinie zudem sofort angewendet. Das kann auch zeitgesteuert, z. B. jeden Abend passieren. In Kapitel 9 stellen wir das Feature weiter vor.

HINWEIS Auch in der Northwind-Datenbank ist der *guest*-Account standardmäßig deaktiviert. Um das Beispiel vorzuführen, wurde er aktiviert. Im SQL Server 2008 ist immer die Deaktivierung des guest-Accounts mit dem Statement

```
REVOKE CONNECT FROM GUEST
```

voreingestellt.

Servergruppen-Verwaltung mit einem Configuration Server

Ebenfalls in der grafischen Oberfläche des Management Studios findet sich seit SQL 2005 im Fenster *Registrierte Server* (*Registered Servers*) die Möglichkeit, dauerhaft den Zugang zu einem Server abzuspeichern, einschließlich Netzwerknamen und gespeicherter Zugriffs-Berechtigung. Ebenfalls in 2005 konnte man schon diese registrierten Server zu Servergruppen (*Server Groups*«) zusammenfassen (z. B. »Rechnerraum I«, »Rechnerraum II«); aber das galt nur lokal in Ihrem persönlichen Management Studio und diente eigentlich nur zur Bedienungserleichterung; dem gemeinsamen Auf- und Zuklappen der Gruppe.

Diese *Local Server Groups* gibt es beim SQL Server 2008 immer noch, aber jetzt kann man unter *Registrierte Server* auch einen so genannten *Configuration Server* anlegen oder sich zu ihm verbinden. Dieser Server speichert diese Registrierungen zentral ab, sodass man sie nicht immer wieder anlegen muss, und noch wichtiger: er kann auch wirkliche, überall gültige Servergruppen speichern. Dabei ist es wichtig, dass bei jedem Server der Gruppe die Windows-Authentifizierung verwendet werden muss. Dann geht auch wirklich das, was man sich unter Servergruppen so vorstellt, z. B. Multiserver-Abfragen: Man kann eine SQL-Abfrage auf allen Servern gleichzeitig starten, und ihr Ergebnis erscheint dann in einem einzigen Ergebnis-Fenster im Management Studio. Auch die Policies aus dem gerade beschriebenen Declarative Management Framework kann man mit einem Klick auf allen Servern der Gruppe überprüfen lassen.

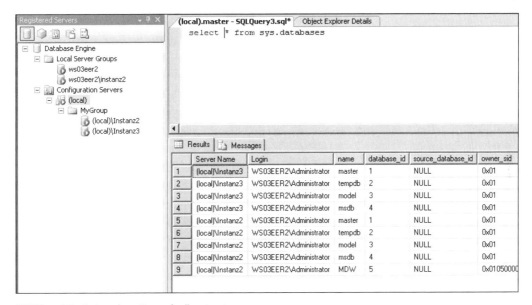

Abbildung 1.7 So ist es brav: Einer ruft, alle antworten

SQL Server Change Tracking

Neben den vielen Neuerungen, die es dem SQL Server möglich machen, noch besser und effektiver mit noch mehr Datenformaten umzugehen, spielt Sicherheit im Unternehmensumfeld sicher eine beinahe ebenso große Rolle wie die Aspekte Verfügbarkeit und Leistung.

Daher ist es natürlich von großer Wichtigkeit, Änderungen an der Datenbank zu dokumentieren. Auf der Ebene der Inhalte sind solche Veränderungen bereits auch in den Vorgängerversionen möglich gewesen.

Sehr oft wurde dies mit sogenannten Triggern realisiert. Dabei wird automatisch während eines Insert, Update- oder Delete-Vorgangs ein T-SQL Code ausgeführt, in dem man recht einfach die veränderten Daten in eine zweite Protokoll-Tabelle schreiben kann. Dies ist aber mit einem erheblichen Aufwand verbunden. Bei 200 Tabellen müssten, wenn man sehr genau protokollieren will, pro Tabelle jeweils drei Trigger also 600 Trigger geschrieben werden. Den Vorgang könnte man sicher vereinfachen, dennoch bliebe viel zu tun. Noch gravierender aber bleibt das Problem der Wartung.

Man stelle sich vor, dass ein Trigger auf einer Tabelle einfach mit einem INSERT INTO …SELECT * FROM inserted (was sicher nicht sehr schön wäre) geänderte Spalten bei einem Update in eine Protokolltabelle schreibt. Ändert man nun die Spalten der Originaltabelle, löst dieser Trigger einen Fehler aus, da »vergessen« wurde, auch die Spalten der Protokolltabelle entsprechend zu ändern. Da Trigger Teil der Transaktion sind und ein Fehler in dieser zu einem ROLLBACK führt (also zu einem Rückgängigmachen), können keine Updates an der Tabelle mehr ausgeführt werden.[3]

Natürlich kann auch eine Anwendung solche Änderungen protokollieren, was aber den Aufwand nur vom Server und T-SQL zu einer Clientprogrammierung mit C# (oder was auch immer) verschiebt.

Im SQL Server 2008 kann nun ein *Change Tracking*, also die Protokollierung der Datenänderungen auf der Ebene einer Tabelle einfach angeschaltet werden, ohne dass Änderungen am Schema der Tabelle (also Trigger o. ä.) vorgenommen werden müssen oder expliziter Programmieraufwand in einer Client-Anwendung entsteht.

Change Tracking muss zunächst auf der Ebene der Datenbank, dann auf der Ebene jeder einzelnen gewünschten Tabelle aktiviert werden. Auch dies klingt zunächst nach einiger Arbeit, aber denken Sie daran, wie einfach solche Einstellungen mit einem eigenen Skript oder den neuen Möglichkeiten wie dem Declarative Management Framework (weiter unten erklärt) verwaltet werden können.

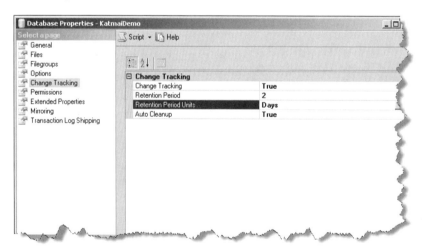

Abbildung 1.8   Change Tracking wird zunächst auf der Ebene der Datenbank in den Eigenschaften aktiviert

---

[3]   Die Autoren haben dies selbst erlebt. Gerade beim Arbeiten im Team leidet die Arbeitsatmosphäre doch etwas, wenn auch nach mehrmaligem Hinweisen der Teamkollege mit alternativen Begabungen die Erklärungen über den Update-Trigger immer wieder vergisst, mutig Änderungen an der Originaltabelle macht und dann mit Äußerungen wie »Du musst da wieder einen Fehler gemacht haben, ich kann kein Update mehr ausführen« die gespannte Stimmung weiter strapaziert.

Man erkennt, dass es zusätzliche Optionen gibt, etwa wie lange Änderungsprotokolle aufbewahrt werden sollen (hier zwei Tage). Danach wird das Change Tracking in der Tabelle aktiviert.

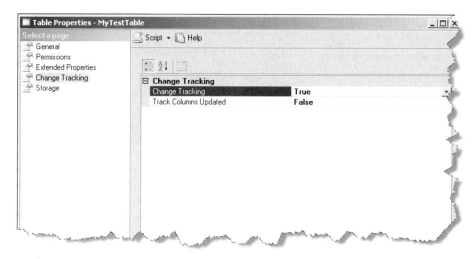

Abbildung 1.9   Das Aktivieren von Change Tracking für eine Tabelle

Hier erkennt man, dass man zudem die Möglichkeit hat, weitere Einstellungen vorzunehmen. Standardmäßig wird nur die Änderung auf Satzebene aufgezeichnet. Man kann aber die Protokollierung feiner einstellen und die Spalte oder Spalten, die geändert wurden, in die Dokumentation mit einschließen. Die Änderungen selber werden dann über eine Funktion changetable abgefragt.

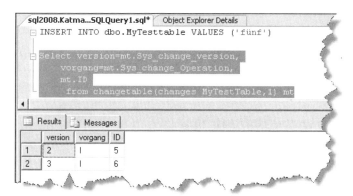

Abbildung 1.10   Man erkennt, dass in Version 2 ein Insert (I) in die ID 5 ausgeführt wurde.

Das Change Tracking ist aber nicht nur aus Sicherheitsaspekten interessant. Da auf dem Server solche Änderungen zentral notiert werden, wird es sehr viel einfacher für Clients, die nicht dauerhaft mit der Datenbank verbunden sind, Änderungen nachzuvollziehen, die gemacht wurden, während sie offline waren. Change Tracking eignet sich daher besonders auch zur Synchronisierung.

Ein Standardbeispiel für ein solches Szenario ist Outlook, wo bei vielen Clients Änderungen gemacht werden können, auch wenn diese nicht mit dem zentralen Server verbunden sind, und die dann bei erneuter Verbindung wieder synchronisiert werden müssen.

Auditing

Schon die letzten beiden neuen 2008er-Features, SQL Server Change Tracking und Change Data Capture, dienten vor allem der Überwachung der Nutzer, also der Befriedigung des verständlichen Urtriebs, im Falle des Falles mit spitzem Finger auf einen völlig verschüchterten Datentypisten zeigen zu können und dabei zu sagen: »Sie waren das! Sie sind es, der immer diese Bestellungen wieder löscht!«

Mit Change Tracking und Change Data Capture kann man verfolgen, wer wann was geändert hat, und mit der SQL-Ablaufverfolgung (*SQL Trace*) kann man ja sogar schon im SQL Server 2005 in *.trc*-Dateien administrative Informationen mitschreiben lassen; wer sich wann angemeldet hat, welche Berechtigungen verändert wurden und so weiter.[4]

Das Auditing geht dabei aber noch einen Schritt weiter. Das muss es auch, denn mehr und mehr große Organisationen – gerade in den USA –, die den SQL Server nutzen, unterliegen Regelwerken wie Sarbanes-Oxley (SOX), BASEL II, HIPAA oder anderen. Und solche Regelwerke schreiben oftmals vor, dass jede Aktion, die mit einer Datenbank geschieht, möglichst protokolliert wird und damit dann nachgeprüft werden kann. Das betrifft nicht nur das Schreiben oder die Vergabe von Rechten, sondern auch den Lesezugriff! Das Auditing kann genau dies leisten. Es baut auf die oben beschriebenen Extended Events auf, was bedeutet, dass es wie diese in Log-Dateien oder in die Windows Ereignisanzeige protokolliert. Mehr Details und ein Beispiel für den Einsatz von Auditing finden Sie in unserem Kapitel 9.

Datenkomprimierung

Im SQL Server 2008 besteht nun auch die Möglichkeit, die Daten der Datenbank komprimiert abzulegen. Dabei gibt es sowohl eine Option für einzelne Tabellen als auch für die für die Tabelle erstellten Indizes und dies zudem mit zwei weiteren möglichen Einstellungen – auf Zeilen- oder Seitenbasis.

Mit diesem Feature wird nicht nur die Menge der auf den IO-Systemen abgelegten Daten reduziert, sondern diese neue Technik ermöglicht es, Last auf einem SQL Server von den externen Speichersystemen auf die CPUs zu verschieben. Die Seiten werden nämlich nur komprimiert gespeichert und dann in den Speicher beim Lesen entpackt. Dabei wird eben weniger gelesen, aber mehr gerechnet. So ist die neue Implementierung auch für partitionierte Tabellen interessant.

Die Datenkomprimierung auf Zeilenebene löst dabei Speicherformate ab, wie sie erst mit dem Service Pack 2 für den SQL Server 2005 eingeführt wurden, wie vardecimal. Microsoft empfiehlt ausdrücklich in Zukunft solche Einstellungen durch die Kompression auf Zeilenebene abzulösen.

Backup-Komprimierung

Ein weitaus weniger komplexes Konzept als bei der Datenkomprimierung wird bei der Backup-Komprimierung angewendet. Backup-Dateien sind recht groß, denn sie enthalten alle gefüllten Daten- oder Index-Pages der Datenbank. Allerdings ist der Backup-Datenstrom relativ einfach komprimierbar, bevor er auf der Festplatte oder dem Bandlaufwerk gespeichert wird. Bislang benötigte man dazu Tools von Drittherstellern –

---

[4]   Wer SQL Trace noch nicht genutzt hat, der kann sich ja mal in der Onlinehilfe darüber informieren, indem er z.B. nach der Dokumentation der Stored Procedure sp_trace_create sucht.

beim SQL Server 2008 ist dieses Feature im Lieferumfang der Enterprise Edition enthalten. Das Backup wird dabei in der Regel mindestens auf ein Drittel seiner vorherigen Größe verkleinert. Wer also eher ein Problem mit Plattenplatz als mit der beim Sichern und Wiederherstellen nötigen höheren CPU-Belastung hat, dem sei zur Backup-Komprimierung geraten, wie sie detaillierter in Kapitel 2 und 3 beschrieben wird.

External Key Management

Verschlüsselung von Daten spielt eine große Rolle, wenn es darum geht, sensible Informationen zu schützen. Microsoft hat daher im SQL Server 2008 große Erweiterungen in Bezug auf Verschlüsselung, Schlüsselmanagement etc. vollzogen.

Die Möglichkeit, Schlüssel auch extern zu verwalten, ist Teil des Extensible Key Managements (EKM), das Microsoft für den SQL Server 2008 implementiert hat. EKM macht es möglich, neben den bereits im SQL Server vorhandenen Verschlüsselungstechnologien, diese mit Produkten anderer Hersteller bzw. mit eigenen Entwicklungen zu erweitern.

Grundlage ist dabei die Microsoft Cryptography API (MSCAPI). Es besteht nun die Möglichkeit, mithilfe dieser API selber Verschlüsselungsprovider zu implementieren. Standardmäßig ist diese Option deaktiviert, man kann sie jedoch auf Serverebene aktivieren.

```
sp_configure 'EKM provider enabled', 1
```

Listing 1.1   Das Aktivieren von EKM mithilfe der Systemprozedur sp_configure

Transparent Data Encryption

Der SQL Server 2008 macht Verschlüsselung auf Ebene der gesamten Datenbank möglich, der Daten- und Transaktionsprotokoll-Dateien, und zwar ohne Änderungen an bestehenden Anwendungen.

Dabei wird der gesamte Bereich der MDF-Dateien, die die Daten einer SQL Server Datenbank und der LDF-Datei, die das Transaktionsprotokoll einer SQL Server Datenbank enthalten auf den externen Speichersystemen (lokalen Platten oder SAN Lösungen) verschlüsselt.

Auch schon bestehende Datenbanken können nachträglich verschlüsselt werden. Da dies auf administrativer Ebene geschieht, ist die Verschlüsselung für die Anwendungen völlig transparent. Im Speicher des SQL Servers werden die Daten entschlüsselt, also beim Lesen der IO-Systemen.

Es geht daher bei diesem Feature besonders um die Sicherung der Daten gegenüber unberechtigtem Zugriff etwa bei Diebstahl der Festplatten o.ä.

Die Übertragung vom Server zu den Anwendungen der Arbeitsplatzrechner konnte schon beim SQL Server 2000 durch SSL-Zertifikate (Secure Socket Layer) geschützt werden. Der SQL Server 2005 und jetzt der SQL Server 2008 verschlüsseln die Daten bei der Übertragung standardmäßig in einem SSL ähnlichen Verfahren mit einem Server-Zertifikat.

Neue Dynamische Verwaltungssichten

Der SQL Server 2008 stellt eine ganze Reihe neuer dynamischer Verwaltungssichten (DMVs) zur Verfügung. Diese beschäftigen sich hauptsächlich mit der Benutzung des Speichers des SQL Servers und des Betriebssystems:

`sys.dm_os_memory_brokers`

`sys.dm_os_memory_nodes`

`sys.dm_os_nodes`

`sys.dm_os_process_memory`

`sys.dm_os_sys_memory`

Powershell-Integration

Alle Jahre wieder, könnte man anstimmen, wenn man davon berichtet, das Microsoft eine neue Automatisierungsumgebung für Windows implementiert. Lange Jahre mussten Legionen von gestressten Systemadministratoren ihr Glück in der – mehr oder weniger noch von DOS-Zeiten tradierten – Batch-Programmierung suchen, und fanden es leider viel zu selten. Sie erinnern sich?

`Echo off` sorgt dafür, dass nachfolgende Befehle nicht auf der Kommandozeile wiederholt werden (ge-*echot* werden), der Befehl selbst wird aber wiederholt, es sei denn man setzt ein @-Zeichen davor. Ah, ja.

Danach wurde Windows Scripting Host (WSH) veröffentlicht. Diese Scripting-Möglichkeit war sprachunabhängig und setzte auf die COM-Technologie auf, Visual Basic und Javascript gehörten zum Auslieferungsumfang. WSH war so mächtig, dass man beispielsweise (bis heute) mit einem in einer Mail verschickten Skript bei unvorsichtigen Anwendern schon mal die Platte formatieren oder deutlich Verwerflicheres anrichten kann. Man muss allerdings betonen, dass Microsoft (gerade auch in Outlook) viel getan hat, um die Sicherheitsaspekte zu erhöhen. Auch die von vielen wenig geschätzte Benutzerkontensteuerung von Vista ist dabei ein sehr effektiver Schutz.

TIPP   Viele mögen die Benutzerkontensteuerung, also die Tatsache, dass man standardmäßig unter Vista mit einem »normalen« User-Account arbeitet und nur bei speziellen Aufgaben, die höhere Rechte erfordern, zum Administrator wechselt, vor allem deshalb nicht, weil der Desktop »flackert«. Der Hintergrund wird abgedunkelt, die Meldung des Wechsels erscheint etc. Zumindest die optischen Beeinflussungen kann man aber einfach »abschalten«. Das Abdunkeln erscheint durch den Wechsel zum *sicheren Desktop*.

Gehen Sie in das *Startmenü*, dort in die *Systemsteuerung / Verwaltung*, dann in die *Lokale Sicherheitsrichtlinie*. Dort finden Sie rechts in der Baumstruktur *Sicherheitseinstellungen / Lokale Richtlinien / Sicherheitsoptionen* den Eintrag *Benutzerkontensteuerung: Bei Benutzeraufforderung nach erhöhten Rechten zum sicheren Desktop wechseln*. Deaktivieren Sie dann diese Option.

Nun hat Microsoft die Powershell veröffentlicht, sie wird zudem Teil von Windows Server 2008. Es ist eine Automatisierung, die im Wesentlichen auf das .NET Framework und seine Technologien abhebt. Mit der Powershell können Objekte aus den Klassen der verfügbaren Bibliotheken erstellt und deren Eigenschaften und Methoden aufgerufen werden.

Der SQL Server 2008 liefert eine .NET Implementierung von SMO (SQL Server Managed Objects) mit aus, das ein Objektmodell zur Verfügung stellt, mit dem man ohne SQL Statements codieren zu müssen, allein über den Aufruf von Methoden und Eigenschaften, den SQL Server und seine Objekte ändern, erstellen usw. kann. Natürlich werden von dieser Objektbibliothek dann SQL Befehle erzeugt.

```
[System.Reflection.Assembly]::LoadWithPartialName
 ("Microsoft.SqlServer.Smo") | out-null
[System.IO.Directory]::CreateDirectory("C:\backup") | out-null
$srv=New-Object "Microsoft.SqlServer.Management.Smo.Server" "MySQLServer"
$bck=new-object "Microsoft.SqlServer.Management.Smo.Backup"
$bck.Action = 'Database'
$fil=new-object "Microsoft.SqlServer.Management.Smo.BackupDeviceItem"
$fil.DeviceType='File'
$fil.Name=[System.IO.Path]::Combine("C:\backup", "MyDatabase" +".bak")
$bck.Devices.Add($fil)
$bck.Database="MyDatabase"
$bck.SqlBackup($srv)
write-host "Backup of MyDatabase done"
```

Listing 1.2   Das Erstellen eines Backups mit der Powershell

Erweiterungen bei der Datenbankspiegelung

Die Datenbankspiegelung (*Database Mirroring*) war ja eines der sensationellen neuen Datenbank-Features des SQL Server 2005: Hochverfügbarkeit auf Datenbank-Ebene, quasi der »Cluster des kleinen Mannes«, weil die Spiegelung nur zwei Datenbankinstanzen und keine spezialisierte Hardware benötigt. Wer diese Funktionalität genau verstehen will, der sollte in unserem Kapitel 9 nachlesen!

SQL Server 2008 bietet auch hier wieder eine ganze Reihe von Verbesserungen, die sich vor allem »unter der Motorhaube« abspielen. Die Datenbankspiegelung ist ja berühmt dafür, dass das *Failover*, also die Übernahme der Datenbankaktivitäten vom Prinzipalserver (*Principal*) auf den Spiegelserver (*Mirror*), in wenigen Sekunden erfolgen kann, weit schneller als beim Failover Cluster, der ebenfalls in Kapitel 9 beschrieben ist. In SQL Server 2008 geht das jetzt noch schneller: der Datenstrom vom Prinzipalserver zum Spiegelserver wird komprimiert (um mindestens 12,5 Prozent), der Spiegelserver liest die Logeinträge früher ein und wendet sie schneller auf seiner Datenbankkopie an, und der Prozess des Failovers, bei dem der Spiegelserver dann die Rolle des Prinzipals übernimmt, ist ebenfalls optimiert worden.

HINWEIS   In der frühen Entwicklungsphase von SQL Server 2008 war noch im Gespräch, ein *transparentes Failover für die Datenbankspiegelung* zu ermöglichen, sodass der Client ohne jede Unterbrechung sofort den Spiegelserver statt des Prinzipals anspricht und dort denselben Datenstand vorfindet. Dieses Feature wird aber vermutlich nicht den Weg in die finale Version finden. Was aber durchaus enthalten sein kann, ist die Möglichkeit, beim Client eine Verbindung zum Prinzipalserver einzurichten, ohne gleich den Spiegelserver angeben zu müssen. Damit können auch Applikationen, die bisher nicht für eine Spiegelung vorgesehen waren, diese ohne Veränderung nutzen.

Zusätzlich geht der Spiegelserver jetzt so vor, dass er, wenn er eine defekte Datenpage in der gespiegelten Datenbank entdeckt, eine neue Kopie vom Prinzipalserver anfordert und die defekte Page ersetzt. Schönes Feature, aber Vorsicht: defekte Pages deuten meist auf Hardwarefehler hin, und auch wenn eine Page damit vielleicht noch repariert werden kann, ist doch in naher Zukunft mit hoher Wahrscheinlichkeit Ärger zu erwarten!

Über relational hinaus

Unter der etwas sperringen Übersetzung des Englischen *beyond relational* versteht Microsoft die Tatsache, dass viele Arten der Datenspeicherung und auch des Datenzugriffes über rein relationale Strukturen hinausgehen. Damit ist nicht gemeint, dass der SQL Server nun beispielsweise ein objekt-relationaler Server geworden ist, was einige Fachleute vielleicht assoziieren. Vielmehr fallen im Unternehmen immer mehr Daten in unstrukturierter Form (Word-Dokumente), in semi-strukturierten Strkturen (XML-Daten) oder anderen Ausprägungen (Ablage von Geo-Informationen) an. Die Verwaltung dieser Daten, die Speicherung und effiziente Auswertung sind ein weiterer Schwerpunkt des SQL Servers 2008.

Neue Datentypen

Der SQL Server 2008 bietet viele neue Datentypen. Dabei reflektieren diese Datentypen vor allem den Umstand, dass immer mehr verschiedene Arten von Daten in einer relationalen Datenbank gespeichert werden sollen. Auf der anderen Seite hat Microsoft auch einfach den Wunsch der Anwender erhört und einige Datentypen umgesetzt, nach denen es – warum auch immer – wohl einen starken Wunsch gab.

Daher gibt es eine ganze Reihe neuer Datentypen. Viele von Ihnen sind als .NET Datentypen implementiert. Auch wenn noch an anderer Stelle im Buch erwähnt, sei auch hier darauf hingewiesen, dass Sie die grundlegende Unterstützung von .NET im Server nicht aktivieren müssen, um diese »eingebauten« .NET Datentypen nutzen zu können. Die Aktivierung bezieht sich wohl nur auf selbst erstellten .NET Code im SQL Server.

Es freut die Autoren aber, dass es diese neuen Datentypen als .NET-Implementierungen gibt, da nach der ersten Begeisterung über .NET im SQL Server 2005 die großartigen Möglichkeiten manchmal etwas in Vergessenheit gerieten. Die neuen Umsetzungen zeigen eindrucksvoll die Leistungsfähigkeit von .NET-Implementierungen, auch von benutzerdefinierten Datentypen, im SQL Server 2008.

Neue Datums-Datentypen

- Date, der zur großen Freude der Gemeinde nur Datumswerte ohne Zeit aufnimmt[5]

- Time, der entsprechend nur Zeitwerte ohne Datumsanteil speichert

- Datetime2, speichert Datumswerte ab dem 1.1.0001 bis zum 31.12.9999 – man kann ja schließlich nicht weit genug planen. Zudem ist eine Angabe der Genauigkeit möglich bis datetime2(7). Dann ist der Datentyp bis 100 Nanosekunden genau – das beruhigt.

- Datetimeoffset ist ein Datentyp, der länderspezifische Abweichungen von der koordinierten Weltzeit ablegen kann und kann ebenso wie datetime2 in der Genauigkeit differenziert werden

---

[5]   Wir können die Euphorie um die neuen getrennten Datentypen nicht ganz nachvollziehen und behaupten mal, dass auch im SQL Server 2008 meistens die Datentypen datetime und datetime2 benutzt werden. Wir werden sehen.

Neu in SQL Server 2008   Auch wenn wir manchmal etwas wenig respektlos formulieren sei gesagt, dass die neuen Datentypen aus gutem Grund im SQL Server 2008 enthalten sind. In vielen Fällen stellen Sie nämlich die ANSI Kompatibilität sicher und erleichtern so Migrationsprojekte. Zudem erleichtern Sie das Entwickeln von Code, der immerhin eine theoretische Chance hat auf mehreren SQL Implementierungen zu laufen – auch wenn man sich am Ende natürlich *immer* für den SQL Server von Microsoft entscheidet.

Neue Geo-Datentypen

Im SQL Server 2008 ist die Ablage von Geodaten möglich. Auch hier wurde eine .NET Implementierung gewählt. Die neuen Typen heißen:

- Geometry, eine Implementierung des Open Geospatial Consortium (OGC) Standards
- Geography speichert Erd-Daten wie sie etwa bei GPS latitude und longitude Koordinaten erhoben werden. Eine Übergabe kann so aussehen:

```
INSERT INTO SpatialTable (GeogCol1)
VALUES (geography::STGeomFromText('LINESTRING(47.656 -122.360, 47.656 -122.343)', 4326
```

HierarchyID

Ebenfalls ein .NET Datentyp der die Ablage von Hierarchien möglich macht, wie Sie etwa Organisations-Diagramme abbilden. In dieser hierarchischen ID können Ebenen Informationen wie etwa 1.5.6 o.ä. kodiert werden. So ist es möglich, sich alle Einträge einer bestimmten Ebene ausgeben zu lassen oder etwa alle Vorfahren (also Einträge, die in der Ebene über der aktuellen liegen) eines Eintrags zu ermitteln.

```
SELECT * FROM Employees
   WHERE EmployeeId >=@value AND EmployeeId <= @Value.DescendantLimit()
   AND @value.GetLevel()+1 = EmployeeId.GetLevel()
```

XML

Auch wenn XML{ XE »XML« } kein wirklich neuer Datentyp ist (er wurde mit dem SQL Server 2005 eingeführt), gibt es im SQL Server doch einige Erweiterungen. Im SQL Server 2005 konnte nicht differenziert werden, ob in einer XML-Spalte ein XML-Dokument oder ein XML-Fragment gespeichert werden sollte. Die einzige Möglichkeit, XML-Speicherung zu validieren, ist es, mit so genanntem typisierten XML zu arbeiten, indem man die Spalte an eine XML Schema-Auflistung bindet.

Im SQL Server 2008 kann man unter anderem bei der Definition einer Spalte vom Typ XML angeben, ob ein Dokument oder ein Fragment (Content) gespeichert werden soll. Dies muss jedoch zwingend mit einer typisierten XML Spalte geschehen.

Speicherattribute

In vielen Veröffentlichungen war auch von einem neuen Datentyp FILESTREAM die Rede. Es handelt sich dabei jedoch um eine Art der Speicherung anderer Formate.

HINWEIS   Ähnliches gilt übrigens auch für das mit dem Service Pack 2 des SQL Servers 2005 eingeführte `vardecimal`. Während man im SQL Server 2005 dieses Speicherformat anschalten musste, aktiviert der SQL Server 2008 es standardmäßig für Tabellen. Gleichzeitig ist `vardecimal` aber schon wieder abgekündigt (*This feature will be removed in a future version of Microsoft SQL Server*), und es wird stattdessen die Benutzung von Tabellen- oder Zeilen-Kompression empfohlen.

FILESTREAM

Im SQL Server konnten schon in vorherigen Versionen sogenannte LOBs (*large objects – große Objekte*) abgelegt werden. Damit ist z.B. ein großes Bild oder ein besonders langes Word-Dokument gemeint. Dabei kann es ganz unterschiedliche Methoden der Speicherung geben. Solche LOBs werden beispielsweise im SQL Server 2005 oder 2008 mit dem Datentyp `varbinary(max)` oder `(n)varchar(max)` in den Speicherstukturen der Datenseiten in einer Größe bis 2GB angelegt – auf jeden Fall aber *im* SQL Server, wo sie Teil von Sicherungen und eventuellen Wiederherstellungen der gesamten Datenbank sind.

Es gibt aber Szenarien, in denen man die LOBs auch als Datei, wie auf einer Festplatte abgelegt, ansprechen möchte. So haben in der Vergangenheit beispielsweise viele Dokumenten-Managementsysteme, die Dateinamen in der Datenbank mit vollständigem Pfad abgelegt, die einzelnen Dokumente aber im Dateisystem. Dies hat dann wieder den Nachteil, dass solche Dateien unabhängig vom SQL Server gesichert werden müssen und ein programmatischer Zugriff über eine andere Schnittstelle (hier die File APIs des Betriebssystems) als der Zugriff auf die SQL Daten (beispielsweise über ADO.NET) geschieht.

Das neue Speicherattribut `FILESTREAM` verbindet nun beide Möglichkeiten. Die LOBs werden durch den SQL Server verwaltet, sie sind Teil von Sicherung und Wiederherstellung. Sie können aber wahlweise über den SQL Server und wie Spalten der Tabelle einer Datenbank angesprochen werden als auch über das Dateisystem, wie ganz »normale« Dateien.

Man muss diese Speicheroption erst einmal für die gesamte Serverinstanz aktivieren, und zwar durch:

```
EXEC sp_filestream_configure    @enable_level = 3;
```

Listing 1.3   Das Aktivieren des Speicherformats FILESTREAM

Danach kann eine Datenbank erstellt werden, bei der einer Dateigruppe dann das besondere Attribut `CONTAINS FILESTREAM` zugewiesen werden muss:

```
CREATE DATABASE KatmaiDemoFS
ON
PRIMARY ( NAME = KatmaiData,
    FILENAME = 'c:\demo\KatmaiDemoFS.mdf'),
FILEGROUP FileStreamGroup1 CONTAINS FILESTREAM( NAME = KatmaiFS,
    FILENAME = 'c:\demo\KatmaiDemoFilestreams')
LOG ON ( NAME = KatmaiLog,
    FILENAME = 'c:\demo\KatmaiDemoFS_log.ldf')
GO
```

Listing 1.4   Das Erstellen einer Datenbank, die FILESTREAM benutzt

Erst danach kann das Speicherformat auch wirklich bei der Definition einer Tabelle benutzt werden.

ACHTUNG Wie Sie sehen, wird bei der Dateigruppe `FileStreamGroup1` ein Pfad und keine Datei angegeben. Der Pfad muss bis zum letzten Verzeichnis (hier `KatmaiDemoFilestreams`) wirklich existieren, das letzte Unterverzeichnis kann dann vom SQL Server angelegt werden. Wenn Sie das Beispiel einmal nachvollziehen, werden Sie sehen, dass sogar eine recht komplexe Verzeichnisstruktur unterhalb des Pfades angelegt wird, die auf keinen Fall außerhalb des SQL Servers manipuliert werden sollte.

```
CREATE TABLE Archive.Documents
(
    [Id] [uniqueidentifier] ROWGUIDCOL NOT NULL UNIQUE DEFAULT NEWSEQUENTIALID(),
    [Number] INTEGER UNIQUE,
    [Document] VARBINARY(MAX) FILESTREAM NULL
)
```

Listing 1.5 Bei der Definition einer Tabelle kann dann FILESTREAM als Attribut einer VARBINARY Spalte benutzt werden.

TIPP Das Speicherformat FILESTREAM sollte laut Microsoft nur benutzt werden, wenn die gespeicherten Dokumente (Bilder, Texte etc.) im Durchschnitt größer als 1GB sind. Ein anderes Kriterium das für Benutzung des Features sprechen würde, dass eben auch über eine reine Datei-API zugegriffen werden soll.

Sparse Columns

Bisher konnte der SQL Server maximal 1024 Spalten in einer Tabelle verwalten, was sicher kein Problem dargestellt hat, wenn eine klassische, gut entworfene relationale Datenbank gespeichert werden sollte. Im Zuge der Erweiterung der Aufgaben eines Datenbankservers ist es jetzt aber auch möglich, wirklich tausende von Spalten in einer Tabelle zu verwalten! Dies geht allerdings nur, wenn diese Spalten nicht in jedem Datensatz gefüllt sind, sondern nur spärlich (englisch *sparse*) Daten enthalten. Für manche beschreibenden Spalten ist das ja eher typisch, etwa wenn man in einer Produkt-Tabelle die Konfektionsgröße ablegt, aber nur ein kleiner Prozentsatz der Produkte überhaupt Kleidungsstücke sind. Dann ist diese Spalte naturgemäß bei allen anderen Zeilen mit NULL-Werten gefüllt. Hat man solche Spalten beim Anlegen der Tabelle gleich als SPARSE gekennzeichnet, dann gilt die Grenze von 1024 Spalten pro Tabelle nicht mehr. Mehr Details und ein Beispiel dazu finden Sie in Kapitel 2.

Filtered Indexes

Ideal in der Kombination mit *sparse columns* (aber auch auf normalen Spalten verwendbar) sind die *filtered indexes*, die eine völlig neue Art des Index auf dem SQL Server darstellen. Bei der Erstellung dieses Index wird nämlich erstmalig eine WHERE-Klausel angegeben, wie sonst nur beim SELECT-Befehl:

```
CREATE NONCLUSTERED INDEX ixTopKunden
  ON dbo.Kunden(RegionsID, DatumLetzteBestellung)
  WHERE KundenKlassifizierung IN ('A','B');
```

Listing 1.6 Anlegen eines filtered index

Der dadurch erzeugte Index wird nur auf dem Bereich der Tabelle erzeugt, der durch die WHERE-Klausel definiert ist. Dadurch ist er viel kleiner und schneller als ein Index, der über die gesamte Tabellenlänge geht! Im Beispiel in Listing 1.6 ist es dadurch für einen kleinen Teil der Kunden sehr schnell möglich, Auswertungen nach Region oder dem Datum zu machen. Mehr Beispiele hierzu ebenfalls in Kapitel 2.

Dynamische Entwicklung

Microsoft hat über die Jahre bemerkt, dass ein großer Teil des Erfolges des SQL Servers auf den Möglichkeiten beruht, mit ihm einfach, schnell, produktiv und stabil Anwendungen zu entwickeln.

Besonders natürlich die eigene Entwicklungsumgebung von Microsoft, das Visual Studio 2005, und nun Visual Studio 2008, optimieren die Anwendungsentwicklung (besonders im .NET-Umfeld) wirklich in einem nie da gewesenen Sinne.

Ein großer Teil von Unternehmensanwendungen beruht auf Datenbankentwicklungen. Die Anwendungsprogrammierer müssen daher aus Anwendungen auf SQL Server-Daten zugreifen. Auch dabei unterstützt Microsoft die Entwickler mit vielen Werkzeugen um die Produktivität zu steigern. Ein großer Teil dieser Werkzeuge und Aspekte sind neben der Entwicklungsumgebung Visual Studio 2008 auch im SQL Server 2008 implementiert.

T-SQL Erweiterungen

Die Sprache des SQL Servers 2008 von Microsoft T-SQL (Transact-SQL) ist eine Implementierung des ANSI-Standards von SQL, der um einige Aspekte erweitert wurde.

Hier trifft Microsoft einmal nicht der gern gemachte Vorwurf, sich nicht an offene und allgemein gültige Standards zu halten. Alle Hersteller von SQL-Datenbanken implementieren bestimmte ANSI Standards und erweitern die implementierten Möglichkeiten dann mit eigenen dialektalen Anteilen. Das kann sehr unschön sein, wenn es um die Portierung von Datenbankanwendungen von einem SQL Server auf einen anderen geht. Auf der anderen Seite bieten die herstellerspezifischen Spracherweiterungen oft erheblichen Komfort.

Wenn aber der Hersteller (wie beispielsweise SAP) nicht von sich aus mehrere SQL Server Systeme unterstützt, bleibt oft nur eine manuelle, mühevolle und damit fehleranfällige Migration.

> **TIPP**   Microsoft möchte natürlich, dass die Portierung von Anwendungen anderer Hersteller *hin* zum Microsoft SQL Server besonders einfach ist. Daher bietet Microsoft eine ganze Reihe sogenannter Migrations-Assistenten an. Auf der englischen Seite *http://www.microsoft.com/sql/solutions/migration/default.mspx* finden Sie die aktuelle Liste, u.a. den SQL Server Migration Assistent for Access, Oracle, DB2 und Sybase.

Manchmal ist die Einteilung der neuen Möglichkeiten etwas willkürlich. Nicht immer ist genau klar, warum man einen neuen Datentyp als Neuerung im Bereich der relationalen Datenbank feiert, bestimmte Syntax Neuigkeiten wie das neue *Increment* und *Decrement* z.B. set @int2+=1; aber als Neuerung im Bereich der Entwicklung. Alle Möglichkeiten der relationalen Datenbank kann und soll man natürlich in eigenen

Programmierungen benutzen – wir folgen daher als treue Vasallen[6] den Einteilungen der Microsoft Veröffentlichungen.

Da sich dieser Einleitung ein ganzes Kapitel über Neuerungen im SQL Server T-SQL anschließt, möchten wir hier nur die wichtigsten auflisten:

- Es gibt einen neuen Optimierungshinweis FORCESEEK. Da im SQL Server 2008 die Möglichkeiten zur Erstellung und Verwaltung vorbereiteter Abfragepläne erweitert wurden, wurde die Möglichkeit geschaffen, noch detaillierter auf die vom Abfrageoptimierer gewählten Ausführungen Einfluss zu nehmen.

- Es wurde ein neuer T-SQL-Befehl MERGE eingeführt, der es möglich macht, in einem Statement sowohl Aktualisierungen als auch Einfügungen vorzunehmen.

- Da es im Microsoft SQL Server oft mühsam war, mehrere oder große Datenmengen an eine Gespeicherte Prozedur zu übergeben, gibt es im SQL Server 2008 endlich die Option, eine Tabelle als Parameter zu definieren. Dazu muss ein benutzerdefinierter Typ mit dem Datentyp Tabelle erstellt werden, bei dem die Tabellenstruktur einschließlich Spalten und deren Datentypen festgelegt wird. Eine Variable eines solchen Typs – auf diese Weise also eine »typisierte Tabelle« – kann dann an eine Gespeicherte Prozedur übergeben werden.

- Im SQL Server 2008 gibt es nun die Möglichkeit, in einer Zeile eine T-SQL-Variable zu deklarieren und zuzuweisen.

- Zudem wurde eine vereinfachte Syntax für das Inkrementieren und Dekrementieren einer Variablen eingeführt.

- Mit dem sogenannten *Row Constructor*, also etwa Zeilen-Konstruktor, ist es mit dem SQL Server 2008 möglich, mehrere Zeilen mit einem INSERT-Statement einzufügen.

- Mit einer Erweiterung der Syntax von GROUP BY können mehrere Detailebenen einer Gruppierung in einer Abfrage erreicht werden.

Neue Dynamische Verwaltungssichten für Objekt-Abhängigkeiten

Der SQL Server 2008 bietet zudem bessere Möglichkeiten, die Abhängigkeit von Objekten im SQL Server über T-SQL-Befehle anzufragen.[7]

```
CREATE PROCEDURE A AS - leere Prozedur
GO
CREATE PROCEDURE B AS EXEC A - B führt A aus.
GO
SELECT * FROM sys.sql_expression_dependencies
SELECT * FROM sys.dm_sql_referenced_entities('dbo.B','OBJECT')
SELECT * FROM sys.dm_sql_referencing_entities('dbo.A','OBJECT')
```

---

[6] Ein Vasall ist ein mittelalterlicher Knecht, der freiwillig seinem Herrn folgt, noch dazu Soldaten und Abgaben bereitstellt und dafür den Schutz seines *Dienstherrns* genießt. Toi, toi, toi.

[7] Besser heißt dabei nicht perfekt, aber immer noch besser als die vorher einzig mögliche Systemprozedur sp_depends.

Neue Möglichkeiten im SQL Server Management Studio

Viele neue Möglichkeiten findet man im SQL Server Management Studio 2008. Oftmals tauchen diese nicht einmal in den Listen der Neuerungen auf, die man überall im Internet und sonstwo findet. Sie kommen eher nebenbei. Eine produktive Verwaltungsumgebung ist aber auch immer ein Argument für eine bestimmte Serverumgebung. Nachdem viele Administratoren den Umstieg vom Enterprise Manager des SQL Servers 2000 zum SQL Server Management Studio zunächst sehr schwer genommen haben, gibt es unserer Meinung nach kaum noch jemanden, der die neue Umgebung missen will.

IntelliSense

Diese aus dem Visual Studio so beliebte und wirklich großartige Funktion der automatischen Vervollständigung von Ausdrücken im sinnvollen Kontext war schon für den SQL Server 2005 angekündigt und findet sich nun tatsächlich im SQL Server 2008.

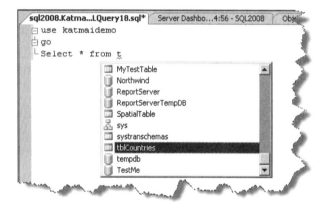

Abbildung 1.11   IntelliSense im SQL Server Management Studio

Was auf dem Screenshot noch sehr eindrucksvoll aussieht, ist leider in der Praxis wenig hilfreich. Die Online Hilfe spricht von IntelliSense bei den wichtigsten Funktionen, die später (wohl in späteren SQL Server Versionen oder hoffentlich in späteren Service Packs) weiter ausgebaut werden soll.[8]

Beim SQL Server 2005 wurde IntelliSense nach den ersten Beta-Versionen (die damals tatsächlich noch so hießen) wieder entfernt, da nach den Kundenrückmeldungen der SQL Server-Produktgruppe klar wurde, dass sie im Rahmen der Kosten und Entwicklungszeiten nicht das realisieren konnten, was der Kunde sich wohl vorstellte. Und, ganz ehrlich, mit der gleichen Argumentation könnte man es unserer Meinung nach auch wieder aus dem SQL Server 2008 entfernen.

Error-Window

Auch das SQL Server Management Studio kennt nun das aus Visual Studio bekannte Error-Window, also das Fenster mit einer möglichen Fehlerliste. Schon während man ein Skript formuliert, erscheinen erkannte Fehler, die man beheben kann, ohne zuvor das Skript starten zu müssen.

---

[8]   Eine »wichtige« Funktion ist dabei ganz offensichtlich SELECT, aber nicht z. B. INSERT, denn da geht es nicht.

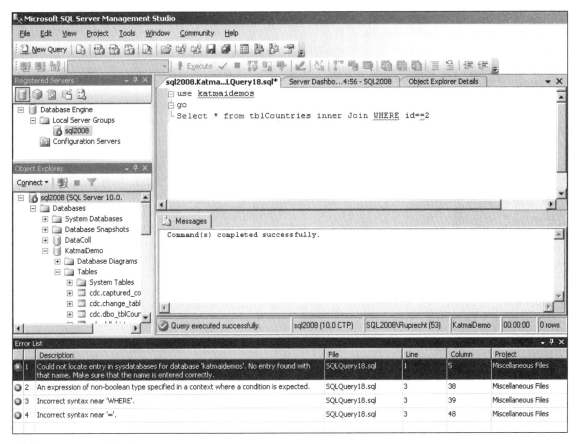

Abbildung 1.12 Das Fehler-Fenster

Neue Möglichkeiten bei der Programmierung

Wie auch weiter unten bei den Reporting Services können hier nicht die vielen und teilweise radikalen Neuerungen bei der Entwicklung und Programmierung mit dem SQL Server 2008 im Zusammenspiel mit dem Visual Studio 2008 genauer oder an Beispielen erläutert werden.

Den Programmiermöglichkeiten ist ein eigenes Kapitel (Nummer 4) gewidmet, in dem diese auch anhand von Beispielen erläutern werden. Hier daher nur einige wenige Stichworte.

LINQ

Zu den gewaltigsten Neuigkeiten gehört sicher LINQ: *Language Integrated Query*.

Die Idee von LINQ ist es, im Programmiercode den Aufruf von SQL-(aber auch XQuery oder XLink) Abfragen in Form von Zeichenketten durch die Erweiterung der Sprachen (beim Visual Studio ist dies traditionell C# und VB.NET) der .NET Familien zu ersetzen.

Der große Vorteil liegt dabei in der Überprüfbarkeit der Syntax vor ihrer Ausführung. Während ein bislang gebräuchliches ADO Command-Objekt, das etwa wie folgt definiert war:

```
Dim cdo as new SqlCommand("SELECT * FROM tblCountry WHERE WHERE Country='German",con)
Dim rdr as SqlDataReader=cdo.ExecuteReader()
```

erst bei der Ausführung zur Laufzeit eine Ausnahme auslöst, kann bei LINQ der Compiler Syntaxfehler entdecken.

```
public void MyExample() {
    List customers = GetCustomerList();
    var waCustomers =
        from c in customers
        where c.Region == "WA"
        select c;

    Console.WriteLine("Customers from Washington and their orders:");
    foreach (var customer in waCustomers) {
        Console.WriteLine("Customer {0}: {1}", customer.CustomerID, customer.CompanyName);
        foreach (var order in customer.Orders) {
            Console.WriteLine(" Order {0}: {1}", order.OrderID, order.OrderDate);
        }
    }
}
```

Listing 1.7   Ein LINQ-Beispiel

Der LINQ-Ausdruck kann direkt überprüft werden, und kann dann zur Laufzeit (es sei denn, die Datenbank ist auf einmal nicht mehr verfügbar o.ä.) keinen Fehler auslösen.

Man sieht aber auch sofort den Nachteil: LINQ ist nicht SQL. Da nicht nur SQL-Datenbanken, sondern auch XML und sogar Abfragen gegen Geschäftsobjekte (also etwa Auflistungen von Customer-Objekten) unterstützt werden sollen, ist LINQ so etwas wie der kleinste gemeinsame Nenner.

Auch wenn einem viele Syntax-Elemente wie WHERE oder SELECT bekannt vorkommen, ist die genaue Syntax Teil der LINQ- und eben nicht der SQL-Spezifikation. Dies ist zum einen eine narzisstische Kränkung für alle Datenbankprogrammierer, die bislang in esoterischen Zirkeln beglückt ihre SQL-Künste ausgetauscht haben, zum anderen aber eben auch leider ein erheblicher Lernaufwand.

Entity Data Model

Mit dem Entity Data Model unternimmt Microsoft wieder einmal den Versuch, ein ORM (Object Relational Mapper)-Tool (und noch einiges mehr) auf den Markt zu bringen. Dabei ist der Umstand gemeint, dass Programmierer nun einmal mit Objekten, nicht mit Tabellen arbeiten, und jedes Datenbank-Programmierprojekt wieder vor der Aufgabe steht, ein Verfahren zu implementieren, wie aus den Tabellen der Datenbank Objekte (beim Lesen der Informationen) werden und umgekehrt (bei Änderungen an den Daten der Datenbank).

Nachdem das Entity Data Model ursprünglich Teil der Auslieferung von SQL Server 2008 und Visual Studio 2008 werden sollte, ist es nun auf einen späteren Zeitpunkt, nämlich dem des Service Pack 1 verschoben worden.

Benutzerdefinierte Datentypen in .NET

Wie schon oben erwähnt, ist die Beschränkung für benutzerdefinierte Datentypen mit .NET aufgehoben worden, dass diese die 8KB einer Datenseite nicht überschreiten dürfen. Große Datenmengen konnten daher vor dem SQL Server 2008 nicht mit benutzerdefinierten Datentypen verwaltet werden.

Die vom SQL Server 2008 ausgelieferten Datentypen HierarchyId, Geography und Geometry sind alle als .NET-Datentypen implementiert, und dokumentieren diese – leider viel zu wenig gewürdigte – Leistungsfähigkeit des CLR-Supports im SQL Server.

SQL Server Change Tracking

Das oben schon erläuterte SQL Server Change Tracking (siehe Seite 13) wird im Kontext der Programmierung in den Veröffentlichungen auch *Synchronization Programming Model* genannt. Es ermöglicht durch die Erfassung der Datenänderungen sehr leicht die Umsetzung von zeitweise verbundenen, unabhängigen Anwendungen, die Datenänderungen gegen einen zentralen Server synchronisieren müssen, mit eingebauter Konflikterkennung.

Man muss allerdings beachten, dass dies eben nur ein Programmier-*Modell*, nicht etwa eine bereits abgeschlossene Programmierung ist, die man nur noch in eigenen Anwendungen einsetzen muss: Die Grundlage sind da, umgesetzt werden muss das Modell aber durch eigene Entwicklung.

Business Intelligence (Pervasive Inside)

Der Fokus auf die Möglichkeiten der Business Intelligence, oder vereinfacht gesprochen, die Möglichkeit im SQL Server produktive Datenanalysen und -Bereitstellungen für bessere Entscheidungsfindungen zur Verfügung zu haben, ist zu einem großen Anteil für Erfolg des SQL Servers 2005 verantwortlich gewesen. Auch wenn der SQL Server schon seit Version 7.0 die Analysis Services kannte, so wurden die Möglichkeiten für das Unternehmen von den meisten SQL Server Betreibern unverständlicherweise oft übersehen oder unterschätzt.

Neben den faszinierenden technischen Möglichkeiten hat aber nun auch die Marketingmaschinerie von Microsoft den Bereich der Business Intelligence im SQL Server entdeckt und kommuniziert das ungeheure Potenzial. Dies hat auch zur Folge, dass auch bei der Erstellung des SQL Servers 2008 noch einmal die Möglichkeiten dieses Bereiches erheblich erweitert und verbessert wurden.

Optimierungen für Star-Joins

Nicht jeder, der ein Datawarehouse (also eine separate, denormalisierte Datenbank nur für Auswertungszwecke) hat, baut auch Analysis Services Cubes darauf. Viele Leute verwenden auch einfach einen SQL-Generator oder Datenbank-Report-Designer und arbeiten direkt auf den Tabellen des Datawarehouse! Weil das mehr Anwender sind als man oft denkt, gibt es für die dabei entstehenden Abfragen jetzt eine interne Optimierung der relationalen Datenbank. Der Abfrageoptimierer erkennt diese Abfragen automatisch, und kann dann eine Reihe von Strategien wählen.

Das Datawarehouse hat ja typischerweise ein sehr einfaches Tabellenschema, ein so genanntes »Stern-Schema«, wie es in Kapitel 6, im Abschnitt »Dimensionen von Sternen und Schneeflocken« zu besichtigen ist. Eine sehr, sehr lange *Faktentabelle* in der Mitte ist jeweils mit vielen, weitaus kürzeren *Dimensionstabellen* über Fremdschlüssel verbunden. Für die Auswertungen auf so einem Schema benötigt man nur wenige Joins (weil es wenige Tabellen sind), aber die haben es in sich! Typischerweise bearbeitet der SQL Server dabei erst einen Join zwischen der riesigen Faktentabelle und der größten Dimensionstabelle, dann der nächstgroßen und so weiter; und das kann dauern, weil er die Faktentabelle dabei komplett scannt. Schon SQL Server 2005 kennt dagegen eine Abhilfe: den *Bitmap Filter*, der dynamisch aus der Dimensionstabelle erzeugt wird. Mit diesem Filter können die Zeilen aus der Faktentabelle, die durch eine Einschränkung auf der Dimensionstabelle früher erst *nach* dem Join entfernt wurden, jetzt schon vorher eliminiert werden: das Scannen der Faktentabelle entfällt. Wer diesen Trick ganz genau verstehen will, kann in der SQL Server Onlinehilfe unter *Understanding Bitmap Filtering* nachlesen.

Der SQL Server 2008 nun kann dieses Verfahren nicht nur mit einer, sondern auch mit mehreren Dimensionstabellen durchführen – besonders, wenn die Dimensionsschlüssel INTEGER sind – und er kann die Bitmap Filter auch dynamisch an verschiedenen Stellen im Abfrageplan einsetzen. Erste Tests bei Microsoft ergaben mit dieser Optimierung für Datawarehouse-Abfragen Performance-Verbesserungen zwischen 17 und 23 Prozent, und das ohne eine Zeile in der Applikation zu verändern!

Was ist neu bei Integration Services?

Die SQL Server Integration Services (SSIS) haben ja beim SQL Server 2005 die lange beliebten und bewährten Data Transformation Services (DTS) als universelles Datenlade- und Entlade-Werkzeug abgelöst, und man muss klar sagen: das haben sie gut gemacht. Die Neuigkeiten in der Version 2008 beschränken sich also im Wesentlichen darauf, Feedback aus den vielen Praxisprojekten, in denen die Integration Services ihre Stärken zeigen durften, in die aktuelle Version einzuarbeiten. Zusätzlich werden noch ein paar bohrende Wünsche der SSIS-2005-Entwickler erfüllt! Wer also mit diesem Werkzeug noch nicht gearbeitet hat, dem sei erst einmal die Lektüre von Kapitel 5 empfohlen, das einen Überblick über die wichtigsten Funktionen von Integration Services gibt.

Völlig neues Skripting dank VSTA

Die größte Veränderung im Bereich der Integration Services ist sicherlich die komplett andere Skripting-Technologie. Bisher basierten alle Programm-Skripte auf *Visual Studio for Applications* (VSA) mit der Skriptsprache Visual Basic.NET. Jetzt werden die *Visual Studio Tools for Applications* (VSTA) unterstützt, die nicht nur um einen Buchstaben länger sind, sondern auch C# als Skriptsprache unterstützen und noch einiges mehr drauf haben. Näheres dazu wird in Kapitel 5 berichtet.

Schnellere Suche mit Persistent Lookups

Beim Laden von Daten muss man ja sehr oft den Inhalt einer Spalte im Datenstrom durch etwas anderes ersetzen, das man aus einer zweiten Such-Tabelle holt. Weil das so ist, ist die Suche (*Lookup*) die häufigste Transformation. Mit ihr kann man für jede Zeile aus dem eingehenden Datenstrom eine Suche in einer völlig anderen Datenverbindung starten, und das Ergebnis aus dieser Suche in den ausgehenden Datenstrom einfließen lassen.

Leider ist diese Stärke der Suche auch ihr Problem: es kommt unter Umständen eine große Zahl an Datenbankabfragen zusammen. Schon beim SQL Server 2005 konnte man daher die Ergebnisse dieser Suchabfragen zwischenspeichern lassen, was zwar Hauptspeicher kostet, aber doppelte Abfragen vermeidet. Wer noch mehr Performance brauchte, hat oft am Anfang gleich die gesamte Suchtabelle in den Cache geladen, aber das dauerte oft länger, als der eigentliche Ladevorgang, für den man die Suche eigentlich brauchte!

Im SQL Server 2008 ist dieser Cache jetzt auf Wunsch auch dauerhaft! Man speichert als ersten Schritt die Lookup-Daten in eine binäre Datei, und von dort aus können sie in den Hauptspeicher geladen werden, und zwar so, dass mehrere Suche-Transformationen denselben Speicherbereich wiederverwenden. Das ist eine Hilfe an der richtigen Stelle, deren genaues Verfahren wir deshalb nochmals in Kapitel 5 erklären, im Abschnitt »Suche-Task«.

Schmutz sofort erkennen durch den Data Profiling Task

Data Profiling ist wirklich in Mode, aber zu Recht: die Qualität von Daten, die importiert werden müssen, vorher richtig einzuschätzen, kann für den Erfolg eines Projektes entscheidend sein. Es ist immer besser, wenn man gleich sagen kann: »Entschuldigung, aber Ihre ganzen Fremdschlüssel stimmen ja gar nicht« oder »in der Spalte *Geschlecht* stehen bei Ihnen aber 8 verschiedene Inhalte, nicht nur *M* und *W*! «. Das kann man machen, indem man die Daten mal probeweise lädt (schon das kann lange dauern) und dann mit SQL-Abfragen auswertet oder in Excel-Sheets mit dem Auge prüft, aber besser sind Data Profiling-Tools. Auch der SQL Server 2008 bietet mehrere davon; das Schönste und Mächtigste unter ihnen, der Data Profiling Task, ist in Integration Services integriert, und deshalb beschreiben wie ihn auch im Integration Services-Kapitel, Nummer 5, im Abschnitt »Schmutz sofort erkennen durch den Data Profiling Task«.

Neue ADO.NET-Komponenten

Zwar sind ja die Integration Services aus Performancegründen noch in *unmanaged code*, also nicht in .NET geschrieben, aber eine große Zahl von Datenquellen und –zielen haben diesen Sprung schon geschafft und kommen aus der .NET-Welt. Um dem besser Rechnung zu tragen, enthält der Datenfluss in Integration Services jetzt eine neue ADO.NET-Datenflussquelle und ein ADO.NET-Datenflussziel. Wie die schon bekannten OLE DB-Komponenten kann die Quelle Daten aus einer Tabelle, einem View und einer Abfrage lesen, und das Ziel schreibt die Daten in eine Tabelle oder einen View zurück. Zwar fehlen noch einige fortgeschrittene Fähigkeiten, wie das Lesen der SQL-Abfrage aus einer Variable und die Batch-Verarbeitung beim Schreiben, aber dafür bleibt man bei .NET-Projekten eben weitgehend in derselben Welt.

Mehr Möglichkeiten im Import/Export-Assistenten

Wir hoffen, dass jeder, der mit dem SQL Server 2005 Daten hin und her kopieren muss, diesen praktischen Assistenten schon bemerkt hat und rege verwendet! Es gibt wohl keinen einfacheren Weg, Daten aus einer einzelnen Datenquelle (Tabelle, Excel-Sheet, Access-Datenbank etc.) in den SQL Server hinein und optional wieder heraus zu bekommen. Was uns an ihm am besten gefällt, ist, dass er bei seiner segensreichen Tätigkeit auch gleich ein Integration Services-Paket erzeugt, das man dann weiter editieren kann. Genauso benutzt dieses Buch dann auch den Import/Export-Assistenten zur Generierung eines ersten SSIS-Pakets im Kapitel 5, und dort ist auch diese Erweiterung im Detail beschrieben.

Wer die Integration Services schon benutzt hat, der weiß, dass sie es mit den Datentypen sehr genau nehmen. Deshalb schlugen simple Import-Vorgänge, die etwa aus einer Textdatei Daten in eine Tabelle lesen sollten, öfter fehl: weil die Datentypen nicht oder nur unter Datenverlust zu konvertieren waren. Neuerdings hat der Import/Export-Assistent ein zusätzliches Fenster *Review Data Type Mapping*, in dem man auf solche Risiken vor dem Beenden des Assistenten hingewiesen wird und die Folgen selbst bestimmen kann, indem man z. B. das Abschneiden von Daten einfach toleriert.

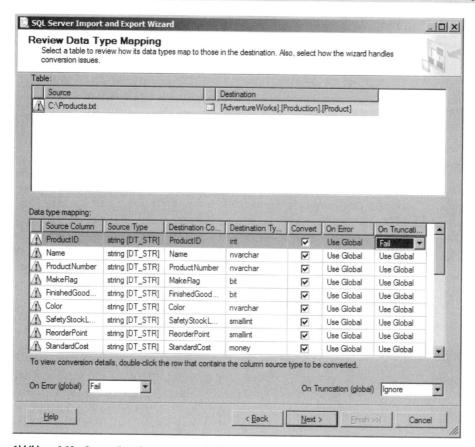

Abbildung 1.13   Bessere Datenkonvertierung beim Import/Export Assistenten der Integration Services

Was ist neu bei Analysis Services?

Die Analysis Services sind seit dem SQL Server 7.0 Teil des Produktes. Mit dem SQL Server 2005 wurde erst durch das etwas offensivere Marketing von Microsoft ein großer Teil der SQL Server Betreiber darauf aufmerksam. Neben der relationalen Datenbank verfügt der SQL Server über einen weiteren Server: Den OLAP Server der Analysis Services, der umfangreiche Datenanalysen ermöglicht.

Warnungen vor schlechtem Design

Dafür, dass die Analysis Services 2005 eine komplette Neuentwicklung waren, haben sie sich wirklich gut geschlagen. Cubes im Terabyte-Bereich und von höchster Komplexität haben gezeigt, dass wir es hier mit einem robusten und schnellen OLAP-Server zu tun haben. Wenn wir Microsoft da überhaupt noch einen Vorwurf machen können, dann den, dass es für die 2005er-Version bis lange nach ihrem Erscheinen keine Design-Ratschläge gab, keine *best practices*, wie man heute sagt. Angesichts der vielen neuen Modellierungsmöglichkeiten wie m:n-Dimensionen, referenzierten Dimensionen und manchem mehr stand man doch ziemlich alleine da, und musste manches erst mit einigem Aufwand ausprobieren.

Vielleicht hat dies damit zu tun, dass man auch bei Microsoft selbst diese Erfahrungen erst einmal machen musste! Jedenfalls begann noch vor dem Erscheinen des SQL Servers 2005 das Projekt REAL. Hier mussten die Analysis Services 2005-Entwickler (und noch einige Produktteams mehr) noch mit dem Beta-Produkt ein echtes, kommerzielles Datawarehouse-Projekt schaffen, und zwar die produktiven Auswertungen des amerikanischen Buch- und CD-Einzelhändlers Barnes&Noble. Die Erfahrungen, die sie dabei machten, haben sie gottseidank mit uns Entwicklern geteilt und teilen sie noch, in vielen Whitepapers, die man unter *http://www.microsoft.com/sql/solutions/bi/projectreal.mspx* herunterladen kann. Die dort getroffenen Design-Entscheidungen und dort gebauten Architekturen sind zumindest praxiserprobt. Aber wie macht man dieses Wissen nun der großen Masse der Cube-Designer zugänglich? Ganz einfach, man baut in das Business Intelligence Development Studio (BIDS) vorsichtige Hinweise ein, die erscheinen, wenn man einen der über 40 *best practices* nicht verwendet. Dabei will man niemanden mit Pop-Ups nerven oder zu irgendetwas zwingen, man könnte ja gute Gründe für einen bestimmten suboptimalen Entwurf haben! Diese Warnungen zeigen sich deshalb – wie aus Word bekannt – als kleine blaue Wellenlinien, die dann im ToolTip-Text oder im *Error List*-Fenster ihre gesamte Weisheit offenbaren. Besonders stolz ist man bei Microsoft darauf, dass diese Warnung ins Verwaltungs-Objektmodell des OLAP-Servers, *Analysis Managements Objects* (AMO) eingebaut sind, sodass sie sogar dann verwendbar wären, wenn man als Entwurfswerkzeug für Cubes nicht das Business Intelligence Development Studio benutzen würde.

Blockweise schneller berechnen

Im besten Falle werden die meisten von uns diese Neuerung überhaupt niemals wahrnehmen, sie werden sich allenfalls herzlich darüber freuen, wenn ihre Abfragen bedeutend schneller laufen! Denn so ist es leider: Wenn Analysis Services-Berechnungen über eine große Zahl von Cube-Zellen laufen müssen, dann können sie auch leicht einmal lange laufen. Das Gegenmittel dazu wurde in kleinen Dosen mit SQL Server 2005 Service Pack 2 eingeführt, und ist jetzt erst in der neuen Version voll wirksam: *Block Computations*, auch *Subspace Computations* genannt.

Ein Blick unter die Motorhaube der Cubes zeigt, dass es natürlich nicht für jede Zelle (die ja am Schnittpunkt aller Dimensionen miteinander liegt) auch Zahlen gibt – vieles ist leer (z.B. nicht jedes Produkt wurde von jedem Kunden an jedem Tag einmal gekauft). Vom Platzbedarf her ist diese spärliche Füllung kein Problem, denn leere Zellen nehmen keinen Plattenplatz weg. Beim Berechnen aber ging die Formel-Engine bisher so vor, dass sie jede mögliche Zelle erst einmal prüfte, dann merkte, dass diese leer war und zur nächsten Zelle weiterging und so weiter. Die Analysis Services 2008 teilen den zu berechnenden Raum erst einmal auf, in berechnete Zellen, reguläre Zellen und leere Zellen und können dann besser entscheiden, für welche Zellen überhaupt Berechnungen durchgeführt werden. Die Performance-Verbesserungen kann man eigentlich am besten über den System-Monitor-Leistungsindikator *MSAS 2005:MDX / Berechnete Zellen gesamt (Total cells calculated)* bewundern, dessen Zahlen für identische Abfragen oft erheblich niedriger ausfallen als bei der Vorversion!

Beliebig viele Nutzer durch Nur-Lesen-Kopien

Ein sehr beliebtes Verfahren, mit dem man fast beliebig viele Anfragen gegen Cubes befriedigen kann, heißt *scale out*: Man stellt einfach beliebig viele Nur-Lesen-Kopien der Cube-Datenbank auf verschiedenen Analysis Services-Servern zu Verfügung, und verteilt die Nutzer-Verbindungen einfach dynamisch über *Network Load Balancing*. Das Windows-Betriebssystem kann dieses »NLB« ja schon ab der Version 2000 mit Bordmitteln. Diese Nur-Lesen-Server sind dann schnell, weil sie die Last des Verarbeitens (oder wie man früher sagte: des Aufbereitens) der Daten nicht mehr tragen müssen, und auch hochverfügbar, weil das Load Balancing einfach an Server, die nicht mehr antworten, keine Anfragen mehr schickt. Zur Aktualisierung dieser Kopien bietet sich der *Synchronize Database Wizard* an, der dies tun kann, ohne dass die Benutzer der Zielserver beeinträchtigt werden. Neu in Analysis Services 2008 ist, dass die Funktionalität des Trennens und Anfügens (*Detach / Attach*) jetzt auch bei Analysis Services ein Kopieren der Datenbank-Dateien ermöglicht, ohne dass man den Server dafür beenden müsste. Schneller geht es natürlich, wenn man die Analysis Services-Dateien auf einem Storage Area Network (SAN) abgelegt hat: dann kann man die SAN-Snapshot-Funktionalität zum Kopieren nutzen, die das in Sekundenbruchteilen kann. Das Konzept findet sich in der Literatur auch oft beschrieben als *read-only scalable database*, egal, ob dabei die relationale Datenbank oder die Cubes gemeint sind.

Cube-Datenbanken beliebiger Größe sichern

Wir sind ja stolz und froh, wenn Sie, lieber Leser, zu denen gehören, die auf dieses Limit gestoßen sind! Wer hat eine Analysis Services-Datenbank, die deutlich größer als 20 GB ist?[9] Ab dieser Größe – und auch schon etwas eher – macht es wirklich keinen Spaß mehr, die Analysis Services-Datenbank zu sichern, weil die Backup-Zeit exponentiell ansteigt. Darüber haben sich so viele Nutzer beschwert, dass für SSAS 2008 die gesamte Backup-Funktionalität neu geschrieben wurde! Erste Tests zeigen, dass die Performance jetzt mit der Datenmenge »linear skaliert«, wie es so schön heißt, und dass man beim Analysis Services Backup jetzt von der Geschwindigkeit her nur noch knapp unter Zeit liegt, die man für das physische Kopieren der Dateien benötigt.

Rückschreiben in Cubes wird schneller durch MOLAP

Schreiben Sie in Ihre Cubes? Vermutlich nicht, die meisten lesen einfach nur, was Analysis Services auch wirklich am besten können. Aber etwa Planzahlen in Cubes zurückzuschreiben (und nicht erst in darunterliegende Tabellen) kann sehr sinnvoll sein, wegen des *spreading*: Man schreibt etwa nur einen Summenwert für das Jahr, und der Cube verteilt ihn automatisch auf die Quartale und Monate. Darüberhinaus kann man auch in Dimensionen schreiben, also neue Elemente hinzufügen, löschen oder Elemente in Hierarchien umhängen, aber diese Variante ist hier eigentlich nicht gemeint.

Die Analysis Services unterstützen das Rückschreiben (*writeback*) in Zellwerte und Dimensionen, aber nur wenige OLAP-Clients bieten es auch an (Excel 2007 zum Beispiel kann es nicht). Der Hauptgrund für die mangelnde Beliebtheit des Rückschreibens bei SSAS ist aber die Architektur: Man schreibt nicht in den Cube direkt zurück, sondern in eine gesonderte Tabelle, die so genannte Rückschreibetabelle, für die man auch eine beschreibbare Datenquelle angeben muss. Die zurückgeschriebenen Daten gehen in diese Tabelle, nicht in die Quelltabelle des Cubes, und man kann sie dann später in eine echte Partition überführen, aber das ist doch mehr Aufwand, als die meisten treiben wollen. Zusätzlich werden diese Daten dann bei jedem weiteren Lesezugriff aus dem Cube relational aus der Tabelle ausgelesen, der Kenner nennt das ROLAP oder relationales OLAP[10]. Der Kenner weiß aber auch, dass dieser Speichermodus dem standardmäßig verwendeten MOLAP (multidimensionalen OLAP) in der Performance gewaltig unterlegen ist, und das führt dazu, dass Cube-Partitionen, bei denen das Rückschreiben aktiviert ist, den eigentlich schnellen Cube enorm verlangsamen können.

---

[9] Wohlgemerkt: 20 GB Cube-Größe, nicht die darunterliegende relationale Datenbank. Analysis Services komprimieren die relationalen Inhalte sehr stark, sodass man zum Füllen eines 20 GB-Cubes gut und gerne schon 100 GB relationale Daten benötigen kann.

[10] Die möglichen Speichermodi für Cubes werden in Kapitel 6 ausführlich erklärt.

Dass Analysis Services 2008 es jetzt ermöglichen, auch für die zurückgeschriebenen Daten den schnellen MOLAP-Speichermodus zu verwenden, dürfte vielleicht dazu führen, dass es in Zukunft mehr Clients gibt, über die man dann auch seine Planzahlen schnell in den Cube eingeben kann.

Einfachere Cube-Administration über Dynamic Management Views

So schnell Abfragen auf den Analysis Services auch sind: Nutzer schaffen es immer wieder, auch dieses System an seine Grenzen zu führen. Beliebt sind Auswertungen, die jede Dimension auf unterster Detail-Ebene enthalten, und die dafür dann eine komplex berechnete (etwa: kumulierte) Kennzahl enthalten, sodass viele tausend Zellen kalkuliert und zum Client übertragen werden müssen: das kann dann schon mal einige Zeit dauern, und währenddessen ist der Analysis Server für andere Benutzer unter Umständen nur zäh zu verwenden.

Der häufigste Wunsch, der von Cube-Administratoren an Microsoft herangetragen wurde, ist dann auch der nach einer Überwachung der Nutzer, die gerade mit dem Cube verbunden sind: Wessen Abfrage frisst da gerade alle Ressourcen auf, und wie kann man ihn sofort dabei stoppen? Dazu gibt es jetzt die *Dynamic Management Views*, die Informationen über die aktuelle Nutzung des Servers über SQL-Abfragen zurückgeben. Man sieht für jede Session den Nutzernamen, den Status, das letzte Kommando, die bisher erzeugte IO- und CPU-Last und einiges mehr. Mithilfe der ebenfalls ausgegebenen session_id kann dann die Sitzung auch verlässlich und unverzüglich abgebrochen werden, das Cancel-XMLA-Kommando wurde zu diesem Zweck stark verbessert. Sie finden es mit anderen Beispielen zu den DMVs in Kapitel 6.

Cube-Aggregationen mit grafischem Designer

Aggregationen sind eins der cleveren Mittel, mit denen die Analysis Services diese gewaltige Abfrage-Performance erreichen, von der relationale Datenbanken nur träumen können. Es werden einfach häufig gefragte Zwischensummen für wichtige Dimensions-Attribute schon im Voraus, beim Verarbeiten berechnet und gespeichert, dann sind sie zum Abfragezeitpunkt schon da und müssen nicht erst aus den Detail-Werten aufsummiert werden. Aber was wird häufig gefragt, und welche Dimensions-Attribute sind wichtig? Dafür gab und gibt es den Aggregationsentwurfs-Assistenten, der anhand von etwas Statistik über die Anzahl der Cube-Objekte vermutet, wo welche Aggregationen am effektivsten wären. Welche dies sind, teilt er uns nicht mit, nur, wie groß sie sind und um wie viel Prozent sie unsere Abfragen schneller machen werden. Da heißt es »Vogel friss oder stirb«, eine Situation, die für den anspruchsvollen Cube-Spezialisten unhaltbar ist.

Jetzt gibt es Abhilfe in Gestalt des grafischen Aggregations-Designers im Business Intelligence Development Studio. Die Aggregationen haben sogar eine eigene Reiterkarte im Cube-Designer bekommen, in dem man im *Standard View* nur sieht, welche Aggregationsdesigns es gibt (sie haben jetzt auch Namen!), und von welchen Partitionen des Cubes sie verwendet werden. Hier kann man sie einfach neuen Partitionen zuordnen, umbenennen und löschen. Aber im *Advanced View* geht es dann erst richtig los, wie in Abbildung 1.14 zu sehen ist.

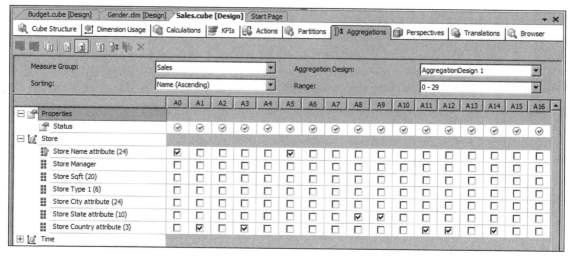

Abbildung 1.14 Der grafische Aggregations-Designer im BIDS (Ausschnitt)

Viele, viele Stunden kann man hier damit verbringen, an Aggregationsdesigns zu feilen und sie mal der einen, dann der andere Partition zuzuweisen und die Auswirkungen auf Größe, Verarbeitungszeit und Abfrageperformance zu testen.

TIPP Sie ahnen schon: Wir warnen davor, hier viel Mühe hinein zu stecken, bevor man nicht alle anderen Möglichkeiten des Cube-Entwurfs ausprobiert hat (sprich: bevor nicht alle blauen Wellenlinien verschwunden sind, die uns vor schlechtem Cube-Design warnen). Bedenken Sie auch, dass auch der Algorithmus, den der Aggregationsentwurfs-Assistent verwendet, ebenfalls stark verbessert wurde: Vertrauen Sie erst einmal dem System! Ein netter Test ist es immer wieder, mal einen Cube ganz ohne Aggregationen zu verarbeiten, und zu schauen, ob dieser bei der Abfrage-Performance dann wirklich langsamer ist.

Data Mining jetzt auch von Excel aus

Diese Neuigkeit kommt nicht direkt vom SQL Server 2008, aber sie ist so bedeutend, dass sie auch hier wieder mit erwähnt werden muss: Data Mining hat endlich ein Frontend! Und es ist auch noch eines der populärsten, nämlich Excel. Allerdings muss man es sich erst kostenlos von der Microsoft Website herunterladen, in Gestalt der *Data Mining-Add-Ins für Office 2007*. Dann kann man mit den *Tabellenanalysetools für Excel* mit wenigen Mausklicks Vorhersagen auf Daten erstellen, die man in Excel-Tabellen vorliegen hat, oder man verwendet den *Data Mining Client für Excel*, mit dem man Mining-Modelle auf dem Analysis Server erstellen und nutzen kann, ganz wie sonst mit dem Business Intelligence Development Studio. Beide Werkzeuge sollen Data Mining wesentlich näher zum Business-Nutzer bringen, und sind deshalb so intuitiv gestaltet, dass sie schon mit ein paar Mausklicks begeisternde Ergebnisse erzielen. Weil das auch für uns ein wichtiger Durchbruch ist, werden diese Tools in Kapitel 8 ausführlich beschrieben, unter »Data Mining-Add-Ins für Office 2007«.

Mehr Intelligenz in der Miningstruktur

Die Miningstruktur, das ist quasi die Struktur der Verbindung, aus der Data Mining seine Fall-Daten holt; demografische Kundeninformationen, Verkäufe im Online-Shop, Umsatzentwicklungen über die Monate etc. Die Miningstruktur enthält auch die Information, welche Spalten als Eingabe verwendet werden und welche im Betrieb vorhergesagt werden müssen. Dabei ist es üblich, nicht alle Falldatensätze zum »Trainieren« der Miningmodelle, die man auf diese Struktur gebaut hat, zu verwenden, sondern nur einen Teil davon, der Rest wird zurückgehalten und später als Testdaten für die Qualität der Vorhersagen benutzt.

Diese Aufteilung in Trainings-und Testdaten beherrscht jetzt schon die Miningstruktur! Ich kann direkt als Eigenschaft der Struktur *HoldoutMaxPercent* verstellen, also den Prozentsatz, der als Testdaten zurückgehalten wird. Das bedeutet, dass später alle Miningmodelle, die man auf dieser Struktur baut, miteinander besser vergleichbar sind.

Aber auch das Gegenteil ist jetzt möglich: Wenn ich auf einer einheitlichen Miningstruktur etwa ein Modell nur für Männer und eines nur für Frauen bauen will, weil sich beide Zielgruppen doch zu unterschiedlich verhalten, dann kann ich diesen Datenfilter jetzt direkt auf dem Miningmodell definieren, indem ich in die Eigenschaft *Filter* des Modells eine SQL-ähnliche WHERE-Klausel einstelle.

Eine besonders frappierende Operation auf einem fertigen Miningmodell ist der *Drillthrough*. Wenn man etwa herausgefunden hat, dass die Kunden-Zielgruppe, die kein Auto besitzt, nur 5 km Entfernung bis zur Arbeit hat und zwischen 25 und 35 Jahren alt ist, einem mit 75-prozentiger Wahrscheinlichkeit ein Fahrrad abkauft, dann kann man sich eine Liste dieser Leute direkt aus der Datenbank ausgeben lassen, etwa, um ihnen den neuen Katalog zuzuschicken. Das geht jetzt auch mit Spalten, die nur in der Miningstruktur enthalten sind und nicht im Modell, weil sie nicht als Eingabe taugen, wie etwa die Email-Adresse.

Data Mining validiert kreuzweise

Bevor man Data Mining-Vorhersagen traut, wird man ja in der Regel eine längere Testphase einlegen. Wie gerade schon ausgeführt, ist dafür sinnvollerweise ein Teil der Daten nicht zum Training des Modells verwendet worden, sondern als Testdaten zurückgehalten worden. In diesen Daten ist ja die vorherzusagende Information schon enthalten, und deshalb kann man perfekt vergleichen, ob die Vorhersage richtig liegt. In der Regel hat man auf einer Miningstruktur mehrere Miningmodelle mit verschiedenen Miningverfahren gebaut, und die Analysis Services zeigen jetzt in einem Genauigkeitsdiagramm (*Lift Chart*) an, welches Modell der Realität am nächsten gekommen ist. Ein etwas aufwändigeres, aber sehr übliches Testverfahren ist die Vergleichsprüfung oder *cross validation*. von einem oder mehreren Mining-Modellen. Dabei teilt das System die Daten in mehrere Partitionen (*folds*) ein, und verwendet immer eine Partition als Testdaten und den gesamten Rest zum Trainieren. Das Ganze wird für jede Partition auf einem temporär erzeugten Modell durchgeführt, was natürlich eine ganze Weile dauert, am Ende aber sehr eindeutig anzeigt, welches Modell die besten Vorhersagen liefert.

Kurvenentwicklung in die Zukunft mit Time Series noch besser vorhersagen

Ein besonders einfacher Mining-Algorithmus, der dazu noch eine häufig gestellte Frage beantwortet, ist der Time Series-Algorithmus, in der deutschen Version manchmal auch – nicht sehr glücklich – als *Planung* bezeichnet. Er ist in der Lage, basierend auf dem bisherigen Verlauf einer Kurve vorherzusagen, wie sie sich in Zukunft entwickeln wird. Als Eingabe benötigen sie dazu eigentlich nicht mehr als nur die historischen Kurvendaten selbst! Im SQL Server 2008 wurde dieses Verfahren jetzt noch erweitert: Es verwendet in ein und demselben Modell gleichzeitig die beiden Vorhersagemethoden ARIMA und ArtXP (statt vorher nur ArtXP), und kombiniert deren Ergebnisse dann für den Nutzer unsichtbar, um die besten Resultate herauszuholen.

Was ist neu bei Reporting Services?

Die Neuerungen und Erweiterungen im Bereich der Reporting Services, dem Berichtserver, sind so immens, dass es wenig Sinn machen würde, diese detailliert hier vorzustellen. Wir würden schlicht und ergreifend das Kapitel 6 vorwegnehmen. Es soll daher hier nur eine kurze Liste für die ganz Eiligen folgen:

- Die Reporting Services können nun ohne Installation des Internet Information Servers (IIS) betrieben werden. Dies vereinfacht die Installation und erhöht die Akzeptanz im Unternehmen. Rein technisch sind die Reporting Services als sogenannter XML-Webservice implementiert, sie müssen daher über Port 80 (http) oder Port 443 (SSL) bereitgestellt werden. Mit dem SQL Server 2008 wird aber ein eigenes Modul mit ausgeliefert, das die Webdienste unabhängig vom IIS betreibt. Dies macht es deutlich leichter, die Reporting Services im Unternehmen zu installieren. Für viele Administratoren war die Idee, einen Webserver – und dazu den IIS – auf einem SQL Server zu installieren doch zu erschreckend, und sie werten dies oft vehement ab, wie die Autoren glaubhaft bezeugen können.

- Neben dem Zugriff über die Windows-Sicherheit (d.h. Benutzer müssen über einen gültigen Windows-Account in der Domäne verfügen) soll nun auch über eine mitausgelieferte Formular-Authentifizierung zugegriffen werden können. Diese Möglichkeit konnte auch schon im SQL Server 2005 mithilfe einer selbstprogrammierten *authentication extension* realisiert werden, doch im SQL Server 2008 soll sie ohne eigene Implementierungen möglich sein. In der Online-Dokumentation ist davon leider nichts zu finden, im Gegenteil, unter dem Stichwort *Configuring Authentication in Reporting Services* findet man unter RSForms den Hinweis *Not supported in SQL Server 2008, but it is reserved for future use,* was nicht wirklich hoffen lässt, dass eine solche Funktionalität wirklich noch in den letzten CTPs oder im Endprodukt umgesetzt wird.

- Die Export-Möglichkeiten wurden noch einmal verbessert. So wurde das häufigste Export-Format (Excel) noch einmal erheblich verbessert. In der endgültigen Produktversion soll zudem der Export nach Word möglich sein.

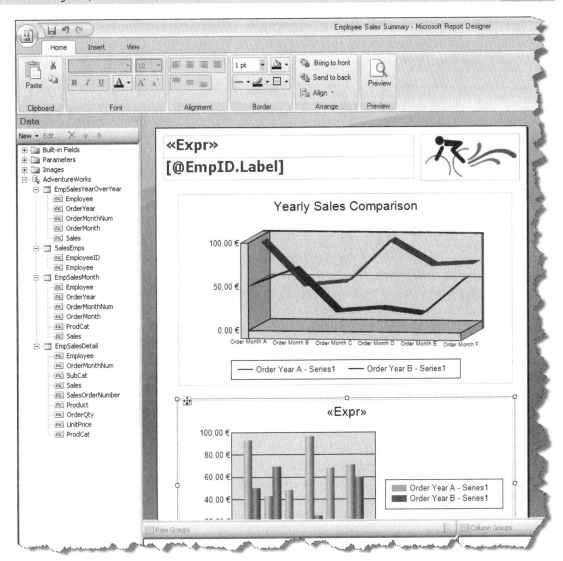

- Eine bessere Datendarstellung in Form der Diagramme ist im SQL Server 2008 möglich. Auch oben in der Abbildung sieht man schon die neuen Diagramm-Typen. Schon in den Reporting Services des SQL Servers 2005 wurde das Steuerelement, das die Diagramme bereitstellte, nicht von Microsoft allein, sondern von der Firma Dundas *http://www.dundas.com* entwickelt. Einen Großteil der von Dundas zusätzlich und kostenpflichtig angebotenen Diagrammtypen hat Microsoft nun für den SQL Server 2008 lizenziert und liefert diese mit aus.

- Die bislang vorhandenen Steuerelemente *Tabelle*, zur Darstellung von Tabellen (ach), und *Matrix*, zur Darstellung von Pivot- oder Kreuztabellen, wurden zu dem neuen Steuerelement *Tablix* (und wieder ein schöner neuer Name) vereinigt. Dieses ist zudem deutlich flexibler und leistungsstärker als seine Vorgänger.

- Die Report Engine wurde noch weiter für die besonderen Bedürfnisse von Unternehmen optimiert. Dies soll vor allem den Ausgabeformaten wie z. B. PDF zu Gute kommen. Auch bei sehr großen Berichten und vielen Zugriffen wurde die Performance deutlich verbessert.

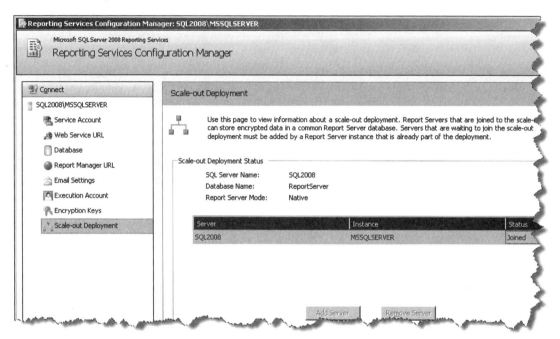

- Zudem soll die Erstellung und Ausführung von Reports in Word und Excel möglich sein. Auf der Business Intelligence Conference im Mai 2007 in Seattle, auf der die Autoren nach zuvor geleisteten Wanderungen durch den fantastischen Olympic National Park ergriffen anwesend waren, wurde die Funktionalität bereits präsentiert. Auch dies ist keine vollständige Eigenentwicklung, sondern ein Zukauf der Firma *softartisans http://officewriter.softartisans.com/officewriter-405.aspx,* auf deren Website die Zusammenarbeit für den SQL Server 2008 auch mitgeteilt wird. Leider wurde diese Option bislang nicht wieder in den bisher verfügbaren CTPs gesichtet. Die Autoren waren hoffnungsvoll, dass dieses Feature es in das Endprodukt schaffen wird und erfahren gerade leider zunehmende Verunsicherung in diesem Punkt.

Kapitel 2

Meine erste eigene Datenbank – Erstellung und Verwaltung von Datenbanken

In diesem Kapitel:

Das SQL Server Management Studio	43
Anlegen der Datenbank	51
Anlegen einer Tabelle	57
Festlegen der Sicherheit	85
Datensicherung und Wiederherstellung	101
Wartung einer einfachen SQL Server Datenbank	111
Der SQL Server Agent	119

Immer mehr Tiefkühl-Lastwagen verlassen rund um die Uhr das StarBack-Betriebsgelände und liefern Brötchen, Plunder und Croissants in ganz Deutschland aus. Dass die alte, selbstgeschriebene Anwendung bei diesem Wachstum nicht mehr lange mithalten kann, ist mittlerweile selbst dem IT-Leiter klar, und der hat sie ja im Anfang noch selbst geschrieben!

Bislang hatte man immer, wenn ein neues Problem auftrat, etwa die Routenplanung für die LKW-Flotte oder Auswertung der Ausfallzeiten der Produktionslinien, einfach ein weiteres Modul »rangestrickt«. Aber jetzt, wo die neue ERP-Software kommen soll, ist zu mindestens eins schon klar: Die nächste Datenbank wird der SQL Server 2008! Die IT hatte ja schon seit Jahren einen SQL Server in Betrieb, den ihr Systems Management Server benötigte, und auch in der Produktion läuft eine Gerätesteuerungssoftware von Siemens, die ihre Daten in einen SQL Server schreibt. Trotzdem, viel gewartet worden ist er bisher nicht, und die Entwickler sind überwiegend noch anderen SQL Derivaten oder Access verpflichtet und tun sich mit dem SQL Server etwas schwer. Weil ja das hauseigene Software-Team ab jetzt Daten nur noch im SQL Server speichern soll, und bei Administration zwei Mitarbeiter in Zukunft nur noch SQL Server verwalten sollen, werden jetzt die ersten Datenbanken angelegt und Datensicherungen automatisiert. Aber die vielen unbekannten Datentypen werfen doch noch einige Fragen auf, und die Zahl der Verwaltungs-Features lässt die Administratoren doch oft ratlos durch die Fachliteratur blättern.

Aber alle stürzen sich guten Mutes darauf: Die vorhandenen SQL Server hatten eigentlich schon ohne Administration nie Probleme gemacht, und die ersten Applikationen sind mithilfe des »Upsizing Managers« schon relativ problemlos von Access auf den SQL Server portiert! Für die neue Rechnungsanwendung, die übergangsweise bis zur Einführung des ERP-Systems gebraucht wird, will man jetzt aber alles gleich von Anfang an richtig machen; man will neueste Verschlüssungs-Features benutzen und die fertigen Rechnungsdokumente gleich im SQL Server ablegen. Aber welchen Datentyp nimmt man da?

Außerdem ist da noch die neue Oberfläche: Das SQL Server Management Studio. Für viele Administratoren, die sich mit Windows Verwaltungsoberflächen auskennen, ein harter Schlag. Mit den vielen Fenstern sieht das eher aus wie Visual Studio, wie sie es von den Entwicklern kennen, und diesen lichtscheuen Menschenschlag hat man bislang eher belächelt. Aber das neue Tool hat so viele Möglichkeiten, dass man vorhandene Vorurteile überwinden möchte, einige auf jeden Fall. Also: Einige Vorurteile und Einige wollen sie überwinden, immerhin.

Das SQL Server Management Studio

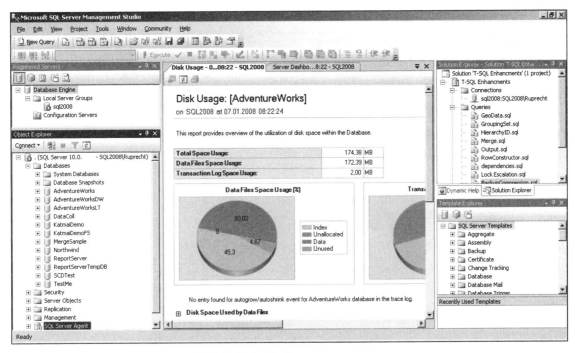

Abbildung 2.1   Das SQL Server Management Studio in all seiner Pracht

Fenster, Fenster, Fenster

Mit dem SQL Server 2005 wurde das SQL Server Management Studio (SSMS) eingeführt. Es löste damals gleich zwei Anwendungen des SQL Servers 2000 ab: den Enterprise Manager und den Query Analyser.

Für Administratoren ist die Oberfläche ungewohnt, die Programmierer kennen den Stil der Anwendung aus dem Visual Studio, dem sich das SQL Server Management Studio nicht nur optisch annähert, sondern auf dessen Code-Basis es zum guten Teil beruht.

Zunächst fallen die vielen Fenster auf. Die im Screenshot dargestellten sind sogar nur ein Teil der möglichen – gut: es heißt ja auch *Windows*, mit einem »s«, nicht *Window*, also Plural.

Trotzdem kann der Platz recht schnell eng werden. Wie vielen Programmierer sei daher auch künftigen Arbeitern mit dem SSMS geraten, sich mehrere Monitore zuzulegen.

TIPP   Entweder realisieren Sie das durch mehrere Grafikkarten oder mit den heute immer häufiger zu findenden Karten, die direkt mehrere Monitore unterstützen.

Die Fenster blendet man ein und aus vom Menü *View*. Die wichtigsten auf der rechten Seite sind:

- **Registrierte Server (Registered Server)**

  Um die Arbeit vor allem in Unternehmen mit vielen SQL Servern zu erleichtern, kann man alle verfügbaren Server zuvor registrieren und in Gruppen organisieren.

Neu in SQL Server 2008   Im SQL Server 2008 gibt es zudem dort den Eintrag *Configuration Server*s. Mit dieser Funktion kann man auf einem zentralen Server andere SQL Maschinen registrieren. Für die dort Zusammengestellten können Aktionen über alle Mitglieder ausgeführt werden. Zum Beispiel wird eine Abfrage auf allen Entwicklungs-Servern ausgeführt oder eine Richtlinie auf allen Produktions-Servern angewendet.

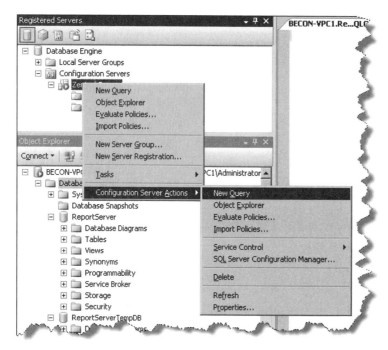

Wichtig ist zu verstehen, dass nicht nur die SQL Server, also die Dienste der relationalen Datenbank hier verwaltet werden. Auch Analysis Services Server oder Reporting Services Server können hier registriert werden.

- **Objekt-Explorer (Object-Explorer)**

Im Objekt-Explorer können ebenfalls alle Dienste des SQL Servers verwaltet werden. Man kann sowohl einen SQL Server als auch mehrere Analysis Services anzeigen. Der Objekt-Explorer zeigt die verfügbaren Objekte (daher der Name), aber auch die Verwaltungsmöglichkeiten der einzelnen Server.

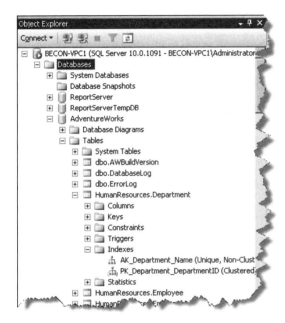

Die Struktur verwendet das auch aus dem Explorer von Windows bekannte Steuerelement *Treeview*. Das heißt, die Einträge sind hierarchisch organisiert. Wie hier im Beispiel findet man unter dem Server die verfügbaren Datenbanken (*Databases*), dort die Tabellen (*Tables*) etc.

Auf der rechten Maustaste findet man wie gewohnt das Kontextmenü und daher die für das Objekt naheliegenden Aktionen.

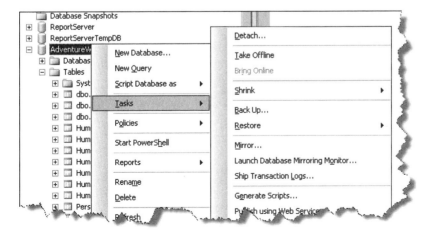

- **Zentrales Fenster**

Das zentrale Fenster dient der Anzeige von Berichten (*Reports*), der Ausführung und Analyse von Abfragen (*Query*) und anderen Aufgaben.

TIPP Zu viele haben noch nicht zur Kenntnis genommen, dass schon im SQL Server 2005 sehr gute und informative Berichte für alle Bereiche des SQL Servers im SSMS integriert sind. Zudem besteht die Möglichkeit, auch eigene Berichte *Custom Reports* einzubinden. Ein tolles Beispiel finden Sie unter *http://blogs.sqlserverfaq.de/Lists/Beitraege/Post.aspx?ID=66* beschrieben.

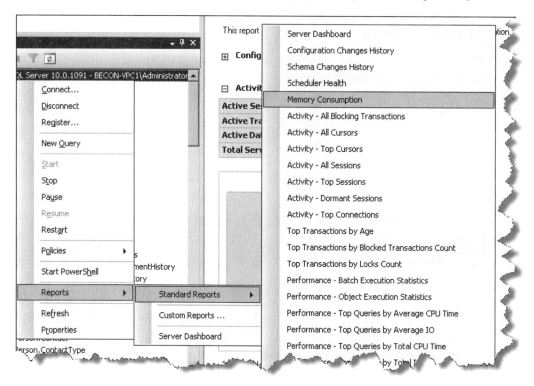

Neu in SQL Server 2008 Neu im SQL Server Management Studio des SQL Servers 2008 ist die Unterstützung der Eingabe durch IntelliSense. Schon im Kapitel 1 über die Neuerungen wurde dazu etwas gesagt. Das Feature wurde lang und sehnlich erwartet und funktioniert bislang nur bei SELECT Statements und einigen wenigen anderen Eingaben.

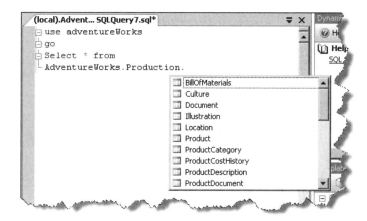

Wer die Funktion im Visual Studio unter C# oder VB.NET kennt, weiß, dass Microsoft noch einen langen Weg vor sich hat, wenn *IntelliSense* im SQL Server Management Studio diesen Namen verdienen soll.

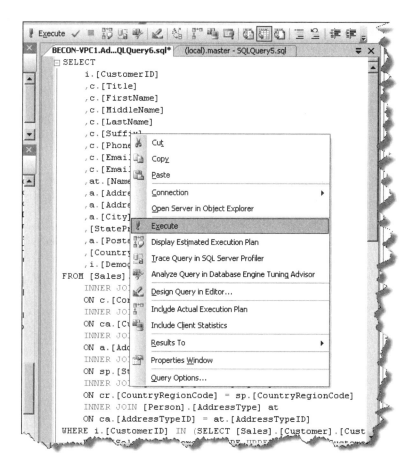

Eine Abfrage wird mit Execute oder $\boxed{\text{F5}}$ oder $\boxed{\text{Strg}}$ $\boxed{\text{E}}$ ausgeführt. Man kann den Ausführungsplan in einer grafischen Darstellung hervorragend analysieren, entweder den geschätzten oder den tatsächlich in der Ausführung benutzten (*Display Estimated Execution Plan* oder *Include Actual Execution Plan*).

Neu in SQL Server 2008   Im SQL Server 2008 kann die Abfrage nicht nur im *Tuning Advisor* direkt analysiert und optimiert werden (*Analyse Query in Database Engine Tuning Advisor*) – das ging auch schon im SQL Server 2005 – sondern auch direkt an den Profiler (*Trace Query in SQL Server Profiler*) übergeben werden.

In den Abfrageoptionen (*Query Options*) können zudem weitere interessante Einstellungen vorgenommen werden. Zur Analyse von Abfragen sehr wichtig: die benutzten IOs und Zeiten (SET STATISTICS TIME, SET STATISTICS IO).

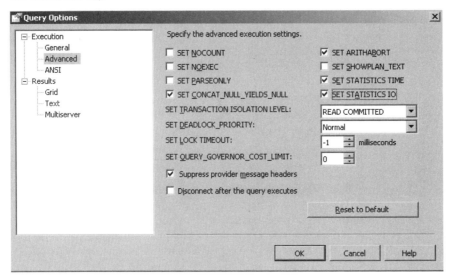

- **Vorlagen-Explorer** (*Template-Explorer*)

  Standardmäßig rechts wird der Vorlagen-Explorer angezeigt. Seine Benutzung ist vor allem Ein- oder Umsteigern empfohlen, aber auch Administratoren, die schon lange mit dem SQL Server arbeiten, finden hier wertvolle Erleichterung der täglichen Aufgaben. Wer kennt schon die Syntax aller T-SQL-Befehle wirklich auswendig? Wie konnte man noch mal eine partitionierte Tabelle anlegen?

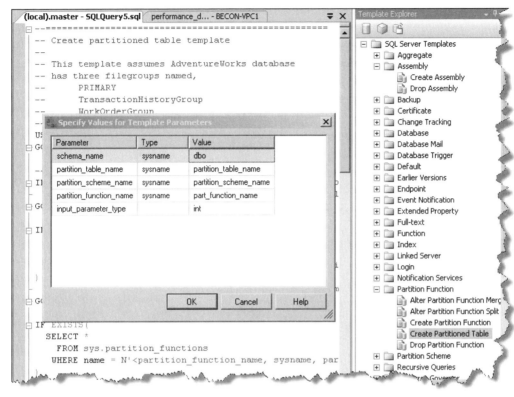

Mit der *Create Partitioned Table* kann eine Vorlage geöffnet werden. Viele benutzen aber diese Vorlagen nicht, weil das Ersetzen der Platzhalter für die individuell zu vergebenen Namen etc. mühsam und dann nicht immer Syntax-sicher umzusetzen ist. Aber auch da hilft das SSMS.

TIPP   Klicken Sie oben in der Symbolleiste auf das unscheinbare Symbol . Dann erscheint der im obigen Screenshot zu sehende Dialog, der für jeden Platzhalter die zu setzenden Werte anfordert. Das Symbol erleichtert übrigens auch die Umsetzung eines generierten INSERT-Skriptes z. B. erheblich.

- **Fehler-Fenster (Error-Window)**

Neu in SQL Server 2008   Schon während der Eingabe kann eine Liste der in einer Abfrage analysierten Fehler angezeigt werden. Das spart unnötige Ausführungen der Abfrage, die dann richtige Fehlermeldungen produzieren.

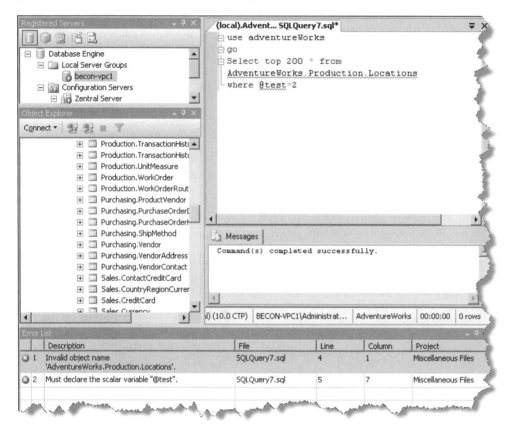

- **Dynamische Hilfe**

Nicht unter *Ansicht (View),* sondern unter dem Menü *Hilfe (Help)* kann die *dynamische Hilfe (Dynamic Help)* angezeigt werden. Man kann über die Microsoft–typischen Hilfedateien denken und reden, wie man will – über die Books Online (kurz BOL) von SQL Server kann man wenig Schlechtes berichten: genau so sollte eine Hilfe aussehen. Umso besser ist es, wenn diese in Form einer Dynamischen Hilfe kontextabhängig für den jeweils aktuellen Kontext zur Verfügung stehen.

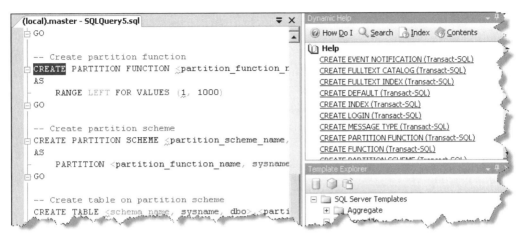

In der Beispiel-Abbildung wurde bewusst nur das Wort CREATE markiert, um die vielen Hinweise der dynamischen Hilfe anzuzeigen. Hätte man CREATE PARTITION FUNCTION markiert, wäre auch direkt die Hilfe dazu angezeigt t worden.

TIPP   Unter der URL

http://www.microsoft.com/germany/events/eventdetail.aspx?EventID=1032346034

finden Sie einen Webcast zu weiteren Tipps und Tricks im SQL Server Management Studio von den Autoren. Sie können ihn auch direkt herunter laden unter

http://www.beconstructed.de/download

Anlegen der Datenbank

Wenn Sie zum ersten Mal SQL Server installieren, werden Sie zu Ihrer großen Verwunderung feststellen, dass bereits einige Datenbanken installiert sind. Dies sind beim SQL Server 2005 keine Beispieldatenbanken, sondern die Systemdatenbanken, die im SQL Server Management Studio auch in einem eigenen Teilbaum aufgelistet sind. Zu den Systemdatenbanken gehören:

- **master**: Die Hauptsystemdatenbank, eben der »Meister« des SQL Servers. Hier sind die Informationen gespeichert, die die gesamte Instanz bestimmen. Daher findet man hier beispielsweise die Liste aller Anmeldungen oder die Tabelle, die festhält, welche Benutzerdatenbanken eingerichtet sind und mit welchen Parametern.

Wann immer Sie also eine neue Datenbank erstellen oder neue Benutzer hinzufügen, müssen Sie auch diese Datenbank sichern, wenn es wichtig ist, den Server in exakt dem gleichen Zustand wiederherstellen zu können. Für Ihren Entwicklungsrechner ist das vielleicht nicht so entscheidend. Für einen Produktionsserver im Unternehmen sind die Einrichtung einer regelmäßigen Sicherung der *master*-Datenbank und eine Adhoc-Sicherung nach wichtigen Änderungen unerlässlich. Viele wichtige Ratschläge zur Sicherung finden Sie weiter unten.

- **msdb:** In dieser Datenbank werden die Informationen für den zweiten wichtigen Dienst des SQL Servers, den SQL Server Agent, abgelegt. Wann immer Sie einen Auftrag einrichten: Hier werden die einzelnen Schritte und anderes gespeichert. Deshalb ist es so wichtig, auch diese Datenbank zu sichern, wenn Sie einen Produktionsserver einschließlich seiner administrativen und automatisierten Aufgaben wiederherstellen wollen.

- **tempdb:** Hier legt der SQL Server temporäre Informationen ab. Es kann sich dabei um ganz unterschiedliche Elemente handeln. Programmierer können aktiv temporäre Tabellen anlegen, wenn sie etwa Ergebnisse einer gespeicherten Prozedur zwischenspeichern wollen. Aber auch die Sortierung großer Ergebnismengen nach einer Select-Anweisung mit einer Order by-Klausel wird hier durchgeführt. Eine Sicherung im Rahmen der Serverwartung ist daher nicht angebracht und sinnvoll.

- **model:** Dies ist die Vorlagendatenbank des SQL Servers. Wenn man eine neue Datenbank anlegt, wird im Grunde diese Datenbank »kopiert«. Dabei handelt es sich allerdings nicht um einen Kopiervorgang auf Dateiebene. Wenn Sie aber möchten, dass Ihre Datenbanken immer schon im Moment der Erstellung z. B. bestimmte Tabellen beinhalten, können Sie diese Tabellen in der *model*-Datenbank anlegen. Bei der Neuerstellung einer Datenbank werden dann in der neuen Datenbank die von Ihnen in *model* erstellten Objekte übernommen. Insofern ist die *model*-Datenbank für den SQL Server ungefähr das, was die Dokumentenvorlage *Normal.dot* für Word darstellt.

Neu in SQL Server 2008   Es gibt noch eine weitere Systemdatenbank, die nicht im SQL Server Management Studio aufgelistet wird. Uns ist dafür kein überzeugender Grund bekannt. Microsoft hat dies bei der Einführung im SQL Server 2005 so festgelegt. Es handelt sich dabei um die Ressourcen-Datenbank. Ihr Dateiname lautet *mssqlsystemresource.mdf* (und **.ldf für die Transaktionsprotokolldatei*).

Sie hat keine eigene Funktionalität. Aber sie enthält alle sogenannten Dynamischen Verwaltungssichten und andere Objekte, die in jeder Datenbank unter dem Schema *sys* »eingeblendet« werden. Diese erscheinen zwar in der jeweiligen Datenbank, stammen aber aus der Ressourcen-Datenbank. So kann Microsoft bei einem Update diese leicht austauschen. Anstatt wirklich jedes *sys*-Schema in jeder Datenbank aktualisieren zu müssen, was nötig wäre, würden die Datenbanken dieses wirklich enthalten, reicht es, dies an zentraler Stelle zu tun: Es wird einfach die gesamte vorhandene *mssqlsystemresource.mdf* ausgetauscht.

Im SQL Server 2008 scheint es eine weitere Änderung zu geben. Während die Online-Dokumentation noch davon spricht, dass master- und Ressourcen-Datenbank sich am gleichen Ort im Dateisystem befinden müssen und, falls man auf die Idee käme, die master-Datenbank zu verschieben, dies auch mit der Ressourcen-Datenbank tun zu müssen, findet man die *mssqlsystemresource.mdf* in den aktuellen CTPs in einem gänzlich anderen Pfad. Bei der Standardinstallation nämlich unter

```
C:\Programme\Microsoft SQL Server\MSSQL10.MSSQLSERVER\MSSQL\Binn
```

Der einfachste Weg, eine Datenbank anzulegen, ist, den entsprechenden Dialog im SQL Management Studio aufzurufen.

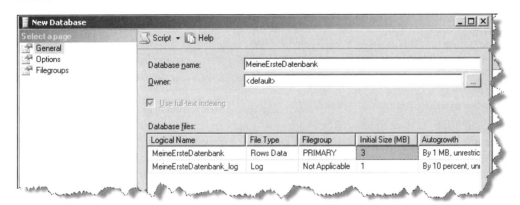

Im Grunde sind die Einstellungen auch aus früheren Serverversionen bekannt. Wie schon erwähnt, liegt ein besonderer Reiz der neuen Dialoge im SQL Server 2005 darin, dass jede Dialogaktion sofort auch als Skript ausgegeben werden kann. Die dargestellten Angaben ergeben folgendes Skript.

Beachten Sie, dass der SQL Server 2005 im Skript sehr viel mehr ausgibt, als Sie vielleicht auf der Oberfläche eingestellt haben. Er protokolliert und skriptet nämlich auch alle Standardeinstellungen, die galten, als das Skript erstellt wurde. So ist das Skript auf jeden Fall wiederholbar, auch wenn sich durch Service Packs oder spätere Versionen diese Voreinstellungen ändern sollten.

```
CREATE DATABASE [NeueDatenbank] ON  PRIMARY
( NAME = N'NeueDatenbank', FILENAME = N'C:\Programme\Microsoft SQL
Server\MSSQL.1\MSSQL\DATA\NeueDatenbank.mdf' , SIZE = 3072KB , FILEGROWTH = 1024KB )
 LOG ON
( NAME = N'NeueDatenbank_log', FILENAME = N'C:\Programme\Microsoft SQL
Server\MSSQL.1\MSSQL\DATA\NeueDatenbank_log.ldf' , SIZE = 1024KB , FILEGROWTH = 10%)
GO
```

Listing 1.1 Das Erstellen einer Datenbank

Im Skript, das vom Dialog erzeugt wird, folgt noch eine lange Liste von Einstellungen, die mit ALTER DATABASE gesetzt werden, und die im Wesentlichen den Standardeinstellungen entsprechen, wie wir sie aus SQL Server 2005 kennen – wie folgende:

```
ALTER DATABASE [MyFirstDatabase] SET AUTO_SHRINK OFF
```

Obwohl die Einstellungen immer wieder diskutiert werden und auch in diversen Internet-Seiten dokumentiert sind, hier noch einmal einige grundlegende Bemerkungen.

Die Datendatei MDF

Jede Datenbank, die Sie im SQL Server anlegen, und dies wird seit Version 7.0 so gehandhabt, verfügt genau über eine MDF-Datei, die die Daten und damit die Tabellen, Views (*Sichten*), Benutzer usw. der Datenbank enthält.

Normalerweise legt der SQL Server die Daten in einem Verzeichnis unterhalb seiner Programmgruppe an, wenn Sie dies nicht anders bestimmen.

TIPP   Machen Sie sich über die Platzierung der Dateien rechtzeitig Gedanken. Am besten *bevor* der SQL Server installiert wird. Dann können Sie während des Setup-Vorgangs schon den Ort der Datenbanken und Datenbank-Dateien bestimmen, die vom System benutzt werden, wie *master*, *msdb*, *tempdb* und *model*. Bei der Neuanlage Ihrer Benutzerdatenbanken können Sie aber sowohl über die Oberfläche als auch über SQL-Anweisungen, wie Sie gesehen haben, den Ort der Ablage wählen.

Der beste Ort für die Datenbankdatei ist dabei immer eine besonders schnelle Festplatte. Da es sich um Daten handelt, die für das Unternehmen oftmals lebens- und überlebenswichtig sind, empfehlen sich fehlertolerante Festplattensysteme. Es gibt RAID-Systeme, bei denen beispielsweise beim Level 5 mehrere physische Festplatten eine logische Festplatte ergeben, wobei die Informationen auf mehrere Platten verteilt werden und auf einer Festplatte zudem noch zusätzliche Informationen gespeichert werden, sodass beim Ausfall einer Platte die Informationen der gemeinsamen logischen Platte wieder ohne Fehler und Verlust rekonstruiert werden können. Solche RAID 5 (oder RAID 10-Systeme, bei denen die Fehlertoleranz auf Kosten der Kapazität noch eine Stufe höher ist) benutzen dabei den *Stripe set mit Parität*, wie dieses Verfahren wohlklingend heißt. Solche Systeme sind sogar *hot pluggable*. Damit ist – leider ohne jede erotische Konnotation des englischen *hot* – gemeint, dass sogar während des laufenden Betriebes des Servers und damit der Festplatten eine eventuell defekte Festplatte ausgetauscht werden kann, ohne die Arbeit zu unterbrechen oder etwa den Server ganz herunterzufahren.

In letzter Zeit werden in Unternehmen zunehmend SAN- oder NAS-Systeme benutzt. Bei SAN handelt es sich um ein *storage area network*, bei NAS um ein *network attached storage*. Auf den ersten Blick sieht das fast nur nach einem Wortdreher aus, es gibt jedoch tatsächlich einen fundamentalen Unterschied. Bei SAN-Lösungen erscheinen die Speichersysteme, die beliebig angeschlossen oder im Netz verteilt sein können, wie lokale Festplatten. Die lokale Anbindung an den Rechner wird meist über eigene Adapter mit *fiber channel* realisiert, wobei die Daten nicht mehr elektrisch/elektronisch, sondern optisch mittels Glasfaserkabel übertragen werden und dabei sehr viel bessere Übertragungsraten erreicht werden. Bei NAS stellt ein Server über Netzwerkprotokolle Daten bereit, im Windows-Umfeld erscheinen die Festplatten daher wie Netzlaufwerke.

ACHTUNG   Auch wenn in einem Unternehmen die Entscheidung getroffen wird, einen sehr preiswerten Rechner als Datenbankserver einzusetzen, sollte niemals ein »normaler« PC ohne weiteres als Datenbankserver genutzt werden. Die Festplatten, die in einfachen Rechnern verbaut werden, erreichen ihre Geschwindigkeit durch einen Schreibzwischenpuffer (Write Cache). Damit kann das Betriebssystem die Daten schnell abliefern, man hat also den Eindruck, die Daten wären gespeichert, obwohl diese im Puffer liegen und dann von der Festplatte nach und nach tatsächlich weg geschrieben werden. Im Falle eines Stromausfalles aber sind die Daten im Zwischenpuffer der Festplatte genauso verloren wie im Arbeitsspeicher des Rechners. Wenn aber die Datenbank meint, da dies vom Betriebssystem so gemeldet wurde, die Daten wären schon sicher gespeichert, kann dies zu ernsthaften Fehlern in der Datenintegrität des SQL Servers führen.

Speziell für Datenbankserver gibt es daher Festplatten, die über eine Batterie mit Strom versorgt werden, sodass auch für den Fall des (Stromaus-)Falles die Daten noch sicher aus dem Schreibpuffer auf die Platten übertragen werden.

Wenn diese Anschaffung nicht möglich sein sollte, sollte man diesen Schreibpuffer dringend *deaktivieren*: Eigenschaften des Arbeitsplatzes, Gerätemanager und die Eigenschaften eines Laufwerkes führen zu einem Dialog, der unter der Registerkarte *Richtlinien* die Einstellungen des Schreibcaches anzeigt, und hier kann man die Pufferung deaktivieren.

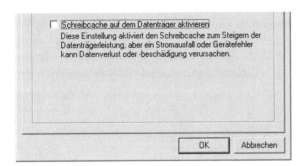

Abbildung 2.2 Wenn die Festplatte eines SQL Servers keinen batteriegepufferten Cache hat, sollte man ihn abstellen

Da die Systeme auch immer preiswerter werden, empfehlen wir für die optimale Performance in kleineren bis mittleren Unternehmen lokale RAID 5 oder besser RAID 10-Lösungen. Mittelgroße und größere Unternehmen sollten die SAN-Lösungen präferieren, die intern die Daten ebenfalls ausfallsicher ablegen.

Die Logdatei LDF

Eine Datenbank hat nach der ersten Anlage zunächst eine LDF-Datei, die das Transaktionsprotokoll speichert. Im Normalfall wird jede SQL-Anweisung, die Änderungen an der Datenbank vornimmt, in dem Transaktionsprotokoll gespeichert. Dort wird also wie in einem Rekorder jeder SQL-Befehl, der die Datenbank erreicht, protokolliert. Dies geschieht aus Geschwindigkeitsgründen in einem internen, binären Format, sodass die Einträge erst einmal für Anwender nicht lesbar sind. Dabei erfüllt das Transaktionsprotokoll zwei Aufgaben:

Zum einen wird die Datenbank in einen Zustand nach der letzten Sicherung der Datenbank wiederherstellbar, da bis zu dem Zeitpunkt, an dem die Datenbank ausfällt, die Änderungen im Transaktionsprotokoll vorliegen. Nach einer Sicherung des Transaktionsprotokolls kann so nach dem Zurückspielen der Datenbanksicherungen das Transaktionsprotokoll wiederhergestellt werden, wobei die Befehle in der Reihenfolge des Protokolls wieder eingespielt werden. Auch wenn ein verheerender Befehl dabei war, ist dies kein Problem: Ein unbedachter Anwender hat um 14:00 Uhr den Befehl delete from customers ohne Where-Klausel abgesetzt. Dann ist es, nach einer Sicherung des Transaktionsprotokolls möglich, die Vollsicherung des Vortages wiederherzustellen und danach das Transaktionsprotokoll bis zum Zeitpunkt 13:59 Uhr.

Zum anderen speichert der SQL Server alle Anweisungen *bevor* sie ausgeführt werden im Transaktionsprotokoll. In regelmäßigen Abständen überprüft ein Vorgang, welche Anweisungen, die im Transaktionsprotokoll vorliegen, schon vollständig in die Datenseiten und damit in die Datenbank übertragen wurden. Nach der letzten, vollständig ausgeführten Anweisung setzt dieser Prozess einen so genannten Prüfpunkt. Die Anweisungen vor diesem Prüfpunkt, der daher wie ein Marker arbeitet, gelten dann als abgehakt und erledigt. Im Fall des unerwarteten Ausfalls des Servers – etwa durch Stromausfall – und dem anschließenden, erneuten Hochfahren des Servers setzt automatisch, ohne dass Sie etwas dazu tun müssen, vom SQL Server ein Wiederherstellungsprozess ein, der überprüft, welche Anweisungen nach dem letzten Prüfpunkt im Transaktionsprotokoll stehen und daher als nicht vollständig verarbeitet gelten müssen. Alle Anweisungen, die mit einer bestätigten Transaktion abgeschlossen wurden (für die also eine Commit-Anweisung vorliegt), werden vollständig zu Ende ausgeführt – der SQL Server führt ein *roll forward* aus. Alle Anweisungen, für die keine Transaktionsbestätigung besteht, werden vollständig rückgängig gemacht; es wird ein *roll back* ausgeführt. Weitere Ausführungen hierzu finden Sie auch noch in dem Kapitel »Einfaches Wiederherstellungsmodell (Simple Recovery)« ab Seite 106.

Dabei gibt es auch gravierende Änderungen seit dem SQL Server 2005. Während man bislang den vollständigen Abschluss dieses Wiederherstellungsprozesses abwarten musste, bevor man erneut mit der Datenbank arbeiten konnte, stehen beim SQL Server 2008 die Datenbanken nach Abschluss der Wiederherstellung der bestätigten Anweisungen wieder zur Verfügung. So sichert das Transaktionsprotokoll die Datenintegrität.

Wie die Ausführungen zeigen, sind die Daten im Transaktionsprotokoll extrem wertvoll. Nur mit einem intakten Transaktionsprotokoll lässt sich ein Server vollständig oder bis zu einem gewünschten Zeitpunkt wiederherstellen.

Wir empfehlen daher ein System, das dieses wichtige Protokoll auf einer zweiten Platte spiegelt. Ist also eine Festplatte defekt, hat man noch eine zweite intakte Kopie. Ein lokales RAID 1 System liefert eine solche Funktionalität, ebenso die schon erwähnten SAN-Lösungen.

> **TIPP**   Man kann es nicht oft genug sagen: Weil das Transaktionsprotokoll alle Anweisungen wie ein Rekorder aufnimmt, wird es immer größer. *Nur* eine Sicherung des Transaktionsprotokolls leert das Transaktionsprotokoll, *nicht* eine Sicherung der Datenbank. Verwenden Sie daher die BACKUP LOG-Anweisung oder die Sicherung des Transaktionsprotokolls über die Oberfläche und dies regelmäßig, siehe »Aufträge (Jobs)«.

Kann das Transaktionsprotokoll keine Anweisungen mehr aufzeichnen, etwa weil es gar keinen Platz auf der Festplatte mehr findet, können Sie keine Änderungen an der Datenbank mehr vornehmen. Nur wenige Anweisungen sind dann noch möglich. Auch die Sicherung des Transaktionsprotokolls kann nicht mehr protokolliert werden.

> **Neu in SQL Server 2008**   In früheren Versionen des SQL Servers standen dann besondere Funktionen der Sicherung des Transaktionsprotokolls zur Verfügung. Die Optionen BACKUP LOG Datenbankname WITH TRUNCATE_ONLY und ... WITH NO_LOG gibt es im SQL Server 2008 nicht mehr. Es wird in einem solchen Fall empfohlen, das Transaktionsprotokoll wie gewohnt zu sichern oder zum einfachen Wiederherstellungsmodell zu wechseln.

Ist das Transaktionsprotokoll einmal zu groß geworden, wird es bei einer Sicherung *zwar geleert*, die Datei wird dabei aber in ihrer Größe auf der Festplatte *nicht verkleinert*.

```
USE databasename
GO
DBCC SHRINKFILE (DataFil1, 7);
```

Listing 1.2   So verkleinert man eine Datei physisch

Der Name der Datei ist ihr logischer Name. Wenn Sie diesen nicht kennen, rufen Sie sp_helpdb 'databasename' auf, dort wird er angezeigt. Die Zahl entspricht der gewünschten Größe in MB. Nur ein leeres Transaktionsprotokoll kann verkleinert werden; sind noch Daten enthalten, wird auf die nächstmögliche Größe verkleinert.

Weitere Datendateien und Dateigruppen

Man kann weitere Datendateien mit beliebigen Namen hinzufügen. Die Endung wird dann immer auf NDF gesetzt. Damit hat jede Datenbank genau eine MDF aber beliebig viele NDF-Dateien. Wozu kann das gut sein? Es gibt dabei mehrere Strategien, wobei hier die drei wichtigsten vermerkt sein sollen.

1. Man erstellt eine neue Datendatei, weil die erste gefüllt ist und nicht mehr vergrößert werden kann. Der Platz auf einer installierten Festplatte ist erschöpft, man baut eine zweite ein und kann dann einfach eine zweite Datendatei auf dieser zweiten Festplatte erstellen. Das Verfahren ist nicht unbedingt elegant, aber wirkungsvoll: Die Datenbank kann weiter arbeiten und wachsen. Beim Löschen und Neuanlegen von Tabellen kann dann nicht mehr festgelegt werden, in welcher Datendatei die Daten abgelegt werden.

2. Man benutzt verschiedene Datendateien, um Indizes von Tabellen zu trennen. Dies kann zu erheblichen Performancevorteilen führen, zumeist allerdings nur, wenn die Festplatten in SCSI- oder SAN-Umgebungen vorhanden sind. Dazu muss man zuvor eine weitere Dateigruppe anlegen. Jede Datenbank verfügt zunächst über eine Dateigruppe *Primary*. Daneben können weitere Dateigruppen erzeugt werden. Beim Erstellen einer neuen Datendatei gibt man dann an, dass sie in dieser weiteren Dateigruppe registriert wird. Wenn Sie jetzt eine Tabelle oder einen Index anlegen, können Sie festlegen, in welcher Dateigruppe dies geschehen soll und können so die reale Verteilung beispielsweise auf zwei Laufwerke steuern. Es ist einsichtig, dass beispielsweise eine *Select*-Anweisung unter bestimmten Umständen erheblich schneller ablaufen kann, wenn auf dem einen Laufwerk die Indexseiten und auf dem anderen die Datenseiten gelesen werden können.

3. Zudem können bestimmte Daten in bestimmten Dateigruppen gespeichert werden und so kann eine ausgefeilte Sicherungsstrategie entstehen. So könnte man Daten des aktuellen Jahres in einer Dateigruppe, Daten älterer Jahre, die sich nicht mehr oder nur noch sehr viel seltener ändern, in einer anderen Dateigruppe unterbringen. Die aktuellen Daten sichert man im gewohnten Rhythmus, die historischen Daten nur sehr viel seltener oder sogar nur einmalig.

HINWEIS Über das Hinzufügen von weiteren Datendateien zu einer Datenbank existieren viele Veröffentlichungen und Ratschläge – auffällig viele von »Experten«. Viele Kollegen neigen dazu, ihre Kompetenz vor allem durch die Kompliziertheit ihrer Hinweise dokumentieren zu wollen. Das ist sicher ganz schön beeindruckend und auch wir können uns der Faszination ausufernder Erörterungen zu solchen Themen schwer entziehen. Aber schon aus musikalischen Überlegungen wollen wir an dieser Stelle einmal einen Kontrapunkt setzen:

Für Datenbanken unter 10 GB ist die Erstellung *einer* MDF- oder Daten-Datei und *einer* LDF- oder Transaktionsprotokoll-Datei in den *allermeisten* Fällen völlig ausreichend.

Auch zur Datei des Transaktionsprotokolls können weitere Dateien hinzugefügt werden. Der SQL Server 2008 unterstützt dabei aber keine Dateigruppen. Von der Erstellung weiterer Dateien für das Transaktionsprotokoll raten wir im Allgemeinen ab.

Anlegen einer Tabelle

Die Tabelle ist und bleibt die grundlegende Struktureinheit der Datenspeicherung im SQL Server. Das Anlegen einer Datenbank beginnt daher mit der Planung und Erstellung der benötigten Tabellen.

Der richtige Aufbau von Tabellen

Es gibt immer wieder Diskussionen über den »richtigen« Aufbau von Tabellen in einer Datenbank. Das ist ziemlich deutsch. Denn allzu oft wird eben über den richtigen und nicht über den angemessenen Aufbau gesprochen. Damit meinen wir ganz klar: Was richtig ist oder nicht, hängt ganz entscheidend von den

Umständen und der konkreten Datenbank und der mit ihr arbeitenden Anwendung ab und nicht von der »Hohen Lehre«. Die Hohe Lehre sagt, dass man Tabellen so aufbauen sollte, dass sie sich mindestens in der dritten Normalform befinden. Die drei Normalformen sind wie folgt beschrieben:

Erste Normalform

Die Attribute einer Relation dürfen nur atomare Werte enthalten.

Wie Sie sehen: Die Hohe Lehre klingt beim ersten Hören schon mal wie eine tiefe Leere. Wir wollen aber sehen, was im Einzelnen damit gemeint ist und was es für unsere tägliche Arbeit bedeutet. Und da geht es auch schon los: Was ist denn ein atomarer Wert, ein nicht-teilbarer? (Das hatte man wirklich einmal geglaubt, nämlich dass Atome, die kleinsten, nicht mehr teilbaren Bausteine der Materie sind, heute im subsubatomaren Bereich mit Strings und ähnlichem ist man etwas vorsichtiger mit »unteilbar« geworden.)

Was ein unteilbarer Wert ist, hängt ziemlich stark von unserer Wertung ab oder den Erfordernissen der Anwendung. Beachten Sie folgende Tabelle:

Lektornr	Name	PLZ	Ort	Straße	Geburtstag	Projektnr.	Titel	Arbeits-stunden
1	Monika Mustermann	01010	Nirgendwegen	An der Woden 12	1.1.1966	1,2,3	SQL Server, .NET Programmierung, Webservices	18, 12, 33
2	Manfred Maier	01011	Daauchnicht	Weißnicht 88	1.1.1970	1,3	SQL Server, Webservices	66
3	Olaf Wichtig	12121	Schongarnich	Im Watnscherz 55	1.1.1958	2	.NET Programmierung	45

Tabelle 1.1   Eine wirklich nicht normalisierte Tabelle

Die Tabelle enthält eindeutig teilbare Werte. So unterscheiden wir im Allgemeinen bei Personen zwischen Nach- und Vornamen. Das Attribut »Name« ist daher eindeutig teilbar. Noch offensichtlicher ist dies bei Projektnummer. Dort sind mehrere Projekte oder Projektnummern in einem Attribut vermerkt. Aber: Ist die Hausnummer nicht von der Straße teilbar?

Daneben ist noch ungeklärt, was unter dem Begriff der *Relation* zu verstehen ist und was unter *Attribut*. Es ist relativ einsichtig, dass unter dem *Attribut* in einer Datenbank eine Spalte zu verstehen ist, die in Beziehung zu dem Datensatz steht. Der Datensatz ist die Relation. Dazu muss der Datensatz aber eindeutig zu bestimmen sein. Diese Aufgabe hat der *Schlüssel* der Relation. Und da dieser Schlüssel dann der wichtigste und erste Schlüssel ist, wird er allgemein als Primärschlüssel oder *Primary Key* bezeichnet. In diesem Schlüssel, dieser Relation, sollen die Attribute in der ersten Normalform nur atomare Werte enthalten.

TIPP Vergeben Sie für alle Ihre Tabellen einen Primärschlüssel. Dies ist der Schlüssel mit dem Sie diese Tabelle zu einer anderen in eine Relation setzen, wie im Weiteren gezeigt wird. Der Primärschlüssel bezeichnet den Datensatz eindeutig in der Tabelle. Auch wenn alle anderen Felder gleich sind: Sollte ein Mitarbeiter Klaus Maier, zufällig wie ein anderer Mitarbeiter Klaus Maier heißen, sollten die beiden am gleichen Tag Geburtstag haben und, um es Datenbanktheoretikern wirklich schwer zu machen, in einer Wohngemeinschaft in einem Haus wohnen; in einer Firma hätten sie doch eine andere Mitarbeiternummer: Einen eindeutigen Primärschlüssel. Um einfach einen eindeutigen Wert zu erzeugen, benutzt Microsoft SQL Server einen so genannten Identitätswert; SQL Server vergibt dann für jeden Datensatz eine eindeutige Nummer. Dies ist eigentlich unproblematisch. Wenn Sie jedoch mit einer anderen Filiale auch replizieren – und das wird noch vorgeführt –, könnten dort gleiche Nummern entstehen. Daher unterstützt der Microsoft SQL Server auch einen Startwert und ein Inkrement. Lassen Sie dann die Tabelle im Hauptsitz bei 2 mit einem Inkrement von 2 beginnen zu zählen, die Filiale bei 3 beginnen und um 2 erhöhen. Auch eine Zusammenführung der Tabellen ist dann unproblematisch. Wenn Sie es gerne noch eindeutiger hätten: Immer mehr wird der UNIQUEIDENTIFIER-Datentyp als Primärschlüssel verwendet. Dieser Wert wird mit der Funktion NewID() immer wieder neu erzeugt und soll während der Erdgeschichte nicht noch einmal vorkommen. Damit ist Ihr Datensatz nicht nur in Ihrer Datenbank, sondern notfalls im Universum eindeutig zu bestimmen. Der Wert ist allerdings recht groß und schlecht zu lesen. Daher wird auch oft eine Kombination von Identitätswert und Uniqueidentifier als Primärschlüssel benutzt, etwa von Microsoft im Project-Server.

Bringen wir die Tabelle in eine erste Normalform. Den Prozess der Umgestaltung von Tabellen, um den Normalformen zu genügen, nennt man auch *normalisieren*.

Lektornr	Vorname	Nach-name	PLZ	Ort	Straße	Geburtstag	Projektnr	Titel	Arbeits-stunden
1	Monika	Muster-mann	01010	Nirgend-wegen	An der Woden 12	1.1.1966	1	SQL Server	18
1	Monika	Muster-mann	01010	Nirgend-wegen	An der Woden 12	1.1.1966	2	.NET Program-mierung	12
1	Monika	Muster-mann	01010	Nirgend-wegen	An der Woden 12	1.1.1966	3	Webservices	33
2	Manfred	Maier	01011	Daauch-nicht	Weißnicht 88	1.1.1970	1	SQL Server	66
2	Manfred	Maier	01011	Daauch-nicht	Weißnicht 88	1.1.1970	3	Webservices	15
3	Olaf	Wichtig	12121	Schon-garnich	Im Watnscherz 55	1.1.1958	2	.NET Program-mierung	45

Tabelle 1.2 Eine Tabelle in der ersten Normalform

Man kann daher diese Normalform für die Benutzung unserer Tabellen in SQL Server etwas einfacher zusammenfassen. Die erste Normalform ist erreicht, wenn in einer Spalte, denn das ist in unserem SQL Server das Äquivalent zu einem Attribut, keine Einträge stehen, die man aufteilen könnte.

Diese Normalform ist dann kein Selbstzweck, wenn wir uns fragen, wie wir auf die Informationen wieder zugreifen wollen. Sicherlich ist es besser, nach dem Nachnamen eines Lektors suchen und abfragen zu können, als nur nach seinem vollständigen Namen. Denkbar wäre etwa, dass der Verlagsmitarbeiter X nur für die Lektoren zuständig ist, deren Nachname mit den Buchstaben von L-Z beginnt. Eine Liste »seiner« Lektoren könnten wir dann sehr einfach mit SELECT * FROM LektorProjekte WHERE Nachname>='L' erzeugen.

Sicherlich wäre dies auch möglich, wenn Nachname und Vorname zusammenstünden, nur sehr viel aufwändiger. Gleiches gilt für die Buchprojekte. Möchten wir etwa eine Liste aller Lektoren, mit einem bestimmten Buch betraut sind, dann können wir sehr schnell eine Liste für das SQL Server Buch mit `SELECT * FROM LektorProjekte WHERE Titel='SQL Server'` ausgeben.

Es gibt aber kaum eine sinnvolle Anwendung, um Hausnummern getrennt von den Straßennamen abfragen zu wollen. Auf jeden Fall kaum in dieser Tabelle. Es ist nicht denkbar, dass etwa alle Lektoren mit einer Hausnummer, die größer als 20 ist, zu einer Veranstaltung geladen werden, die anderen jedoch nicht. Eine Trennung von Straße und Hausnummer ist daher für diese Tabelle unverhältnismäßig aufwändig und könnte auch den Anwender bei der Eingabe stören.

Vollständig anders sieht es aber aus, wenn es sich um eine Datenbank handelt, in der wir aus Ort und Straße und Hausnummer etwa die Postleitzahlen erfragen wollen. Wir verdanken einigen echt hellen Köpfen der Umstellung auf die 5-stelligen Postleitzahlen die großartige Idee, Postleitzahlen von der Hausnummer abhängig zu machen. Wohnt man daher in der Hausnummer 20 einer Straße, kann es vorkommen, dass man eine andere Postleitzahl hat, als in der Hausnummer 450. Ich wäre so gerne dabei gewesen, als sich das einer ausgedacht hat!

In solch einer Postleitzahldatenbank muss die Hausnummer von der Straße getrennt werden.

Zweite Normalform

*Eine Relation befindet sich in der zweiten Normalform, wenn sie sich in der ersten befindet **und** jedes Nicht-Schlüssel-Attribut vom **gesamten** Identifikationsschlüssel funktional abhängig ist, nicht aber bereits von Teilen.*

Als Schlüssel, wie oben bei der Vergabe des Primärschlüssels erwähnt, werden oft numerische Codierungen benutzt, die als Schlüssel das Tor zur gesamten Information öffnen. Hier könnte die *Lektornr* und die *Projektnr* so ein Schlüssel sein. Dann aber verletzt die Tabelle die zweite Normalform, da etwa der Titel schon vollständig abhängig von der Projektnummer ist, der Vorname, Nachname usw. schon vollständig von der Lektornummer.

Möchte man eine solche Tabelle weiter normalisieren, hat dies meist zur Folge, dass mehrere Relationen entstehen, also mehrere Tabellen. Das könnte so aussehen:

Lektornr	Nachname	Vorname	Plz	Ort	Straße	Geburtstag
1	Mustermann	Monika	01010	Nirgendwegen	An der Woden 12	1.1.1966
2	Maier	Manfred	01011	Daauchnicht	Weissnicht 88	1.1.1970
3	Wichtig	Olaf	12121	Schongarnich	Im Watnscherz 55	1.1.1958

Tabelle 1.3   Lektoren: Alle Attribute sind vollständig vom gesamten Schlüssel abhängig

Projektnr	Titel
1	SQL Server
2	.NET Programmierung
3	Webservices

Tabelle 1.4   Buchprojekte: Nur noch drei Einträge

Was bleibt aber von der ursprünglichen Tabelle? Eine Tabelle mit nur drei Spalten. Der Schlüssel und nur das Attribut, das alleine vollständig vom gesamten Schlüssel abhängig war: Die Arbeitsstunden.

Lektornr	Projektnr	Arbeitsstunden
1	1	18
1	2	12
1	3	33
2	1	66
2	3	15
3	2	45

Tabelle 1.5 Lektoren-Arbeitsstunden: Die Arbeitsstunden beziehen sich sinnvoll nur auf den Lektor und das Projekt

Auch hier sollte man sich fragen: Wozu das Ganze? Die Antwort lautet zunächst einmal, dass nun einzelne Informationen nicht wiederholt werden, und damit schlecht zu warten sind. Diese Wiederholung von Information nennt man auch Redundanz. Sollte Manfred Maier heiraten und sich in Zukunft Maier-Vorfelder nennen wollen, müsste man in der Tabelle, wie sie noch in Tabelle 1.2 zu sehen war, schon zwei Zeilen ändern. Das SQL Server-Buch sollte ja schon SQL Server 2005 heißen; auch hier müsste man zwei Zeilen ändern, und dieses ist nur ein sehr kleiner Ausschnitt einer sehr kleinen Beispieltabelle. Denken Sie sich eine Datenbank, die Einsätze von Außendienstmitarbeitern der Telekom bei Kunden protokolliert, und Sie erkennen, wie der Aufwand entsprechend der Menge der Datensätze explodiert.

Einen Haken hat die Sache aber schon und den sollten wir uns auch merken: Die Speicherung der Daten ist so sicherlich sehr gekonnt gelöst. Die Wartung der Daten ist einfacher, da bei Änderungen diese zentral und damit einmalig in den Stammdatentabellen vorgenommen werden können. Die Abfragen werden aber schon deutlich komplexer. Jetzt wollen wir alle Lektoren anschreiben, die an dem Buch »Webservices« arbeiten und müssen als SQL-Anweisung etwas schreiben wie:

```
SELECT * FROM Lektoren INNER JOIN LektorenArbeitsstunden on Lektoren.Lektorr=
LektorenArbeitsstunden.Lektornr INNER JOIN Buecher ON Buchprojekte.Projektnr=
LektorenArbeitsstunden.ProjektNr WHERE Titel='Webservices'
```

Das sieht nicht nur lang aus, das ist auch langsamer als vor der Umformung in die zweite Normalform. Nicht nur die Geschwindigkeit ist ein Argument. Um den Ausdruck oben zu verstehen und ihn eventuell in einer eigenen Anwendung auch selbst formulieren zu können, muss man schon ein paar Bücher lesen oder Schulungen besuchen. Das bedeutet auch, dass ein normaler Anwender kaum noch in der Lage ist, mit einfachen SQL-Kenntnissen Daten aus der Datenbank abzufragen. Er braucht jetzt schon eine Anwendung, die wir ihm als Programmierer schreiben: Gut – dieser Effekt kann im Rahmen einer Arbeitsbeschaffungs-maßnahme auch gewollt sein!

Dritte Normalform

*Eine Relation befindet sich in der dritten Normalform, wenn sie in der zweiten Normalform ist **und** die Nicht-schlüsselattribute voneinander nicht funktional abhängig sind, d.h. es existieren keine **transitiven** Abhängigkeiten.*

Das bedeutet, dass es keine versteckten, transitiven Abhängigkeiten geben darf. Aus unserer Lektornummer folgt der Nachname, Vorname, PLZ, Ort, Straße. Aber es gibt eine versteckte Abhängigkeit: Auch wenn man von der Straße und dem Ort nicht auf die PLZ schließen kann (wie gesagt, dank einiger ganz Schlauer braucht man die Hausnummer), von der PLZ kann man auf den Ort schließen. Damit ist in dieser Tabelle nicht der Ort, sondern allein die PLZ direkt abhängig von der Lektornr, der Ort hingegen von der PLZ.

ACHTUNG   Wir *wissen* inzwischen, dass in Deutschland *nicht* alle Orte *eindeutig* von der Postleitzahl abhängen. Nach der ersten Auflage des Buches erreichten uns sehr liebevolle Hinweise darauf, dass es leider in Deutschland Postleitzahlen gibt, die mehrere Orte bezeichnen, so etwa 01477. Wie gesagt, wir wissen das, es sollte nur ein leicht verständliches Beispiel sein; da dies extrem wenige Orte sind, haben wir uns erlaubt, diese Tatsache zu ignorieren.

Alternativ begabte Superexperten machten daraus einen eklatanten Fehler, für den wir uns an dieser Stelle ausdrücklich entschuldigen wollen. Diese Helden möchten auch nicht, dass Sie von der Tatsache erfahren, dass Normalisierung und Performance unvereinbare Gegensätze sind. Sie als *Anfänger*, so die weiteren Ausführungen, welche Sie nach werter Einschätzung Hauptzielgruppe dieses Buches sind, sind für solche Erkenntnisse nicht reif. Das ist so herrlich deutsch. »Lehrjahre sind keine Herrenjahre«! Also besser: Ab in die Kammer und Normalisierung üben, wir kommen auch mit!

Lektornr	Nachname	Vorname	Plz	Strasse	Geburtsdatum
1	Mustermann	Monika	01010	An der Woden 12	1.1.1966
2	Maier	Manfred	01011	Weißnicht 88	1.1.1970
3	Wichtig	Olaf	12121	Im Watnscherz 55	1.1.1958

Tabelle 1.6   Lektoren, nur noch mit PLZ

Und eine neue Tabelle, eine neue Relation *Orte*.

Plz	Ort
01010	Nirgendwegen
01011	Daauchnicht
12121	Schongarnich

Tabelle 1.7   Orte

Der Vollständigkeit halber sei vermerkt, dass einige Veröffentlichungen auch noch die vierte und fünfte – manche noch mehr – Normalform kennen, diese aber kaum beachtet werden.

Hinweise für die Praxis

Das Normalisieren von Tabellen ist wichtig, damit Abfragen möglichst gezielt auf Daten zugreifen können. Das ist wichtig, damit Daten zentral und einmalig geändert werden können und damit wartbar bleiben. Das Normalisieren ist nicht wichtig, wenn es um Geschwindigkeit geht. Man könnte daher auch sagen, dass Geschwindigkeit und Normalisierung zumeist unvereinbare Gegensätze sind. Anwender favorisieren aber ganz selten ein schön geschriebenes, sondern meist ein schnelles Programm. Ein bekanntes Beispiel sind die Tabellen, die Bestellungen und die einzelnen Einträge, also die Bestellpositionen speichern. Dies könnte so aussehen:

Bestellnr	Kundennr	Bestelldatum	Lieferdatum
1	2	1.2.2005	1.3.2005
2	4	1.2.2005	2.3.2005

Tabelle 1.8   Bestellungen, die ersten Datensätze

Bestellpos	Bestellnr	Artikelnr	Anzahl	Preis
1	1	12	33	5,77
2	1	2	55	1,33
1	2	55	2	45,80

Tabelle 1.9   Die Bestellpositionen

Diese Tabellen sind schön normalisiert. Man könnte einwenden, dass der Preis abhängig von der Artikelnummer ist, aber der Preis ändert sich schon mal im Laufe der Jahre. In der Tabelle der Artikel steht daher der augenblickliche Preis, der als Wert für neue Bestellungen gilt. Um die Bestellung von vor 3 Jahren aber noch mit dem damaligen Preis nachvollziehen zu können, ist der Preis in diesem Fall tatsächlich nur von der Bestellposition und der Bestellnummer (auch hier ist es ein Schlüssel aus zwei Teilen) abhängig. Um aber in einer Rechnung sinnvolle Ausgaben zu erzeugen, müssen wir die Summe der Bestellposition immer ausrechnen:

```
SELECT *, Anzahl*Preis as Gesamt FROM Bestellpositionen WHERE Bestellnr=1
```

So weit, so gut, möchte man sagen, nicht mehr ganz so einfach ist aber die Berechnung der Gesamtsummen einzelner Bestellungen, die man gerne in einer Tagesliste sehen würde:

```
SELECT Bestellnr, Sum(Anzahl*Preis) FROM Bestellungen INNER JOIN Bestellpositionen ON
Bestellungen.Bestellnr= Bestellpositionen.Bestellnr GROUP BY BestellNr WHERE Bestelldatum='1.2.2005'
```

Je nach Anzahl der Bestellpositionen müssen wirklich viele Datenseiten gelesen werden, und besonders schnell wird die Sache durch die Berechnung und die anschließende Summierung auch nicht. Wäre es nicht viel geschickter, die Gesamtsumme der Bestellungen einfach mit der Bestellung abzulegen?

Man könnte dies beispielsweise mit einem Update und Insert-Trigger auf der Bestellpositions-Tabelle realisieren. Ein Trigger wird automatisch ausgeführt, wenn ein bestimmtes Ereignis eintritt. Wenn also ein Datensatz in die Bestellpositionen eingefügt (*insert*) oder dort geändert (*update*) wird, könnte man die Gesamtsumme ausrechnen und in der Bestellungen-Tabelle in einer eigenen Spalte eintragen.

Daher unser klarer Rat: Normalisieren Sie so weit wie nötig und so wenig wie möglich. Im angelsächsischen Gebiet ist es üblich, Datenbanken viel stärker als bei uns aus Geschwindigkeitsgründen wieder zu denormalisieren. Geben Sie der Praktikabilität immer den Vorrang vor der Theorie. Später werden wir noch weitere Hinweise zum Performance-Tuning gegeben.

SQL Server Datentypen

Im Abschnitt »Der richtige Aufbau von Tabellen« haben wir gesehen, wie wichtig es ist, dass beim Entwurf des relationalen Datenmodells für die Firmendatenbank sehr gut aufgepasst wird. Fehler, die man hier einmal gemacht hat, sind später nur noch sehr schwer zu korrigieren; man vergleicht dies immer gern mit Änderungen am Fundament, wenn bereits ein Haus darauf steht. Nicht ganz so schwierig zu korrigieren, aber doch auch von großem Einfluss auf die Performance ist die Wahl des richtigen Datentyps für jede Spalte. In den folgenden Abschnitten stellen wir zunächst einmal die guten, alten, relationalen Datentypen kurz vor. Danach wird es im Detail um neue Datentypen und Konzepte gehen, die mit dem SQL Server jetzt möglich werden.

Klassische Datentypen

Bei aller Begeisterung für die Möglichkeiten des neuen SQL Servers: ein Datenbankserver ist und bleibt ein Datenbankserver. Natürlich können wir heutzutage problemlos Bilder und Videos in einer Tabelle speichern, dazu noch komplette Office-Dokumente im XML-Format (dazu später mehr), aber seien wir uns dabei immer im Klaren darüber, was ein Datenbankserver eigentlich am besten kann: strukturierte Daten erfassen und blitzschnell verarbeiten! Wenn wir also Wert auf eine gute Performance und ein leichtes Handling der Datenbank legen, dann sollten wir, so oft es geht, auf die guten, alten relationalen Datentypen zurückgreifen, die der SQL Server schon lange anbietet. Hier nur ein kurzer Überblick; Genaueres verrät die Online-Hilfe:

Datentyp	Verwendung
`integer, smallint, bigint, tinyint`	Ganzzahlige Werte, speichern Zahlen von 0-255 bei *tinyint* (verbraucht 1 Byte) bis zu gigantisch groß bei *bigint* (verbraucht 8 Byte). *Integer* ist ein sehr schneller Datentyp, trotzdem sparsam verwenden: oft reicht *tinyint* aus!
`decimal(p,s), numeric(p,s)`	Exakte Dezimalwerte, im Format *decimal (Gesamtzahl Ziffern, Nachkommastellen)*. *Decimal* und *numeric* sind funktional identisch.
`money, smallmoney`	Exakte Dezimalwerte, im Grunde identisch mit *decimal* und *numeric*, aber sie formatieren ihren Inhalt als Währungsangabe. Beide speichern nur 4 Nachkommastellen, was für manche Finanzzahlen nicht ausreicht.
`bit`	Speichert nur 0 oder 1. Wenn es in der Tabelle nur eine *bit*-Spalte gibt, kostet dies trotzdem ein ganzes Byte, aber bis zu 8 *bit*-Spalten können sich ein Byte teilen!
`sql_variant`	Wie *Variant* in Visual Basic 6; kann also Werte aus verschiedenen Quelldatentypen abspeichern, außer *varchar(max)*, *text*, *image* und ähnlichen. Maximallänge 8.016 Byte. Sein Inhalt sollte stets mit CAST oder CONVERT umgewandelt werden, bevor er benutzt wird, was aber die Performance verschlechtern kann.
`float, real`	Gleitkommazahlen. *float* kann bis zu 8 Byte verbrauchen, *real* verbraucht immer 4 Byte. Nicht in der *WHERE*-Klausel bei Suchabfragen verwenden, weil es eben nur ungefähre numerische Datentypen sind. Zwei vermeintlich identische *float*-Werte können einen unterschiedlichen Inhalt haben! ▶

Datentyp	Verwendung
char(n), varchar(n)	Zeichenketten mit fester oder variabler Länge. Maximallänge ist 8.000, aber lesen Sie bitte auch die Ausführungen zu *varchar(max)*. Verachten sie *char* nicht: Da er das Verlängern und Verkürzen von Einträgen nicht verarbeiten muss, ist er schneller als *varchar* – also nicht zu sparsam sein!
nchar(n), nvarchar(n)	Zeichenketten, die Unicode-Zeichen speichern können, also z. B. asiatische Schriftzeichen. Dafür benötigen sie Doppelbyte-Zeichensätze, sodass die Maximallänge nur noch 4.000 Zeichen beträgt, gegenüber 8000 bei *char* und *varchar*! Weil sie den doppelten Speicherplatz verbrauchen, nur verwenden, wenn man sie wirklich braucht, wie z. B. für Strings aus .NET, die immer Unicode sind.
binary(n), varbinary(n)	Binäre Daten in fester oder variabler Länge. Maximallänge ist 8.000, aber siehe unten unter »Beliebig viele Spalten: Sparse Columns« zu *varchar(max)*. Schnellste Form, kleine binäre Objekte zu speichern, z. B. verschlüsselte Daten.
datetime, smalldatetime	Datum und Uhrzeit gemeinsam in einem relativ »grossen« Datentyp gespeichert (8 oder 4 Byte). Kein ANSI-Standard und nicht genau genug, nicht mehr verwenden.
datetime2, date, time, datetimeoffset	Neu in 2008! *datetime2* löst *datetime* ab, *date* und *time* speichern platzsparend nur genau das, was ihr Name sagt, und *datetimeoffset* entspricht *datetime2*, enthält aber zusätzlich den Abstand (*offset*)in Stunden zur UTC-Zeit, um Zeitzonen abzubilden.
HierarchyID	Neu in 2008! Ermöglicht die Ablage hierarchischer Strukturen, wie sie in Organisationen oder anderen Gliederungssystemen entstehen. Da der Datentyp in .NET realisiert wurde, stehen erweiterte Möglichkeiten wie der Aufruf von Methoden (»Gib mir alle Kinder einer bestimmten Ebene«) zur Verfügung.
XML	Die Ablage von XML, untypisiert oder gegen ein Schema geprüft. Neu in 2008 die Unterscheidung zwischen XML-Fragmenten und Dokumenten. In Kapitel 4 finden Sie einen eigenen Teil zu XML und weiter unten einige Ausführungen.
Geometry, geography	Neu in 2008! Datentypen zur Ablage von Geo-Daten. Wird in Zukunft sicher immer interessanter, da z. B. viele Kamerahersteller schon angekündigt haben, die Produkte mit GPS-Chips auszustatten, so dass bei jedem Bild auch Geo-Daten (im JPEG Header) gespeichert werden.

Tabelle 1.10 Standard-Datentypen beim SQL Server

Bei der Wahl des Datentypen sollte man also immer im Auge behalten, dass der Datenbankserver oftmals, wenn er keinen richtigen Index findet, sich dafür entscheidet, die ganze Tabelle sequentiell durchzusuchen (*table scan*). Dieser Vorgang geht natürlich einfach schneller vonstatten, wenn die Tabelle auf der Festplatte weniger Platz wegnimmt! Aus diesem Grunde kann es auch Sinn ergeben, lange, beschreibende Spalten, die selten durchsucht werden, in eine zweite Tabelle auszulagern und sie dann nur bei Bedarf über einen Join dazuzuholen.

Zeilenlänge beliebig: Row-overflow data

Eine besonders hinterhältige Begrenzung hielt der SQL Server 2000 für uns bereit: die maximale Länge einer Zeile in einer Tabelle betrug 8.060. Der Grund war einfach der, dass eine SQL Server-Daten-Page eben »netto« 8.060 Byte groß ist und der SQL Server keine Methode kannte, mehr als eine Page für einen Datensatz zu verwenden. Achtung: Ausgenommen sind natürlich unstrukturierte, binäre Datentypen, wie sie unten unter »Large Object Data Types (LOB)« besprochen werden. Die werden in der Regel nicht mit in der Page gespeichert. Warum ist diese Begrenzung nun hinterhältig? Nun, ein CREATE TABLE-Statement wie das folgende schlug erwartungsgemäß fehl, die Fehlermeldung war in der deutschen Version wirklich wohlformuliert:

```
CREATE TABLE #tempLongStrings
   myString1 CHAR(4000)
, myString2 CHAR(4061)
)
```

Fehler bei der Erstellung der Tabelle, da die Zeilenlänge 8.081 sein würde (einschließlich internem Verwaltungsaufwand). Dies übersteigt die maximal zulässige Tabellenzeilenlänge von 8060. Verwendet man aber statt *char* z.B. *varchar*, dann lässt sich die Tabelle erzeugen (immerhin erhält man eine Warnung dabei), aber man erlebt dann später sein blaues Wunder, wenn man in einem INSERT oder UPDATE die Zeile über die Länge von 8.060 Byte hinaus anfüllen möchte: *Eine Zeile der Größe 8.073 kann nicht erstellt werden, da sie länger als das zulässige Maximum von 8.060 wäre.*

Diese Grenze hat nun schon der SQL Server 2005 überschritten. Er beherrscht jetzt den Trick, dass varchar, nvarchar und varbinary-Spalten (wobei jede einzelne für sich weiterhin nur maximal 8.000 Byte lang sein kann) einfach in weitere Pages hinein »überlaufen«, wenn sie die 8.060er-Grenze überschreiten, daher der Name *Row Overflow Pages*. Genau genommen wandern diese variablen Spalten einfach komplett in die so genannten *Row Overflow Pages* hinein, und auf der Original-Page verbleibt ein Zeiger auf die Daten.

Das ist sehr schwer zu sehen, nur die System-Sicht sys.dm_db_index_physical_stats zeigt es etwas genauer an. Mit ihr kann man auch verfolgen, dass das Überlaufen ein sehr dynamischer Prozess ist: Werden die Inhalte der überfließenden Spalten so gekürzt, dass sie wieder auf die Original-Page passen, dann wird die Spalte wieder dahin zurück verschoben und die *Row Overflow Page* freigesetzt, ein Vorgang, der sich leider auch auf die Performance auswirkt.

HINWEIS   Gut, dass die 8.060-Byte-Grenze gesprengt ist, von Grenzen haben wir Deutschen lange Jahre genug gesehen. Aber soll man deshalb so »breite« Tabellen entwerfen? Ganz eindeutig: nein. Wenn Performance eine Rolle spielt, dann sollte man breite, beschreibende Spalten lieber in eine eigene Tabelle packen, wo sie nur bei Bedarf durchsucht werden.

Beliebig viele Spalten: Sparse Columns

Neu in SQL Server 2008   Ich hoffe, alle haben oben bei unseren Ausführungen zum Datenbank-Design gut aufgepasst, dann wissen Sie ja jetzt, dass man keine unendlich breiten Tabellen erzeugen soll. Aber gut, mal unter uns und nicht weitersagen: Manchmal geht es eben nicht anders, aber dann auf eigenes Risiko! Mitunter wird der SQL Server nur als so eine Art »Excel auf dem Server« missbraucht, und seit Excel 2007 jetzt auch 16.384 Spalten speichern kann (statt vorher nur 256) ist natürlich die Frage: kann der SQL Server das auch?

Nun, bis zur Version 2008 kann er das nicht, da beherrscht er »nur« 1.024 Spalten. Jetzt kann er diese Grenze sprengen, aber nur, wenn die zusätzlichen Spalten nur spärlich (*sparse*) gefüllt sind!

Aber zurück zum Design! Es ist wirklich eine Lücke im relationalen Modell: Ich entwerfe für unsere Backwaren eine Produkttabelle, in der will ich für Berliner[1] etwa die Füllung abspeichern; Pflaumenmus, Eierlikör, etc. Für Croissants passt das dann auch noch, aber bei Brötchen und Brot ist diese Spalte natürlich immer leer, also NULL! Andersherum ist es mit dem Belag: Bei Brötchen mag da noch manchmal Sesam, Mohn oder Kürbiskern drin stehen, aber die Mehrzahl der Produkte ist natürlich überhaupt nicht belegt, also bleibt die Belag-Spalte NULL.

Gängige Lösungen für dieses Design-Problem wären etwa eine Zusatz-Tabelle mit den Spalten Produktnummer – Attribut (Inhalt z.B. »Belag«) – Wert (Inhalt z.B. »Sonnenblumenkerne«). Diese Tabelle ist aber relational etwas schwer auszuwerten, außer mit dem PIVOT-Operator. Man könnte auch eine Spalte mit dem unten beschriebenen XML-Datentyp anhängen, aber leider ist ein großes XML-Schema nicht besonders effektiv, wenn es fast immer leer ist. Im SQL Server 2008 kann man nun solche spärlich gefüllten Spalten von Anfang an als SPARSE bezeichnen, dann nehmen sie, wenn sie leer bleiben, keinen Platz weg. Und so kann man dann auch viele tausend zusätzliche Spalten anhängen!

```
CREATE TABLE dbo.Produkte(
    ProduktID            int             PRIMARY KEY IDENTITY
  , Produktnummer        char(12)                    NOT NULL
  , Produktbezeichnung   nvarchar(255)   NOT NULL
  , Belag                nvarchar(30)    SPARSE NULL
  , Füllung              nvarchar(30)    SPARSE NULL
  , Fettanteil           numeric(3,1)    SPARSE NULL
/* …hier noch viele hundert SPARSE-Spalten */)
```

Listing 1.3   Erzeugung einer Tabelle mit sparse columns

Datentypen mit umfangreichen Werten (Large Value Data Types)

Und was soll man jetzt tun, wenn man wirklich eine einzelne Zeichenkette, einen Unicode-String oder ein binäres Objekt, das länger als 8.060 Zeichen ist, in einer Tabelle ablegen will? Auch dort gibt es seit dem SQL Server 2005 die Möglichkeit: die so genannten »Datentypen mit umfangreichen Werten« varchar(max), nvarchar(max) und varbinary(max). Wohlgemeint, das »max« ist ein Teil des Namens, keine Begrenzung, denn die liegt irgendwo ganz oben: bei 2 Gigabyte pro Spalte! Auch diese Spalten werden, solange die Tabellenzeile nicht länger als 8.060 Zeichen ist, mit in der Daten-Page ihrer Zeile gespeichert, aber meist werden dort nur noch 16 Bit-Zeiger abgelegt, die auf die restlichen Daten verweisen, die in anderen Pages gespeichert sind. Hauptvorteil dieser Datentypen ist allerdings die Tatsache, dass sie fast wie »normale« varchar, nvarchar und varbinary-Daten verwendet werden können, SELECT, INSERT und UPDATE wurden erweitert, um diese Datenmengen zu unterstützen, man kann sie in Triggern ansprechen und schließlich kann man jetzt auch in Transact-SQL-Programmen Variablen erzeugen, die 2 Gigabyte speichern können!

---

[1]   Ich bin selber Berliner. Und ich habe keine Füllung. Und bei uns heißen die sowieso »Pfannkuchen«, aber ich will ja, dass man mich überall versteht.

ACHTUNG   Die meisten Zeichenketten-Funktionen sind derart angepasst, dass sie transparent auch auf Datentypen mit umfangreichen Werten arbeiten, aber man sollte ganz genau aufpassen: der Rückgabewert vieler dieser Funktionen wie etwa SUBSTRING() ist selbst kein solcher »LVT«, sondern z. B. ein VARCHAR(8000), sodass ggf. längere Quelldaten bei der Konvertierung kommentarlos abgeschnitten werden können.

Large Object Data Types (LOB)

Aus alter Tradition müssen wir natürlich noch auf die ersten Datentypen verweisen, die beim SQL Server die traditionellen Speichergrenzen gesprengt haben, und das waren text, ntext (für Unicode-Daten) und image, für große binäre Objekte. Von letzterem rührt auch der Name dieser Datentypen her, sie werden in der Datenbankwelt im Allgemeinen als *binary large objects* oder eben BLOBs bezeichnet. In vielen Projekten, wo es darum ging, Daten in einer Tabellenzeile zu speichern, die länger als 8 KB waren (lange, beschreibende Texte, Office-XML-Dokumente, Bilddateien etc.) verwendete man beim SQL Server bislang diese Datentypen. Sie sind funktionell den neuen Datentypen mit umfangreichen Werten, den *Large Value Data Types* sehr ähnlich, ja, sie sind deren direkte Vorläufer. So speichern sie ebenfalls die Daten nicht in der normalen Daten-Page, zusammen mit den Standard-Datentypen, sondern sie verwalten dort nur Zeiger auf den tatsächlichen Standort der binären Daten in anderen Pages. Im Unterschied zu den LVTs kann man die BLOB-Datentypen nur ganz selten mit SQL-Befehlen wie SELECT, INSERT oder UPDATE direkt ansprechen. Stattdessen benötigt man, um sie vom Client auf den Server zu speichern und sie wieder herunterlesen zu können, spezielle Befehle, die diese Daten blockweise kopieren können. Je nach Client-Bibliothek muss man sich dabei mit ständig wiederholten Aufrufen von *GetChunk*, *SQLGetData* oder *dbreadtext* herumschlagen. In vielen Software-Projekten, die binäre Daten speichern mussten, haben sich die Entwickler nach eingehenden Tests dafür entschieden, solche im Dateisystem zu belassen und in der Datenbank nur einen Verweis auf den Dateinamen abzulegen, was eine durchaus gangbare Alternative sein kann. In dieser Lage bietet sich ja im SQL Server 2008 die Alternative, mit der FILESTREAM-Speicherung von varchar(max)-Datentypen zu arbeiten; siehe dazu die kurze Einführung in Kapitel 1.

WICHTIG   Die klassischen BLOB-Datentypen image, text und ntext werden zwar im SQL Server 2008 noch unterstützt, in zukünftigen Versionen aber nicht mehr. Sie werden ersetzt durch varbinary(max), varchar(max) und nvarchar(max). Es ist daher sinnvoll, sich bei neuen Softwareprojekten bereits dieser Datentypen zu bedienen, zumal sie von der Handhabung her um einiges einfacher geworden sind.

Der XML-Datentyp im SQL Server

Wie man den SQL Server am besten mit XML-Daten füttert, diese auch verändern kann und dann wieder heraus bekommt, wird in Kapitel 4 ausführlich beschrieben. An dieser Stelle möchte ich aber noch einige Worte über die technischen Eigenschaften des XML-Datentyps verlieren. Der XML-Datentyp bietet ja die einmalige Möglichkeit, bis zu 2 Gigabyte große XML-Dokumente in einer Tabellenspalte abzulegen, diese dann mit einem SELECT-Befehl auszugeben, mit UPDATE zu verändern und so weiter. Für diejenigen, die sich das anhand von etwas Transact-SQL Code am besten vorstellen können, zeigt Listing 1.4 ein einfaches

Beispiel. Darüberhinaus enthält es den Aufruf einiger spezieller Methoden, die für den XML-Datentyp definiert sind, wie etwa `query()`, `value()` oder `modify()`. Diese Methoden sind als benutzerdefinierte Funktionen (UDFs) des SQL Servers realisiert und ermöglichen es, in SQL-Befehlen eingebettet XQuery oder XML DML aufzurufen, um auf einzelne Werte in der XML-Spalte zuzugreifen.

```
-- Tabelle mit XML-Spalte erzeugen:
CREATE TABLE CustomerInfo(
  CustomerID int PRIMARY KEY,
  ExtraInfo XML NOT NULL)

-- zwei Zeilen mit XML-Dokumenten einfügen:
INSERT INTO CustomerInfo VALUES
  (1, '<Demographics>
    <MaritalStatus>single</MaritalStatus>
    <Education>High School</Education>
  </Demographics>')
INSERT INTO CustomerInfo VALUES
  (2, '<Demographics>
    <MaritalStatus>married</MaritalStatus>
    <Salary> 40.000-60.000</Salary>
  </Demographics>')

-- Ausgeben eines Wertes aus der XML-Spalte als SQL-Datentyp, mit XQuery
SELECT CustomerID,
  ExtraInfo.value('(/Demographics/MaritalStatus)[1]', 'varchar(10)') MaritalStatus
  FROM CustomerInfo

-- »in-place«-Modifikation der XML-Daten durch XML DML
UPDATE CustomerInfo
SET ExtraInfo.modify('replace value of (/Demographics/Education/text())[1]
  with "University"')
  WHERE CustomerID = 1
```

Listing 1.4   Einige einfache Operationen mit dem XML-Datentyp

Zunächst einmal ist der XML-Datentyp realisiert wie die oben beschriebenen »Datentypen mit umfangreichen Werten« `varchar(max)`, `nvarchar(max)` und `varbinary(max)`. Es ist also eine maximal 2 GB lange Zeichenkette, die, wenn sie unter 8060 Byte lang ist, mit in der Daten-Page gespeichert ist. Wenn das XML-Dokument länger wird, wird es in einen binären Baum aus miteinander verketteten Pages »ausgelagert«. Auf diese Pages wird über einen Zeiger, der auf der Daten-Page gespeichert ist, zugegriffen, was nicht immer maximal schnell sein wird. Dafür kann man mit einer XML-Spalte fast alles machen, was man auch mit einem »traditionellen« Datentyp machen kann:

- *Einschränkungen* (*Constraints*) darauf erstellen, die den Inhalt des XML-Dokuments überprüfen,

- verschiedene Typen von *Indizes* erzeugen, die den Suchzugriff erheblich beschleunigen,

- einen *Defaultwert* für das INSERT zuweisen oder

- *Views* oder *berechnete Spalten* mit Zugriff auf XML-Spalten erzeugen, die die Inhalte der XML-Spalte wieder als Standard-Datentypen darstellen.

Neben diesen »relationalen« Möglichkeiten, mit dem XML-Datentyp umzugehen, gibt es auch die mehr »XML-typische« Variante, nämlich der XML-Spalte eine XML-Schemadefinition zugrunde zu legen. Dem in diesem Schema definierten Format müssen dann die Inhalte des XML-Dokuments entsprechen – man spricht von »typisiertem« XML. In SQL gesprochen geht das so: Man legt mit dem Befehl CREATE XML SCHEMA COLLECTION die Schemadefinition (etwa aus einer *.xsd*-Datei) in der Datenbank ab und kann dann bei der Erzeugung der XML-Tabellenspalte oder beim DECLARE einer Variable vom Typ XML darauf verweisen. Entsprechen die Inhalte dann nicht der Schema-Definition, erhält man einen Laufzeitfehler.

Die internen Speichermechanismen, die beim XML-Datentyp verwendet werden, müssen wir einstweilen als »Blackbox« betrachten; es gibt keine genaueren Informationen darüber. Fakt ist aber, dass alles im Unicode UTF-16-Format abgelegt wird, und dass eine ganz leichte Optimierung und Komprimierung der Daten stattfindet, was dem Server vor allem beim Erstellen von Indizes auf XML-Spalten hilft. Soviel wird schon deutlich: Der XML-Datentyp ist für die Speicherung und Wiedergabe von XML-Dokumenten optimiert, nicht für die Modifikation der Daten, wie sie im Listing 1.4 mit der modify()-Funktion durchgeführt wird. Bei größeren Dokumenten ist dies natürlich trotzdem schneller, als wenn man das gesamte Dokument auf den Client transportiert, dort verändert und dann wieder zurückschreibt.[2]

ACHTUNG   Weil XML-Dokumente durch die binäre Speicherung im XML-Datentyp nicht 100% identisch erhalten werden (es werden etwa Leerzeichen entfernt und die Reihenfolge der Attribute verändert), ist es wichtig, dass man dort, wo eine exakte Kopie des Dokuments benötigt wird, (etwa aus gesetzlichen Gründen) statt des XML-Datentyps lieber varchar(max) verwendet. Darauf kann man dann allerdings keinen Index erstellen und keine XML-Datentyp-Methoden benutzen.

Wo soll nun dieser XML-Datentyp benutzt werden? Grundsätzlich sei gesagt: der SQL Server ist ein relationaler Datenbankserver. Selbst wenn er nun zusätzlich auch Hemden bügeln können sollte, würde ich meine Wäsche vielleicht trotzdem lieber weiter in die Reinigung geben! Damit ist gemeint: die schnellste Such- und Änderungs-Performance erreicht man, indem man seine Daten in relationale Datentypen »aufteilt«, wo dies möglich ist. Natürlich ist XML unschlagbar, wenn Daten nicht so statisch strukturiert gespeichert werden sollen, wenn es auf die Einhaltung der Reihenfolge in den Daten ankommt oder wenn Daten rekursiv abgelegt werden müssen. Für diese Fälle sollte man den XML-Datentyp verwenden, und sich über Indizes auf der XML-Spalte die nötige Performance holen. Prüfen Sie aber auch die Möglichkeit, die Daten relational abzulegen und ein Mapping zwischen diesen Tabellen und Ihren XML Schemas mithilfe von AXSD (Annotated XML Schema) zu machen. Damit erzeugen Sie eine »XML View« auf die relationalen Tabellen und haben alle Bearbeitungsmöglichkeiten von XML, kombiniert mit der schnellen Speicherung von SQL.

---

[2] Es deutet sich allerdings an, dass beim Modifizieren von XML-Dokumenten das gesamte Dokument intern gelöscht und in veränderter Form neu eingefügt wird.

Benutzerdefinierte Datentypen

Wem die bis hier präsentierte Liste von Standard-Datentypen nicht ausreicht, dem sei gesagt: der SQL Server ist noch lange nicht am Ende! Man kann sich auch seinen ganz persönlichen Datentypen individuell zusammenstellen, damit kein Bedürfnis unbefriedigt bleibt. Dafür gibt es seit SQL Server 2005 das CREATE TYPE-Statement, das aber zwei verschiedene Arten von Datentypen erzeugen kann. Bleiben wir erst einmal beim Altbewährten!

Aliasdatentypen

Achtung, bei dieser ersten Form von benutzerdefiniertem Datentyp macht man gar nichts Großes, man erzeugt keine neuen, komplexen Speicherformen, sondern man vergibt schlicht und einfach nur einen neuen, eigenen Namen für einen Datentyp, den es schon lange gibt, allerdings mit zusätzlicher Angabe der Länge (z.B. von Zeichenketten) und NULL/NOT NULL-Spezifikation. Sagt man also in seiner Datenbank

```
CREATE TYPE plz FROM CHAR(5) NOT NULL
```

dann kann man danach diesen Typ in der Variablen-Deklaration und als Tabellenspalte verwenden, etwa so:

```
CREATE TABLE Adressen(
   KundenID INT NOT NULL
,  Stadt VARCHAR(30) NOT NULL
,  Strasse VARCHAR(50) NOT NULL
,  Postleitzahl plz)
```

Angaben über Länge der Postleitzahl und den Umstand, dass sie nicht leer gelassen werden darf, erübrigen sich dabei: das hat man bereits mit dem Datentyp zusammen definiert.

Der praktische Zweck dieses Datentyps ist nun Geschmackssache, weil man Aliasdatentypen nur basierend auf existierenden Systemdatentypen definieren kann, sind damit unsere vorhandenen Möglichkeiten nicht erweitert. Ein Vorteil wäre bestenfalls für den Entwickler, der später mal mit der Tabelle arbeitet, dass es noch eindeutiger ist, was inhaltlich in die Spalte hinein soll! Außerdem gibt es keinen ALTER TYPE-Befehl, mit dem man z.B. zentral die Länge der Postleitzahl von 4 auf 5 Zeichen verändern könnte; nein, man muss alle Tabellen löschen, in denen dieser Typ verwendet wird, dann den Datentyp löschen und mit der neuen Spezifikation neu erzeugen, und dann kann man bestenfalls seine alten CREATE TABLE-Skripte nochmals verwenden.

CLR-basierte benutzerdefinierte Datentypen (CLR UDTs)

Dies ist nun die radikalste Methode, um einen Datentyp zu verwenden, dessen Fähigkeiten die der herkömmlichen Datentypen weit übersteigt. Genau genommen erschafft man sich einen kompletten Datentyp selbst, einen *User-defined Type*, der auf der Common Language Runtime (CLR) basiert, die ja im SQL Server integriert ist. Allerdings verlangt die Erstellung eines solchen Datentyps die Beherrschung einer Programmiersprache, die einen solchen Typ mit allen Eigenarten definieren kann; Transact-SQL kann das leider nicht. Wie dieses Verfahren im Einzelnen aussieht, findet man in Kapitel 4 beschrieben. Microsoft hatte beim SQL Server 2005, als diese Datentypen eingeführt wurden, ein wenig die Hoffnung, dass sich bald ein reger Markt für solche Datentypen entwickeln würde, wo man die entsprechenden DLLs käuflich erwerben könnte. Diese sollten den SQL Server dann so erweitern, dass er Dinge speichern könnte, die sonst nur über Umwege verwaltbar sind, etwa IP-Adressen für Web-Logs, Sternen-Positionen für astronomische Anwendungen oder beliebige andere hochtechnische oder mathematische Daten.

Neu in SQL Server 2008   Nun, an jeder Ecke gibt es solche Typen noch nicht, aber Microsoft selbst hat ja in der neuen Version diese Möglichkeit mit den geometrischen Datentypen geometry und geography genutzt, denn diese sind als CLR DLL realisiert, die nach der Installation bereits im SQL Server 2008 eingebunden ist. Für diese Datentypen wäre es sicherlich noch nicht nötig gewesen, aber bei der Gelegenheit wurde auch gleich die Größenbegrenzung des SQL Servers 2005 gesprengt, wo ein benutzerdefinierter CLR-Datentyp nur maximal 8 KB Platz beanspruchen durfte.

Wenn man eine solche DLL nun selbst geschrieben oder gekauft hätte, dann ist der Prozess ihrer Installation auch nicht besonders kompliziert:

```
-- DLL in der Datenbank anmelden:
CREATE ASSEMBLY IPStorage
FROM 'C:\CLRDatentypen\TCPIP.dll'
GO


-- Datentyp erzeugen, basierend auf das Assembly
CREATE TYPE IPAdresse
EXTERNAL NAME IPAdresse.[Microsoft.Samples.SqlServer.IPStorage]
GO


-- Datentyp in einer Tabelle verwenden
CREATE TABLE WebSiteBesucher(
  RechnerID BIGINT PRIMARY KEY
, IP IPAdresse)
```

Allerdings muss sich der Programmierer dieses Datentyps vorher richtig Mühe geben, denn er muss in C#, VB.NET oder einer anderen .NET-Sprache wirklich alles selber machen, was ihm der SQL Server bei Standardtypen abnimmt: Er muss read() und write()-Methoden implementieren, damit man die Inhalte des Datenfeldes bearbeiten kann, .ToString()-Methoden für die Konvertierung und einfache Aus- und Eingabe der Inhalte und vieles, vieles mehr. Als Administrator könnten wir dann sogar noch entscheiden, ob auf einer Spalte, die aus einem benutzerdefinierten Datentyp besteht, ein Index erstellt werden soll, denn auch das wird unter bestimmten Vorbedingungen unterstützt!

ACHTUNG   Der Datenbankadministrator, dem es unheimlich ist, dass da plötzlich irgendwelche extern geschriebenen Programmmodule, in die er ja nicht hineinsehen kann, ihre Arbeit als benutzerdefinierte Datentypen auf seinem Datenbanksystem aufnehmen, der kann beruhigt sein: Nach der Installation verarbeitet der SQL Server 2008 erst einmal keinerlei CLR-Code. Man hat selbst die Entscheidung in der Hand, ob dies passieren soll, und zwar mit EXEC sp_configure 'clr enabled', 1. Setzt man diese serverweit gültige Einstellung auf 0, dann werden überhaupt keine CLR-Assemblies ausgeführt.

Indizes

Nach den Anregungen im Abschnitt »Der richtige Aufbau von Tabellen« ist jetzt hoffentlich die eigene Datenbank korrekt entworfen. Das heißt natürlich mindestens, dass jede Tabelle einen Primärschlüssel hat, der jede Zeile der Tabelle eindeutig referenzierbar macht! Der SQL Server erzeugt ja seit jeher, wenn man einen solchen *primary key* anlegt, einen eindeutigen (*unique*) Index auf der oder den Schlüsselspalten, um ganz schnell überprüfen zu können, ob ein bestimmter Schlüsselwert in der Tabelle schon enthalten ist. Stellt man Ihnen also die Frage, ob Sie denn schon Indizes auf der Datenbank definiert haben, können Sie also immer getrost erst einmal mit »Ja« antworten. Aber ach – wie oft fehlen sogar diese Indizes!

Betrachten wir die *PRIMARY KEY*-Indizes gewissermaßen als die »Grundausstattung« Ihrer Datenbank. Wie weit kommen wir nun damit? Ein ganz einfaches Beispiel macht dies klar: Ihre Kundentabelle enthält zum Entwicklungszeitpunkt 50 Datensätze, Test-Einträge eben. Im Fenster *Kunde ändern* kann sich der Anwender ganz leicht einen Kunden heraussuchen, er tippt einfach einen Bestandteil des Kundennamens ein, drückt auf die *Suchen*-Schaltfläche und sieht blitzschnell den ersten Kunden, der so heißt. Perfekt: die Datenbank geht in Produktion.

Steigt nun die Zahl der Kunden in den nächsten Wochen in die Tausende, was ja zu hoffen wäre, dann taucht plötzlich ein Problem auf: Wenn man jetzt einen Kunden nach seinem Namen sucht, dann dauert dies gerne mal 10, 15 Sekunden, was schon sehr ärgerlich ist, wenn man den betreffenden Herrn oder die Dame gerade am Telefon hat und flexibel auf ihre Anfrage reagieren möchte. Sucht man nach der Kundennummer, dann geht alles immer noch blitzschnell, denn auf diesem Feld liegt ja der Index. Die meisten Kunden aber haben nun mal ihre Kundennummer nicht im Kopf! Problem: der Index auf der Nummer hilft bei einer Suche nach Namen nicht weiter, hier ist einfach ein eigener Index vonnöten.

Weil es immer wieder so wichtig ist, muss es auch hier noch einmal gesagt werden: Indizes sind die einzige Möglichkeit des Datenbankservers, auf eine anständige Performance zu kommen. Ohne Index kein Speed, so einfach ist das. Ein oft bemühtes Beispiel macht das greifbar: Nehmen Sie das Telefonbuch von Berlin und suchen nach »Raatz, Markus«. Kein Problem, denn das ganze Telefonbuch ist ja ein einziger Index, die Einträge sind nach dem Namen sortiert. In 15 Sekunden etwa dürfte es geschafft sein. So, und jetzt suchen Sie bitte mal die Telefonnummer 27 87 40 70 heraus. Tja, das kann dauern! Da müssen sie wohl oder übel das komplette Telefonbuch Spalte für Spalte durchsuchen, bis die Nummer gefunden ist, und es sind etwa eine Million Anschlüsse. Danach wissen Sie, wie sich der SQL Server fühlt, wenn Sie ihn in einer Tabelle mit einer Million Zeilen nach einem Eintrag in einer Spalte suchen lassen, zu der es keinen Index gibt, und passen auf ihre Indizes in Zukunft noch besser auf.

Gruppieren oder nicht gruppieren?

Seit jeher muss der Entwickler oder der Administrator eine Entscheidung treffen, wenn er einen Index auf dem SQL Server anlegt: gruppiert (*clustered*) oder nicht (*nonclustered*)? Daran hat sich auch grundlegend nichts geändert, und deshalb noch mal in Kürze: Ein gruppierter Index auf einer Tabelle sorgt dafür, dass die Daten so abgespeichert werden, dass sie nach der Spalte sortiert sind, auf der der Index liegt. Um beim Kundenbeispiel zu bleiben: Wenn ein gruppierter Index auf der Kundennummer liegt, dann liegt in der ersten Daten-Page, die die Tabelle benutzt, der komplette Datensatz zum Kunden mit der Nummer 1, danach der Kunde 2 etc. Der Kunde mit der höchsten Nummer liegt weit entfernt davon, auf der letzten Daten-Page der Tabelle. Das allein ist noch nicht so sehr hilfreich beim Suchen, denn der Server möchte ja gerne wissen, auf welcher Daten-Page z.B. die Kundennummer 1.304 liegt. Dabei hilft ihm ein so genannter

B-Baum oder balancierter Baum, eine Reihe von Pages, die keine Daten enthalten, sondern nur Suchverweise von der Art »Die Kundennummern zwischen 1294 und 1313 liegen auf der Daten-Page Nummer 1043«. In der Regel reicht der Besuch von zwei bis drei dieser miteinander verbundenen Index-Pages, und dann kennt der Server genau die Daten-Page, auf der die betroffene Kundennummer zu finden ist. Ich muss also nur ca. drei Pages (von je 8 KB Größe) und nicht die gesamte Tabelle mit tausenden Zeilen sequentiell durchsuchen. Abbildung 2.3 zeigt eine Tabelle mit einem gruppierten Index auf der Kundennummer, deshalb sind die Daten-Pages auch danach sortiert.

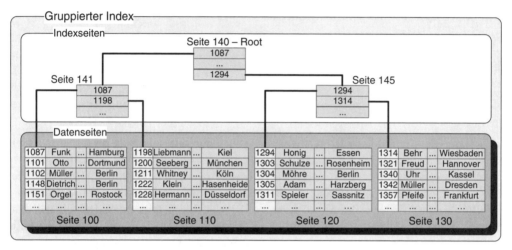

Abbildung 2.3 Gruppierter Index auf der Kundennummer

Weil die Tabellendaten dadurch quasi ein Bestandteil des gruppierten Index werden, ist er nur sehr klein. Man zählt nur die reinen Index-Pages, und die haben nur um die 10% der Datengröße.

Wer gut aufgepasst hat, der hat den »Nachteil« auch gleich bemerkt: Das kann man natürlich nur einmal machen, denn die Daten der Tabelle können ja nur einmal in einer bestimmten Reihenfolge auf der Platte gespeichert werden. Für jeden weiteren Index, den man auf dieser Tabelle anlegen will, hat man nun keine Wahl: es muss ein nichtgruppierter Index sein.

Ein nichtgruppierter Index ist ein eigenes Objekt zusätzlich zu den Daten, was ganz erheblich Platz wegnehmen kann, gerne auch 50% der Datenmenge und mehr. Oftmals wird man auch mehrere davon pro Tabelle haben, eben auf jeder Spalte, die häufig durchsucht wird, einen. Sie sind deshalb so groß, weil sie zusätzlich zu den reinen Index-Pages (die genauso aussehen wie beim gruppierten Index) eine sortierte Kopie der Index-Spalte abspeichern müssen, die die Blätter des Index-Baums darstellen. In dieser sortierten Liste kann man dann den Suchbegriff ganz schnell finden, muss aber, um an die restlichen Daten der Tabellenzeile zu kommen, noch einem Verweis auf die eigentlichen Datenseiten nachgehen. Der nichtgruppierte Index ist deshalb aber nicht wirklich ein »Index zweiter Klasse«, denn es ist ja oft nur eine einzige Page mehr, die bei einem Zugriff über ihn gelesen werden muss, wie man in Abbildung 2.4 sieht.

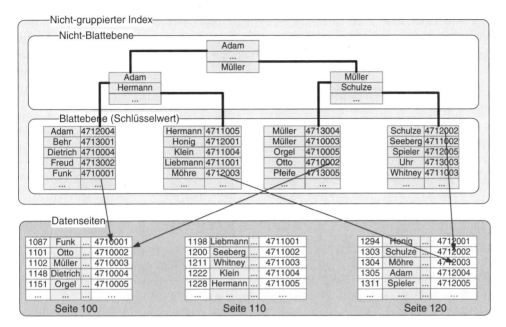

Abbildung 2.4 Nichtgruppierter Index auf dem Kundennamen

Für alle, die es ganz genau wissen wollen, fehlt natürlich noch eine Anmerkung (wer nur einen Überblick braucht: wir treffen uns am nächsten Absatz wieder). Seit SQL Server 2000 sieht ein nichtgruppierter Index nämlich nur dann so aus wie in Abbildung 2.4, wenn es keinen gruppierten Index auf derselben Tabelle gibt. Die Daten-Pages einer solchen Tabelle ohne gruppierten Index sind völlig unsortiert, die Daten darin liegen einfach so wie auf einem Haufen herum, weshalb so eine Tabelle auch als *Heap* (englisch für Haufen) bezeichnet wird. Das kommt aber eher selten vor, denn jeder *PRIMARY KEY* auf einer Tabelle wird ja standardmäßig von einem gruppierten Index unterstützt. In diesem Fall findet man in der Blattebene des gruppierten Index keinen Hinweis auf die Page-Nummer der gesuchten Seite, wie in unserem Diagramm gezeigt, sondern einfach den Wert aus der Spalte, auf der der gruppierte Index liegt. Man muss also bei jedem Suchzugriff über einen nichtgruppierten Index quasi danach noch einmal durch den gruppierten Index durch, um zu den Daten zu kommen! Microsoft hat aber lange Tests unternommen und festgestellt, dass der Performanceverlust beim Auslesen zu vernachlässigen ist, im Vergleich zur größeren Flexibilität beim Reorganisieren.

Aber welche Form von Index soll man nun wofür verwenden? Dazu hier einige simple Richtlinien: Obwohl der nichtgruppierte Index komplizierter aufgebaut ist als der gruppierte, ist er dennoch nur unwesentlich langsamer. Dafür aber ist er bei einem UPDATE auf der indizierten Spalte schneller, denn bei einem gruppierten Index müssen ja die Daten oftmals reorganisiert werden, wenn die Index-Spalte verändert wird, damit die Reihenfolge noch stimmt. Spalten, deren Inhalte häufig verändert werden, sollte man also lieber mit einem nichtgruppierten Index versehen.

Die ganze Indizierung bringt aber nichts – und macht die UPDATEs sogar langsamer –, wenn der Abfrage-Optimierer sich entscheidet, einen vorhandenen Index bei einer Abfrage nicht zu benutzen! Er tut dies sehr oft, und zwar immer dann, wenn er denkt, dass das einfache sequentielle Durchlesen der Tabelle ihm weniger Mühe machen wird als die Benutzung des Index! Ob der Optimierer den Index verwendet, merkt man meist an der Performance, aber Scherz beiseite: Besser ist es natürlich, wenn man die betreffende Abfrage einfach in ein *Datenbankmodul-Abfrage*-Fenster des SQL Server Management Studio hineinschreibt und aus dem Menü *Abfrage* die Option *Tatsächlichen Ausführungsplan einschließen* wählt. Dann sieht man im Reiter *Ausführungsplan* nach dem Ausführen der Abfrage, wie der Optimierer sich entschieden hat. Im günstigsten Falle sehen wir dort etwas, das wie Abbildung 2.5 aussieht: die Tabelle hat einen gruppierten Index, und der wird auch benutzt.

Abbildung 2.5   Ein gruppierter Index wird verwendet

Ein einfaches *Index Seek* würde uns auch schon reichen, das trifft zu, wenn ein nichtgruppierter Index benutzt wird. Will man Genaueres über diese Operation wissen, dann braucht man nur mit der Maus auf dem Symbol stehen zu bleiben, bis der Tooltip-Text erscheint, und dort steht explizit drin, warum welcher Index gewählt wurde. Aber Vorsicht: Sieht das Ergebnis aus wie Abbildung 2.6, so ist keine Freude geboten! Es steht zwar etwas von *Clustered Index* da, aber eben ein *Scan*, kein *Seek*. Auf Deutsch: der gruppierte Index wird nicht zur Suche benutzt, sondern es wird die gesamte Tabelle durchsucht (eigentlich ein *Table Scan*), aber eine Tabelle und ihr gruppierter Index sind ja, wie wir oben gelernt haben, identisch!

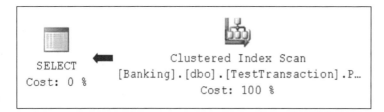

Abbildung 2.6   Hier wird ein gruppierter Index leider nicht verwendet

TIPP   Wenn die Abfrage, eben weil kein Index benutzt wird, zu lange dauert und den Server dabei auch noch stark belastet, dann ergibt es wenig Sinn, sie ablaufen zu lassen, nur damit man den Ausführungsplan sieht. Zu diesem Zweck gibt es im SQL Server Management Studio den Menüpunkt »Geschätzten Ausführungsplan anzeigen« *(Display Estimated Execution Plan)*, der nur den Plan berechnet und anzeigt, nicht aber die Abfrage ausführt. Das ist deutlich schneller und eigentlich schon genau genug.

Warum entscheidet sich nun der Abfrage-Optimierer gegen einen Index? Stellen wir uns etwa einen Index auf der Spalte »Geschlecht« vor, in der nur »männlich« und »weiblich« steht. Der SQL Server führt Statistiken, die ihm sagen, dass es nur zwei unterschiedliche Werte in dieser Spalte gibt, und wird deshalb diesen Index niemals verwenden! Je mehr unterschiedliche Werte pro Spalte (man spricht dann auch von einer hohen »Kardinalität«), desto höher ist die Chance, dass ein Index darauf benutzt werden wird! Die eindeutige Primärschlüsselspalte ist also der beste Kandidat für einen Index. Denn es ist leider so: Schon dann, wenn eine *WHERE*-Klausel auf einer Spalte die Ergebniszeilen auf ein Drittel der Gesamttabelle einschränkt, verwendet der SQL Server keine Indizes mehr. Hier liegt aber der kleine Vorteil des gruppierten Index: Er wird auch häufiger noch benutzt, wenn die Ergebnismenge noch einen größeren Anteil der Tabellenzeilen enthält. Der nichtgruppierte Index kann da nicht mithalten, er wird nur bei Abfragen benutzt, deren vermutete Treffermenge nur aus einem ganz kleinen Teil der Tabelle besteht. Fazit: Für den Primärschlüssel reicht ein *NONCLUSTERED* Index allemal aus! Für andere Spalten der Tabelle, deren Kardinalität schlechter ist, ist der *CLUSTERED* Index erste Wahl (wenn die Spalteninhalte nicht zu oft geändert werden). Da der SQL Server standardmäßig gruppierte Indizes für Primärschlüssel erzeugt, liegt hier eine schöne Möglichkeit zum Tuning: *PRIMARY KEY* löschen, als *PRIMARY KEY NONCLUSTERED* neu erstellen und den damit »frei gewordenen« gruppierten Index auf eine andere Spalte setzen.

Nur suchen, was es schon gibt: Filtered Indexes

`Neu in SQL Server 2008` Wenn man in der Praxis mal auf einer großen Tabelle ein `sp_helpindex` `FactInternetSales` ausführt, dann steht man oft bewundernd da: Manchmal hat so eine Tabelle deutlich mehr Indizes, als sie Spalten hat! Klar, zu jedem dieser Indizes hat es irgendwann einmal einen Entwickler gegeben, der stolz entdeckt hat, dass für seine Abfrage genau dieser Index optimal ist, aber wie weiter oben schon bemerkt, benötigen diese Strukturen natürlich jedes Mal Plattenplatz und müssen bei `INSERT` und `UPDATE`-Statements mit gepflegt werden.

Ein gutes Mittel gegen diese Verschwendung sind die *Filtered Indexes*, die uns der SQL Server 2008 als neue Tuning-Möglichkeit gebracht hat. Sie sind quasi Indizes mit einer `WHERE`-Klausel, die eben nur einen Teilbereich der Daten indizieren! Dieser Teil-Index ist damit kleiner und wartbarer als einer, der über alle Zeilen der Tabelle geht.

Nehmen wir wieder ein Beispiel aus der Welt der Backwaren: Selten, nur sehr selten wird eine Bestellposition einmal reklamiert, wegen so hässlicher Dinge wie Fremdkörpern im Brötchen oder ähnlichem. Man erkennt diese Datensätze daran, dass ein Reklamationsdatum gesetzt ist, bei allen anderen Positionen ist dieses Datum natürlich leer, also NULL. Die paar reklamierten Produkte aber will man dann sehr schnell finden, um z. B. eine Auswertung über die Top 10 Produkte mit den meisten Reklamationen im Monat zu machen. Eine perfekte Aufgabe für einen Index mit einer `WHERE`-Klausel:

```
CREATE NONCLUSTERED INDEX IX_Bestellpositionen_Reklamation
    ON dbo.Bestellpositionen (ProduktID, Produktionsdatum)
WHERE Reklamationsdatum IS NOT NULL;
```

Dabei muss die Filter-Spalte »Reklamationsdatum« nicht im gefilterten Index enthalten sein, damit er später verwendet wird, aber es hilft schon, wenn die Filterbedingung des Index (Reklamationsdatum `IS NOT NULL`) auch in der Abfrage verwendet wird. Außerdem ist es immer eine gute Idee, eine oder mehrere Schlüsselspalten in den Index mit aufzunehmen, wie hier mit der ProduktID geschehen. Den Primärschlüssel der indizierten Tabelle kann man sich dabei aber sparen, denn er ist in einem gefilterten Index – wie in jedem nichtgruppierten Index – immer mit enthalten. Und übrigens sind die *Filtered Indexes* damit natürlich die idealen Partner für die weiter oben beschriebenen, ebenfalls neuen *Sparse Columns*: beide sind Meister in der Verwaltung der Leere.

Indizierte Sichten

Zusätzlich zu den Tabellen kann man seit SQL Server 2000 auch Sichten indizieren. Die Datenbank-Sicht (*View*) ist ja normalerweise nichts weiter als eine auf dem Server abgespeicherte SQL-Abfrage, gerne auch mit Joins, Unterabfragen, Funktionen und vielem mehr darin. Der Hauptgrund dafür, eine solche Sicht zu erzeugen, ist eigentlich nur, dass man dem Anwendungs-Entwickler, der ein Programm auf der Datenbank erstellt, oder gar dem Benutzer die Komplexität dieser schwierigen SQL-Abfragen ein wenig ersparen möchte! Außerdem erhält man noch einen leichten Performance-Vorteil, denn der Ausführungsplan der Sicht wird, ähnlich wie bei einer gespeicherten Prozedur, bei der ersten Ausführung erstellt und dann im *Procedure Cache* abgespeichert, wo andere Abfragen auf dieser Sicht ihn wieder verwenden können.

Auf dieser Sicht, die an sich erst einmal keinen Platz auf dem Server in Anspruch nimmt, kann man aber auch einen Index erstellen. Der erste Index, der auf einer Sicht erstellt wird, muss ein gruppierter sein, und die Tabelle benötigt einen Primärschlüssel, aber den haben wir ja sowieso, oder? Eine indizierte Sicht ist besonders dann sinnvoll, wenn bei Abfragen viel auf berechnete Felder in der Sicht zugegriffen wird. In diesen Feldern könnte durch einfache Operationen, Verwendung von Funktionen oder Unterabfragen ein Wert stehen, der normalerweise für jede Ausführung der Abfrage dynamisch ermittelt werden muss. Gerne nutzt man dies für Summenwerte oder eine *Anzahl*-Spalte. Der Index auf dieser berechneten Spalte speichert diesen Wert ab und macht ihn leicht und schnell durchsuchbar. Wenn die Sicht den Inhalt der Tabelle durch eine restriktive WHERE-Klausel sehr stark einschränkt, dann ist der Index auf die Sicht auch sehr klein, er enthält eben nur die Zeilen, die mit der WHERE-Klausel gefunden werden. Listing 1.5 zeigt die Erzeugung einer indizierten Sicht auf einer Tabelle mit Bankkonten, die die Suche nach Konten mit besonders hohen Geldsummen beschleunigt. Die Option WITH SCHEMABINDING des CREATE VIEW-Befehls muss bei Sichten, die man indizieren lassen will, generell verwendet werden, denn sie verhindert, dass man die Struktur der darunter liegenden Tabelle verändert, ohne die Sicht vorher zu löschen.

```
CREATE TABLE [dbo].[Bankkonten](
    [Kontonummer] [char](15) PRIMARY KEY,
    [Buchungsdatum] [datetime] NULL,
    [Kontostand] [money] NULL)
GO
CREATE VIEW vw_GrosseKonten WITH SCHEMABINDING AS
SELECT Kontonummer, Kontostand FROM dbo.Bankkonten
WHERE Kontostand > $95.0000
GO
CREATE UNIQUE CLUSTERED INDEX ix_GrosseKonten ON vw_GrosseKonten(Kontonummer)
```

Listing 1.5   Erzeugung eines Index auf einer Sicht

Nach kurzem Überlegen wird aber klar: das muss auch Nachteile haben. Die Performance-Steigerung bei SELECT-Statements auf die Sicht ist zwar frappierend, oftmals benutzt der Optimierer sogar den Index auf der Sicht, selbst wenn die Sicht in der Abfrage gar nicht erwähnt wird, aber beim UPDATE zahlen wir dann den Preis: es muss intern immer der Index mitgepflegt werden! Bei gelegentlichen, einzelnen Befehlen ist das noch nicht so schlimm, aber wenn große Datenmengen mit einem einzelnen UPDATE verändert werden sollen, dann gilt hier (ähnlich wie bei Indizes auf Tabellen): Index auf der Sicht löschen, Daten modifizieren, Index neu erstellen. Das ist schneller als den Index jedes Mal mitpflegen zu lassen.

Vielleicht ist einer der Gründe, warum viele Datenbankdesigner die indizierten Sichten noch nicht in ihr Tuning-Repertoire aufgenommen haben, dass sie doch einiges kosten, finanziell: Man kann sie zwar auf jeder SQL Server Edition erzeugen, aber nur die teuerste, die Enterprise Edition, benutzt sie auch automatisch! Bei allen anderen Versionen muss man, um den Abfrage-Optimierer dazu zu bringen, den Index zu benutzen, in der SQL-Abfrage die Option WITH NOEXPAND verwenden. Dann wird die indizierte Sicht genauso behandelt wie eine Tabelle mit gruppiertem Index darauf.

Und auch aus anderen Gründen kann einem die indizierte Sicht nicht nur Freude machen. Es genügt nämlich, dass in der Datenbankverbindung, die die Abfrage ausführt, eine SET-Option falsch gesetzt ist, und schon erhält man einen Laufzeitfehler bei INSERT, UPDATE oder DELETE-Statements, die die zugrunde liegende Tabelle betreffen und die Sicht nicht einmal erwähnen! Die Optionen ANSI_NULLS, ANSI_WARNINGS, CONCAT_NULL_YIELDS_NULL, ANSI_PADDING, ARITHABORT, und QUOTED_IDENTIFIERS müssen auf ON stehen, NUMERIC_ROUNDABORT auf OFF. Was diese Optionen im Einzelnen bedeuten, dafür sei auf das Onlinehandbuch verwiesen, aber es gibt gute Gründe, die eine oder andere Option davon einmal umzuschalten, und schon ist der schöne Performance-Effekt der indizierten Sicht dahin.

```
/*-------------------------
SET ANSI_NULLS OFF
GO
UPDATE Bankkonten
   SET Kontostand = 96.0776
   WHERE Kontonummer = '373783507915969'
-----------------------*/
Msg 1934, Level 16, State 1, Line 1
UPDATE failed because the following SET options have incorrect settings: 'ANSI_NULLS'
Verify that SET options are correct for use with indexed views and/or indexes on computed columns.
```

Listing 1.6 Laufzeitfehler beim Modifizieren von Tabellen mit indizierten Sichten

Automatische Pflege von Index-Statistiken

Ich glaube, es ist klar geworden, wie wichtig es für eine gute Performance ist, dass SQL Server die richtigen Indizes zur Verfügung hat und sich auch entscheidet, sie zu benutzen. Diese wichtige Entscheidung fällt er ja vor allem nach der Betrachtung der Index-Statistiken, anhand derer er die »Kosten« für die verschiedenen Ausführungswege abschätzen kann.

> **TIPP**   Wir können die Index-Statistiken, die der Abfrage-Optimierer benutzt, auch betrachten, um genauer zu verstehen, welche Art von Information da eigentlich gesammelt wird, und zwar mit
>
> ```
> DBCC SHOW_STATISTICS('<Tabellenname>', '<Indexname>')
> ```
>
> Die Ausgabe ist zwar nicht eben leicht verständlich, wird aber im Onlinehandbuch detailliert aufgeschlüsselt.

Manchmal sind die Leute einfach undankbar: Da bietet nur der SQL Server – ich denke, als erster – die Funktion an, die Statistiken über die Verteilung der Daten in seinen Indizes automatisch zu aktualisieren, und hunderte Nutzer rufen den Support an, weil sie es einfach nicht glauben können. Diese Frage gehörte nämlich jahrelang zu den »Top 10 SQL Server Nutzerfragen« bei Microsoft! Solchen Bit-Fuchsern sei der Knowledge Base-Artikel Q195565 empfohlen: »How SQL Server Autostats work«. Allen anderen sei nur gesagt: UPDATE STATISTICS (oder wie es bei Oracle heißt: ANALYZE TABLE) ist einfach nicht mehr nötig, das macht der Server von selbst, lehnen Sie sich zurück und genießen Sie die Show.

Nur mal kurz zum Algorithmus, weil der so einfach und genial ist, dass man sich fragt, warum die anderen noch nicht darauf gekommen sind: Der Server führt einfach in der Systemtabelle *sysindexes* einen Modifikationszähler für die betroffenen Spalten mit (den kann man sich auch ansehen: die Spalte heißt *sysindexes.rowmodctr*). Basierend auf der Anzahl der Zeilen in der Datenbank berechnet er nun einen Schwellwert für die Anzahl der Modifikationen, nach denen er einfach ein UPDATE STATISTICS abfeuert! Der Schwellwert wird übrigens nur geprüft, wenn auch jemand eine Abfrage auf die Tabelle startet, also nicht nur einfach still dasitzen und drauf warten, bis es losgeht, ein beobachteter Topf kocht nicht! Man merkt dann, dass die Statistiken aktualisiert wurden, wenn *rowmodctr* wieder auf 0 steht, oder man lässt sich im SQL Server Profiler die *Auto-Update-Stats*-Ereignisse anzeigen. Haben Sie Vertrauen! Es funktioniert wirklich!

Index-Tuning und Performance

Ja, die Index-Statistiken pflegen sich automatisch. Aber die Indizes selbst (noch) nicht. Wenn die Datenbanken wachsen, wenn sich die Art der Abfragen ändert, oder wenn maximale Performance gebraucht wird, weil die Nutzerzahlen gewachsen sind, wird es wieder einmal Zeit: Man muss sich ein paar Stunden zurückziehen, um neue Indizes zu erzeugen, alte zu verändern, indem man eine Spalte hinzufügt oder herausnimmt, oder unnötige Indizes komplett löscht. Das ist eine schwierige Profi-Arbeit, und deshalb ist es gut, dass es im SQL Server mehr und mehr automatische Hilfen dafür gibt.

Die selbst-optimierende Datenbank

Die Abschätzung, wo ein Index nötig oder wo er eher hinderlich ist, welcher Index-Typ auf welcher Spalte zu erstellen ist oder ob man gar eines der modernen Mittel zur Performance-Steigerung wie partitionierte Tabellen oder indizierte Sichten verwenden sollte, ist normalerweise die Domäne der Tuning-Spezialisten. Es sind dies meist erfahrene Männer mit hoher Stresstoleranz (weil man sie prinzipiell immer erst im letzten Moment holt), die leider auch die entsprechenden Tagessätze verlangen. In der Regel ist der Einsatz eines solchen Feuerwehrmanns auch erfolgreich, aber seine Kosten addieren sich durchaus zu den allgemeinen Betriebskosten Ihrer Datenbank hinzu (der »Total Cost of Ownership« oder »TCO«, wie man heute sagt). Es ist ja eines der wichtigsten Ziele von Microsoft, genau diese »Nebenkosten« Ihrer Datenbank genauso niedrig zu halten wie die Lizenzkosten, um im heiß umkämpften Datenbankmarkt vorn mithalten zu können. Deshalb liegt dem SQL Server seit der Version 2005 der Datenbankmodul-Optimierungsratgeber (englisch *Database Tuning Advisor* oder *DTA*) bei, ein Werkzeug, das für viele andere Datenbanken – wenn überhaupt – nur teuer von Drittherstellern zu erhalten ist.

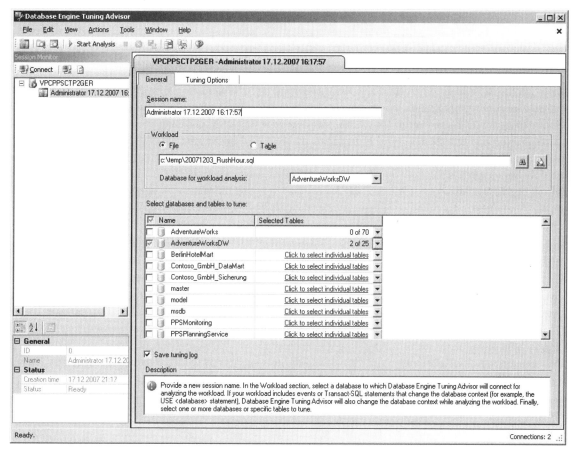

Abbildung 2.7 Der Datenbankmodul-Optimierungsratgeber nach dem Start

Schon der SQL Server 2000 ist ja weitestgehend »selbst-tunend«, was Datenbank- und Server-Parameter angeht. Die Indizes auf einer Datenbank aber, das wichtigste Werkzeug zur Performance-Steigerung, sind von dieser Automatik bisher ausgenommen; sie müssen mit viel Erfahrung und Fingerspitzengefühl manuell angelegt werden. Wie wichtig es für Microsoft ist, hier Abhilfe zu schaffen, zeigte schon der »Indexoptimierungs-Assistent« (*Index Tuning Wizard*) von SQL Server 2000, dessen Nachfolger der Datenbankmodul-Optimierungsratgeber ist. Jeder Entwicklungsaufwand für diese Werkzeuge unterstreicht nochmals, wie gern Microsoft auch diesen Bereich Ihrer Datenbank automatisieren möchte.

Indexoptimierungs-Assistent und Datenbankmodul-Optimierungsratgeber sorgen nun im Prinzip für dasselbe: Sie nehmen SQL-Abfragen, wie sie auf der Datenbank ausgeführt werden, und lassen sich vom Abfrage-Optimierer die »Kosten« an Festplatten-I/O und CPU-Last ausgeben, die diese Abfragen erzeugen würden. Ein *Table Scan*, wie er bei einer Suche nach vielen Tausend Kundennamen ohne Index auf der Spalte erfolgen muss, fällt dabei natürlich durch hohe Kosten auf. Die Assistenten probieren dann, welche Indizes diese Kosten am effektivsten drücken würden und können den CREATE INDEX-Befehl dafür anschließend gleich generieren, damit man das Problem sofort los wird.

Datenbankmodul-Optimierungsratgeber für den Entwickler

Es gibt zwei Arten, wie man den Datenbankmodul-Optimierungsratgeber einsetzen kann: zum einen während der Entwicklung der Applikation, zum anderen während des Betriebs. Für den Entwickler ist der einfachste Aufruf des DTAs gar nicht so leicht zu finden! Er ist zwar eine eigene Applikation (*dta.exe* bzw. grafisch *dtashell.exe*), die separat unter *All Programs (Alle Programme)/Microsoft SQL Server 2008/Leistungstools/ Datenbankmodul-Optimierungsratgeber* gestartet werden kann. Der Entwickler aber schreibt ja in der Regel seine Abfragen oder gespeicherte Prozeduren mit dem SQL Server Management Studio, im Fenster *Daten-bankmodul-Abfrage*. Hat er dort eine Abfrage fertiggestellt und denkt »die wird später bestimmt oft laufen müssen und sollte ordentlich schnell sein«, dann kann er einfach aus dem Menü *Abfrage* aufrufen: *Abfrage mit dem Datenbankmodul-Optimierungsratgeber analysieren*. Noch schneller und eleganter geht es, wenn er mit der rechten Maustaste auf die Abfrage klickt, dort ist der Optimierungsratgeber im Kontextmenü zu finden. Wenn er so aufgerufen wird, dann zeigt er an, dass er die zu optimierende Abfrage direkt übermittelt bekommen hat; es ist genau der Text, der gerade im SQL-Fenster zu sehen war. Nun muss man nur noch kurz auf den Startknopf drücken, und nach einer wenige Sekunden dauernden Analyse hat man ein SQL-Skript, das die Befehle zur Erzeugung der besten Indizes für diese Abfrage enthält.

Aber Vorsicht: Wie oben erklärt, leistet der Optimierungsratgeber diese enorme Arbeit nur, indem er ver-schiedene Index-Varianten »durchprobiert« und diejenige mit den geringsten Abfrage-Kosten wählt. Damit dies funktioniert, müssen aber leider Daten in der Datenbank enthalten sein, und zwar nicht nur 10–20 Zeilen, sondern grob so viele Datensätze, wie sie auch für später ungefähr erwartet werden. Der Assistent kann ja nicht wissen, dass die fünf Abteilungen, die bereits in der Testdatenbank ihrer Firma enthalten sind, den »Endausbau« darstellen, aber die fünf Beispiel-Aufträge später, in der Produktion, eher auf 10.000 anwachsen werden!

> **TIPP**   Sie müssen sich jetzt nicht in Billiglohnländern nach preiswerten Arbeitskräften erkundigen, die realistische Mengen manuell eintippen. Es gibt zahlreiche Werkzeuge, die die gewünschten Daten einfach generieren. Nehmen Sie zum Beispiel einfach den Database *Generator* aus dem *Microsoft BackOffice Resource Kit* für den SQL Server 2000,[3] *DBGen.exe*, damit lassen sich die Daten einfüllen. Wahrscheinlich ist es nur eine Frage der Zeit, bis diese Funktionalität auch direkt in die Datenbanktools des SQL Servers eingebaut wird, denn es kommt beim Optimieren wirklich darauf an, dass Daten enthalten sind: Eine leere Datenbank kann man nicht tunen!

Ist Index-Tuning aus Zeitgründen zur Entwicklungszeit einfach nicht möglich, seien Sie als Programmierer zumindest vorbereitet: Die Anwender werden sich nach einiger Zeit wieder bei Ihnen melden, und Sie werden sich dabei nicht sehr glücklich anhören. Dann bleibt noch die zweite, eigentlich elegantere Variante, den Optimierungsratgeber einzusetzen: zur Laufzeit der produktiven Umgebung nämlich.

---

[3]   Ja, wir wissen auch, dass mittlerweile 2008 ist. Leider hat Microsoft sich aber entschieden, so etwas wie ein »SQL Server 2005 Resource Kit« nicht zu veröffentlichen, geschweige denn 2008; und DBGen.exe (und viele andere nützliche Tools) sind sowieso im VB6-Quellcode immer noch im alten Resource Kit erhältlich und funktionieren versionsunabhängig.

Datenbankmodul-Optimierungsratgeber für den Administrator

Der Optimierungsratgeber läuft eigentlich nur auf Sparflamme, wenn er nur einen oder wenige SQL-Befehle gleichzeitig optimieren darf. Wie oben schon erläutert, besteht dabei auch die Gefahr, Indizes zu erzeugen, die z.B. ein eher seltenes SELECT-Statement maximal schnell machen, aber dabei eine ganze Menge von UPDATE-Befehlen verlangsamen, nur weil diese gerade nicht in Ihrem Datenbankmodul-Abfrage-Fenster enthalten waren, als der Assistent gestartet wurde. Der Königsweg für das Datenbank-Tuning ist es also, mithilfe des SQL Server Profilers eine Ablaufverfolgungsdatei oder -tabelle für die Anwendung zu erzeugen, in der alle Befehle etwa eines realen Arbeitstages gespeichert werden. Wie man diesen Profiler im Detail verwendet, wird weiter hinten in Kapitel 9 geschildert. Hier sei nur darauf hingewiesen, dass der Profiler bereits über eine Ablaufverfolgungsvorlage verfügt, die genau die Profiler-Ereignisse und Datenspalten enthält, die der Datenbankmodul-Optimierungsratgeber benötigt, beim Erzeugen einer neuen Ablaufverfolgung auszuwählen im Vorlagen-Auswahlmenü unter »Tuning«.

> **ACHTUNG**   Wenn man ein produktives System mit dem Profiler überwacht, dann muss man sich natürlich darüber im Klaren sein, dass man den Server damit zusätzlich belastet. Wenn er also ohnehin gerade mit vielen hundert Nutzern gut ausgelastet ist, sollte man etwas Vorsicht walten lassen: Den Profiler auf einer anderen Maschine starten und über das Netzwerk mit dem SQL Server verbinden, die Daten in Profiler-*.trc*-Dateien schreiben lassen und nicht in eine Datenbanktabelle (zumindest keine Tabelle, die auf dem untersuchten Datenbankserver liegt), für die *.trc*-Dateien eine maximale Größe definieren und für die Ablaufverfolgung einen Endzeitpunkt einstellen. Merke auch: Man kann SQL Traces auch ressourcensparend mit *System Stored Procedures* des SQL Servers erzeugen, starten und stoppen, siehe sp_trace_setstatus.

Benutzt man eine solche SQL-Trace-Datei als »Futter« für den Datenbankmodul-Optimierungsratgeber, dann verfügt man über eine ganze Reihe mehr Möglichkeiten, das System optimieren zu lassen. Zunächst einmal wird das Ergebnis wesentlich wirklichkeitsnäher sein, denn das Programm kann nun sehen, wie häufig manche Abfragen aufgerufen werden, und kann auch beachten, wie manche Indizes gewisse SQL-Abfragen schneller machen können, andere aber dafür verlangsamen. Dieses Werkzeug adressiert wieder einmal recht exakt eine Reihe von Problemen, die in der Praxis öfter einmal vorkommen:

- Optimierung von Befehlen über Datenbankgrenzen hinweg. Sollte Ihr Szenario aus mehreren Datenbanken auf demselben Server bestehen, dann wird dies jetzt mit in Betracht gezogen. Das betrifft vor allen Dingen die *tempdb*, eine Datenbank, in der Programmierer nur zu gern einmal kurzfristig Tabellen anlegen (das sind diejenigen, deren Name mit einem »#« oder »##« beginnt, die kommen automatisch in die *tempdb*).

- Optimierung von Datenbanken, die auf einem anderen Server liegen. Das Tunen selbst ist ein belastender Vorgang, der dadurch auf ein Testsystem ausgelagert werden kann.

- Angabe einer Zeitbegrenzung für die Optimierung. Wenn Sie wirklich eine Trace-Datei eines kompletten Tages verwenden, wird der Optimierungsratgeber schon eine ganze Zeit lang darüber brüten müssen. Geben Sie einfach eine Uhrzeit an, bis zu der Sie gerne Antworten hätten, wenn der Chef hinter Ihnen steht und auf Performance-Verbesserungen wartet. Bei Verwendung einer *.trc*-Datei optimiert der Ratgeber die am längsten laufenden Statements zuerst, bei einer *.sql*-Datei mit Befehlen optimiert er sie in der Reihenfolge, wie sie in der Datei stehen.

- Sie müssen nicht mehr *sysadmin*-Rechte auf dem SQL Server haben, um den Ratgeber nutzen zu können. Es reicht aus, wenn Sie Database Owner (dbo) der verwendeten Datenbanken sind.

Bisher haben wir übrigens immer gedacht, wir würden mit *Indizes* tunen; das ist jetzt nicht mehr ganz richtig. Was unseren Server da schneller macht, sind genau genommen physikalische Entwurfsstrukturen (*Physical Design Structures*), abgekürzt PDS. Es sind nämlich nicht mehr nur Indizes, die dem Datenbankmodul-Optimierungsratgeber zur Verfügung stehen, sondern auch indizierte Sichten und partitionierte Tabellen. So kann man unter den Optimierungsoptionen des Datenbankmodul-Optimierungsratgebers (siehe Abbildung 2.8) einstellen, ob man überhaupt erlaubt, dass neue Indizes erzeugt werden; wenn nein, schlägt er wenigstens vor, unnötige Indizes zu löschen. Man kann dabei genau die Features wählen, die er auf ihre Brauchbarkeit überprüfen wird: Nur die klassischen gruppierten und nicht gruppierten Indizes (*clustered* oder *non-clustered*), oder auch die indizierten Sichten, die es zwar schon im SQL Server 2000 gibt, die aber vielen Nutzern noch nicht so geläufig sind.

Neu in SQL Server 2008   Hier finden wir auch die Möglichkeit, uns *filtered indexes* vorschlagen zu lassen, ein neues Feature des SQL Servers 2008, in dem nichtgruppierte Indizes nicht gleich für die gesamte Tabelle, sondern nur für einen Ausschnitt der Tabelle erstellt werden, um dadurch kleiner und wartungsfreundlicher zu werden.

Und dann haben wir die Möglichkeit, den Ratgeber auch eine Partitionierung großer Tabellen prüfen zu lassen, wobei er sie auf mehrere Dateien (genauer: Filegroups) Ihrer Datenbank verteilen würde. Die Indizes darauf können wahlweise ausgerichtet (*aligned*) sein – dann werden sie genauso partitioniert wie die Tabellen – oder sie erhalten ein vollständiges, eigenes Partitionierungsschema, unabhängig von den Tabellen darunter (*full*). Da dies aber wirklich nur Optimierungsmaßnahmen für sehr große und größte Datenbanken sind, besprechen wir sie erst später in diesem Buch, in Kapitel 9, wo es speziell um *very large databases* (VLDB) geht.

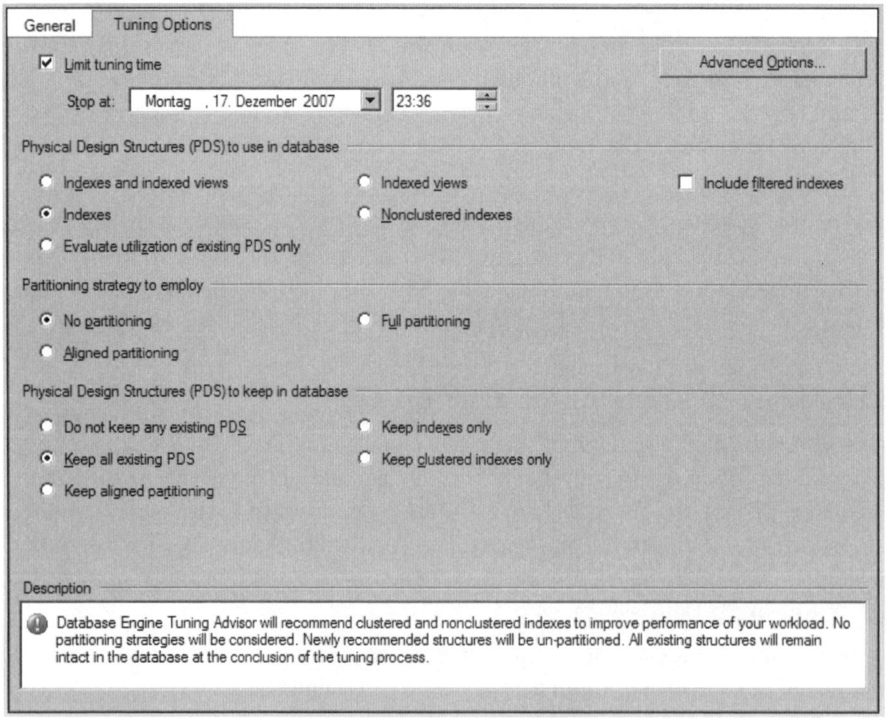

Abbildung 2.8 Tuning-Optionen des Datenbankmodul-Optimierungsratgebers

Festlegen der Sicherheit

Da im SQL Server zum Teil sehr sensible Daten abgelegt werden, die einen erheblichen Teil des Unternehmenskapitals darstellen können, müssen diese Daten optimal vor dem Zugriff unberechtigter Personen geschützt werden.

Sicherheitskonzepte im SQL Server 2008

Das Sicherheitskonzept wurde im SQL Server 2005 gegenüber den vorherigen Versionen des SQL Servers völlig überarbeitet. Das war auch bitter nötig. Die Zuordnung eines Objektes zu einem Besitzer beispielsweise war im SQL Server 2000 unpraktikabel, dass sogar der offizielle Kurs von Microsoft, *Microsoft Official Curriculum*, zu dem Thema beim SQL Server 2000 dringend dazu rät, alle Objekte als *dbo* (*database owner*) anzulegen. Mit anderen Worten: So zu tun, als gäbe es die Funktionalität gar nicht. Zudem musste der SQL Server sich auch hier – wie wir schon an anderer Stelle im Buch betonten – an die allgemein gültigen Standards anpassen.

Es ist wichtig, die grundlegenden Sicherheitskonzepte jetzt beim SQL Server 2008 zu verstehen, um wertvolle Daten wirkungsvoll zu schützen. Die Sensibilität von Microsoft im Themenumfeld Sicherheit hat sehr stark zugenommen. Bill Gates selber hat die Computing Thrustworthy Initiative bei Microsoft angestoßen *(http://www.microsoft.com/mscorp/twc/twc_whitepaper.mspx)*, in der Sicherheit eine zentrale Rolle spielt. Wir müssen leider zur Kenntnis nehmen, dass es massive Versuche tagtäglich gibt, in Rechner einzudringen, Daten zu stehlen, Manipulationswerkzeuge in das Firmennetzwerk einzuschleusen usw. Als Antwort auf diese Angriffe dürfen wir nicht einem Sicherheitswahn verfallen, der den sinnvollen Einsatz von Technologien unterbindet, sondern wir müssen vielmehr unsere Umgebung adäquat schützen.

Auch schon die Daten in früheren SQL Server Versionen waren sicher. Aber die Vergabe von Berechtigungen, die Übertragung der Daten im Netzwerk und die interne Speicherung bei unterschiedlichen Nutzern und vieles mehr muss verstanden werden, um in modernen Umgebungen seine Daten sinnvoll zu schützen.

Der SQL Server kennt ein zwei-, oder wenn Sie wollen dreistufiges Sicherheitskonzept. Die erste Stufe beschreibt den Zugang zum Server selber und etwaige administrative Rechte, die zweite Stufe den Zugriff auf die einzelne Datenbank und dortige administrative Funktionen und die dritte zuletzt die Zugriffsmöglichkeiten auf die Daten mit einzelnen Statements selber.

Zugriff auf den Server

Um auf einen SQL Server zugreifen zu können, muss man eine gültige Anmeldung oder Login verwenden. Diese Anmeldung kann entweder ein Windows-Anmeldekonto, ein Gruppenname in der Windows-Domäne oder – unter bestimmten Umständen – eine eigenständige Kombination von Benutzername und Kennwort sein, die der SQL Server selbst bereitstellt.

Authentifizierungsmodus

Der SQL Server kann immer die Anmeldeinformationen im Windows-Netzwerk nutzen. Man spricht dann von einer vertrauten Verbindung. Etwas anthropomorphisierend könnte man sagen, dass der SQL Server der Überprüfung von Benutzernamen und Kennwort durch Windows vertraut, d.h. diese nicht erneut anfordert, sondern davon ausgeht, dass, wenn es einem Benutzer gelungen ist, sich unter Windows anzumelden, es sich dann auch zweifelsfrei um diesen Benutzer handelt.

HINWEIS   Wählen Sie im SQL Server Management Studio 2008 im Objekt Explorer mit der rechten Maustaste auf dem Eintrag Ihres Servers im Kontextmenü *Properties* oder *Eigenschaften*. Auf der Seite Sicherheit des dann erscheinenden Dialoges finden Sie den aktuell gültigen Authentifizierungsmodus.

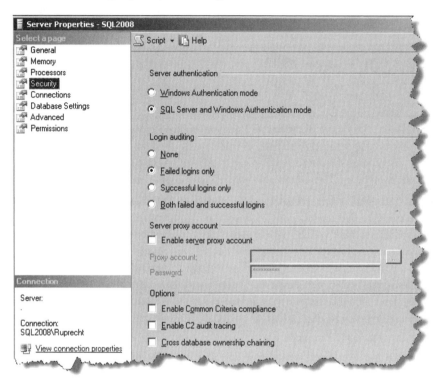

Im obigen Beispiel sehen Sie, dass bei diesem Server sowohl über Windows als auch über den SQL Server selbst eine Authentifizierung erfolgen kann.

Man kann allerdings schon während der Installation, aber auch jederzeit später, den Server so einrichten, dass er selbst einen Benutzernamen und ein Kennwort verwaltet, man sich also »am SQL Server« direkt anmeldet.

Leider ist es so, dass der Server-Dienst immer noch gestoppt und wieder gestartet werden muss, wenn man den Authentifizierungsmodus wechselt. Man könnte argumentieren, dass dieser Wechsel so nachhaltig in die Konfiguration eingreift, dass man in diesem Fall den Neustart des Dienstes akzeptieren kann – zumal man diese Einstellungen wohl kaum täglich ändert. Dennoch widerspricht es dem hehren Design-Ziel des *Always up* und ist unglücklich gelöst.

TIPP   Oft wird die Frage gestellt, welcher Authentifizierungsmodus denn der bessere oder richtigere sei. Die Antwort ist relativ einfach und lakonisch: Das kommt darauf an.

Wir raten Ihnen dringend, nur die Windows-Authentifizierung zu benutzen. Unter Windows Server 2000 und neueren Versionen wird Kerberos benutzt, um den Anmeldevorgang zu sichern – es werden anschließend keine Passwörter mehr übertragen. Ihr Anmeldevorgang ist automatisch mit allen Sicherheitsrichtlinien des Unternehmens wie Passwortkomplexität und anderem ausgestattet.

Wenn Sie aber Benutzern Zugang zur Datenbank geben möchten, die nicht aus Ihrem Unternehmen stammen, wie beispielsweise Geschäftspartnern über das Extranet oder ähnliches, sollten Sie wiederum auf jeden Fall zusätzlich SQL Server-Authentifizierung benutzen, denn es kann kaum wünschenswert sein, externen Nutzern ein Windowsanmeldekonto zur Verfügung zu stellen, nur weil sie Daten aus dem SQL Server einsehen wollen.

Der SQL Server 2008 überwacht auch in der Standardkonfiguration die Anmeldeversuche und protokolliert dabei wenn Sie mögen sowohl erfolgreiche als auch fehlgeschlagene. Die Auswertung dieser Informationen gibt Ihnen frühzeitig die Möglichkeit, Eindringungsversuche zu erkennen und ggf. abzuwehren.

Neu ist auch die Möglichkeit, in dem beschriebenen Dialog einen so genannten *Proxy-Account* anzugeben. Proxy kann man am besten mit Stellvertreter übersetzen. Diese Stellvertreteranmeldung kann aktiviert werden und wird dann benutzt, um die Systemprozedur xp_cmdshell auszuführen. Die Berechtigungen, mit denen auf das System zugegriffen wird, entsprechen dann denen des angegebenen Kontos.

ACHTUNG Mit xp_cmdshell, einer erweiterten gespeicherten Prozedur aus der Systemdatenbank *master*, kann man Befehle an das Betriebssystem senden. So listet xp_cmdshell 'c:\temp\' etwa das Verzeichnis *temp* auf etc. Man sieht sofort, wie viel Unsinn man mit dieser Prozedur anrichten *könnte*. Normale Benutzer sollten diese gar nicht aufrufen dürfen (standardmäßig darf sie nicht aufgerufen werden), für andere könnte man den erwähnten Proxy-Account mit den am meisten eingeschränkten Rechten einrichten. Am einfachsten deaktivieren Sie diese Option mithilfe der SQL Server Prozedur sp_configure 'xp_cmdshell', 0; RECONFIGURE WITH OVERRIDE; standardmäßig ist sie im SQL Server 2008 allerdings deaktiviert.

Eine Anmeldung erstellen

```
CREATE LOGIN [Servername\Anmeldekonto] FROM Windows
```

Listing 2.7   Einfaches Erstellen einer Anmeldung auf dem Server

In der Oberfläche bietet der SQL Server 2008 natürlich auch weiterhin die Möglichkeit, eine Anmeldung interaktiv anzulegen.

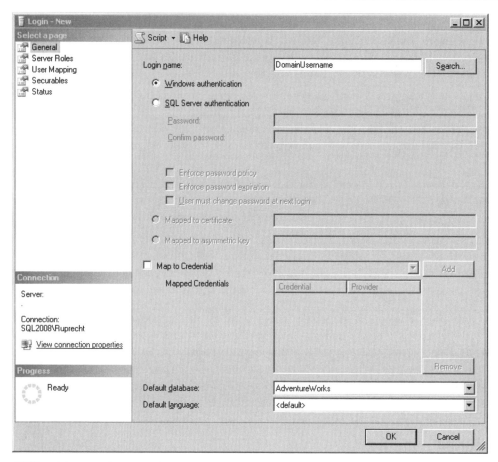

Abbildung 2.9 Der Dialog zur Erstellung einer Anmeldung

Interessant sind dabei zunächst zwei Dinge: Es durchaus möglich, auch einer ganzen Windows-Gruppe den Zugriff zu gestatten. Das vereinfacht die Benutzerverwaltung für den SQL Server natürlich erheblich. Das zweite ist, dass man auch einem Benutzer oder einer Gruppe den Zugang verweigern kann. Es müsste Ihnen seltsam anmuten, dass man zunächst jemandem überhaupt eine Anmeldung gibt – denn ohne Anmeldung hätte er ja ohnehin keinen Zugang zum Server – um dieser Anmeldung dann den Zugriff zu verwehren. Man ahnt es aber schon: Die Funktionalität stellt die Möglichkeit zur Verfügung, die Berechtigungen möglichst bequem zu vergeben. So kann man beispielsweise einer ganzen Gruppe, (wie Buchhaltung) eine Anmeldung mit Zugriff gewähren, dann aber einer Einzelperson, dem Praktikanten, der aus anderen Gründen ebenfalls in der Windows-Gruppe Buchhaltung geführt wird, eine Anmeldung erstellen und dieser Anmeldung sogleich Zugriff verweigern. Man maskiert mit dieser Möglichkeit also auch Benutzer aus Gruppen aus.

Der Dialog zeigt aber auch eine weitere wichtige Neuerung. Auch eine SQL Server-Anmeldung kann nun ablaufen und muss, wenn Sie dies wünschen, den Anforderungen an Komplexität des Kennwortes genügen. Diese Optionen werden aber natürlich nur aktiv, wenn Sie eine SQL Server-Anmeldung erstellen. Bei einer Windows-Anmeldung gelten generell die in Ihrem Unternehmen (oder Rechner) eingestellten Sicherheits-richtlinien.

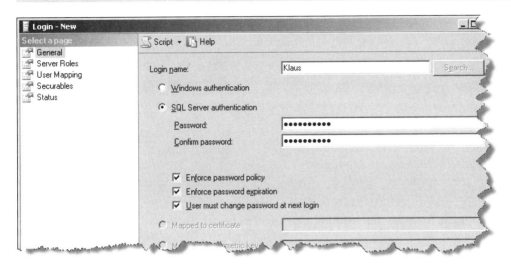

Abbildung 2.10 Die aktivierten Optionen beim Erstellen einer SQL-Anmeldung

```
CREATE LOGIN [Manfred] WITH PASSWORD=N'J*98-Huzt0404', DEFAULT_DATABASE=[AdventureWorksDW],
CHECK_EXPIRATION=ON, CHECK_POLICY=ON, MUST_CHANGE
```

Listing 2.8 Das Skript legt eine SQL-Anmeldung an, die nach den Vorgaben von Windows abläuft

TIPP   Sie können eine SQL-Anmeldung auch anlegen, wenn der Server ausschließlich für Windows-Authentifizierung eingerichtet ist. Diese Anmeldungen sind dann, bis Sie auch SQL Server-Authentifizierung zulassen, »stillgelegt«.

Wenn Sie dann versuchen, sich mit einer solchen stillgelegten SQL-Anmeldung anzumelden, erhalten Sie die wenig klare Fehlermeldung »keiner vertrauten Verbindung zugeordnet«.

Das Ablaufen der Kennwörter und ihre Komplexität regelt eine entsprechende Richtlinie entweder im Unternehmen oder auf dem SQL Server selber. Wenn eine solche Richtlinie nicht aktiviert ist, können Sie die Überprüfung zwar aktivieren, sie hat dann jedoch keine Auswirkungen. Auf dem lokalen SQL Server verwalten Sie diese Richtlinien unter *Verwaltung/Lokale Sicherheitsrichtlinie*.

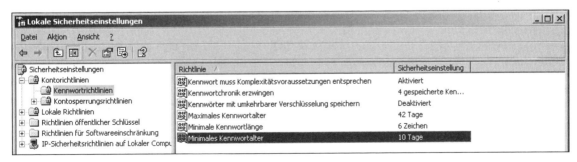

Abbildung 2.11 Die Einstellungen im Windows-Umfeld gelten nun auch im SQL Server

Das Skript zeigt auch die Option MUST_CHANGE, die den Benutzer, wie der Name schon ahnen lässt, zwingt, nach der ersten erfolgreichen Anmeldung sein Passwort zu ändern. Auf diese Weise ist es deutlich unproblematischer, ein Standardkennwort für den Erstzugang im Unternehmen zu benutzen, da es auf jeden Fall durch den Benutzer nach der ersten Anmeldung geändert werden muss.

Die Serverrollen

Man kann dann einer Anmeldung, die einen Benutzer oder eine Gruppe repräsentiert, wie auch schon im SQL Server 2000 und 2005, eine Server-Rolle zuweisen. Die Liste der Serverrollen ist auf acht begrenzt und kann auch im SQL Server 2008 nicht erweitert werden, was wir persönlich sehr bedauern. Die gespeicherten Prozeduren wie sp_addsrvrolemember 'Becon\SeniorProgrammers', 'sysadmin' werden auch weiterhin wie in früheren Versionen für die SQL-Anweisung benutzt.

Die Servergruppen legen fest, was eine Anmeldung auf dem Server als Verwaltungseinheit darf, nicht notgedrungen wie seine Berechtigungen auf den einzelnen Datenbanken aussehen. Die Rolle mit den weitreichendsten Berechtigungen ist der *sysadmin*. Diese Rolle darf alles im gesamten Server. Idealerweise sollten nur so wenige Personen wie möglich über eine Anmeldung verfügen, die Mitglied dieser Rolle ist.

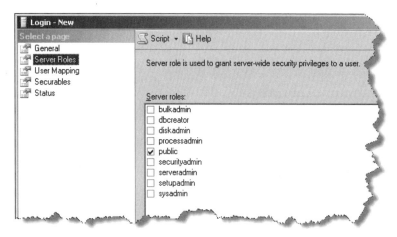

Abbildung 2.12 Die acht festen Serverrollen

Schauen Sie einmal in die Online-Hilfe, wenn Sie an den genauen Berechtigungen interessiert sind, die mit den einzelnen Serverrollen verbunden sind.

Die Servergruppen werden jedoch nicht mehr so im SQL Server 2008 genutzt werden. Da die Vergabe der Rechte im SQL Server 2008 viel differenzierter möglich ist, wie wir noch sehen werden, kann man jeder Anmeldung beinahe jedes Recht zuweisen. Dennoch wäre es wünschenswert gewesen, wenn man Sammlungen solcher Rechte unter einem eigenen Namen hätte abspeichern können. Die Servergruppen gibt es daher hauptsächlich aus Gründen der Abwärtskompatibilität.

Im SQL Server 2008 ist die Vergabe der weiteren möglichen Berechtigungen auf Serverebene durch eine weitere Seite im Dialog der Anmeldungserstellung sehr einfach und kann auch später immer wieder nachvollzogen werden.

Beispielsweise sollen Programmierer die Möglichkeit haben, den Profiler zu benutzen (also das Tool mit dem man Befehle, die gegen den SQL Server gesendet werden, überwachen kann). Trotzdem möchte man gerade dieser experimentierfreudigen Gruppe keine weiteren Serverberechtigungen erteilen.

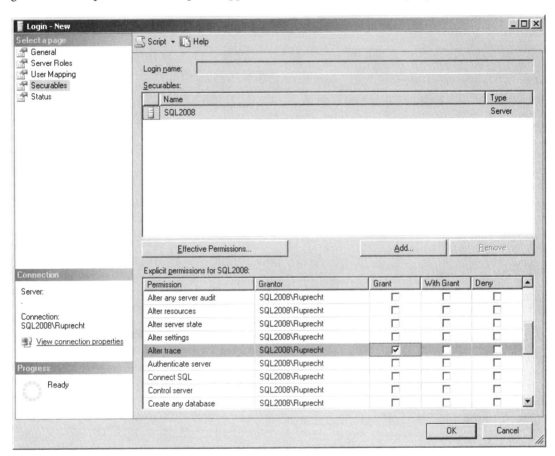

Abbildung 2.13   Alle Rechte auf Serverebene sind einzeln zuweisbar

Der Benutzer

Eine Anmeldung regelt den Zugriff auf den Server an sich, ein Benutzer den Zugang zu einer bestimmten Datenbank und deren Daten. Man könnte sagen, dass die Anmeldung die Eintrittskarte beispielsweise in ein Theater ist, was aber noch nicht bedeutet, dass man in jeden Raum darf – hinter oder sogar auf die Bühne darf man leider selten oder nie. Diese besondere Karte für den Zugang zu den einzelnen Räumen entspricht daher in etwa den Berechtigungen eines Benutzers in einer Datenbank. Daher bezieht sich ein Benutzer immer auf eine Datenbank.

TIPP   Wenn Sie schnell für eine Anmeldung viele Benutzer in ganz verschiedenen Datenbanken Ihres SQL Servers erstellen wollen, benutzen Sie den Dialog für die Anmeldung im SQL Server Management Studio. Der Anmelde-Dialog kennt die Seite *Benutzerzuordnung*. Dort können Sie in allen Datenbanken, die sich in der aktuellen SQL Server-Instanz befinden, für die Anmeldung direkt auch einen Datenbank-Benutzer erstellen.

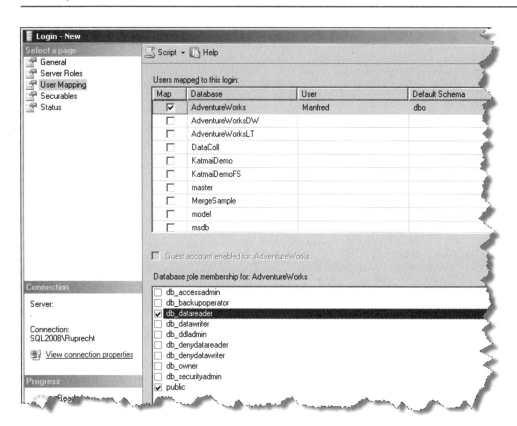

Abbildung 2.14   Auch bei der Erstellung einer Anmeldung kann direkt eine Zuordnung zu einem Datenbank-Benutzer eingestellt werden

Aber auch in jeder einzelnen Datenbank findet sich der Eintrag *Sicherheit* oder *Security*.

Dort kann in einem eigenen Dialog jederzeit zu einer bestehenden Anmeldung oder einem Login ein Datenbankbenutzer erstellt werden.

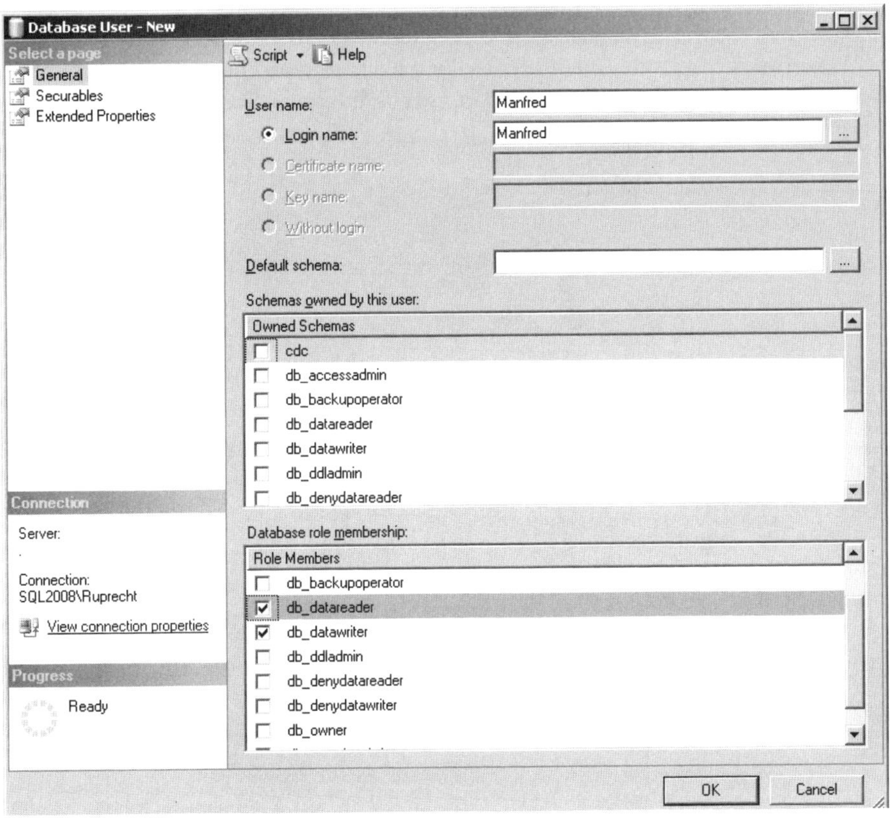

Abbildung 2.15 Auch in jeder Datenbank kann ein Benutzer für eine Anmeldung erstellt werden

Auch in diesem Bereich wurde die Syntax der SQL-Anweisungen im Sinne der Einheitlichkeit angepasst. Wie man CREATE benutzt, um eine Anmeldung zu erstellen, benutzt man es auch, um einen Benutzer anzulegen.

```
USE AdventureWorks
GO
CREATE USER [Ruprecht] FOR LOGIN [Becon\Ruprecht] WITH DEFAULT_SCHEMA='Developer'
```

Listing 2.9 Ein Benutzer wird einer Anmeldung (oder hier englisch einem Login) zugewiesen

Wie man an dem Beispiel auch sieht, ist es möglich, einem Benutzer in einer Datenbank einen Namen zu geben, der vollkommen unabhängig von einem Anmelde-Namen ist. Man muss schon sehr viel konstruieren, um für die Möglichkeit eine sinnvolle Anwendung zu erahnen. Unser Rat: Tun Sie das nicht. Die Verwaltung von Anmeldungen und Benutzern in Unternehmensumgebungen ist auch ohne solche Mätzchen schon komplex genug.

ACHTUNG   Es gibt einen besonderen Benutzer mit dem Namen *guest*. Existiert ein Benutzer mit genau diesem Namen in einer Datenbank – und *guest* gilt auch für einen Server einer anderen Sprache – werden alle Anmeldungen, die nicht explizit einem Benutzer zugewiesen wurden, auf diesen Benutzer »abgeworfen«. Seien Sie also sehr vorsichtig mit diesem Benutzernamen, sonst haben plötzlich Anmeldungen Zugriff auf die Datenbank, ohne dass dies beabsichtigt war.

Neu in SQL Server 2008   Der SQL Server 2008 stellt eine ganze Reihe von Richtlinien (*Policies*) mit dem Declarative Management Framework bereit, die Ihnen Hilfestellung beim empfohlenen Umgang mit Ihrem SQL Server bieten. Dieser empfohlene Umgang nennt sich dann englisch *Best practice*. Auch für das Deaktivieren des *guest*-Accounts gibt es eine solche Richtlinie.

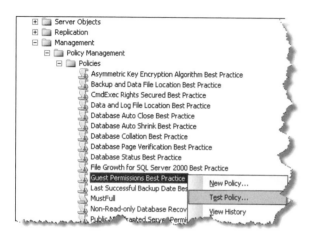

Wenn Sie die Richtlinie dann testen, haben Sie auch die Möglichkeit, diese für Ihren SQL Server zu konfigurieren.

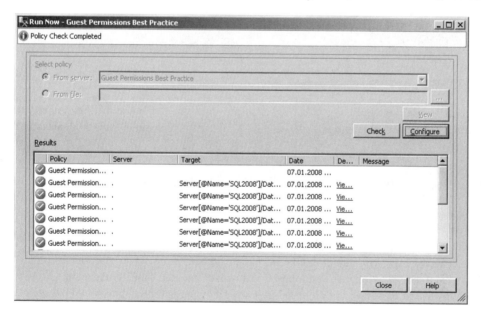

Wählen Sie dazu einfach die Schaltfläche *Configure*. Dann werden in allen Datenbanken die *guest*-User deaktivert.

Das Schema

In früheren Versionen des SQL Servers gab es den Begriff des Schemas so nicht, bzw. er wurde nicht häufig genutzt. Früher sprach man von dem Besitzer eines Objektes. Legte der Benutzer *Manfred,* der nicht auch der Besitzer der Datenbank war, eine Tabelle mit dem Namen *Marketing* an, wurde eine Tabelle *Manfred.Marketing* in der aktuellen Datenbank erstellt. Alle Tabellen, die von dem besonderen Benutzer *dbo* (*database owner*) angelegt wurden, waren daher mit dem Präfix *dbo* versehen.

Wie schon oben erwähnt, war dieses Verfahren so wenig für den täglichen Einsatz geeignet, dass man im Allgemeinen versucht hat, ganz auf unterschiedliche Besitzer zu verzichten und gleich alle Objekte in einer Datenbank im Kontext des Datenbankbesitzers, also *dbo*, anzulegen, denn die Sache hat einen gewaltigen Haken: Wenn Manfred die Firma verlässt, will man aus den unterschiedlichsten Gründen auch die zugewiesenen Benutzer in den Datenbanken und dann die Anmeldung löschen. Was aber passiert dann mit seinen Objekten?

Der SQL Server 2008 trennt den Benutzer vollständig von einem Schema. Ein Schema ist jetzt ein Bereich der Datenbank, den wir uns wie einen Ordner im Dateisystem vorstellen können (es existieren allerdings keine Unterordner o.ä.). Objekte sind immer eindeutig in Bezug auf den Server, auf dem sie sich befinden, auf die Datenbank, das Schema und ihren Namen. Es kann daher in zwei Schemata durchaus gleichnamige Objekte geben. Eine Tabelle *Verkäufe* (wenn es geht, vielleicht ohne deutsche Umlaute, also *Verkaeufe*) könnte etwa in einem Schema *Artikel* und in einem Schema *Beteiligungen* vorhanden sein.

Wie im Listing 2.9 deutlich wird, weist man einem Benutzer bei der Erstellung ein Standardschema zu. Auf die Tabellen in diesem Schema kann er ohne das Präfix des Schemas zugreifen.

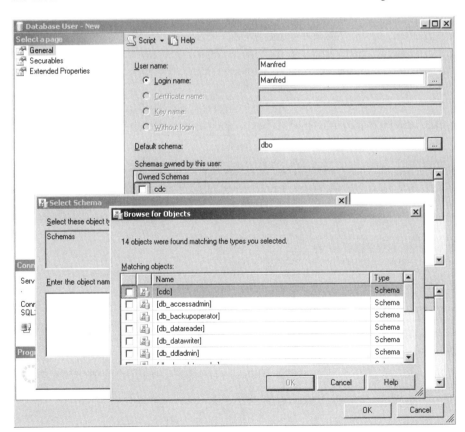

Abbildung 2.16   Unterschiedliche Schemata in einer Datenbank

Anhand der Abbildung soll das grundlegende Konzept der Schemata aufgezeigt werden. In jeder Datenbank kann man ein Schema anlegen, dass einem Benutzer zugewiesen wird, der für das Schema zuständig ist, der dort die Berechtigungen vergibt. Das heißt nicht, dass der Benutzer der Besitzer des Schemas ist, auch diese Autorisierung kann für ein Schema auf einen anderen Benutzer übergehen.

```
CREATE SCHEMA Production AUTHORIZATION Olaf
```

Listing 2.10   Das Anlegen eines Schemas in einer SQL-Anweisung

Im obigen Listing ist also der Benutzer *Olaf* für das Schema *Production* die Berechtigungsinstanz.

```
CREATE USER Kurt FOR LOGIN [Becon\Kurt] WITH DEFAULT_SCHEMA='Person'
CREATE USER Ingrid FOR LOGIN [Becon\Ingrid] WITH DEFAULT_SCHEMA='Person'
```

Die beiden Benutzer *Kurt* und *Ingrid* haben als Standardschema das Schema *Person*. Sie können daher auf die Tabelle *Person* mit der einfachen Syntax SELECT * FROM Person zugreifen. Haben die Benutzer das Recht, eine Tabelle anzulegen, wird dies standardmäßig im Schema *Person* geschehen.

Die Tabellen in einem anderen Schema, das nicht das Standard-Schema ist, müssen anders angesprochen werden. Angenommen, Kurt hat die entsprechenden Berechtigungen im Schema *Production*, muss er SELECT * FROM Production.Document schreiben, um die Tabelle *Document* anzusprechen.

Microsoft nennt dieses Konzept *User Schema Separation* und sagt damit, dass ein Benutzer im SQL Server 2005 vollkommen unabhängig von einem Schema und den dort vorhandenen Objekten ist. Demgegenüber war in früheren Versionen das Schema, wenn man so will, der Benutzername des Besitzers und damit zu eng mit dem Benutzer verknüpft.

Über das Schema können auch besonders elegant und einfach Berechtigungen zugewiesen werden. So kann etwa das Recht, alle gespeicherten Prozeduren in einem Schema auszuführen, sehr einfach mit GRANT EXECUTE ON SCHEMA::Production TO Kurt zugewiesen werden.

TIPP   Um Probleme bei der Aktualisierung von SQL Server 2000 Datenbanken in den SQL Server 2005 und 2008 zu vermeiden, sollten Sie allen Benutzern, die nicht explizit einem besonderen Standard-Schema zugeordnet wurden, das Standard-Schema *dbo* zuordnen.

Ausführungskontext für gespeicherte Prozeduren

Durch die Änderung des Konzeptes bedingt ist auch eine etwas andere Vererbung der Benutzerrechte. Wenn Sie beispielsweise im SQL Server 2000 eine gespeicherte Prozedur geschrieben haben und in dieser auf andere Objekte Bezug nahmen, Tabellen abfragten, Funktionen aufriefen, dann wurde, wenn Sie auch der Besitzer dieser Objekte waren, keine Berechtigung mehr abgefragt, wenn Sie einmal den Zugriff EXECUTE auf die gespeicherten Prozeduren erlaubt hatten. Man unterstellte einfach – und auch nicht ganz zu Unrecht – dass der Besitzer schon wusste, was er dort tat. Durch die Trennung von Benutzer und Objekt ändert sich dieses jetzt etwas, bzw. erweitert die Möglichkeiten. Nun ist es möglich, den Benutzerkontext in verschiedenen Ebenen zu bestimmen.

- *Execute AS CALLER*

- *Execute AS »UserName«*

- *Execute AS SELF*

- *Execute AS OWNER*

Der Code einer gespeicherten Prozedur könnte dann so aussehen:

```
ALTER PROC Test.MyProc WITH EXECUTE AS OWNER
as
SELECT @@Version;
EXECUTE AS CALLER;
SELECT user_name();
REVERT;
```

Listing 1.11 In einer gespeicherten Prozedur können Sie den Ausführungskontext auch wechseln

Wie man im Listing sieht, wird der Kontextwechsel nicht nur bei der Definition der gespeicherten Prozeduren als Ganzes unterstützt, sondern innerhalb des Codes selber sind entsprechende Befehle möglich. Auch sehen Sie, dass das Semikolon in der neuen Dokumentation als Befehlstrennzeichen durchgängig benutzt wird. Wir haben es hier im Buch nicht immer so gehalten.

Mit diesem Befehl kann man die Zugriffsrechte sehr viel genauer, vielseitiger und eleganter verwalten.

EXECUTE AS CALLER meint, wie der Name nahe legt, die Ausführung im Sicherheitskontext des aufrufenden Benutzers.

```
CREATE PROCEDURE dbo.MySPs
WITH EXECUTE AS 'Ruprecht'
AS
SELECT user_name(); -- Zeigt 'Ruprecht', da der Ausführungskontext so gesetzt ist.
EXECUTE AS CALLER;
SELECT user_name(); -- Zeigt z. B. 'Markus', da er die Prozedur aufgerufen hat.
REVERT;
SELECT user_name(); -- Zeigt wieder 'Ruprecht' - Wow.
```

EXECUTE AS OWNER meint daher immer die Ausführung im Sicherheitskontext des Besitzers, es ist aber zu beachten, dass das Objekt auch einen Besitzer haben muss – und zwar einen einzelnen Benutzer, nicht etwa eine Anmeldung als Windows Gruppe, die einem Benutzer zugeordnet ist. Solche Benutzer, die sich auf Einzelpersonen als Anmeldung beziehen, nennt Microsoft Singleton-Konto. Wenn die gespeicherte Prozedur oder das Modul keinen Besitzer hat, wird der Besitzer des Schemas unterstellt.

EXEXUTE AS »UserName« versteht sich von selbst.

EXECUTE AS SELF meint den Benutzer, der das Objekt erstellt hat oder ändert. So lassen sich beispielsweise sehr einfach Teilberechtigungen vergeben. Unterstellen wir einmal, Mary erstellt die Tabelle *TablePerson* in der Datenbank *MaryDB* und möchte Scott (die beiden leben in 5999 Microsoft Hilfe, Erklärungsstraße 8) die Berechtigung erteilen, diese Tabelle abzuschneiden. Trotz filigraner Berechtigungsstruktur ist aber TRUNCATE TABLE kein zuweisbares Recht. Zuweisbar wäre ALTER TABLE, was aber eventuell mehr darf, als Mary wegen einer dummen Geschichte vor drei Jahren Scott zutrauen möchte. So erstellt Mary die Prozedur TruncateTablePerson und erteilt Scott EXECUTE-Berechtigungen.

```
CREATE PROCEDURE TruncateTablePerson
WITH EXECUTE AS SELF
AS TRUNCATE TABLE MaryDB..TablePersons;
```

Die Datenbankrollen

Genauso wie Sie es von früheren SQL Server Versionen kennen, gibt es auch im SQL Server 2008 die Datenbankrollen in gleicher Art und Weise. Dabei gibt es neun feste Datenbankrollen, die vorgegeben sind und auch nicht geändert werden können. Anders als bei den Serverrollen darf man aber beliebig viele eigene Datenbankrollen definieren, die eigene Zusammenstellungen von Berechtigungen darstellen. Bei den vorgegebenen Rollen gibt es eine mit einer Besonderheit: Die Rolle *public*.

In der Rolle *public* ist jeder Benutzer Mitglied und man kann auch keine Mitglieder aus der Rolle entfernen. Damit ist diese Rolle etwa vergleichbar mit der Gruppe *Jeder* im Windows-Kontext. Man benutzt die Rolle, um die Standardberechtigungen zu vergeben. Sollte also eine Tabelle *Protokolle* von wirklich jedem Benutzer der Datenbank gelesen werden dürfen, könnte man der Gruppe *public* die entsprechende SELECT-Berechtigung zuweisen.

Die anderen festen Datenbankrollen dienen entweder zur Zuweisung administrativer Berechtigungen wie db_backupoperator oder der vereinfachten Vergabe von Datenrechten wie etwa db_datareader. Während die Mitglieder von db_backupoperator, wie der Name ahnen lässt, das Recht haben, die Sicherung der Datenbank zu erstellen, dürfen Mitglieder von db_datareader alle Tabellen lesen.

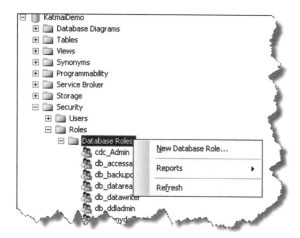

Die Vergabe von Berechtigungen

Alle Berechtigungen können mit GRANT zugewiesen werden oder mit DENY verweigert werden.

Das Zuweisen der Leseberechtigung für eine Tabelle kann daher mit GRANT SELECT ON Person.Address TO Kurt umgesetzt werden. Möchte man Iris auf jeden Fall davon abhalten, Daten in die Tabelle *Person.Contact* einzufügen, kann man DENY INSERT on Person.Contact to Iris an den Server senden. Möchte man eine dieser Zuweisungen rückgängig machen, steht der SQL-Befehl REVOKE zur Verfügung z.B. REVOKE INSERT on Person.Contact to Iris.

Warum aber sollte man Iris das Einfügen in eine Tabelle explizit mit DENY verbieten? Es müsste doch reichen, ihr eine entsprechende Berechtigung gar nicht erst zu geben. Falls Sie schon Erfahrungen mit dem SQL Server 2000 oder 2005 haben, wissen Sie es natürlich:

Alle Berechtigungen werden kumulativ gehandhabt, bis auf die explizite Verweigerung. Hat die Datenbank-Rolle *Buchhaltung*, in der Kurt Mitglied ist, die Berechtigung zu einem SELECT auf der Tabelle *Person.CountryRegion*, und der Benutzer Kurt die Berechtigung INSERT auf der gleichen Tabelle, so addieren sich diese Berechtigungen. Kurt als Benutzer darf eben SELECT und INSERT ohne Fehler ausführen. Bei einem DENY ist aber sofort Schluss. Sollte Kurt als Mitglied der einen oder anderen Gruppe eine UPDATE-Berechtigung auf *Person.CountryRegion* haben, sogar als einzelner Benutzer, der Gruppe *Anwender* aber mit einem DENY UPDATE die Aktualisierung verboten worden sein, und Kurt unglücklicher Weise Mitglied dieser Gruppe sein, so nützten ihm seine schönen Berechtigungen gar nichts. Ein DENY »überstimmt« nämlich alle sonstigen Zuweisungen.

Bleibt auch hier die spannende Frage: Wozu soll das gut sein? Und wieder lautet die Antwort: Zur Ausmaskierung! Angenommen, die Datenbankrolle *Buchhaltung* hat neben diversen Leserechten auf unterschiedlichste Tabellen das Recht, INSERT auf der Tabelle *Buchungen* auszuführen, und der Benutzer *Praktikant* ist auch Mitglied der Buchhaltung, dann vereinfacht das beschriebene Verfahren, zu verhindern, dass er Datensätze ändern kann, indem man für ihn als Benutzer ein Deny ausführt: DENY INSERT ON Buchungen TO Praktikant.

ACHTUNG Aus Gründen der Abwärtskompatibilität ist dabei eine Ungereimtheit im SQL Server 2008 erhalten geblieben. Ein DENY auf Tabellenebene »überstimmt« nicht ein GRANT auf Spaltenebene. Eine Vergabe auf der Ebene von Spalten einer Tabelle ist aber auch aus anderen Gründen nicht sehr hilfreich. In »Hinweise für die Praxis« zeigen wir bessere Strategien der Rechtevergabe. In der Onlinehilfe ist schon der Hinweis enthalten, dass sich dieses Verhalten in der nächsten Version ändern wird, nutzen Sie es also auf keinen Fall in neuen Datenbanken.

Der SQL Server 2008 ist angetreten mit dem Designziel: Man soll jedes Recht zuweisen können.

Damit ist eine viel weiterreichende Rechtestruktur gemeint, als sie bislang im SQL Server zu finden war. Eine sehr eindrucksvolle Liste der Rechte, die man in einem Sicherheitskontext, also je nach Zusammenhang einer Anmeldung oder einem Benutzer zuweisen kann, findet sich in der Online-Hilfe. Aus Platzgründen haben wir darauf verzichtet, sie hier wiederzugeben. Aber es gibt sie: Schauen Sie einfach beim Befehl GRANT nach und dort finden Sie Verweise auf die entsprechenden Einzelberechtigungen.

Es ist vor allem erfreulich, dass Rechte im SQL Server 2008 viel differenzierter zugewiesen werden können. So muss man einen Benutzer nicht mehr zur Serverrolle *sysadmin* hinzufügen, nur damit er eine Ablaufverfolgung (*Trace*) mit dem Profiler ausführen kann. Ein Benutzer kann dann im SQL Server oder einer Datenbank genau das, was Sie ihm erlauben wollen. Sie müssen nicht mehr Rechte wie mit der Gießkanne – und das sind bildlich gesprochen sicherlich die Serverrollen – vergeben, in der Hoffnung, dass das Richtige dann schon dabei ist.

Mit der Devise: »So wenig Rechte wie möglich und so viel Rechte wie nötig«, muss man im SQL Server 2008 nicht mehr, um ein einzelnes Recht zuzuweisen, einen Benutzer in eine Rolle mit weitreichenden Rechten aufnehmen, die viel mehr gestattet als notwendig.

Hinweise für die Praxis

Viele Strategien bei der Vergabe von Rechten und der Implementierung von Sicherheit sind vom SQL Server 2000 bekannt und können im SQL Server 2005 und 2008 übernommen werden, andere müssen neu angewendet werden:

- **Authentifizierung:** Benutzen Sie wann immer es geht nur die Windows-Authentifizierung. Nur wenn Benutzern, die auf keinen Fall ein Benutzerkonto in Ihrem Windowsumfeld haben sollten, auf den SQL Server zugreifen müssen, wählen Sie auch SQL Server Authentifizierung.

- Planen Sie den Authentifizierungmodus von Beginn an richtig. Sie müssen den Serverdienst leider auch im SQL Server 2005 noch stoppen, um ihn zu ändern.

- **Anmeldung:** Benutzen Sie bei der Vergabe von Anmeldungen die Möglichkeit, ganzen Windows-Gruppen eine Anmeldung zuzuweisen, das vereinfacht die Administration.

- Benutzen Sie die Möglichkeit, einzelnen Anmeldungen den Zugriff explizit zu verweigern, so können Sie einzelne Benutzer aus der Windows-Gruppe filtern, denen Sie den Zugriff auf den Server nicht gestatten wollen.

- Erstellen Sie so wenige Anmeldungen wie möglich. Nicht jeder Windows-Benutzer muss auch auf den SQL Server zugreifen und meist reicht es aus, Windows-Gruppen eine Anmeldung zu erstellen. Planen Sie diese Gruppen mit den Windows-Administratoren, das erleichtert allen die Arbeit.

- Nutzen Sie für SQL Server-Anmeldungen die neuen Möglichkeiten, dass Kennwörter ablaufen können oder eine bestimmte Komplexität erforderlich ist. Erstellen Sie entsprechende Richtlinien auch unter Windows.

- **Serverrollen:** Machen Sie von der differenzierten Vergabe von Rechten in SQL Server 2005 Gebrauch. Serverrollen werden dann nur in den seltensten Fällen gebraucht – außer vielleicht, um sich selbst zum *sysadmin* zu machen. Sonst weisen Sie erforderliche Rechte einzeln zu.

- **Benutzer:** Erstellen Sie keine Benutzernamen, die sich von ihren Anmelde-Namen unterscheiden – der SQL Server ist schon komplex genug. Überlegen Sie sehr genau, ob es einen Benutzer *guest* in Ihrer Datenbank geben sollte. Denken Sie daran: Alle Anmeldungen, die keinen eigenen Benutzer ausweisen, können dann als *guest* zugreifen – was natürlich auch gewollt sein kann.

- **Schemata:** Arbeiten Sie sich in die neuen Möglichkeiten der Schemata ein. Strukturieren Sie Ihre Datenbank inhaltlich in sinnvolle Bereiche, aus denen Sie dann Schemata erstellen. An der Beispieldatenbank *AdventureWorks* können Sie sehen, wie etwa im Schema *Production* alle Informationen und Aufgaben der Produktion abgebildet werden.

- Weisen Sie jedem Benutzer ein Standardschema zu, und überlegen Sie sehr genau, auf welche Schemata er außerdem noch Zugang benötigt.

- **Datenbankrollen:** Seien Sie extrem vorsichtig, wenn Sie Berechtigungen für die feste Rolle *public* einstellen, denn diese gelten wirklich zunächst für *alle* Benutzer der Datenbank. Machen Sie so wenig wie möglich Benutzer zu *db_owner*. Durch die feinere Vergabe von Rechten gilt für die festen oder vorgegebenen Datenbankrollen das Gleiche wie für die Serverrollen: Sie sind eigentlich kaum noch nötig. Vergeben Sie notwendige Rechte einzeln.

- Erstellen Sie eigene Datenbankrollen. In diesen kann man Rechte in sinnvollen Gruppierungen zusammenfassen. Diese eigenen Datenbankrollen können die Aufgaben, die in Ihrer Anwendung erforderlich sind, abbilden: Information, Buchhaltung, Auswertung, Administration etc.

- **Rechtevergabe:** Weisen Sie Rechte mit GRANT zu und verweigern Sie diese mit DENY. Denken Sie daran, dass Sie Rollen ein Recht zuweisen können und Einzelpersonen durch ein DENY wirkungsvoll ausschließen können. Arbeiten Sie sich in die neuen Rechte ein, die man einzeln vergeben kann. Dann können Sie diese Rechte, wenn es nötig wird, auch gezielt zuweisen und so einsetzen. Versuchen Sie eine Struktur zu entwerfen, die mit möglichst wenig Zuweisungen oder Verweigerungen die notwendigen Rechte einstellt.

  Vergeben Sie keine Rechte auf Spaltenebene. Erstellen Sie stattdessen zwei Sichten. Eine Sicht, die allgemein zugängliche Spalten enthält, eine, die die Spalten nicht oder zusätzlich enthält, auf denen Sie sonst die Rechte vergeben hätten. Noch besser: Gestalten Sie den Zugriff auf Ihre Datenbank *ausschließlich* über gespeicherte Prozeduren. Diese können selbst dokumentierend benannt werden wie Customer_delete oder Article_insert – die notwendigen Rechte stellen Sie dann nur über das Recht EXEC der Prozedur ein. Das Recht, die gespeicherten Prozeduren Customer_delete auszuführen, entspricht auf diese Weise in Ihrer Datenbank dem Recht, einen Kunden zu löschen. Sie brauchen dann keine Berechtigungen an anderen Objekten wie Tabellen mehr.

Noch eine Bemerkung zur Sicherheit: In modernen Anwendungen wird das Sicherheitskonzept des SQL Servers oft gar nicht benutzt! Oftmals greift eine Anwendung – auch und gerade mit .NET – aus vielerlei Gründen über ein einziges Account auf den SQL Server zu. Damit »sieht« der SQL Server nur einen Benutzer. Dieser hat dann notgedrungen alle Rechte an den erforderlichen Datenbankobjekten. Die Vergabe der Rechte geschieht dann innerhalb der Anwendung, die oftmals ihre eigene Benutzertabelle implementiert usw. Damit sind aber viele der eben gemachten Überlegungen Makulatur. Trotzdem muss man die Strukturen natürlich kennen und die neuen Schemata bieten einige neue Perspektiven.

Auch wurden nicht alle, auch nicht alle neuen Aspekte der SQL Server Sicherheit behandelt. Schauen Sie daher in der Online-Hilfe auf jeden Fall nach Hinweisen zu den Themen *Credentials* und der EXECUTE_AS-Klausel.

Datensicherung und Wiederherstellung

Auch wenn moderne Recher-Systeme noch so sicher sind: Der Ernstfall tritt leider viel zu häufig ein. Ein Server stellt seinen Dienst ein, eine Festplatte arbeitet nicht mehr. Sehr wertvolle Daten können dann verloren sein. Ein geplantes und erprobtes Sicherheitskonzept gehört zu einem SQL Server wie die Installation und die Datenbanken.

Grundlegendes zur Datensicherung

Datenbankadministratoren sind sehr misstrauische Menschen. Meistens leider zu Recht. Schließlich sind sie es, die den meisten Ärger bekommen, wenn die sensiblen Daten nicht in kürzester Zeit wieder online sind.

Wichtigste Waffe im Kampf der Administratoren gegen den Datenverlust ist und bleibt nicht der Cluster, nicht das RAID-System, sondern die regelmäßige Datensicherung. Deshalb hat Microsoft auch beim SQL Server 2008 nicht alle alten und bewährten Methoden zum Backup auf den Kopf gestellt, sondern nur einige elegante, neue Varianten hinzugefügt. Dabei wird speziell dem Umstand Rechnung getragen, dass die Datenmengen sich zwar überall exponentiell vergrößern, die Datensicherheit darunter aber auf keinen Fall leiden darf.

Grund genug, sich – nicht nur für die Neulinge unter uns – einmal kurz mit den Grundprinzipien der Datensicherung zu befassen, um dann ein misstrauisches Auge auf die zusätzlichen Optionen zu werfen, die uns in Zukunft helfen werden, niemals Daten zu verlieren.

Welche Dateien warum sichern?

Was sichern wir eigentlich auf dem SQL Server? Datenbanken. Und Transaktions-Logs. Und was ist was? Die *Datenbanksicherung* enthält natürlich Ihre Datendateien, die mit der Endung *.mdf* oder *.ndf* auf der Festplatte liegen. Warum sichert man nicht einfach diese Dateien mit NTBackup? Weil man nicht an sie herankommt, denn der laufende SQL Server hält diese Daten geöffnet, man kann sie nicht kopieren. Man könnte den Server dafür natürlich stoppen, aber dann wird es nichts mit der 99,99%-Verfügbarkeit Ihrer Datenbank. Nur SQL Server Backup kann bei laufendem Server, fast ohne Beeinträchtigung der Nutzer, Kopien der Daten anfertigen. Und warum dann auch noch die Transaktionsprotokolle sichern? Weil darin Ihre allerwichtigsten, weil aktuellsten Änderungen gespeichert sind. Das *Transaktionslog* enthält ein Protokoll sämtlicher Veränderungen an der Datenbank, und zwar immer sofort, wenn eine Transaktion abgeschlossen wird, nicht erst Minuten später, wenn der Datenbank-Cache auf die Datendateien ausgeschrieben wird.

Wohin sichern?

Es gibt eigentlich nur noch zwei Ziele für eine Sicherung: die *Festplatte* oder das *Bandlaufwerk*. Bei der Festplatte liegt es nahe, eine lokal angeschlossene, *zusätzliche* Platte zu verwenden, um die Datensicherung sofort technisch von dem Medium, auf dem die Daten liegen, zu trennen. Selbstverständlich kann das Ziel auch eine Dateifreigabe im Netzwerk sein, die über einen UNC-Namen angesprochen wird, aber dann muss man natürlich darauf achten, dass die Dienstkennung, unter der der SQL Server läuft, auf diese Freigabe Schreibrechte besitzt.

Bei Bandlaufwerken ist wiederum wichtig, dass nur direkt lokal am Rechner angeschlossene Bandlaufwerke unterstützt werden. Wer mehrere Server auf ein Bandlaufwerk oder gar auf eine Jukebox sichern möchte, der ist auf Zusatzsoftware von Drittherstellern angewiesen. Wer aber nur ein lokales Bandlaufwerk hat, der kann es wenigstens sowohl für Betriebssystemsicherungen mit NTBackup als auch für SQL Server Backups hintereinander benutzen.

Datenbanksicherungen

Wenn Sie einfach nur alles sichern möchten, was sich in der Datenbank befindet, dann machen Sie nur eine *Gesamtsicherung*. Man kann wenig falsch machen, und es ist immer alles drin in der einen *.bak*-Datei (oder auf dem Band), was man zur Wiederherstellung der Datenbank braucht. Eine Gesamtsicherung stört Ihre Nutzer nur wenig, bestenfalls kann sich die Datenbank mal, solange das Backup läuft, nicht vergrößern oder es kann kein neuer Index erstellt werden. Es werden immer alle in der Datenbank gespeicherten Daten gesichert, mit Indizes, nicht aber eventuell noch freier Platz, den Sie in Datenbankdateien haben. Wenn Sie das einmal am Tag machen können und der Verlust der Änderungen, die während dieses Tages gemacht wurden, kein großes Drama ist, dann brauchen Sie gar nicht lang weiter zu lesen.

```
BACKUP DATABASE AdventureWorks TO DISK = 'E:\Backups\AWorks20080304.bak'
```

Listing 2.12 SQL-Befehl für eine Gesamt-Datenbanksicherung auf die Festplatte

Neu in SQL Server 2008 Eine solche Gesamtsicherung kann nun allerdings sehr groß werden, eben etwa so groß wie der reale Inhalt Ihrer Datenbank inklusive Indizes. Nicht nur, dass das dann recht lange dauern kann; das ist ja nicht so schlimm, weil Ihre Nutzer kaum beeinträchtigt werden, so lange das Backup läuft. Aber oft kann einem geradezu der lokale Speicherplatz ausgehen, oder das Netzwerk ist von der großen Datenmenge lange Zeit verstopft! Da hat schon mancher Administrator einmal versucht, die *.bak*-Dateien zu komprimieren, und siehe da: Sie sind ein ideales Opfer dafür und werden plötzlich viel kleiner; ein Drittel der Originalgröße ist leicht zu schaffen. Dritthersteller-Tools wie etwa LiteSpeed von Quest Software haben sich das zunutze gemacht und ermöglichen es, ein Backup zu erstellen, das dabei gleich komprimiert wird. Der Erfolg dieser Tools hat dann wohl auch das Microsoft-Produktteam auf den Plan gerufen, denn seit der Version 2008 kann der SQL Server in der Enterprise Edition auch direkt komprimierte Backups erzeugen. Der Befehl ist recht einfach:

```
BACKUP DATABASE AdventureWorks TO DISK = 'E:\Backups\AWorks20080304_comp.bak'
WITH COMPRESSION
```

Listing 2.13 Komprimiertes Backup einer gesamten Datenbank

Man kann auch serverweit die Konfigurations-Option `backup compression default` umstellen, dann ist jede Sicherung komprimiert. In der Systemtabelle `msdb..backupset` kann man danach in den Spalten *backup_size* und *compressed_backup_size* den Erfolg der Aktion überprüfen. Vorsicht: Was man an Plattenplatz spart, gibt man an CPU-Belastung für den Komprimier-Vorgang wieder aus! Hat man ein ohnehin stark CPU-belastetes System, ist eine Komprimierung zumindest tagsüber keine Option.

Übrigens kann nur die Enterprise Edition komprimierte Datensicherungen erzeugen, wiederherstellen hingegen können alle Editionen des SQL Server 2008 dieses Format.

Wenn die Datenmenge, die bei einer solchen Gesamtsicherung anfällt, trotz Komprimierung einfach zu groß wird, und es zu lange dauert, bei den paar Änderungen täglich immer wieder alles komplett zu sichern, dann sollten Sie mal über differenzielle Backups nachdenken. In diesen Sicherungen sind nur diejenigen Daten-Pages enthalten, die seit der letzten Gesamtsicherung geändert wurden, und darum sind sie auch – je nach Menge der Änderungen – viel kleiner und schneller fertig. Beim Wiederherstellen braucht man dann immer nur die letzte Gesamtsicherung und das letzte differenzielle Backup zur Hand zu haben, das reicht schon.

```
BACKUP DATABASE AdventureWorks TO DISK = 'E:\Backups\AWorks20080304_diff.bak'
WITH DIFFERENTIAL
```

Listing 2.14 Differenzielles Backup auf die Festplatte mit SQL

Sollte es jemals dazu kommen, dass Sie von diesen Sicherungen einmal wirklich wiederherstellen müssen, dann seien Sie beruhigt: Im Prinzip geht das alles ganz von alleine mit dem Management Studio; klicken Sie einfach mit der rechten Maustaste auf die Datenbank im Object-Explorer, wählen Sie aus dem Kontextmenü *Tasks/Wiederherstellen/Datenbank,* und dann brauchen Sie eigentlich nur noch auf *OK* zu klicken. Der

Server weiß über alle Sicherungen Bescheid, weil er sie ja in der Systemtabelle `msdb.dbo.backupset` gespeichert hat, und wendet sie dann automatisch in der richtigen Weise an.

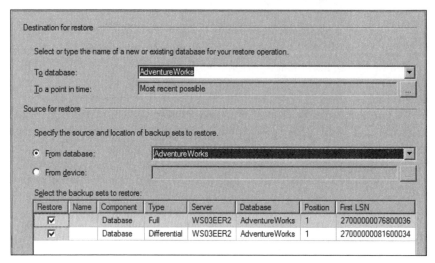

Abbildung 2.17　Wiederherstellen einer Datenbank mit dem Management Studio

Sollten Sie diese Aktion aber jemals ohne grafische Oberfläche, nur mit SQL ausführen müssen (und das kommt öfter vor; wer sagt schließlich, dass Sie immer eine intakte *msdb*-Datenbank oder ein Management Studio haben), dann bitte Vorsicht: Die Wiederherstellung möchte es gerne wissen, wenn nach der Gesamtsicherungsdatei noch weitere differenzielle Backups eingespielt werden sollen, weil dann die Datenbank erst danach für die Nutzer freigegeben wird. Dies sagt man dem Server durch die Option `WITH NORECOVERY`:

```
RESTORE DATABASE AdventureWorks FROM DISK = 'E:\Backups\AWorks20080304.bak'
WITH NORECOVERY
RESTORE DATABASE AdventureWorks FROM DISK = 'E:\Backups\AWorks20080304_diff.bak'
```

Listing 2.15　Wiederherstellen einer differenziellen Sicherung mit SQL-Befehlen

Transaktions-Log-Sicherungen

Untersuchungen haben ergeben, dass die Mehrzahl aller Datenverluste nicht etwa auf Hardwaredefekte oder Softwareabstürze zurückzuführen sind, sondern auf ganz normale Fehlbedienungen durch Menschen wie du und ich. »DELETE FROM Kunden« oder »DROP DATABASE Rechnungen« ist ja auch schnell getippt und ausgeführt! Hilft dagegen eine regelmäßige Gesamtsicherung? Na klar, aber alle »gewollten« Änderungen seit der letzten Sicherung sind dann natürlich auch verloren, wenn man jemals die Datenbank komplett wiederherstellen muss, denn dann werden diese Änderungen zusammen mit der unerwünschten Modifikation überschrieben. Mann kann ja nur eine Gesamtsicherung der Datenbank einspielen, die einige Zeit vor dem versehentlichen Löschen erstellt worden ist. Es gibt aber auch ein sehr gutes Mittel, was es ermöglicht, die Datenbank genau auf den Stand vor der unheilvollen Löschung zurückzubringen, und das ist die Transaktions-Log-Sicherung. Nur mit dieser Sicherungsmethode können Sie beim Wiederherstellen sagen: »Bitte mit dem Einspielen des Backups genau beim Stand von heute 12:45 Uhr, aufhören, genau 5 Minuten bevor ich versehentlich die aktuellen Rechnungen gelöscht habe«.

Damit dies funktioniert, muss der Server erst einmal dazu gebracht werden, die Transaktions-Logs, in denen ja all diese Änderungen mit ihrem Zeitpunkt protokolliert sind, überhaupt bis zur Sicherung aufzuheben! Das erreicht man durch das Einstellen des vollständigen Wiederherstellungsmodells (*Full Recovery Model*), entweder im Management Studio unter den Eigenschaften der Datenbank oder über SQL mit ALTER DATABASE AdventureWorks SET RECOVERY FULL. Jetzt hebt der Server den Inhalt der *.ldf*-Datei(en) solange auf, bis eine Transaktionsprotokollsicherung gemacht wurde, und gibt erst dann die alten Transaktionen darin zum Überschreiben frei. Mehr dazu siehe unten unter »Vollständiges Wiederherstellungsmodell (*Full Recovery*)«.

Im vollständigen Wiederherstellungsmodell gilt es also, regelmäßige Transaktions-Sicherungen zu machen, das geht etwa mit SQL ganz einfach so:

```
BACKUP LOG AdventureWorks TO DISK = 'E:\Backups\AWorks20080405_log.bak'
```

Nicht vergessen: Das muss von jetzt an automatisch erfolgen, weil die Log-Datei bis zum nächsten Log-Backup immer nur noch wächst! Am besten gleich einen zeitgesteuerten Job dafür einrichten, wie weiter unten unter »Backup als wiederkehrender Task« beschrieben! Man kann ein solches Log-Backup eigentlich gar nicht häufig genug durchführen, denn es beeinträchtigt die Nutzer faktisch überhaupt nicht, und je häufiger es erfolgt, desto kleiner bleiben die *.ldf*-Dateien auf der Festplatte.

Das *Wiederherstellen* kann dann ähnlich wie beim differenziellen Backup erfolgen, entweder mit dem Management Studio oder per SQL, mit der NORECOVERY-Klausel an der richtigen Stelle sowie der optionalen Angabe eines Ende-Zeitpunkts:

```
RESTORE DATABASE AdventureWorks FROM DISK = 'E:\Backups\AWorks20080405.bak'
WITH NORECOVERY
RESTORE LOG AdventureWorks FROM DISK = 'E:\Backups\AWorks20080405_log.bak'
WITH STOPAT = '2008-05-04 12:45:00'
```

Listing 1.16 Wiederherstellen einer Transaktions-Log-Sicherung mit STOPAT

ACHTUNG   Beim Wiederherstellen von Transaktions-Logs ist besonders zu beachten, dass man wirklich jede einzelne Transaktions-Log-Sicherungsdatei zur Wiederherstellung braucht, die seit der letzten Gesamtsicherung geschrieben wurde. Fehlt eine solche Datei oder ist sie beschädigt, muss die Wiederherstellung am Ende der letzten intakten Backup-Datei leider beendet werden – alle ab dann durchgeführten Änderungen sind verloren.

Festlegen der Sicherungsstrategien

Wir haben jetzt gewissermaßen das Rüstzeug für unsere Sicherungsstrategie kennen gelernt: die Datenbanksicherung und die Transaktionsprotokollsicherung. Ganz entscheidend dafür, welches von diesen beiden Werkzeugen man wann einsetzt, ist aber eine Grundeinstellung jeder Datenbank: das Wiederherstellungsmodell (*Recovery Model*). Mit dem Wiederherstellungsmodell entscheidet man so wichtige Dinge wie etwa, ob große Importvorgänge in Minuten oder Tagen ablaufen, oder ob das Transaktionsprotokoll der Datenbank nach einigen Wochen des Betriebs die Festplatte angefüllt hat und der Server dadurch den Betrieb einstellt. Wir sollten daher die drei Modelle kurz betrachten, um dann gut informiert entscheiden zu können.

Einfaches Wiederherstellungsmodell (Simple Recovery)

Die Fähigkeit, für eine Datenbank wie in Abbildung 2.18 gezeigt ein Wiederherstellungsmodell einzustellen, fasst eigentlich nur eine ganze Reihe von Datenbankoptionen zusammen, wie sie in der grafischen Oberfläche teilweise gar nicht zu sehen sind. Da sie aber für das Verständnis der internen Vorgänge ganz hilfreich sind, kann man sie noch mit der Systemprozedur sp_dboption sichtbar machen. Die hauptsächliche Datenbankoption, die beim einfachen Wiederherstellungsmodell gesetzt wird, heißt truncate log on checkpoint. Truncate log, also unser Transaktionsprotokoll, wird abgeschnitten. Heißt das denn nun, dass es nicht mehr endlos wächst, bis es weit größer als die Datenbankdatei ist, und uns schließlich allen Plattenplatz raubt? Ja, genau das heißt es. Das einfache Wiederherstellungsmodell nimmt uns die ständige Sorge um die Größe der *.ldf*-Datei ab! Wie immer gibt es aber ein paar Ausnahmen: Wenn man z.B. mit einem DELETE FROM loggingtabelle eine 4 Gigabyte große Tabelle leeren möchte, dann ist das für den Server eine einzelne Transaktion, die komplett ins Transaktionsprotokoll »passen« muss, damit sie erfolgreich durchgeführt werden kann. Die Logdatei wird also dabei um 4 GB anwachsen, anders geht es nicht.[4] Davon abgesehen ist das einfache Wiederherstellungsmodell aber fast ein »Rundum-Sorglos-Paket«, denn im normalen Betrieb aus INSERT und UPDATE-Transaktionen wird das Log immer wieder geleert. Aber wann? *On checkpoint*, also bei einem Prüfpunkt, so heißt es in der Datenbankoption. Der Prüfpunkt ist ein besonders interessanter Moment im Alltag einer Datenbank, deshalb sei er hier genauer beschrieben.

Unsere Datenbank speichert alle aktuellen Datenänderungen zunächst einmal im Transaktionsprotokoll ab. Erst, wenn das Dateisystem dem Server zurückmeldet, dass die Änderungen einer Transaktion wirklich endgültig und dauerhaft in der *.ldf*-Datei gelandet sind, wird die Transaktion auch mit COMMIT festgeschrieben. Sind die neuesten Änderungen aber auch schon auf die Datendateien (*.mdf* und gegebenenfalls *.ndf*) geschrieben worden? Nein, denn das würde bei den vielen Schreibvorgängen viel zu lange dauern! Der Server führt diese Änderungen nur im Datenbank-Cache durch, also im Hauptspeicher, was natürlich am schnellsten geht. Trotzdem sind sie vor einem Stromausfall – der den Cache ja löschen würde – sicher, denn der Server kann sie aus dem Transaktionsprotokoll »nachvollziehen«. Irgendwann wird es dem Server aber »unheimlich«, so viele wichtige Änderungen nur im Log zu haben, und er startet einen Prüfpunkt oder *checkpoint*. Der Prüfpunkt ist der Moment, an dem alle Daten-Pages, die im Datenbank-Cache liegen und gegenüber ihrem »Original« auf der Festplatte verändert worden sind, zurück auf die Datendateien geschrieben werden. Man nennt diese veränderten Datenseiten auch *dirty pages*, und der Prüfpunkt wird erst als »abgeschlossen« im Transaktions-Log vermerkt, wenn er auch die letzte »schmutzige Seite« abgespeichert hat. Dann sind die Datendateien 100% aktuell, und das Transaktions-Log »kann weg«; die Option truncate log on checkpoint erlaubt, dass es geleert wird.

Dieser Prüfpunkt findet nun automatisch in regelmäßigen Abständen statt, und zwar häufiger, wenn viele Änderungsoperationen auf dem Server stattfinden. Als Faustregel kann gelten: alle zwei Minuten. Ist der Server ununterbrochen sehr stark belastet, dann kann man sehen, wie sämtliche Operationen etwa alle zwei Minuten verlangsamt werden, weil der Prüfpunkt viel Festplatten-I/O auf den *.mdf*-Dateien erzeugt. Im Normalfall fällt so ein Prüfpunkt allerdings nicht auf, weil ein eigener Systemprozess, der so genannte *lazy writer* (etwa: »fauler Schreiber«) immer schon vorher »schmutzige« Pages auf die Platte schreibt, wenn der Server mal einen Moment Luft hat.

---

[4]   Solche Riesen-Transaktionen sind für den Server immer eine Zumutung. Versuchen Sie z.B. den Löschvorgang mit einer geeigneten *WHERE*-Klausel in mehrere, leichter verdauliche Stückchen zu zerlegen, dann kann das Transaktionsprotokoll zwischen zwei Stückchen immer wieder abgeschnitten werden, wenn man das einfache Wiederherstellungsmodell verwendet.

TIPP Wer einem Prüfpunkt mal bei der Arbeit zusehen will, weil er vermutet, dass er seine Performance beeinträchtigt, der kann im Vollbetrieb den SQL-Befehl *CHECKPOINT* ausführen und seine Festplatten dabei mit dem Performance Monitor beobachten. Wenn Datenbank- und Log-Dateien auf zwei getrennten Festplatten liegen, ist der Effekt besonders eindrucksvoll.

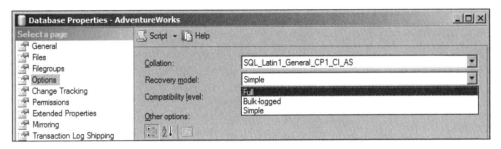

Abbildung 2.18 Änderung des Wiederherstellungsmodells im Management Studio

Fazit also für das einfache Wiederherstellungsmodell: bei Test- und Entwicklungsdatenbanken unbedingt verwenden! Auch für weniger belastete Produktionsdatenbanken ist es durchaus geeignet, dort ist der Performanceverlust durch das häufige Abschneiden des Protokolls leicht zu verschmerzen. Weil man sich um die Größe der Log-Datei nicht mehr kümmern muss, werden unschöne Überraschungen vermieden. Aber dann muss man regelmäßig Datenbanksicherungen durchführen! Transaktions-Log-Sicherungen sind nicht mehr nötig, aber auch nicht mehr möglich, weil das Log ja immer wieder gelöscht wird. Bei einem Verlust der Datendatei ist dann alles, was seit der letzten Datenbanksicherung geändert wurde, verloren!

Massenprotokolliertes Wiederherstellungsmodell (Bulk-Logged Recovery)

Sowohl das vollständige als auch das massenprotokollierte Wiederherstellungsmodell schneiden beide das Transaktionsprotokoll nicht ab, es wächst also kontinuierlich an und muss durch regelmäßige Transaktions-Log-Sicherungen wieder geleert werden, bevor sich die *.ldf*-Datei vergrößert und damit eventuell die Festplatte anfüllt. Nun gibt es aber Operationen, die derart viel Daten auf einmal in die Datenbank einfüllen (und damit zuerst ins Transaktions-Log), dass sich jeder Administrator wünscht: »Könnte ich doch dieses Log einmal ausschalten!« Das gilt besonders für den Import von Massendaten (*bulk copy*) mit dem Kommandozeilentool *bcp* oder mit dem BULK INSERT-Befehl für das Einfügen von großen binären Objekten in die Datenbank mit WRITETEXT oder UPDATETEXT oder für das Erzeugen von Indizes. Das massenprotokollierte Wiederherstellungsmodell macht es nun möglich, dass diese Operationen nur minimal im Log protokolliert werden, damit es nicht zu sehr anwächst, während normale INSERTs, UPDATEs und DELETEs weiter in die *.ldf*-Datei wandern, damit man sie von dort aus im Ernstfall wiederherstellen kann. Man benötigt dieses Modell also eigentlich nur, während man kurzfristig eine solche Operation durchführt – direkt danach sollte man wieder auf das vollständige Modell umschalten.

Wenn also etwa unser Internetprovider einmal die Woche die Protokolle unseres Webshops als Textdatei zu uns schickt und wir diese Datei, die gerne einmal mehrere Gigabyte groß werden kann, zu Auswertungszwecken mit BULK INSERT in die Datenbank einlesen wollen, ohne unser Transaktions-Log zu sprengen, dann ginge das mit SQL-Befehlen wie in Listing 1.17 beschrieben.

```
ALTER DATABASE WebLogs SET RECOVERY BULK_LOGGED
GO

BULK INSERT WebLogs.dbo.WebProtocol
    FROM 'C:\imports\WebProtocol.csv' WITH
        (FIELDTERMINATOR =',',
         ROWTERMINATOR ='\n',
         TABLOCK)

ALTER DATABASE WebLogs SET RECOVERY FULL
GO
```

Listing 1.17   Massenkopieren mit dem richtigen Wiederherstellungsmodell

Wer seine Datenbank ständig im massenprotokollierten Wiederherstellungsmodell lässt, verliert dadurch die Fähigkeit, die Datenbank mit der STOPAT-Option auf dem Stand wiederherzustellen, den sie zu einem bestimmten Zeitpunkt hatte, wie oben unter »Transaktions-Log-Sicherungen« beschrieben.

Vollständiges Wiederherstellungsmodell (*Full Recovery*)

Maximale Datensicherheit bei bester Performance, Änderungen wiederherstellen können bis zur letzten abgeschlossenen Transaktion – das gibt es nur mit dem vollständigen Wiederherstellungsmodell. Für eine Datenbank, die es sich nicht erlauben kann, auch nur eine Minute ihrer Datenänderungen zu verlieren, gibt es gar keine andere Wahl! Alle Modifikationen werden immer zuerst ins Transaktionsprotokoll geschrieben und verbleiben dort auch über die Prüfpunkte hinaus. Dass sie allein auf der Platte liegen, bringt uns aber wenig – erst eine Log-Sicherung schützt vor Hardwareausfall. Im vollständigen Wiederherstellungsmodell muss also eine solche, regelmäßige Sicherung eingeplant werden – ruhig so häufig, wie man will. Denn dieses Backup greift ja nur auf die *.ldf*-Datei zu und sichert immer »inkrementell«, speichert also alle neuen Änderungen weg und gibt das Log dann wieder frei. Wie man so etwas am elegantesten löst, ist weiter unten im Abschnitt »Backup als wiederkehrender Task« zu finden.

Erweiterte Backupmöglichkeiten

Datenfehler entdecken durch Prüfsummen

Eigentlich gibt es nur einen Weg, um wirklich zu testen, ob eine Datensicherung korrekt ist: die Sicherung wieder einzuspielen. Dies war ein weiterer guter Grund für den Einsatz von Log Shipping auf einen Stand-by-Server, denn dabei wurde ja immer automatisch jedes Backup auf einem anderen Server wiederhergestellt.[5]

Seit der Version 2005 kann der SQL Server aber noch mehr! Nicht erst beim Backup, sondern schon beim Lesen von der Festplatte wird die Korrektheit der Daten permanent durch Prüfsummen überprüft. Ein einfaches ALTER DATABASE AdventureWorks SET PAGE_VERIFY CHECKSUM sorgt dafür, dass bei jedem Schreiben einer Page eine Prüfsumme über alle Daten darin berechnet und im Header abgespeichert wird. Bei jedem Lese-

---

[5]   Wer es noch nicht kennen gelernt hat: *Log Shipping* nennt man das automatische Erstellen, Kopieren und Wiederherstellen von Transaktions-Log-Sicherungen von einem produktiven auf einen so genannten »Standby«-Server.

vorgang wird nun diese Prüfsumme erneut berechnet, und der Fehler Nr. 824 ins SQL Error Log und in das Ereignisprotokoll geschrieben, wenn das Ergebnis abweicht. Unbemerkte Fehler am Festplattensystem, durch defekte Firmware, Hardware oder durch Stromausfälle verursacht, dürften damit der Vergangenheit angehören. Microsoft gibt an, dass für diese zusätzliche Berechnung ein Performanceverlust von etwa 10% zu erwarten ist. Da PAGE_VERIFY standardmäßig aktiviert ist, kann derjenige, für den Performance erste Priorität hat (oder der sich seines Disk-Systems sehr sicher ist), diese Option auch ausschalten.

Wird nun eine Datensicherung erstellt, dann werden diese Prüfsummen standardmäßig nicht beachtet. Wenn man aber explizit beim Backup WITH CHECKSUM angibt, dann überprüft die Datensicherung nicht nur den Prüfsummenwert, der sich im Page-Header befindet, und bricht ab, wenn er nicht korrekt ist, sondern schreibt auch noch eine eigene Prüfsumme nur für die Sicherungsdaten mit auf das Backup-Medium. Beim Wiederherstellen berechnet und vergleicht der Server dann sowohl die Prüfsummen der Datensicherung als auch diejenigen in der Daten-Page und bricht das Wiederherstellen ab, wenn irgendwelche Fehler darin gefunden werden.

HINWEIS   Für eine kleine bis mittlere Datenbank wie die, die wir in unserem Szenario für Rechnungen erstellen, ist ein BACKUP DATABASE WITH CHECKSUM genau das Richtige: Unser Server hat wahrscheinlich nicht einmal ein RAID-System, das die Backup-Daten absichern würde, und die Datenmenge ist so überschaubar, dass die zusätzliche Belastung, die das Berechnen der Prüfsummen beim Backup darstellt, nicht so ins Gewicht fällt. Für größere Datenbanken sollte man das noch einmal überdenken, denn eine Sicherung mit Prüfsummen dauert natürlich um einiges länger.

RESTORE VERIFYONLY

Schon im SQL Server 2000 gab es diese Variante des RESTORE-Befehls, und jeder gewissenhafte Administrator hat daraufhin natürlich eine Datensicherung nach dem Erstellen gleich mit RESTORE VERIFYONLY erst einmal überprüfen lassen, um sicher zu gehen, dass er davon auch wiederherstellen kann. Wie im letzten Abschnitt schon einmal beklagt, war diese Mühe leider relativ fruchtlos: Erst mit dem SQL Server 2005 macht der Befehl RESTORE VERIFYONLY dank der zusätzlichen Option WITH CHECKSUM wirklich das, was sein Name verspricht: er prüft den Inhalt der Datensicherung Page für Page, ohne sie wiederherzustellen. VERIFYONLY bricht im Gegensatz zum richtigen RESTORE bei Fehlern nicht ab, sondern berichtet uns so viel über das defekte Medium wie möglich.

```
BACKUP DATABASE AdventureWorks TO DISK = 'E:\Backups\AWorksChecked20080405.bak'
   WITH INIT, CHECKSUM

RESTORE VERIFYONLY FROM DISK = 'E:\Backups\AWorksChecked20080405.bak'
   WITH CHECKSUM
```

Listing 1.18   Sichern mit Prüfsumme und Prüfen der Sicherung

Doch Achtung, dabei darf man nicht vergessen: Eine Datensicherung, die ohne die CHECKSUM-Option erstellt wurde, enthält auch keine Prüfsumme, und deshalb kann der Inhalt der Sicherung nicht mit VERIFYONLY überprüft werden. Dann kann diese Prüfung bestenfalls erkennen, ob das richtige Band eingelegt oder die Sicherungsdatei wirklich lesbar ist.

Spiegelung von Sicherungsmedien

Backups laufen in der Regel automatisch ab, und in der Regel überprüft erst einmal niemand, ob sie korrekt erstellt wurden. Man sollte sich natürlich per E-Mail benachrichtigen lassen, wenn der Sicherungsvorgang fehlgeschlagen ist (mehr dazu weiter unten unter »Der SQL Server Agent«), aber solange, bis das Problem behoben und ein korrektes Backup erstellt ist, klafft eine Sicherheitslücke in unserem Backupkonzept. Der SQL Server kann uns seit der Version 2005 auch hier etwas mehr Sicherheit geben, indem wir die Sicherung gleich beim Erstellen »spiegeln« lassen können. Es werden also zwei unabhängige, identische Kopien des Backups erzeugt, auf mehreren Dateien auf der Festplatte oder auf mehreren direkt angeschlossenen Bandlaufwerken (zwischen Platte und Bandlaufwerk »mischen« kann man nicht). Wenn also eine der Festplatten längst defekt ist, wird dennoch ein gültiges Backup auf den »Spiegel« geschrieben, von dem dann auch wiederhergestellt werden kann. Die SQL-Syntax dafür lautet so:

```
BACKUP DATABASE AdventureWorks TO DISK = 'E:\Backups\AWorks_1_20080612.bak'
   MIRROR TO DISK = 'E:\Backups\AWorks_2_20080612.bak'
   WITH FORMAT, MEDIANAME = 'AdventureWorks Mirror Backup'
```

Listing 1.19   Gespiegelte Datensicherung

Dennoch ist Vorsicht geboten, wenn die gespiegelte Sicherung fehlschlägt, etwa weil eine Backup-Festplatte defekt ist. Zwar wird es jetzt hoffentlich eine gültige Sicherung auf dem einen oder anderen gespiegelten Medium geben, aber *weitere Backups* sind nicht mehr möglich. Der Server prüft zu Beginn des Sicherungsvorgangs, ob alle gespiegelten Medien vorhanden und bereit sind, und startet die Sicherung nicht, wenn eines davon fehlt.

COPY_ONLY-Option

Wie weiter oben bei den Transaktionsprotokollsicherungen schon erläutert, gibt es, sobald man sich dieser Oberklasse unter den Sicherungsstrategien zugewandt hat, eine Sache, auf die man höllisch aufpassen muss: Es darf aus der Reihe der Log-Sicherungen, die seit der letzten Datenbank- oder differenziellen Sicherung erstellt wurden, keine einzige fehlen! Jede Transaktion erhält ihre eigene, fortlaufende Log Sequence Number (LSN), mit der sie ins Transaktionsprotokoll eingetragen wird. Wenn ein Transaktions-Log gesichert ist, dann werden danach die gesicherten LSN-Einträge im Log überschrieben – das ist ja einer der wichtigsten Gründe, warum man diese Sicherung überhaupt macht: damit das Log nicht endlos anwächst.

Dummerweise bedeutet das auch, dass man eine sehr wichtige und komplizierte Reihenfolge zerstört, wenn man mal zwischendurch eine Log-Sicherung macht, um neueste Änderungen der Datenbank etwa auf eine Test-Installation zu kopieren. Speichert man diese Log-Sicherung auf ein Band, schickt dies dann an die Filiale nach Singapur und es geht in der Post verloren, dann werden im Ernstfall alle danach noch »offiziell« erzeugten Sicherungen wertlos, denn zum Wiederherstellen benötigt man immer die ununterbrochene Folge aller LSNs.

Der SQL Server ermöglicht es nun seit der Version 2005, mit der COPY_ONLY-Option eine Sicherung herzustellen, die im Server keine Schäden anrichtet. Spuren hinterlässt sie durchaus, denn sie wird in die Backup-History-Tabelle *msdb.dbo.backupset* eingetragen; sie erhält aber dort den Vermerk »is_copy_only«. Bei Datenbanksicherungen kann man dieses Backup dann nicht als Basis für folgende differenzielle Sicherungen verwenden, und – noch wichtiger – bei Log-Sicherungen schneidet es das Transaktionsprotokoll nicht ab, das Log wird gesichert, aber nicht zum Überschreiben freigegeben, sodass es noch in die nächste »offizielle« Sicherung eingehen kann.

STOPAT bei RESTORE DATABASE

Viel zu wenig bekannt und viel zu wenig genutzt, ist die Möglichkeit, eine Datenbank auf genau den Stand zurückzusetzen, den sie exakt zu einem bestimmten Zeitpunkt hatte! Wenn der Sachbearbeiter mit feuchten Händen vor dem Administrator steht und gesteht, dass er nach einem harten Arbeitstag gerade eben, um 16:15 Uhr die Liste aller offenen Aufträge versehentlich gelöscht hat, dann muss das kein unlösbares Problem sein. Natürlich kann man jederzeit das letzte Backup, das vor der zerstörerischen Aktion gelaufen ist, wieder einspielen, aber das »vernichtet« ja auch alle gewollten Änderungen seit diesem Backup. Besser ist, man sichert das Transaktionsprotokoll jetzt sofort noch einmal, nachdem das Kind schon in den Brunnen gefallen ist, damit die Sicherung mit Sicherheit die zerstörerische Transaktion enthält, und stellt dann die gesamte Datenbank wieder her, bis zum Stand von 16:15 Uhr oder besser, um sicher zu gehen, von 16:10 Uhr. Die Option dazu beim RESTORE-Befehl heißt eben STOPAT='2008-07-06 16:10:00'.

> **HINWEIS**   Genauer als ein Wiederherstellen bis zu einer Uhrzeit wäre es, genau die Log Sequence Number (LSN) des dummen Fehlers zu kennen, aber wer hat die schon im Kopf? Man kann deshalb auch vor schwierigen Transaktionen beim BEGIN TRANSACTION eine Marke ins Log setzen lassen (BEGIN TRANSACTION Preiserhöhung WITH MARK), bis zu der man später wiederherstellen kann (STOPBEFOREMARK), aber das muss eben vorher passieren, und von der Anwendung gemacht werden, die die Transaktion beginnt.

Man sollte die Option STOPAT gleich beim RESTORE DATABASE angeben, und nicht erst beim RESTORE LOG! Es könnte ja immerhin sein, das die entsprechende Transaktion zum Zeitpunkt des Datenbank-Backups gerade geschrieben wurde und daher in diesem selbst enthalten ist, dann wäre das Einspielen weiterer Transaktionsprotokolle gar nicht nötig. Auf jeden Fall empfiehlt es sich, bei jedem Befehl, der dem Wiederherstellen bis zu einem bestimmten Zeitpunkt dient, auch die STOPAT-Option anzugeben, damit das System auf keinen Fall über das Ziel hinausschießen kann.

Wartung einer einfachen SQL Server Datenbank

Backup als wiederkehrender Task

Jetzt haben wir schon eine Ehrfurcht gebietende Reihe von Möglichkeiten zur Datensicherheit kennen gelernt, und jetzt wird es wirklich Zeit, sich einmal ein paar praktische Varianten vor Augen zu halten, die für die verschiedenen Ansprüche an Ausfallsicherheit, einfacher Bedienung und schneller Wiederherstellung jeweils das Richtige bieten. Im Anschluss daran sehen wir jetzt, wie man mithilfe der Zeitsteuerungsmechanismen des SQL Servers das gewählte Konzept in die Praxis umsetzen kann! Und niemand soll jetzt sagen: »SQL-Backups machen wir nicht, wir haben ja extra *BackupEasy* von XYSoft gekauft, das sichert auch die Datenbanken«. Das tut es zwar womöglich auch, aber jede Software muss, um die laufende Datenbank sichern zu können, auf die Sicherungsmethoden des SQL Servers zurückgreifen, daran führt kein Weg vorbei. Man sollte also die Qualität einer Backup-Software auch daran messen, ob man mit ihr eines der im Folgenden vorgestellten Szenarien realisieren kann.

Brutal einfach: Offline-Backups

Die High-End-Datenbanken arbeiten an einer Verfügbarkeit von 99,999% der Zeit (also an den berühmten fünf Neunen), und da sollte man über ein Sicherungsverfahren, für das man den Server herunterfahren muss, eigentlich nicht mal nachdenken dürfen! Aber sehen wir der Praxis ins Auge: Eine Sicherung hilft nur, wenn man sie auch wieder einspielen kann, und viele Datenbanken (besonders die kostenlosen MSDEs und SQL Server Express dieser Welt) haben nicht einmal einen Administrator! Wer sich nun einen Dreck um die ganzen Backup-Varianten dieses Kapitels schert und seinen SQL Server einfach mit dem Betriebssystem zusammen auf Dateibasis sichert, erlebt dabei eine böse Überraschung: Die *.mdf* und *.ldf*-Dateien können nicht gesichert werden, weil sie geöffnet sind, vom Datenbankserver nämlich. Selbst wenn man sie ihm irgendwie »entreißen« könnte, hätte man nichts davon: Der Inhalt ist inkonsistent, weil ja die neuesten Änderungen nicht in den Daten-Dateien liegen, sondern im Speichercache des SQL Servers. Für die Ross-kur der Offline Backups hilft also nur: MSSQLSERVER-Dienst beenden (NET STOP MSSQLSERVER), Komplettsi-cherung der Festplatte (*ntbackup*) und wieder starten. Sollte jetzt irgendetwas schief gehen, stoppt man den SQL Server wieder, spielt die Dateien wieder ein und alles geht wieder. Wenn also wirklich kein Administra-tor da ist, der einen RESTORE DATABASE-Befehl ausführen könnte, und wenn der minutenlange Totalausfall egal ist (vielleicht, weil nachts sowieso niemand mehr arbeitet), dann ist ein Offline Backup immer noch besser als gar keine Sicherung! Das Transaktionsprotokoll wird dabei natürlich auf gar keinen Fall abgeschnitten, also bitte alle Datenbanken in den einfachen Wiederherstellungsmodus setzen, wie unter »Einfaches Wie-derherstellungsmodell (Simple Recovery)« beschrieben.

Keine Sorge: Nur Datenbank-Backups im einfachen Modell

Gerade für Nutzer von lizenzfreien SQL-Versionen wie MSDE und SQL Server Express empfiehlt sich das »Rundum-Sorglos-Paket«: Datenbanken in den einfachen Wiederherstellungsmodus setzen, damit das Transaktions-Log nicht vollläuft, und regelmäßig ein BACKUP DATABASE aller relevanten Datenbanken machen. Dafür nimmt man wahlweise den SQL Server Agent – das wird weiter unten beschrieben – oder meinet-wegen auch die geplanten Tasks von Windows, wo man den Kommandozeilenbefehl *sqlcmd.exe* ausführen lässt, wie im folgenden Beispiel:

```
sqlcmd -E -Q"BACKUP DATABASE SmallDB TO DISK = 'F:\backups\SmallDB.bak' WITH INIT"
```

Bitte die *master*-Datenbank dabei nicht vergessen, denn sie enthält die Nutzernamen und die aktuellen Passwörter der SQL-Logins, falls man so etwas noch benutzt.

Im Falle eines Ausfalles sind jetzt natürlich alle Änderungen seit dem letzten BACKUP DATABASE verloren! Microsoft hat allerdings hart daran gearbeitet, dass ein BACKUP DATABASE die Performance der laufenden Operationen kaum beeinträchtigt, also spräche nichts dagegen, dies auch mehrfach während des Tages zu machen. Wenn man große Datenmengen hat, an denen verhältnismäßig wenig geändert wird, muss man auch nicht jedes Mal alles sichern: einfach zwischendurch ein paar differenzielle Backups einschieben!

Pfiffig: Datenbank-Backups und Transaktionslogs für den Notfall

Eigentlich ist es schon schade, wenn man – wie im einfachen Wiederherstellungsmodus – das Transaktionsprotokoll einfach wegwirft. Schließlich kann man mit dessen Hilfe vor allem die Datenbank auf einen Zustand zurücksetzen, den sie zu einer bestimmten Uhrzeit hatte, mit der STOPAT-Option des RESTORE LOG-Befehls. Das ist besonders schön, wenn die letzte Gesamtsicherung in der Nacht lief, und unsere 30 Nutzer danach den ganzen Tag lang wichtige Eingaben gemacht haben, bevor ein Administrator gegen 18:30 Uhr in Feierabendlaune versehentlich die Tabelle löscht! Hat man das Transaktions-Log aufbewahren lassen (also vollständiges oder massenkopiertes Wiederherstellungsmodell), dann könnte man es ja jetzt noch sichern. Dann könnte man die letzte Gesamtsicherung einspielen und anschließend das gerade gesicherte Transaktions-Log hinterher, aber mit der STOPAT-Option um 18:00 Uhr.

Damit das funktionieren kann, muss man per Agent oder Taskplaner, wie im letzten Abschnitt beschrieben, vor jedem BACKUP DATABASE ein BACKUP LOG [...] WITH INIT laufen lassen. Diese Sicherung schneidet das Log ab und sichert es in immer dieselbe Datei, wobei die letzte Version jeweils wieder überschrieben wird, damit die Backup-Datei nicht endlos anwächst. Sollte jetzt zwischen zwei Voll-Backups etwas schief gehen, gibt es zumindest ein gefülltes Transaktions-Log, mit dem man die Datenbank auf jede Uhrzeit seit der Gesamtsicherung zurücksetzen kann.

ACHTUNG Immer, wenn man *nicht* den einfachen Wiederherstellungsmodus verwendet, müssen alle Änderungen zwischen zwei Transaktions-Log-Sicherungen in die *.ldf*-Datei passen. Auch eine Datenbanksicherung leert das Log nicht! Also aufpassen, dass diese Datei nicht zu sehr anwächst.

Beim SQL Server 2000 und früher hat man, wenn man sein Log einfach nur loswerden wollte, gerne den Befehl BACKUP LOG mit den Optionen WITH NO_LOG oder WITH TRUNCATE_ONLY verwendet, die das Transaktionsprotokoll nur abgeschnitten aber nirgendwohin gesichert haben. SQL Server 2008 unterstützt diese Optionen nicht mehr – wer abschneiden will, soll in den einfachen Wiederherstellungsmodus wechseln!

Die volle Packung: Datenbank-, differenzielle und Transaktionssicherungen

Wenn Sie all diese drei Sicherungsarten verwenden, wozu man selbstverständlich im vollständigen oder massenprotokollierten Wiederherstellungsmodus fahren muss, dann sollten Sie sich schon die Zeit für die Erstellung eines richtigen Sicherungskonzeptes nehmen – so richtig eines mit einer schönen Grafik, aus der hervorgeht, welches Backup wann zu passieren hat und vor allem, was geschehen muss, wenn man wiederherstellen will und Sie gerade im Urlaub sind! Hier nur kurz die Eckdaten:

Sie brauchen immer ein vollständiges Datenbankbackup, von dem Sie beim Wiederherstellen ausgehen wollen. Dieses sollten Sie immer parat haben und hüten wie Ihren Augapfel. Erstellen Sie es z.B. jede Nacht oder einmal die Woche.

Weil die Gesamtsicherung wahrscheinlich relativ groß ist und lange dauert, schieben Sie noch ein paar differenzielle Sicherungen dazwischen. Diese enthalten immer alle geänderten Daten-Pages seit der letzten Gesamtsicherung, sodass Sie zum Wiederherstellen nur die Gesamtsicherung und das *aktuellste* differenzielle Backup benötigen. Vier bis sechs differenzielle Sicherungen zwischen den Gesamtbackups können nicht schaden.

Um Ihre Datenbank bis zu einem bestimmten Stand wiederherstellen zu können, machen Sie zwischen den differenziellen Sicherungen noch Transaktions-Log-Sicherungen. Wenn Sie es sich nicht leisten können, dass 15 Minuten Ihrer Änderungen verloren gehen, dann sichern Sie eben alle 10 Minuten! Für die Wiederherstellung brauchen Sie aber immer unbedingt *alle* Transaktionsbackups, die seit dem letzten differenziellen Backup (wenn nicht vorhanden, dem letzten Vollbackup) geschrieben wurden.

Enorm komplex: Sicherungsoptionen für große Datenbanken

Der SQL Server ist in den letzten Jahren in die Riege der »Enterprise«-Datenbankserver aufgestiegen, mit vielen tausend gleichzeitigen Nutzern und Datenbanken, die leicht mehrere Terabytes erreichen. Wenn man dort oben mitspielen will, dann ist es mit so einfachen Sicherungskonzepten wie den obigen nicht getan. Der SQL Server hat diese Herausforderung angenommen und von den Besten gelernt: Er enthält eine große Zahl von Funktionen zur Sicherung großer Datenbanken, die auf mehrere getrennte Dateien verteilt sind; den so genannten Dateigruppen (*Filegroups*). Ein besonders engagierter Mitbewerber am Markt nennt so etwas *Tablespaces*…

Der SQL Server kann seit 2005 über diese Dateigruppen vermittelt die Datenbank partitionieren, sodass man auch nur Teile der Datenbank sichern kann (*Partial Backups*). Man kann sogar einen Teil der Datenbank wiederherstellen, während der Rest weiter im Zugriff bleibt (*Online Restore*). Dies alles aber sind Konzepte, die einen erhöhten Verwaltungsaufwand bedeuten, und sich für eine kleine und mittlere Datenbank einfach nicht lohnen. Deshalb besprechen wir sie hier auch nicht weiter, sondern erst in Kapitel 9, wo es speziell um große Datenbanken geht.

Index-Wartung

Indizes wachsen und verändern sich, genau wie unsere Daten. Bei jedem INSERT, jedem DELETE und jedem UPDATE auf einer Spalte, auf der ein Index liegt, wird auch dieser Index automatisch vom System mitgepflegt. Die Verteilungs-Statistiken, die dieser Index auf seinen Inhalten pflegt, und die der Abfrage-Optimierer dringend benötigt, werden ebenfalls mit aktualisiert – wie im Abschnitt »Automatische Pflege von Index-Statistiken« beschrieben. Aber es bleibt auch für uns nach einiger Zeit etwas zu tun: den Index zu reorganisieren oder zu defragmentieren. Wenn große Datenmengen in die Datenbank eingefügt wurden oder umfangreiche Modifikationen stattgefunden haben, kann so eine Reorganisation für die Performance Wunder bewirken! Das Durchsuchen des Index geht schneller, und der Optimierer entscheidet sich öfter, ihn auch zu verwenden. Ob so eine Aktion fällig ist, kann man einer Systemfunktion entnehmen, die man wie eine Tabelle auslesen kann! Also sehen wir uns doch einmal die zehn fragmentiertesten Objekte unseres Servers an.

```
SELECT TOP 10 object_id, OBJECT_NAME(object_id) AS object_name, index_type_desc,
avg_fragmentation_in_percent
FROM sys.dm_db_index_physical_stats(NULL, NULL, NULL, NULL, 'LIMITED')
ORDER BY avg_fragmentation_in_percent DESC
```

Avg_fragmentation_in_percent gibt uns an, wie viel Prozent der Daten-Pages eines Index nicht in der Reihenfolge nach dem Inhalt der indizierten Spalte angeordnet sind. Bei bis zu 30% wäre eine Reorganisation anzuraten, bei höheren Werten wäre ein Neuaufbau sinnvoll. Früher hat man dafür oft die Indizes gelöscht und neu erzeugt, das hilft natürlich, sperrt die Tabellen aber umfangreich. Wo nachts keiner mehr arbeitet und dieser Vorgang zeitgesteuert abläuft, ist das auch kein Problem – aber wo gibt es das denn heute schon noch, dass nachts keiner mehr arbeitet? Wenn wir durch Bars und Kneipen ziehen, sitzen ja brave Kollegen auf der anderen Seite der Weltkugel an derselben Datenbank und tippen fleißig ein. Dabei erwarten sie natürlich dieselbe Performance wie wir! Der SQL Server trägt dem »Rund-um-die-Uhr-Betrieb« Rechnung und reorganisiert Indizes online. Für die leichten Fälle genügt der Befehl:

```
ALTER INDEX ALL
ON dbo.LargeTable
REORGANIZE;
```

Das läuft zwar recht lange, aber egal: die Reorganisation verwendet dabei minimale Systemressourcen und sperrt die Tabelle nur so wenig wie möglich. Bei REORGANIZE werden nur bereits vorhandene Daten-Pages umsortiert, keine neuen hinzugeholt!

Für die schwereren Fälle von Fragmentierung gibt es dann wirklich nur die Möglichkeit, den Index wieder zu löschen und neu aufzubauen. Schlaumeier werden dabei gleich bemerken, dass das ja bei Indizes, die Primärschlüssel überwachen, nicht geht, es sei denn, die Datenintegrität wäre einem mal für einen Moment lang egal! Genau dafür haben wir zwei Varianten zur Verfügung, zunächst mal die einfachere:

```
ALTER INDEX ALL
ON dbo.LargeTable
REBUILD WITH (ONLINE = ON);
```

Die ONLINE-Option heißt hier, dass, obwohl der gesamte Index auf frisch allokierten Pages abgelegt wird, die Tabelle jederzeit dabei im Zugriff bleibt! Natürlich kann man auch »offline«, also mit Tabellensperre, neu aufbauen lassen, und dann ist der Befehl auch noch einmal bedeutend schneller. ALL bedeutet in diesem Zusammenhang, dass nicht nur ein gruppierter Index, sondern danach auch alle nichtgruppierten Indizes neu aufgebaut werden.

Wer sich diese schwierigen Befehle nicht merken mag, kann sich übrigens einfach ganz elegant im Object Browser des Management Studios bis zu dem fragmentierten Index auf der Tabelle »durchklicken« und findet dann nach einem Rechtsklick darauf im Kontextmenü *Neu erstellen* (*Rebuild*) und *Neu organisieren* (*Reorganize*).

Will man gar nicht in erster Linie regelmäßig warten, sondern gleichzeitig auch Eigenschaften des Index verändern, also etwa Spalten hinzunehmen oder einen nichtgruppierten Index auf gruppiert umändern, nimmt man den CREATE INDEX-Befehl mit der DROP_EXISTING-Option, wobei man den Namen des vorhandenen Index und seine Definition kennen muss:

```
CREATE UNIQUE CLUSTERED INDEX PK_LargeTable
ON dbo.LargeTable(CardNo)
WITH DROP_EXISTING
```

Besonders gründliche Administratoren schreiben sich also ein Skript, was die wesentlichen ALTER INDEX-Befehle enthält, und führen es nachts aus. Oder sie lesen einfach weiter, wie man einen Datenbankwartungsplan erstellt.

Datenbankwartungspläne

Gut, zugegeben: Das war jetzt ganz schön verwirrend, mit all diesen »Pflegehinweisen« für den SQL Server. Datenbanksicherungen, Transaktions-Log-Sicherungen, sonst läuft einem die Festplatte voll, Tabellen checken, Indizes reorganisieren... Und muss man jetzt noch selber die Index-Statistiken aktualisieren oder nicht? Hieß es nicht früher mal, der SQL Server könne sich quasi »selbst administrieren«? Nun, das kann er auch fast komplett, man muss sich nur einmal ein paar Minuten Zeit nehmen und einen Datenbankwartungsplan (*Maintenance Plan*) erstellen.

Man durchläuft einen Assistenten Schritt für Schritt, der einen fragt, wie und wann man welche wichtigen Wartungsaufgaben an welchen Datenbanken durchgeführt haben möchte. Danach wird ein zeitgesteuerter Auftrag erstellt, der diese Wartungsaufgaben ganz einfach automatisch erledigt. So einfach und selbstadministrierend geht das!

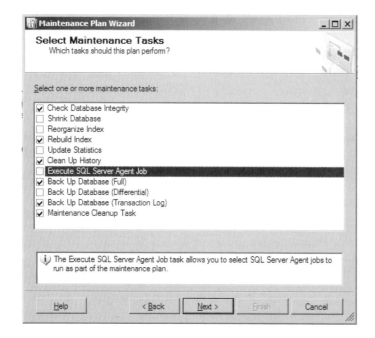

Abbildung 2.19   Die möglichen Wartungstasks des Maintenance Plan Wizard

Neben der natürlich zentral wichtigen Datensicherung sind hier auch alle anderen Wartungsaufgaben wählbar, die man ohne einen solchen Assistenten vielleicht ignoriert hätte: regelmäßiges Prüfen der Datenbankintegrität, das Reorganisieren und/oder Neuaufbauen von Indizes (wie oben unter »Index-Wartung« beschrieben) und noch einiges andere mehr. Über die Datensicherung und die Index-Pflege muss hier sicher nicht noch mehr gesagt werden, aber über einige andere Optionen sind noch einige Bemerkungen zu verlieren:

- **Datenbankintegrität überprüfen** (*Check Database Integrity*). Das geschieht immer noch mit dem dafür schon lange bewährten Kommando DBCC CHECKDB.[6] Softwarebedingte Inkonsistenzen in der Page-Struktur von Tabellen oder Indizes kommen eigentlich überhaupt nicht mehr vor; wenn hier also Fehler auftreten, dann wird fast immer ein Hardwareproblem die Ursache sein. Kleinere Problemchen kann DBCC CHECKDB dann, aus dem Management Studio aufgerufen, übrigens auch reparieren.

- **Datenbank verkleinern** (*Shrink Database*). Bitte lassen Sie diesen Quatsch, wenn Ihnen Ihre Performance lieb ist. Wollen Sie wirklich, dass, wenn Sie mal ein paar Datensätze gelöscht haben, die Datenbankdateien wieder extra verkleinert werden, nur damit etwas mehr Platz auf der Platte ist? Der Preis ist hoch: Wenn die Datenmenge wieder wächst (was sie sicher tut), dann muss neuer Plattenplatz allokiert werden, und der liegt dann höchstwahrscheinlich nicht mehr physikalisch hinter den alten Daten-Pages. Schrumpfen Sie, wenn es sein muss, lieber manuell mit DBCC SHRINKDATABASE.

- **Statistiken aktualisieren** (*Update Statistics*). Noch mal für Alle: Der SQL Server aktualisiert seine Index-Statistiken selbst und automatisch. Wer's nicht glaubt, lese weiter oben unter »Automatische Pflege von Index-Statistiken« nach. Nur wer die Datenbankoption *Auto Update Statistics* manuell ausgeschaltet hat, der muss wirklich diesen Task in seinen Wartungsplan einbauen, der für jede Tabelle der Datenbank UPDATE STATISTICS ausführt.

- **Auftrag des SQL Server Agents ausführen** (*Execute SQL Server Agent Job*). Dieser gibt dem Administrator noch mehr Möglichkeiten, einen Wartungsplan nach Maß zu entwerfen, weil er damit jetzt irgendeinen Auftrag vom SQL Server Agenten als Teil des Wartungsplans ausführen lassen kann. Wie unten unter »Aufträge (Jobs)« zu lesen ist, kann das so ziemlich alles sein, Kommandozeilenbefehle, SQL Server Integration Services-Pakete und vieles mehr.

- **Verlaufscleanup** (*Clean up Histor«*). Das hat nichts mit dem Versuch bei George Orwells 1984 zu tun, die Geschichte neu zu schreiben, sondern ist Selbstadministration par excellence: Diese elektronische Putzfrau sorgt dafür, dass die alten, automatisch erstellten Datensicherungen und Berichte nicht irgendwann die Festplatte vollmüllen, sondern löscht sie nach einem gewissen Zeitraum. Die einmal erzeugten Sicherungsdateien allerdings entfernt man nicht hiermit, sondern mit dem *Maintenance Cleanup Task*.

Schon mit dem Service Pack 2 zum SQL Server 2005 hat Microsoft auf Benutzerfeedback reagiert und die Wartungspläne um so genannte Unterpläne (*Subplans*) erweitert. Das heißt nichts weiter, als dass man in einem Wartungsplan jetzt auch Aktionen zusammenfassen kann, die zu verschiedenen Zeitpunkten laufen sollen, wie etwa das Sichern des Transaktionsprotokolls jede Stunde, aber das Reorganisieren der Indizes nur Sonntag früh um 2 Uhr. Ohne diese Erweiterung konnte für alle Tasks eines Wartungsplans nur die Reihenfolge festgelegt werden, nicht der Zeitplan.

---

[6] DBCC steht für »Database Consistency Checker«, so eine Art »chkdsk für Datenbanken«. Es ist ein Tool, das man als SQL-Abfrage ausführt und das uns noch aus der grauen Vorzeit des Sybase SQL Servers erhalten geblieben ist. Dennoch ist DBCC nicht tot – seine dutzende Optionen werden nur mit jeder Version mehr und mehr in SQL-Statements, Systemfunktionen etc. umgewandelt. Neuerdings übersetzt man DBCC dann auch lieber mit »Database Console Commands«.

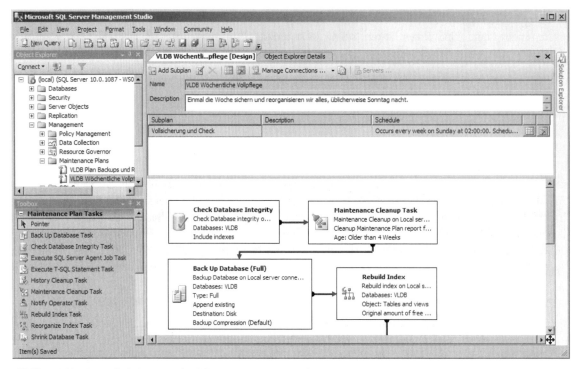

Abbildung 2.20 Der grafische Wartungsplan-Editor mit nur einem Unterplan

Die Wartungspläne erfüllen auch einen alten Traum des Administrators, Datenbanken zu pflegen und zu sichern, von denen man gar nicht weiß, dass sie existieren! Lässt man einen Task für alle Nutzerdatenbanken erstellen, wird erst zur Laufzeit des Plans ermittelt, welche dies sind, sodass automatisch alle neu erstellten Datenbanken mit enthalten sind.

Wer sich im SQL Server 2005 schon gut auskennt, erkennt in Abbildung 2.20 vielleicht etwas wieder: SQL 2005 erzeugt den Wartungsplan als einen oder mehrere SQL Server Integration Services (SSIS)-Pakete, dem Nachfolger der beliebten DTS-Pakete.[7] Will man seinen Wartungsplan bearbeiten oder einen neuen Plan ohne den Assistenten erstellen, öffnet sich im SQL Server Management Studio der grafische Editor für Integration Services-Pakete, und man kann selbst – grafisch – Reihenfolge und Abhängigkeiten der einzelnen Tasks in einem Unterplan bestimmen.

Das macht innerhalb des Unterplans einen kleinen »Workflow« möglich, etwa so: »Erst die Datenbanken checken, und nur dann eine Sicherung davon machen, wenn das erfolgreich war«. Zusätzlich kann man als Teil des Wartungsplans zu jedem Zeitpunkt auch eigene T-SQL-Befehle oder SQL Agent-Aufträge ausführen lassen. Jeder Unterplan ist jeweils ein eigenes unabhängiges Integration Services-Paket und wird als solches zu unterschiedlichen Zeitpunkten ausgeführt, obwohl er Teil von ein und demselben Wartungsplan ist.

---

[7] Mehr über die SQL Server Integration Services gibt's in Kapitel 5, wo man erkennen kann, dass die Wartungspläne doch nur eine eingeschränkte Untermenge von dem sind, was ein Integration Services-Paket eigentlich kann.

Die Möglichkeiten sind in der Tat erstaunlich, und es steht zu befürchten, dass manche Administratoren, die früher nur reine Skript-Jünger waren, schon bald um den grafisch schönsten Wartungsplan wetteifern werden! Aber dass es nebenbei auch noch Spaß macht, mit diesem Werkzeug zu arbeiten, sollte nur einem Ziel dienen: kein Server ohne Wartungsplan!

Der SQL Server Agent

Wer nicht permanent selbst seinen SQL Server überwachen will, wer nicht dauernd das Ereignisprotokoll der Maschine im Auge haben will und dann immer in Bereitschaft sein möchte, um im Ernstfall schnell korrigierend einzugreifen, der braucht einen zuverlässigen Agenten, der das für ihn tut. Der SQL Server Agent ist der Dienst, der neben jedem SQL Server laufen sollte, um ihn zu überwachen, zu warten und im Ernstfall, wenn er alleine nicht mehr weiter kommt, einen Menschen zur Hilfe ruft. Und doch: Auf vielen produktiven SQL Servern läuft dieser Dienst nicht einmal! Dieser Abschnitt soll noch einmal klar stellen, was für einen wichtigen Verbündeten man sich mit dem SQL Server Agent ins Boot holen kann. Hoffentlich stellen Sie danach auf Ihrer Maschine den *SQLServerAgent*-Dienst auf den Starttyp »automatisch« um!

Aufträge (Jobs)

Enorm viel in der Datenbankadministration basiert darauf, dass bestimmte Dinge zeitgesteuert regelmäßig ausgeführt werden: Sicherungen, Integritätschecks, Reorganisationen und so weiter. Oft wird dafür extra Software von Drittherstellern eingekauft, weil viele nicht wissen, wie mächtig der SQL Server Agent in der Ausführung von solchen Aufträgen ist. Vielleicht sind manche Administratoren auch abgeschreckt von den eher primitiven »geplanten Tasks« in Windows, oder vom at-Befehl an der Kommandozeile. Wer die Aufträge des SQL Server Agenten einmal gesehen hat, weiß: Sie sind der eleganteste Weg, irgendetwas zeitgesteuert ausführen zu lassen, wenn man wieder einmal nicht bis abends um 21:00 Uhr in der Firma bleiben möchte, nur damit man auf der Datenbank endlich einmal tun und lassen kann, was man will.

Einer dieser Aufträge besteht aus einem oder mehreren Schritten (*Steps*), hat einen oder mehrere Zeitpläne (*Schedules*), nach denen er ausgeführt wird, und versendet darüber Benachrichtigungen (*Notifications*). Unter dem Stichwort »Multiserver Administration« kann man auch Aufträge erzeugen, die mehrere Zielserver umspannen. Installationen, die viele SQL Server verwalten müssen, neigen dann auch dazu, einen davon als Jobserver abzustellen, der dann von zentraler Stelle aus alle anderen überwacht und fernsteuert.

Ein Auftragsschritt kann nun vor allem beliebige *Transact-SQL-Befehle* in jeder Datenbank ausführen. Wenn dies nicht ausreicht, dann gibt es aber noch die Möglichkeit, *Betriebssystembefehle* starten zu lassen, wie sie an der Kommandozeile möglich wären (CmdExec). Und wer ein wenig Programmierung in seinen Auftragsschritten zur Anwendung kommen lassen will, der kann *ActiveX-Skripte* ausführen lassen, standardmäßig VBScript oder JScript.

Aber wie oben schon angedeutet, kann man als Auftragsschritt auch direkt ein *Integration Services-Paket* ausführen lassen, wobei zahlreiche Einstellungen am Paket (Konfigurationsdateien, Datenbankverbindungen etc.) direkt noch beim Erstellen des Auftrags eingestellt werden können. Außerdem haben die Analysis Services ebenfalls Einzug ins Auftragswesen gehalten. Man kann, weil es ja bei Analysis Services seit der Version 2005 endlich eine Skriptsprache für das Erzeugen, Aktualisieren und Sichern von OLAP Cubes gibt, die *Analysis Services Skripting Language* (ASSL) genannt wird, diese direkt per Auftrag ausführen lassen; ASSL-Beispiele dazu finden sich in Kapitel 6 im Abschnitt »Scripting«. Auf den ersten Blick überraschend ist vielleicht auch die Funktion, *MDX-Abfragen* gegen Analysis Services-Cubes schicken zu können, zumal die Ergebnisse dieser Abfragen nirgendwo zu sehen sind. Fakt ist aber, dass dieses Verfahren in der Praxis oft genutzt wird, um den Cache des OLAP-Servers nach dem Aktualisieren von Cubes erst einmal »anzu-wärmen«, indem die wichtigsten Abfragen schon einmal gestartet werden, sodass ihre Daten schon im Hauptspeicher liegen.

Die Zeitpläne selbst, also die Einstellung, wann nun der Auftrag ausgeführt wird, sind sehr flexibel. Man kann die schönsten Rhythmen definieren, jeden dritten Montag im Monat, täglich außer Samstag und Sonntag, alle vier Stunden zwischen 9 und 17 Uhr etc. Außerdem kann man Aufträge definieren, die perma-nent laufen und automatisch gestartet werden, wenn der SQL Server Agent startet, oder solche, die immer dann beginnen zu arbeiten, wenn die CPU-Last des Servers unter eine bestimmte Schwelle gesunken ist. Dabei können diese Zeitpläne von mehreren Aufträgen verwendet werden, damit man sie nicht jedes Mal neu definieren muss.

Ist der Auftrag gelaufen, kann darüber zunächst einmal ein Eintrag ins Ereignisprotokoll gemacht werden, wahlweise bei Beendigung oder nur bei Fehler. Außerdem kann der SQL Server Agent einen Operator benachrichtigen, wahlweise per E-Mail, über dessen Pager oder mit einem einfachen *NET SEND*-Popup über das Netzwerk. Eine weitere interessante Möglichkeit ist der Auftrag, der sich selbst zerstört, nachdem er abgelaufen ist, wie das Tonband bei »Mission Impossible«. Man kann damit gut verhindern, dass einmalige, manuelle Wartungsvorgänge dauerhaft in der Auftragsverwaltung herumliegen bleiben. Viel schöner als ein Eintrag im Ereignisprotokoll ist allerdings der stark verbesserte Protokolldatei-Viewer (*Log File Viewer*), eine Komponente, die an verschiedenen Stellen im Management Studio eingesetzt wird, und die die Fehler-details bis auf den einzelnen Auftragsschritt anzeigt.

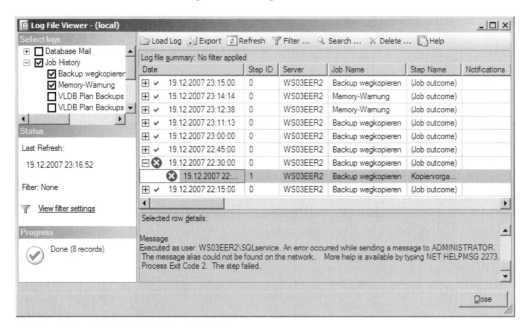

Abbildung 2.21   Der Protokolldatei-Viewer für Aufträge

Die meisten Schwierigkeiten, die Benutzer im praktischen Umgang mit SQL Server Aufträgen haben, hängen in irgendeiner Form mit den Berechtigungen zusammen. Oft funktioniert ein Kommandozeilenbefehl, den man sich mühsam ausgetüftelt hat, interaktiv sehr gut, scheitert aber, sobald man denselben Befehl dem SQL Agent zum zeitgesteuerten Ausführen übergibt. Um das zu vermeiden, laufen dann oft die Aufträge mit viel zu vielen Berechtigungen, sogar administrativen Rechten, was dem gewissenhaften Administrator natürlich ein Gräuel ist. Getreu der Prinzipien, dass bei Microsoft alles *secure by default* sein soll, gibt es für die Aufträge ein vielleicht nicht ganz einfaches, aber sehr fein einstellbares Berechtigungskonzept, das der *Proxys*.

Bei Transact-SQL-Auftragsschritten ist alles klar: sie laufen unter den SQL-Berechtigungen, die der Besitzer des Auftrags hat. Welche Rechte gelten aber nun für Auftragsschritte, die Kommandozeilenbefehle, ActiveX-Skripte oder anderes enthalten? Nun, wenn der Erzeuger des Auftrags Mitglied der *sysadmin*-Rolle auf dem SQL Server ist, dann laufen seine Aufträge unter den Berechtigungen der Dienstkennung, unter der der SQL Server Agent läuft. Steht diese auf »lokales System«, dann darf man sich nicht wundern, wenn man damit nicht auf eine Netzwerkfreigabe zugreifen kann, denn dieses Systemkonto hat eben im Netzwerk keinerlei Rechte. Wenn der Erzeuger des Auftrags aber kein Mitglied der *sysadmin*-Rolle ist, dann muss er einen Proxy angeben, also im Prinzip eine Benutzerkennung, mit deren Berechtigungen seine Auftragsschritte dann laufen. Der SQL Server Agent führt dann diesen Auftragsschritt als der Windows-Benutzer aus, der hinter dem Proxy steht. Man kann im Management Studio einzeln freischalten, welche SQL-Logins welchen Proxy benutzen dürfen und welche Proxys für welche Art von Auftragsschritt »freigeschaltet« sind. So wird es möglich, dass auf Servern, die sich viele Benutzer teilen müssen, die Aufträge für verschiedene, nicht-administrative Nutzer unter getrennten Kennungen laufen.

Warnungen

Mit den zeitgesteuerten Aufträgen sind wir ja schon ein ganzes Stück näher dran am »selbstadministrierenden Server«, wenn er nachts und automatisch alles sichert und reorganisiert. Aber ein ganz entscheidender Schritt nach vorn wäre es doch, wenn diese Operationen nicht einfach nur nach der Uhr, sondern fehlergesteuert, als unmittelbare Reaktion auf ein Problem auf dem Server, aufgerufen werden würden. Entdeckt der Server ein Problem, dann löst er es gleich selbst und schickt Ihnen bestenfalls noch eine E-Mail darüber! Und das geht auch mit SQL Server Warnungen. Ein schönes Beispiel dafür ist die Kontrolle des Transaktionsprotokolls, das sich ja, wenn der Server nicht im »einfachen Wiederherstellungsmodus« läuft, immer etwas unvorhersehbar vergrößern könnte. Der Server kann einfach, wenn der Füllstand des Transaktions-Logs zwischen zwei zeitgesteuerten Sicherungen ein bestimmtes Level übersteigt, ein zusätzliches Backup starten, was das Log dann wieder leert und das Problem damit automatisch löst!

SQL Server-Ereigniswarnungen

Welche Arten von Ereignissen können eine solche Warnung auslösen? Zunächst einmal jeder SQL Server-Fehler, wie er in den »Anwendung«-Teil des Ereignisprotokolls geschrieben wird. Jeder dieser Fehler hat eine bestimmte SQL Server-Fehlernummer oder einen bestimmten Text in der Fehlermeldung, und genau daran kann man den SQL Server Agent »ansetzen«. Alle Fehler mit einem Schweregrad (*Severity*) von 19 aufwärts (das sind die, deren Beschreibung mit »Fataler Fehler« beginnt, der maximale Schweregrad ist 25) werden automatisch in das Ereignisprotokoll geschrieben, bei allen anderen kann man etwas nachhelfen, z. B. indem man den Befehl RAISERROR mit der Option WITH LOG verwendet.

SQL Server-Leistungsstatuswarnungen

Eine andere Art von Ereignissen, die uns oft viel früher warnen können als die SQL Server-Fehler (die ja erst ausgelöst werden, wenn »das Kind schon in den Brunnen gefallen ist«) sind die Leistungsstatuswarnungen (*performance condition alerts*). Das ist wirklich jener Leistungsindikator der SQL Server-Leistungsüberwachung (*Performance Monitor* oder kurz *perfmon*), den man sich sonst als schöne Grafik anzeigen kann. Für jeden dieser *Performance Monitor Counter* kann man einen Schwellwert definieren, bei dessen Über- oder Unterschreitung der SQL Server Alarm schlagen soll. Die Möglichkeiten sind gewaltig: Weniger als so und so viel Hauptspeicher, mehr als so und so viele Deadlocks pro Sekunde, mehr als so und so viele Sekunden Wartezeit auf eine Sperre oder eben »Prozentsatz des verwendeten Protokolls« größer als so und so viel Prozent. Lassen Sie sich ruhig die Werte mal im Betrieb vom Performance Monitor anzeigen und entscheiden Sie dann selbst, wie der Schwellwert gesetzt werden soll.

WMI-Ereigniswarnungen

Die vorher besprochenen Quellen für eine SQL Server-Warnung sind doch sehr SQL-spezifisch, die SQL Server-Fehlermeldungen sowieso, aber auch die spezifischen Performance Monitor Counter des SQL Servers. Oft will man aber auch gerade Dinge überwachen, die sich im Betriebssystem abspielen und die der SQL Server für seine Gesundheit braucht: genügend freien Platz auf allen Festplatten, den OK-Status einer bestimmten Netzwerkverbindung, die Tatsache, dass der Dienst einer Middleware läuft und vieles mehr. Und auch auf diese Bedingungen kann man ebenfalls eine Warnung definieren, wenn nur der zu überwachende Wert über die *Windows Management Instrumentation* (WMI) ausgelesen werden kann. WMI ist eine Komponente des Betriebssystems, die seit Windows 2000 bereits automatisch installiert ist, und mit deren Hilfe der Administrator über eine standardisierte Zugriffssyntax so ziemlich alle Aspekte des Betriebssystems auslesen kann. Der SQL Server Agent akzeptiert WMI-Abfragen in einem SQL-Dialekt, der *Windows Management Instrumentation Query Language* (WQL). In erster Linie überwacht er natürlich wieder WMI-Ereignisse des SQL Servers, aber man kann sich auch über fast alle Aspekte des Betriebssystems mit der passenden WQL-Abfrage einen WMI-Event schicken lassen, wenn sich die Festplatte füllt, Prozesse beendet oder erzeugt werden, Einträge ins Protokoll gemacht werden und so weiter. Damit hat der SQL Server jetzt auch sein Betriebssystem im Auge!

HINWEIS   Leider ist die Syntax der WQL-Abfragen auf WMI-Events nicht so ganz einfach. Die wohl vollständigste Dokumentation über WMI, die man online erhalten kann, befindet sich im MSDN und zwar unter *Platform SDK: Windows Management Instrumentation*.

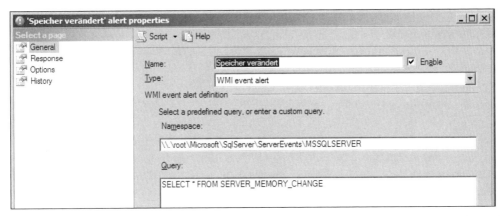

Abbildung 2.22 Eine auf WMI-Events basierende Warnung, wenn die Speicherkonfiguration des SQL Servers geändert wird

Wenn aber nun eine vordefinierte Warnung eintrifft, was ist die Antwort des SQL Agenten? Zunächst einmal sendet er ein Netzwerk-Popup oder sogar eine E-Mail, wie im nächsten Abschnitt beschrieben. Dann aber kann er als direkte Reaktion auf die Warnung auch einen beliebigen anderen Auftrag starten. Dieser Auftrag sollte nun irgendein Verfahren enthalten, wie mit dem Fehler umzugehen sein soll (wie zum Beispiel bei Füllstand des Transaktionsprotokolls von über 90% ein BACKUP LOG starten). Ist für alle kritischen Zustände eine Antwort definiert, dann verwaltet der Server sich wirklich ein Stück weit selbst.

Database Mail

Ihr SQL Server spricht zu Ihnen, er kann sich äußern, er kann zumindest eines: Eine E-Mail senden. Das kann er auch schon ziemlich lange, unter dem Namen »SQL Mail«. Vor allem wird dies benutzt, um Operatoren über Warnungen auf dem SQL Server auf dem Laufenden zu halten, wie im vorigen Abschnitt beschrieben. Genauso faszinierend kann es aber sein, per SQL selbst aus der Datenbank Mails zu versenden, zum Beispiel mit den Ergebnissen einer Abfrage als Anhang. Und das ging bei SQL Server 2000 mit der erweiterten Systemprozedur xp_sendmail. Allerdings hatte dieses Verfahren einen gewaltigen Nachteil: Es funktioniert nur, wenn man einen Microsoft Exchange-Server zur Hand hat, der in derselben (oder einer vertrauten) Domäne steht wie der SQL Server. Den Erfolg von Exchange wollen wir nicht abstreiten, aber es gibt doch allemal eine ganze Reihe von SQL-Installationen, wo ich nicht extra für SQL Mail einen eigenen E-Mail-Server installieren will! Und außerdem musste, weil SQL Mail ein *Extended MAPI*-Client ist, zum Funktionieren des Ganzen auf dem Server Microsoft Outlook oder ähnliches installiert werden, was manchem Administrator des Guten etwas zuviel war.

Aus diesen Gründen wurde in der Datenbankgemeinde beim SQL Server 2005 eines enthusiastisch begrüßt (die Autoren erinnern sich an spontanen Zwischenapplaus bei ersten Präsentationen in Redmond): SQL Mail ist tot, es lebe Datenbank-E-Mail (*Database Mail*)! Datenbank-E-Mail ist die Möglichkeit, ganz einfach Nachrichten über SMTP (Simple Mail Transfer Protocol) zu versenden, ohne Outlook, ohne Exchange! Der SQL Server 2008 unterstützt noch beide Systeme parallel, aber nur um abwärtskompatibel zu sein: die Zukunft gehört der Datenbank-E-Mail.

Und diese Datenbank-E-Mail ist nun schon ein ganz properes Kind geworden, mit ein paar sehr interessanten Fähigkeiten. Sie ist nicht nur voll clusterfähig (anders als SQL Mail), sondern beherrscht auch Failoverkonten, also verschiedene SMTP-Server, bei denen nacheinander versucht wird, Post abzuschicken, bis einer von ihnen funktioniert hat. Es ist auch möglich, grundsätzlich verschiedene Mail-Profile anzulegen und beim Absenden einer Nachricht auszuwählen, über welches Profil sie gesendet wird. Außerdem kann man die Größe eines Anhangs begrenzen, und auch den Typ von Dateien, die die Datenbank-E-Mail überhaupt anhängen darf.

Grundsätzlich ist Datenbank-E-Mail nicht »eingeschaltet« – wer es nutzen will, muss dies nachträglich tun, wofür es – natürlich – einen Assistenten gibt. Dieser Assistent legt in der msdb-Datenbank die Systemtabellen an, die das Postwesen verwalten: sysmail_account, sysmail_log, sysmail_mailitems und viele mehr. Dann muss man noch mindestens ein Mail-Konto anlegen und ein Profil, was mindestens dieses Konto (und optional noch mehrere Failoverkonten) verwendet, und schon kann man mit der gespeicherten Prozedur sp_send_dbmail Briefe versenden.

Möchte man, dass auch der SQL Server Agent das einmal konfigurierte Datenbank-E-Mail-System verwendet, muss man ihm dies noch auf seinem Eigenschaftsfenster im Management Studio mitteilen. Übrigens können auf dem SQL Server 2008 durchaus noch beide Mail-Systeme parallel laufen, aber auf dem SQL Server Express keines von beiden – er unterstützt weder SQL Mail noch Datenbank-E-Mail.

Kapitel 3

Mehr als schöne Worte – Transact-SQL-Erweiterungen

In diesem Kapitel:

MERGE-Statement	126
Output-Klausel	128
Row Constructor	129
Grouping Sets	130
Neue Datentypen	131
Deklaration und Initialisierung einer Variablen	137
Neues Inkrement und Dekrement	137
Tabelle als Parameter	137
Transparent Data Encryption	138
Komprimierung	139
DDL-Trigger	142
ALTER DATABASE SET COMPATIBILITY_LEVEL	144
LOCK_ESCALATION	145
FORCESEEK und INDEX-Hinweise für Ad-Hoc Abfragen und Abfragepläne	145
Nicht mehr verfügbare Features	148

StarBack will die Leistungsfähigkeit eines neuen Datenbank-Management-Systems beurteilen können. Zu so einer Beurteilung tragen selbstverständlich eine ganze Anzahl von Argumenten und Aspekten bei, wie StarBack sie auch im Weiteren sichten will.

Ein gravierender Bereich ist aber natürlich die Implementierung der Sprache selbst. Wenn man von einem »SQL Server« spricht, dann müssen die Möglichkeiten der SQL Syntax, die dieser Server zur Verfügung stellt, eine entscheidende Rolle spielen.

Dabei sind zwei Aspekte von besonderem Interesse. Zum einen ist es die Vollständigkeit mit der die vorhandenen SQL ANSI Spezifikationen erfüllt werden. Da bei StarBack auch Daten aus Alt- und Fremdsystemen übernommen werden müssen – und teilweise sind dies sogar Programmteile, die schon in SQL realisiert wurden –wird der Erfolg einer solchen Migration oder Einbindung der Daten auch von der Kompatibilität mit ANSI SQL abhängen.

Zum anderen aber ist die Leistungsfähigkeit und die Entwicklung der SQL Syntax ein wichtiges Kriterium. Nicht immer wird in neuen Entwicklungen allein mit ANSI-SQL eine Umsetzung bestimmter Aufgaben zu realisieren sein. Wenn es sinnvolle Erweiterungen gibt, die Probleme im Umgang mit SQL lösen, dann sollte man diese sichten.

Da StarBack sich vor Jahren schon einmal mit dem SQL Server 2000 beschäftigt hat und die Neuerungen im SQL Server 2005 und SQL Server 2008 von Interesse sind, möchte die Firma einen kurzen Überblick über die wichtigsten Neuerungen in Transact SQL, so der Name des vom Microsoft SQL Server benutzten SQL Dialektes, bekommen.

MERGE-Statement

Das Merge-Statement ist vor allem in Ladeprozessen großer Datawarehouse-Szenarien interessant. Es wird gerne auch als Upsert bezeichnet, was wir persönlich deutlich lustiger finden, und bezeichnet den Vorgang, einen Datensatz bei Vorhandensein zu aktualisieren (Update), oder ihn bei Nichtvorhandensein einzufügen (Insert). Natürlich waren solche Anweisungen auch in bisherigen SQL Server-Versionen zu kodieren, zum einen aber ist das neue Statement, vor allem mit der seit dem SQL Server 2005 eingeführten Output-Klausel, deutlich leistungsfähiger, zum anderen erhöht es die Kompatibilität des SQL Servers mit Sprachausprägungen anderer Hersteller.

```
MERGE INTO dbo.Quantities Q
USING dbo.Transactions T ON T.ProductID = Q.ProductID
WHEN MATCHED
     THEN UPDATE SET Q.Quantity = Q.Quantity + T.Quantity
WHEN NOT MATCHED
     THEN INSERT (ProductID, Quantity) VALUES (T.ProductID, T.Quantity);
```

Listing 3.1 Beispiel eines Merge-Befehls

Nach MERGE INTO folge die USING Klausel, in der die benutze Referenz-Tabelle und die Beziehung zur Ziel-Tabelle definiert wird, die der JOIN Syntax entspricht. WHEN MATCH definiert dann die Aktion, wenn entsprechende Datensätze gefunden werden, WHEN NOT MATCH die Aktion wenn es im Ziel keine entsprechenden Datensätze gibt.

Die Möglichkeit, die Syntax für *Upsert*-Szenarien zu benutzen, ist nur eine von vielen. Im Grunde definiert MERGE nur die grundlegenden Beziehungen und die Aktionen im Übereinstimmungs- bzw. Nicht-Übereinstimmungs-Fall. Daher wird auch folgendes Skript im SQL Server 2008 problemlos ausgeführt:

```
MERGE INTO demo.LaenderKatalog
   USING demo.LaenderKatalogBoeseLaender
     ON (LaenderKatalog.LandID = LaenderKatalogBoeseLaender.LandID)
   WHEN MATCHED THEN
     DELETE;
```

Merge stellt sogar noch eine dritte Möglichkeit bereit:

```
WHEN SOURCE NOT MATCHED THEN
   DELETE;
```

WHEN SOURCE NOT MATCHED meint dann eben, dass die Datensätze in der Quelltabelle keine Entsprechung hatten (also in der Referenztabelle andere Datensätze vorhanden waren).

Eine sehr interessante Möglichkeit ist die Benutzung des OUTPUT Kommandos in Zusammenhang mit MERGE, das im SQL Server 2005 eingeführt wurde.

```
MERGE ARTIKEL_Katalog AK /* Ziel-Tabelle */
USING ARTIKEL_Verkauf AV /* Referenz-Tabelle */
   ON AK.ARTIKEL_NAME = AV.ARTIKEL_NAME
WHEN MATCHED AND (Anzahl – Verkauf_Anzahl = 0) THEN
   DELETE
WHEN MATCHED THEN
   /* Wenn noch Restbestände, dann entsprechend aktualisieren */
   UPDATE SET Anzahl = Anzahl - Verkauf_Anzahl
WHEN NOT MATCHED THEN
   /* Dies ist wohl ein neuer Artikel */
   INSERT VALUES (ARTIKEL_NAME, VERKAUF_ANZAHL)
   /* Ausgabe der gemachten Änderungen */
OUTPUT $action, inserted.ARTIKEL_NAME, inserted.Anzahl, deleted.ARTIKEL_NAME, deleted.Anzahl;
```

HINWEIS   Achten Sie darauf, dass MERGE mit einem Semikolon (;) abgeschlossen werden **muss**. Während einige Befehle im SQL Server 2008 dies verpflichtend erwarten, haben Sie wahrscheinlich schon bemerkt, dass andere Anweisungen, beispielsweise das SELECT–Statement, auch ohne Semikolon am Ende brav ihren Dienst tun.

Das Semikolon entspricht dem ANSI-Standard als Befehlstrenn- bzw. -abschluss-Zeichen. Am einfachsten ist es, sich das Semikolon am Befehlsende einfach anzugewöhnen – in Zukunft werden eher mehr als weniger Befehle dies erwarten.

Das Beispiel macht zudem noch auf eine weitere Möglichkeit aufmerksam. WHEN MATCHED und WHEN NOT MATCHED kann mehrfach vorkommen. Das heißt, dass Sie in einer Anweisung mehrere Fälle bearbeiten können. Im obigen Listing wird beispielsweise ein Datensatz eines Artikels, der nach dem Update keinen Bestand an Ware mehr hat (Anzahl-Verkauf_Anzahl=0) einfach gelöscht, bei anderen einfach der Bestand korrigiert.

Hinweisen muss man zudem auf die besondere Spalte $Action. Hier wird automatisiert die ausgeführte Aktion notiert.

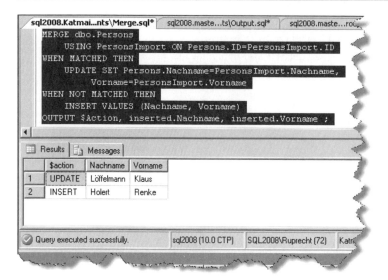

Abbildung 3.1   Die gewählte Aktion kann mit der verfügbaren Spalte $Action abgefragt werden

Output-Klausel

Obwohl schon im SQL Server 2005 eingeführt, soll das Kommando hier kurz vorgestellt werden. Zum einen ist es erschreckend unbekannt. Auch die Autoren schämen sich nicht, oder nur ein kleines bisschen, zuzugeben, dass sie erst während der Arbeit mit dem SQL Server 2005 darüber gestolpert sind und dann vor lauter Begeisterung erst einmal einen Blog-Eintrag verfassten.

http://blogs.sqlserverfaq.de/Lists/Beitraege/Post.aspx?ID=41

Das Kommando ist vielfältig einsetzbar und macht es generell möglich, in sogenannten Aktionsabfragen, also Abfragen, die eigentlich keine Datensätze zurückgeben, Ausgaben zu erstellen.

Ein einfaches Beispiel:

```
CREATE TABLE Persons
    (ID int identity primary key
    ,Nachname nvarchar(80)
    , Vorname nvarchar(80))

INSERT INTO Persons
    OUTPUT inserted.ID
VALUES
    ('Raatz','Markus'),
    ('Dröge','Ruprecht')
```

Als Ausgabe bzw. Resultset erscheint wie erwartet die ID der neu eingefügten Datensätze, die vom Identitätswert vergeben wurden.

TIPP Daher ist OUTPUT auch die Methode der Wahl, um die automatisch vergebenen Identitätswerte einer Tabelle zu lesen. Vermeiden Sie auf jeden Fall die Benutzung von @@identity. Die globale Variable gibt immer nur den letzten eingefügten Identitätswert zurück. Laufen auf Ihrer Tabelle noch Trigger, wünschen wir Ihnen angenehme Stunden bei Suche nach dem Fehler, warum Sie immer so seltsame Identitätswerte zurückgeliefert bekommen. Wenn Sie OUTPUT nicht verwenden wollen, benutzen Sie auf jeden Fall ident_current('Persons'), eine Funktion, die den letzten Identitätswert der angegebenen Tabelle liefert.

Besonders auffällig ist die Notation mit dem Präfix *inserted* bzw. *deleted*. Genau wie in einem Trigger stellt OUTPUT neue Werte (also bei einem INSERT oder UPDATE) in der Tabelle *inserted* und bisherige oder gelöschte Werte in der Tabelle *deleted* bereit.

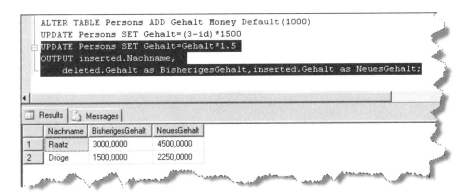

Abbildung 3.2   Da wollen wir es uns mal gut gehen lassen. Wenn doch mehr Geld immer mit einem UPDATE zu holen wäre!

Row Constructor

Unter diesem Begriff versteht man die neue Syntax des SQL Servers 2008, in einem Insert-Statement mehrere Einfügungen auszuführen; zu deutsch etwa Zeilenkonstruktor.

```
CREATE TABLE tblCountries
(id int, country varchar(50));
Go
INSERT INTO tblCountries (id,country)
Values
(1,'Frankreich'),
(2,'Deutschland'),
(3,'Großbritannien'),
(4,'Italien') ;
SELECT ID, Country FROM tblCountries;
```

Listing 3.2   In einem Insert-Statement können mehrere Einfüge-Operationen ausgeführt werden.

Grouping Sets

Der SQL Server 2008 bietet einen neuen Ausdruck, der es möglich macht, mehrere Gruppierungsebenen in einer Anweisung zu formulieren. Diese mehrfachen Gruppierungen werden dann *Grouping Sets* (etwa Gruppierungssätze) genannt.

Das Ergebnis ist am besten in einem Beispiel zu verdeutlichen:

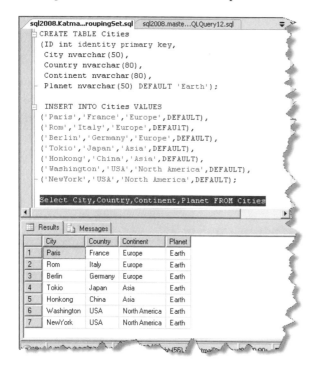

Abbildung 3.3 Eine Tabelle, die Städtedaten speichert

Danach kann folgende Abfrage ausgeführt werden:

```
SELECT Planet, Continent, Country, CountCities=Count(*)
FROM Cities
GROUP BY GROUPING SETS (Planet, Continent, Country)
```

	Planet	Continent	Country	CountCities
1	NULL	NULL	China	1
2	NULL	NULL	France	1
3	NULL	NULL	Germany	1
4	NULL	NULL	Italy	1
5	NULL	NULL	Japan	1
6	NULL	NULL	USA	2
7	NULL	Asia	NULL	2
8	NULL	Europe	NULL	3
9	NULL	North America	NULL	2
10	Earth	NULL	NULL	7

Abbildung 3.4 Die Abfrage wird auf drei Ebenen gruppiert

Die Online-Hilfe weist ausdrücklich darauf hin, dass ähnliche oder identische Ergebnisse auch mit den in früheren Versionen des SQL Servers enthaltenen Erweiterungen ROLLUP oder CUBE erreicht werden können. Diese Microsoft-spezifischen Erweiterungen sind aber abgekündigt. Man sollte sie also nicht mehr benutzen. Grouping Sets entsprechen der ISO Festlegung.

Zudem wurde eine neue Funktion GROUPING_ID(Spaltenliste) eingeführt, die bessere Informationen über die Gruppierungsebene liefert. Es handelt sich bei der Rückgabe um ein Bitfeld.

Angenommen, man führt folgendes SQL Statement aus:

```
SELECT a, b, c, SUM(d), GROUPING_ID(a,b,c) FROM T GROUP BY <Gruppierungliste>.
```

Dann erhält man je nach gruppiertem Wert folgende Ausgabe:

Gruppiert wird	GROUPING_ID (a, b, c) = GROUPING(a) + GROUPING(b) + GROUPING(c)	GROUPING_ID () Ausgabe
a	100	4
b	010	2
c	001	1
ab	110	6
ac	101	5
bc	011	3
abc	111	7

Neue Datentypen

Im SQL Server 2008 werden eine ganze Reihe neue Datentypen eingeführt. Die Wichtigsten und ihre Benutzung soll im Weiteren vorgestellt werden.

Datums- und Zeitdatentypen

In diesem Bereich wurde besonders viel unternommen. Nach langem Warten kann sich nun jeder Programmierer auf die getrennten Datentypen date und time freuen. Für alle die, die bislang noch nicht mit dem SQL Server in einer vorherigen Version gearbeitet haben, sei gesagt, dass es bislang nur den Datentyp datetime gab, der beide Informationen speicherte. Dies machte Abfragen nach einem Datum wenig intuitiv und reine Zeitangaben wenig sinnvoll, deshalb gab es hier wohl den einhelligen Wunsch der Anwender nach einer Trennung. Wollte man bislang mit datetime alle Umsätze vom 21.2.2008 haben, musste man schreiben:

```
SELECT * FROM Umsatz WHERE Datum>='21.02.2008' and Datum<'22.02.2008'
```

Listing 3.3 Datumsabfrage mit dem bislang vorhandenen Datentyp datetime

Weil eben alle Zeitwerte von 00:00 Uhr bis 23:59 Uhr mit beliebigen Sekundenwerten zwischen den Datumsangaben liegen. Mit dem neuen Datentyp date ist es nur entsprechend einfacher.

```
SELECT * FROM Umsatz WHERE Datum='21.02.2008'
```

Listing 3.4   Datumsabfrage mit dem neuen Datentyp date

Genau so ist es dann beim Datentyp `time`, der allein Uhrzeiten ohne Datumsinformationen ablegt.

Zudem ist noch ein neuer Datetyp `datetime2(7)` dazugekommen. Dieser macht es möglich, sehr viel genauer Datums- und Zeitangaben abzulegen. Mit der Zahl in der Klammer kann der Benutzer zudem die Genauigkeit steuern, Werte von 0–7 sind hier möglich. Bei 7 kann man bis zu 100 Nanosekunden genau ablegen und dies bis zum 31.12.9999. Es sicher kein Geheimnis, wenn man sagt, dass es diesen Datentyp auch deshalb gibt, weil Systeme anderer Hersteller Datums- und Zeitwerte so ablegen und daher eine Migration (natürlich **hin** zum SQL Server 2008) deutlich vereinfacht wird.

Mit dem SQL Server 2008 wird es zudem den Datentyp `Datetimeoffset(7)` geben, der die Abbildung von Zeitzonen ermöglicht. Seine Genauigkeit entspricht `datetime2`, alle Abweichungen werden als Offset der UTC-Zeit[1] notiert; mögliche Werte sind +14 bis –14 Stunden.

```
select CAST('2007-12-29 12:06:29.1234567 +01:00' AS datetimeoffset(7)) AS 'datetimeoffset'
```

Listing 3.5   Die Übergabe eines datetimeoffset aus einem String

Vereinfachtes Verschieben von Partitionen in partitionierten Tabellen

Da die partitionierten Tabellen im Unternehmensumfeld eine erhebliche Vereinfachung und Verbesserung gegenüber den recht aufwendig zu erstellenden und zu wartenden partitionierten Sichten waren, sind im Umfeld von größeren SQL Server Installationen inzwischen recht verbreitet.

Neu in SQL Server 2008   Leider stehen die partitionierten Tabellen nur in der Enterprise Version zur Verfügung. Dies war auf jeden Fall beim SQL Server 2005 der Fall und wird mit großer Wahrscheinlichkeit auch im SQL Server 2008 so sein. Wir haben jedoch bemerkt, dass partitionierte Sichten auch in der Standard Edition wie erwartet ausgeführt wurden (d.h. wurde mit dem Partitionierungs-Schlüssel abgefragt, wurden auch nur die Tabellen wie Partitionen gelesen, die die Daten enthalten konnten). Daher wird dieses Feature noch einmal besonders interessant, wenn Sie große Tabellen effektiv abfragen wollen und keine Enterprise Version besitzen.

Durch die große Verbreitung entdeckten die Kunden eben auch Verbesserungsmöglichkeiten. So ist das Erstellen einer solchen Tabelle – wie es auch später in unserem Buch in Kapitel 9 besprochen wird – nach einer kurzen Einarbeitungszeit recht einfach und unkritisch, die Administration im Laufe des Betriebes aber manchmal etwas sperrig. Daher wurde eine Option in der Syntax im `ALTER TABLE` Statement ergänzt, die es möglich macht, eine Partition recht komfortabel zu verschieben.

```
ALTER TABLE MeinePartitionierteTabelle SWITCH PARTITION 2 TO NeueTable
```

Natürlich gibt es dabei eine ganze Menge von Voraussetzungen zu beachten.

---

[1]   Koordinierte Weltzeit, die Bedeutung der Abkürzung ist strittig.

Geodatentypen

Microsoft hat im SQL Server 2008 zwei neue Geodatentypen (unter dem Stichwort *Spatial Data* finden Sie die Hinweise in den englischen Veröffentlichungen) implementiert: Geometry und Geography.

Der Datentyp Geography speichert ellipsoide Erddaten, wie z.B. GPS Latitude und Longitude Koordinaten (also Breitengrade und Längengrade). Der Geometry-Datentyp unterstützt die sogenannten Simple Features der SQL Specification Version 1.1.0. des Open Geospatial Consortium (OGC). Eine genaue Beschreibung finden Sie hier: *http://www.opengeospatial.org/standards/sfs.*

Beide Datentypen sind als .NET Datentypen implementiert. Nachdem der SQL Server 2005 lange Zeit – auch von Microsoft – sehr stark mit der Integration des .NET Frameworks und den damit verbundenen Möglichkeit, auch benutzerdefinierte Datentypen in .NET zu erstellen, beworben wurde, ist es um diese Möglichkeiten merkwürdig ruhig geworden.

Wir waren immer der Meinung, dass man .NET im SQL Server sicherlich behutsam und nur dann einsetzen sollte, wenn andere Möglichkeiten nicht greifen, dass aber durch .NET im Server auch großartige Lösungen entstehen können. Insofern freut es uns, dass Microsoft mit der Implementierung der Geo-Daten als .NET Datentypen einmal exemplarisch vorführt, welche Leistungsfähigkeit in diesen Implementierungen steckt.

Zudem wurde im SQL Server 2008 eine weitere Beschränkung der .NET Datentypen aufgehoben. Eine Datenseite ist im SQL Server 2008 (immer noch) 8KB groß. Daher ist es (zunächst) nicht möglich, eine Datenzeile einer Tabelle zu definieren, die länger ist als 8.000 Bytes und ein paar zerquetschte. Die Definition einer Tabelle mit CREATE TABLE (Line varchar(9000)) schlägt daher fehl. Mit dem SQL Server 2005 wurde die Möglichkeit eingeführt, dennoch größere Datenmengen abzulegen. Mit dem eigenen Datentyp varchar(max) (oder auch varbinary(max)) kann man daher Daten bis 2GB ablegen. Dies gilt nun im SQL Server 2008 endlich auch für die mit .NET benutzerdefinierten Datentypen.

Da .NET Datentypen als Klassen entwickelt werden und die dann erstellten Assemblies in den SQL Server eingestellt werden, ist nicht nur der Status eines daraus erstellten Objektes verfügbar, sondern auch die implementierten Methoden und Eigenschaften. Im Folgenden sehen Sie daher ein interessantes Beispiel aus der mitgelieferten Dokumentation.

```
IF OBJECT_ID ( 'dbo.SpatialTable', 'U' ) IS NOT NULL
    DROP TABLE dbo.SpatialTable;
GO

CREATE TABLE SpatialTable
    ( id int IDENTITY (1,1),
    GeomCol1 geometry,
    GeomCol2 AS GeomCol1.STAsText() );
GO

INSERT INTO SpatialTable (GeomCol1)
VALUES (geometry::STGeomFromText('LINESTRING (100 100, 20 180, 180 180)', 0));
```

```
INSERT INTO SpatialTable (GeomCol1);
VALUES (geometry::STGeomFromText('POLYGON ((0 0, 150 0, 150 150, 0 150, 0 0))', 0));
GO
```

Listing 3.6   Ein Beispiel für den geometry Datentyp

Die erste Spalte GeomCol1 ist vom Typ geometry, die zweite Spalte GeomCol2 ist eine berechnete Spalte – auch dies eine Möglichkeit des SQL Servers seit einigen Versionen – die im vorliegenden Fall STAsText, mit anderen Worten die Darstellung des Datentyps in Textform, an der ersten Spalte aufruft.

Dann werden zwei Datensätze eingefügt, auch dort wird ein Methodenaufruf verwendet. Die statische Methode STGeomFromText wird am Typ geometry aufgerufen. So können die Informationen in Textform (und daher für den Anwender etwas einfacher zu lesen) übergeben werden.

Besonders spannend sind aber nun besondere Abfragen auf solchen .NET Datentypen, die eben alle mitgelieferten Methoden aufrufen können. Im folgenden Beispiel geht es um die Schnittmenge der geometrischen Flächen.

```
DECLARE @geom1 geometry;
DECLARE @geom2 geometry;

SELECT @geom1 = GeomCol1 FROM SpatialTable WHERE id = 1;
SELECT @geom2 = GeomCol1 FROM SpatialTable WHERE id = 2;
DECLARE @result geometry = @geom1.STIntersection(@geom2);
SELECT @result.STAsText();
```

Listing 3.7   Abfragen auf den Datentyp geometry, der die Schnittmenge berechnet

Interessant ist hier der Methodenaufruf, der die Schnittmenge berechnet und in der Variablen result speichert. Declare @result geometry = @geom1.STIntersection(@geom2);.

Wir haben zudem das Beispiel etwas geändert, um Ihnen ein neues Feature im SQL Server 2008 vorzuführen: Deklaration und Initialisierung einer Variablen in einer Zeile.

Zusätzlich besteht die Möglichkeit auf Spalten, die geometrische Informationen enthalten, einen Index zu setzen. In der Online-Hilfe des SQL Servers finden Sie ausführliche Informationen. Hier daher nur ein Beispiel für den Datentyp geometry:

```
CREATE SPATIAL INDEX SIndx_SpatialTable_geometry_col2
   ON SpatialTable(geometry_spalte)
   USING GEOMETRY_GRID
   WITH (
   BOUNDING_BOX = ( xmin=0, ymin=0, xmax=500, ymax=200 ),
   GRIDS = (LOW, LOW, MEDIUM, HIGH),
   CELLS_PER_OBJECT = 64,
   PAD_INDEX  = ON );
```

Hierarchische IDs

Der SQL Server 2008 stellt einen neuen Datentyp `HierarchyId` bereit. Dieser ermöglicht die vereinfachte Abbildung hierarchischer Strukturen, wie sie beispielsweise Organisationsstrukturen darstellen. Auch dieser Datentyp ist als .NET Datentyp implementiert und stellt daher Methoden und Eigenschaften bereit.

So stehen Methoden bereit, alle Kinder einer bestimmten Ebene, immer die Mutter etc. ausgeben zu lassen. Im Folgenden sehen Sie einen Code-Ausschnitt, der ein `SELECT`-Statement auf einer Tabelle mit `HierachyID` zeigt, im Beispiel hier ID.

```
SELECT  EmployeeID, HierID, HierID.ToString(), HierID.GetLevel(), LastName, FirstName
    FROM EmployeeHierarchical
    WHERE HierID.GetAncestor(1) = @Manager
```

Listing 3.8 Die Benutzung der hierarchischen IDs

Dazu nun einige Anmerkungen. Das folgende Listing zeigt die einzelnen Schritte, um eine Tabelle mit einer hierarchischen ID anzulegen und dann auch zu füllen. Da hier ein eigener Typ neu erstellt wurde, muss es irgendwie möglich sein, Werte einzufügen.

HINWEIS   Im SQL Server 2008 existiert nur eine Syntax zur Übermittlung von Zahlenwerten (man notiert einfach den gewünschten Wert mit dem Punkt als Dezimaltrennzeichen, z. B. `SET Gehalt=1235.66`) und Zeichenketten (man notiert in einfachen Anführungsstrichen wie in `VALUES 'Löffelmann'`). Alle anderen Datentypen werden über Zeichenketten angegeben und dann in das gewünschte Format explizit oder implizit überführt. Dazu muss der Wert den Vorgaben entsprechen, also *geparst* werden können. Ein Datum wird etwa mit `SET Datum='1.1.2008'` zugewiesen oder explizit konvertiert wie in `SET Datum=CAST('19.2.2008' as Date)`.

Gerade bei Datumswerten ist dies immer Quelle großer Freude, da etwa die vorherigen Codeausschnitte vielleicht auf einem deutschen SQL Server das erwartete Ergebnis liefern, sonst gerne auch einen Fehler.

Das kann man umgehen, indem man das mächtigere `CONVERT` benutzt, dass länderspezifische Parameter kennt. Im folgenden Beispiel codiert die 104 ein deutsches Format.

```
declare @dat date
SET @dat=CONVERT(datetime,'19.2.2008',104)
select @dat
```

Es existiert eine Festlegung, wie im SQL Server 2008 solche hierarchischen Werte übergeben werden.

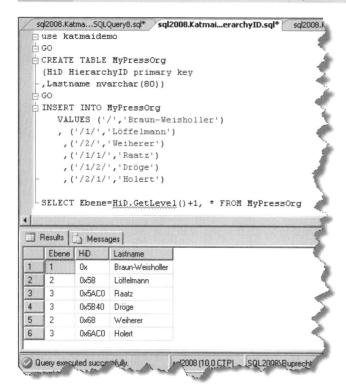

Abbildung 3.5 Die Synatx für die Übergabe einer HierarchyID

Würde man beispielsweise zwischen Herrn Löffelmann und Herrn Weiherer eine weitere Person in das Diagramm einfügen wollen, könnte man schreiben:

```
INSERT INTO MyPressOrg VALUES ('/1.5/','Greitlektohr')
```

Die Angaben müssen aber den Vorgaben entsprechen, sonst erhält man einen entsprechenden Fehler:

```
INSERT INTO MyPressOrg
    VALUES ('1.2.5','Nosuksess')
```

```
Messages
sql2008(SQL2008\Ruprecht): Msg 6522, Level 16, State 2, Line 1
A .NET Framework error occurred during execution of user defined routine or aggregate 'hierarchyid':
Microsoft.SqlServer.Types.HierarchyIdException: 24001: SqlHierarchyId.Parse failed
because the input string '1.2.5' is not a valid string representation of a SqlHierarchyId node.
Microsoft.SqlServer.Types.HierarchyIdException:
   at Microsoft.SqlServer.Types.SqlHierarchyId.Parse(SqlString input)
```

Die ID wird, wie man im Listing weiter oben sieht, intern in einem binären Format gespeichert. Möchte man die originale Zeichenkette wieder auslesen, kann eine Spalte oder Variable vom Typ HierarchyId mit der Methode ToString() wieder in einen nvarchar(4000) Typ konvertiert werden.

Darüber hinaus werden folgende Methoden unterstützt

- `GetAncestor`, ermittelt verschiedene Vorfahren, also die darüberliegende Ebene.

- `GetDescendant`, ermittelt je nach Syntax ein Kind, einen Nachfahren der aktuellen Ebene, also der darunterliegenden Ebene.

- `GetLevel`, gibt die Nummer der Ebene beginnend bei 0 aus.

- `GetRoot`, gibt immer die am höchsten stehende Ebene aus. Dies ist eine statische Methode, die am Type aufgerufen wird `Hierarchyid::GetRoot()`.

- `IsDescendant`, ermittelt, ob jemand ein Nachfahre der übergebenen ID ist.

- `Parse`, konvertiert den übergebenen String in eine `HierarchyId`:
  `SET @Manager = HierarchyId::Parse('/')`.

- `Reparent`, dort kann ein potentieller bisheriger und möglicher neuer übergeordneter Knoten angegeben werden, die Funktion ermöglicht also das »Umhängen« von Strukturen in einem hierarchischen Baum.

- `ToString`, konvertiert eine `HierarchyID` in die ursprüngliche Zeichenfolge.

- `Read` und `Write`, konvertiert eine `HierarchyID` in oder aus einem `varbinary`-Wert.

HINWEIS   Beachten Sie, dass alle Methoden mit Klammern aufgerufen werden *müssen*, auch wenn Sie keine Parameter erwarten wie `ToString()`. Statische Methoden können nicht an einer Spalte oder Variable vom Typ `HierarchyId`, sondern nur am Typ aufgerufen werden wie bei `HierarchyId::Parse('/')`.

Deklaration und Initialisierung einer Variablen

Auch wenn es eine Kleinigkeit sein mag, soll es hier in der Liste der Neuerungen nicht fehlen, da es, auch wenn es nur einige Zeilen Tipparbeit einspart, den Komfort weiter erhöht. Im SQL Server 2008 ist es möglich, eine Variable, z. B. in einer gespeicherten Prozedur oder einem Batch mit einer Zeile zu deklarieren und zu initialisieren.

```
declare @int2 int=2;
```

Neues Inkrement und Dekrement

Auch eine neue Syntax für Inkrement und Dekrement wurde analog zu den .NET- und anderen modernen Sprachen eingeführt:

```
set @int2+=1; -- entspricht set @int2=@int2+1;
set @int2-=2; -- entspricht set @int2=@int2-2;
```

Tabelle als Parameter

Es war bislang sehr schwierig, viele Werte an eine gespeicherte Prozedur oder einen Batch zu übergeben. Besonders dann, wenn es sich bei diesen Werten im Grunde nicht nur um eine Reihe von Parametern, sondern um eine Tabelle handelte. Oftmals wurden daher in Vorgängerversionen des SQL Servers 2008 lange Zeichenketten an eine gespeicherte Prozedur übergeben, deren Spalteninformationen durch bei-spielsweise ein Semikolon, und deren »Zeilen« durch ein Sonderzeichen wie ASCII-Code 13 getrennt waren. Innerhalb der gespeicherten Prozedur wurde diese lange Zeichenkette dann wieder in eine Tabellenstruktur überführt, z. B. durch das Einfügen in eine temporäre Tabelle.

Im SQL Server 2008 ist es nun endlich möglich, eine Tabelle als Parameter zu übergeben.

Dazu muss zunächst ein Datentyp vom Typ Tabelle deklariert werden. Dieser kann dann als Parameter genutzt werden.

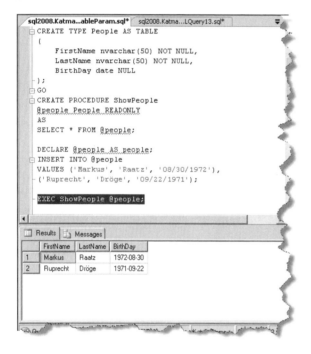

Abbildung 3.6   Auch wenn wir nicht so jung sind, fühlen wir uns doch (oft) so

Transparent Data Encryption

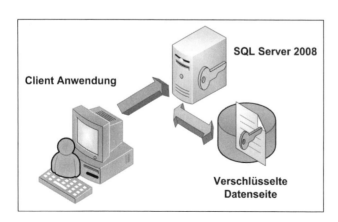

Abbildung 3.7   Die Verschlüsselung ist völlig transparent für die Anwendung

Der SQL Server 2008 macht Verschlüsselung auf Ebene der gesamten Datenbank möglich, der Daten- und Transaktionsprotokoll-Dateien, und zwar ohne Änderungen an bestehenden Anwendungen.

Diese Option erweitert die Möglichkeiten des SQL Servers 2005 Daten zu verschlüsseln.

```
USE master
GO
CREATE MASTER KEY ENCRYPTION BY PASSWORD = '!@#$23@grtfeWa'
GO
CREATE CERTIFICATE ServerCert WITH SUBJECT = 'Dröge/Raatz'
GO
USE KatmaiDemo
GO
CREATE DATABASE ENCRYPTION KEY
WITH ALGORITHM = AES_128
ENCRYPTION BY SERVER CERTIFICATE ServerCert
GO
ALTER DATABASE KatmaiDemo
SET ENCRYPTION ON
GO
```

Listing 3.9   Das Einschalten der Verschlüsselung auf Ebene der Datenbank

Die SQL Server Produktgruppe hat uns darauf hingewiesen, dass dabei die Datenseiten allein auf der Platte verschlüsselt werden. Beim Lesen werden diese in den Speicher entschlüsselt. Es ist in einem solchen Szenario natürlich besonders wichtig, die Schlüssel zu sichern, da sonst die Datenbanken im schlimmsten Fall des Zusammenbruchs des Servers nicht wieder hergestellt werden können.

```
BACKUP MASTER KEY TO FILE = 'C:\Demo\MasterKeyBackup.key'
    ENCRYPTION BY PASSWORD = 'Secure+1'
```

Listing 3.10   Sichern des Master-Schlüssels

Komprimierung

Im Unternehmen werden immer mehr Daten gespeichert. Auch wenn Speicherplatz deutlich preiswerter geworden ist, stellt die schiere Menge der vorhandenen oder zu speichernden Daten die Organisationen vor ein erhebliches Problem. Der SQL Server 2008 kennt daher mehrere Konzepte, abgelegte Daten zu komprimieren.

Komprimierung einer Sicherung

Auch wenn wir im Kapitel zum Umgang mit Datenbanken noch einmal darauf zu sprechen kommen, sei die neue Möglichkeit zur Komprimierung einer Sicherung erwähnt. Aufgrund der immer größer werdenden Datenmengen ist Speicherplatz eine durchaus wieder wertvolle Ressource, obwohl die Kosten pro GB über die Jahre erheblich gesunken sind, explodieren durch rechtliche und sicherheitsrelevante Vorgaben die zu speichernden Mengen so, dass in den Unternehmen erhebliche Kosten entstehen.

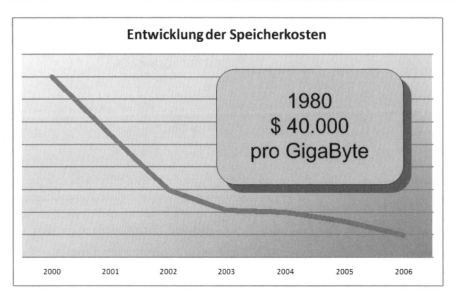

Abbildung 3.8   Hätten wir doch 1980 eine unserer heutigen Festplatten aus der Zukunft erhalten!

Daher gibt es im SQL Server 2008 sowohl die Möglichkeit, ein Backup, als auch die Ablage der gesamten Datenbank zu komprimieren.

```
BACKUP DATABASE AdventureWorks TO DISK='C:\demo\backup\awfull.bak'
WITH FORMAT, COMPRESSION
```

Dabei kann sogar das Standardverhalten für den gesamten Server umgestellt werden. Wie für andere server-seitigen und -weite Einstellungen benutzt man die Systemprozedur sp_configure.

Hinweis   Einige Bemerkungen zu dieser Prozedur und ihrer Benennung. Das Präfix »sp_« meint nicht eine Abkürzung für Stored Procedures. Viele Anwender meinen dies und benennen eigene gespeicherte Prozeduren ebenfalls mit dem Präfix »sp_«. SP steht aber für System-Prozedur und soll *gerade nicht* für selbst entwickelte Prozeduren verwendet werden.

Sp_configure konfiguriert serverweite Einstellungen. Gewöhnlich sieht man nur einen kleinen Ausschnitt der möglichen Optionen. Rufen Sie daher zunächst auf:

```
sp_configure 'show advanced options', 1;
RECONFIGURE WITH OVERRIDE;
```

Wenn Sie dann sp_configure ohne Parameter aufrufen, erhalten Sie die vollständige Liste aller Optionen.

```
sp_configure 'backup compression default',1;
RECONFIGURE WITH OVERRIDE;
```

Das Skript stellt dann die Komprimierung des Backups für Ihren Server als Standardverfahren ein.

Datenkomprimierung

Die Möglichkeit Daten zu komprimieren, also verkleinert abzulegen, ist natürlich im Umfeld sehr großer Datenbanken interessant. Die Daten werden dabei aber, so teilte uns die SQL Server Produktgruppe mit, nur auf der Platte komprimiert und dann in den Speicher entpackt.

TIPP   Die Möglichkeit der Datenkomprimierung ist daher auch eine Option, die Belastung vom IO-System hin zum Prozessor zu verschieben. Durch die Kompression muss weniger von den externen Speichern (also den Festplatten oder SAN-Systemen) gelesen werden, aber die Berechnung der Ursprungsdaten durch den Prozessor ist entsprechend aufwändiger.

Die Datenkomprimierung wird für Tabellen und Indizes mit einigen Vorbedingungen unterstützt. Sie muss dabei aber immer wieder formuliert werden, so erbt ein nichtgruppierter Index auf einer komprimierten Tabelle dieses Attribut nicht, sondern es muss bei der Erstellung auch für den Index angegeben werden. Auf der Ebene der Tabelle wird sowohl die Komprimierung auf Zeilen als auch auf (Daten-)Seiten unterstützt.

Bei der Komprimierung von Zeilen werden alle numerischen Datentypen mit variabler Länge abgelegt, brauchen also nur so viel Platz, wie sie wirklich belegen. So wird ein smallint, wenn sein Wert in ein Byte passt, auch nur in einem Byte abgelegt. Auch Datentypen, die auf numerischen beruhen, wie datetime u.ä. werden so behandelt.

Bei Zeichendatentypen, die mit fester Länge definiert sind, werden nur die tatsächlich eingegebenen Zeichen gespeichert, ohne die füllenden Leerzeichen. Auf diese Weise können mehr Zeilen auf eine Datenseite passen, dennoch muss die Zeile auch ungepackt auf die Seite passen können (d.h. die Beschränkung der Zeile auf entpackte 8.060 Bytes wird nicht aufgehoben).

Neu in SQL Server 2008   Auch wenn der SQL Server 2008 weiter das Speicherformat vardecimal des SQL Servers 2005 unterstützt, ist diese Option bereits abgekündigt, weil die eben beschriebene Komprimierung auf Zeilenebene das Gleiche leistet und stattdessen benutzt werden soll.

Die Komprimierung auf Seitenebene nutzt die Möglichkeiten wie sie von anderen Komprimierungs-Algorithmen bekannt sind, und speichert wiederholt auftretende Wertketten nur einmal und danach Verweise auf diese.

```
CREATE TABLE MyCompressedTable
   (ID int identity primary key,
   MyValue nvarchar(80))
      WITH (DATA_COMPRESSION = PAGE);
GO
INSERT INTO MyCompressedTable
VALUES ('TestMe')
INSERT INTO MyCompressedTable
VALUES ('MeToo')
INSERT INTO MyCompressedTable
VALUES ('MeThree')
GO
CREATE INDEX CompressedIndex
   ON MyCompressedTable(MyValue)
      WITH (DATA_COMPRESSION = ROW);
```

Listing 3.11   Datenkomprimierung muss immer explizit aktiviert werden

Dabei kann auch die Komprimierung z.B. bei einer partitionierten Tabelle nachträglich aktiviert bzw. geändert werden.

```
ALTER TABLE MeineTabelle
REBUILD WITH (DATA_COMPRESSION = ROW);
GO
ALTER TABLE PartitionierteTabelle
REBUILD WITH (DATA_COMPRESSION = PAGE ON PARTITIONS(1) ) ;
```

DDL-Trigger

Schon im SQL Server 2005 wurden als Erweiterung der Trigger die so genannten DDL-Trigger eingeführt. Ein Trigger besteht aus einer Abfolge von SQL-Statements, die automatisiert beim Auftreten eines bestimmten Ereignisses ausgeführt werden. Insofern sind sie den Ereignisroutinen bei der Windows-Programmierung unter .NET nicht unähnlich. Klassische Trigger werden beim Insert, Update und Delete ausgeführt. SQL Anweisungen, die Dateninhalte verändern, nennt man DML Statements (Data Manipulation Language). DDL-Trigger reagieren auf Ereignisse der DDL-Anweisungen, der Data Definition Language, d.h. auf Anweisungen, die die Struktur oder Verwaltung der Daten betreffen.

So kann ein Trigger seit dem SQL Server 2005 auch auf CREATE TABLE reagieren.

Da Trigger Teil der Transaktion sind, kann diese in einem Trigger auch rückgängig gemacht werden. So kann z.B. sogar das Ändern von Tabellen verhindert werden. Daher können Trigger auch zu administrativen oder QA-Vorgängen benutzt werden.

```
CREATE TRIGGER KeineTabellenAenderungen
ON DATABASE
FOR DROP_TABLE, ALTER_TABLE
AS
    PRINT 'Wenn Sie eine Tabelle löschen oder ändern wollen, wenden Sie sich an den Administrator'
    ROLLBACK ;
```

Zudem kennt der SQL Server noch die Erweiterung der Trigger um die Option AFTER (alle auslösenden Ereignisse müssen erfolgreich ausgeführt worden sein) und INSTEAD OF.

Bei den INSTEAD OF-Triggern wird eben nicht das Ereignis ausgeführt, sondern stattdessen der Trigger. So setzt der Trigger dann die Aktionen der auslösenden Anweisungen außer Kraft. INSTEAD OF kann für DDL- oder LOGON-Trigger verständlicherweise nicht angegeben werden.

HINWEIS   System-Prozeduren, die Operationen ausführen, die denen einer DDL-Anweisung entsprechen, lösen ebenfalls den entsprechenden DLL-Trigger aus. Beispielsweise lösen sowohl der Befehl CREATE TYPE als auch sp_addtype einen Trigger aus, der als Reaktion für das Ereignis CREATE_TYPE definiert wurde. Testen Sie also eventuell von Ihnen erstellte DLL-Trigger in ihrer Reaktion auch auf die ggf. vorhandenen System-Prozeduren.

Der SQL Server 2008 erweitert nun die möglichen Ereignisse für Trigger noch einmal erheblich.

Wenn Sie einmal in der Online-Hilfe nachschlagen, sollten Sie dies unter dem Stichwort *DLL Events* (in der in den CTPs verfügbaren englischen Hilfe) oder *DDL-Ereignisse* tun. Dort finden Sie z.B. unter der Liste der server- oder datenbank-weit gültigen Ereignisse folgende Liste:

CREATE_APPLICATION_ROLE	ALTER_APPLICATION_ROLE	DROP_APPLICATION_ROLE
CREATE_ASSEMBLY	ALTER_ASSEMBLY	DROP_ASSEMBLY
CREATE_ASYMMETRIC_KEY	ALTER_ASYMMETRIC_KEY	DROP_ASYMMETRIC_KEY
ALTER_AUTHORIZATION	ALTER_AUTHORIZATION_DATABASE	
CREATE_CERTIFICATE	ALTER_CERTIFICATE	DROP_CERTIFICATE
CREATE_CONTRACT	DROP_CONTRACT	
ADD_COUNTER_SIGNATURE	DROP_COUNTER_SIGNATURE	
CREATE_CREDENTIAL	ALTER_CREDENTIAL	DROP_CREDENTIAL
GRANT_DATABASE	DENY_DATABASE	REVOKE_DATABASE
CREATE_DEFAULT	DROP_DEFAULT	
BIND_DEFAULT	UNBIND_DEFAULT	
CREATE_EVENT_NOTIFICATION	DROP_EVENT_NOTIFICATION	
CREATE_EXTENDED_PROPERTY	ALTER_EXTENDED_PROPERTY	DROP_EXTENDED_PROPERTY
CREATE_FULLTEXT_CATALOG	ALTER_FULLTEXT_CATALOG	DROP_FULLTEXT_CATALOG
CREATE_FULLTEXT_INDEX (	ALTER_FULLTEXT_INDEX (	DROP_FULLTEXT_INDEX
CREATE_FUNCTION	ALTER_FUNCTION	DROP_FUNCTION
CREATE_INDEX	ALTER_INDEX	DROP_INDEX
CREATE_MASTER_KEY	ALTER_MASTER_KEY	DROP_MASTER_KEY
CREATE_MESSAGE_TYPE	ALTER_MESSAGE_TYPE	DROP_MESSAGE_TYPE
CREATE_PARTITION_FUNCTION	ALTER_PARTITION_FUNCTION	DROP_PARTITION_FUNCTION
CREATE_PARTITION_SCHEME	ALTER_PARTITION_SCHEME	DROP_PARTITION_SCHEME
CREATE_PLAN_GUIDE (	ALTER_PLAN_GUIDE	DROP_PLAN_GUIDE
CREATE_PROCEDURE	ALTER_PROCEDURE	DROP_PROCEDURE
CREATE_QUEUE	ALTER_QUEUE	DROP_QUEUE
CREATE_REMOTE_SERVICE_BINDING	ALTER_REMOTE_SERVICE_BINDING	DROP_REMOTE_SERVICE_BINDING
CREATE_SPATIAL_INDEX	RENAME (	
CREATE_ROLE	ALTER_ROLE	DROP_ROLE
ADD_ROLE_MEMBER	DROP_ROLE_MEMBER	
CREATE_ROUTE	ALTER_ROUTE	DROP_ROUTE
CREATE_RULE		DROP_RULE
	BIND_RULE (sp_bindrule.)	UNBIND_RULE (sp_unbindrule)
CREATE_SCHEMA (CREATE SCHEMA, sp_addrole, sp_adduser, sp_addgroup, sp_grantdbaccess)	ALTER_SCHEMA (ALTER SCHEMA, sp_changeobjectowner)	DROP_SCHEMA

▶

CREATE_SERVICE	ALTER_SERVICE	DROP_SERVICE
	ALTER_SERVICE_MASTER_KEY	BACKUP_SERVICE_MASTER_KEY
RESTORE_SERVICE_MASTER_KEY	ADD_SIGNATURE	DROP_SIGNATURE
CREATE_SPATIAL_INDEX	ALTER_INDEX	DROP_INDEX
CREATE_STATISTICS		DROP_STATISTICS
UPDATE_STATISTICS		
CREATE_SYMMETRIC_KEY	ALTER_SYMMETRIC_KEY	DROP_SYMMETRIC_KEY
CREATE_SYNONYM		DROP_SYNONYM
CREATE_TABLE	ALTER_TABLE (ALTER TABLE, sp_tableoption)	DROP_TABLE
CREATE_TRIGGER	ALTER_TRIGGER (ALTER TRIGGER, sp_settriggerorder)	DROP_TRIGGER
CREATE_TYPE (CREATE TYPE, sp_addtype)		DROP_TYPE (Applies to the DROP TYPE statement and sp_droptype.)
CREATE_USER (CREATE USER, sp_adduser, sp_grantdbaccess)	ALTER_USER	DROP_USER (DROP USER, sp_dropuser, and sp_revokedbaccess)
CREATE_VIEW	ALTER_VIEW	DROP_VIEW
CREATE_XML_INDEX	ALTER_INDEX (auch für XML Indizes)	DROP_INDEX(auch für XML Indizes)
CREATE_XML_SCHEMA_COLLECTION	ALTER_XML_SCHEMA_COLLECTION	DROP_XML_SCHEMA_COLLECTION

Und es existieren weitere Listen allein für nur serverseitige Einstellungen.

ALTER DATABASE SET COMPATIBILITY_LEVEL

Wie schon mehrmals erwähnt, sind einige Neuerungen dem Bemühen entsprungen, immer mehr Vorgaben des ANSI-Standards umzusetzen. Noch im SQL Server 2000 war nicht immer leicht »zu erraten«, wie eine bestimmte Funktion umgesetzt wurde. Normalerweise hat jeder, der beginnt, sich mit dem SQL Server zu beschäftigen, irgendwann kapiert, dass Objekte im SQL Server mit CREATE erstellt, ALTER geändert und DROP gelöscht werden. Ganz Gallien? Ein von unbeugsamen Galliern bevölkertes Dorf hört nicht auf… so erstellte man im SQL Server 2000 einen Datenbankbenutzer noch mit sp_adduser. Im SQL Server 2005 wurde CREATE USER eingeführt und im SQL Server 2008 findet man unter sp_adduser schon »This feature will be removed in a future version of Microsoft SQL Server«. Entsprechend wurde auch die Systemprozedur sp_dbcmptlevel durch einen ANSI-kompatiblen Befehl ersetzt.

```
ALTER DATABASE SET COMPATIBILITY_LEVEL = 100
```

Das Statement sorgt dafür, dass die Datenbank sich so verhält, als wäre sie eine Datenbank, die unter der angegebenen Version des SQL Servers betrieben wird. Mögliche Werte sind:

80	90	100
SQL Server 2000	SQL Server 2005	SQL Server 2008

LOCK_ESCALATION

Mit dem SQL Server 2008 wurde diese neue Option für Tabellen eingeführt. Mit dem Statement ALTER TABLE ist es nun möglich einen Hinweis anzugeben, wie in dieser Tabelle mit LOCK_ESCALATON, also der Erweiterung von Sperren auf dieser Tabelle umgegangen wird.

```
ALTER TABLE Cities SET (LOCK_ESCALATION = DISABLE)
```

Dies ist besonders interessant für partitionierte Tabellen. Es stehen drei Optionen zur Verfügung: AUTO, TABLE und DISABLED.

- AUTO

  Wenn diese Option gesetzt ist, wird die denkbar geringste Granularität gewählt. Wenn es sich um eine Partitionierte Tabelle handelt, wird sie auf Ebene des Heaps (falls die Tabelle nicht über einen gruppierten Index verfügt) oder auf die Ebene des B-Trees gesetzt.

  Wenn es sich um eine nicht partitionierte Tabelle handelt, wird die Granularität auf die Ebene der Tabelle gesetzt und entspricht daher der Option TABLE.

- TABLE

  Die Granularität der Sperr-Erweiterungen wird immer auf der Ebene der Tabelle ausgeführt und zwar unabhängig davon, ob es sich um eine Partitionierte Tabelle handelt oder nicht.

- DISABLED

  Es wird versucht, Sperr-Erweiterungen auf der Tabellen Ebene, also Table Locks, zu umgehen. Das ist aber natürlich technisch nicht immer möglich. Denken Sie etwa daran, dass ein Table Scan, also das Lesen der gesamten Tabelle auf einer Tabelle ohne Gruppierten Index unter dem Transaction Isolations-Ebene Serializable (SET TRANSACTION ISOLATION LEVEL SERIALIZABLE) ausgeführt wird. Dann muss der SQL Server, um die Datenintegrität zu wahren, einen Sperrvermerk auf der Tabellen-Ebene setzen.

FORCESEEK und INDEX-Hinweise für Ad-Hoc Abfragen und Abfragepläne

Bei der Benutzung von solchen Optimierungs-Hinweisen *Optimizer Hints* ist immer besondere Vorsicht geboten. In beinahe allen Fällen wählt der Abfrage-Optimierer des SQL Servers 2008 den optimalen Plan für Ihre Abfragen.

Dies kann er aber natürlich nur, wenn ihm angemessene Optionen zur Verfügung stehen, aus denen er wählen kann. Dazu gehören Indizes und Statistiken. Auch wenn später noch einmal beschrieben, kann man sich einen Index als Hilfstabelle vorstellen, in dem Werte (z.B. die Orte einer Adresstabelle) alphabetisch sortiert mit einem Verweis in die Originaltabelle enthalten sind. Wenn nun alle Adressen aus *London* gesucht werden, dann kann, anstatt die gesamte Originaltabelle zu lesen und die *Nicht-Londoner* Datensätze zu eliminieren, im Index nach dem Ort *London* sehr effektiv gesucht werden und dann in der Originaltabelle die entsprechenden Datensätze gezielt selektiert werden. Dies kann aber nur ein sinnvoller Plan sein, wenn sehr wenig Datensätze mit dem Ortseintrag *London* existieren.

Wenn die Hälfte der Datensätze einen Eintrag *London* besitzen, kann es sehr viel schneller sein, die gesamte Tabelle zu lesen, als aufwendig im Index zu suchen und dann einzeln die *London*-Datensätze in der Originaltabelle zu erkennen. Wie oft ein Wert in einer Spalte einer Tabelle enthalten ist, darüber informieren den SQL Server 2008 die Statistiken.

TIPP   Deshalb sollte in den meisten Tabellen die Option einer Datenbank aktiviert sein, die dafür sorgt, dass die Statistiken möglichst aktuell sind.

```
USE [master]
GO
ALTER DATABASE [KatmaiDemo] SET AUTO_CREATE_STATISTICS ON WITH NO_WAIT
GO
ALTER DATABASE [KatmaiDemo] SET AUTO_UPDATE_STATISTICS ON WITH NO_WAIT
GO
```

Wenn der Abfrage-Optimierer keine Informationen über die Verteilung von Daten für eine Abfrage finden kann, ist er so in der Lage, eine Statistik automatisiert zu erstellen. Durch Datenänderungen ergeben sich zudem immer wieder auch Änderungen an den Verteilungen der Daten, die mit der Option AUTO UPDATE immer wieder zu einer aktuellen Statistik führen.

In unserer Arbeit haben wir jedoch schon Fälle erlebt, in denen diese Einstellungen ausnahmsweise einmal nicht optimal waren. Dies immer dann der Fall, wenn sehr viele Abfragen gegen große Tabellen laufen und gleichzeitig diese Tabellen aktualisiert werden, dabei die Verteilung aber gar nicht so markant geändert wird, dass neue Statistiken ganz andere Abfragepläne zur Folge hätten. Dann führt das automatische Aktualisieren der Statistiken dazu, dass die einmal erstellten und eigentlich noch guten Abfragepläne ungültig werden. Dies führt in Folge z. B. zu einer starken CPU-Belastung des Servers, weil ständig Abfragen unnötigerweise neu kompiliert werden. In einem solchen Fall kann dann die manuelle Aktualisierung von Statistiken ein- oder zweimal täglich sinnvoller sein.

FORCESEEK sorgt dafür, dass auch wenn der Optimierer einen Index- oder Table Scan wählt, doch im Index gesucht wird, also ein Index Seek ausgeführt wird. Vereinfacht kann man sich merken, dass ein *Scan*, das Lesen des gesamten Objektes (Index oder Tabelle) meint, *Seek* dagegen das Suchen in einem Index.

Im obigen Beispiel würde dann doch einzeln im Index nach *London* gesucht, statt die Tabelle gesamt zu lesen. Hier noch das Beispiel aus der Online-Hilfe.

```
SELECT * FROM Sales.SalesOrderHeader AS h
INNER JOIN Sales.SalesOrderDetail AS d
   ON h.SalesOrderID = d.SalesOrderID
   WHERE h.TotalDue > 100
      AND (d.OrderQty > 5 OR d.LineTotal < 1000.00);
```

Listing 3.12   Eine Abfrage auf die Beispiel-Datenbank AdventureWorks

Wenn man im SQL Server Management Studio in einem Abfragefenster die rechte Maustaste wählt, findet man im Kontextmenü die Möglichkeit, den tatsächlichen Ausführungsplan, wie also der SQL Server die Abfrage technisch umsetzt, mit ausgeben zu lassen.

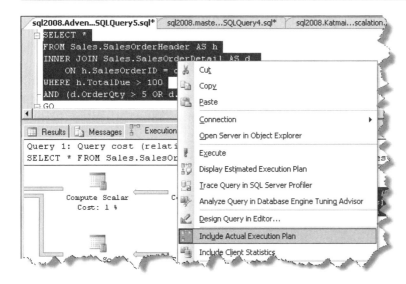

Dieser Ausführungsplan sieht für die Beispielabfrage so aus:

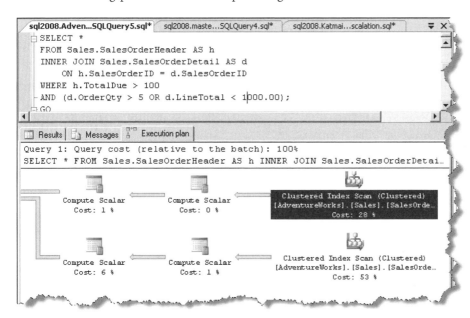

Abbildung 3.9   Der Abfrageoptimierer wählt einen Index Scan

Mit dem neuen Hinweis kann nun ein Seek erzwungen werden.

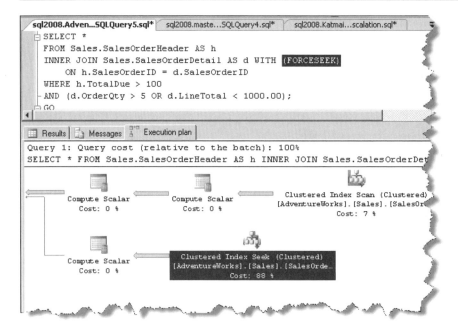

Nicht mehr verfügbare Features

Auch wenn man gerne von Neuerungen berichtet – wer lebt nicht gerne in der Hoffnung auf ein nun »endlich« besseres und einfacheres Leben und sei es ein besseres SQL Server Leben – muss man auch berichten, dass es einige Funktionen gibt, die der SQL Server 2008 nicht mehr unterstützt. Hier die vorläufige Liste aufgrund der verfügbaren Informationen bis CTP5:

Funktionsbereich	Gestrichene Funktion	Im SQL Server 2008
Aliases	sp_addalias	Ein Alias sollte im SQL Server 2008 mit einer Kombination eines Benutzers CREATE USER und einer Rolle CREATE ROLE abgebildet werden.
		Vorhandene Aliase sollten in Datenbanken des SQL Servers 2008 mit sp_dropalias gelöscht werden.
Sichern und Wiederherstellen	DUMP	Benutzen Sie nun: BACKUP
Sichern und Wiederherstellen	LOAD statement	Benutzen Sie nun: RESTORE
Sichern und Wiederherstellen	BACKUP LOG WITH NO_LOG	Sichern Sie das LOG wie gewohnt oder wechseln Sie zum »einfachen Wiederherstellungsmodell«.
Sichern und Wiederherstellen	BACKUP LOG WITH TRUNCATE_ONLY	Sichern Sie das LOG wie gewohnt oder wechseln Sie zum »einfachen Wiederherstellungsmodell«.
Sichern und Wiederherstellen	BACKUP TRANSACTION	Benutzen Sie nun: BACKUP LOG

Funktionsbereich	Gestrichene Funktion	Im SQL Server 2008
Sichern und Wiederherstellen	sp_helpdevice	Fragen Sie die dynamische Verwaltungssicht sys.backup_devices ab.
Compatibility level	60, 65, 70	Datenbanken müssen auf 80 (SQL Server 2000), 90 (2005) oder 100 (2008) gestellt werden.
DBCC	DBCC CONCURRENCYVIOLATION	Keine
Gruppen	sp_addgroup	Benutzen Sie Rollen.
Gruppen	sp_changegroup	Benutzen Sie Rollen.
Gruppen	sp_dropgroup	Benutzen Sie Rollen.
Gruppen	sp_helpgroup	Benutzen Sie Rollen.
Tools	SQL Server Oberflächenkonfiguration	Wird ersetzt durch das *Declarative Management Framework.*

Kapitel 4

Da hat man was Eigenes – XML und .NET-Integration

In diesem Kapitel:

Das .NET Framework	152
.NET im SQL Server 2008	178
XML in SQL Server 2008	199
Zusammenfassung	221

Wie schon berichtet, plant StarBack die Anschaffung eines Standardproduktes für die Ablösung Ihrer bislang vollständig selbstentwickelten Hausanwendung. Dabei werden aber, darüber sind sich alle Verantwortlichen einig, nicht alle benötigten Funktionen von einer solchen Standardlösung abgedeckt werden. Viele Module müssen daher weiter gepflegt oder neu entwickelt und dann mit der neuen Lösung verbunden werden.

Mit den steigenden Anforderungen aber muss die bestehende IT-Abteilung ihre Produktivität erhöhen. Es wird daher nach einer Entwicklungsumgebung gesucht, die es möglich macht, bestehende Kenntnisse der Entwickler möglichst weitgehend zu nutzen. Da auch bislang hauptsächlich im Windows-Umfeld gearbeitet wurde, kennen sich die vorhandenen Programmierer besonders mit C++ und in einigen Fällen mit Visual Basic aus dem Visual Studio 6.0 aus.

Vieles spricht dafür, dass mit dem SQL Server 2008 und dem neuen Visual Studio 2008 die neuen Aufgaben besonders effizient umgesetzt werden können. Sowohl C#, das viele Syntax Elemente von C und C++ nutzt, als auch Visual Basic stehen als Programmiersprache im .NET Framework zur Verfügung und .NET Programmiermöglichkeiten sind sogar im SQL Server 2008 selbst enthalten.

Zudem stellt die Firma StarBack fest, dass besonders viele neue Anwendungen auf dem Markt, darunter auch eine Vielzahl der von StarBack gesichteten Standardprodukte, inzwischen mit .NET entwickelt wurden. Eine Erweiterung und Anpassung von Schnittstellen wäre dann natürlich besonders einfach. Dies gilt nicht nur für Produkte von Microsoft selbst, sondern in zunehmendem Maße auch für Anwendungen anderer Hersteller.

Auch sind für .NET und Visual Studio 2008 aufgrund der immensen Verbreitung besonders viele Tools, Erweiterungen und bereits fertig gestellte Lösungen verfügbar. Dokumentationen und Hilfen stehen im Internet in beinahe unüberschaubarer Anzahl bereit. Auch dies ist letztlich ein Umstand, der die Produktivität von Entwicklungen weiter erhöht.

Das .NET Framework

Microsoft hat im Januar 2002 nach mehrjähriger Entwicklungszeit die Version 1.0 des .NET Frameworks freigegeben.

Nicht erst seit diesem Zeitpunkt herrscht allgemeine Unsicherheit darüber, was .NET ist. Microsoft selbst hat einiges zu dieser Unsicherheit beigetragen, indem es den Begriff ».NET« besonders in den Anfängen durchaus inflationär gebraucht hat: Windows Server 2003 hieß noch bis kurz vor seiner Veröffentlichung Windows .NET Server und selbst den SQL Server 2000 fand man plötzlich als Mitglied der ».NET Enterprise Server«-Familie wieder.

Erschwerend kommt hinzu, dass ».NET« durchaus in verschiedenen Zusammenhängen mit unterschiedlichen Bedeutungsaspekten gebraucht wird.

Technologie

.NET und damit das .NET Framework bezeichnet eine neue Technologie der Programmierung unter Windows. Programme, die für das .NET Framework geschrieben wurden, brauchen es auch zu ihrer Ausführung. Vereinfacht kann man sich das .NET Framework als neue Schicht im Betriebssystem vorstellen und wäre diese Schicht, also das Framework, auch auf anderen Betriebssystemen verfügbar, so würden .NET-Programme auch unter diesen ablaufen können. Wen das an Java erinnert, dem mag verziehen sein.

> **HINWEIS**   So hatte Microsoft auch eine Umsetzung des .NET Frameworks für FreeBSD angekündigt und tatsächlich kann man unter *http://www.microsoft.com/downloads/details.aspx?FamilyId=3A1C93FA-7462-47D0-8E56-8DD34C6292F0&displaylang=en* sogar den Quelltext der Common Language Infrastructure (CLI) sowohl für Free BSD als auch Mac OS X und Windows XP herunterladen.

Diese *Shared Source Common Language Infrastructure 1.0 Release* setzt aber nur die Basiskomponenten des .NET Frameworks um.

Einen neuen Ansatz kann man zurzeit mit *Silverlight* beobachten. Silverlight ist eine Webpräsentationstechnik von Microsoft, die als Alternative zu Adobe Flash verstanden werden kann. In der Version 1.1 enthält Silverlight so etwas wie eine Minimalfassung der Common Language Runtime (der Laufzeitumgebung des .NET Frameworks, siehe weiter unten). Für Silverlight bietet Microsoft auch eine Implementierung für Apple Browser an. Daher läuft nun zum ersten Mal wirklich plattformunabhängiger Code in einem Microsoft-Produkt. Novell bietet eine Adaption von Silverlight unter dem ebenso klangvollen Namen *Moonlight* für die von ihnen unterstützen Betriebssysteme an.

Für das .NET Framework selbst gibt es inzwischen ebenfalls Implementierungen für andere Betriebssysteme wie etwa *Mono, http://www.mono-project.com*, allerdings nicht von Microsoft.

Produkte

Im Zuge der Einführung dieser neuen Technologie wurden auch einige Produkte verfügbar, die .NET im Namen tragen. Um also .NET Programme auf einer Windows-Installation laufen lassen zu können, muss man das .NET Framework, das kostenlos verfügbar ist, herunterladen und installieren. Programmierer, die Programme für das .NET Framework entwickeln, können dies mit dem ebenfalls kostenlos verfügbaren .NET Software Development Kit (SDK) tun. Meistens aber verwendet man eine neue Version von Microsofts sehr erfolgreicher Entwicklungsumgebung, dem Visual Studio .NET, inzwischen in der Version 2008 verfügbar. Offiziell wird mit der Microsoft SQL Server Version 2008 (Codename *Katmai*) auch die neue Visual Studio Version 2008 (Codename *Orcas*) (auch noch der Windows Server 2008 – Codename *Longhorn*) der Öffentlichkeit vorgestellt, auch wenn nicht alle genannten Produkte im Februar 2008 in einer in der Produktion zu benutzenden endgültigen Version vorliegen werden.

Interessant ist, dass Microsoft bei den neuen Visual Studio Versionen auf den Namens-Zusatz .NET wieder verzichtet hat. Nachdem es eine Zeit lang gar nicht .NET genug sein konnte, soll jetzt entweder .NET als Normalität kommuniziert werden oder was auch immer, mutmaßen ist erlaubt.

Marketingstrategie

Natürlich ist .NET auch ein Marketingschlagwort. Es fasst daher als Begriff sowohl die technologischen Fortschritte als auch die klare Unterstützung aller Internetdienste zusammen. Microsoft konzentriert sich bei der Benutzung des Wortes inzwischen auf den engeren technologischen Zusammenhang, gerade aber bei anderen Herstellern muss man daher mehr als vorsichtig sein, dort kann .NET auch einfach »unheimlich modern unserer Meinung nach« heißen.

Die Vorteile von .NET

Aber warum gibt es eigentlich .NET? Manchmal gibt es Neuerungen – auch im IT-Umfeld – durchaus als Selbstzweck, manches ist eben attraktiv und gut, weil es *neu* ist. Dies trifft aber nun auf .NET ganz und gar nicht zu: Es ist wirklich gut. Wenn sogar die gesamte Gemeinde, auch aus dem Lager der *open source*-Freunde, Beifall spendet, muss etwas daran sein – oder man muss sich Sorgen machen.

Das .NET Framework ist die Antwort von Microsoft auf eine ganze Reihe von dringenden Fragen und Problemen der Softwareentwicklung unter Windows in den letzten Jahren.

Vereinheitlichung

In den Anfängen von Windows wurde meist ausschließlich unter der Programmiersprache C entwickelt. Windows selbst war fast ausschließlich in C geschrieben und schon deshalb und wegen des Fehlens von Alternativen wurden auch die meisten Programme für Windows ebenfalls in C geschrieben.

Mit den Möglichkeiten von C++ stellte Microsoft eine Klassenbibliothek mit den Namen *MFC – Microsoft Foundation Class* bereit, die Programmierung unter Windows zum einen objektorientiert anbot, zum anderen auch deutlich vereinfachte. Da sich immer mehr Menschen mit Computern beschäftigten, weil nicht jeder Informatik studieren oder als Codegott geboren werden konnte und weil die Entwicklung benutzerfreundlicher Oberflächen auch unter C++ immer noch zeitaufwändig und damit auch teuer blieb, setzten sich sehr bald so genannte RAD-Programmierumgebungen (Rapid Application Development) durch. Im Microsoft-Umfeld ist dies bis heute sicherlich Visual Basic, aber auch andere, wie z.B. Delphi von Borland erfreuen sich großer Beliebtheit. Diese Umgebungen entlasten einen bei den täglichen Routinearbeiten, so gestaltet man z.B. Dialoge mehr oder weniger in einem »Malprogramm«, zieht also Eingabefelder und Schaltflächen auf ihre Position und die Entwicklungsumgebung generiert den notwendigen Programmcode.

Parallel aber entstanden Werkzeuge für die Entwicklung von Webanwendungen. Bei Microsoft hieß das ASP (Active Server Pages), bei anderen war PHP sehr beliebt.

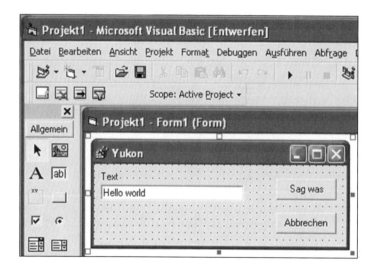

Abbildung 4.1   Eine Windows-Anwendung mit Visual Basic 6.0

All diesen verschiedenen Entwicklungsumgebungen und Programmiersprachen ist aber eines gemeinsam: Ihre Uneinheitlichkeit. Und das selbst dann, wenn sie Gleiches tun. Ein schönes Beispiel:

Programmierumgebung	Aufruf einer MessageBox
C	`MessageBox(GetDesktopWindow(),"Hello World","SQL Server 2008", MB_OK);`
MFC	`MessageBox(»Hello world.«, »SQL Server 2008«, MB_OK);`
Visual Basic	`MsgBox(»Hello world«,vbOKOnly,»SQL Server 2008«)`

Tabelle 4.1 Unterschiedliche Aufrufe des bekannten Meldungsfensters in den verschiedenen Programmiersprachen

Das sind kleine und feine Unterschiede, die produktives Programmieren sehr erschweren, weil sie unnötige Fehler erzeugen und das Erlernen erschweren. Auf diese Schwierigkeiten ist .NET in der Tat die Antwort. .NET unterstützt alleine durch Microsoft die Sprachen: C/C++, C#, Visual Basic und J#.

> **HINWEIS**   Von Drittherstellern sind inzwischen beinahe alle Sprachen für .NET verfügbar. Perl .NET ist ebenso erhältlich wie Phython .NET und auch in Delphi kann man nun .NET Code erzeugen. Sicherlich werden in der nächsten Zeit noch viele andere Hersteller ihre Sprachen oder allgemein bekannte Sprachen mit Compilern für .NET anbieten. Dennoch werden die von Microsoft angebotenen Sprachen (C# und VB.NET) sicherlich zum Standard werden – wenn sie es nicht schon sind. Andere Sprachen können nur Nischenprodukte sein, um z. B. vorhandenes Wissen zu nutzen. Angenommen, man hat bisher ausschließlich in Phython programmiert und will nun schnell Software auch für .NET anbieten, scheint Python.NET besser geeignet, als sich in eine völlig neue Sprache einzuarbeiten. Man darf die Zeitersparnis oder Vertrautheit z. B. mit der Syntax aber nicht überbewerten. Die Nutzung von .NET hat immer viel mit der Nutzung der im Framework enthaltenen Klassen zu tun und die Einarbeitung in diese Klassen ist meist ein weitaus größerer Aufwand als das Erlernen der Besonderheiten einer bestimmten Syntax einer Sprache.

Wobei diese Sprachen (bis auf C#, die ja quasi für das .NET Framework »erfunden« wurde) deutliche Änderungen und Erweiterungen für .NET erfahren haben. Die Funktionalität wird aber in den Basisklassen von .NET umgesetzt, und dies bedeutet, dass der Aufruf der eben beschriebenen `MessageBox` in .NET so aussieht:

Sprache	Aufruf einer MessageBox
C#	`MessageBox.Show(»Hello world«,»SQL Server 2008«,MessageBoxButtons.OK);`
J#	`MessageBox.Show(»Hello world«,»SQL Server 2008«,MessageBoxButtons.OK);`
Visual Basic .NET	`MessageBox.Show(»Hello world«,»SQL Server 2008«,MessageBoxButtons.OK)`

Tabelle 4.2: Der Aufruf des Meldungsfensters ist durch das .NET Framework in allen .NET Sprachen sehr ähnlich

Das sind sicherlich sehr sinnvolle Änderungen. Mindestens so eindrucksvoll ist die Vereinheitlichung der Windows- und Webprogrammierung:

```
private void cmdCommand_Click(object sender, System.EventArgs e)
    {
        txtOutput.Text=txtInput.Text;
    }
```

Listing 4.1   Ausgabe einer Eingabe in einer Windowsanwendung in C#

```
private void cmdCommand_Click(object sender, System.EventArgs e)
{
    txtOutput.Text=txtInput.Text;
}
```

Listing 4.2 Ausgabe einer Eingabe auf einer Webseite in C#

Visual Basic oder C#?

Vor einigen Wochen erlebten wir einen Streit scheinbar erwachsener Männer auf einer der vielen Konferenzen zu .NET, ob denn nun Visual Basic oder C# »besser« sei. Im Grunde nicht weiter verwunderlich, so sind wir nun mal. Während wir uns an frühere ermüdende Diskussionen über die Frage »Mercedes oder BMW« oder auch »Cola oder Pepsi« erinnern können, wundern wir uns doch immer wieder über das Maß an Emotionalität, das solche Dispute auslösen kann.

Besonders interessant ist der Umstand, dass immer das »besser« ist, was man selber macht. Wir kennen kaum einen C#-Programmierer, der die Überzeugung vertritt, dass eigentlich Visual Basic das Richtige sei und er quasi nur versehentlich oder auf Wunsch seiner Vorgesetzten C# gewählt hat. Ebenso selten findet man den eigentlich von C# überzeugten Visual Basic Guru.

Der Umstand, dass die eigene Meinung auf gerade zu beängstigende Weise mit der richtigen Meinung korreliert, erinnert uns immer stark an religiöse Überzeugungen. Was auch die intensiven Gefühle erklären würde. Wer kennt schon einen Gott, der seinen Anhängern offenbarte, dass ihre Glaubensüberzeugungen leider die falschen seien, vielmehr andere besser, und man deshalb doch getrost sich einer der konkurrierenden Religionen anschließen könnte?

Natürlich gibt es gute Gründe für C#. Nur leider eben auch für Visual Basic. Ob wir das aushalten können?

Vereinfachung und Produktivität

Die Ansprüche an Oberfläche und Bedienung steigen ständig, während zur großen Trauer der gesamten IT-Branche die Budgets der Kunden in den letzten Jahren immer weiter zusammengestrichen wurden – es bleibt zu hoffen, dass sich dieser Trend im Rahmen einer allgemeinen Wirtschaftserholung langsam endlich auch wieder umkehrt. Während in vergangenen, goldenen Zeiten, die flüssige Aussprache des Wortes »Internetprovider« durchaus schon einmal für eine IT-Qualifikation gehalten wurde, stellt der heutige Markt erhebliche Ansprüche an Qualität und im Rahmen der Kosten auch an die Produktivität. Daher wurde .NET von Anfang an mit dem Ziel der Produktivitätssteigerung geplant. Es wurden sowohl Elemente der RAD-Umgebungen (Rapid Application Development) als auch die Möglichkeiten der objektorientierten Programmierung und der Bereitstellung sehr mächtiger Befehle integriert.

Um beispielsweise noch unter klassischem C ein Fenster unter Windows zu öffnen, bot sich folgender übersichtlicher Aufruf an:

```
HWND hwndMain = CreateWindowEx(
    0, "MainWClass", "SQL Server 2008",
    WS_OVERLAPPEDWINDOW | WS_HSCROLL | WS_VSCROLL,
    CW_USEDEFAULT, CW_USEDEFAULT,
```

```
    CW_USEDEFAULT, CW_USEDEFAULT,
    (HWND)NULL, (HMENU)NULL, hInstance, NULL);
ShowWindow(hwndMain, SW_SHOWDEFAULT);
UpdateWindow(hwndMain);
```

Listing 4.3 Öffnen eines Fensters in C

In .NET wird das gleiche etwa so erreicht:

```
Dim form As New Form()
form.Text = "SQL Server 2008"
form.Show()
```

Listing 4.4 Visual Basic .NET Aufruf eines Fensters

Wenn Code einfacher ist, ist er auch übersichtlicher und damit auch viel weniger fehleranfällig. Allein durch die Menge des Codes erreicht man das gewünschte Maß an Stabilität. .NET Framework 2.0 ist mit dem Anspruch angetreten, die Menge des nötigen Codes für eine bestimmte Aufgabe noch mal um 60% zu reduzieren und dies ist auch weitestgehend gelungen. Leider konnte im Framework 3.0 und 3.5 dieses Maß an Einsparung nicht wieder erreicht werden. Die Tendenz wäre sowie interessant, ob man wohl irgendwann Codezeilen herausbekommt? Viele Code-Assistenten von Microsoft scheinen auf jeden Fall mit diesem Anspruch an den Start zu gehen.

Damit ist aber natürlich nur der Teil des Codes gemeint, der durch Assistenten und vorgegebene Klassen deutlich vereinfacht werden kann. Das ist zum großen Teil der Code der Oberfläche, die Programmteile der Steuerelemente, die angezeigt werden und die Umsetzung der Standard-Funktionalitäten wie Datenzugriff, Mailversand, Dateiverwaltung, Windowsverwaltung etc. Der Teil des Codes, der die spezielle Funktionalität Ihres Programms realisiert, ist natürlich genauso zu programmieren, wie in beinahe jeder anderen Programmiersprache. .NET bietet sicher den Vorteil, dass es eben schon sehr viele Bausteine mitliefert.

Verteilung von Software

Ein großes Problem in heutigen IT-Umgebungen ist die Verteilung von Software. Im privaten Umfeld ist jeder Benutzer im Allgemeinen Administrator seines Rechners, d.h. er verfügt über alle denkbaren Rechte (einschließlich des Rechts, seine Festplatte zu formatieren), für den Benutzer im Unternehmen gilt dies zumeist nicht.

Bei der Installation schreibt das Setup-Programm wichtige Informationen in die Registry (die zentrale Registrierungsdatenbank) von Windows. Dies gilt in erheblichem Maße, wenn der Programmierer so genannte COM-Komponenten benutzt hat, die sich so am System anmelden müssen. Genau dieses Recht, das Schreiben in die Registrierungsdatenbank, aber fehlt sinnvollerweise dem normalen Unternehmensbenutzer. Damit entsteht die gefürchtete Turnschuh-Administration, d.h. engagierte junge Leute laufen durchs Haus und melden sich kurzfristig an den jeweiligen Computern mit den nötigen Rechten an und installieren die Software. Spätestens nach der vierten Installation in einem Netz mit 600 Computern findet das keiner mehr sportlich.

HINWEIS

COM – Component Object Model

Unter dem Component Object Model versteht man eine Umsetzung von Microsoft, unter den verschiedensten Programmiersprachen einen binären Standard zu definieren, wie die Sprachen fremde Objekte aufrufen und nutzen können. Der Aufruf von Komponenten, die unter Visual Basic geschrieben wurden z. B. aus C++ heraus, ist schon wegen unterschiedlicher Typen und Speicherlayouts oft sehr schwierig. COM definiert daher Technologien, wie dies unabhängig von der Sprache geschehen kann. So liegt COM den Möglichkeiten z. B. der Office Automatisierung zu Grunde. Dann ist es möglich, aus beinahe jeder Sprache, die COM-fähig ist, auf das Objekt »Word« zuzugreifen und dessen Eigenschaften und Methoden wie *Documents.Add* (das Erstellen neuer Dokumente beispielsweise) zu nutzen.

Aus dem gleichen Grund ist es auch so schwierig und in den meisten Fällen unmöglich, die auf einem Rechner gemachte Installation auf einen anderen zu übertragen. Die verschiedenen Dateien zusammenzusuchen ist ebenso eine Suche nach der Nadel im Heuhaufen wie das Zurückverfolgen der vom Setup gemachten Registry-Einträge.

Hier verhält sich .NET grundlegend anders. Alle .NET Komponenten sind selbst beschreibend. Um zu funktionieren, müssen Sie sich nicht mehr an zentraler Stelle unter Windows anmelden.

Gleichzeitig hat man noch eine Konvention geändert; .NET Anwendungen legen üblicherweise alle Bestandteile in einem Verzeichnis, dem Anwendungsverzeichnis, ab.

Damit ist es aber sehr einfach, eine .NET Anwendung auf einen anderen Rechner zu übertragen. Im Idealfall kopiert sie den Verzeichnisbaum unterhalb des Anwendungsordners. Da man dies unter DOS immer mit dem Befehl XCOPY gemacht hat, heißt diese Art der Softwareverteilung auch oftmals XCOPY Deployment.

Einschränkend muss man sagen, dass dies nur in bestimmten Fällen wirklich so einfach ist. Einer Konvention folgend soll man Windows Programme über einen Eintrag in der Systemsteuerung/Software auch wieder deinstallieren können. Daher erstellen die Installationsprogramme einen entsprechenden Eintrag. Dieser ist aber wiederum in der Registry gespeichert und würde daher bei einem einfachen XCOPY nicht übertragen. Das Gleiche gilt für andere Informationen, die das Programm selber an Orten außerhalb des Anwendungsverzeichnisses ablegt.

Versionsvielfalt

Durch die eben beschriebene zentrale Anmeldung der bislang üblichen Komponenten ergibt sich auch ein weiteres dramatisches Problem, das auch Microsoft inzwischen ganz offen *DLL Hell* (DLL Hölle) nennt.

Da sich eine Komponente zentral anmeldet, kann sie dies also genau einmal tun. Kommt aber mit einem Produkt eine zweite Version dieser Komponente auf den Computer, so wird sich die Komponente wiederum zentral registrieren und damit die Informationen ihres Vorgängers überschreiben. Und dann kann man nur noch hoffen, dass die beiden Versionen der Komponente miteinander kompatibel sind. Und jeder wird bestätigen können, dass diese Hoffnung durchaus des Öfteren enttäuscht wird.

In .NET können aber mehrere Versionen der gleichen Komponente existieren, und dass das wirklich funktioniert, konnte Microsoft beweisen, als mit dem .NET Framework 2.0, 3.0, 3.5 viele .NET-Komponenten weitere Male mit neuer Version installiert wurden.

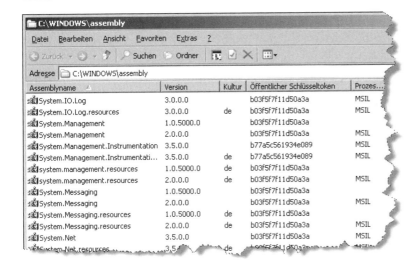

Abbildung 4.2 Viele Versionen nebeneinander im Global Assembly Cache

Anwendungsarchitektur in .NET

Der Aufbau von Anwendungen hat in den letzten Jahren einen dramatischen Wandel erlebt. Die wichtigsten Entwicklungen seien im Folgenden erläutert.

Vom Monolithen zur Multitier-Architektur

Seit vielen Jahren diskutiert man die verschiedenen Ansätze einer grundlegenden Architektur von Software-Projekten. Um diese Ansätze besser zu verstehen, sollte man sich die Entwicklung von Software in den letzten Jahren vor Augen führen.

Noch in den 80er Jahren wurde Software – auch unter Windows – größtenteils als so genannte Monolithen umgesetzt. Das Programm wurde als eine große Datei (meist eine große EXE-Datei) ausgeliefert. Der gesamte zu dem Programm gehörige Code war in dieser zentralen Datei enthalten. Das bedeutete nicht zwangsläufig, dass solche Programme zu ihrer Ausführung nicht noch andere Dateien benötigten, doch diese Dateien waren dann im Allgemeinen Konfigurationsdateien, zusätzliche Datendateien etc.

Ein solcher Aufbau ergab sich auch aus den damals üblichen Werkzeugen: Die meisten Programme aus diesen frühen Jahren waren in der Programmiersprache C geschrieben, in der es üblich war, große Projekte zu verwalten, die dann zu einer EXE in Maschinensprache übersetzt, also kompiliert wurden.

Die Vor- und Nachteile sind offensichtlich: Die Dateistrukturen der Programme waren übersichtlich und daher natürlich auch wenig komplex. Während der Installation wurden die benötigten Dateien kopiert und die Anwendung war funktionsfähig.

Damit sind aber auch die Nachteile deutlich: Wurde beispielsweise ein Fehler entdeckt, so musste eben auch das gesamte Programm, eine große EXE-Datei, ausgetauscht werden. Stellt man sich ein Szenario vor, in dem eine große Firma mit – sagen wir – 8.000 Clients ein solches Update ausführen muss, so sieht man, welche Bandbreiten alleine ein solcher Vorgang braucht.

Viel schwerer wiegt aber ein anderer Umstand: Code, der einmal geschrieben wurde, um eine bestimmte Funktionalität umzusetzen, muss in einem anderen Programm erneut enthalten sein. Dies klingt zunächst nicht besonders dramatisch, hat aber eine ganze Reihe negativer Auswirkungen.

Der ein oder andere wird sich noch an die Anfangstage von Microsoft Office erinnern. In Excel konnte man in relativ frühen Versionen Zeichnungselemente einfügen. Die Tabellen konnten so mit Hinweisen in vielfarbigen Schriften versehen werden oder eigene Beschriftungselemente mit grafischem Ansatz hinzugefügt werden. In Word konnte man dies einige Versionen später auch, nur sah die Funktion dort eben ein bisschen anders aus. Für den Benutzer war dies zumindest umständlich, weil er eben erneut eine schon bekannte Funktion bedienen lernen musste.

Uns liegen die Implementierungsdetails von Office nicht vor, leider, aber es ist naheliegend, dass der Code, der in Excel schon geschrieben wurde, in Word entweder neu oder übernommen und dann doch etwas anders geschrieben wurde. In der Softwareentwicklung diskutiert man diese Problematik als *Reuse of Code*, also mit der Frage, wie man Code (also Programmteile) wieder benutzen kann.

Das erneute Verwenden bereits geschriebenen Codes in eine andere Anwendung durch Kopieren und Einfügen (oder eben neu schreiben) hat natürlich noch sehr viel unangenehmere Auswirkungen als nur darin, dass der Anwender eventuell minimal unterschiedliche Oberflächen hinnehmen muss: Diese Programmteile müssen in den verschiedenen Anwendungen auch verschieden, also immer wieder, gewartet werden.

Bei noch so gründlicher Arbeit, und das wissen Anwender aus ebenso schmerzhafter Erfahrung wie die Programmierer, stellt sich eben doch der ein oder andere Fehler ein. Und dieser Fehler muss dann in allen Programmen, in denen man den gleichen oder ähnlichen Code benutzt hat, gefunden und behoben werden. Man sieht, dass dieses Vorgehen selbst in einer kleineren Programmierfirma schnell zum Scheitern verurteilt ist, weil man angesichts der Komplexität heutiger Anwendungen den Überblick darüber verliert, wo man die Funktionalität, in der man gerade einen Fehler gefunden hat, *noch* verwendet, das heißt den entsprechenden Code eingebaut hat, und wo man ihn dann auch noch zu beheben hat.

Natürlich sollte man unterstellen, dass auch unter diesen Voraussetzungen Programmierer schon etwas intelligenter gehandelt haben; der Code wurde idealerweise eben nicht durch Kopieren und Einfügen, sondern beispielsweise durch eine gemeinsame Codedatei von mehreren Programmen benutzt. Nur selten jedoch entspricht das Ideal der Realität.

Damit liegt es nahe, wie man versucht hat, diese Probleme zu lösen: Die einzelnen Funktionalitäten wurden in eigene »Unterprogramme«, also Komponenten ausgelagert. Die eben erwähnte Möglichkeit, in Excel Zeichnungselemente einzufügen, wurde als eigenständige Komponente entwickelt. Andere Office-Programme, wie nun neben Word auch Powerpoint etc. können dann auf diese Komponenten zugreifen.

Statt nun also in Excel, in Word oder anderen Programmen eine eigene Umsetzung der Funktionalität zu bilden, wird gemeinsam auf eine Implementierung zugegriffen.

Physisch wird dabei meist eine DLL, eine Dynamic Link Library erzeugt.

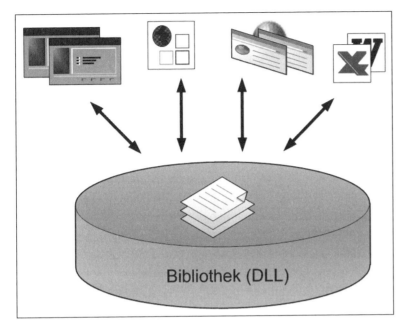

Abbildung 4.3 Gemeinsame Nutzung einer DLL

HINWEIS **DLL – Dynamic Link Library**

Wie schon der Name andeutet, handelt es sich um eine Bibliothek (Library) von Funktionen, die von den Programmen geladen und genutzt (Link = verknüpft) werden kann und dies dynamisch (Dynamic). Dynamisch meint in diesem Fall, dass das Laden der Funktionen aus der Bibliothek nicht immer grundsätzlich, also statisch, beim Ausführen des Programms geschieht, sondern nur und in dem Moment, wo die Funktion tatsächlich benötigt wird. Für die ausgeführten Programme hat dies zudem den Vorteil, dass diese den Code für selten benutzte Funktionen auslagern können und nur im Bedarfsfall geladen werden müssen. Zudem können mehrere Programme diese Bibliotheken nutzen, sodass bestimmte Funktionalitäten nicht immer wieder programmiert werden müssen.

Im Grunde verfolgt Windows selbst seit seiner Existenz genau diese Strategie. Nicht jeder Programmierer muss wieder eine grafische Benutzeroberfläche schreiben. Wenn ein Programm unter Windows zum Beispiel ein Fenster auf den Bildschirm bringen will, so implementiert es vielmehr diese Funktionalität nicht selbst, sondern ruft diese in einer Komponente des Betriebssystems auf. Jeder kennt die Box, die auf dem Bildschirm auftaucht, um den Benutzer über verschiedene Vorgänge zu informieren, zu warnen oder einen Fehler anzuzeigen.

Programmierer für Windows implementieren diese Funktion jedoch nicht selbst immer wieder aufs Neue, sondern rufen eine vorgegebene Funktion aus Windows auf, hier in diesem Beispiel `int MessageBox(HWND hWnd, LPCTSTR lpText, LPCTSTR lpCaption, UINT uType);` aus der *User32.DLL*.

Insofern ist Windows auch ein Framework, das es ermöglicht, grafische Benutzeroberflächen anzuzeigen, ohne diese selbst schreiben zu müssen.

Die bisher beschriebenen Aspekte beziehen sich auf Anwendungen, die auf einem Rechner installiert sind und ablaufen. Ähnliche Fragestellungen und Probleme ergeben sich aber, zumeist sogar noch verstärkt, wenn Programme nicht mehr allein auf einem Computer laufen, sondern auf Informationen von außerhalb, zum Beispiel über das Netzwerk, zugreifen.

Das klassische Beispiel sind so genannte Client/Server-Anwendungen. Der Client ist sehr oft der Arbeitsplatzrechner, der Server sehr oft ein Datenbankserver irgendwo im Unternehmen bzw. Unternehmensnetzwerk. Schließlich ist dies ein Buch über den SQL Server 2008 und daher beschäftigen wir uns per Definitionen mit zentralen Datenbank-Servern. Dieser Server stellt die Informationen für alle beteiligten Clients bereit. Nur so sind selbstverständlich Kundendatenbanken großer Firmen denkbar. Jeder hat die Informationen auf seinem Schreibtisch zur Verfügung, die Daten jedoch werden zentral gehalten.

Wie jedoch sieht die Anwendungsarchitektur einer solchen Client/Server-Anwendung aus? Die Daten werden zentral gehalten, über das Netz transportiert und dort angezeigt, eventuell geändert, und diese Änderungen werden wiederum zurückgeschrieben.

Die Aufgaben sind also verteilt: Der Server hält nur die Daten und liefert diese aus, ändert diese ab, der Client zeigt die Anwendung an. Bei genauerer Betrachtung tun aber beide doch erheblich mehr.

Der Datenbankserver, und bleiben wir bei dem Microsoft SQL Server, setzt implizit eine Menge an Logik über die Haltung dieser Daten um. So sorgt der Server dafür, dass beispielsweise zwei Benutzer nicht gleichzeitig Daten ändern. Auf der anderen Seite sorgt er dafür, dass der Benutzer nicht die Daten sieht, die in der Transaktion eines anderen Benutzers gerade geändert, aber vielleicht anschließend verworfen werden (in der Standardeinstellung tut er dies nicht: SET TRANSACTION ISOLATION LEVEL READ_COMITTED), und anderes.

Auch der Client setzt normalerweise erheblich mehr Logik um, als die vom Server gelieferten Daten nur anzuzeigen. So sorgt die Anwendung auf dem Arbeitsplatzrechner dafür, dass bestimmte Felder ausgefüllt sein müssen, bevor die Daten an den Server geschickt werden. Auch wenn der Server solche Funktionalitäten kennt (eine Spalte einer Tabelle ist als NOT NULL gekennzeichnet, muss also ausgefüllt sein), überprüfen Anwendungen solche Einstellungen sehr oft selbst, bevor sie die Daten verschicken und dann eine Fehlermeldung des Servers verarbeiten müssen. Ähnliches findet man im Bereich der Sicherheit. Zum Beispiel darf der aktuelle Benutzer keine Lieferanten in der Anwendung anlegen, die in der Tabelle *tblContacts* gespeichert werden, da ihm die Berechtigungen nicht erteilt wurden. Programmierer werden eine Anwendung nicht so schreiben, dass der Benutzer beginnen kann, einen Lieferanten anzulegen und erst dann, wenn versucht wird zu speichern, ihn darüber zu informieren, dass ihm die notwendigen Berechtigungen fehlen, sondern diese Funktionalität für nicht Berechtigte erst gar nicht bereitstellen.

Wo soll eine solche Ablauflogik implementiert werden: Auf dem Server oder auf dem Client?

Bei den eben beschriebenen Fällen muss man solche Mechanismen tatsächlich meistens auf beiden Seiten umsetzen. Moderne Anwendungen haben den Benutzer inzwischen – zu Recht – so verwöhnt, dass er es nicht akzeptabel findet, wenn er einen Lieferanten mit Adresse, PLZ etc. eingibt und dann erst beim Speichervorgang darauf hingewiesen würde, dass ihm die notwendigen Berechtigungen fehlen. Auf der anderen Seite müssen die Berechtigungsstrukturen auch auf dem Server umgesetzt werden. Nicht nur die Anwendung kann ja auf den Server zugreifen. Jeder Benutzer mit bestimmten Kenntnissen kann eine ODBC-Verbindung im Betriebssystem eintragen und über diese direkt auf den Server zugreifen. In einer Anwendung umgesetzte Sicherheitsmerkmale würden dann umgangen.

Es gibt jedoch andere Bereiche, wo sich in der Tat die Frage stellt, auf welcher Seite eine bestimme Funktionalität oder Ablauflogik implementiert wird: Auf dem Server oder auf dem Client? Solch eine Logik wird oft als Geschäftslogik oder Geschäftsregel bezeichnet.

Solche Geschäftslogiken legen zum Beispiel fest, wie viel Prozent Nachlass ein bestimmter Kunde bei der Bestellung von wie vielen Stücken eines Produktes auf den Endpreis erhält.

Solche Berechnungen werden auf der Grundlage bestimmter Informationen durchgeführt, die zumeist auch in der Datenbank abgelegt sind: Ist der Kunde ein VIP-Kunde, bei wie viel Stück wird welcher Rabatt gewährt? Da die Regeln dieser Berechnungen sich allerdings erfahrungsgemäß häufiger ändern als die zugrunde liegenden Daten, spricht man von den Geschäftsregeln.

Je nachdem ob nun diese Regeln auf dem Client oder auf dem Server abgelegt werden, wird von einem dummen Client und klugen Server gesprochen oder umgekehrt. Auf den ersten Blick mag es verwundern, wie denn solche Regeln auf einem Datenbankserver hinterlegt werden können. Aber gerade moderne Server wie der SQL Server 2008 bieten mit gespeicherten Prozeduren und benutzerdefinierten Funktionen solche Umsetzungen an.

Da man im SQL Server 2008 und schon im Vorgänger 2005 diese zudem in einer .NET-Sprache umsetzen kann, hat man kaum noch algorithmische Einschränkungen wie bei anderen Sprachen (z. B. SQL oder ihrer dialektalen Ausbildung T-SQL bei Microsoft). Im SQL Server 2008 sind noch einmal besondere Beschränkungen für benutzerdefinierte Datentypen in .NET aufgehoben worden.

Die Implementierung solcher Geschäftslogiken auf dem Client hat offensichtliche Nachteile. Wenn sich nun eine solche Regel ändert, muss sie sich auf allen Clients ändern. Damit ist man in der gleichen Problematik, wenn sich andere Teile des Quellcodes etwa durch Fehlerbereinigung ändern: Der neue Code muss im Unternehmen auf alle Clients verteilt werden.

Zum anderen sind bei Unternehmensdatenbanken durchaus andere Clients denkbar. Innerhalb des Unternehmens findet man eine Windows-Anwendung auf dem Arbeitsplatzrechner des Sachbearbeiters. Bald entsteht bei den Kunden der Wunsch, bestimmte Informationen, wie Bestellstatus, bisherige Bestellungen usw. einsehen zu können. Man würde den Kunden wohl kaum Zugriff auf die interne Windows-Anwendung gestatten wollen, daher wird eine Webseite programmiert, auf der die legitimierten Kunden die gewünschten Informationen einsehen können. Diese Webseite ist aber auch ein Client, der dann einen großen Teil der Logik erneut abbilden muss.

Völlig anders stellt es sich dar, wenn man diese Regeln auf dem Server implementiert. Beispielsweise kann eine benutzerdefinierte Funktion die Berechnung des Rabattes für den Kunden XYZ bei der Bestellung des Produktes ABC bei einer Menge von X durchführen. Es reicht dann völlig aus, diese Berechnung auf dem Server zu ändern. Ab dem nächsten Aufruf berechnen alle Clients den Vorgang auf eine andere Art und Weise, und es sind keine Updates notwendig. Ebenso stellt dann die Webseite die Berechnungen (falls dies gewünscht wird) genauso dar wie die im Haus genutzte Anwendung.

Aber diese Architektur hat noch weitere Nachteile, die im Laufe der Entwicklung von Software in den letzten Jahren immer gravierender wurden. Auch wenn es sicher eine gute Idee ist, Geschäftsregeln nicht auf dem Client sondern auf dem Server abzulegen, ergeben sich folgende Probleme:

Der Server fungiert in diesem Konzept bereits als Datenbankserver. Die Verlagerung weiterer Funktionen stellt zum einen ein schweres Hindernis bei der Skalierung solcher Anwendungen bereit. Da man in den sich schnell verändernden Umfeldern kaum voraussagen kann, wie ein Unternehmen und seine Anwendungen sich entwickeln, ist es wichtig, schon durch die Architekturentscheidung darauf zu achten, dass man eine Anwendung beinahe beliebig skalieren, das heißt für den Zugriff durch weitere Benutzer erweitern – oder sollte die Zahl der Benutzer einmal abnehmen – auch einmal verringern kann. Bei einem Anwendungsentwurf, der die Geschäftslogik auf der gleichen Maschine wie die Datenbank vorsieht, ohne die Möglichkeit diese zu entkoppeln, ist dies nicht gegeben.

Neben der Skalierbarkeit hat aber die reine Implementierung auf dem Datenbankserver in Form der schon genannten Funktionen wie gespeicherten Prozeduren etc. andere Auswirkungen. Die Implementierung ist sehr eng mit dem Produkt verknüpft. Eine Anwendung unter Windows, die von Informix, aus welchen Gründen auch immer, auf einen Microsoft SQL Server 2008 umgestellt werden muss, generiert unter diesen Voraussetzungen erheblichen Migrationsaufwand. Die gesamte Logik muss dann neu implementiert werden.

Alle diskutierten Aspekte haben dazu geführt, dass man, wenn man von modernen Unternehmensanwendungen spricht, zumeist einen drei- bzw. sogar mehrschichtigen Anwendungsentwurf im Auge hat.

Im Allgemeinen unterscheidet man dann die Daten-, die Geschäfts- und die Präsentationsschicht. Die hier benutzten Bezeichnungen sind die unbeholfenen Übersetzungen der üblicherweise gebrauchten Begriffe aus dem Englischen: *Data-*, *Business-* und *Presentation Layer* (oder *Tier*). Diese Unterteilung bezieht sich auf logische, nicht auf physische Strukturen. Es kann eine einzelne Anwendung in .NET geben, die auf einem einzigen Rechner läuft, die auf Daten (Datenschicht) einer Access-Anwendung mithilfe einer .NET-Klasse zugreift. Eine andere Klasse innerhalb der gleichen Anwendung bildet daraus Objekte der Geschäftsschicht wie »den Kunden« oder »die Bestellung«. Diese werden dann in einer Windows Forms-Klasse angezeigt. Zumeist aber werden die logischen Elemente auch in der Netzwerkstruktur implementiert: Als Datenbankserver, eine DLL für den Datenzugriff, DLLs für die Geschäftskomponenten und eine Anwendung oder Webseite für die Darstellung.

Die Datenschicht

Was dann mit der Datenschicht gemeint ist, dürfte nach dem Gesagten einsichtig sein: Diese Komponente in einer Anwendung kapselt den Zugriff auf die Daten bzw. zumeist den speziellen Datenbankserver. In der weiteren Architektur der Anwendung wird dann nur noch auf die datenbankunabhängigen Objekte dieser Schicht zugegriffen. Im .NET Framework wäre z.B. das DataSet ein Objekt, das sich aus Sicht der .NET-Entwickler besonders gut eignet, um Dateninformation zwischen einzelnen Komponenten und auch Schichten der Anwendung auszutauschen. Ein gutes Beispiel findet sich in der Anwendung *Pet Shop 3.0*, die Microsoft als .NET Anwendung (*http://www.microsoft.com/downloads/details.aspx?FamilyId=E2930625-3C7A-49DC-8655-A8205813D6DB&displaylang=en*) nach einem ähnlichen Beispiel aus der Java-Welt (*http://java.sun.com/developer/releases/petstore/*) implementiert hat.

In dem Beispiel wird der Zugriff auf wahlweise einen Oracle Server oder (natürlich) einen SQL Server abstrahiert. Ich möchte nicht sagen, dass die im Folgenden vorgeführte Implementierung die einzig mögliche oder gar beste sei, aber es ist eine mögliche. Oft sind die Diskussionen über solche Strukturen sehr abstrakt, daher einmal nachfolgend der stark verkürzte Beispielcode.

Hierbei wurde die Idee umgesetzt, eine Schnittstelle zu definieren, über die auf die Daten zugegriffen wird – als Beispiel hier die Bestellungen:

```
public interface IOrder
{
     int Insert(OrderInfo order);
     OrderInfo GetOrder(int orderId);
}
```

Die einzelnen Klassen, die auf die Daten konkret zugreifen, implementieren dann dieses Interface, einmal für den SQL Server

```
namespace PetShop.SQLServerDAL {
public class Order : IOrder{

...

public OrderInfo GetOrder(int orderId) {
    //Create a parameter
    SqlParameter parm = new SqlParameter(PARM_ORDER_ID, SqlDbType.Int);
    parm.Value = orderId;

    //Execute a query to read the order
    using (SqlDataReader rdr = SQLHelper.ExecuteReader(SQLHelper.CONN_STRING_DTC_ORDERS,
                    CommandType.Text,
        SQL_SELECT_ORDER, parm)) {

    if (rdr.Read()) {
```

und dann für einen Oracle Server.

```
namespace PetShop.OracleDAL {
public class Order : IOrder{

...

public OrderInfo GetOrder(int orderId) {

    //Create a parameter
    OracleParameter parm = new OracleParameter(PARM_ORDER_ID, OracleType.Number);
    parm.Value = orderId;

    //Execute a query to read the order
    using (OracleDataReader rdr = OraHelper.ExecuteReader(OraHelper.CONN_STRING_DTC_ORDERS,
                    CommandType.Text,
        SQL_SELECT_ORDER, parm)) {
    if (rdr.Read()) {

...
```

Die Anwendung kann aber transparent auf die Daten über das Interface zugreifen. Im Beispiel ist der wahlweise Zugriff auf Oracle oder SQL Server sogar einfach in einer der Konfigurationsdateien umzusetzen; eine Fabrik (Factory) übernimmt das Instanziieren der jeweilig benutzten Komponente und gibt das Interface zurück.

```
namespace PetShop.DALFactory {

    /// <summary>
    /// Factory implementation for the Order DAL object
```

```
/// </summary>
public class Order {

    //public static PetShop.IDAL.IOrder GetOrder() {
    public static PetShop.IDAL.IOrder Create() {

        /// Look up the DAL implementation we should be using
        string path = System.Configuration.ConfigurationSettings.AppSettings["OrdersDAL"];
        string className = path + ".Order";

        // Using the evidence given in the config file load the appropriate assembly and class
        return (PetShop.IDAL.IOrder)Assembly.Load(path).CreateInstance(className);
    }
  }
}
```

Man sieht, wie einfach in einer solchen Struktur auch eine Umsetzung für eine Access-Datenbank, DB2 oder sogar Textdatei zu erreichen wäre.

> **HINWEIS**   Auch wenn durch LINQ schon *fast* wieder überholt, so gibt es im .NET Framework ab Version 2.0 die Möglichkeit, datenbankunabhängigen Code über sogenannte Provider Factories zu erstellen. Auf der MSDN Seite finden Sie dazu einen einführenden Artikel »Schreiben von anbieterunabhängigem Code für .NET Framework-Datenanbieter« *http://msdn2.microsoft.com/de-de/library/k1d5ff9d(vs.80).aspx.*

Wie diese Klassen und Schnittstellendefinitionen in Form von Dateien abgelegt werden, ist zunächst beinahe beliebig.

Die Geschäftsschicht

Welche Komponenten sollen in dieser Schicht realisiert werden? Auch der Name ist etwas sperrig: Von welchem Geschäft ist hier die Rede? Erst einmal von Ihrem!

Jede Firma, jeder Verein, jede Person etabliert bestimmte Regeln, nach denen sie im Austausch mit Daten verfährt. Bei einer Firma können dies tatsächlich die Regeln sein, nach denen sie ihre geschäftlichen Aktivitäten verwaltet. Daher wird die Anwendungsschicht, die diese Regeln umsetzt, im Angelsächsischen oft *business rules* genannt.

Eine Firma kann festlegen, dass alle Kunden, die länger als 10 Jahre bei der Firma einkaufen, bei Bestellungen von über 1.000,00 € 5% Rabatt gewährt bekommen. Ein Verein verkauft Hemden seiner Trikots für 20,00 €, es sei denn, der Käufer ist zugleich auch Mitglied, dann für 17,00 €, ebenso wenn er im Förderverein ist, wenn er aber beides ist, sogar für nur 15,00 €. Sie selbst berechnen immer 50,00 € Fahrtkosten, aber bei Anfahrten über 200 km rechnen Sie nach Aufwand ab usw.

Diese Regeln darf man nach den gemachten Beispielen nicht auf Berechnungsregeln reduzieren. Es kann sich dabei genauso gut um Abläufe (»Wir müssen immer erst den Abteilungsleiter fragen, wenn wir bei einem Gebrauchtwagen eine verbindliche Schätzung abgeben.«) oder andere Regeln handeln, wie mit den vorliegenden Daten zu verfahren ist.

Viele Untersuchungen haben gezeigt, dass sich diese Regeln sehr viel häufiger ändern, als die zugrunde liegenden Daten. Während die Liste der Artikel in einem Unternehmen über längere Zeit bis auf wenige Ab- und Zugänge konstant bleibt, wird die Berechnung von Endpreisen oder die Gewährung der Rabatte sehr viel häufiger den Gegebenheiten der Marktsituation oder Ähnlichem angepasst.

Schon aus diesem Grund sollte daher die Umsetzung der Regeln in einer eigenen Komponente erfolgen. Diese ist dann unabhängig vom Rest der Anwendung zu warten und zu ändern. Interessanterweise sind solche Regeln selbst in größeren Firmen nicht immer dokumentiert. Von vielen Mitarbeitern werden diese Regeln als natürliches Vorgehen bei bestimmten Anwendungsfällen empfunden. Soll aber eine Anwendung geschrieben werden, will und muss man diese Geschäftsregeln algorithmisch umsetzen. Es bedarf dann im Allgemeinen eines erheblichen Interviewaufwandes, diese Regeln zuerst einmal zu erfragen und ggf. den jeweiligen Nutzern zu helfen, sich diese etablierten Regeln überhaupt erst einmal bewusst zu machen.

Wenn sich diese Regeln ändern, kann dies nur in einer eigenen Komponente zentral geschehen, und idealerweise benutzen alle Anwendungen eine Geschäftsschicht. Dann zeigt nach einer Änderung die Webseite im Extranet ebenso die neuen Preise für Großkunden an, wie die interne Hausanwendung unter Windows.

Die Geschäftsschicht setzt dabei die gewünschten Funktionalitäten in Objekten der Anwendung um. Von Objekten spricht man erst einmal sehr allgemein, aber unter .NET ist eine konkrete Umsetzung in Klassen und daher im Weiteren von Objekten immer mitgedacht.

Die Geschäftsobjekte sind Umsetzungen der durch Befragung oder Strukturierung gewonnenen Erkenntnisse über die tatsächlich im Unternehmen zu findenden Objekte. In einer produzierenden Firma können solche Objekte Kunden, Artikel, Rechnungen usw. sein. Diese Objekte stellen wiederum Methoden oder Funktionen bereit, mit deren Hilfe man konkrete, benötigte Teile der Anwendung realisiert. Nach einem Kunden muss man suchen können, eine Rechnung erstellt, druckt, löscht und verändert man. Zudem können diese Objekte miteinander verbunden sein. Eine Rechnung geht an einen Kunden, eine Rechnung enthält Artikel, die man ihrerseits suchen, anlegen, löschen kann.

Idealerweise stellen diese Objekte also unternehmensweit bestimmte Dienste bereit, die von allen Anwendungen genutzt werden und das *Word*-Makro, das eine Liste aller Artikel ausgibt, greift auf dasselbe Objekt *Artikel* zu und ruft dessen Methode *Liste* auf wie die Bestellanwendung. Die Strukturierung dieser Objekte ist oft der Hauptaufwand der Planung einer Anwendung. Ein gutes Konzept erleichtert und beschleunigt die spätere Umsetzung erheblich. Auch hier bemüht man sich heutzutage, allgemeine Beschreibungen der Objekte zu finden, die unabhängig von einer bestimmten Umsetzung in einer Sprache sind. So gibt es inzwischen Hilfsanwendungen, die es möglich machen, solche Objekte, ihre Methoden und die Beziehung unter ihnen grafisch abzubilden und dann auf Wunsch sogar Code einer gewünschten Sprache daraus zu generieren. Auch der umgekehrte Fall, *Reverse Engineering*, dass aus einem bestehenden Projekt eine grafische Ansicht der Objekte erzeugt wird, gibt es schon.

Man sollte den Nutzen solcher Code-generierender Tools, was allein die Geschwindigkeit der Implementierungen angeht, nicht überschätzen. Auch wenn aus einer grafischen Ansicht eines Objektes Kunden mit seinen Methoden *Suchen* oder *Anlegen* C#-Code generiert wird, so können dies allein die Klassen- und Methodenrümpfe sein. Noch weiß auch kein Tool, was es in Ihrer Firma heißt, einen Kunden zu suchen usw. Und wenn die Geschäftsregeln allgemein gültig wären, bräuchte man sie kaum immer wieder und in einer eigenen Schicht zu implementieren. Doch gerade solche Routineaufgaben wie die Erstellung der Funktionsrümpfe und Ähnliches können von solchen Tools sehr zuverlässig und dann natürlich auch zeitsparend umgesetzt werden.

In Visual Studio 20008 ist direkt das Klassendiagramm verfügbar. Eine grafische Darstellung der erstellten Klassen und Ihrer Eigenschaften und Methoden etc.

Abbildung 4.4   Das Klassendiagramm
in Visual Studio 2008

Zudem gibt es Entwicklungen, auch die Ablage der Geschäftsobjekte ebenfalls zu automatisieren. Bei Microsoft hieß ein solches Projekt einmal *ObjectSpaces* und wird jetzt wieder als Data Entity Model *EDM* bzw. allgemeiner als ADO.NET Entity Framework EF diskutiert.

ACHTUNG   Eigentlich sollte das Entity Framework im Rahmen von Visual Studio 2008 erscheinen. Schon im April 2007 hat Microsoft zahlreiche Vermutungen bestätigt, dass diese Funktionalitäten erst nach Veröffentlichung des SQL Servers 2008 und vor allem von Visual Studio 2008 mit einem Service Pack 1 in der Mitte 2008 nachgereicht und dann verfügbar sein werden.

http://blogs.msdn.com/adonet/archive/2007/04/28/ado-net-entity-framework-update.aspx

Bei anderen gibt es fertige Produkte mit erstaunlicher Funktionalität, wie z.B. Versant Open Access *http://www.versant.com*. Diese Tools übernehmen die Implementierung der Datenschicht manchmal vollständig, und man entscheidet per Knopfdruck, ob man seine Daten in SQL oder Oracle ablegen möchte. Bis zu einer Anwendung, in der man allein grafisch einen komplexen Ablauf skizziert und dann eine Schaltfläche *Anwendung erstellen* drückt und wir Programmierer dann alle arbeitslos wären, werden wohl noch viele Codezeilen konventionell erstellt, und selbst dann würde aus dem Programmierer eben eher der Anwendungsdesigner. Diese Tendenz ist seit einigen Jahren durch das Aufkommen solcher Entwicklungsumgebungen wie .NET mehr als deutlich.

Die Präsentationsschicht

Nach dem bisher Gesagten dürfte es klar sein, welche Aufgabe die Präsentationsschicht übernimmt. Sie stellt im Idealfall die Anwendung »nur« dar. Im Microsoft-Umfeld gibt es im Wesentlichen zwei Arten der Darstellung: In einer Windows 32-Anwendung oder in einer Webanwendung. Die Schicht selber enthält daher die Bildschirmdarstellungen, die Ablaufsteuerung und Benutzerführung sowie den Aufruf der Geschäftsobjekte und ihrer Methoden. Auch wenn in der Daten- und Geschäftsschicht schon ein großer Teil der Anwendungslogik und -funktionalität umgesetzt wird, darf man den Aufwand der Präsentationsschicht nicht unterschätzen. Benutzeroberflächen wie Windows haben die Anwender in erheblichem Maße verwöhnt. Daher findet man zwei Bewegungen: Auf der einen Seite verschiebt sich der Anteil des Codes immer mehr in Richtung Präsentationsschicht und auf der anderen Seite wird dieser Code immer mehr automatisiert erzeugt. Man erzeuge mit .NET nur einmal eine einfache Windows-Anwendung, mit einem Label, einer Textbox, einer Listbox und zwei Schaltflächen und erweitere die Region »Vom Windows Forms-Designer generierter Code«: Man findet sodann mutige 137 Zeilen Code in C#. Wobei dort einige Leerzeilen mitgerechnet sind.

Man hat bis dorthin aber noch keinerlei Funktionalität umgesetzt. Funktionalität der Anwendung wohlgemerkt – denn ohne eine Zeile Code geschrieben zu haben, kann man immerhin eine einfache Windowsanwendung starten.

Die weiteren Aufgaben der Präsentationsschicht bestehen aber im Laden und Anzeigen der Geschäftsobjekte und Umsetzung der Benutzerführung. Daher unterscheidet Microsoft selbst in einigen Veröffentlichungen zwischen den Komponenten der eigentlichen Benutzerschnittstelle (Fenster etc.), die sie UI Components (UI=User Interface) nennt, und denen des Ablaufs der Anwendung (UI Process Components).

Die Prozesskomponenten steuern dann den Ablauf der Anwendung mit den verschiedensten Mitteln. Sehr bekannt sind im Microsoft-Umfeld die berühmten Wizards (Assistenten) geworden, die die Anwender sehr gezielt durch die Schritte eines Anwendungsteils geleiten. Gerade aber ohne Assistenten muss die Anwendung die Ablaufsteuerung kontrollieren. Während sich der Benutzer durch einen Assistenten klickt, hat der Programmierer jederzeit Kenntnis über den Stand des Ablaufs (Hat der User schon den Benutzernamen eingeben?), weil dieser in den einzelnen Schritten festliegt.

Bei anderen Anwendungen ist der Ablauf nicht so streng reglementiert. So kann man in Einkaufsanwendungen im Internet jederzeit Artikel in den Warenkorb legen (mit nichts möchte man den Benutzer davon abhalten …). Wenn man jedoch zur virtuellen Kasse geht, muss die Anwendung einen bestimmten Status selber kontrollieren. Da für die Bezahlung bestimmte Informationen benötigt werden, wie die Identität des Benutzers, muss, falls der Benutzer es noch nicht getan hat, die Anwendung zur Anmeldung auffordern. Danach kann mit dem Kassengang fortgefahren werden, ohne dass Informationen verloren gehen. Während der Anmeldung muss wiederum entschieden werden, ob es sich um einen neuen Benutzer handelt oder um einen bereits bekannten Benutzer, der sich wieder anmeldet.

Die Idee, eine Anwendung in verschiedene Schichten aufzuteilen, hat viel mit der Vorstellung der Wiederverwendbarkeit zu tun. Bei der Portierung von einer Windows- auf eine Webanwendung muss »nur« der Teil der Präsentationsschicht neu geschrieben werden. Aber auch das ist ärgerlich. Daher hat sich Microsoft bemüht, z.B. die Erstellung von Web- und Windows-Anwendungen stark anzunähern. Sogar die ereignisorientierte Programmierung (»dieser Code wird ausgeführt, wenn ein Anwender auf eine Taste drückt«) wurde in beiden Anwendungsarten, wenn nicht gleich, so doch sehr ähnlich umgesetzt.

In Zukunft will man aber noch weiter gehen. Microsoft hat sehr weitgehende Visionen von der Umsetzung neuer Programmierparadigmen auch für die Präsentationsschicht.

Im Windows Server 2008, bzw. Visual Studio 2008 finden wir mit *Windows Presentation Foundation* (WPF) die Unterstützung von XAML (Extensible Application Markup Language – mehr dazu verrät *http://msdn.microsoft.com/library/default.asp?url=/library/en-us/dnintlong/html/longhornintro.asp*), einer Anwendungsbeschreibungssprache, in der es möglich sein soll, unabhängig von der Umsetzung als Web- oder Windows-Anwendung die Oberfläche einer Anwendung zu beschreiben.

```xml
<Border xmlns="http://schemas.microsoft.com/2003/xaml" Background="#DEE7F7">
<DockPanel Dock="Left">
  <Border  BorderThickness="0,0,0,0">
<!-- Padding="10, 10, 10, 10"  -->
  <GridPanel Columns="7">
    <GridPanel.ColumnStyles>
      <Column Width="16%"/>
      <Column Width="4%"/>
      <Column Width="16%"/>
      <Column Width="16%"/>
      <Column Width="16%"/>
      <Column Width="16%"/>
      <Column Width="16%"/>
    </GridPanel.ColumnStyles>

    <GridPanel.RowStyles>
      <Row Height="25"/>
      <Row Height="10"/>
      <Row Height="35"/>
      <Row Height="7"/>
      <Row Height="35"/>
      <Row Height="35"/>
      <Row Height="35"/>
      <Row Height="35"/>
    </GridPanel.RowStyles>
...
        <Text GridPanel.ColumnSpan="7"/>
        <Button Foreground="Red">MC</Button>
        <Text/>
        <Button Foreground="Blue">7</Button>
        <Button Foreground="Blue">8</Button>
        <Button Foreground="Blue">9</Button>
        <Button Foreground="Red">/</Button>
        <Button Foreground="Blue">sqrt</Button>
        <Button Foreground="Red">MR</Button>
...
  </GridPanel>
</Border>
</DockPanel>
</Border>
```

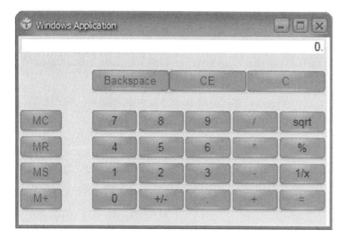

Abbildung 4.5   Eine einfach Anwendung mit XAML

HINWEIS Sehr viele interessante Beispiele für XAML und andere Möglichkeiten des .NET Frameworks 3.0 finden Sie unter *http://wpf.netfx3.com/files/folders/applications/default.aspx.*

Verteilte Anwendungen

Die Aufteilung der Anwendung in verschiedene Schichten ermöglicht erst die Erstellung so genannter verteilter Anwendungen. Dabei ist der Schritt nahe liegend und einfach: Nach einer logischen Trennung der Komponenten kann man diese auch getrennt ausliefern. Eine solche Trennung kann dann die Installation auf verschiedenen Rechnern bedeuten. Solche Szenarien sind vor allem in zweierlei Hinsicht interessant: Zum einen hat man eine zentrale Ablage von Komponenten und damit eine zentrale Wartung, Administration etc., und zum anderen hat man eine einfache Möglichkeit der Skalierung solcher Anwendungen.

Für die Datenschicht wird das niemand als etwas Besonderes empfinden: Der SQL Server ist zumeist eine eigene Maschine. Zu der Datenschicht gehören aber Klassen und damit Komponenten in der Anwendung, die den Zugriff auf diese kapseln. Bei einem SQL Server spricht man eben von einem Server, weil er eigene Dienste anbietet. Unter einer zentralen Adresse, seinem Namen oder der TCP/IP-Adresse ist er zu erreichen. Eine SQL-Abfrage wird nicht auf meinem Computer, dem Client, sondern auf dem Server und damit mit entfernten Ressourcen verarbeitet.

Solche Server sind im Windows-Umfeld zumeist als EXE-Dateien umgesetzt. Diese starten als Dienste während des Systemstarts mit einem eigenen Benutzerkonto, was vereinfacht meist nur bedeutet, dass kein Benutzer sich anmelden muss, damit in seiner Autostartgruppe dieser Server gestartet wird. Der Server, der seine Dienste anbietet, ist dann neben seiner Adresse zumeist speziell über einen bestimmten Port (so war es beim SQL Server 2000, SQL Server 2005 und wird es beim SQL Server 2008 standardmäßig der Port 1433 sein) und einem bestimmten Protokoll zu erreichen.

Die weiteren Komponenten der Anwendung unter .NET sind aber meist als DLLs implementiert, und auch die Erstellung einer EXE-Datei müsste dann jedes Mal die Implementierung einer gewünschten Protokoll-kommunikation mit einschließen.

Welche Möglichkeiten hat man aber dann für die Umsetzung der Daten- oder auch der Geschäftsschicht unter .NET?

Die Entscheidung für eine konkrete Implementierung hängt im Wesentlichen von vielen Umständen einer Anwendung ab. Entscheidend ist jedoch immer der Gedanke der Möglichkeit einer zentralen Ablage. Sicherlich kann man die Schichten auch mithilfe von Klassen, die man auf die Clients und damit auf jeden Rechner, der die Schicht nutzen will, verteilen, aber die möglichen Auswirkungen sind klar: Bei jeder Änderung muss die Komponente wieder allgemein verteilt werden und in der Realität ist es dann nur eine Frage der Zeit, bis auf den verschiedenen Clients verschiedenste Versionen dieser Komponenten zu finden sind, die die Logik der Schicht dann in ebenso vielen Varianten implementieren. Im .NET-Umfeld muss man sich daher mit den technologischen Möglichkeiten einer zentralen Ablage beschäftigen.

In Frage kommen eine Reihe von Umsetzungen, vor allem aber .NET Remoting, Enterprise Services oder Webservices.

.NET Remoting

Über .NET Remoting ist es möglich, wie der Name schon sagt, eine Komponente *remote*, also entfernt, aufzurufen. Die Eleganz des Entwurfes besteht unter anderem darin, dass man unabhängig von der Implementierung der Komponente im Code später administrativ festlegen kann, über welchen Port beispielsweise bei einer binären Übertragung die Daten transportiert werden sollen.

Es ist daher nicht mehr nötig, dass der Anwender sich über Port-Kommunikation Gedanken macht oder diese gar schreiben muss – das Framework stellt die gesamte Infrastruktur bereit, die Kommunikation abzuwickeln. Der Programmierer muss im Allgemeinen nur Einstellungen eher administrativer Natur vornehmen. Auch die grundlegende Entscheidung, ob überhaupt binär, was häufig erheblich schneller ist, oder zum Beispiel per SOAP übertragen wird, was besser durch Firewalls gelangt, kann nachträglich gefällt und in Konfigurationsdateien eingestellt werden.

Trotzdem sind die Komponenten zumeist als DLLs implementiert. Eine DLL kann aber von Windows nicht alleine geladen werden: Windows startet EXE-Dateien, die dann die DLLs nachladen.

Der große Nachteil von .NET Remoting liegt daher unter anderem in der Tatsache, dass immer auch eine zusätzliche, selbst geschriebene Host-Anwendung (oder auch Surrogat-EXE genannt) auf dem Server notwendig ist, die die Aufrufe an die Komponente entgegennimmt. Eine Implementierung in .NET Remoting ist daher nicht sehr verbreitet und kann in den seltensten Fällen empfohlen werden. Ein sicheres Zeichen ist immer die Verwendung einer Technologie vom Hersteller selber. Während Microsoft Enterprise Services und besonders Webservices in eigenen Entwicklungen intensiv nutzt, ist mir keine Anwendung von Microsoft bekannt, die selber .NET Remoting einsetzt. Trotzdem ist es unter bestimmten Geschwindigkeitsaspekten manchmal nicht zu vermeiden.

Enterprise Services

Während die .NET und die CLR einen Ersatz für COM (Component Object Model) darstellt, so fehlt bislang ein Ersatz für die so genannten COM+-Dienste. Mit anderen Worten: .NET benutzt in der Version 1.1 immer noch Funktionalitäten von COM und stellt diese nicht selbst zur Verfügung. Die Dienste, die COM+ anbietet, führte Microsoft zum ersten Mal mit dem Windows NT 4.0 Option Pack und dort mit dem Microsoft Transaction Server (MTS) ein.

Der MTS war ein nachträglich ausgelieferter Server, und so entschied sich Microsoft ab der Version Windows 2000, diese Dienste in das Betriebssystem zu verlagern. Daher findet man auch in Windows XP und Windows Server 2003 COM+ unter dem Eintrag *Komponentendienste* in der Systemsteuerung als integralen Bestandteil des Betriebssystems.

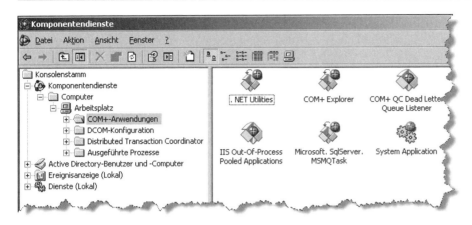

Abbildung 4.6 Die Komponentendienste im Windows Server 2003

Über COM+ lassen sich eigene Bücher schreiben (z.B. Inside COM+ von Guy Eddon, Henry Eddon aus dem Microsoft Press Verlag), denn die Möglichkeiten sind vielfältig. Besonders folgende Aspekte sind sehr interessant:

COM+ oder die Komponentendienste stellen eine Server-Infrastruktur bereit. Es ist daher möglich, DLL-Komponenten einer Anwendung für die Nutzung in den Komponentendiensten zu registrieren. Damit dienen diese Dienste auch als Surrogat-EXE. Die z.B. im Taskmanager manchmal sichtbare »DLLHOST.EXE« stellt diesen Server.

Der Server erweitert die Funktionen aber immens, so kann der Zugriff auf Objekte in diesen Komponenten über einen so genannten Pool realisiert werden. Wenn eine Anwendung ein Objekt, eine Instanz einer Klasse innerhalb der Komponente benötigt, so erstellen die Komponentendienste diese und geben diese an den Client zurück. Benötigt der Client diese nicht mehr oder zerstört die Instanz in seinem Code aktiv, so halten die Komponentendienste diese trotzdem, um sie dem nächsten anfragenden Client sofort zur Verfügung zu stellen. Diese Funktionalität sorgt aber auch für gewisse Einschränkungen im Design solcher Klassen. Eine Klasse wird daher speziell für den Einsatz unter den Komponentendiensten entworfen.

Zudem stellt COM+ die Verwaltung von Transaktionen bereit. Transaktionen kennen wir alle aus dem SQL Server. Innerhalb einer Transaktion werden entweder alle oder keine der Aktionen ausgeführt (*all or nothing*-Prinzip). Eine Überweisung beispielsweise kann als Aufgabe aus folgenden Schritten verstanden werden: Zunächst wird Geld von Konto A abgebucht, dann auf Konto B gutgeschrieben. Tritt nun in einem der Schritte innerhalb einer Transaktion ein Fehler auf, so werden auch alle anderen Schritte rückgängig gemacht, um die Datenintegrität sicherzustellen.

Der Anwender unter .NET hat aber normalerweise logische Einheiten seiner Anwendung im Blick und nicht detaillierte Transaktionen. Oft ist es auch nicht sofort einsichtig, welche Schritte einer Anwendung innerhalb einer Transaktion ablaufen sollen. In einem anderen möglichen Szenario sollen schon vorhandene Komponenten in einem neuen Zusammenhang an einer Transaktion teilnehmen. Hat man beispielsweise ein Objekt *Bestellung* mit einer Methode *Artikel hinzufügen* und eine anderes Objekt *Lager* mit der Methode *Artikel ausbuchen*, so können die Komponentendienste einen Transaktionskontext bereitstellen, der es möglich macht, ohne Änderung an diesen bestehenden Komponenten, diese nun innerhalb einer Transaktion aufzurufen. Daher erklärt sich der erste Name *Microsoft Transaction Server* dieser Dienste. Und dies funktioniert sogar über mehrere Server hinweg.

Die Möglichkeiten von Enterprise Services, wie die Nutzung dieser Dienste unter .NET heißt, sind großartig; jeder der sie einsetzen will, sollte sich aber auf jeden Fall vorher gut einarbeiten, denn die Umsetzung ist nicht immer trivial.

```csharp
[Transaction(System.EnterpriseServices.TransactionOption.Required)]
    [ClassInterface(ClassInterfaceType.AutoDispatch)]
    [ObjectPooling(MinPoolSize=4, MaxPoolSize=4)]
    [Guid("14E3573D-78C8-4220-9649-BA490DB7B78D")]
    public class OrderInsert : ServicedComponent {

        // Diese Elemente wurden nur eingefügt, um den Rollback zu demonstrieren
        // und würden in einer Produktionsumgebung natürlich keinen Sinn machen
        private const string ACID_USER_ID = "ACID";
        private const string ACID_ERROR_MSG = "ACID wirft einen Fehler für die verteilte
        Transaktion!";

        // Hier kann man COM+ sogar darüber informieren, ob das Objekt selbst wiederverwendet
        // und in einen Pool zurückgestellt werden kann
        protected override bool CanBePooled() {
            // Always return true
            return true;
        }

        /// <summary>
        /// Die Methode, die eine neue Bestellung in das System einfügt
        /// Die orderId wird in der Methode generiert und sollte nicht übergeben werden
        /// Als Teil der Bestellung wird das Lager um die Anzahl der bestellten Ware reduziert
        /// </summary>
        /// <param name="order">Alle Informationen über die Bestellung</param>
        /// <returns>Die neue orderId wird zurückgegeben</returns>
        [AutoComplete]
        public int Insert(OrderInfo order) {
            // Holt eine Instanz wie oben beschrieben
            IOrder dal = PetShop.DALFactory.Order.Create();
            // Fügt die Bestellung ein
            int orderId = dal.Insert(order);

            // Eine Instanz der Lagerverwaltung
            Inventory inventory = new Inventory();
            // aus dem Lager ausbuchen
            inventory.TakeStock( order.LineItems);
            // Als Teil der Vorführung gibt es einen bösen Benutzer ACID, mit dem man die
            // verteilte Transaktion testen kann. Wenn dieser User ACID die Aktion ausführt,
            // wird eine Ausnahme geworfen
            // Bei einer Ausnahme wird ein Rollback ausgeführt
            if (order.UserId == ACID_USER_ID)
                    throw new ApplicationException(ACID_ERROR_MSG);
            // Die neue OrderId zurückgeben an die aufrufende Funktion
            return orderId;
        }
    }
```

Listing 4.5   Der Code einer „Serviced Component", wie eine .NET DLL für Enterprise Services heißt

Einige Bemerkungen zum Listing: Wie man an den hervorgehobenen Codeteilen sieht, ist es eine rein deklarative Angelegenheit, den Komponentendiensten mitzuteilen, dass für diese Funktion ein Transaktionskontext notwendig ist: Im Attribut *TransactionOption.Required*. Dies bedeutet, dass entweder ein neuer Transaktionskontext für diese Funktion erstellt wird, oder diese in einem schon existierenden Transaktionskontext ausgeführt wird (so gibt es beispielsweise auch *RequiresNew*, dann wird immer ein neuer Kontext erstellt). Mit der Option des *ObjectPoolings* kann man steuern, dass die Komponentendienste einen Objektpool, hier mit mindestens schon 4 Objekten, bereitstellen. Bei einem Aufruf eines Clients, muss das Objekt dann nicht erst erzeugt werden, sondern ist schon fertig da, was einen entsprechenden Geschwindigkeitsvorteil bringt (was aber leider auch deutlich macht, dass solche Objekte für einen Pool keinen internen Status, etwa durch interne private Variablen zwischen den Funktionsaufrufen speichern dürfen, weil diese leicht an den »falschen« Client geraten können). Das entscheidende Attribut ist aber *AutoComplete*, was bedeutet, dass am Ende dieser Funktion der Transaktionskontext (auch eben über verschiedene Datenbanken, wenn etwa die Lagerkomponente auf Oracle und der Rest auf SQL Server 2008 läuft) mit einem *Comit* bestätigt wird – es sei denn, eine Ausnahme tritt auf, dann wird ein *Rollback* aufgerufen. Nichts davon sehen Sie aber im Code! Die gesamte Transaktionsverwaltung wird von den Komponentendiensten erledigt. Auch wenn Sie einmal nicht *AutoComplete* nutzen wollen: Es ist auch möglich, etwa abhängig vom Rückgabewert einer Funktion, *SetAbort()* oder *SetComplete()* für eine solche Funktion aufzurufen. Am Ende der Funktion werten die Komponentendienste quasi die Stimmabgaben aus: Habe alle Funktionsteile mit *SetComplete()* bestätigt, wird *Comit*, hat auch nur ein Teil ein *SetAbort()* abgegeben, wird ein *Rollback* aufgerufen.

COM+ nutzt zudem zur Kommunikation mit den aufrufenden Clients immer die Protokolle von DCOM (Distributed COM). Daher eignen sich Enterprise Services vor allem zur Nutzung innerhalb eines lokalen Netzes.

Webservices

Webservices sind die von Microsoft bevorzugte Möglichkeit zur Erstellung von verteilten Anwendungen. Unter einem Webservice kann man sich einfach eine Internet URL vorstellen, die statt einer HTML-Seite für einen menschlichen Benutzer XML-Daten liefert.

Damit jeder legitimierte Nutzer sofort und einfach auf einen Webservice zugreifen kann, beschreibt sich jeder Webservice in einem (natürlich XML-) Dokument selbst. Dieses Dokument kann immer unter der Adresse des Webservices, seinem Einsprungs- oder Endpunkt gefolgt von *?WSDL* (Web Service Description Language) abgerufen werden.

Die Übertragung findet über SOAP (*Simple Object Access Protocol*) und standardmäßig über *http* und damit Port 80 statt. Ein Webservice kann zumeist problemlos über eine Firewall oder einen Proxy aufgerufen werden. Die Dienste sind wirklich plattform- und sprachenunabhängig und zudem strikt standardisiert.

Diese Standards werden zudem nicht von Microsoft alleine definiert, gehalten und weiterentwickelt, sondern vom World Wide Web Consortium (W3C). Zu diesen Standards haben sich neben Microsoft auch IBM, Sun und andere bekannt. So kann ein Webservice, der unter .NET geschrieben wurde, sehr einfach von einer Java-Client-Anwendung genutzt werden, und eine .NET Windows-Anwendung kann die Daten eines IBM Websphere Webservice nutzen.

Das macht es aber de facto nicht immer leicht, einen Webservice zu schreiben (oder zu nutzen): Man muss sich sehr eng an diese Standards halten, die zu übertragenen Daten müssen in XML abgebildet werden etc.

.NET vereinfacht die Erstellung von und den Zugriff auf Webservices in einem Maße, dass in frühen Tagen die Marketing-Abteilungen .NET schon als »Tool zur Erstellung von Webservices« angepriesen haben, und in der Tat hat die Unterstützung von Webservices und XML eine zentrale Stellung in .NET.

Unter .NET erstellt man eine Klasse, deren Methoden über einen Webservice angeboten werden sollen, beinahe ohne Einschränkungen (Eigenschaften oder *Properties* werden nicht unterstützt). Nur leitet man die Klasse von System.Web.Services.WebService ab und stellt vor Methoden, die man veröffentlichen will, das .NET Attribut *WebMethod*:

```
<System.Web.Services.WebService(Namespace := "http://tempuri.org/MyService/Service1")> _
Public Class Service1
    Inherits System.Web.Services.WebService

Vom Webdienst-Designer generierter Code
    <WebMethod()> _
    Public Function HelloWorld() As String
        Return "Hello World"
    End Function

End Class
```

Listing 4.6   Webservice unter VB.NET

Alle weiteren Aufgaben übernimmt das .NET Framework. Es kann einen String, ebenso wie komplexe Klassen in XML abbilden, und auch das WSDL-Dokument wird automatisiert erzeugt. Damit ist das Schreiben eines Webservices unter .NET nicht wirklich schwieriger als das Schreiben einer »normalen« Komponente.

Aber auch ein Webservice ist eine Komponente, die gehostet werden muss. Die Surrogat-EXE-Datei ist in diesem Fall der Internet Information Server (IIS), der Webserver von Windows. Microsoft hat ihn im Windows Server 2003 grundsätzlich überarbeitet und unter anderem auch für den Betrieb von Webservices optimiert. So steht ein Anwendungsserver bereit, der eine entsprechende Architektur auch bedienen kann.

Neu in SQL Server 2008   Diese Aussagen waren bis zum SQL Server 2008 richtig. Im SQL Server 2008 wird ein Webservice, nämlich die Reporting Services ausgeliefert, die nicht vom Internet Information Server gehostet werden. Die Reporting Services 2008 bringen ihre eigenen Webdienste mit. So ist es (endlich) möglich, einen SQL Server von Microsoft auch ganz ohne installierten IIS mit all seinen Funktionen zu betreiben.

Die Infrastruktur einer Anwendung, die Webservices nutzt, muss aber nicht erst aufgebaut werden. Es ist wie im Fall einer üblichen Webseite einfach das Internet, über das die gesamte Kommunikation läuft. Sollen die Daten verschlüsselt übertragen werden, nutzt man Secure Socket Layer (SSL), und gegen anonymen Zugriff kann man einen Webservice wie eine Webseite schützen.

Nach dem Gesagten muss man sich fragen, warum nicht alle neuen Anwendungen mit Webservices geschrieben werden. Bill Gates selber hat häufiger betont, dass die Verbreitung und Nutzung von Webservices stark hinter den Erwartungen von Microsoft zurückgeblieben ist, bis zu drei Jahren! Dies hat eine Reihe von Gründen:

Zuerst einmal muss eine solche Technologie bekannt werden. Nicht alle Softwarefirmen haben sofort begonnen, mit und für .NET zu entwickeln, noch heute fehlt auf vielen Rechnern die Voraussetzung: das .NET Framework. Es ist zwar einfach und schnell installiert (mit installierten 12MB ist es aber auch nicht gerade winzig), aber gerade größere Firmen scheuen bislang oft den Aufwand. Erst im Windows Server 2003 und natürlich im Windows Server 2008 wird das Framework als Teil des Betriebssystems ausgeliefert.

```xml
<?xml version="1.0" encoding="utf-8" ?>
- <DataSet xmlns="http://tempuri.org/">
  + <xs:schema id="NewDataSet" xmlns="" xmlns:xs="http://www.w3.org/2001/XMLSchema
      com:xml-msdata">
  - <diffgr:diffgram xmlns:msdata="urn:schemas-microsoft-com:xml-msdata" xmlns:diffgr="urn
      diffgram-v1">
    - <NewDataSet xmlns="">
      - <Table diffgr:id="Table1" msdata:rowOrder="0">
          <CustomerID>ALFKI</CustomerID>
          <CompanyName>Alfreds Futterkiste</CompanyName>
          <ContactName>Maria Anders</ContactName>
          <ContactTitle>Sales Representative</ContactTitle>
          <Address>Obere Str. 57</Address>
          <City>Berlin</City>
          <PostalCode>12209</PostalCode>
          <Country>Germany</Country>
          <Phone>030-0074321</Phone>
          <Fax>030-0076545</Fax>
        </Table>
```

Abbildung 4.7 Testausgabe des XML Code, der in diesem Fall die Kunden aus Northwind weitergibt

Aber auch wenn die Firmen beginnen, .NET zu unterstützen, sind Webeservices selber nicht immer bekannt.

Andere Gründe sind in der Geschwindigkeit zu suchen. Man kann über XML viel Gutes sagen, es ist aber auch ein »geschwätziges« Protokoll. Dazu ist SOAP eine weitere Protokollschicht und auch http steht nicht in dem Verdacht, eine besonders schnelle Übertragung anzubieten – hierzu war es einmal auch nicht unbedingt erdacht worden. Daneben gibt es noch andere Aspekte, wie die Authentifizierung und Autorisierung von Benutzern, die bislang wenig in SOAP direkt unterstützt werden.

Doch diese Gründe beginnen sich zu relativieren, die Bandbreiten und damit die Übertragungsmengen nehmen im Internet immer weiter zu. Auch für einen Freizeitrechner ist eine doppelte DSL-Anbindung heute immer mehr üblich und an SOAP wird auch weitergearbeitet.

Für Microsoft selber ist der Webservice die Architektur schlechthin. Alle neuen Programme nutzen diese Technologie. Wer Zweifel hat, ob Webservice überhaupt in der Lage ist, große Datenmengen unterschiedlichster Natur zuverlässig zu übertragen, schaue sich nur die Reporting Services im SQL Server an: Ein Webservice, der großartig funktioniert.

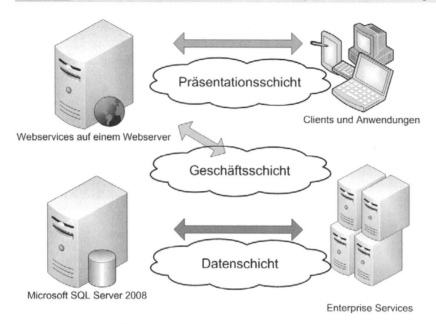

Webservices auf einem Webserver

Clients und Anwendungen

Microsoft SQL Server 2008

Enterprise Services

Abbildung 4.8　Mehrschichtiges Anwendungsmodell

Mithilfe der beschriebenen Komponenten unterstützt Windows die Erstellung großer verteilter Anwendungen. Sowohl mit Enterprise Services als auch mit Webservices kann man stabile Anwendungsserver aufbauen, die es möglich machen, dass mehrere tausend Benutzer auf eine Anwendung zugreifen können. Durch saubere Trennung der Dienstschichten können Geschäftsregeln zentral geändert werden oder die Ablage der Daten ohne Neuprogrammierung der gesamten Anwendung von einem DB2 Server auf einen Microsoft SQL Server verschoben werden, so dies gewollt ist.

.NET im SQL Server 2008

Für große Aufregung sorgte damals die Ankündigung, dass Microsoft eine Unterstützung des .NET Frameworks im SQL Server 2005 bereitstellen wolle. So sollte .NET Code im SQL Server Prozess ausgeführt werden können und daher als Ergebnis benutzerdefinierte Funktionen und gespeicherte Prozeduren im SQL Server in einer beliebigen .NET Sprache geschrieben werden können. Auf der CeBIT 2005 war daher auch diese Neuerung im Zentrum des Interesses der Besucherinnen und Besucher und musste entsprechend oft präsentiert werden.

Die Möglichkeit, .NET Code im Server laufen zu lassen, hat auf den ersten Blick sofort zwei attraktive Seiten: Zum einen ist es sehr angenehm, nicht in T-SQL programmieren zu müssen. Die Sprache selber ist wenig intuitiv und die meisten Programmierer sind in ihren Hochsprachen wie VB oder C# sicherer als in T-SQL. Zum anderen liegt dann die Idee nahe, einen Teil der Geschäftslogik, der von .NET Programmierern immer schon als .NET Code entwickelt wurde, auf den Server zu verschieben. Davon verspricht man sich im Allgemeinen zentrale Wartung und ggf. auch Performancegewinn – schließlich wird .NET in Maschinensprache kompiliert und es arbeitet ein Server – ein Datenbankserver – der auf solche Datenzugriffe optimiert ist.

Eine gespeicherte Prozedur, die aus einer oder mehreren Tabellen mit Parametern ein Resultset zurückgibt, wird sinnvollerweise auch in Zukunft in T-SQL geschrieben werden. Und dabei wird ihre Ausführung auch schneller sein. .NET Code wird immer dann angeraten sein, wenn die Schwächen von T-SQL besonders augenfällig werden: Bei komplexen String-Manipulationen wird .NET besser geeignet sein und ebenso bei komplexer Ablaufsteuerung. Auch beim Verschieben der Geschäftslogik ist Vorsicht geboten – was viele dort im Sinn haben, gibt es schon und besser: Die COM+ Services. Das ist die Stelle, an der man komplexe Geschäftslogiken und die sie umsetzenden Objekte zentral über einen echten Applikationsserver bereitstellen kann.

Es handelt sich um *SQL* Server 2008, immer noch nicht um *.NET* Server 2008 – das sollte man nicht vergessen.

COM+ Services

COM+ Services sind der Name einer Produktlinie, die erstmals mit Windows NT 4.0 Option Pack ausgeliefert wurde und damals den aus meiner Sicht besseren Namen *Microsoft Transaction Server* oder kurz MTS trug. Diese Dienste stellen eine Infrastruktur zur Verwaltung von COM DLLs bereit. Sie dienen unter anderem als Surrogat-EXE; da DLLs selber ja nicht starten können, muss es eine Ersatz-EXE geben, die sie in den Speicher lädt. Auf diese kann dann per COM oder DCOM auch von entfernten Rechnern zugegriffen werden. Die COM+ Services können aber noch weit mehr: Sie können die von den COM DLLs bereitgestellten Objekte auch in einen Pool einstellen und diese der nächsten Anforderung sofort zur Verfügung stellen. Damit erhöht sich die Geschwindigkeit erheblich, auch wenn es einige Einschränkungen bei der Programmierung solcher Objekte bzw. deren Klassen gibt.

Besonders faszinierend sind die Möglichkeiten der Transaktionssteuerung. Ein einfaches Beispiel: Sie haben eine Bestellkomponente geschrieben, die Bestellungen von Artikeln entgegennimmt. Jemand anderes hat aber schon eine Lagerkomponente geschrieben, die Artikel aus dem Lager ausbuchen kann. Wünschenswert wäre es nun, die Bestellung des Artikels und das Ausbuchen aus dem Lager in einer Transaktion auszuführen und nur bei Erfolg beider Methoden die Transaktion zu bestätigen und sonst ggf. beide Aktionen rückgängig zu machen. Die Lagerkomponente läuft aber bereits auf einem SQL Server 2000 (oder sogar auf einem Oracle Server), die neue Bestellkomponente auf dem SQL Server 2008. Die beiden Komponenten legen aber ihren Datenzugriff und damit die Transaktionssteuerung nicht offen.

Auch wenn es unglaublich erscheint: Die COM+ Dienste bieten genau diese Möglichkeit. Mit ihrer Hilfe kann man Transaktionen, sogar über Server verteilte Transaktionen über Methodenaufrufe hinweg verwalten. Auch in .NET ist es möglich, die COM+-Dienste zu nutzen, auch wenn dabei COM-Interop verwendet wird. Im Namespace System.Enterprise finden Sie alle wichtigen Klassen.

Im .NET Framework 2.0 sind verteilte Transaktionen sogar ohne Benutzung von COM+-Diensten möglich, wobei wie erwähnt COM+ sehr viel mehr als verteilte Transaktionen bereitstellt. Die entsprechenden Klassen finden Sie im Namespace System.Transactions.

Man muss die Benutzung der .NET Integration erst einmal mit diesem Skript einschalten: CLR steht dabei für die Common Language Runtime, zu deutsch also so etwas wie die Allgemeine Laufzeitumgebung für .NET Sprachen.

```
EXEC sp_configure 'show advanced options', 1
GO
RECONFIGURE
GO
```

```
sp_configure 'clr enabled', 1
GO
RECONFIGURE
```

Listing 4.7   Die .NET Integration im SQL Server 2008 verfügbar machen

ACHTUNG   Dies gilt übrigens nicht für die mit ausgelieferten .NET-Datentypen wie `HierarchyID` etc. Diese sind auch dann verfügbar, wenn die allgemeine Unterstützung der Common Language Runtime nicht aktiviert wurde.

Erstellen einer .NET DLL für den SQL Server 2008

Auch hier verwenden wir als Einstieg ein »Hello world«-Beispiel – schon wegen der Tradition. Man kann schließlich .NET Code auch mit Notepad schreiben. Was wir aber nicht tun. Schließlich ist Microsoft die Firma, die mit Oberflächen ihren Erfolg begründet hat. Sicher gibt es Menschen, die sehr glücklich sind, besonders viele Parameter und Optionen von *vi* auswendig zu kennen. Wir gehören nicht dazu.

Ein SQL Projekt in Visual Studio 2008

Der sehr viel bequemere Weg ist es, ein Datenbankprojekt in Visual Studio 2008 zu erstellen. Durch die enge Zusammenarbeit zwischen Visual Studio und dem SQL Server wird die Assembly beispielsweise direkt im SQL Server erstellt und auch das Debuggen direkt vom SQL Server in das Visual Studio Projekt hinein ist möglich.

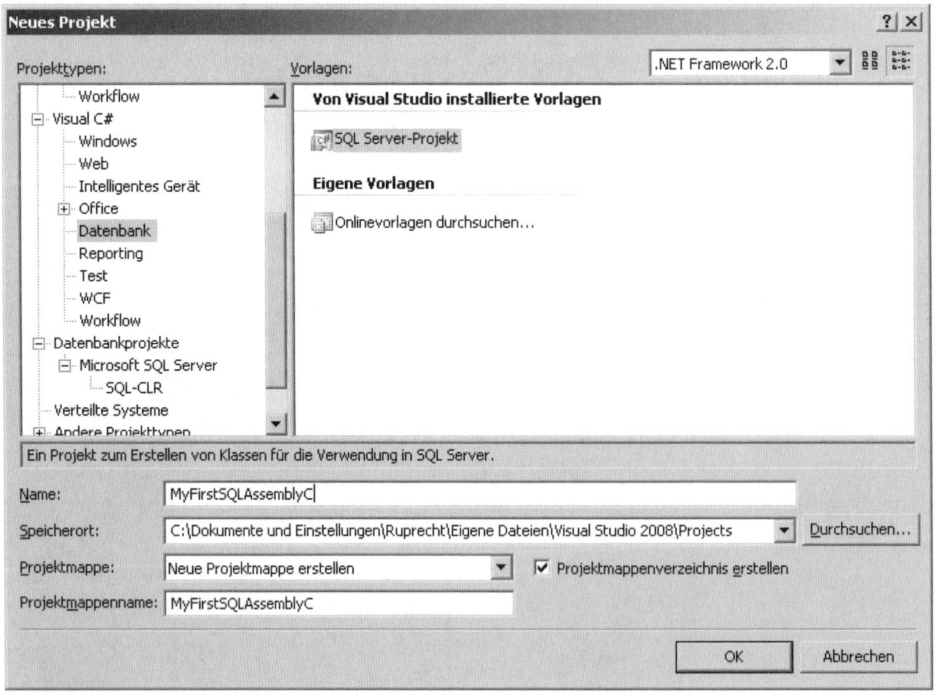

Abbildung 4.9   Das Erstellen eines neuen SQL Server Projektes

Leider unterstützt die verfügbare Version des Visual Studios 2008 nur die Zusammenarbeit mit dem SQL Server bis Version 2005. Die hier vorgestellten Beispiele und Anwendungen wurden daher mit dem SQL Server 2005 und Visual Studio 2008 erstellt. Mitte 2008 soll ein Service Pack für das Visual Studio 2008 erscheinen, das dann die Zusammenarbeit mit der finalen Version des SQL Servers 2008 realisiert. Dann werden Sie die hier vorgestellten Technologien auch direkt im SQL Server 2008 nutzen können. Im Anschluss an die Ausführungen zeigen wir auf, wie Sie schon jetzt die Funktionalität von .NET im SQL Server 2008 nutzen können.

Zunächst wollen wir das schon zitierte *Hello World*-Beispiel umsetzen. Dazu wählen wir eine *Benutzerdefinierte Funktion*.

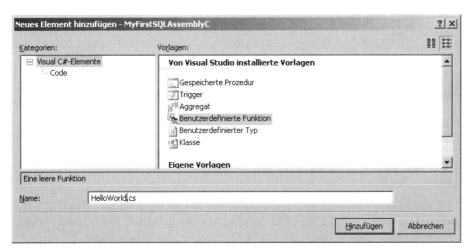

Abbildung 4.10   Wir fügen eine neue Version hinzu

```
using System;
using System.Data;
using System.Data.SqlClient;
using System.Data.SqlTypes;
using Microsoft.SqlServer.Server;

public partial class UserDefinedFunctions
{
    [Microsoft.SqlServer.Server.SqlFunction]
    public static SqlString HelloWorld()
    {
        return new SqlString("Hello World from SQL Server");
    }
};
```

Listing 4.8   Der Code einer einfachen Skalarfunktion

Auffallend sind die neuen Importe (oder hier in C# using) im Namespace System.Data.SQLTypes und Microsoft.SqlServer.Server. Auch die Funktion selber hat ein neues Attribut SQLFunction und dazu den neuen Datentyp SQLString. Der Rest dürfte eher bekannt als neu sein. Dieser Code wird kompiliert, und es entsteht eine DLL, die *MyFirstSQLAssemblyC.DLL* in unserem Fall. Diese wird nun im SQL Server bereitgestellt. Dabei nutzen wir einfach die Funktionalitäten des Visual Studios.

TIPP   Bei der Anlage des neuen Projektes wurden wir nach einer Datenbankverbindung gefragt. Es ist nicht so, dass die erzeugte DLL nur mit dieser Datenbank benutzt werden kann, vielmehr nutzt Visual Studio die Verbindung, um die DLL automatisiert im SQL Server bereit zu stellen. Das ist besonders beim Entwickeln und Debuggen der SQL-Assemblies hilfreich.

Natürlich kann ein Assembly auch mit CREATE ASSEMBLY und dann mit CREATE FUNCTION die entsprechende Funktion im SQL Server erstellt werden. Dies werden wir auch weiter unten vorstellen. Aber bei einer neuen Version der DLL muss zunächst die Funktion gelöscht, dann die Assembly entfernt werden, um dann wieder beide in der umgekehrten Reihenfolge neu zu erstellen. Daher ist die automatisierte Bereitstellung im Visual Studio eine echte Hilfe.

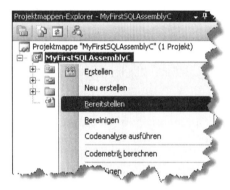

Abbildung 4.11   Über das Visual Studio werden alle nötigen Schritte ausgeführt, um die Assembly im SQL Server zu erstellen

Wenn Sie dann in das SQL Server Management Studio wechseln, werden Sie die erstellten Objekte finden. Aus den schon aufgeführten Gründen, mögen wir von der Northwind Datenbank nicht lassen. Unsere Funktion wurde dort erstellt, Sie finden die Einträge im Ast *Programmability* des SSMS.

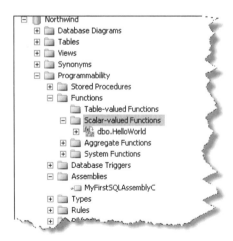

Abbildung 4.12   Die eben erstellte Assembly samt Funktion

Im SQL Server kann nun diese Funktion wie jede andere auch ausgeführt werden.

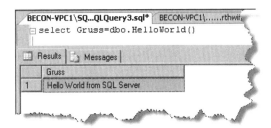

Abbildung 4.13 Die .NET Funktion im SQL Server Management Studio als Teil einer SQL Anweisung

Interessant ist es nun, sich einmal die T-SQL Befehle anzuschauen, mit denen die Assembly und dann die Funktion erstellt wurden.

TIPP Sie wissen es sicher, nur noch mal zur Erinnerung: Beinahe alle ausgeführten Aktionen lassen sich im SQL Server Management Studio auch nachträglich skripten. Man wählt dazu einfach den entsprechenden Eintrag, hier CREATE.

Dann erhält man für die Assembly den Befehl.

```
CREATE ASSEMBLY [MyFirstSQLAssemblyC]
AUTHORIZATION [dbo]
FROM 0x4D5A9000030000000[…]
WITH PERMISSION_SET = SAFE
```

Listing 4.9 Ein gekürzter Auszug aus dem CREATE ASSEMBLY Skript

Dies ist nur eine mögliche Syntax. Aber sie ist sehr interessant. Denn man erkennt, dass die vollständige Information über die Assembly, nämlich die Assembly selbst im MIDL Quelltext im SQL Server liegt.

Sie können eine Assembly auch durch einen anderen Befehl im SQL Server registrieren:

```
CREATE ASSEMBLY [FirstTry] AUTHORIZATION [dbo]
FROM 'Z:\Scripte\FirstTry.dll' WITH PERMISSION_SET = SAFE
```

Die Permission Sets werden uns weiter unten noch beschäftigen, hier sagen sie aus, dass keine unsicheren Zugriffe – die DLL ist also sicher – (beispielsweise ins Dateisystem) von dieser Assembly gemacht werden und daher auch nicht erlaubt sind. Sollte die Assembly dennoch solche unsicheren Aufrufe versuchen, generiert der SQL Server einen Fehler und der Vorgang wird abgebrochen. Die FROM-Klausel gibt den Ort der DLL im Dateisystem an.

Das heißt aber nicht, dass die DLL weiterhin in dem bei CREATE ASSEMBLY angegebenen Ort liegen wird. Gerade bei einer Übertragung der Datenbank auf einen anderen Server müsste man dann die gleiche absolute oder relative Orderstruktur aufbauen, was absolut ungeeignet wäre. Vielmehr wird die Assembly mit ihrem gesamten Code in den SQL Server übertragen, die reale Bit-Folge wird innerhalb der Datenbank gespeichert, und daher sind alle Assemblies auch Teil von Backup- und Restore-Vorgängen.

Das in Listing 4.9 erzeugte Skript kann durchaus noch weitere Dateien auflisten. Dabei sind eventuell auch die tatsächlichen Quelldateien *.vb oder *.cs! Auch eine Debug-Datenbank kann dabei sein. Sie werden sicherlich entrüstet sein, dass Microsoft ohne Sie zu fragen, Ihren kostbaren Quelltext mit dem SQL Server einstellt und damit ausliefert.

Doch hier ist Ihre Sorge ganz unbegründet, sollten die Dateien dabei sein, so haben Sie dies verursacht. Man entwickelt für gewöhnlich in der Debug-Version, nicht im Release. In der Debug-Version werden tatsächlich alle diese Dateien in den SQL Server eingestellt – schon damit auch andere, von anderen Orten debuggen können – beachten Sie, dass die Assemblies schließlich im Adressraum des SQL Servers ausgeführt werden, wenn also debugged wird, dann dort! Dazu unten noch mehr.

Nachdem wir uns den T-SQL Befehl zur Erzeugung der Assembly angesehen haben, können wir einmal die Funktion und ihre CREATE Syntax ansehen:

```
USE [Northwind]
CREATE FUNCTION [dbo].[HelloWorld]()
RETURNS [nvarchar](4000) WITH EXECUTE AS CALLER
AS
EXTERNAL NAME [MyFirstSQLAssemblyC].[UserDefinedFunctions].[HelloWorld]
```

Listing 4.10   Beispiel einer CREATE FUNCTION-Anweisung, die sich auf eine .NET Funktion bezieht

Die CREATE FUNCTION-Anweisung ist aus früheren Versionen bekannt und bezog sich dort auf die Erstellung von *Benutzerdefinierten Funktionen* in T-SQL, neu dagegen ist EXTERNAL NAME.

Die Syntax ist einleuchtend: *AssemblyName.Klassenname.Funktionsname.*

Auf die so erstellte Funktion kann wie gewohnt zugegriffen werden – zum Beispiel als Teil einer SELECT-Anweisung.

Eine weitere Funktion soll zeigen, wie man auch Parameter an die Skalar-Funktionen übergibt, das sieht nun so aus:

```
using System;
using System.Data;
using System.Data.SqlClient;
using System.Data.SqlTypes;
using Microsoft.SqlServer.Server;
public partial class MySQLBucFunctions
```

```
{
    [Microsoft.SqlServer.Server.SqlFunction]
    public static SqlString HelloContact(string nameOfContact)
    {
        if (nameOfContact[0] <= 'L')
            return new SqlString("Hello " + nameOfContact);
        else
            return new SqlString("Hi " + nameOfContact);
    }
};
```

Listing 4.11   C# Version von HelloContact

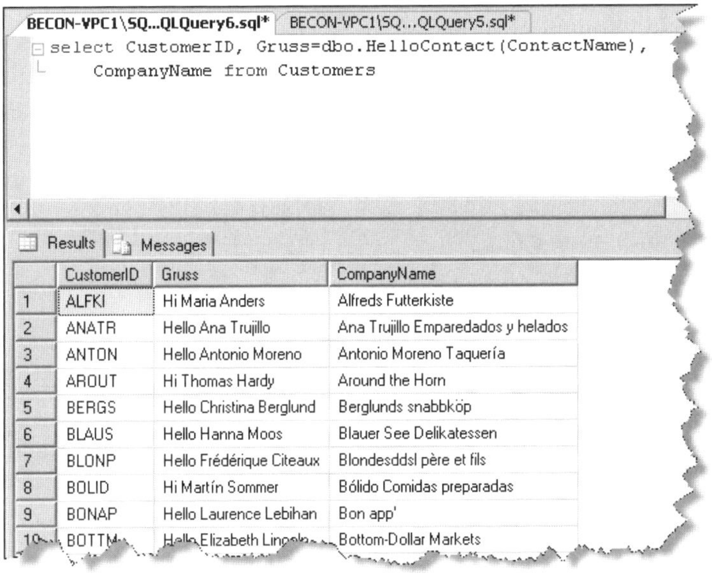

Abbildung 4.14   Auch die Übergabe von Parametern ist kein Problem

Gespeicherte Prozeduren mit .NET

Neben den Skalarfunktionen, die in einer SELECT-Anweisung pro Zeile aufgerufen werden, ist die .NET-Unterstützung für gespeicherte Prozeduren besonders interessant.

Hat man ein Datenbankprojekt in Visual Studio 2008 erstellt, kann man einfach ein neues Projektelement, in diesem Fall eine gespeicherte Prozedur, hinzufügen.

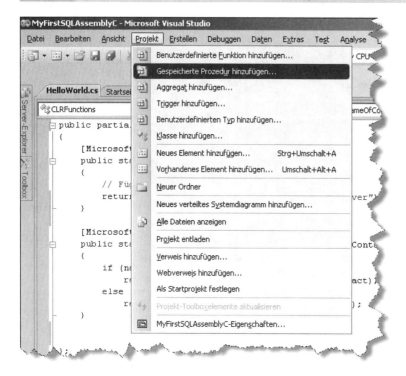

Abbildung 4.15 Das Hinzufügen weiterer Elemente zu einem Datenbank-Projekt

Es ist zu beachten, dass die Beispiele einfach und kurz gehalten sind, um das Wesentliche zu veranschaulichen, daher werden sie leider auch manchmal zu schlechten Vorbildern, wenn sie unverändert in produktive Programme übernommen werden.

Die Funktionalität, die die nachfolgende gespeicherte Prozedur ausführt, würde man sicher besser in T-SQL umsetzen – für eine solch einfache DELETE-Anweisung wäre der Aufwand einer .NET Assembly zum einen sicher zu hoch, zum anderen auch ineffektiv, was macht diese .NET-Prozedur anderes als ein T-SQL Statement auszuführen?

```
[Microsoft.SqlServer.Server.SqlProcedure]
    public static void DeleteCustomer(SqlString CustID)
    {
        string sql = "DELETE FROM [Customers] WHERE CustomerID=@CustID";
        SqlCommand cdo = new SqlCommand();
        cdo.CommandText = sql;
        cdo.Parameters.Add("@CustID", SqlDbType.NVarChar);
        cdo.Parameters[0].Value = CustID;
        SqlContext.Pipe.ExecuteAndSend(cdo);
    }
```

Listing 4.12 Gespeicherte Prozedur in .NET

Neben dem neuen Attribut SqlProcedure ist vor allem von Bedeutung, wie auf die Daten im SQL Server zugegriffen wird. Wenn man sich die übliche Reihenfolge beim Aufruf der Objekte in ADO.NET ansieht, würde man zunächst eine Verbindung zur Datenbank aufbauen. Diese Gespeicherte Prozedur wird aber im SQL Server ausgeführt. Um SQL-Anweisungen im Server auszuführen, muss der Benutzer bereits eine

Verbindung hergestellt haben. Die benötigte Verbindung ist also die, in deren Kontext diese gespeicherte Prozedur ausgeführt wird. Dieser Kontext, also die interne Umgebung des SQL Servers, wird über die neue Klasse *SQLContext* bereitgestellt, alle Ausgaben verwaltet das Objekt *Pipe*. Dies ist die »Röhre«, durch die wir Daten aus dem SQL Server oder aus unserem Code überhaupt an den Benutzer herausgeben können.

Natürlich kann eine Gespeicherte Prozedur auch eine neue, eigene Verbindung zum selben Server, zum Beispiel mit anderen Anmeldeinformationen oder aber auch zu einer anderen Datenbank auf einem anderen Server aufbauen.

Das abgebildete Beispiel funktioniert einwandfrei.

Abbildung 4.16 Das Löschen eines Kunden mit einer Gespeicherten Prozedur in der CLR

Die Dokumentation gibt einen anderen Weg vor, der auf den ersten Blick auf jeden Fall einleuchtender erscheint: Mit welcher Connection-Eigenschaft, also mit welcher Verbindung, wird das Command-Objekt im obigen Listing eigentlich ausgeführt? Wie gesagt: Es funktioniert und man kann unterstellen, dass der Aufruf SqlContext.Pipe.ExecuteAndSend(cdo); die Connection wohl irgendwie übergeben bekommt. Offensichtlich, da es funktioniert, unentdeckbar aber, da es nicht dokumentiert ist. Daher wird in den Veröffentlichungen immer diese Art der Übergabe benutzt:

```
public static void DeleteCustomerV2(SqlString CustID)
    {
        using (SqlConnection connection = new SqlConnection("context connection=true"))
        {
            connection.Open();
            string sql = "DELETE FROM [Customers] WHERE CustomerID=@CustID";
            SqlCommand cdo = new SqlCommand();
            cdo.Connection = connection;
            cdo.CommandText = sql;
```

```
              cdo.Parameters.Add("@CustID", SqlDbType.NVarChar);
              cdo.Parameters[0].Value = CustID;
              SqlContext.Pipe.ExecuteAndSend(cdo);
         }
    }
```

Listing 4.13   Die Connection wird explizit im aktuellen Kontext erstellt und geöffnet

Dass man keinen ausschweifenden und expliziten `ConnectionString` erstellen muss, ist klar und sinnvoll (wobei auch dies möglich ist und in Einzelfällen – wie im folgenden Beispiel – geraten sein kann), wie sollten solche gespeicherten Prozeduren sonst auf anderen Servern laufen und vor allem: Ich bin schon in einem SQL Server, ich habe bereits eine Verbindung. Die Gespeicherte Prozedur wird vom Benutzer immer in einer verbundenen Sitzung aufgerufen.

Interessanterweise funktioniert das obige Beispiel auch, wenn man statt `SqlContext.Pipe.Execute-AndSend(cdo);` einfach `cdo.ExecuteNonQuery();` aufruft. Mit einer wichtigen Einschränkung jedoch: Das Kommando und damit die Funktionalität wird ausgeführt, `ExecuteAndSend` führt das Kommando jedoch nicht allein aus, sondern gibt auch noch entweder ein eventuell vorhandenes *ResultSet* zurück oder die Meldung des Kommandos, in diesem Fall »(1 Zeile(n) betroffen«.

Damit können wir jetzt schon richtig böse Dinge tun. Im nächsten Beispiel werden die Daten einer anderen Datenbank auf dem gleichen Server benutzt, um die Anzahl der Lagerbestände in *Northwind* zu korrigieren. Man stelle sich folgende Tabelle in der Datenbank *BeCon* vor:

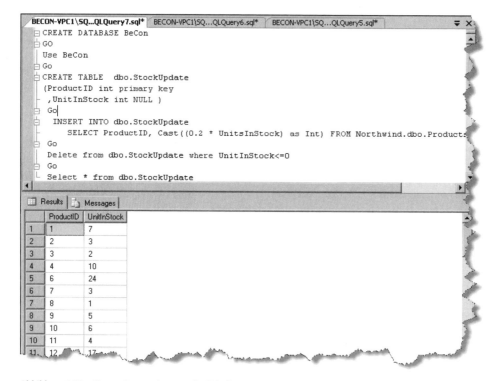

Abbildung 4.17   Eine zu Testzwecken erstellte Tabelle

```
[Microsoft.SqlServer.Server.SqlProcedure]
    public static void UpdateStock()
    {
        using (SqlConnection connection = new SqlConnection("context connection=true"))
        {
            SqlConnection conBeCon =
                new SqlConnection("Server=(local);database=BeCon;Integrated Security=true");
            conBeCon.Open();
            connection.Open();
            string sql = "SELECT ProductID, UnitInStock FROM dbo.StockUpdate";
            SqlCommand cdoReadUpdateData = new SqlCommand(sql, conBeCon);
            SqlDataReader dtrUpdateReader =
                cdoReadUpdateData.ExecuteReader(CommandBehavior.CloseConnection);
            sql="UPDATE Products SET UnitsInStock=UnitsInStock+@AddStockValue WHERE
ProductID=@ProductID";
            SqlCommand cdo = new SqlCommand();
            cdo.CommandText = sql;
            cdo.Connection = connection;
            cdo.Parameters.Add("@AddStockValue", SqlDbType.Int);
            cdo.Parameters.Add("@ProductID", SqlDbType.Int);
            while(dtrUpdateReader.Read())
            {
                cdo.Parameters[0].Value = dtrUpdateReader.GetInt32(1);
                int orderId=dtrUpdateReader.GetInt32(0);
                cdo.Parameters[1].Value = orderId;
                try
                {
                    cdo.ExecuteNonQuery();
                }
                catch(Exception exception)
                {
                    SqlContext.Pipe.Send(
                        string.Format("Fehler bei ProductID {0}. " + exception.Message,orderId));
                }
            };
            dtrUpdateReader.Close();
            conBeCon.Dispose();
            sql = "SELECT TOP 5 * FROM Products";
            cdo.CommandText = sql;
            SqlContext.Pipe.ExecuteAndSend(cdo);
        }
    }
```

Listing 4.14 Mal etwas anderes: Lagerverwaltung mit .NET...

Ein kurzer Überblick über den Code der Gespeicherten Prozedur. Zunächst öffnen wir auf dem gleichen Server eine Verbindung zu der Datenbank *BeCon* und fragen im entsprechenden CommandObjekt die oben abgebildete Tabelle mit einem DataReader ab. Wie wir wissen, ist der DataReader die schnellste Möglichkeit, mit ADO.NET Daten abzufragen (aber eben nur lesend und vorwärts blätternd). Für jede Zeile der Tabelle rufen wir ein zweites *Command*-Objekt in der Datenbank der Gespeicherten Prozedur auf, die das Update-Statement sendet. Auf der Tabelle *Products* gibt es eine *Check Constraint*, damit die Einheiten im Lager nicht unter 0 geraten, dieses und anderes kann eine Ausnahme auslösen, die wir abfangen und dann eine Meldung über SqlContext.Pipe.Send ausgeben. Dies steht interessanterweise nicht im Konflikt mit der abschließenden SqlContext.Pipe.ExecuteAndSend(cdo) Anweisung. Während das einfache Send eine Meldung ausgibt, ist es bei ExecuteAndSend in diesem Fall ein *ResultSet*.

Gerade beim ersten Mal ist der Code etwas knifflig. Sollten Sie auf den schmalen Grad geraten, ihn abtippen zu wollen, sei beispielsweise darauf hingewiesen, dass in meiner Tabelle die Spalte *UnitInStock* bei Northwind dagegen *UnitsInStock* heißt, um die Banalität der bösen Realität abzubilden. Daher seien Sie versichert, das hat auch bei mir nicht beim ersten Mal geklappt, das Kompilieren. Und jetzt das:

```
            }
        [Microsoft.SqlServer.Server.SqlProcedure]
        public static void UpdateStock()
        {
            using (SqlConnection connection = new SqlConnection("context connection=true"))
            {
                SqlConnection conBeCon =new SqlConnection("Server=(local);database=BeCon;Integrated Security=true"
                conBeCon.Open();

                connection.Open();
                string sql = "SELECT ProductID, UnitInStock FROM dbo.StockUpdate";
                SqlCommand cdoReadUpdateData = new SqlCommand(sql, conBeCon);
                SqlDataReader dtrUpdateReader = cdoReadUpdateData.ExecuteReader(CommandBehavior.CloseConnection);

                sql="UPDATE Products SET UnitsInStock=UnitsInStock+@AddStockValue WHERE ProductID=@ProductID";

                SqlCommand cdo = new SqlCommand();
                cdo.CommandText = sql;
                cdo.Connection = connection;
                cdo.Parameters.Add("@AddStockValue", SqlDbType.Int);
                cdo.Parameters.Add("@ProductID", SqlDbType.Int);
                while(dtrUpdateReader.Read())
                {
                    cdo.Parameters[0].Value = dtrUpdateReader.GetInt32(1);
                    int orderId=dtrUpdateReader.GetInt32(0);
                    cdo.Parameters[1].Value = orderId;
                    try                          ⬦ orderId  2
                    {
                        cdo.ExecuteNonQuery();
                    }
                    catch(Exception exception)
                    {
                        SqlContext.Pipe.Send(string.Format("Fehler bei ProductID {0}. " + exception.Message,orderI
                    }
                };
                dtrUpdateReader.Close();
```

Abbildung 4.18   Debugging einer SQL Server .NET Assembly in Visual Studio 2008

In jedem Datenbankprojekt gibt es ein Testskript, dort gibt man den SQL-Befehl ein, den man debuggen will, fertig. Noch Fragen?

Das heißt, es ist jederzeit möglich, durch den laufenden .NET Code im SQL Server zu debuggen, Anweisungen schrittweise auszuführen und Variablenwerte zu überwachen oder zu ändern. Vielleicht überrascht es Sie, aber das war für gespeicherte Prozeduren in T-SQL tatsächlich schon im Query Analyser des SQL Servers 2000 möglich, nur gut versteckt und damit ein gut gehütetes Geheimnis. Die Visual Studio Programmierer konnten dies auch schon immer innerhalb von Visual Studio mit gespeicherten Prozeduren tun – versuchen Sie es einmal.

Das obige Beispiel werden Sie jedoch im ersten Versuch mit den Standardeinstellungen nicht zum Laufen bringen. Lesen Sie dazu weiter unten zu den *Permission Sets* der Assemblies im SQL Server.

Wie wir daher im obigen Beispiel gesehen haben: Die Ausgabe von Daten, das Zurückliefern von Resultsets, wird von der Objekt-Eigenschaft `Pipe` der *SQLContext*-Klassen abgebildet.

```
[SqlProcedure]
    public static void ProductbyCode(string codeGroup)
    {
        using (SqlConnection connection = new SqlConnection("context connection=true"))
        {
            string sql =
                "SELECT ProductID, Name FROM Production.Product WHERE LEFT(ProductNumber,2)=@PNumber";
            SqlCommand cdo = new SqlCommand();
            cdo.CommandText = sql;
            cdo.Connection = connection;
            cdo.Parameters.Add("@PNumber", SqlDbType.VarChar);
            cdo.Parameters[0].Value = codeGroup;
            SqlContext.Pipe.ExecuteAndSend(cdo);
        }
    }
```

Listing 4.15   Pipe gibt Daten als Resultset aus einer gespeicherten Prozedur zurück

Oft möchte man aber die Ausgabe völlig eigenständig erstellen. Das gerade wäre ein Vorteil von .NET gegenüber T-SQL-Anweisungen, dass man das Resultset unabhängig von SQL-Möglichkeiten zusammenstellen kann. Es gibt also gar keine Daten im SQL Server, sondern irgendwie im Speicher konstruierte Zustände, die dann als Resultset und damit für den Client als Tabelle oder Abfrage sichtbar aus einer Gespeicherten Prozedur zurückgegeben werden.

```
<Microsoft.SqlServer.Server.SqlProcedure()> _
    Public Shared Sub NetDir(ByVal dirName As SqlString)
        Dim di As New DirectoryInfo(CStr(dirName))
        Dim pipe As SqlPipe = SqlContext.Pipe()
        If di.Exists Then
            Dim c1 As New SqlMetaData("Nummer", SqlDbType.BigInt)
            Dim c2 As New SqlMetaData("Dateiname", SqlDbType.VarChar, 512)
            Dim c3 As New SqlMetaData("Groesse", SqlDbType.BigInt)
            Dim counter As Integer = 1
            Dim d As New SqlDataRecord(New SqlMetaData() {c1, c2, c3})
            pipe.SendResultsStart(d)
            For Each fi As FileInfo In di.GetFiles()
                d.SetSqlInt64(0, counter)
                d.SetSqlString(1, fi.FullName)
                d.SetSqlInt64(2, fi.Length)
                pipe.SendResultsRow(d)
                counter += 1
            Next
            pipe.SendResultsEnd()
        Else
            pipe.Send(String.Format("Das Verzeichnis {0} existiert nicht!", dirName))
        End If
    End Sub
```

Listing 4.16   Benutzerdefiniertes Resultset aus einer .NET gespeicherten Prozedur

Wie man im Code sieht, nutzt man den neuen Typ *SqlMetaData*, um die Beschreibung des benutzerdefinierten Resultset zu erzeugen. Dabei legt man die einzelnen Spalten fest, die dann als Array im Konstruktor dem *SQLDataRecord*, das die gewünschte Zeile beschreibt, übergeben werden. Die schon bekannte *Pipe*-Klasse kennt die Methoden SendResultsStart, SendResultsRow, SendResultsEnd, die dann das Senden der Zeilen steuern. Nutzt man dann die Möglichkeiten der automatischen Bereitstellung aus Visual Studio 2008 und führt die gespeicherte Prozedur aus, erhält man aber folgende Fehlermeldung:

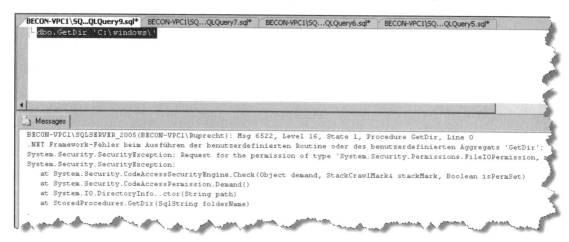

Abbildung 4.19   Fehlermeldung beim Versuch, auf Daten außerhalb des SQL Servers zuzugreifen

Diese Gespeicherte Prozedur hat versucht, auf Daten außerhalb des SQL Servers zuzugreifen – in diesem Fall sogar auf das Dateisystem des Servers. Standardmäßig wird aber jede Assembly mit der Berechtigungsebene *SAFE* erstellt. In diesem Berechtigungssatz kann eben nicht auf das Dateisystem zugegriffen werden.

So hat der Administrator ein wirksames Mittel in der Hand, wenn andere Entwickler .NET-Code in den SQL Server einstellen wollen, um bestimmte Funktionalitäten bereitzustellen. Wenn der Quelle des Codes nicht zu 100% vertraut werden kann, wird die Assembly mit der Berechtigungsebene *SAFE* eingestellt und erzeugt dann, falls sie in unberechtigter Weise auf das Dateisystem oder andere Ressourcen zugreift, eine entsprechende Fehlermeldung, wie oben eine SecurityException.

- **SAFE:** Dies ist die Standardeinstellung und sollte für die Mehrzahl der Anwendungsfälle ausreichend sein. Wenn Code aus einer Assembly mit dieser Berechtigungsebene ausgeführt wird, kann er Berechnungen durchführen und auf Daten nur aus dem eigenen Server über den In-process Managed Provider zugreifen.

- **EXTERNAL :** Dieser Berechtigungssatz wird benutzt, wenn die Assembly Zugriff auf externe Ressourcen benötigt (Dateien, Netzwerk, Registrierung). Immer wenn der Server auf die externen Ressourcen zugreift, übernimmt er den Sicherheitskontext des Benutzers, der den Code aufruft. Um eine Assembly mit dem Berechtigungssatz *EXTERNAL* zu erstellen, benötigt der Ersteller das Recht *EXTERNAL ACCESS*.

- **UNSAFE:** Die Assembly kann sogar unmanaged Code aufrufen. Unter unmanaged Code versteht man die Ausführung von Befehlen außerhalb der Common Language Runtime von .NET. Mit C++ und auch C# können beispielsweise direkt Adressen im Arbeitsspeicher manipuliert werden. Diese Art der Programmierung kann sehr effektiv sein, kann aber eben auch dazu führen, dass im Fehlerfall Speicheradressen geändert werden, die Code des SQL Servers oder sogar des Betriebssystems enthalten.

Damit muss der Berechtigungssatz für die eben erstellte gespeicherte Prozedur auf *EXTERNAL* gesetzt werden, damit der Code ohne Fehler ausgeführt werden kann.

Dies kann einfach in Visual Studio 2008 geschehen, dort kann man in den Projekteigenschaften den entsprechenden Eintrag vornehmen.

ACHTUNG   Wenn Sie eine Fehlermeldung erhalten, dass Sie nicht berechtigt sind, solche Assemblies in die Datenbank einzustellen, dann kann es daran liegen, dass der Datenbank nicht vertraut wird. Sie können mit entsprechenden Rechten diese Eigenschaft jedoch setzen:

```
ALTER DATABASE Northwind SET TRUSTWORTHY ON
```

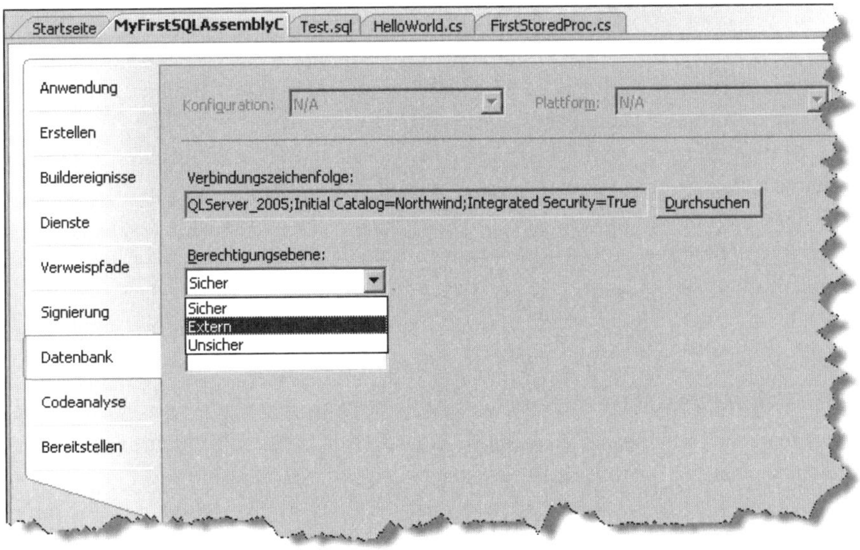

Abbildung 4.20   Einstellen des Permission Set oder hier in Deutsch: Berechtigungsebene

Danach funktioniert dann die Gespeicherte Prozedur wie erwartet.

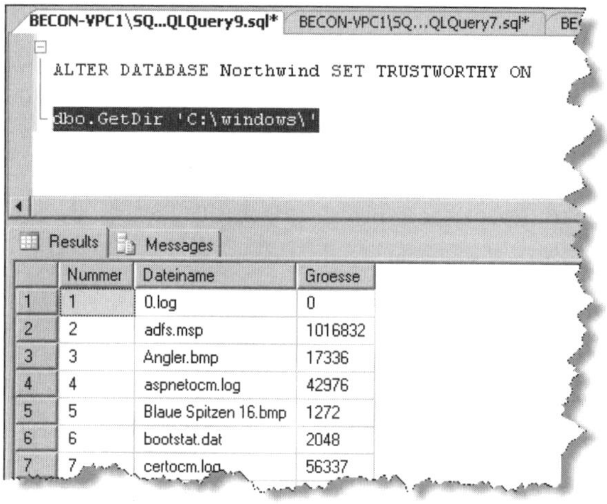

```
BECON-VPC1\SQ...QLQuery9.sql*    BECON-VPC1\SQ...QLQuery7.sql*    BE
    ALTER DATABASE Northwind SET TRUSTWORTHY ON

   dbo.GetDir 'C:\windows\'
```

	Nummer	Dateiname	Groesse
1	1	0.log	0
2	2	adfs.msp	1016832
3	3	Angler.bmp	17336
4	4	aspnetocm.log	42976
5	5	Blaue Spitzen 16.bmp	1272
6	6	bootstat.dat	2048
7	7	certocm.log	56337

Abbildung 4.21   Die Prozedur arbeitet nun wie erwartet

Trigger in .NET

Zu den Triggern, die im SQL Server mit .NET möglich sind, ist erst einmal das Gleiche zu sagen, wie zu Triggern mit T-SQL in jeder Version des SQL Servers. Es ist absolute Vorsicht geboten. Trigger haben eine ganze Reihe von Nachteilen. Man kann sie schlecht warten, weil sie für den Administrator oder den, der sie nicht selbst geschrieben hat, sehr schlecht zu entdecken sind. Sie erzeugen mysteriöse Fehler. Hat man beispielsweise eine Tabelle mit aktuellen Werten von Artikelpreisen und einen Update-Trigger, der die alten Werte in eine Artikelpreis-History-Tabelle schreibt (INSERT INTO ….SELECT * FROM deleted), dann kann das Hinzufügen einer Spalte zur Artikelpreis-Tabelle auf einmal dazu führen, dass diese nicht mehr aktualisiert werden kann, weil der Trigger immer einen Fehler erzeugt, und diese Fehler sind extrem schwer zu finden.

Zudem haben sie teilweise fatale Auswirkungen auf die Leistung: Ein Delete-Trigger wird beim Löschen großer Datenmengen möglicherweise tausend- oder sogar zigtausendfach aufgerufen, und wenn dieser Aufruf dann zeitaufwändig ist, bricht die Leistung des gesamten Systems ein.

Auf der anderen Seite haben Trigger auch unbestreitbare Vorteile, und es gäbe sie wohl nicht, wenn keine sinnvollen Einsatzmöglichkeiten vorhanden wären. Sie sind transparent für jede Anwendung. Daher kann man mit Triggern oft Funktionalitäten hinzufügen oder ändern, ohne den Code der Anwendungen anrühren zu müssen.

Hat man jedoch die Zugriffe auf die Datenbank konsequent über gespeicherte Prozeduren realisiert, lassen sich die meisten Möglichkeiten von Triggern auch mit ihnen abbilden.

```
<SqlTrigger(Name:="InsertTrg", Target:="Person.Contact", Event:="FOR INSERT")> _
Public Shared Sub InsertTrg()
        Using connection As New SqlConnection("context connection=true")
            Dim cdo As SqlCommand = connection.CreateCommand()
            cdo.CommandText = "SELECT * FROM Inserted"
            Dim dtr As SqlDataReader
            dtr = cdo.ExecuteReader(CommandBehavior.SingleRow)
            Dim pos As Integer = dtr.GetOrdinal("Lastname")
```

```
        Dim trc As SqlTriggerContext = SqlContext.TriggerContext
        For counter As Integer = 0 To trc.ColumnCount - 1
            Dim pipe As SqlPipe = SqlContext.Pipe
            pipe.Send("Spalte geändert " & dtr.GetName(counter) + "? " +
                trc.IsUpdatedColumn(counter).ToString())
            counter += 1
        Next
        If dtr.GetValue(pos).ToString() = "Doofmann" Then Transaction.Current.Rollback()
    End Using
End Sub
```

Listing 4.17   Ein Insert-Trigger mit .NET

Von der Verwendung der Send-Methode des Pipe-Objekts *innerhalb* eines Triggers wird ausdrücklich abgeraten; es dient hier zur Ausgabe und zur Veranschaulichung und kann allenfalls zu Debug-Zwecken benutzt werden. In einer produktiven Umgebung hat es sicher *eher* selten etwas zu suchen. Es wurde versucht, im Beispiel möglichst viele Aspekte zu verdeutlichen. Der Zugriff auf die bekannten Tabellen *Inserted* und *Deleted* wird über ein übliches SqlCommand-Objekt implementiert. Der Trigger-Kontext stellt die Methode IsUpdatedColumn(index) bereit, die es möglich macht, die Änderungen der einzelnen Spalten nachzuvollziehen.

Im Beispiel wird verhindert, dass man merkwürdige Nachnamen eingibt. In diesem Fall darf man jeden Nachnamen außer »Doofmann« benutzen, sonst kann der Trigger, wie hier gesehen, da er ja im Kontext einer Transaktion – hier einer Einfügung – ausgeführt wird, diese rückgängig machen. Interessanterweise ist es so, dass die Benutzung der Transaktionen in der Projektvorlage der Datenbankprojekte nicht standardmäßig vorgesehen ist. Man muss diese erst hinzufügen.

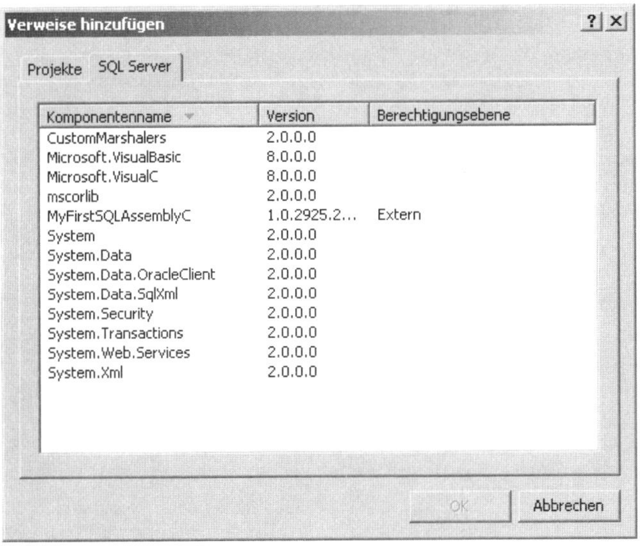

Abbildung 4.22   Nicht alle gewohnten .NET-Verweise sind im SQL Server verfügbar

Benutzerdefinierte Datentypen in .NET

Eine der viele Neuerungen ist die Möglichkeit, in .NET Datentypen zu erzeugen, die dann Typ einer Spalte im SQL Server sein können. Wie die anderen Elemente, wird auch der Datentyp mit *Project,* dann aber *Add User-defined Type* hinzugefügt. Für das Beispiel wollen wir einen Datentyp Punkt »Point« definieren und ihn dann in einer Tabelle benutzen:

```vb
<Serializable()> _
<SqlUserDefinedType(Format.Native)> _
Public Structure Point
    Implements INullable
    Private m_Null As Boolean
    Private _x As Integer
    Private _y As Integer
    Public Overrides Function ToString() As String
        ' Put your code here
        Return String.Format("Point x: {0}, y: {1}", _x, _y)
    End Function
    Public ReadOnly Property IsNull() As Boolean Implements INullable.IsNull
        Get
            Return m_Null
        End Get
    End Property
    Public Shared ReadOnly Property Null() As Point
        Get
            Dim h As Point = New Point
            h.m_Null = True
            Return h
        End Get
    End Property
    Public Shared Function Parse(ByVal s As SqlString) As Point
        If s.IsNull Then
            Return Null
        End If
        Dim u As Point = New Point
        Dim innerString As String = CStr(s)
        Dim parts() As String = innerString.Split(";"c)
        u.X = Integer.Parse(parts(0))
        u.Y = Integer.Parse(parts(1))
        Return u
    End Function
    Public Function Add(ByVal addPoint As Point) As Point
        X += addPoint.X
        Y += addPoint.Y
        Return Me
    End Function
    Public Property X() As Integer
        Get
            Return _x
        End Get
        Set(ByVal value As Integer)
            _x = value
        End Set
    End Property
```

```
        Public Property Y() As Integer
            Get
                Return _y
            End Get
            Set(ByVal value As Integer)
                _y = value
            End Set
        End Property
End Structure
```

Listing 4.18   Ein mit .NET erstellter benutzerdefinierter Datentyp

---

Neu in SQL Server 2008   Bislang gab es die Einschränkung, dass benutzerdefinierte Datentypen im SQL Server maximal eine Datenseite (etwa 8KB) groß werden konnten. Der SQL Server 2008 hebt diese Beschränkung auf und lässt Datentypen bis 2GB zu.

Die benutzerdefinierten Datentypen im SQL Server werden mithilfe der .NET Structure gebildet. Diese Struktur muss dann INullable implementieren. In SQL kennt jeder Datentyp neben verschiedenen Zuständen NULL, was die Programmierung mit Sprachen, die das so nicht kennen, immer schwierig macht. Leider gehört .NET mit seinem Common Type System und damit erst einmal allen Sprachen dazu. Man denke etwa an typisierte *DataSets* in .NET. Ein typisiertes DataSet kann eine typisierte Eigenschaft – beispielsweise vom Typ String für den »Lastname« – erstellen, dann aber auch noch eine boolesche Methode IsLastNameNull anbieten, um abfragen zu können, ob statt eines sinnvollen Strings – der eben nicht NULL sein kann – doch NULL vorliegt.

Um sinnvolle Ausgaben machen zu können, zum Beispiel im SQL Server Management Studio, wenn dort direkt die Daten einer Tabelle angezeigt werden, sollte ToString() überschrieben werden. Dabei muss beachtet werden, dass man hiermit die optische Repräsentation festlegt; nicht nur der Programmierer, sondern auch alle anderen werden die Daten dann so formatiert sehen.

Mit der Methode Parse wird festgelegt, wie die Daten aus einem String an die Spalte übergeben werden. Im obigen Beispiel sollte sicherlich etwas fehlertoleranter programmiert werden. So müsste wahrscheinlich das Komma ebenso wie das Semikolon zugelassen werden; ein Fehlerhandling fehlt und es sollten benutzerfreundlichere Meldungen generiert werden, wenn das Parsen fehlschlägt. Alle weiteren Methoden, wie hier *Add* sind optional und dienen dazu, zu zeigen, dass man einem solchen Datentyp sinnvollerweise etwas Leben durch benötigte Funktionalität einhaucht.

Der Datentyp wird innerhalb des SQL Servers wie jeder andere Datentyp auch benutzt. Das Listing zeigt das Erstellen der Tabelle und einige Einfügungen; die Abbildung zeigt die Ausgabe in der Tabellenansicht.

```
CREATE TABLE adventureworks.dbo.TestPoint#
(ID int identity (1,1),
Point point)

INSERT INTO adventureworks.dbo.TestPoint# (point) VALUES ('1;1')
INSERT INTO adventureworks.dbo.TestPoint# (point) VALUES ('1;2')
INSERT INTO adventureworks.dbo.TestPoint# (point) VALUES ('3;7')
```

Listing 4.19   Der benutzerdefinierte Datentyp Point

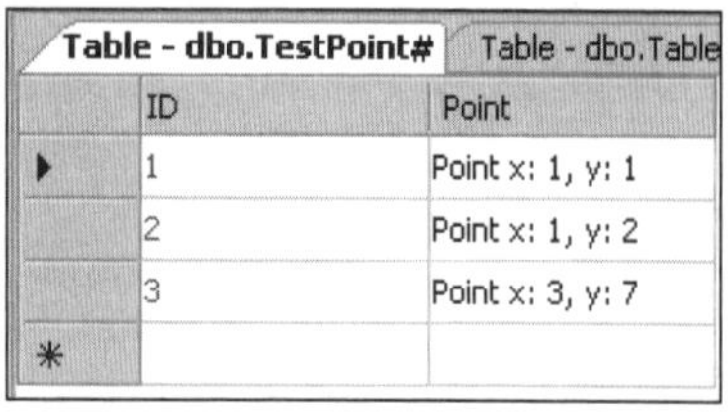

Table - dbo.TestPoint#	Table - dbo.Table
ID	Point
1	Point x: 1, y: 1
2	Point x: 1, y: 2
3	Point x: 3, y: 7
*	

Abbildung 4.23   Die Ausgabe im SQL Server Management Studio

Auch wenn wir nicht in den SQL Server hineinschauen, ist klar, wie diese benutzerdefinierten Typen intern gespeichert werden. Die Struktur hat das Attribut `Serializable()`. Es wird daher die Serialisierung der Daten in XML gespeichert, insofern haben wir es »nur« mit einer Sonderform des Datentyps XML auf einer Spalte zu tun. Das bedeutet aber auch, dass das .NET Framework in der Lage sein muss, den Datentyp von sich aus zu serialisieren. Sollte dies nicht der Fall sein, muss man eigene, benutzerdefinierte Serialisierer schreiben. Davor muss man sich aber nicht fürchten, denn der Vorgang ist in der Hilfe gut beschrieben, und es finden sich viele veröffentlichte Beispiele.

Die neuen Datentypen im SQL Server 2008 zeigen die Leistungsfähigkeit benutzerdefinierter Datentypen mit .NET. Man denke etwa an `HierarchyID`. An diesem Datentyp kann man gut die einzelnen Aspekte der Implementierung beobachten. Auch dieser Datentyp muss seine Eingaben irgendwie entgegennehmen. Daher gibt es ein standardisiertes Verfahren an eine `HierarchyID` einen Wert zu übergeben, etwa mit '/' oder '/1/' etc. Daneben implementiert `HierarchyID` eine ganze Reihe von Methoden.

> **HINWEIS**   Bei einem benutzerdefinierten Datentyp sind nicht alle Methoden statisch. Die meisten werden an der Instanz aufgerufen (hier einem Punkt, oder der erwähnte »eingebaute« `HierarchyID`-Datentyp). Die Methoden werden mit der bekannten Syntax ».« auf dem Datentyp aufgerufen, etwa wie in `SELECT ID, ID.GetLevel FROM Tabelle`. Bei dem Datentyp `HierarchyID` sieht man aber auch, dass es auch statische Methoden gibt. Diese werden mit einem Doppelpunkt am Namen des Datentyps aufgerufen:

```
SELECT * from TestMe WHERE ID=hierarchyID::GetRoot()
```

Unterstützung von .NET im SQL Server 2008

Wie wir schon eingangs erwähnten, existiert zurzeit leider keine Unterstützung für die Entwicklung von Datenbankprojekten mit Visual Studio 2008 und SQL Server 2008. Allerdings kann man die vorgestellten Beispiele auch im SQL Server 2008 nutzen.

> **HINWEIS**   Installieren Sie doch zur Entwicklung einen SQL Server 2005, z. B. die von uns so heiß geliebte SQL Express with Advanced Services Version – die man übrigens nicht mit einem Service Pack aktualisieren sollte, sondern direkt mit integriertem Service Pack von Microsoft herunterladen kann.
>
> *http://www.microsoft.com/downloads/details.aspx?familyid=5B5528B9-13E1-4DB9-A3FC-82116D598C3D&displaylang=de*
>
> Mit dieser entwickelt man und skriptet die erstellten Assemblies, Gespeicherten Prozeduren und alle anderen Objekte.

So haben wir in den SQL Server 2008 folgendes Skript eingestellt:

```
use master
sp_configure 'clr enabled',1
RECONFIGURE WITH OVERRIDE
GO
go
ALTER DATABASE Northwind SET TRUSTWORTHY ON
Go
USE [Northwind]
GO
CREATE ASSEMBLY [MyFirstSQLAssemblyC]
AUTHORIZATION [dbo]
FROM  'C:\Dokumente und Einstellungen\Ruprecht\Eigene Dateien\Visual Studio
2008\Projects\MyFirstSQLAssemblyC\MyFirstSQLAssemblyC\bin\Debug\MyFirstSQLAssemblyC.dll'
WITH PERMISSION_SET = EXTERNAL_ACCESS

CREATE FUNCTION [dbo].[HelloWorld]()
RETURNS [nvarchar](4000) WITH EXECUTE AS CALLER
AS
EXTERNAL NAME [MyFirstSQLAssemblyC].[CLRFunctions].[HelloWorld]
GO
SELECT Gruss=dbo.HelloWorld()
GO
CREATE PROCEDURE [dbo].[GetDir]
        @folderName [nvarchar](4000)
WITH EXECUTE AS CALLER
AS
EXTERNAL NAME [MyFirstSQLAssemblyC].[StoredProcedures].[GetDir]
GO
exec dbo.GetDir 'C:\Windows\'
GO
CREATE PROCEDURE [dbo].[DeleteCustomerV2]
        @CustID [nvarchar](4000)
WITH EXECUTE AS CALLER
AS
EXTERNAL NAME [MyFirstSQLAssemblyC].[StoredProcedures].[DeleteCustomerV2]
GO
INSERT INTO  Customers (CustomerID, CompanyName)
        VALUES ('INCAP', 'http://www.insider-camp.de')
GO
SELECT * FROM Customers where CustomerID>='I'
GO
EXEC dbo.DeleteCustomerv2 'INCAP'
GO
SELECT * FROM Customers where CustomerID>='I'
```

Listing 4.20   Auch im SQL Server 2008 arbeitet die .NET Unterstützung einwandfrei

XML in SQL Server 2008

Die Fähigkeiten des SQL Servers 2000, mit Daten im XML-Format umgehen zu können, waren relativ beschränkt. Das große Interesse an XML kam erst in den Jahren um die Veröffentlichung herum auf.

Umso höher sind die Erwartungen, die an die XML-Fähigkeiten des SQL Servers 2005 gestellt wurden. Diese hat er unserer Meinung nach mehr als erfüllt. Der SQL Server 2008 hat die ohnehin umfassenden Möglichkeiten des SQL Servers 2005 noch erweitert. Im Folgenden sollen daher die wichtigsten Aspekte vorgestellt und hinsichtlich ihrer Benutzbarkeit in produktiven Umgebungen beurteilt werden.

Auch bei diesen neuen Möglichkeiten sollte man immer im Auge behalten, dass sie genau dies sind: Möglichkeiten. Viele Anwender oder Programmierer neigen dazu, bestimmte Vorgehensweisen zu benutzen, einfach weil es sie gibt, oder weil sie gerade neu sind oder viel diskutiert werden. Bei XML im SQL Server 2008 sollte man sehr genau überlegen, wann und zu welchen Zwecken man es einsetzt, um die optimalen Ergebnisse zu erzielen.

WICHTIG   Wenn Sie keinen Umgang mit XML-Daten haben oder keine Anwendung planen, die sehr stark auf die Speicherung mit XML setzt, sollten Sie auf keinen Fall anfangen, Teile Ihrer Datenbank oder gar gesamte Datenbanken zu verändern. Die Speicherung von Informationen in relationalen Datenbanken – und der SQL Server 2008 *ist* ein relationales Datenbankmanagementsystem – ist seit vielen Jahren erprobt und stabil verfügbar. Im Allgemeinen kennen sich die Datenbankadministratoren, die Programmierer und andere Anwender mit dem Aufbau von Tabellen, ihren Spalten und ihren Beziehungen untereinander aus. Es besteht daher auch in SQL Server 2008 keine Notwendigkeit, Daten, die bislang sehr gut in einer strukturierten Tabelle angelegt wurden und über Relationen abgefragt wurden, in eine Speicherung im XML-Format zu überführen.

Es gibt aber selbstverständlich gute Gründe, XML in einer Datenbank zu speichern und auf diese XML-Informationen auch effektiv zugreifen zu wollen.

Der Datentyp XML

Seit der Version 2005 kennt der SQL Server den Datentyp XML, der auch für Spalten einer Tabelle benutzt werden kann.

Es ist aber ein vollständiger Datentyp, der überall im SQL Server 2008 benutzt werden kann. Er kann daher Datentyp eines Parameters sein, Rückgabetyp einer Funktion oder Typ einer Variablen. Die interne Speicherung des Datentyps kann zurzeit 2GB nicht überschreiten.

```
CREATE DATABASE KatmaiDemo
GO
USE KatmaiDemo
GO
CREATE TABLE #NewXMLTable
(ID int identity(1,1) NOT NULL,
CreatedAt DateTime DEFAULT GetDate(),
xmldoc XML)
```

Listing 4.21   Erstellen einer Tabelle mit einer Spalte vom Datentyp XML

In eine solche Spalte können XML-Daten eingegeben werden, wobei XML bei Eingaben wie eine varchar- oder nvarchar-Eingabe behandelt wird, das heißt, die XML-Daten werden auch mit den einfachen Anführungsstrichen umschlossen.

Auch wenn der SQL Server an vielen Stellen eine implizite Typenkonvertierung durchführt, ist man gut beraten, immer explizite Umwandlungen zu benutzen. Als implizite Typenumwandlung kann dabei auch die im Folgenden benutzte Übergabe von XML-Daten als String bezeichnet werden. Wenn es auch hier in einem `INSERT`-Statement, noch dazu in einem vereinfachenden Beispiel, und damit einmalig passiert, sollte man zum Beispiel bei der Angabe von Standardwerten immer explizit umwandeln. Daher ist die Schreibweise `xmldoc DEFAULT CAST(N'<element1/><element2/>' as xml)` zu empfehlen. Auch das hier benutzte Präfix *N* ist im Grunde eine explizite Typenumwandlung. Es konvertiert Zeichenfolgen-Konstanten in Unicode oder wie man im SQL Server sagen würde **n**varchar. Man sollte daher immer die explizite Konvertierung, für die der SQL Server die Funktionen `CAST` und `CONVERT` kennt, sowie `N'eineZeichenfolge'` bei der Benutzung des Datentyps nvarchar benutzen.

Es kann dabei, anders als im vorliegenden Beispiel, durchaus mehrere Spalten vom Typ XML geben.

Wichtig ist es, zu betonen, dass nur die Struktur und alle Inhalte der XML-Daten gespeichert werden. Es gibt intensive Diskussionen darüber, wann zwei XML-Dokumente als identisch anzusehen sind. Tatsache ist, dass der SQL Server 2008 nur die Struktur, die Reihenfolge und die Daten des Dokumentes speichert.

Weder Leerzeichen noch andere Formatierungen wie Zeilenumbrüche werden verlässlich abgebildet. Daher ist nur beim Auslesen das Dokument noch auf der Ebene der XML-Daten identisch mit dem, das zur Eingabe benutzt wurde. Die exakte Bytefolge kann durch Auslassen einiger Füllzeichen verändert worden sein.

Sollte die bit-genaue Speicherung unerlässlich sein, muss auch weiterhin der Datentyp nvarchar oder nvarchar(MAX) für sehr große Datenmengen bis 2 GB benutzt werden.

```
INSERT INTO #NewXMLTable
(xmldoc) VALUES
('<?xml version="1.0" encoding="iso-8859-1"?>
<buch ISBN="3860635301" >
<titel>SQL Server 2008</titel>
<autor>Ruprecht Dröge</autor>
<autor>Markus Raatz</autor>
</buch>')
INSERT INTO #NewXMLTable
(xmldoc) VALUES
('<?xml version="1.0" encoding="iso-8859-1"?>
<buch ISBN="3860630881" >
<titel>Reporting Services</titel>
<autor>Volker Pruß</autor>
<autor>Manfred B. Schulz</autor>
<autor>Jörg Knuth</autor>
</buch>')
```

Listing 4.22 Einfügen in eine XML-Spalte

Dabei wird dann allerdings nicht überprüft, ob es sich um ein vollständiges Dokument oder nur um ein sogenanntes Fragment handelt. Auch folgendes `INSERT`-Statement ist damit gültig:

```
INSERT INTO #NewXMLTable
(xmldoc) VALUES
('<titel> Microsoft Office Project 2007 - Das Profibuch.</titel>
<autor>Renke Holert</autor>')
```

Listing 4.23 Einfügen eines XML Fragmentes – das reale Buch von Herrn Holert ist übrigens ganz ausgezeichnet und auf keinen Fall ein Fragment!

Was aber immer überprüft wird, ist die Wohlgeformtheit. Es ist nicht möglich, ungültige XML-Dokumente in der Datenbank zu speichern. Beim Einlesen wird der XML-Text verarbeitet – *geparst* wie man im »Deutschen« oft wenig schön sagt –, und wenn dabei ein Verstoß gegen die Regeln von XML gefunden wird, ergibt sich ein Fehler. Der SQL Server 2008 kennt daher eigene Fehlernummern und -meldungen für diese Parse-Fehler.

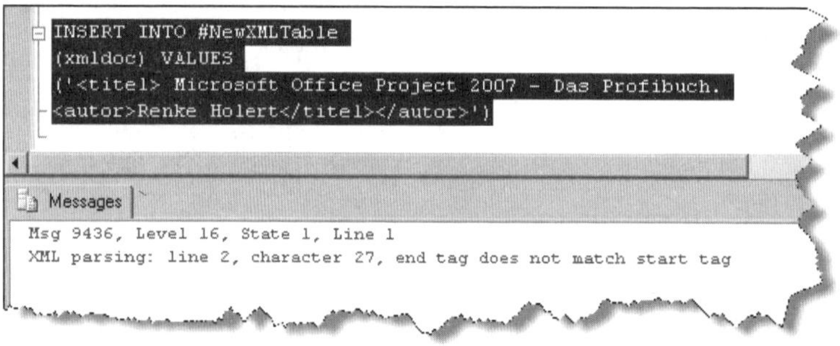

Abbildung 4.24 Tags in diesem XML-Fragment sind ungültig verschachtelt

Die Ausgabe einer solchen Spalte geschieht nicht in Form einer Zeichenkette, wie etwa als varchar oder nvarchar, sondern als eigener originärer Typ XML. Anwendungen, die auf den SQL Server 2008 zugreifen wollen, müssen daher auch mit diesem neuen Datentyp umgehen können. ADO.NET, das ab dem .NET Framework 2.0, also auch aktuell in 3.0 und 3.5 ausgeliefert wird, bietet selbstverständlich entsprechende Technologien.

Im SQL Server Management Studio wird der Datentyp XML in einer Spalte als Hyperlink ausgegeben. Wenn man den Hyperlink anklickt, öffnet sich ein eigener XML-Viewer, der stark an die Präsentation im Internet Explorer angelehnt ist.

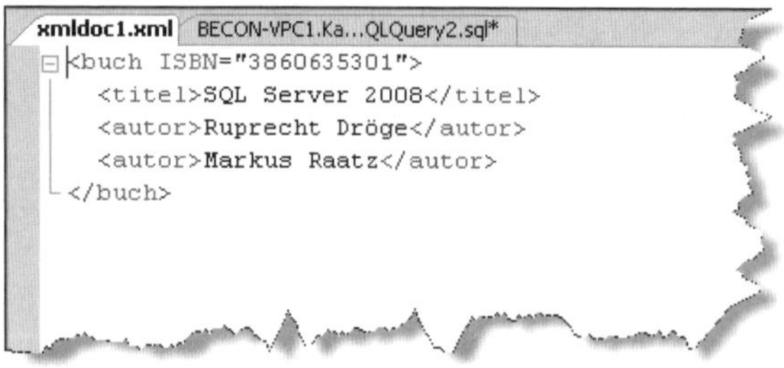

Abbildung 4.25 Die Ausgabe ähnelt der im Internet Explorer, wenn man dort XML-Dateien öffnet

Schon aufgrund der Datenmenge bei XML ist daher das Management Studio wenig geeignet, einen »raschen« Überblick zu bekommen. Im obigen Beispiel weiß man durch die Ausgabe immerhin, dass es sich um ein Buch handelt und erkennt auch die entsprechende ISBN-Nummer. Große XML-Dokumente können aber durchaus über viele Zeichen hinweg, gerade zu Beginn, identisch sein, sodass man, wenn man eine einfache Abfrage sendet, durch den XML Viewer mehr oder weniger nur Stichproben sichten kann. Man wird aber im Weiteren sehen, dass es sehr viel elegantere und bessere Abfragen gibt, mit denen man viel genauer auf einzelne Datensätze und den Inhalt von XML-Daten zugreifen kann.

Um einen einfachen Übergang von der Syntax des SQL Servers 2000, 2005 zum SQL Server 2008 realisieren zu können, gibt es auch eine Erweiterung der bekannten Syntax. So war es im SQL Server 2000 möglich, sich die Daten aus einer Tabelle auch im XML-Format ausgeben zu lassen. Dies ist sinnvoll, wenn es Anwendungen gibt, die wenig oder gar nicht mit relationalen Daten arbeiten, sondern vollständig an XML orientiert sind. Oft liefert man zum Beispiel die aktuelle Artikelliste als XML, die dann mit einer XLS-Transformation zur Erzeugung einer aktuellen HTML-Seite im Intra- oder Internet genutzt wird. Im SQL Server 2008 gibt es nun vielfältige Erweiterungen dieser bekannten Syntax, um die Ausgabe dieser XML-Daten zu steuern. Ausgangspunkt kann dabei, wie gesagt, sehr wohl eine »normale« SQL Server-Tabelle sein.

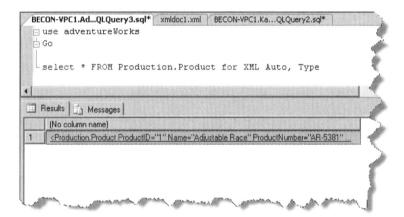

Abbildung 4.26   Jede rationale Tabelle kann auch als XML ausgegeben werden

Dabei erhält man als Ausgabe folgendes XML-Fragment:

```
<ProductData>
<AdventureWorks.Production.Product ProductID="1" Name="Adjustable Race" ProductNumber="AR-5381"
MakeFlag="0" FinishedGoodsFlag="0" SafetyStockLevel="1000" ReorderPoint="750" StandardCost="0.0000"
ListPrice="0.0000" DaysToManufacture="0" SellStartDate="1998-06-01T00:00:00" rowguid="694215B7-08F7-
4C0D-ACB1-D734BA44C0C8" ModifiedDate="2004-03-11T10:01:36.827" />
<AdventureWorks.Production.Product ProductID="2" Name="Bearing Ball" ProductNumber="BA-8327"
MakeFlag="0" FinishedGoodsFlag="0" SafetyStockLevel="1000" ReorderPoint="750" StandardCost="0.0000"
ListPrice="0.0000" DaysToManufacture="0" SellStartDate="1998-06-01T00:00:00" rowguid="58AE3C20-4F3A-
4749-A7D4-D568806CC537" ModifiedDate="2004-03-11T10:01:36.827" />
…
```

Listing 4.24   Die Ausgabe wurde entsprechend gekürzt

Zu beachten ist, dass mit der Directive TYPE wirklich der Datentyp XML zurückgeliefert wird. Das erkennt man nicht zuletzt daran, dass im SQL Management Studio das Ergebnis einer Abfrage, die diesen neuen Datentyp XML enthält, XML nicht als Text im Resultset, sondern als Hyperlink auf den XML Viewer ausgegeben wird. Diese Rückgabe kann daher auch Variablen zugewiesen werden.

```
DECLARE @x xml
SET @x = (SELECT *
FROM Sales.Customer
FOR XML AUTO, TYPE)
```

Listing 4.25 Zuweisung des Datentyps XML an eine Variable

Einige Einschränkungen und Besonderheiten gibt es allerdings dabei. FOR XML kann beispielsweise nicht in einer Cursorprogrammierung verwendet werden. An der obigen Ausgabe erkennt man auch, dass das Element als vollständiger Pfad ausgegeben wird.

HINWEIS   Als *full qualified name* (FQN) oder »vollständig qualifizierenden Namen« bezeichnet man im SQL Server einen Namen aus vier Teilbereichen. Im SQL Server 2008 lautet die Syntax wie folgt: *myserver.database.schema.objektname*. Als erstes wird also der Name des Servers, dann der der Datenbank notiert, darauf folgt das Schema (nicht mehr wie im SQL Server 2000 der Besitzer) und dann die Tabelle bzw. das Objekt.

Daher bezeichnet der Ausdruck SELECT * from KatMai.AdventureWorks.Sales.SalesPerson genau die Tabelle *SalesPerson* im Schema *Sales* der *AdventureWorks*-Datenbank auf dem Server *KatMai*.

Man kann dabei immer auf bestimmte Teile verzichten. Lässt man den Server weg, wird der lokale Server unterstellt, verzichtet man auf die Datenbank, wird die Datenbank der aktuellen Verbindung unterstellt, beim Schema wird das Standardschema des Benutzers unterstellt. Auch Teilauslassungen sind dabei gültig etwa SELECT * from Katmai...SalesPerson, wenn man unterstellt, dass *AdventureWorks* die Datenbank der aktuellen Verbindung und *Sales* das Standardschema des angemeldeten Benutzers ist.

Nicht immer ist die vollständige Syntax »besser«. Man sollte bedenken, dass beispielsweise gespeicherte Prozeduren nicht laufen, wenn sie ursprünglich in einer Datenbank *Allocatus* erstellt wurden und dabei intern mit dem (beinahe) vollständigen Namen auf eine Tabelle SELECT * FROM Allocatus.Wartung.Infos zugreifen, dann aber mit einem Backup diese Datenbank unter dem Namen *AllocatusSik* zurückgespielt werden.

In dem XML-Dokument sind aber solche Pfadangaben nicht immer erwünscht. Wenn es sich um einen entfernten Server im Netzwerk handelt, wird sogar noch der Servername vorangestellt: < Katmai.AdventureWorks.Production.Product ProductID="1" Name="Adjustable ….

Man umgeht dieses Vorgehen am besten mit der Vergabe eines Alias.

```
SELECT TOP 1 LastName
FROM AdventureWorks.Person.Contact as myContact
FOR XML AUTO, ROOT('Contacts'),TYPE
```

Listing 4.26 FOR XML wird mit einem Alias benutzt

Oftmals möchte man aber noch weitergehenden Einfluss auf die Ausgabe der Daten in XML nehmen. Immer wieder gibt es beispielsweise Diskussionen darüber, ob bestimmte Informationen als Attribute oder besser als Elemente auszugeben sind. So sinnvoll oder wenig sinnvoll diese Diskussionen sein mögen, sicherlich gibt es für jede Variante immer auch einsichtige Beispiele. Besonders angenehm ist es jedoch, wenn man eine vollständige Kontrolle über die Ausgabe in XML hat.

Im SQL Server 2008 wird dies durch die Syntax der Klausel FOR PATH erreicht.

```
XML_F52E2B61...5F49916B1.xml │ BECON-VPC1.No...SQLQuery4.sql*
    SELECT CustomerID as "@CustomerID",
           CompanyName,
           Address as "address/street",
           City as "address/city",
           Region as "address/region",
           PostalCode as "address/zip",
           Country as "address/country",
           ContactName as "contact/name",
           ContactTitle as "contact/title",
           Phone as "contact/phone",
           Fax as "contact/fax"
    FROM Customers
    FOR XML PATH('Customer'), ROOT('doc')
◄│
 ▢ Results │ ▢ Messages │
   │ XML_F52E2B61-18A1-11d1-B105-00805F49916B
 1 │ <doc><Customer CustomerID="ALFKI"><CompanyName>...
```

Abbildung 4.27   FOR PATH Klausel des XML Datentyps

Damit lassen sich Ausgaben noch genauer steuern.

```
<doc>
  <Customer CustomerID="ALFKI">
    <CompanyName>Alfreds Futterkiste</CompanyName>
    <address>
      <street>Obere Str. 57</street>
      <city>Berlin</city>
      <zip>12209</zip>
      <country>Germany</country>
    </address>
    <contact>
      <name>Maria Anders</name>
      <title>Sales Representative</title>
      <phone>030-0074321</phone>
      <fax>030-0076545</fax>
    </contact>
  </Customer>
  [...]
</doc>
```

Listing 4.27   Ausgabe gekürzt

Weitere Hinweise zur Syntax von FOR XML finden Sie in der Online-Hilfe des SQL Servers 2008.

Typisiertes XML

Der SQL Server 2008 überprüft beim Speichern aller XML-Daten diese auf Wohlgeformtheit. Häufig werden dabei nicht beliebige Daten in einer Tabelle gespeichert, sondern Daten eines bestimmten Typs. Dies können Produktinformationen sein, die in XML vorliegen, in XML serialisierte Objekte oder auch andere XML-Dokumente wie z.B. die Ablage von z.B. Word-Dokumenten im neuen Office 2007.

Dass ein bestimmtes XML-Dokument einen definierten Typ wiedergibt, wird durch ein Schema (XSD) erreicht. Daher kennt auch der SQL Server 2008 die Möglichkeit, eingegebene Daten auf ihre Gültigkeit hinsichtlich eines bestimmten Typs zu prüfen. Ähnlich wie schon die bekannte CHECK-Einschränkung wird dabei nicht die formale Gültigkeit einer Eingabe überprüft, sondern die inhaltliche. Bei einer üblichen Spalte einer Tabelle im SQL Server werden durch die Angabe des Datentyps die formalen Grenzen festgelegt. »Eine Spalte kann nur nvarchar-Daten mit maximal 50 Zeichen aufnehmen, wenn man dies so festlegt.« – Dies ist die formale Begrenzung.

Zusätzlich wird dann durch eine CHECK-Einschränkung die inhaltliche Begrenzung festgelegt, etwa dass eine Spalte nur Eingaben aus einer Liste zulässt.

So muss man es sich auch für XML-Daten vorstellen. Mit der Festlegung auf den Datentyp XML werden für die Spalte alle aus XML bekannten formalen Einschränkungen festgelegt. Mit der Zuweisung eines Schemas zu der Spalte werden inhaltliche Einschränkungen gemacht.

Wie bei den CHECK-Einschränkungen werden diese *vor* der Transaktion auf der Datenbank überprüft. Alle mit der Transaktion zusammenhängenden Aktionen wie das Laden der Seiten oder das Auslösen von Triggern oder Ähnliches unterbleiben also.

Das Schema, gegen das die XML-Dokumente geprüft werden sollen, muss dabei erst einmal im SQL Server 2008 vorhanden sein. Es wird dabei in eine Schema-Sammlung eingestellt.

```
CREATE XML SCHEMA COLLECTION dbo.MyEmpSchema
AS
N'<xsd:schema xmlns:xsd="http://www.w3.org/2001/XMLSchema">
<xsd:element name="Employee" >
   <xsd:complexType>
   <xsd:sequence>
      <xsd:element name="FName" type="xsd:string" />
      <xsd:element name="LName" type="xsd:string" />
   </xsd:sequence>
   <xsd:attribute name="EmpID" type="xsd:integer" />
   </xsd:complexType>
</xsd:element>
</xsd:schema>'
```

Listing 4.28   Das Anlegen eines Schemas im SQL Server 2008

Ist dieses Schema einmal bekannt, kann es dann beim Anlegen einer Tabelle im SQL Server benutzt werden. Im Grunde wird ein Untertyp von XML erstellt (XML, das dem Schema *xyz* entspricht), der dann Typ der Spalte ist, und in der Tat lehnt sich auch die Syntax an diesen Gedanken an:

```
CREATE TABLE myEmp(
  ID int Identity(1,1),
  Emp xml (DOCUMENT dbo.MyEmpSchema),
  CONSTRAINT pk_keyemp PRIMARY KEY (ID))
```

Listing 4.29   Beim Datentyp XML wird das Schema angegeben, dem die Daten entsprechen müssen

Neu in SQL Server 2008   Auch hier gibt es wieder eine Erweiterung beim SQL Server 2008. Wie man im Listing sieht, ist die XML-Spalte als DOCUMENT definiert. Dies legt das XML auf den Typ eines Dokumentes fest (im Gegensatz zu einem Fragment, dann CONTENT). Document legt fest, dass es nur ein Wurzel-Element (root) geben darf, und diese Wurzel kein Textknoten sein darf.

Deshalb schlägt das Einfügen eines in diesem Sinne fehlerhaften XML-Dokumentes fehl.

```
INSERT INTO myEmp2 (emp) VALUES
('<Employee EmpID="4">Total wichtig
<FName>Klaus</FName>
<LName>Löffelmann</LName>
</Employee>
')
```

```
INSERT INTO myEmp2 (emp) VALUES
('<Employee EmpID="4">Total wichtig
<FName>Klaus</FName>
<LName>Löffelmann</LName>
</Employee>
')
```

Messages

```
Msg 6909, Level 16, State 1, Line 1
XML Validation: Text node is not allowed at this location,
the type was defined with element only content or with simple content.
Location: /*:Employee[1]
```

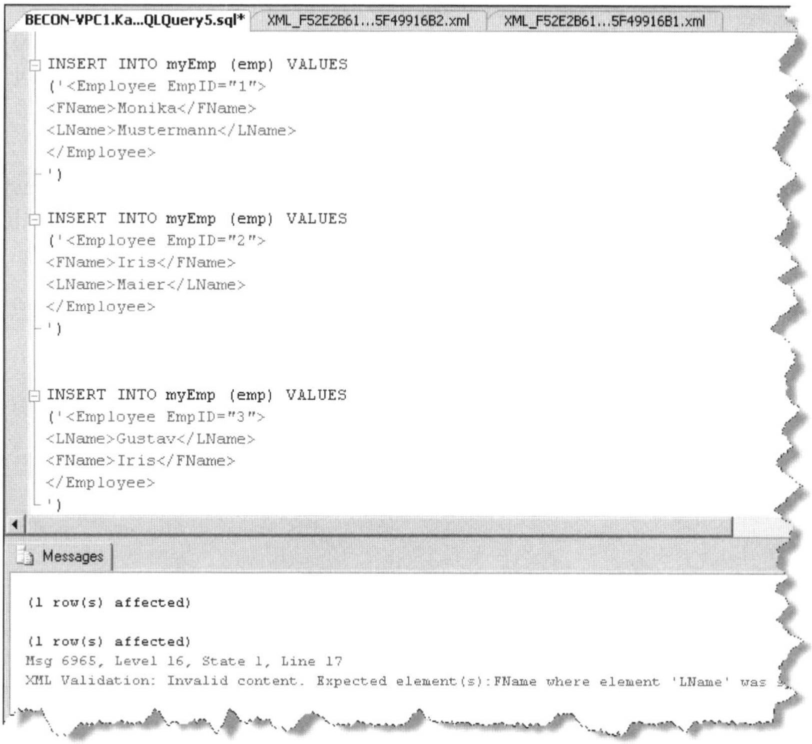

BECON-VPC1.Ka...QLQuery5.sql*   XML_F52E2B61...5F49916B2.xml   XML_F52E2B61...5F49916B1.xml

```
INSERT INTO myEmp (emp) VALUES
('<Employee EmpID="1">
<FName>Monika</FName>
<LName>Mustermann</LName>
</Employee>
')

INSERT INTO myEmp (emp) VALUES
('<Employee EmpID="2">
<FName>Iris</FName>
<LName>Maier</LName>
</Employee>
')

INSERT INTO myEmp (emp) VALUES
('<Employee EmpID="3">
<LName>Gustav</LName>
<FName>Iris</FName>
</Employee>
')
```

Messages

```
(1 row(s) affected)

(1 row(s) affected)
Msg 6965, Level 16, State 1, Line 17
XML Validation: Invalid content. Expected element(s):FName where element 'LName' was
```

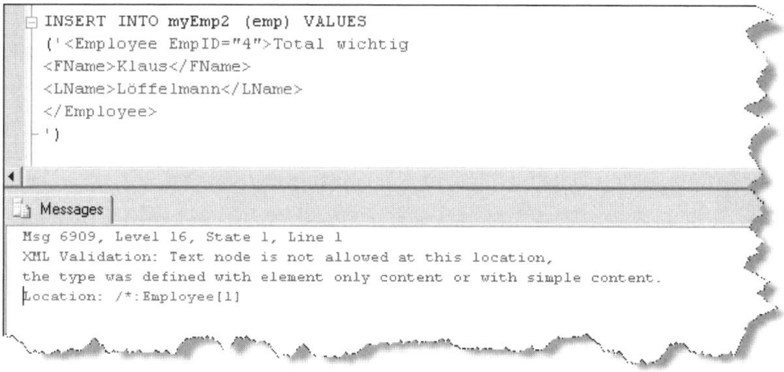

Abbildung 4.28   Nur noch dem Schema entsprechende Daten können eingefügt werden

Während die erste INSERT-Anwendung erfolgreich ausgeführt wird, generiert die dritte einen Fehler. XML ist sehr streng, denn obwohl alle Angaben vorhanden sind, schlägt das Einfügen fehl, da die Daten nicht in der im Schema festgelegten Reihenfolge kommen. In diesem Fall sind der Nachname *LName* und der Vorname *FName* beim zweiten Datensatz vertauscht. Das Schema fordert hier die umgekehrte Reihenfolge, auch wenn durch die Elementnamen die Zuordnung eigentlich eindeutig ist.

XQuery

XML-Dokumente können sehr groß werden. Die Begrenzung von 2GB wird dabei nicht immer erreicht werden, aber dennoch muss es einen effektiven Weg geben, auf die Informationen, die in den XML-Spalten einer Tabelle liegen, zuzugreifen. Ein sehr einfacher Weg ist es, diese Informationen zunächst aus dem XML-Dokument zu extrahieren und wie gewohnt in einer eigenen Spalte der Tabelle zu speichern. Wenn also Word-Texte im XML-Format in einer SQL Server-Tabelle gespeichert werden sollen, können zentrale Daten wie der Autor, der Titel oder die durch ein verknüpftes Schema strukturierten Daten in eigenen Spalten abgelegt werden.

Der Zugriff auf diese Daten erfolgt dann wie gewohnt durch eine WHERE-Klausel, die die gewünschten Informationen auswählt.

```
SELECT LastAuthor, WordDoc FROM tblWordDocuments WHERE LastAuthor='Klaus Löffelmann'
```

Listing 4.30   Auswahl bestimmter XML-Daten durch eine WHERE-Klausel anderer Felder

Doch es lassen sich sinnvollerweise kaum alle relevanten Daten so ablegen. Dann wäre auch irgendwann die Spalte des Datentyps XML überflüssig, weil man die gesamte Information in ein relationales Modell überführt hätte. Zudem ist es nicht immer vorausschauend, zu klären, was relevante Daten sind und was nicht. Generell wäre es wünschenswert, auf alle Informationen in XML auch in einer Abfrage und damit in einem möglichen Filter zugreifen zu können. Dies leistet die XQuery-Erweiterung des SQL Servers 2008.

XQuery ist eine XML-Abfragensprache, die auch von W3C entworfen und spezifiziert wird. Den Entwurf zur Version 1.0 findet man unter *http://www.w3.org/TR/xquery/*. Die zurzeit im SQL Server 2008 benutzte Version implementiert die Anforderung der Überarbeitung des Entwurfes vom November 2003 und kann daher von den Anforderungen der endgültigen Version abweichen.

In der neuen Beispieldatenbank *AdventureWorks*, die die Datenbank eines virtuellen Fahrradherstellers abbildet, findet man Produktbeschreibungen (allerdings in ausgesprochen wenigen Datensätzen).

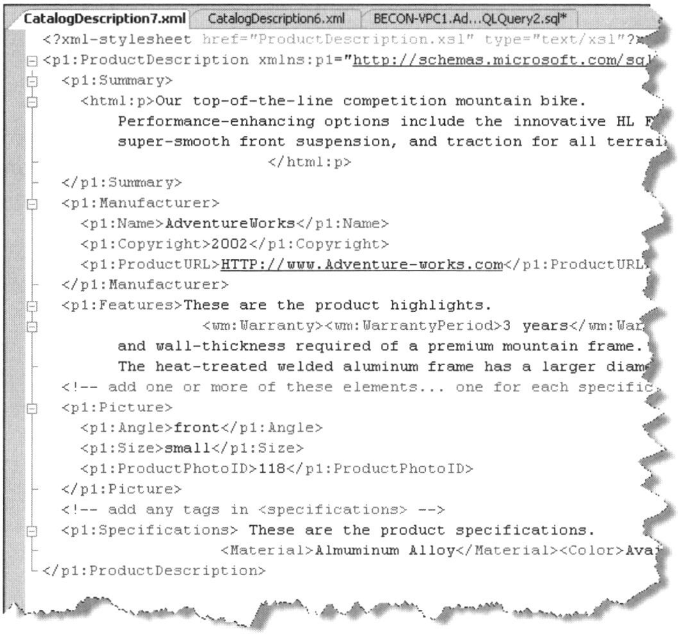

```
CatalogDescription7.xml    CatalogDescription6.xml    BECON-VPC1.Ad...QLQuery2.sql*
    <?xml-stylesheet href="ProductDescription.xsl" type="text/xsl"?>
  <p1:ProductDescription xmlns:p1="http://schemas.microsoft.com/sq
      <p1:Summary>
          <html:p>Our top-of-the-line competition mountain bike.
                Performance-enhancing options include the innovative HL F
                super-smooth front suspension, and traction for all terrai
                            </html:p>
      </p1:Summary>
      <p1:Manufacturer>
          <p1:Name>AdventureWorks</p1:Name>
          <p1:Copyright>2002</p1:Copyright>
          <p1:ProductURL>HTTP://www.Adventure-works.com</p1:ProductURL
      </p1:Manufacturer>
      <p1:Features>These are the product highlights.
                    <wm:Warranty><wm:WarrantyPeriod>3 years</wm:War
              and wall-thickness required of a premium mountain frame.
              The heat-treated welded aluminum frame has a larger diam
      <!-- add one or more of these elements... one for each specific
      <p1:Picture>
          <p1:Angle>front</p1:Angle>
          <p1:Size>small</p1:Size>
          <p1:ProductPhotoID>118</p1:ProductPhotoID>
      </p1:Picture>
      <!-- add any tags in <specifications> -->
      <p1:Specifications> These are the product specifications.
                        <Material>Almuminum Alloy</Material><Color>Ava
  </p1:ProductDescription>
```

Abbildung 4.29 Die Produktbeschreibung
in einer Spalte vom Type XML

Das Wurzelelement legt hier einen Standard-Namensraum fest. Dieser muss dann auch in den Abfragen berücksichtigt werden. Mit XQuery kann man dann auch auf dieses Dokument zugreifen:

```
SELECT CatalogDescription.query
('declare namespace
    p1="http://schemas.microsoft.com/sqlserver/2004/07/adventure-works/ProductModelDescription";
    /p1:ProductDescription/p1:Summary') as Zusammenfassung
FROM  Production.ProductModel
WHERE ProductModelID=19
```

Listing 4.31 Ein Teil des gespeicherten XMLs wird ausgegeben

Die XQuery-Erweiterung wird dabei als »Methoden«-Aufruf auf die Spalte *CatalogDescription* vom Datentyp XML ausgeführt. Das legt auf jeden Fall die Syntax nahe. Daher gibt es im SQL Server 2008 keine Erweiterung der klassischen SQL-Syntax im Umgang mit XML an dieser Stelle.

HINWEIS   Auch wenn es jetzt die Möglichkeit gibt, mit XQuery direkt auf Daten im XML-Dokument zuzugreifen, empfiehlt es sich doch dringend, die Daten weiter einzuschränken. Die klassische *WHERE*-Klausel leistet diese Filterung der Daten, die dann mit XQuery ausgewertet werden. Gerade die Kombination aus bekannten Abfragetechniken und den neuen Features ergibt die optimale Geschwindigkeit.

Da die Daten im Dokument in einem Standard-Namensraum enthalten sind, muss XQuery zunächst diesen Namensraum deklarieren und mit einem Präfix assoziieren, in diesem Fall p1. Im Listing wird deutlich, dass der Zugriff auf bestimmte Aspekte des XML-Dokumentes mithilfe einer Syntax geschieht, die XPath (*http://www.w3.org/TR/xpath*) heißt. Den Elementen wird dabei der Namensraum vorangestellt. Es wird dabei nach Informationen im Pfad /p1:ProductDescription/p1:Summary gesucht.

Die Syntax von XQuery und XPath ist alles andere als trivial. Es soll an dieser Stelle auch auf keinen Fall eine vollständige Einführung in XQuery oder XPath geleistet werden. Es sollen vielmehr die Möglichkeiten in verschiedenen Szenarios vorgestellt werden. Gerade auch deswegen sollte man auf keinen Fall in seiner Datenbank nach Anwendungsfällen suchen, sondern vielmehr umgekehrt verfahren.

Da XQuery und XPath nun im SQL Server 2008 zur Verfügung stehen und damit sicher immer bekannter werden, sollten die Technologien, wenn man auf ein spezifisches Problem mit XML trifft, als adäquate Lösungen erscheinen und dann angewendet werden.

Interessant ist dabei auch die Ausgabe der oben abgebildeten Abfrage. Es wird dabei auch ein Auszug aus den gesamten XML-Daten geliefert.

```
<p1:Summary xmlns:p1="http://schemas.microsoft.com/sqlserver/2004/07/adventure-
works/ProductModelDescription">
  <p2:p xmlns:p2="http://www.w3.org/1999/xhtml">Our top-of-the-line competition mountain bike.
    Performance-enhancing options include the innovative HL Frame,
    super-smooth front suspension, and traction for all terrain.
  </p2:p>
</p1:Summary>
```

Listing 4.32   Beginn der XML-Ausgabe der Abfrage

XML DML

DML steht als Abkürzung für *Data Modification Language* und bezeichnet im bekannten SQL alle Anweisungen, die Daten verändern, also INSERT, UPDATE und DELETE. Zumeist wird dabei der Wert einer Spalte in einem UPDATE überschrieben oder ausgelesen und verändert zurückgeschrieben, neue Datensätze werden eingefügt oder der Datensatz gelöscht.

```
UPDATE Employees SET salary= salary*1.12
```

Bei einer XML-Spalte mit bis zu 2GB wäre es wenig effektiv, wenn man, um einen Teil des Dokumentes zu ändern, erst das gesamte Dokument auslesen müsste. Dann erst könnte man es verändern und gegebenenfalls zurückschreiben. Ähnliches gilt für das Einfügen von Informationen. Idealerweise sollte man in der Lage sein, in das vorhandene Dokument mit einer spezialisierten Anweisung Informationen einzufügen, ohne es zuvor insgesamt bewegen zu müssen. Dies leistet XML DML.

```
USE AdventureWorks;
GO
DECLARE @myDoc xml
SET @myDoc = '<buecher>
    <buch ISDB="3860635301" CDRom="2">
        <codename>yukon-buch</codename>
        <autor>Markus Raatz</autor>
    </buch>
</buecher>'
SELECT @myDoc
SET @myDoc.modify('
insert <autor>Ruprecht Dröge</autor> as first
into (/buecher/buch/)[1]')
```

```
SELECT @myDoc
set @myDoc.modify('

insert <titel>SQL Server 2008</titel>
as last
into (/buecher/buch/)[1]')
SELECT @myDoc
```

Listing 4.33   Das Verändern eines XML-Dokumentes mit XML DML

Auch das Verändern aufgrund bestimmter Kriterien ist möglich.

```
SET @myDoc.modify('
insert
if (/buecher/buch[@ISBN="3860635301"])
   then <lektor>Klaus Loeffelmann</lektor>
else ()
as last into (/buecher/buch)[1]')
SELECT @myDoc;
```

Listing 4.34   Das Schlüsselwort last bestimmt hier die Position eines XML-Elementes, nicht die Wertung des von den Autoren sehr geschätzten Herrn

Ebenso gibt es eine gültige Syntax für das Löschen von Teilen im Dokument.

```
SET @myDoc.modify('delete /buecher/buch/codename')
```

Oder für das Ersetzen vorhandener Informationen

```
SET @myDoc.modify('replace value of (/buecher/buch/@CdRom)[1] with "0"'          )
```

XML Index

Der Zugriff auf die XML-Dokumente soll durch den Datentyp XML auch beschleunigt werden, sonst könnte man durchaus weiter mit den bekannten Datentypen arbeiten und die bisher übliche Syntax nutzen. Der große Vorteil des Datentyps XML ist dabei, dass er wirklich XML abbildet und nicht einfach nur eine beliebige Zeichenfolge, die zufällig XML beinhaltet.

Wenn die Struktur eines XML-Dokumentes eingelesen wird, ergibt sich eine hierarchische Baumstruktur. In solch strukturierten Daten ist es immer möglich, effektive Suchalgorithmen zu benutzen. Das ist letztlich auch die Idee eines Index, dass man aus unstrukturierten Daten, der zufälligen Abfolge von Werten in einer Tabelle, strukturierte Daten erzeugt. Der Index im SQL Server ist eine Struktur, die balancierter Baum genannt wird und in der die Werte eben nicht willkürlich, etwa in der Reihenfolge wie sie in der Tabelle eingegeben wurden, sondern sortiert vorliegen, im Falle des Index alphanumerisch sortiert.

Es sollte daher möglich sein, auch die interne Struktur des XML-Dokumentes mit aufbereiteten Hilfsstrukturen sehr viel effizienter zu durchsuchen. Daher ist es im SQL Server 2008 möglich, Indizes auf Basis einer XML-Spalte zu erstellen. Dazu muss zunächst ein sogenannter primärer XML-Index erzeugt werden, danach können spezialisierte Indizes die Suche oder andere Anweisungen beschleunigen.

Primärer Index

Man erstellt einen primären XML-Index mit folgender Syntax:

```
ALTER TABLE tempdb.dbo.mydoc# ADD CONSTRAINT pk_key PRIMARY KEY (ID)
CREATE PRIMARY XML INDEX idx_XMLDoc on tempdb.dbo.mydoc# (doc)
```

Listing 4.35　Erstellen eines primären XML-Indexes

Um einen primären XML-Index auf Basis einer Spalte zu erstellen, muss diese auch einen gruppierten Primärschlüssel haben.

Durch diese Primärindexerstellung wird zunächst die Baumstruktur des XML-Dokumentes aufbereitet. Dann können weitere, sekundäre Indizes auf der XML-Spalte erstellt werden, der je nach Aufgabengebiet verschiedene Spezialisierungen kennt.

TIPP　Beachten Sie, dass jede Tabelle in SQL Server 2008 einen gruppierten Index haben sollte. Es gibt wenige Szenarien, in der allein nichtgruppierte Indizes sinnvoll sind, daher ist man im Zweifelsfall mit einem gruppierten Index gut beraten. Wenn man die Tabelle über die Oberfläche im SQL Server Management und nicht mithilfe einer selbst geschriebenen SQL-Anweisung erstellt, wird der Primärschlüssel immer als gruppierter Index erstellt. Es gibt jedoch häufiger Anwendungsfälle, bei denen ein gruppierter Index auf einer anderen Spalte als dem Primärschlüssel liegen sollte. Wenn Sie jedoch XML-Indizes verwenden wollen, muss es die Primärschlüsselspalte sein. Sollte dies die Leistung Ihrer Tabelle zu stark beeinflussen oder Sie wollen aus anderen Gründen auf keinen Fall die Primärschlüsselspalte als gruppierten Index nutzen, sollten Sie zwei Tabellen mit 1:1-Beziehung erwägen. In der erstellten zweiten Tabelle befindet sich dann der gruppierte Primärschlüssel. Und Sie müssen als allererstes einen primären XML-Index erstellen, bevor Sie spezialisierte Indizes verwenden können.

```
CREATE XML INDEX IXML_docPath ON on tempdb.dbo.mydoc# (doc)
USING XML INDEX idx_XMLDoc FOR PATH
```

Listing 4.36　Ein FOR PATH Index

Sekundäre Indizes

- **FOR PATH:** Auch wenn der primäre Index schon verhindert, dass das gesamte XML-Dokument zur Laufzeit gescannt werden muss, ist die Leistung nicht immer optimal für Abfragen, die XPath benutzen. Oben wurden solche Beispiele aufgezeigt, die Ausdrücke wie */buecher/buch/auflage/anzahl* benutzen. Bei jedem dieser Pfadausdrücke werden alle Zeilen des primären XML-Indexes für die XML-Instanzen einer Spalte durchlaufen. Daher kann es für sehr große XML-Instanzen einfach zu lange dauern, so zu verfahren. In diesem Fall kann die Erstellung eines sekundären Indexes mit FOR PATH die Abfragegeschwindigkeit erheblich steigern.

- **FOR VALUE:** Wenn die Abfragen Ausdrücke enthalten, die besonders auf die Filterung von Werten achten und dabei den Pfad nicht vollständig enthalten oder Platzhalter verwenden (z. B. /buecher/buch[@*=»Holert«), wird die Abfragegeschwindigkeit deutlich durch die Erstellung eines sekundären Index auf Grundlage der Werte der einzelnen Knoten gesteigert.

- **FOR PROPERTY:** Wenn man XML-Instanzen, die in einer Spalte gespeichert sind, nach Eigenschaften durchsucht, empfiehlt sich die Erstellung eines sekundären Indexes mit FOR PROPERTY.

■ In unserem Bücher-Beispiel müssen wir uns ein XML-Dokument vorstellen, das beliebige Zusatzinformationen, wie etwa Stichwörter zu den Büchern, speichert. Diese sind aber beliebig im Dokument verstreut. Wenn also Abfragen abgesetzt werden, die in etwa lauten: Gib mir alle diese Stichwörter in einer XML-Instanz zu den Büchern, eignet sich dieser Index-Typ besonders gut.

Webservice-Architektur

Die XML-Daten können im SQL Server 2008 effizient gespeichert, ausgewählt und verändert werden. Die Daten können als Resultset zurückgegeben werden – dazu ist aber eine Technologie in der Anwendung erforderlich, die mit diesen Daten auch umgehen kann. ADO.NET 2.0 kennt den Datentyp und verarbeitet ihn entsprechend. Für ADO sind solche Provider für den neuen SQL Server 2008 auch bereits entwickelt worden. Inwieweit ältere Anwendungen mit diesen Datentypen umgehen können (etwa RDO oder ODBC), wird sich zeigen.

Auch für SQL Server 2000 ist eine Technologie veröffentlich worden, die sich SQLXML nennt. Diese setzt jedoch zwingend den Internet Information Server voraus.

Sehr wünschenswert ist es aber, dass es Technologien gibt, die als eigener Standard einen solchen Datenzugriff ermöglichen. Möglicherweise gibt es Anwendungen in jedem Unternehmen, die man aus den verschiedensten Gründen nicht ersetzen kann oder will, die aber dennoch Daten aus dem SQL Server 2008 nutzen sollen.

Eventuell laufen solche Anwendungen auf ganz anderen Plattformen als Windows, sodass es lange dauern wird, wenn es überhaupt geschieht, dass entsprechende Datenzugriffstechnologien für diese Plattformen verfügbar sind.

Webservices liefern eine solche Schnittstelle. Sie sind standardisiert und werden von jeder Plattform unterstützt. Man kann mit einem .NET Client auf einen Webservice zugreifen, der irgendwo im Internet angeboten wird, ohne überhaupt wissen zu müssen, auf welcher Plattform er erstellt wurde oder betrieben wird. Auch kann man mit beliebigen Anwendungen und Programmiersprachen jedweder Plattform auf Webservices zugreifen, die man unter Windows erstellt hat.

Auch wenn die beste Art der Einführung immer noch die schon erwähnte ist, kann man sich einen Webservice einfach als Internetadresse vorstellen, die statt HTML XML-Daten liefert. Dabei kann ein Webservice eine Reihe von Aufrufen anbieten, die man sich wie Funktionen oder Methoden eines entfernten Objektes vorstellen kann. Das Format der zurückgegebenen Daten, also das Schema, wird ebenfalls vom Webservice veröffentlicht. Man kann daher auf einen Webservice zugreifen und seine Dienste nutzen, ohne sich zuvor beispielsweise mit dem ursprünglichen Programmierer über die Einzelheiten der gelieferten Daten austauschen zu müssen. Ein Webservice beschreibt sich selbst.

Es ist standardisiert und festgelegt, dass jeder Webservice unter seiner URL gefolgt von einem *?WSDL*-Aufruf ein Dokument liefert, das alle seine Funktionsaufrufe und alle seine Datenformate dokumentiert.

Die XML-Daten werden dabei normalerweise über SOAP und Port 80 geliefert, sodass der Zugriff auch über Firewalls hinweg möglich und einfach ist.

Wer einmal einen echten Webservice in Aktion sehen will, kann dies einmal mit dem Microsoft MapPoint Webservice ausprobieren. Dabei werden zudem nicht trockene Finanzdaten, sondern qualitativ hochwertige Karten und andere Geoinformationen ausgetauscht. Der MapPoint Webservice ist eine kommerzielle Anwendung, die Sie für sich und in oder für Ihre Programme nutzen können. Zu Testzwecken kann man auch einen Evaluierungs-Account beantragen, der einem Zeit gibt, ein Gefühl für die Möglichkeiten von Webservices zu bekommen. Auch andere Anbieter wie Amazon lassen den Zugriff auf einen Teil ihrer Daten mit Webservices zu.

Webservice in SQL Server 2008

Im SQL Server 2008 besteht die Möglichkeit, ohne zusätzlichen Programmieraufwand, Daten als Webservices zur Verfügung zu stellen. Obwohl es sich dabei um Web- also Internettechnologie handelt, muss **kein** Internet Information Server, also der Webserver von Windows, installiert werden, weil der SQL Server 2008 einen nativen Zugriff über den http-Dienst bieten kann. Dabei können folgende Dienste angeboten werden:

- Transact-SQL-Anwendungen mit oder ohne Parameter

- Gespeicherte Prozeduren, erweiterte gespeicherte Prozeduren und benutzerdefinierte Funktionen, die Skalarwerte zurückgeben

Dass der SQL Server als sein eigener Webservice dienen kann, bietet daher eine ganze Reihe von Vorteilen:

Jede Anwendung, die irgendwie auf einen Webservice zugreifen kann, kann den SQL Server nutzen.

Damit sind die Nutzungsmöglichkeiten gerade in heterogenen Umfeldern sehr stark erweitert. Während andere Plattformen bislang den Zugriff über JDBC *Java Database Connectivity* oder ODBC *Open Database Connectivity* nutzen mussten, steht nun eine zudem noch ausgesprochen preiswerte Alternative zur Verfügung. Man denke nur an Szenarien, bei denen nun ein Datenbankadministrator sogar in der Lage ist, eigene Perl-Skripte zu schreiben, die dann Funktionalitäten des SQL Servers aufrufen.

Es gelingt eine viel bessere Integration mit Microsoft Entwicklungswerkzeugen, aber auch mit denen anderer Hersteller.

Wie schon ausgeführt, kann auf einem Client Proxy-Code erstellt werden, der die Kommunikation mit dem Webservice und damit dann dem SQL Server 2008 abstrahiert. Nicht nur Microsoft Visual Studio, auch JBuilder oder andere Produkte können dies leisten, sodass sich eine Fülle von neuen Perspektiven für die Nutzung der Dienste des SQL Servers 2008 auch aus anderen Umgebungen heraus ergibt.

Dabei werden auch mobile Endgeräte unterstützt, die oftmals keine kontinuierliche Verbindung zum SQL Server haben.

Da solche Geräte sich im Allgemeinen nur sporadisch mit dem SQL Server verbinden können, bietet der kurzfristige Aufruf von Webservicefunktionen eine einfache Möglichkeit, Anwendungen für diese Geräte zu erstellen. Zudem steht für Anwendungen, die dauerhaft auf den SQL Server von solchen mobilen Geräten aus zugreifen, das .NET Compact Framework bereit, das beinahe alle Funktionalitäten beim Zugriff auf Datenbanken, auch auf diesen kleinen Geräten zur Verfügung stellt.

Die im Server implementierten Sicherheitsfunktionen machen die Konfiguration und Wartung der Firewalls erheblich einfacher.

Es gibt beim Zugriff über http/SOAP keine Möglichkeit der anonymen Anmeldung, wie sie standardmäßig sogar im Internet Information Server konfiguriert ist. Um überhaupt einen Webserviceaufruf zu ermöglichen, muss ein so genannter Endpunkt eingerichtet werden. Für diesen Vorgang sind auch immer Administratorenrechte auf der Systemebene nötig. So kann niemals ein unbefugter Benutzer Daten aus dem SQL Server über einen Webserver veröffentlichen. Zudem geben die Endpunkte nur exakt die gespeicherten Prozeduren, also die Funktionen weiter, die explizit konfiguriert wurden. Da aber alle Berechtigungen im SQL Server 2008 sehr granular auf der Ebene des einzelnen Benutzers vergeben werden können, kann auch der Zugriff auf einen solchen Endpunkt für den einzelnen Benutzer gestattet oder verweigert werden.

Dabei ist darauf zu achten, dass der Namespace der URL zuvor reserviert wird. Dies ist zwar nicht immer zwingend notwendig, vereinfacht jedoch die Konfiguration und verhindert, dass es durch andere Anwendungen, z. B. unter ASP.NET o. Ä. zu Konflikten kommt. Die Reservierung wird mit einer gespeicherten Systemprozedur ausgeführt.

```
EXEC sp_reserve_http_namespace N'http://SQL2008:80/sqlWS'
```

Listing 4.37   Reservierung des Namespaces unter einer URL

Wie gesagt, die Bindung ist nicht zwingend erforderlich, aber die Dokumentation listet eine Reihe von Gründen auf, wann und warum es dann doch sinnvoll sein könnte:

Wenn eine Anwendung mit einem Nichtadministratorkonto ausgeführt wird, kann sie keine Bindung an den Namespace zur Laufzeit durchführen, ohne dass ein Administrator eine Reservierung des Namespace vornimmt. Einzige Ausnahme: Die Anwendung wird unter dem lokalen Systemkonto ausgeführt. Anwendungen, die unter dem lokalen Systemkonto ausgeführt werden, können einen beliebigen Namespace binden, wenn dieser frei ist.

Das Reservieren eines Namespace stellt jedoch immer sicher, dass andere Anwendungen keine Bindung herstellen können; die Anwendung ist daher der alleinige Besitzer des Namespace. Die Reservierung ist dabei immer hierarchisch. Wenn z. B. der Namespace *http://adventure-works.com:80/* reserviert ist, gilt dies auch für alle untergeordneten Namespaces wie z. B. *http://adventure-works.com:80/sqlapp1* und *http://adventure-works.com:80/sqlapp2/dir1*.

Die Bereitstellung eines Webservices erfolgt durch die Erstellung des schon erwähnten Endpunktes.

```
CREATE ENDPOINT  webservice_endpoint
STATE = STARTED
AS HTTP(
   PATH = '/sqlserver/northwind',
   AUTHENTICATION = (INTEGRATED ),
   PORTS = ( CLEAR ),
   SITE = 'sql2008'
   )
FOR SOAP (
   WEBMETHOD 'http://sql2008:80/sqlserver/northwind'.'GetCustomers'
           (name='northwind.dbo.GetCustomers',
            schema=STANDARD ),
   BATCHES = ENABLED,
   WSDL = DEFAULT,
   DATABASE = 'Northwind',
   NAMESPACE = 'http://beconstructed/demo/Customers'
   )
```

Listing 4.38   Das Erstellen eines Endpunktes

Die Syntax ist in zwei wichtige Bereiche gegliedert. Nach der Namensvergabe für den Endpunkt folgt der Bereich des *AS*.

Dieser Bereich legt alle Parameter für den Transport fest. Hier können wahlweise http oder TCP/IP eingestellt sowie weitere Angaben über den Port gemacht werden. Dabei ist interessant, dass hier die IP-Nummern festgelegt werden können, die überhaupt Zugriff auf den SQL Server-Webservice haben sollen. Daher bestimmt dieser erste Bereich das *WIE* des Zugriffs.

Der zweite Bereich beginnt mit dem Schlüsselwort *FOR* und legt die Veröffentlichungen fest. Damit legt dieser zweite Teil das *WAS* des Zugriffs fest. Es gibt dabei die Möglichkeiten, *SOAP, TSQL, SERVICE_BROKER, DATABASE_MIRRORING* zu wählen, wobei die Methode *SOAP* für alle, die beginnen mit Webservices zu arbeiten, die richtige ist.

Mit `WebMethod` kann man erst einmal beliebig viele Methoden veröffentlichen – dabei definiert jede einzelne Webmethode einen Aufruf.

In diesem Fall wurde eine gespeicherte Prozedur erstellt, die über den Webservice verfügbar gemacht wird, diese wurde zuvor definiert und ist bewusst trivial. Sie macht zudem so ziemlich alles falsch, was man falsch machen kann (`SELECT *`, keine Einschränkung etc.). Also: Nicht zuhause nachmachen, liebe Kinder!

```
CREATE PROC GetCustomers
AS
SELECT  * FROM Customers
```

Listing 4.39   Die gespeicherte Prozedur, die veröffentlicht wird (und die man so niemals schreiben würde)

Aber weiter mit den Optionen eines Endpunktes:

`WSDL=DEFAULT` meint, dass ein automatisiert erstelltes WSDL-Dokument für diesen Endpunkt erzeugt wird. Nach der Webservice-Spezifikation sollten alle Webservices solch ein Dokument haben. Sollte der Webservice aber nur vertraulich, quasi nicht öffentlich benutzt werden, kann man diese Informationsquelle auch abschalten. Man sollte dann einmalig solch ein Dokument erstellen lassen, damit die eigenen Anwendungen mit dem Endpunkt umgehen können. Der Webservice ist im Allgemeinen ohne das WSDL-Dokument nicht mehr zu benutzen.

ACHTUNG   Der etwas unscheinbare Parameter `BATCHES=ENABLED` ist mit ausgesprochener Vorsicht zu genießen. Damit erstellt man, vielleicht ohne dass es einem bewusst ist, eine weitere öffentliche Webmethode, mit der man beliebige SQL-Batches an den SQL Server senden kann. Damit ist es dann möglich, zusätzlich zu den explizit freigegebenen Methoden einfach einen beliebigen SQL-Batch zu senden. Selbstverständlich wird trotzdem noch die Berechtigung des einzelnen Benutzers überprüft, sodass nicht jeder einfach ein `SELECT * FROM Customers` absetzen kann, auch wenn er keine Berechtigung an der Tabelle *Customers* hat. Dennoch sollte man sich der Auswirkung bewusst sein. In der Produktionsumgebung ist dies daher kein empfehlenswertes Verfahren. Schalten Sie Batches mit `BATCHES = DISABLED` besser ab.

Um einzelnen Benutzern oder Rollen Zugriff auf den erstellten Endpunkt zu gewähren, nutzt man die Anweisung

```
use master
GRANT CONNECT ON ENDPOINT:: webservice_endpoint TO [MyDOMAIN\UserName]
```

Listing 4.40   Auch das Verbinden zum Endpunkt ist ein Recht, das an einzelne Benutzer vergeben werden kann

ACHTUNG Beachten Sie die ungewöhnliche Syntax mit den beiden Doppelpunkten nach dem Schlüsselwort ENDPOINT. Serverberechtigungen können immer nur aus dem Kontext der Datenbank *master* vergeben werden – warum auch immer – daher die Anweisung USE MASTER.

Microsoft selbst gibt in der Dokumentation einige Hinweise für den sicheren Umgang mit Webservices und den Endpunkten im SQL Server 2008. Man sollte nicht vergessen, dass man die Informationen über einen solchen Endpunkt im extremen Fall sogar weltweit zumindest theoretisch zugänglich macht. Daher sollten einige Aspekte beachtet werden.

- Es gibt ungeeignete Anwendungsfälle.

- Nicht immer ist die Konfiguration eines Webservices sinnvoll. Besonders bei der Benutzung von großen Datentypen wie text oder image macht ein Webservice nur in Ausnahmefällen Sinn.

- Datenbankanwendungen, die transaktionale Verarbeitungen mit schnellen Antwortzeiten nutzen, profitieren von einem Webservice nicht.

- Der Zugang zu dem Endpunkt sollte immer beschränkt sein.

- Man sollte daher so wenig Benutzer wie möglich und nötig mit den entsprechenden Rechten ausstatten. Die Sicherheit im SQL Server 2008 stellt einen entscheidenden Fortschritt dar und sollte entsprechend genutzt werden. Der SQL Server 2008 sollte daher immer mit den geringsten möglichen Berechtigungen für die einzelnen Anwender betrieben werden und bietet dazu auch alle Möglichkeiten.

- Es wird empfohlen, den Zugriff auf einzelne Benutzer oder technische Accounts zu begrenzen – von der Benutzung einer öffentlichen Gruppe rät Microsoft ab. Beachten Sie auch dabei die spezielle *public*-Rolle, die in jeder Datenbank vorhanden ist. Mithilfe dieser Rolle stellt man die Standardberechtigungen ein, und sie ist daher für den Zugriff auf den Endpunkt *nicht* geeignet.

- Der SQL Server sollte immer hinter einer Firewall betrieben werden.

- Es ist schon ziemlich leichtsinnig, einen SQL Server, der doch immer sensible Daten enthält, vor einer Firewall – und das meint: im offenen Internet – zu betreiben. Neben vielen bösartigen Bestrebungen im Internet gibt es auch eine Reihe unsinniger oder spielerischer Aktionen, die den reibungslosen Betrieb eines Servers doch erheblich beeinträchtigen können.

- Benutzen Sie SSL *Secure Socket Layer* für die Übertragung sensibler Daten.

- Die Daten werden dann verschlüsselt übertragen. Man muss sich allerdings mit SSL auskennen. Die Planung des Einsatzes von SSL bedarf einiger Vorbereitungen – so muss beispielsweise ein Zertifikat konfiguriert werden, und es wird nach den Vorgaben ein anderer Port als bei der üblichen http-Übertragung, nämlich Port 443, benutzt.

- Das Gast-Benutzerkonto sollte auf dem Rechner, auf dem der SQL Server 2008 betrieben wird, nicht verfügbar sein.

- Unter Windows Server 2003 ist dies immer der Fall, wenn man ihn nicht aktiv einschaltet, aber für ältere Windows-Versionen stellt er ein Sicherheitsrisiko dar, besonders wenn der Server als Webservice-Plattform betrieben wird und damit zumeist von außen erreichbar ist.

- Man sollte die Verfügbarkeit des Endpunktes angemessen kontrollieren.

- Wenn der Endpunkt nicht benutzt wird, kann er einfach gestoppt werden. Denkbar sind Im- und Export-Routinen, die nur zu festgesetzten Zeiten laufen und den Endpunkt daher nicht dauerhaft nutzen.

- ALTER ENDPOINT sql_endpoint STATE=STOPPED/STARTED

Endpunkte

Die Benutzung eines Endpunktes wird als Servereigenschaft konfiguriert. Es stellt daher ein neues Konzept der Verbindung zum SQL Server dar. Wenn wir bislang allein davon ausgegangen sind, dass es eine Anmeldung, dann einen Datenbankbenutzer und dann Rechte an den Objekten wie Select, Insert oder Exec gibt, so wird die Berechtigung zur Benutzung eines Endpunktes einer Anmeldung zugewiesen, ohne dass der Zugriff innerhalb einer Datenbank mit einem Datenbankbenutzer konfiguriert wurde. So kann ein Endpunkt, und in unserem Fall hier der Webservice, durchaus Informationen aus der Datenbank zugänglich machen, für die keine entsprechenden Datenbankbenutzer bestehen. Das kann dazu führen, Benutzern des SQL Servers wirklich nur die Berechtigungen zu geben, die sie wirklich brauchen. Auf der anderen Seite sind die Zugriffsmöglichkeiten auf Daten dadurch erneut komplexer und nicht allein durch die offensichtlichen Datenbankbenutzer gegeben.

Endpunkte können die Informationen nicht allein über SOAP, sondern ebenso über TCP und http verfügbar machen, darüber hinaus existieren besondere Einstellungen für die Benutzung bei der Datenbankspiegelung und bei Service Broker Aufrufen.

Alle Endpunkte können über eine Reihe von Katalogsichten aufgelistet werden, hier die Wichtigsten im Zusammenhang mit den Webservices:

```
SELECT * FROM sys.http_endpoints;
SELECT * FROM sys.soap_endpoints;
SELECT * FROM sys.endpoint_webmethods;
```

Listing 4.41 Katalogsichten für Endpunkte

Nutzung von Webservice-Endpunkten

Die so erstellen Webservices im SQL Server 2008 heißen im offiziellen Sprachgebrauch »systemeigene XML-Webdienste«, was wohl nahe legen soll, dass diese vom System des SQL Servers bereitgestellt und daher nicht explizit programmiert werden müssen. Die Tatsache, dass ein Administrator für Programmierer im Unternehmen, die bestimmte Daten benötigen, einen solchen Webservice rein administrativ erstellen kann, ist natürlich bedrückend. Die Frage bleibt, ob den Administratoren die Zusammenhänge klar sind und nicht doch von Programmierern an sie herangetragen werden, die sie dann auch umsetzen.

Der Webservice unseres Beispiels ist sofort zu nutzen. Mit Visual Studio 2008 wird ein neues Projekt, hier eine Windows-Anwendung, im folgenden Beispiel in Visual Basic erstellt. Danach wird mit der rechten Maustaste auf das Projekt im Projektexplorer beispielsweise ein Dienstverweis hinzugefügt.

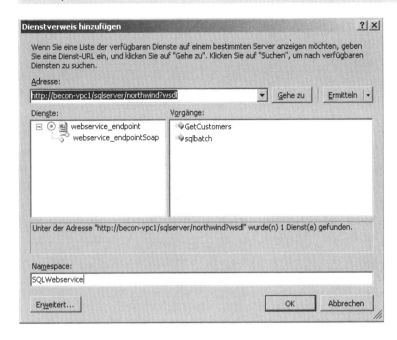

Abbildung 4.30 Auch die definierte Methode GetCustomers ist zu erkennen

Als Webverweisname gibt man einfach einen Namen an, über den man den Webservice im Programm ansprechen kann. Beachten Sie, dass neben der expliziten Methode auch die SQL-Batches, wie schon oben erwähnt, verfügbar sind.

```
Private Sub cmdWS_Click(ByVal sender As System.Object, ByVal e As System.EventArgs) Handles cmdWS.Click
        Dim ws As New sqlWebservice.webservice_endpoint
        ws.Credentials = System.Net.CredentialCache.DefaultCredentials
        Dim dts As DataSet = CType(ws.GetCustomers()(0), DataSet)

        MessageBox.Show(dts.Tables(0).Rows(0)("CompanyName").ToString())
    End Sub
```

Listing 4.42 Der Aufruf der Webservices-Funktion im Client-Programm

Der Webservice kann wie eine lokale Klasse angesprochen werden, da .NET eine Proxyklasse auf dem Client erstellt. Wenn man im Projekt-Explorer die versteckten Dateien einblendet, kann man diese in ganzer Schönheit bewundern. Wichtig ist die Zuweisung der *Credentials* oder Anmeldeinformationen. Mit `webserv.Credentials=System.Net.CredentialCache.DefaultCredentials` übergibt man die Anmeldeinformationen des aktuellen Benutzers, der die Anwendung ausführt.

Das WSDL-Dokument erstellt keinen typisierten DataSet als Rückgabe der Web-Methode. Man hat also keine Informationen über den Tabellen- und Spaltenaufbau des zurückgegebenen DataSet, man hat nicht einmal Informationen darüber, ob es überhaupt ein DataSet oder einfach eine Meldung, etwa eine Zeichenkette, also ein String ist. Der Rückgabe-Wert der Web-Methode eines über `CREATE ENDPOINT` erstellten Webservices ist erst einmal immer ein Array von Objekten.

Nur weil wir »wissen«, dass ein DataSet zurückgegeben wird, casten wir ein paar Zeilen tiefer das erste Element des Arrays in ein DataSet. Man sollte natürlich auch zur Laufzeit, etwa durch result(0).GetType, den tatsächlichen Typ der Rückgabe überprüfen.

Vorteile von ASP.NET

Die Programmierung von Webservices unter .NET ist besonders einfach und komfortabel. Aber es ist natürlich immer eine Programmierung. Die native Unterstützung von Webservices ist grundsätzlich immer dann angezeigt, wenn keine oder nicht ausreichende Programmierkenntnisse vorhanden sind. Der Charme der Funktionalität liegt ja gerade in der reinen Administration. Man kann mit einfachen SQL-Befehlen auf dem SQL Server 2008 einen Webservice verfügbar machen.

Die großen Vorteile von ASP.NET zur Erstellung von Webservices liegen in der größeren Flexibilität. Man kann in einem ASP.NET-Webservice ganz anders auf die übertragenen Daten Einfluss nehmen.

Man würde etwa im obigen Beispiel vielleicht ein typisiertes DataSet zurückgeben, das schon den Tabellenaufbau beschreibt. Oder man kann beispielsweise einen SOAP-Header definieren, der mit jeder Nachricht verschickt wird und der zusätzliche Informationen wie etwa einen Lizenzschlüssel enthält, dessen Gültigkeit erst überprüft wird, bevor er genutzt werden kann.

```
public class CurrentUserInfo : SoapHeader
    {
      public string Username;
      public string Lizenz;
    }
```

Listing 4.43 Definition eines SOAP-Headers in C#

Dieser SOAP-Header wird dann bei der Übertragung genutzt.

```
[WebMethod]
    [SoapHeader("CurrentUserInfo")]
    public string SayHelloWithSoapHeader()
      {TryToAuthenticate();
      return "Hello World, " + CurrentUser.Username;}

    private void TryToAuthenticate()
      {if (CurrentUserInfo.Username != "ich" || CurrentUser.Lizenz != "Sijst123j")
        {throw new SoapException("Du nicht!, SoapException.ServerFaultCode);}}
```

Listing 4.44 Aufruf einer Webmethode mit einem Soap-Header

Daneben gibt es vielfältige Möglichkeiten, die Übertragung der Daten etwa zu verschlüsseln. Die XML-Webservice-Architektur kennt spezifizierte Methoden, die Daten selbst nach bestimmten Algorithmen zu verschlüsseln.

Mit anderen Worten: Die Erstellung von Webservices im SQL Server 2008 ist eine einfache und schnelle Möglichkeit, Daten aus dem SQL Server 2008 anderen Programmen, Servern oder Plattformen über standardisierte Schnittstellen verfügbar zu machen.

Im Rahmen einer großen Unternehmensanwendung würde man jedoch für die Definition und Anfrage eigener Business-Objekte die Webservices eher mit .NET individuell erstellen, um größeren Einfluss auf die Gestaltung zu haben.

Zusammenfassung

Die Unterstützung für das .NET Framework und damit die CLR im SQL Server seit Version 2005 ist ein großer Gewinn für alle Datenbankprogrammierer und damit Projekte unter .NET mit dem SQL Server. Nicht umsonst ist »Dynamische Entwicklung« eines der vier wichtigen Design-Ziele des SQL Servers 2008. Alle Kenntnisse, die man mit .NET und der Entwicklung von Datenbankprogrammen gesammelt hat, kann man jetzt auch bei der Programmierung innerhalb des SQL Servers 2008 nutzen. Alle Bereiche, von der Skalar-Funktion, über gespeicherte Prozeduren, Triggers und benutzerdefinierte Datentypen werden dabei unterstützt. .NET-gespeicherte Prozeduren sind beispielsweise ein großartiger Ersatz für erweiterte gespeicherte Prozeduren noch im SQL Server 2000.

In den vielen Möglichkeiten liegt auch ein wenig die Gefahr bzw. der problematische Gebrauch begründet. Die Umsetzung unter .NET ist eine weitere Möglichkeit – die bekannten Umsetzungen mit T-SQL deshalb noch lange nicht obsolet. Im Gegenteil: In den meisten Fällen wird die klassische Art der Programmierung innerhalb des Servers mit T-SQL der zu bevorzugende Weg sein.

Sinnvoll ist der Einsatz von .NET im SQL Server 2008 aus unserer Sicht allein in folgenden Szenarien:

- Der Programmierer verfügt nicht über die notwendigen Kenntnisse in T-SQL – eine Umsetzung innerhalb von .NET erscheint dagegen einfach und unproblematisch. Nach ersten Tests stellen die so erstellten Elemente (gespeicherte Prozeduren etc.) kein Performanceproblem dar.

- Die Umsetzung in T-SQL ist unangemessen komplex. Gerade Ablaufsteuerung von Programmteilen und String-Manipulationen sind nicht gerade die Stärke von T-SQL. In den Sprachen von .NET stehen dagegen viele Methoden mit hoher Funktionalität bereit, die das gestellte Problem besonders einfach und dann auch meist deutlich schneller lösen. Dabei meint das Wort »schneller« hier sowohl die Erstellung als auch die Ausführung (Performance) der Elemente.

- Die Umsetzung ist in T-SQL gar nicht möglich. Mit .NET-Befehlen lassen sich viele Funktionalitäten realisieren, für die es kein Äquivalent in T-SQL gibt. Dabei handelt es sich dann meist um den Zugriff auf externe Ressourcen. Dies ist offensichtlich bei den von Microsoft gelieferten, neu im SQL Server 2008 verfügbaren Datentypen wie Geometry oder HierarchyID.

Bei komplexen Aufgaben innerhalb des Servers und bei Zugriff auf Ressourcen außerhalb des Servers ist .NET eine echte Alternative gegenüber T-SQL. Es ist und bleibt aber ein SQL Server 2008 und kein .NET Application Server 2008.

Aber: Der SQL Server 2008 ist eben auch ein XML Server – könnte man meinen. Tatsache ist, dass tatsächlich immer mehr Daten im XML-Format ausgetauscht werden. Die vielen Vorteile von XML sind überzeugend. Es ist mit XML ein vollkommen Plattform-unabhängiges, Internet-fähiges, einfaches Austauschformat gefunden. XML-Schemata sorgen für klare Dokumentation und machen das Erweitern vorhandener XML-Spezifikationen einfach. Ein XML-Dokument kann anhand eines solchen Schemas immer auf Vollständigkeit und Wohlgeformtheit überprüft werden. Mithilfe von XSLT können XML-Daten einfach formatiert werden. Damit ist eine konsequente Trennung von Form und Inhalt möglich.

Der SQL Server 2008 unterstützt das Format XML auf beinahe allen Ebenen. Das gilt sowohl für die Ausgabe von Daten in XML, als auch für die Speicherung von XML in Tabellen einer Datenbank. Die Verfügbarkeit kann durch das Erstellen von XML-Webservices weiter erhöht werden, ohne dass weitere Programmierungen nötig wären. Dabei kann der SQL Server ohne den Internet Information Server diese Webdienste betreiben.

Bei der Speicherung von XML im Datentyp XML ist Vorsicht geboten. Auch wenn nun die Möglichkeit besteht, von einer relationalen Struktur zu einer XML-Struktur zu wechseln, ist die Leistung im Bereich der klassischen relationalen Daten und ihrer Abfrage deutlich besser, als beispielsweise die XQuery-Abfrage eines XML-Dokumentes. Hierbei muss man die geeigneten Einsatzszenarien kennen und mit Tests den sinnvollen Einsatz überprüfen. XML-Indizes helfen, den Zugriff auf XML-Daten zu verbessern und sollten immer eingesetzt werden.

Kapitel 5

Wer austeilt, muss auch einstecken können – SQL Server Intergration Sevices

In diesem Kapitel:

Grundlagen zu Integration Services 2005   225

Ablaufsteuerung   226

Einfache Pakete mit dem Import/Export-Assistenten erstellen   232

Bereitstellung und zeitgesteuerte Ausführung   235

Nützliche Tasks der Ablaufsteuerung   238

Entwicklungsunterstützende Funktionen   246

Datentransformationen mit Tasks   248

Zusammenfassung   252

Die ersten Schritte waren schon erfolgreich: Für die wichtigsten Daten bei StarBack gibt es jetzt SQL Server-Tabellen, die aber noch überwiegend leer sind. Der Übergang in diese neue Welt muss für die Firma aber noch realisiert werden, denn bisher findet man das Meiste noch in der eigenen Software, ein Teil der Buchhaltung und die Produktionsplanung ist hauptsächlich mit Excel-Tabellen realisiert worden, und der Vertrieb erhält die neuesten Verkaufszahlen regelmäßig als Textdatei per E-Mail zugeschickt. Jetzt müssen alle diese Daten in den SQL Server importiert werden – teils nur einmalig, teils muss dies auch regelmäßig zeitgesteuert wieder erfolgen. Die Buchhaltung schließlich traut dem Ganzen noch nicht so recht und wünscht sich ihre Daten als automatischen Excel-Export wieder zurück.

Ein erster Blick auf die Altdaten zeigt, dass sich dort auch sehr viel Müll angesammelt hat: In den Excel-Tabellen stehen in vielen Spalten, die eigentlich Geldbeträge enthalten sollten, Dinge wie »k.A.«, »NN« oder »--,--«, die Kosten stehen mal in Euro, mal in Dollar in der Spalte und haben davor »€« oder »$« stehen, kurz: es muss auch viel aufgeräumt und umgerechnet werden.

Zunächst wird diese Aufgabe an die Entwickler herangetragen, die natürlich, Entwickler, die sie nun mal sind, sofort ihr Visual Studio starten und für die Importe eigene Programme schreiben wollen. Der IT-Leiter kann dann gerade noch rechtzeitig eingreifen und dies verhindern! Mit Recht wendet er ein, dass ein selbst geschriebenes Importprogramm zwar sehr schick ist, dass es dann aber wieder nur von den Entwicklern angepasst und erweitert werden kann, und die haben doch wirklich schon genug zu tun. Er schlägt vor, für diese Aufgabe die Integration Services des SQL Servers zu verwenden und damit die Kopiervorgänge als stets wiederholbare »Pakete« abzuspeichern. Für diese Pakete gibt es eine grafische Oberfläche, die die Bearbeitung auch ohne große Programmierkenntnisse möglich macht. Und als die Entwickler erst sehen, wie schön man die Integration Services auch programmieren kann, machen sie sich doch mit großer Freude ans Werk. Schließlich werden einige Abteilungen übergangsweise noch weiter mit ihren Altlösungen arbeiten, und die neu hinzugekommenen Werte müssen inkrementell importiert werden.

Wer immer mit Datenbanken arbeitet, der wird auch sehr schnell etwas zu importieren oder zu exportieren haben. Es gibt meist auch Werkzeuge vom Datenbank-Hersteller dazu, die dies bewerkstelligen können; aber diese sind oft darauf beschränkt, nur Daten ohne große Format- und Strukturänderungen lesen und schreiben zu können, und dies auch nur von und zu Datenbanken desselben Herstellers. Auch beim SQL Server war das anfangs nicht anders: die ersten Versionen verfügten nur über das Bulk Copy-Programm *bcp.exe*, das von der Kommandozeile aufzurufen war. Wer aber – wie Microsoft – relativ spät auf dem Datenbankserver-Markt erschienen ist, tut gut daran, sich mit allen schon vorhandenen Systemen gut austauschen zu können! Schon dem SQL Server 7.0 lag daher eine Software bei, die über die Systemgrenzen hinweg Daten extrahieren, transformieren und laden konnte, eben ein echtes ETL-Werkzeug. Dass dieses Tool in der SQL Server-Lizenz mit inbegriffen war, war eine echte Sensation! Vergleichbare Programme wie Trillium oder Informatica können natürlich mehr, kosten aber dafür auch gerne mal Lizenzgebühren in der Höhe von Jahresgehältern. Microsofts *Data Transformation Services* wurden enorm populär und sind es teilweise heute noch, denn sie ermöglichten zum ersten Mal mit einer grafischen Oberfläche auch komplizierte Datenkopiervorgänge zu entwerfen und das dabei entstehende *DTS-Paket* dann abzuspeichern und zeitgesteuert ablaufen zu lassen. Sie sind allerdings technologisch gesehen der Triumph des heute veralteten

Component Object Models (COM): sie sind komplett aus COM-Objekten aufgebaut und verfügen auch für Erzeugung oder den Aufruf von Paketen über ein komplettes COM-Interface. In Zeiten von .NET war das sicher nicht mehr zeitgemäß, und so entschied sich Microsoft zur Version 2005 für eine komplette Neuentwicklung.

Grundlagen zu Integration Services 2005

Die im SQL Server 2005 erstmalig so benannten SQL Server Integration Services (SSIS) waren allerdings nicht in .NET geschrieben, sondern aus Performance-Gründen weitgehend in C++, also in *unmanaged code*, wie auch die relationale Datenbank selbst. Der Zugriff auf die Integration Services-Engine ist aber nicht nur über ein natives COM-Objektmodell, sondern auch über eine signierte Primary Interop Assembly (PIA) möglich, über das .NET Framework.[1]

Seit der Version 2005 haben die SSIS auch einen im Betriebssystem des Servers laufenden Windows-Dienst mit dem Namen – man höre und staune – *SQL Server Integration Services*. Dieser ist standardmäßig nach der Installation ausgeschaltet und muss gesondert gestartet werden. Dabei kann er dann auch gleich so konfiguriert werden, dass er beim nächsten Systemstart – wie die anderen Serverdienste – automatisch hochgefahren wird. Nötig ist das allerdings nicht etwa dafür, dass die Kopieraufträge unter der Kennung dieses Dienstes laufen, sondern nur dafür, dass man sich Statusinformationen von aktuell laufenden Ladevorgängen abrufen kann.

In der Oberfläche wurden bei den Integration Services 2005 einige Dinge erstmalig strikt getrennt: die Verwaltungsoberfläche, das Management Studio, ist nicht auch Entwicklungsumgebung für die SSIS-Pakete, sondern ausschließlich für das Ausführen der auf dem Server hinterlegten (»bereitgestellten«) Pakete verantwortlich. Integration Services-Pakete werden im Business Intelligence Development Studio entwickelt; sie sind dort, wie im Visual Studio.NET üblich, als eigener Projekttyp realisiert. Dies bedeutet auch, dass man unterschiedliche Entwicklungsstände der Pakete in Versionsverwaltungstools wie *Visual SourceSafe* oder im *Visual Studio Team System* ablegen kann, was die Arbeit im Team an größeren ETL-Projekten erleichtert.

Bevor wir uns mit diesem Werkzeug im Detail beschäftigen wollen, erst mal ein Wort der Beruhigung für alle, die die Vorgänger-Versionen schon kennen. Der Umstieg von den »alten« Data Transformation Services auf Integration Services 2005 war – eben weil es komplett neu entwickelt war – nicht einfach, und bei vielen Unternehmen laufen deshalb als letzter Rest des SQL Server 2000 noch eine Unzahl von DTS-Paketen, deren Migration zu aufwändig wäre. Mit Integration Services 2008 wird das nicht noch einmal passieren: Nur minimal sind die Änderungen gegenüber dem schon guten Grundkonzept der Vorversion.

Integration Services-Projekte im Business Intelligence Development Studio

Zu einem Integration Services-Projekt, das der Entwickler im BIDS erstellt und verwaltet, können ein oder auch mehrere SSIS-Pakete gehören, die über das Projekt selbst zu einer zusammenhängenden Lösung (*Solution*) zusammengefasst werden. Durch die Kapselung mehrerer Pakete in einer Lösung wird das

---

[1] Ein interessanter Nebeneffekt davon ist für jeden zu bemerken: weil Integration Services intern alles binär verwaltet, muss zu .NET-Datentypen oft erst eine Typkonvertierung erfolgen, die manchmal sehr pingelig ist. Außerdem wird etwa zwischen Groß- und Kleinschreibung unterschieden.

übergreifende Zusammenwirken der Einzelpakete erleichtert. Weitere Pakete können innerhalb eines bestehenden Projektes problemlos neu erzeugt werden. Bereits existierende Pakete werden einem Projekt hinzugefügt und sind danach Bestandteil dieser Lösung. Auf die gleiche Art und Weise lassen sich Pakete vom Projekt entkoppeln, ohne gleich gelöscht zu werden. Der Entwicklungsumgebung eines Projektes können während der Konstruktion der SSIS-Pakete unterstützende Datenquellen (*Data Sources*) und Datenquellensichten (*Data Source Views*) hinzugefügt werden, die auch nur in der Entwurfsphase zur Verfügung stehen. Die Pakete des Projekts können sie innerhalb der Entwicklungsumgebung gemeinsam nutzen. Nach der Weitergabe (*Deployment*) und während der Laufzeit auf dem Server ist der Zugriff auf diese Datenquellen nicht möglich. Dafür benötigt jedes Paket eigene, definierte Verbindungen, die unabhängig vom Projekt sind und über den *Verbindungs-Manager (Connection Manager)* definiert und verwaltet werden.

Integration Services-Pakete im Überblick

Ein wichtiges Grundprinzip beim Design von ETL-Vorgängen, das sich auch bei einer ganzen Reihe von Konkurrenzprodukten der Integration Services findet, ist die klare Trennung der Kontrollflusssteuerung vom eigentlichen Datenfluss. Ein Paket besteht immer aus einer *Ablaufsteuerung (Control Flow)* und optional aus einem oder mehreren *Datenflusstasks (Data Flows)*. Das bildet die Realität der meisten Kopiervorgänge gut ab, die ja etwa so aussieht: Im Kontrollfluss erst einmal eine Datei per FTP von einem anderen Server kopieren, dann im Datenfluss den Inhalt in eine Datenbank einlesen und dann wieder im Kontrollfluss die eingelesene Datei löschen, oder eben im Fehlerfall archivieren und eine Warnungs-E-Mail versenden.

Ablaufsteuerung

Die Ablaufsteuerung besteht aus logisch miteinander verbundenen oder auch in so genannten *Containern* zusammengefassten *Tasks*. Die Tasks sind die kleinsten in der Ablaufsteuerung enthaltenen Ausführungseinheiten, wobei der Datenflusstask (*Data Flow Task*) die eigentliche Datenfluss-Pipeline darstellt, die gesondert implementiert werden muss. Die logische Aufeinanderfolge der Tasks, schon als Workflow bekannt, verknüpft die Objekte untereinander, wobei jeweils *bei Erfolg*, *bei Fehler* und *bei Abschluss* andere Wege gegangen werden können. Die in der Ablaufsteuerung enthaltenen Tasks sind durch Container gruppierbar und bilden damit eine zusammenhängende logische Einheit bezüglich des äußeren Workflows. Innerhalb dieser Container werden die enthaltenen Tasks dann über eine innere Workflow-Logik miteinander verbunden. Zusätzlich sind die Container dazu gedacht, die in ihnen gruppierten Tasks als Schleife auszuführen. Abbildung 5.1 zeigt eine Ablaufsteuerung in der Übersicht.

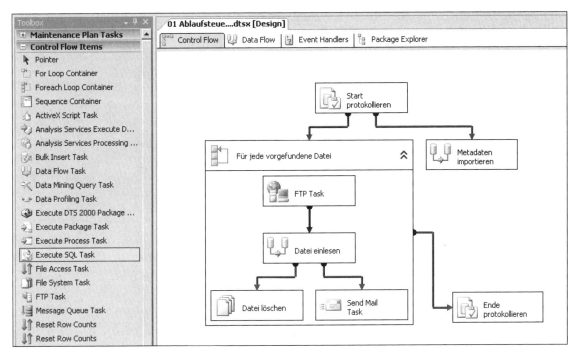

Abbildung 5.1   SSIS Paket-Designer mit Elementen der Ablaufsteuerung[2]

Datenfluss

Der Datenfluss (*Data Flow*) ist zunächst einmal nur ein Task der Ablaufsteuerung; aber in ihm werden dann wirklich die Daten übertragen. In der Ablaufsteuerung ist er als ungefüllter Baustein enthalten, der ohne weitere Entwicklung ineffektiv bleibt. Klickt man aber auf ihn, wechselt man zur Datenfluss-Reiterkarte, und in der Toolbox erscheinen weitere spezifische Tasks, die speziell auf die Übertragung und Transformation von Daten aus verschiedensten Quellen und mit den unterschiedlichsten Zielen abgestimmt sind. Die Bandbreite reicht vom Textdatei-Zugriff über Aggregat-Funktionen und programmierbare .NET-Skripte bis hin zum Zusammenfassen oder *Splitten* von Datenabfrage-Ergebnissen für eine getrennte oder zusammengefasste Übergabe der Ergebnisse. Die Komponenten werden ähnlich wie in der Ablaufsteuerung miteinander verbunden, aber hier geht es nicht um Fehler oder Erfolg: der Output des vorhergehenden Tasks ist der zu bearbeitende Input für den anschließenden Task. Näheres wird dazu später noch im Abschnitt »

Der Datenflusstask und die Verbindungs-Manager« ausgeführt. Abbildung 5.2 zeigt Ablaufsteuerung und Datenflusstasks im Überblick.

---

2   Für die Zuschauer an den Schwarzweiß-Geräten: Ein grüner Pfeil zwischen zwei Tasks gibt den Weg vor, der bei Erfolg des ersten Tasks gegangen wird, ein roter Pfeil den Weg bei Fehler, und ein blauer Pfeil den Weg, der bei Abschluss des ersten Tasks gewählt wird.

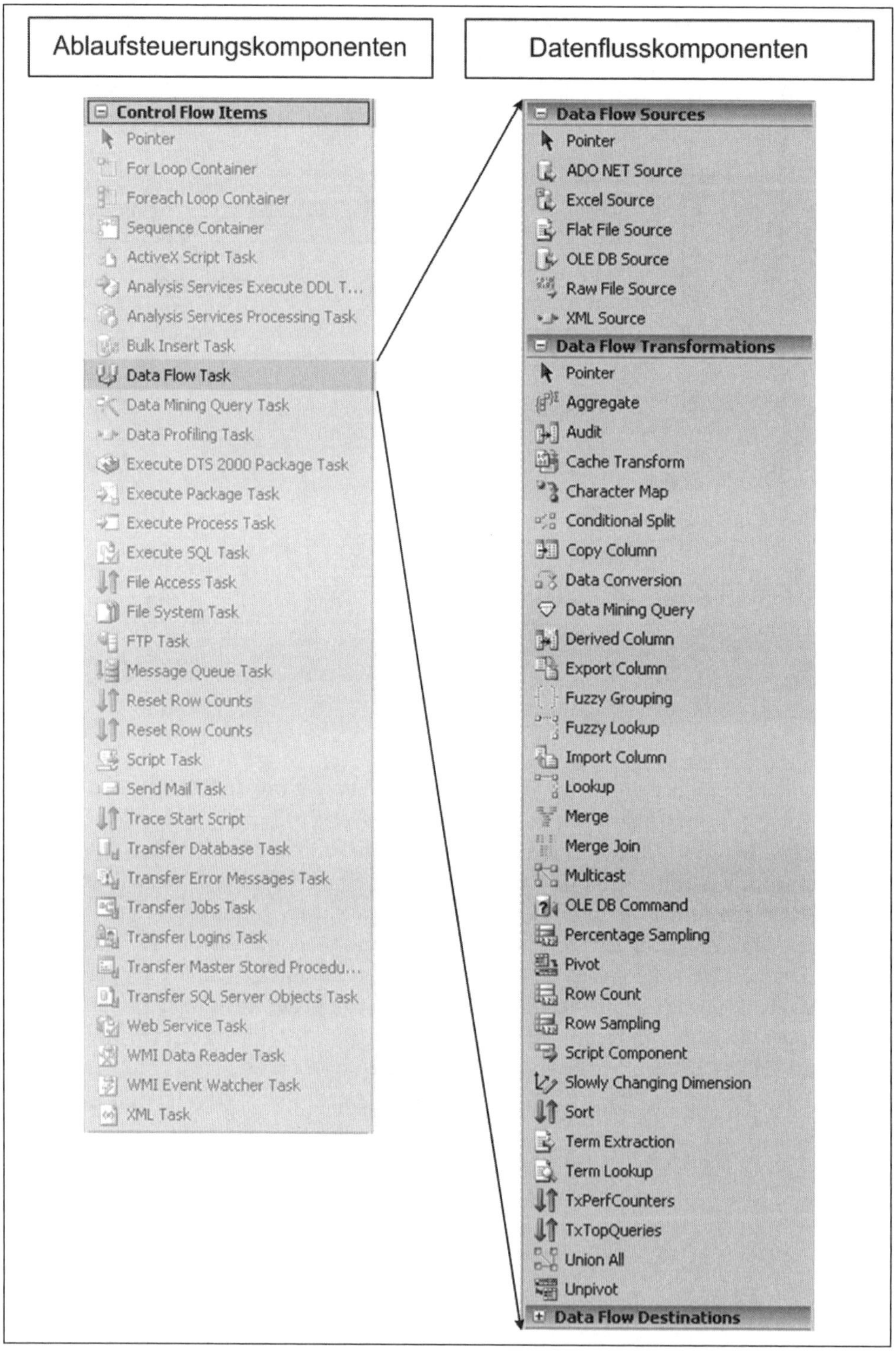

Abbildung 5.2 Der Datenflusstask und sein Werkzeugkasten

Wie in der Abbildung zu erkennen, ist die *Toolbox* wirklich schon beeindruckend. Sämtliche im BI Development Studio enthaltenen Komponenten basieren auf .NET. Neben den getrennt zu entwickelnden Ablaufsteuerungen und Datenflusstasks ist in der nächsten Reiterkarte eine umfangreiche Verwaltung von Ereignishandlern *(Event Handlers)* verfügbar.

Ereignishandler

Der Ereignishandler *(Event Handler)* gibt uns die Möglichkeit, auf die Ereignisse eines Paketes, Tasks oder Containers zu reagieren, die von einem dieser Objekte während der Laufzeit ausgelöst werden. Jedes Objekt und das Paket selbst besitzen eigene Ereignishandler, die eine Reihe von Ereignissen überwachen, auf die wir wahlweise reagieren können. In jedem dieser Ereignishandler steht, genau wie bei der Programmierung des ursprünglichen Paketes, wieder eine leere Ablaufsteuerung zur Verfügung, in der man natürlich optional sogar wieder Datenflusstasks aufrufen könnte. Damit ist es möglich, für jedes dieser wählbaren Ereignisse ein weiteres SSIS-Paket, z.B. für einen alternativen Ablauf, zu implementieren. Abbildung 5.3 zeigt rechts einige der programmierbaren Ereignisse des Ereignishandlers für einen ausgewählten Task der ursprünglichen Ablaufsteuerung.

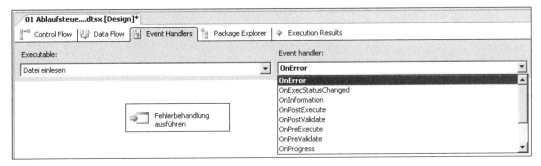

Abbildung 5.3   Reiterkarte Ereignishandler

Da jedes im Ereignishandler angelegte Objekt selbst wieder Ereignisse auslöst, besteht die Möglichkeit, innerhalb des gerade bearbeiteten Ereignisses – denn es handelt sich ja auch um ein SSIS-Paket – weitere Ereignishandler zu integrieren. Das heißt, jedes hier aktivierte und entwickelte Ereignis ist wieder eine eigene Ablaufsteuerung. Ein Integration Services-Paket kann daher unter Umständen aus mehreren ineinander geschachtelten Paketlogiken bestehen, und das noch zusätzlich zum ohnehin möglichen Workflow. Zur einfachen Wartbarkeit des Paketes trägt eine solche Verschachtelung sicher nicht bei. Der häufigste Einsatz für Ereignishandler in der Praxis ist also eine eigene Fehlerprotokollierung im OnError-Ereignishandler des gesamten Paketes.[3]

Durch die Erweiterung mit Ereignishandlern kann man also Integration Services-Pakete sehr flexibel und umfangreich gestalten. Klar, dass dadurch auch die Fehlersuche viel komplexer wird. Deshalb tut es gut zu wissen, dass es auch einen ebenfalls neuen, integrierten Debugger gibt.

---

[3]   Wer sehen will, wie so eine Fehlerprotokollierung in der Realität aussieht, der möge das Whitepaper »Project REAL: Business Intelligence ETL Design Practices« von der Microsoft Website lesen. Dort findet man auch die Möglichkeit, die realen SSIS-Pakete herunterzuladen.

Integration Services-Debugger

Die Entwicklungsumgebung ist mit einem Debugger ausgerüstet, der die Fehlersuche beim Entwerfen von Paketen unterstützt. Beim Testlauf eines Paketes in der Business Intelligence Development Studio-Umgebung ist der Debugger grundsätzlich eingeschaltet. Er kann aber über den Menüeintrag *Debug/Start Without Debugging* umgangen werden.

Eine neue Möglichkeit bei der SSIS-Entwicklung sind die *Haltepunkte (Breakpoints)*. Sie können auf die einzelnen Zustände des Ereignishandlers gesetzt sein, wie z. B. *OnPreExecute* oder *OnInformation*. Das heißt aber nicht, dass auch ein Ereignishandler für dieses Ereignis in diesem Task existieren muss. Die Haltepunkte arbeiten lediglich mit den gleichen Ereignissen, die auch der Ereignishandler nutzt. Abbildung 5.4 zeigt die Haltepunkte-Konfiguration eines Tasks. Dieses Task-Menü gibt es nur in der Ablaufsteuerung; es ist durch einfachen Rechtsklick auf den Task unserer Wahl und die anschließende Menüwahl *Edit Breakpoints* zu erreichen.

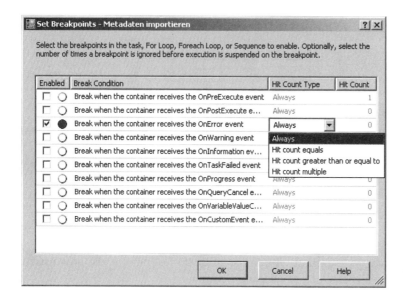

Abbildung 5.4 Konfigurationsmenü der Haltepunkte eines Ablaufsteuerungstasks

Wie in der Abbildung gut zu erkennen ist, haben wir hier nicht nur die Wahl zwischen den unterschiedlichsten Ereignissen, sondern auch noch die Möglichkeit festzulegen, wann unser Haltepunkt aktiviert werden soll. Ein kleines Beispiel dazu: Wir haben eine Schleife in unserem Paket eingebaut, und in jedem der Testdurchläufe tritt ab der zweiten von insgesamt zehn Wiederholungen der Schleife ein Fehler auf. Nun wäre es recht anstrengend, wenn jedes Mal während der Fehlersuche schon beim ersten Auftreten eines Fehlers der Haltepunkt auslösen würde. Interessant wäre es ja, den dritten oder vierten Punkt zu untersuchen. Es ist ja nicht ungewöhnlich, in alternativen Abläufen mit bestimmten Fehlertoleranzen zu arbeiten. Um das zu ermöglichen, kann hier über den Typ der Trefferanzahl *(Hit Count Type)* bzw. über die Trefferanzahl *(Hit Count)* die Bedingung und nötige Anzahl des Auftretens für jedes zur Verfügung stehende Ereignis festgelegt werden. Der *Typ der Trefferanzahl* sagt dabei aus, ob der Haltepunkt z. B. bei *immer, gleich* oder *größer als* oder *mehrfach* auslösen soll. Die *Trefferanzahl* selbst gibt die Anzahl an, wie oft das definierte Ereignis eintreten muss, um den Haltepunkt zu aktivieren.

Für unser Beispiel würde das bedeuten, dass wir den *Typ der Trefferanzahl* des Ereignisses *OnError* auf den Eintrag *Trefferanzahl ist gleich* und die *Trefferanzahl* selbst auf die Anzahl 3 setzen müssen, um den Haltepunkt beim dritten auftretenden Fehler zu aktivieren. Damit stoppt die Ablaufsteuerung dann, wenn das von uns definierte Ereignis zum dritten Mal auftritt, und das Paket wird an der von uns konfigurierten Position unterbrochen; das kann wahlweise ein Task oder auch ein Container sein. Über weitere Debug-Optionen kann man dann den Zustand des Paketes und seiner Komponenten während der Laufzeit näher betrachten.

Unabhängig davon wird beim Ausführen eines Paketes im Debug-Modus in einem Ausgabe-Fenster der während des Paketlaufes gesetzte Erfolg- oder Misserfolgstatus mit entsprechender Meldung angezeigt. Meistens wird der auftretende Fehler dabei näher erläutert, was für die Fehlersuche innerhalb des Paketes während der Entwicklung hilfreich ist.

Wird ein Paket im Debug-Modus gestartet, so zeigen farbliche Kennzeichnungen der Komponenten beim Durchlauf deutlich den Ausführungszustand an. Die farblich gekennzeichneten Ausführungszustände kann man auf Abbildung 5.5 in Aktion sehen.

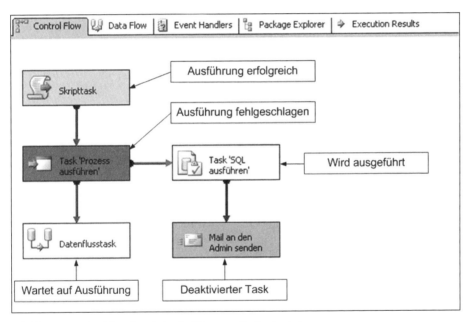

Abbildung 5.5 Paketdebugging mit den Ausführungszuständen der Tasks

Neben der farblichen Kennzeichnung der einzelnen Ausführungsschritte lässt sich der Ablauf eines Paketes anhand der *Status*-Registerkarte (*Progress*) im Zusammenhang betrachten, siehe Abbildung 5.6. Dabei wird das Paket und jeder innerhalb des Paketes tatsächlich ausgeführte Task mit einer Start- und Endzeit sowie einer Ausführungsdauer ausgewiesen. Die Darstellung richtet sich dabei nach dem real durchlaufenen Workflow und lässt ungenutzte Tasks unberücksichtigt.

TIPP   Man könnte allerdings irritiert sein, dass die Reihenfolge, in der der Ablauf der einzelnen Tasks angezeigt wird, nicht der zeitlichen Abfolge entspricht, in der die Tasks gestartet werden! Sie sind auch nicht nach dem Zeitpunkt ihrer Beendigung sortiert oder nach der Reihenfolge, mit der sie in der Ablaufsteuerung hängen, nein, sie sind alphabetisch nach dem Namen des Tasks sortiert! Deshalb sind viele SSIS-Entwickler schon dazu übergegangen, vor den Namen ihres Tasks eine laufende Nummer zu setzen, unter der sie dann die Status-Ergebnisse leichter finden, z. B. *07 Daten exportieren.*

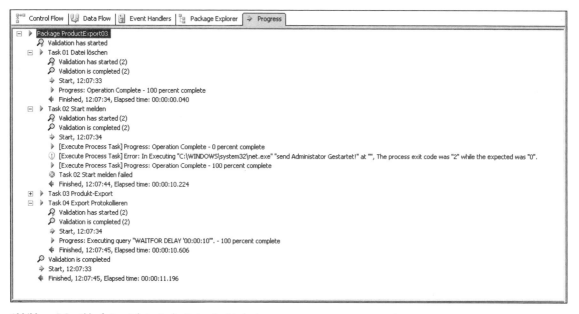

Abbildung 5.6   Ablauf eines Paketes in der Status-Registerkarte

Schon diese wenigen Seiten dürften dem Integration Services-Neuling gezeigt haben, was für ein hohes Potenzial an Komplexität in dieser Software steckt. Es ist sicherlich besonders vermessen, in einem kurzen Buchkapitel bis in die technischen Details der SSIS vorzudringen! Aber weil sich einfache Aufgaben mit SSIS auch relativ leicht erledigen lassen, möchten wir das Grundprinzip anhand eines ersten, einfachen Pakets verdeutlichen.

Einfache Pakete mit dem Import/Export-Assistenten erstellen

Wie kommt man auf die allereinfachste Weise zu einem Integration Services-Paket? Nun, man nutzt einen der vielen, vielen Assistenten, die dem System beigefügt sind, in diesem Fall den Import/Export-Assistenten (*Import and Export Wizard*). Er führt uns in einigen Schritten zum Hinein- oder Herauskopieren von Daten, und er kann dies eben nicht nur einmal durchführen, sondern das Ergebnis der Aktion dauerhaft abspeichern. Dadurch empfiehlt er sich zum einen für den leichten Einstieg, zum anderen für Klickfaule! Für den Administrator kann man diesen Assistenten auch aus dem SQL Server Management Studio starten (rechts auf eine Datenbank klicken und den Menüeintrag »Tasks / Export Data« auswählen), aber wir öffnen ihn lieber gleich im Business Intelligence Development Studio, dem Ort, wo man normalerweise Integration Services-Pakete editiert. Man startet BIDS, erstellt ein neues Integration-Services-Projekt, klickt rechts im Projektmappen-Explorer (*Solution Explorer*) auf den Ordner *SSIS Packages* und wählt *SSIS Import and Export Wizard*. Für ein erstes Beispiel möchten wir Daten aus der mit der offiziellen AdventureWorks-Testdatenbank zum SQL Server exportieren, die man sich freilich vorher noch von www.codeplex.com herunterladen und installieren muss.[4]

Wir starten den Assistenten einfach einmal, wählen als Datenquelle die AdventureWorks-Datenbank, und wählen als Ziel ein Flatfileziel (*Flat File Destination*), also eine Textdatei. Die zu erstellende Datei speichern wir zum Beispiel als *C:\sales.csv* (denn sie wird eine Verkaufsstatistik enthalten). Beachten Sie dabei die vielen Möglichkeiten, wie man das Format der Datei beeinflussen kann, z.B. das Datums- und numerische Format über die verschiedenen Gebietsschemata (*Locale*), und den in der Datei verwendeten Datensatz (*Code page*). Für das Beispiel empfehlen wir die Grundeinstellungen aus Abbildung 5.7.

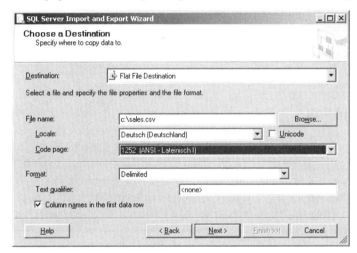

Abbildung 5.7 Ausgabeoptionen für eine Textdatei im Import / Export-Assistenten

Als Quelle für den Export möchten wir danach direkt einen View der Datenbank angeben, und zwar *[AdventureWorks].[Sales].[vSalesPersonSalesByFiscalYears]*. Als Spaltentrennzeichen (*Column Delimiter*) sollte man, wenn man eine wirkliche *.csv*-Datei erzeugen möchte, die man direkt in Excel wieder anzeigen kann, nicht das Komma, sondern das Semikolon wählen. Ein Klick auf die Vorschau-Schaltfläche (*Preview*) zeigt uns bereits den Inhalt der Sicht an. Ist der Assistent jetzt erfolgreich durchgelaufen, haben wir ein erstes einfaches Paket in unserem SSIS-Projekt, das man vielleicht gleich einmal anders benennen sollte als *Package01.dtsx*.[5]

Der Datenflusstask und die Verbindungs-Manager

Die erste Version unseres Verkaufsdatenexports hat noch eine recht langweilige »Ablaufsteuerung«: in der ersten Reiterkarte des Entwurfsfensters hat der Assistent nur einen Datenflusstask erzeugt. Per Doppelklick auf diesen Task wechseln wir auch gleich auf die Reiterkarte *Datenfluss (Data Flow)*, und in der Toolbox stehen uns plötzlich ganz andere Tasks als in der Ablaufsteuerung zur Verfügung. Die Tasks des Datenflusses

---

[4] Ja, das erscheint ungewöhnlich, dass man Microsoft-Beispieldatenbanken erst von einer »Open source«-Seite herunterladen muss, aber es ist wirklich der offizielle Weg!

[5] Genauere Informationen zum Import/Export-Assistenten finden sich in der SQL Server-Onlinedokumentation unter *»Importing and Exporting Data by Using the SQL Server Import and Export Wizard«*.

sind unterteilt in *Datenflussquellen (Sources)*, *Datenflusstransformationen* (*Transformations*) und *Datenfluss-ziele* (*Destinations*) und sind damit eigens für Datenübertragungen ausgelegt. Zwischen Quelle und Ziel der Daten können damit jede Menge Datentransformationen durchgeführt werden, doch dazu kommen wir später, im Abschnitt »Datentransformationen mit Tasks«.

Der Assistent hat nun als Datenflussquelle eine *OLE DB-Quelle (OLE DB Source)* zur Kapselung des SQL Server-Zugriffs und ein *Flatfileziel (Flat File Destination)* aus der zur Verfügung gestellten Toolbox für uns verwendet, und dazwischen den Datenflusspfad als grünen Pfeil eingerichtet. Die eigentlichen Informationen über die Verbindung zum SQL Server oder über den Namen der Ausgabedatei etwa sind aber nicht in diesen Elementen gespeichert, sondern in den darunter im Fenster *Verbindungs-Manager (Connection Managers)* abgelegten Verbindungen. Diese Kapselung hat vor allem den Sinn, dass hier an einer zentralen Stelle im Paket so wichtige Dinge wie z. B. der Speicherort der Exportdatei und der Name von Quelldatenbank und -Server umgestellt werden können. Außerdem ist es den Integration Services dadurch möglich, zur Ablaufzeit von Paketen selbständig zu entscheiden, ob es performanter ist, für mehrere Datenflüsse wirklich mehrere Verbindungen zum Datenbankserver aufzumachen oder alle Daten über eine gemeinsame Verbindung zu leiten.

Test und Bereitstellung von Paketen

Um zu sehen, ob der Import/Export-Assistent auch gute Arbeit geleistet hat und um die Datei erstmalig zu exportieren, könnte man nun einfach auf die eingangs beschriebene *Play*-Schaltfläche mit dem grünen Dreieck darauf (*Start Debugging*) drücken und staunen, wie hoffentlich alle Daten richtig fließen. Wenn man aber in den Datenfluss hinein sehen will, sollte man fürs Testen in den Datenflusspfad einen Daten-Viewer setzen, der uns das Ergebnis der SQL-Abfrage erst einmal anzeigt, bevor er es in die Datei schreibt. Ein Rechtsklick auf den grünen Pfeil zwischen Quelle und Ziel, und man kann über das Menü *Daten-Viewer / Hinzufügen / Raster (Data Viewers / Add / Grid)* eine Testausgabe hinzufügen. Sie wird sichtbar als kleines Brillen-Symbol neben dem Pfeil. Startet man nun das Paket, stoppt es an dieser Stelle, zeigt in einer Tabelle die Daten an und läuft erst weiter, wenn man in diesem Daten-Viewer auch auf das grüne Dreieck drückt.

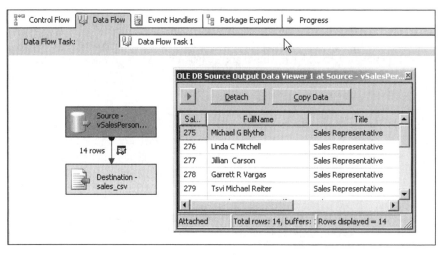

Abbildung 5.8   Testen mit einem Raster-Daten-Viewer

TIPP   In der Praxis wird man fast immer in einem großen SSIS-Projekt, bestehend aus vielen Paketen, arbeiten. Dann ist das einfache Klicken auf *Start Debugging* in der Regel viel zu gefährlich, weil man nie so genau weiß, welches der Pakete aus dem Projekt gestartet wird. Zwar könnte man auch eins der Pakete durch Rechtsklick im Solution Explorer auswählen und sagen: *Set as StartUp Object*, aber wirklich sicher ist man nur, wenn man die Pakete einzeln startet, durch Rechtsklick und *Execute Package*. Um nur einen einzelnen Datenfluss zu starten, kann man auch einfach rechts auf den Hintergrund des Datenfluss-Fensters klicken und sagen: *Execute Task*.

Bereitstellung und zeitgesteuerte Ausführung

Ist das erste Paket erst einmal fertig gestellt und getestet, kommt in der Regel der nächste Schritt, nämlich die *Bereitstellung (Deployment)* des Pakets; auf einen Server, auf dem es dann gespeichert liegt, und auf dem es in Zukunft auch zeitgesteuert ausgeführt werden kann. Diese Bereitstellung ist nur mit dem gesamten Projekt und nicht für einzelne Pakete durchführbar. Dazu muss durch einen Rechtsklick auf das Projekt im Projekt-mappen-Explorer der Menüeintrag *Eigenschaften* (*Properties*) des Projektes geöffnet werden. Danach öffnet sich das in Abbildung 5.9 dargestellte Konfigurationsmenü. Nun wählen Sie den Eintrag *Bereitstellungsprogramm (Deployment Utility)*, und den zweiten Eintrag setzen Sie, wie in der Abbildung zu sehen, auf *True*.

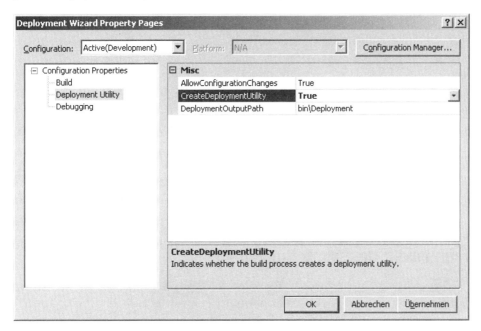

Abbildung 5.9   Konfiguration eines Projektes für die Bereitstellung

Die Angabe des *DeploymentOutputPath* erzeugt unter Verwendung des Standardeintrags den Ordner *Deployment* im Verzeichnis *Projekt-Name/bin*, in dem sämtliche für die Weitergabe notwendigen Dateien hinterlegt werden. Diese Einstellungen bestätigen Sie mit *OK* und wechseln nochmals mit einem Rechtsklick auf das Projekt. Dort wählen Sie nun den Eintrag *Erstellen (Build)*, und das System erzeugt die nötigen Bereitstellungsdateien. Danach befindet sich, wenn es zu keinem Fehler kommt, im beschriebenen Ordner

Deployment eine Datei mit der prunkvollen Endung *.SSISDeploymentManifest*. Beim Starten dieser Datei öffnet sich der in Abbildung 5.17 abgebildete *Paketinstallations-Assistent* (*SSIS Package Installer)*, mit dessen Hilfe nun die Pakete auf den von uns gewählten SQL Server übertragen werden, wo sie anschließend ausführbar hinterlegt sind.

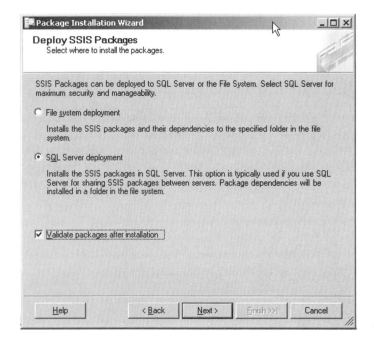

Abbildung 5.10   Der Paketinstallations-Assistent

Die Leichtigkeit, mit der dieses Werkzeug ein ganzes SSIS-Projekt auf einem anderen Server »bereitstellt«, täuscht allerdings darüber hinweg, dass dieses Verfahren in der Praxis nur für den Anfang wirklich geeignet ist. Im späteren Leben wird man doch öfters nur einzelne Pakete – nicht gleich das ganze Projekt – aktualisieren müssen, oder man hat das häufige Problem, dass das Paket zwar interaktiv im BIDS ordnungsgemäß durchläuft, aber nicht mehr, sobald man es bereitgestellt hat. Bei diesen Schwierigkeiten empfiehlt sich das manuelle Import-Verfahren mit den Paketschutz-Einstellungen, die im nächsten Absatz beschrieben werden.

Sensible Daten im Paket: die Paketschutzebene

Eine entscheidende und reichlich komplexe Auswahl für jedes Paket ist die Paketschutzebene (*Package protection level*). Sie bestimmt, was mit sensiblen Daten in diesem Paket wie den Passwörtern zu Datenquellen passieren soll. Wenn Sie beim Zugriff auf SQL Server-Datenquellen, wie in unserem Beispiel, ausschließlich integrierte Windows-Sicherheit verwenden, dann wäre ja gar keine sensible Information in der .dtsx-Datei zu verstecken, wo man sie im Prinzip natürlich herauslesen könnte. Muss man aber die Kennwörter abspeichern, weil man SQL Server-Sicherheit oder Datenbanken anderer Hersteller verwendet, wäre es natürlich ein Sicherheitsrisiko, diese Daten einfach im Klartext in der *.dtsx*-Datei zu belassen, die jetzt im Integration Services-Projekt eingebunden ist. Das lassen die Paketschutzebenen der Integration Services auch gar nicht zu!

Standardmäßig ist in einem Integration Services-Paket die Eigenschaft *ProtectionLevel* auf *EncryptSensitive-WithUserKey* gesetzt. Ein eventuelles Passwort wird also mit Ihren Windows-Nutzerinformationen zusammen verschlüsselt und kann nur von Ihnen selbst gelesen und verändert werden. Diese Default-Einstellung wird problematisch, wenn ein Paket durch einen anderen Nutzer gestartet werden soll, was ja auch immer geschieht, wenn das Paket per Zeitsteuerung durch den SQL Server Agent ausgeführt wird, dann wird nämlich dessen Dienstkennung verwendet. Die entsprechende Eigenschaft *ProtectionLevel* des Pakets bietet zur Lösung dieses Problems zahlreiche Möglichkeiten. Ohne auf die verschiedenen Optionen im Detail einzugehen, hier nur drei Tipps aus der Praxis, die ziemlich sicher funktionieren:

- Wenn Sie beim Zugriff auf SQL Server-Datenquellen – wie in unserem Beispiel – ausschließlich integrierte Windows-Sicherheit verwenden, dann wäre ja gar keine sensible Information in der .dtsx-Datei zu verstecken, wo man sie im Prinzip natürlich herauslesen könnte. Dann kann man problemlos die Variante *Sensible Daten nicht speichern* (*Do not save sensitive data*) verwenden.

- Sollten Sie mit SQL Server-Sicherheit, also mit einem SQL-Login und dazugehörigem Passwort arbeiten, so ist der unproblematischste Weg das Speichern des Pakets im Dateisystem mit der Option *Sensible Daten mit einem Kennwort verschlüsseln* (*Encrypt sensitive data with password*). Dieses Passwort muss dann beim Bearbeiten des Pakets stets eingegeben werden.

- Soll ein Paket dann zeitgesteuert nachts ausgeführt werden, importieren Sie eine Kopie davon vorher über das Management Studio in den SQL Server und wählen dabei die Option »Serverspeicher und Rollen für die Zugriffssteuerung verwenden (*Rely on server storage and roles for access control*)«. Dann kann das Paket ohne interaktive Eingabe direkt aus dem Management Studio oder über den SQL Server Agent-Dienst gestartet werden. Das Paket liegt dann technisch in der msdb-Systemdatenbank, in der Tabelle *sysssispackages*, und wird praktischerweise auch mit der msdb-Datenbank zusammen gesichert.

SSIS-Pakete im SQL Server Agent

Aber wie wird dieses Paket nun immer wieder z.B. jede Nacht um 23:00 ausgeführt? Dazu muss man aus der Entwurfsoberfläche in das SQL Server Management Studio wechseln und das eben übertragene Projekt mit einem oder mehr enthaltenen Paketen ausführen. Bei oberflächlicher Betrachtung sind diese gar nicht vorhanden. Sind sie aber schon – es existiert nur kein eigener Ordner dafür in der Oberfläche! Als erfahrene Entwickler wissen wir natürlich eines: es muss nicht alles zu sehen sein, was physisch vorhanden ist. Lassen Sie sich deswegen nicht beirren, und legen Sie einfach im SQL Server-Agent einen neuen Auftrag (*Job*) an. Dort klicken Sie auf *Schritte (Steps)* und anschließend auf *Neu (New)*; im Dropdown-Menü wählen Sie den Eintrag für die SSIS-Pakete. Danach suchen Sie noch den richtigen Server aus (vorzugsweise den, auf dem wir grade das Projekt bereitgestellt haben) und klicken auf die Erweiterungsschaltfläche unter dem Eintrag *Paket*: Da sind sie dann auch, wie in Abbildung 5.11 zu sehen, die mit viel Mühe, Schweiß und Liebe entwickelten Pakete. Nun nehmen Sie nur noch die bereits bekannten Einstellungen vor und schon haben Sie das erste Paket als Job auf dem Server integriert.

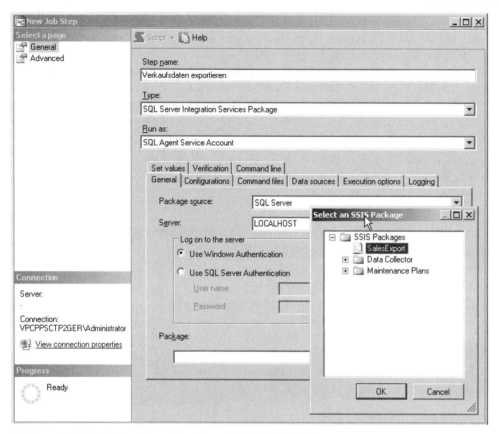

Abbildung 5.11   Ein SQL Server Agent-Job mit einem Schritt für ein SSIS-Paket

Wenn dieser neu erzeugte Job nun übrigens erfolgreich durchläuft, wenn man ihn manuell im SQL Server Management Studio aufruft, dann ist das die Gewähr dafür, dass er auch zeitgesteuert nachts keine Zicken machen wird. Er wird, auf diese Weise gestartet, nämlich bereits nicht mehr mit Ihrer Benutzerkennung ausgeführt, sondern, wie oben zu sehen, unter dem *SQL Server Service Account*.

Nützliche Tasks der Ablaufsteuerung

In gewisser Weise sind die Integration Services auch ein Vorgeschmack darauf, wie wir vielleicht in einigen Jahren überall programmieren werden, nämlich nicht mehr textorientiert, sondern grafisch unterstützt. In der Ablaufsteuerung, wo wir Programmierer so vertraute Dinge wie Schleifen und Fehlerroutinen finden, wird das am deutlichsten. Aber eine Fähigkeit klassischer Programme braucht man sogar relativ unverändert auch in den Integration Services: die Variablen. Man kann diese z. B. für ein Paket erzeugen und dann auf deren Inhalt aus jedem Paketschritt heraus zugreifen!

Variablen des SSIS-Paketes

Die Übersicht und Handhabung der in einem Paket definierten Variablen ist allerdings nicht außergewöhnlich grafisch unterstützt. Im so genannten *Paket-Explorer (Package Explorer)* sind sämtliche im Paket verfügbaren Komponenten enthalten und nach Objektkategorien übersichtlich gegliedert. So findet man unter dem Eintrag *Variablen (Variables)* die gesamte Reihe der im Paket verwendbaren Variablen wieder. Hier erscheinen sowohl eigene Variablen als auch systemeigene Paketkonstanten, auf die man nur lesenden Zugriff hat. Alle zusätzlich von uns erzeugten Variablen sind farbig hervorgehoben. Auch diese sind über die Einstellung ihrer Eigenschaften für einen schreibenden Zugriff sperrbar, um die unabsichtliche Änderung von einmal fest zugewiesenen Werten unterbinden zu können. Ungefüllte Variablen, die erst während der Laufzeit ihre Werte zugewiesen bekommen, werden bei Beendigung des Paketes wieder vollständig geleert. Abbildung 5.12 zeigt uns dann noch eine etwas detailliertere Darstellung der SSIS-Paketvariablen, zu erreichen über das Menü *SSIS / Variables*.

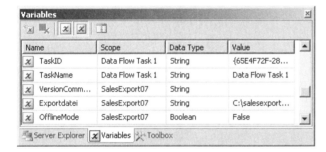

Abbildung 5.12 Ein Ausschnitt aus den Nutzer- und Systemvariablen eines Pakets

Hierin erkennt man deutlich, dass es für diese Variablen Gültigkeits-Bereiche (*Scopes*) gibt, d.h. ich kann zwei gleichnamige Variablen erzeugen, die teilweise für das ganze Paket, teilweise nur innerhalb eines Datenflusstasks gültig sind. In diesem Fenster kann man auch benutzerdefinierte Variablen initial mit einem Wert belegen.

Pakete dynamisieren mit Expressions

Die Hauptanwendung für diese Variablen ist nun sicher die Dynamisierung des Paketes. Wir könnten etwa unser Beispiel dahingehend erweitern, dass der Name der Ausgabe-Datei mit den Verkaufszahlen über eine Paketvariable gesteuert wird, etwa um das Datum in den Dateinamen einzufügen o.ä. Dies geschieht über so genannte *Ausdrücke (Expressions)*. Leider ist dieses wichtige Feature etwas versteckt! Wenn man z.B. wirklich den Dateinamen in einer Flatfile-Verbindung ändern möchte, dann sollte man einmal darauf klicken, und im Eigenschafts-Fenster erscheinen dann alle Eigenschaften der Verbindung mit ihrem aktuellen Inhalt, in diesem Falle auch die zu ändernde *ConnectionString*-Eigenschaft. Zusätzlich steht aber auch noch in den Eigenschaften der Punkt *Expressions*, über den man alle änderbaren Eigenschaften auch zur Laufzeit einstellen kann. Hier kann ein Ausdrucks-Editor aufgerufen werden, mit dem man den Inhalt der gewünschten Eigenschaft einfach überschreibt; direkt mit dem Inhalt einer Variablen oder noch unter Einsatz einiger Skriptbefehle. Abbildung 5.13 zeigt das Endergebnis: die Eigenschaft *ConnectionString*, derzeitiger Inhalt *C:\salesexport.csv*, wird zur Laufzeit modifiziert durch einen Ausdruck, der den Inhalt der Benutzer-Variable *Exportdatei* enthält.

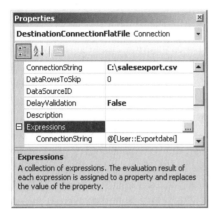

Abbildung 5.13   Expressions im Einsatz bei einer Flatfile-Verbindung

Der Task Paket ausführen und Paketkonfigurationen

Besonders kompliziert wird es, wenn man diese Variablen von einem Paket an das andere übergeben möchte. Da man einen komplexeren ETL-Vorgang unbedingt in verschiedene Pakete zerlegen, also modularisieren sollte, ist dies unabdingbar! Zu diesem Zweck gibt es in der Ablaufsteuerung den Task, »Paket ausführen« *(Execute Package Task)*. Der Workflow, der sich im aufrufenden an das aufgerufene Paket anschließt, bekommt auch den Ausführungsstatus gemeldet und reagiert entsprechend seiner Logik. Über einen Ereignishandler sind an dieser Stelle auch erweiterte alternative Reaktionen für verschiedenste Ausführungszustände möglich.

Für die Übernahme von Variablen durch ein Kind-Paket gibt es zwei Alternativen. Die etwas logischere arbeitet mit den so genannten Paketkonfigurationen (*Package configurations*), die man im Menü *SSIS/Package configurations* für das aufgerufene Paket aktivieren muss. Diese Konfigurationen ermöglichen es dem Entwickler, ähnlich wie bei den Expressions viele Eigenschaften eines Pakets vor Paketstart zu konfigurieren. Es hat sich dabei bewährt, nicht direkt in die Eigenschaften zu schreiben, sondern erst einmal in Variablen des aufgerufenen Pakets, die dann ihrerseits über Expressions die Paketeigenschaften modifizieren. Als Quelle für solche Konfigurationen können XML-Dateien oder SQL-Abfragen dienen, aber auch Umgebungsvariablen oder eben Variablen des aufrufenden Pakets. Mit dem *Package Configuration Wizard* kann man dann dem Kind-Paket den Zugang zu einzelnen Variablen des Vater-Paketes mit wenigen Schritten erlauben. Da das Kind-Paket ja zu diesem Zeitpunkt noch nicht wissen kann, wie diese Variablen heißen, muss man sie relativ mutig einfach eintippen, im Format User::Variablenname, wobei zu beachten ist, dass Groß- und Kleinschreibung unterschieden werden!

ACHTUNG   Paketkonfigurationen sind ein sehr mächtiges, aber auch sehr komplexes Thema. Das zeigt sich besonders dann, wenn verschiedene Quellen für Konfigurationen bestimmte Einstellungen immer wieder gegenseitig überschreiben! Wenn Sie also mehrere Formen der Modifikation von Paketen zur Laufzeit gleichzeitig verwenden wollen, sollten Sie unbedingt vorher das Ergebnis genau testen.

Die zweite Variante zur Verwendung von Variablen des aufrufenden Pakets ist nun relativ unkompliziert, aber wieder ein klarer Fall *von gewusst wie.*

Wenn man den Task »Paket ausführen« benutzt, werden dem Kind-Paket sämtliche Variablen des aufrufenden Vater-Paketes vom System zur Verfügung gestellt. Damit kann ohne eine Konfiguration grundsätzlich auf die Variablen des Vater-Paketes zugegriffen werden. Durch einfache Werteänderung der Variable im Vater-Paket lassen sich auch Rückgabewerte vom Kind- an das Vater-Paket umsetzen. Dies ist im Konfigurationsmenü nicht enthalten, aber man kann es über Skripte realisieren. Die zugewiesenen Werte bleiben nachhaltig für den restlichen Paketdurchlauf erhalten, und stehen auch nach der Beendigung des Kind-Paketes zur Verfügung. Das Ganze ist aber nur dann möglich, wenn im Kind-Paket keine gleich benannte Variable existiert, weil diese durch ihren lokalen Status den Zugriff auf die Variable im Vater-Paket verhindert.[6]

Somit kann mit dem *VariableDispenser* der Integration Services-Skripte (mehr dazu im folgenden Abschnitt) direkt auf die Variablen im Vater-Paket zugegriffen und auch deren Wert nachhaltig verändert werden. Aber Vorsicht: Der Name der Variablen im aufrufenden Paket muss unterschiedlich sein, und man kann sie nicht aus einer Liste auswählen, sondern muss sie eintippen, wobei Gross- und Kleinschreibung unterschieden werden.

Skriptentwicklung mit VSTA

Für einen richtigen Entwickler sind diese ganzen grafischen Hilfen natürlich nichts: der möchte Code sehen, richtigen, Zeile für Zeile selbst geschriebenen Programmtext! Recht hat er, denn mit den Möglichkeiten der Skriptprogrammierung sind selbst die wenigen Dinge noch lösbar, für die es keinen grafischen Task gibt. Damit das überall funktioniert, kann man Skripte an mehreren Stellen einsetzen, etwa als *Skripttask* (*Script Task*) in der Ablaufsteuerung oder als *Skriptkomponente* (*Script Component)* im Datenfluss. Diese Skriptkomponente kann dabei sogar drei verschiedene Aufgaben übernehmen, es kann Quelle eines Datenflusses sein, die Daten als Ziel konsumieren oder als Transformation auf dem Weg modifizieren.

Neu in SQL Server 2008   Im SQL Server 2005 basierten die Integration Services-Skripte auf Visual Studio for Applications (VSA). Die entscheidende Einschränkung dabei war aber, dass als einzige Skriptsprache nur Visual Basic.NET verwendet werden konnte. Erstaunlich, wie klaglos das von den Paketentwicklern akzeptiert wurde! Nun, die Benachteiligung von Visual C#.NET ist jetzt vorbei, denn im SQL Server 2008 werden jetzt die Visual Studio Tools for Applications (VSTA) verwendet, die beide Sprachen unterstützen. Wenn man jetzt eine der beiden Skript-Komponenten neu ins Paket zieht, kann man die Eigenschaft ScriptLanguage auf VB oder C# umstellen; später dann übrigens nicht mehr.

Es ist aber nicht nur die Sprache allein; Bei den neuen VSTA ist es viel einfacher möglich, eigene .dlls in Skripttasks und Skriptkomponenten einzubinden, und noch besser: man kann problemlos und mit einer grafischen Oberfläche aus Script Tasks heraus auch Web-Referenzen setzen und auf Web Services zugreifen. Diese schöne Möglichkeit der Wiederverwendung von Code über alle Systemgrenzen hinweg wird jetzt viel besser unterstützt!

---

[6] Die Kenner der alten Data Transformation Services werden an dieser Stelle ein wenig überrascht sein, denn bei den Wertzuweisungen der Variablen *müssen* die Variablennamen in beiden Paketen unterschiedlich sein, im Gegensatz zur DTS-Variante! Identische Bezeichner waren ja dort die Voraussetzung dafür, Wertübergaben zwischen Paketen überhaupt realisieren zu können. Nun ist es notwendig, *unterschiedliche* Namen für die Variablen zu vergeben, sonst wird der übergebene Wert der Vater-Variablen von der gleich bezeichneten lokalen Variablen des Kind-Paketes überdeckt.

Der eigentliche Entwicklungsvorgang für die VSTA-Skripte ist dem Programmieren im Visual Studio.NET sehr ähnlich. Grundlage der Skripte bilden die in die Umgebung integrierten Programmierunterstützungen *Syntax Highlighting* und *IntelliSense*, das zur automatisierten Vervollständigung programmierter Elemente dient und dadurch enorm hilfreich ist. Der zusätzliche Vorteil für den Programmierer liegt in der eingebetteten Echtzeit-Syntaxkontrolle, mit der Logiken, Objekte und Ausdrücke während der Code-Entwicklung analysiert und bei auftretenden Mängeln, wie z.B. Datentypproblemen oder nicht zusammenpassenden Objekten, mit einem zusätzlichen Hilfstext hervorgehoben werden.

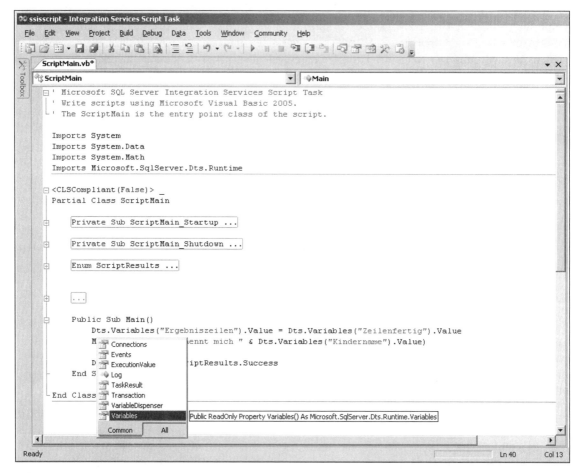

Abbildung 5.14   IntelliSense und AutoComplete bei VSTA-Skripten

Schauen wir uns nun als nächstes den Task »SQL ausführen« *(Execute SQL Task)* an, der in den DTS oft zu Schwierigkeiten führte, speziell wenn man ihn für gespeicherte Prozeduren verwendet hat.

Gespeicherte Prozeduren und der Task SQL ausführen

Einer der am häufigsten genutzen Tasks der Ablaufsteuerung – bei sehr SQL-affinen Entwicklern sogar manchmal der einzige – ist der Task »SQL ausführen« *(Execute SQL Task)*. Er ist für die Ausführung von einfachen SQL-Anweisungen vorgesehen. Diese Anweisungen kann man direkt im Task eingeben oder praktischerweise den Text dafür dynamisch aus einer Paketvariablen beziehen. Dazu gehört prinzipiell auch der Aufruf parametrisierter gespeicherter Prozeduren (*Stored Procedures*), was aber etwas komplizierter ist, besonders wenn man Ausgabewerte aus der Prozedur erwartet. In der zugehörigen SQL Anweisung werden die Ein- und Ausgabeparameter bei OLE DB-Verbindungsmanagern über den Platzhalter »?« realisiert und wie folgt im Task »SQL ausführen« eingetragen.

```
EXEC test_procedure ? OUTPUT, ?
```

Der bekannte Aufruf einer Prozedur auf dem Server würde mit definierten Parametern dagegen wie folgt aussehen:

```
EXEC test_procedure @param1 OUTPUT, @param2 = 'test-string'
```

Der Platzhalter »?« im Task »SQL ausführen« wird bei der Ausführung durch festgelegte Paket-Variablen ersetzt und vervollständigt damit die Anweisung. Die Zuweisung der Variablen zu den entsprechenden Parametern nimmt man im Konfigurationsmenü des Tasks vor. Abbildung 5.15 zeigt den Task bei der Zuweisung der Variablen.

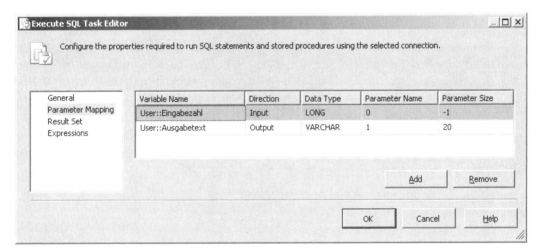

Abbildung 5.15   Ein- und Ausgabeparameter einer gespeicherten Prozedur

Leider ist das Verhalten dieses Tasks, was die Benennung der Parameter und das Format des Platzhalters betrifft, nicht immer identisch, je nachdem, welche Art von Verbindungsmanager man verwendet hat. In der folgenden Tabelle wird hoffentlich etwas Ordnung ins Durcheinander gebracht.

Verbindungs-Manager	Platzhalter für Parameter	Parametername	Beispielabfrage	Beispielparameter-Name
OLE DB	?	0	select LastName from Person.Contact where LastName LIKE ?	0
ADO.NET	@Varname	@Varname	select LastName from Person.Contact where LastName LIKE @Name	@Name

Verbindungs-Manager	Platzhalter für Parameter	Parametername	Beispielabfrage	Beispielparameter-Name
ADO	?	@Param1	select LastName from Person.Contact where LastName LIKE ?	@Param1
ODBC	?	1	select LastName from Person.Contact where LastName LIKE ?	1

Tabelle 5.1   Aufruf von SQL mit Parametern über verschiedene Verbindungsmanager

Schleifen der Integration Services – For-Schleife und Foreach-Schleife

Erstmalig in die SSIS-Entwicklung integriert sind Schleifenlogiken zum wiederholten Ausführen zusammenhängender Tasks. Die Schleifen werden in Containern ausgeführt, und grenzen die enthaltenen Komponenten von den restlichen Tasks des Paketes ab. Es existieren zwei Arten von Schleifencontainern, der *For-Schleifencontainer (For Loop Container)* und der *Foreach-Schleifencontainer (Foreach Loop Container)*. Beide führen die integrierten Tasks bis zum Erreichen einer vordefinierten Abbruchbedingung durch. Der Unterschied zwischen beiden Schleifencontainern liegt in der Definition der Abbruchbedingung: Im *For-Schleifencontainer* wird über einen einfachen Ausdruck, der ein »wahr« oder »falsch« zurückliefert, die Abbruchbedingung an den Container übergeben. Ein einfaches Beispiel dafür wäre eine Paketvariable, die während des Schleifendurchlaufes inkrementiert wird, bis sie irgendwann die Abbruchbedingung erfüllt. Abbildung 5.16 zeigt den *For-Schleifen-Editor (For Loop Editor)* mit einem gültigen Ausdruck, der auf einer Paketvariablen beruht. Zu beachten dabei ist auf jeden Fall, dass der Ausdruck zum Abbruch der Schleife von »falsch« auf den Zustand »wahr« wechseln muss, um die Schleife zu beenden. Über diese Abbruchlogik stolpert man als Entwickler öfter mal!

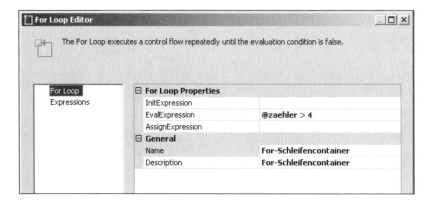

Abbildung 5.16   Konfiguration der Abbruchbedingung des For-Schleifen-Editors

Der andere der beiden Schleifencontainer bietet eine komfortable Möglichkeiten der Entwicklung von dateigestützten Datenimporten, die etwa einen Einlese-Vorgang so oft ausführen, bis ein Verzeichnis leer geräumt ist. Der *Foreach-Schleifencontainer* kann ebenfalls die in ihm enthaltenen Tasks bis zum Erreichen einer Abbruchbedingung wiederholen. Durch einen vordefinierten, so genannten *Foreach-Dateienumerator (For Each File Enumerator)* erhalten wir Zugriff auf die Dateien des angegebenen Verzeichnisses. In Abbildung 5.17 ist zu sehen, wie man auf die *.csv*-Dateien des *C:\Import*-Verzeichnisses zugreifen kann. Die Schleife des Importprozesses wird für jede im Verzeichnis enthaltene *.csv*-Datei durchlaufen, was auch gleichzeitig die Abbruchbedingung definiert. Damit wir Zugriff auf den kompletten Pfad der Quelldatei erhalten, müssen wir in den Einstellungen des Enumerators die Option *Vollqualifiziert (Fully qualified)* auswählen. Mit dem Anlegen und Konfigurieren dieses Schleifencontainers wird vom System eine zusätzliche Paketvariable erzeugt, die bei jedem Schleifendurchlauf den vollständigen Pfad der Datei enthält, die jetzt gerade aktuell verarbeitet wird.

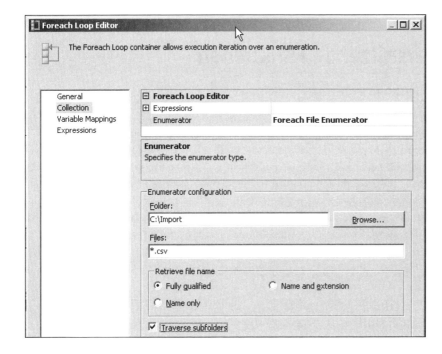

Abbildung 5.17   So konfiguriert man den Foreach-Datei-Enumerator des Foreach-Schleifencontainers

---

TIPP   Mithilfe dieser Systemvariablen können wir innerhalb eines VSTA-Skripts den Dateipfad inklusive des Dateinamens als Zeichenkette bearbeiten. In den Skripten sind dann mithilfe des Pfades auch Dateioperationen wie Verschieben oder Löschen möglich, sodass jeder erfolgreiche Schleifendurchlauf die importierte Datei beispielsweise in einen Unterordner mit der Bezeichnung *importiert* verschiebt. Diese essentiell bedeutende, aber unsichtbare Variable des Schleifencontainers wird in VSTA-Skripten unter dem Namen *System::EnumeratedValue* zur Verfügung gestellt.

Natürlich ist der Datei-Enumerator nicht der einzige, den man zum Antrieb der Foreach-Schleife verwenden kann! Schon in SQL 2005 konnte man auch:

- eine selbst definierte, statische Liste von Elementen abarbeiten (*Foreach Item Enumerator*),

- über ADO- und ADO.NET-Objekte wie Tabellen, Spalten oder Zeilen laufen (*Foreach ADO Enumerator*, *Foreach ADO.NET Enumerator*),

- aufzählbare Objekte, die Inhalt einer Paketvariablen sind, einzeln bearbeiten (*Foreach From Variable Enumerator*),

- entlang der XML-Knoten einer XML-Datei laufen (*Foreach Nodelist Enumerator*) und

- die Objekte einer Datenbank, die mit dem SMO (SQL Server Management Objects)-Objektmodell aufzählbar sind, verarbeiten.

Neu in SQL Server 2008   Der SQL Server 2008 erweitert das um zwei neue Optionen:

- Jedes der vielen Ereignisse, die in Integration Services ausgelöst werden, abarbeiten *(Foreach Event Enumerator)* und

- über jede Datenbank in einem Server iterieren *(Foreach Database Enumerator)*.

Entwicklungsunterstützende Funktionen

Flexible Taskoptionen

Als hilfreich und praktisch für den Entwickler erweist sich die Deaktivierungsoption (*Disable*) einzelner Tasks innerhalb der Ablaufsteuerung. Die damit gesperrten Tasks werden bei der Ausführung nicht berücksichtigt, und auch augenfällig optisch gekennzeichnet, wie in Abbildung 5.5 schon zu sehen war. Das hat den wesentlichen Vorteil, dass man z. B. für einen Testlauf unnötige Abschnitte des Paketes nicht entfernen muss – man schließt sie lediglich vom Durchlauf aus. Komplette Teilprozesse können dabei variabel hinzu- oder abgeschaltet werden. Das ist insbesondere dann ein Zeitgewinn, wenn bereits implementierte komplexe Prozesse beim Hinzufügen und Testen weiterer Tasks ausgeklammert werden können.

Schmutz sofort erkennen durch den Data Profiling Task

Neu in SQL Server 2008   Jeder, der schon mal unbekannte Daten importieren musste, hat sich – meist indirekt – mit dem Thema Data Profiling beschäftigen müssen: Er musste einschätzen, ob die ihm übergebenen Daten sauber sind; ob sich an Datentypen gehalten wird, ob in der Spalte »Großkunde« wirklich nur »J« und »N« enthalten ist und nicht auch »Y«, »n«, »j«, »0«, »1«, »-1«, »-« und so weiter. Viele erfolgreiche Datenlade-Tools am Markt enthalten jetzt Funktionalitäten, die dieses mit ein paar Mausklicks herausbekommen können; so etwa Informatica PowerCenter und der Oracle Warehouse Builder, da durften die Integration Services nicht mehr hintanstehen.

Wer jetzt ganz schnell die Qualität ihm übergebener Daten abschätzen möchte, der kann dies in den CTP-Versionen von SQL Server 2008 nur basierend auf SQL Server-Quelldaten tun, und auch erst, wenn er zu diesen Daten eine ADO.NET-Verbindung mit dem SqlClient Provider eingerichtet hat. Der *Data Profiling Task* ist ein Task der Ablaufsteuerung (nicht des Datenflusses!), und er legt von den Quelldaten ein Profil an, das als XML-Datei oder in einer Paketvariablen gespeichert werden kann. Der Grundgedanke bei dieser zeitgesteuerten Ausführung des Tasks ist wohl, dass man ja die erzeugte XML-Datei leicht mit Integration Services auswerten könnte, um etwa einen Import komplett abzubrechen, wenn die Qualität der gerade aktuellen Datenlieferung eklatant hinter allem bisher Gesendeten zurückbleibt.

Für die meisten von uns wird es aber einfach nur darum gehen, einmalig einen Überblick über die Inhalte einer Tabelle zu bekommen. Dafür muss man die erzeugte XML-Datei in den Data Profile Viewer laden, der leider keinen eigenen Startmenüeintrag bekommen hat, sondern manuell unter C:\Program Files\Microsoft SQL Server\100\DTS\Binn\DataProfileViewer.exe gesucht und aufgerufen werden muss. Dann erhält man detaillierte Auswertungen über den Inhalt der Spalten, wie sie in Abbildung 5.18 zu sehen sind.

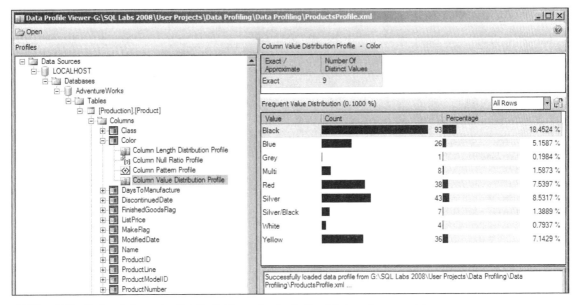

Abbildung 5.18   Ein Ausschnitt aus dem Data Profile Viewer, der eine Spalte mit Farbangaben auswertet

Was man also in der XML-Datei analysiert findet und sehr schön im Profile Viewer betrachten kann, ist unter anderem, mit wie viel Inhalt Zeichenketten wirklich gefüllt sind (*Column Length Distribution*), was die größten und kleinsten Werte in numerischen Spalten sind (*Column Statistics*), wie viele Zeilen leere Werte enthalten (*Column Null Ratio*), und welche Werte sich wie oft in den Zeilen wiederholen (*Column Value Distribution*). Wem das noch nicht reicht, für den wird mit der *Column Pattern*-Funktionalität sogar mit regulären Ausdrücken nach immer wiederkehrenden Mustern in der Spalte gesucht[7], oder es werden Primärschlüssel gesucht und überprüft, die in den Quelldaten ja nicht implementiert sein müssen (*Candidate Key*). Jede dieser Profilierungs-Anforderungen kann über ihre Eigenschaften auch noch detailliert konfiguriert werden. Über den *Drillthrough*-Knopf im Viewer kann man auch gleich Ausreißer-Zeilen direkt betrachten, wenn es nicht zu viele sind.

Hier findet sich also ein unglaublich mächtiges Stück Software, allerdings an einer Stelle, wo man es vielleicht nicht erwarten würde. Die Beschäftigung damit lohnt sich aber sicher, denn allzu oft werden Projekte wesentlich aufwändiger, weil die Datenqualität dann doch drastisch schlechter ist, als es vom Datenlieferanten anfangs zugesichert wurde! Leider ist Data Profiling offenbar derzeit so in Mode, dass in verschiedenen Anwendungen gleichzeitig Tools und Oberflächen dafür erscheinen:

---

[7]   Die regulären Ausdrücke sind ein Verfahren, wie mit Symbolen Filterkriterien beschrieben werden, die dann auf bestimmte Zeichenketten passen oder nicht. Sie werden meist zur Mustererkennung verwendet und sind weithin gefürchtet, weil sie fast nur aus Sonderzeichen bestehen, und weithin respektiert, weil sie unerhört mächtig sind. Fragen Sie einen Kollegen, der früher UNIX gemacht hat, da kommen die her.

- In der Datenquellensicht im Business Intelligence Development Studio, unter *Explore Data*,

- Im Daten-Viewer im Integration Services-Datenfluss, siehe dazu oben zum Testen und Bereitstellen von Paketen,

- Im Data Mining-Client für Excel, wie in Kapitel 8 beschrieben.

Da wird es Zeit für etwas Konsolidierung! Warum nicht ein gemeinsames Produkt aus diesen ganzen Werkzeugen machen? Vielleicht gibt es dann ja schon bald den *Microsoft Office Data Quality Server*.

Datentypen für Textdateien

Die schon in unserem Export-Beispiel verwendete *Flatfile-Verbindung* zu einer Textdatei ist sicher eine der am häufigsten verwendeten Quellen oder Ziele, und wurde deshalb auch besonders mächtig ausgestattet. So können neben den oben im Beispiel beschriebenen Grundfunktionen und Einstellungen zusätzlich die Eigenschaften jeder einzelnen Quellspalte definiert werden. Am wichtigsten dabei ist die Einstellung des Datentyps, was angesichts der Tatsache, dass die Quelle oder das Ziel ja eine reine Textdatei ist, überraschend ist. Man kann damit aber schon aus der Verbindung heraus festlegen, welchen Zieldatentypen diese Quellspalte besitzen soll. Das ist ja besonders wichtig, weil – wie beschrieben – die Integration Services alle Inhalte binär auswerten und bei den Datentypen sehr pingelig sind! Es gibt daher für Textdateien auch eine Vorschlagsfunktion, die den Datentyp durch das Prüfen des Dateiinhalts ermittelt. Bei großen Textdateien kann man die Tiefe der Quelldatenanalyse durch Festlegen der zu prüfenden Zeilenanzahl beschränken.

Die zu dieser Verbindung gehörende *Flatfilequelle* verbindet die Verbindung zur Textdatei mit dem Datenfluss. Sie ist jedoch weder für Datentransformationen gedacht, noch bindet sie eine Zieltabelle an die Quellspalten der Textdatei. Zweck dieses Tasks ist es, eine gezielte Bezeichnung der Spalten zu ermöglichen und bei Bedarf Einstellungen an Quell- und Zieldatentypen zu verändern. Die Ausgabe dieses Tasks dient für die im Workflow nachfolgenden Tasks als entsprechende Eingabe.

Datentransformationen mit Tasks

Hat man nun die Daten aus der Textdatei oder aus jeder beliebigen Datenquelle mit den richtigen Datentypen in die binäre *Data Transformation Pipeline* bekommen, dann bietet sich die ganze Vielfalt der Datentransformations-Tasks für die Weiterbearbeitung an. Will man Inhalte einer Spalte gegen eine Datenbank gegenprüfen, »umschlüsseln« oder durch einen normierten Wert aus einer Datenbank ersetzen, gibt es den nochmals verbesserten *Lookup*-Task, der für jeden Datensatz eine Abfrage in einer anderen Datenbank ausführt. Ebenso nützlich sind auch die Transformationen *Abgeleitete Spalte (Derived Column Task)* und *Bedingtes Teilen (Conditional Split Task)*, die beide im nächsten Abschnitt betrachtet werden.

Abgeleitete Spalte

Der für Transformationen von Quelldaten bedeutendste Task ist sicher der funktionsreiche Task »Abgeleitete Spalte«. Dieser übernimmt die Ausgabe anderer Tasks als Eingabe, und ermöglicht die Anwendung umfangreicher Funktionen und Operatoren, um die eingehenden Daten zu bearbeiten. Die Ergebnisse dieser Verarbeitung werden einfach als zusätzliche Spalten dem Output hinzugefügt. Für diese zusätzlichen wie auch die eingehenden Spalten stehen mathematische Funktionen, Stringfunktionen, Datums- und Zeitfunktionen sowie Typenumwandlungen zur Verfügung. Eine Reihe von Operatoren ermöglicht sogar mathematische Operationen mit den Werten eingehender Spalten oder Paketvariablen untereinander. Bei der Syntax der dabei verwendeten *SQL Server Integration Services-Ausdrücke* hat man sich leider nicht für eine bestimmte Programmiersprache entschieden und deren Ausdrücke verwendet, sondern man findet einen ziemlichen Zoo von Möglichkeiten vor, der allerdings eher an C# als an SQL oder Visual Basic erinnert.

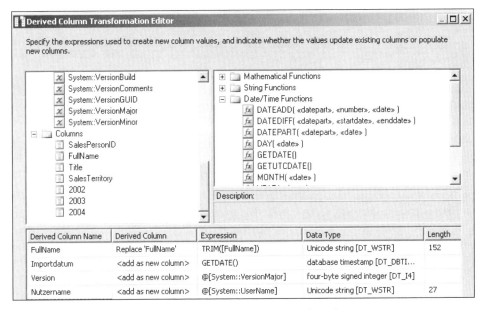

Abbildung 5.19 Ausschnitt aus der Funktionsauswahl des Abgeleitete Spalte-Tasks

Das Beispiel in der Abbildung 5.19 zeigt die Möglichkeiten der Transformationen bestehender Spalten sowie die Erzeugung neuer und zusätzlicher Spalten. Dabei wird eine Stringfunktion zum Entfernen von Leerzeichen benutzt, mit einer Datumsfunktion wird der Importzeitpunkt festgehalten, und zwei Zusatzspalten werden mit Werten von vordefinierten Paket-Variablen gefüllt. Dieser Task fasst seine Eingabespalten und Zusatzspalten zu einem Ausgabestrom zusammen und stellt sie so den anknüpfenden Tasks wieder als Eingabe zur Verfügung.

Bedingtes Teilen

Der Task »Bedingtes Teilen« sieht in seiner Einstellungsoberfläche dem Task *Abgeleitete Spalte* äußerst ähnlich, dient aber dazu, eingehende Spalten basierend auf ein Entscheidungskriterium in zwei Datenströme aufzuteilen. Durch das *Bedingte Teilen* erhalten wir eine Trennbedingung für die Ausgabe dieses Tasks, der wieder unterschiedlichen Ziel-Tabellen zugeordnet werden kann. Damit wäre zum Beispiel eine Trennung in verschiedene Ausgabedateien für jeden Vertriebsbereich (*SalesTerritory*) möglich.

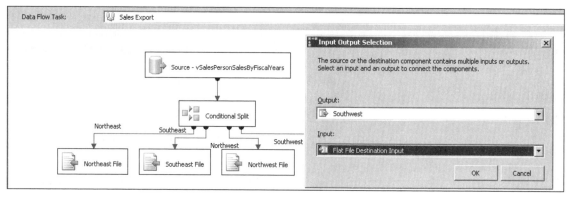

Abbildung 5.20   Trennbedingung Southwest als Eingabedaten für den nachfolgenden Task zuweisen

In der anschließenden Selektion der definierten Trennbedingung lassen sich dann problemlos die so aufgeteilten Daten zuweisen, wie das in Abbildung 5.20 gut zu erkennen ist. Damit kann der Entwickler recht einfach die Trennung von Daten durch komplexe Prüfbedingungen realisieren.

Aufmerksamen Lesern könnte aufgefallen sein, dass es ja in den AdventureWorks-Beispieldaten mehr als nur diese vier *Sales Territories* gibt. Die Daten, die keiner der unterschiedlichen Bedingungen, die wir im *Conditional Split*-Task gestellt haben, genügen, gehen in den *Conditional Split Default Output*. Wenn man diesen Output mit keinem Input mehr verbindet, ist man die evtl. nicht gewünschten Zeilen sehr elegant losgeworden![8]

Suche-Task

Beim Task »Abgeleitete Spalte« haben wir schon gesehen, wie man den Inhalt einer Spalte im Datenfluss durch verschiedene Funktionen verändern kann. Oft kann man den neuen Inhalt aber schlecht mit einer einfachen Funktion erhalten, sondern muss dazu eine Datenbankabfrage starten, etwa, um in einer Lookup-Tabelle nachzuschauen: dazu dient der Suche-Task (*Lookup*). Nehmen wir ein Beispiel: Sie laden die Produkt-Stammdaten in eine Auswertungs-Datenbank, ein *Datawarehouse*. Dort haben Sie in der Produkt-Tabelle für jedes Produkt eine neue, eigene Produkt-ID generieren lassen, z.B. mit der IDENTITY-Eigenschaft. Daneben in derselben Zeile wird die alphanumerische Original-Produktnummer aus dem Buchungs-System abgespeichert. Beim Laden von neuen Verkaufsdaten (die ja mit der Original-Produktnummer geliefert werden) müssen Sie nun ihre eigene Produkt-ID beim Abspeichern verwenden. Solche »Suchen« würde man normalerweise mit einem relationalen JOIN sehr schnell machen können, hier etwa zwischen den neuen Verkaufsdaten und der Produkt-Dimension, und zwar über die Produktnummer, und schon hätte man die Produkt-ID. Aber leider sind beide Tabellen ja in verschiedenen Datenbanken, und oft sind z.B. die Verkaufsdaten gar nicht in einer Datenbank-Tabelle, sondern kommen aus einer Text-Datei: Da ist es schlecht mit einem JOIN.

---

[8]   Für Ästheten gibt es zu diesem Zweck allerdings auch den Integration Services-Mülleimer, den *Trash Destination Adapter*, in dem alle Eingaben auf Nimmerwiedersehen verschwinden, kostenlos herunterzuladen von www.sqlis.com.

Fragen Sie sich jetzt, warum Sie sich die ganze Mühe mit den selbstdefinierten Schlüsseln machen sollen? Niemals, niemals verwendet man in einem Datawarehouse die Schlüssel aus der Produktionsdatenbank. Natürlich hat man Ihnen glaubwürdigst versichert, dass die Schlüssel dort hundertprozentig eindeutig sind, niemals geändert werden und niemals für andere Datensätze wiederverwendet werden, aber im Lichte der Realität schmelzen solche Versprechungen jedes Mal wie Schnee in der Frühlingssonne. Eigene Schlüssel sind nicht nur vertrauenswürdiger, sie sind auch meistens vom Datentyp INTEGER und daher kleiner und schneller, und außerdem können Sie die Historie in der Datenbank korrekt abspeichern. Dazu mehr in Kapitel 6, zu »langsam veränderlichen Dimensionen« im Abschnitt »Cubes ohne Daten bauen«.

Für diese Such-Abfragen bietet sich die *Suche*-Transformation natürlich sehr an, aber in der Praxis war sie oft zu langsam, weil sie eben für jede einzelne Zeile im Datenstrom eine SELECT-Abfrage auf der Suche-Datenquelle startet. Als kleine Abhilfe hatte man beim SQL Server 2005 die Möglichkeit, die Ergebnisse dieser Suchabfragen zwischenspeichern zu lassen, damit wenigstens nach demselben Produkt nicht zweimal gefragt werden muss. Alternativ konnte man auch gleich die gesamte Suchtabelle in den Cache laden lassen. Dieses Verfahren kostet zwar eine Menge Hauptspeicher, aber der ist ja gerade auf 64-bit Systemen heute kein Mangel mehr.

Neu in SQL Server 2008 Wenn man jetzt aber in einem Ladeprozess an mehreren Stellen ein Mapping zum Beispiel von Produktnummer auf Produkt-ID machen musste, dann musste man leider jedes Mal wieder einen neuen, unabhängigen Cache laden. Oft dauerte das Laden des Suche-Cache länger als der eigentliche ETL-Prozess, und soviel Hauptspeicher hat irgendwann niemand mehr! Deshalb können die Integration Services 2008 den Cache über einen *Cache Connection Manager* als Datei auf der Festplatte speichern (meist in einem eigenen Datenfluss zu Beginn des Ladevorgangs), und dann von dort aus in den Hauptspeicher laden. Gleichzeitig kann dieser Cache dort jetzt auch über 4 GB groß sein! Man könnte also als ersten Datenflusstask im Paket das Ergebnis einer Abfrage auf der Platte »persistieren«, und alle weiteren Transformationen greifen dann auf dieselben Daten im Speicher zu. Wenn der Inhalt dieses Caches sich kaum verändert, könnte man sogar überlegen, die dabei entstehende .caw-Datei mit dem Paket zusammen auf verschiedene Zielserver, auf denen das Paket laufen soll, weitergeben zu lassen, indem man sie einfach in das »Sonstiges«-Verzeichnis (*Miscellaneous*) des Integration Services-Projekts ablegt.

Und noch an einigen anderen Stellen wurde die Suche-Transformation verbessert: Arbeitet man mit der Möglichkeit, bei einem dynamischen Cache die Ergebnisse von einzelnen Suchabfragen zu puffern, dann können jetzt dort auch Abfragen gepuffert werden, die eben keinen passenden Wert in der Suchtabelle gefunden haben (*cache for rows with no matching entries*), das können nämlich eine ganze Menge sein. Will man nun diese Zeilen, bei denen die Suche-Transformation nichts ergeben hat, danach gesondert weiterverarbeiten, so kann man sie in einer eigenen Ausgabe des Tasks leicht finden (*Lookup No Match Output*).

Selbstverständlich gibt es noch eine Unmenge von Funktionalitäten mehr, und ganz bestimmt haben wir das Wichtigste und Spannendste vergessen. Jeder Autor, der ein Buch über Integration Services schreibt, in dem jedes Feature gebührend gewürdigt werden muss, ist nicht zu beneiden! Auf diesen wenigen Seiten konnten wir eigentlich nur versuchen, etwas Appetit zu machen. Aber um wenigstens die Richtung klar werden zu lassen, in die es für die Integration Services geht, wird es Zeit, noch einmal alles zusammenzubringen.

Zusammenfassung

Der Vorgänger der Integration Services, die Data Transformation Services (DTS) waren vielleicht noch ein Zufallserfolg; ein ursprünglich internes Werkzeug, das fast nebenbei den Sprung in den SQL Server 7.0 geschafft hatte, und das dann von überraschend vielen Nutzern zu erstaunlich komplexen Implementierungen genutzt wurde. Die kühne Aktion von Microsoft, dieses bewährte Werkzeug in der Version 2005 durch eine komplette Neuentwicklung zu ersetzen, die auf .NET basiert, kann nur als gelungen bezeichnet werden. Dies gilt, obwohl es keine simple Möglichkeit der Migration von Paketen der Vorgängerversion gibt (zum Upgrade mehr in Kapitel 11). Mittlerweile stehen die Integration Services auf Augenhöhe mit den Marktführern unter den ETL-Tools.[9] Sie werden umfassend eingesetzt und von einer engagierten Community rund um die Webseiten www.sqlis.com, *www.sqlis.de* und *www.sqlbi.eu* unterstützt und mit zahlreichen kostenlosen Tools erweitert.

Die Neuerungen der Version 2008 bleiben zum großen Teil »unter der Motorhaube«. Sie beseitigen im wesentlichen Bottlenecks, die sich im Praxiseinsatz gezeigt haben, und die vor allem die Unterstützung von mehr Prozessoren und mehr Hauptspeicher, vor allem in der 64-bit-Version, betreffen. Optimiert wurde gerade dort, wo es bisher wehtat: beim Suche-Task (*Lookup*) und beim Datenflusstask.

---

[9] Siehe dazu den sehr interessanten Vergleich zwischen Informatica PowerCenter und Integration Services 2005, durchgeführt von der englischen Beratungsfirma Conchango, der auf der Microsoft-Website heruntergeladen werden kann.

Kapitel 6

Drei Dimensionen sind nicht genug – SQL Server Analysis Services

In diesem Kapitel:

Würfel für Einsteiger	255
Geschichte der SQL Server Analysis Services	258
Erstellen eines Cubes im SQL Server 2008	260
Erweiterte Funktionen der Analysis Services	273
Wartung der Analysis Services-Cubes	280

Vor einigen Jahren war das alles noch recht einfach: Neben den Produktionshallen bei StarBack wurden die Rohmaterialien gelagert, und waren sie halbwegs alle, rief der Produktionsleiter an und bekam neue geliefert, meist sogar noch rechtzeitig. Wenn eine Brötchensorte immer öfter auf Lager liegen blieb, dann wurde spontan entschieden: »Macht morgen einfach mal 50 Kisten weniger«, und wenn das neue Croissant mit Cranberry-Füllung in der Produktion teurer war als es verkauft wurde, dann konnte man das bestenfalls einige Monate später dem Quartalsbericht des Controllings entnehmen.

Heute geht das schon anders zu: Neue Produkte kommen fast im Wochenrhythmus, teilweise kauft man sie jetzt billiger in Polen ein, als man sie je selber herstellen könnte, Zutaten sollten genau für 10 Produktionstage aus dem Lager lieferbar sein, nicht mehr und nicht weniger, und der Vertrieb erstellt genaue Vorhersagen für den Verkauf einzelner Produkte und fährt die Produktion binnen Stunden herunter, wenn die Erwartungen nicht erfüllt werden.

Es gilt, andauernd schnell Entscheidungen zu treffen, und dazu braucht man Informationen. Es ist ja alles irgendwo in der Datenbank drin: die Lagerbestände, die Produktionszahlen, die Aufträge der Zwischenhändler, die Bestellungen aus dem Webshop, und der neue Produktionsleiter erstellt sogar schon einen Produktionsplan für die Zukunft, allerdings nur in Excel. Und im Prinzip kommt man an die Informationen auch leicht heran: StarBack hat ja eine eigene Entwicklungsabteilung, und die Entwickler – die die Datenbanken gut kennen und fit in Excel, Access und SQL sind – erstellen auf Zuruf gerne mal den einen oder anderen Bericht. Bedauerlicherweise bleibt es nicht bei einem Bericht, und ehrlicherweise macht einer der Entwickler seit Wochen schon nichts anderes mehr als immer neue Berichte zu erstellen! Abteilung um Abteilung steht bei ihm in der Tür, und immer wieder heißt es: »Wir brauchen doch nur einfach die eine Liste! Das kann doch so schwer nicht sein…«.

Dummerweise ist das nicht der ganze Ärger: Die Daten auf dem SQL Server sind ja mittlerweile schon auf 5 Gigabyte angewachsen, und wenn die Leute in der Vertriebsabteilung und der Geschäftsleitung gegen 10:00 Uhr ihre ganzen Berichte abfeuern, dann warten sie jetzt teilweise schon einige Minuten! Während dieser Zeit bleibt schon mal die Datenerfassung für das Lager stehen, weil der Server so belastet ist; die kennen das schon und machen derweil Frühstück. Leider klagt auch der Webshop dann über Performanceprobleme…

Wie schon im Vorwort gesagt: OLAP und relationale Datenbanken gehören zusammen wie Micky Maus und Dagobert Duck, wie Don Camillo und Peppone, wie Sacco und Vanzetti. Nur wissen das leider noch viel zu wenige. Obwohl die Analysis Services dem SQL Server ja quasi kostenlos beiliegen, zeigt doch die praktische Erfahrung, dass noch lange nicht jede Datenbank auch ihren OLAP-Cube hat, der sie analysiert und auswertet.

Na gut, man müsste eigentlich nichts weiter tun als Abwarten: wenn die Datenmengen in den relationalen Datenbanken größer und größer werden, dann dauert es auch automatisch länger und länger, Auswertungen und Berichte darauf zu erstellen. Klar, es ist kein Problem in einer Tabelle mit 150 Millionen Datensätzen eine Zeile zu finden, zu ändern, zu löschen oder einzufügen, das geht fix dank der Indizes auf der Tabelle. Aber alle 150 Millionen aufsummieren? Da kann man schon mal Mittag machen gehen… Wird so was öfter gebraucht (typischerweise für Berichte und Analysen), dann ist oft der Ärger groß, denn während der Rechner brav aufsummiert, muss er alle Zeilen einmal kurz von der Festplatte in den Speicher laden, was natürlich schon wegen der Zugriffszeiten länger dauern muss, und was vermutlich die sonstige Arbeit auf der Tabelle für einige Zeit sehr unerquicklich macht. Wenn die Auswertungen dann stundenlang laufen und währenddessen der Betrieb dahin kriecht: dann kommen alle auf die Idee, dass es da doch noch etwas geben muss …

Warum aber nicht schon lange vorher? Warum lassen so viele die Analysis Services, dieses »Geschenk von Microsoft an die Welt«, unausgepackt liegen? Nun, wir denken, einfach weil es sich auch in der neuesten

Version nicht von selber installiert und dann einen Assistenten startet, der nach einigen Klicks auf »Ja«, »Weiter« und »Fertigstellen« alle Abfragen auf Ihrer Datenbank auf maximal 5 Sekunden herunterbringt (was die Software übrigens prinzipiell durchaus kann). Nein, es bedarf doch einer ganzen Menge Fachwissen, um eine OLAP-Lösung zu entwerfen, zu implementieren und zu nutzen. Und genau das adressiert Microsoft in dieser Version der SQL Server Analysis Services (gerne als »SSAS« abgekürzt[1]): Das Millionenheer der OLAP-Unwissenden soll mit ins Boot geholt werden, dadurch, dass ein Datawarehouse oder ein Datamart nicht mehr unbedingt nötig ist, und dadurch, dass ein Cube-Assistent es jetzt möglich macht, direkt auf den relationalen Quelldaten mit wenigen Klicks einen Cube zu erstellen.[2] Das sollte nun wirklich helfen, auch die letzten OLAP-Muffel zu mobilisieren, und die sind sicherlich die vordringlichen Adressaten der neuen Analysis Services. Aber auch alle anderen, die vielleicht schon seit SQL Server 2000 auf die Microsoft-Karte gesetzt und immer komplexere und größere Analyse-Lösungen mit seiner OLAP-Komponente realisiert haben, werden einiges wiedererkennen, aber auch erfreut sein, wie auch hier ihr Feedback und ihre Wünsche an Microsoft direkt in die neue Version eingeflossen sind. Ob die Analysis Services 2008 jetzt endgültig zur Massen-Technologie werden: Wohl kaum. Aber weil sie an entscheidenden Stellen überarbeitete und verbesserte Analysis Services 2005 sind, ist die Chance jetzt noch größer, das man spontan Erfolg hat, wenn man sich erstmalig in die multidimensionale Welt wagt.

Würfel für Einsteiger

Willkommen, liebe OLAP-Neulinge! Da auch diese Version der Analysis Services Ihnen den Einstieg in die wunderbare Welt der Datenanalyse wieder einfacher macht als die vorherige, erwarten wir Einsteiger in großer Zahl. Also sollen hier erst einmal ein paar Grundbegriffe geklärt werden, bevor wir uns unter der Überschrift »OLAP in SQL Server 2008« auf die speziellen Features dieser Software stürzen.

Warum brauchen Sie OLAP? Ganz einfach, weil es Ihnen die Performance bringt, gigantische Datenmengen sekundenschnell auszuwerten.[3] Und weil es OLAP durch seine multidimensionale Struktur möglich macht, dass diese Auswertungen nicht nur von einigen wenigen SQL-Wissenden erstellt werden können, sondern im Prinzip von Jedem im Unternehmen, schlimmstenfalls sogar vom Geschäftsführer selbst.

OLAP auf dem Server

Multidimensionalität will erst einmal verstanden sein! Vergessen sie Tabellen mit Zeilen und Spalten wie in Ihrer Datenbank: Hier geht es in die dritte Dimension, mit Datenwürfeln, den so genannten *Cubes*, mit Dimensionen und Measures. Jeder, der mit OLAP anfängt, muss sich erst einmal die Grafik in Abbildung 6.1 ansehen:

---

[1] Anfänglich haben wir – gottlob nicht als Einzige – diese praktische Abkürzung nicht verwendet, wegen der Referenz an eine glücklicherweise längst vergangene Zeit, wo man auch schon griffige Abkürzungen liebte. Aber offenbar nutzt sich die Sensibilität mit häufiger Benutzung etwas ab, so dass Sie jetzt auch in diesem Buch auf SSAS, SSIS und SSRS stoßen werden.

[2] In der Beta-Phase von SQL 2005 hieß dieses Feature damals noch reißerisch »One-Click Cube«. Ha, ha! *Acht* Klicks waren es mindestens, und so ist dieser Begriff auch schnell wieder verschwunden.

[3] Was OLAP überhaupt ist, wird gerne nach dem FASMI-Test entschieden: *F*ast *A*nalysis of *S*hared *M*ultidimensional *I*nformation; mehr dazu unter *http://www.olapreport.com/fasmi.htm*. *Fast*, also schnell, heißt dabei: Wenn diverse Abfragen *länger* als fünf Sekunden dauern, dann ist es kein OLAP mehr. Und fünf Sekunden sind durchaus zu schaffen!

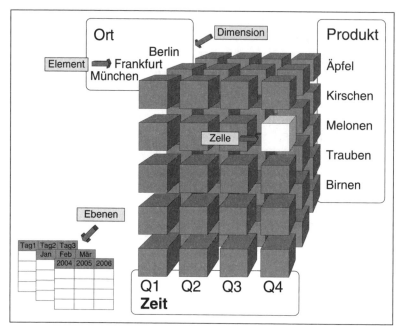

Abbildung 6.1 Ein OLAP-Cube mit (nur) drei Dimensionen

Die Teile eines OLAP-Cubes

Stellen wir uns also einmal vor, wir würden Obst verkaufen.[4] Dieses Beispiel zeigt einen einfachen Cube mit drei *Dimensionen*: Zeit, Ort und Produkt. Entlang dieser Dimensionen sind die Daten im Würfel gespeichert, und zwischen ihnen werden sie auch ausgewertet. Wer z.B. Umsätze oder Stückzahlen sehen will, der findet diese beiden so genannten *Measures* oder Kennzahlen genau in der *Zelle* des Würfels, an der sich alle drei Dimensionen kreuzen – in diesem Beispiel sind dies die Zahlen für den Verkauf von Kirschen in München im 4. Quartal, die hell hervorgehoben sind. Jede Dimension setzt sich aus Elementen (*Members*) zusammen, die sich in Ebenen (*Levels*) gruppieren – bei der Zeit wären das etwa die Ebenen »Tag«, »Quartal« und »Jahr«; beim Produkt könnte z.B. über der Detailebene »Sorte« noch die Ebene »Typ« mit den Elementen »Kernobst« und »Steinobst« liegen; die Orte könnten zu Bundesländern aufsummiert werden etc.

Das ist es eigentlich schon, aber die Sache ist natürlich bedeutend komplexer: Drei Dimensionen kann sich ja jeder noch vorstellen, aber für die Anzahl der Dimensionen in Analysis Services 2008 gibt es gar keine technische Grenze mehr![5]

---

[4] Das bietet uns die einmalige Möglichkeit, Äpfel mit Birnen zu vergleichen!

[5] Bitte nutzen Sie das nicht voll aus. Die Erfahrung zeigt, dass nicht alle Ihre Anwender Raketenwissenschaftler sind; und der durchschnittliche Nutzer steigt einfach mental »aus«, wenn er deutlich mehr als etwa 10 Dimensionen in seiner Analyse erfassen muss.

Diese multidimensionale Speicherung ist dann auch der ganze Trick dabei, eine Auswertungsperformance zu erzielen, die jeden relationalen Datenbanker vor Neid erblassen lässt: wenn der Cube mit den Daten aus dem Quellsystem gefüllt wird (man nennt es »Verarbeiten«[6]), dann werden auch die Summenwerte entlang der Ebenen der Dimensionen (also etwa eine Summe für die Quartale, eine für jedes Bundesland etc.) dabei berechnet und im Cube abgelegt. Die Intelligenz der Analysis Services besteht jetzt darin, nicht wirklich jede mögliche Summe zu berechnen und abzulegen, die theoretisch denkbar ist (das bezeichnet man zu Recht als »Datenexplosion«), sondern eben genau die, die den Anwender später am meisten interessieren werden. Alle anderen Summen werden dann zum Abfragezeitpunkt dynamisch daraus berechnet.

OLAP auf dem Client

Wenn dieser Cube jetzt verarbeitet ist, wie fragt der Anwender seine Zahlen nun eigentlich ab? Nun, mit einem beliebigen Client, der die *OLAP-Grundoperationen* unterstützt: *slice*, *dice* and *drill*, zu Deutsch: schlitzen, würfeln und bohren. Man »schlitzt« sich aus seinem Würfel in der Regel eine »Scheibe« heraus, indem man sich einen Filter setzt; man ist z.B. eben für den Obstverkauf in Frankfurt verantwortlich und filtert sich nur den Frankfurt betreffenden Teil des Cubes heraus. Man »würfelt« sich – weil man ja nun mal auf den heutigen Bildschirmen nur zwei Dimensionen anzeigen kann – aus der Masse der Cube-Dimensionen meistens zwei heraus und legt sich etwa die Zeitdimension auf die Spalten und die Produkt-Dimension auf die Zeilen eines Berichts. Dann erhält man meistens Summenzahlen auf der obersten Ebene dieser Dimensionen (z.B. für Kernobst in 2007), und muss, wenn man mehr Details wissen will, nach-»bohren«, nämlich einen *Drilldown*« auf die nächste Ebene einer Dimension durchführen – z.B. zu den einzelnen Obstsorten, die Kernobst sind.

Frankfurt ▼		2007 +	2008 +
Kernobst -	Äpfel	140	155
	Birnen	98	104
Steinobst +		73	85

Abbildung 6.2 Sehr einfacher Drilldown-Bericht auf dem Client

Wenn einem das zu viele Details sind, klappt man diese Ebene der Dimension einfach wieder zu; das nennt man dann *Drillup*.

TIPP   Erst, wenn man so eine Cube-Analyse einmal selbst durchgeführt hat, öffnen sich einem wirklich die Augen über die fantastischen Auswertungsmöglichkeiten, die dieses System gerade für diejenigen eröffnet, die eben keine Datenbank-Profis sind. Man kann sich »den Mund fusselig beschreiben«: erst das eigene Klick-Erlebnis bringt die Erleuchtung. Deshalb hier der Tipp: sobald der SQL Server 2008 installiert ist, hoffentlich mit Onlinehandbuch, dann dort nach den *SQL Server Tutorials*

---

[6]   Alte Kämpen jaulen hier auf: bei SQL 7 und 2000 hieß das englische »processing« noch auf Deutsch »Aufbereiten«. Ob die Übersetzer hier wirklich einen neuen Begriff prägen wollten, weiß man nicht, aber »Verarbeiten« ist allemal die exaktere Übersetzung.

suchen, speziell zu Analysis Services.[7] Dieses Lernprogramm einmal selbst durchführen; Lektion 1 und 2 reichen völlig aus. Das dauert etwa eine Dreiviertelstunde, und dann hat man schon einen ersten eigenen Cube erzeugt und ihn selbst durchsucht, was wesentlich anschaulicher sein dürfte als ein langer Text.[8]

Geschichte der SQL Server Analysis Services

Ausgehend von der Annahme, dass die Geschichte der Schlüssel zum Verständnis für die Zukunft ist, ist jetzt der Moment gekommen, erst einmal den Blick zurück zu werfen, ehe wir gemeinsam den Schritt in die Zukunft der Microsoft BI-Komponenten tun werden.

Microsoft entschied sich im Frühjahr 1996 dafür, einen eigenen OLAP-Server zu entwickeln, ausgehend von den Excel Pivot-Tabellen, die ja damals bereits bescheidene OLAP-Möglichkeiten auf dem Client boten. Ein solches Vorhaben ist immer recht mutig, denn es braucht ja in der Regel doch so fünf bis sechs Jahre, bis eine solche totale Neuentwicklung soweit gereift ist, dass sie auf dem Markt mithalten kann.

Dann geschah es, dass ein Team der israelischen Firma *Panorama Software Systems* Redmond besuchte, um dort ihr bislang nur in Israel erhältliches OLAP-Produkt vorzustellen. Dort muss dieses eingeschlagen haben wie eine Bombe, denn schon wenige Wochen später kaufte Microsoft die Technologie und die Mitarbeiter, die prompt nach Redmond umzogen; für mitziehende Ehepartner wurden schnell Jobs gefunden, und dieses Kernteam begann Anfang 1997 das Projekt mit dem Codenamen *Plato*, Microsofts erstem OLAP Server. Das Team hat sich bis heute eigentlich nur noch vergrößert, denn wenn man einem Analysis Services-Problem richtig auf den Grund gehen will, dann ist die Chance sehr groß, einen Ansprechpartner mit einem israelisch anmutenden Namen zu erhalten!

Warum wurde gerade dieses Produkt gekauft? Nun, Microsoft war begeistert davon, dass Panoramas OLAP-Server zwar gut mit dem SQL Server zurechtkam, aber ansonsten auch an andere Datenbank-Server problemlos »andocken« konnte, wie es ja auch heute noch der Fall ist. Vielleicht war auch ein kleiner Faktor, dass Panorama bei seinem Produkt als allererstes die Oberfläche entwickelt hatte, ohne irgendeine Funktion dahinter! Auf diese Weise haben sie quasi aufgesammelt, was Nutzer in ihrem Programm haben wollten, und das dann implementiert. Sicherlich ein Ansatz, den man auch hinter dem einen oder anderen Produkt, das intern bei Microsoft entstanden ist, vermuten würde…

Und was wurde nun aus Panorama Software in Tel Aviv? Diejenigen Mitarbeiter, die nicht die Sonne Israels gegen das ständig verregnete Seattle tauschen wollten, blieben ja dort, wurden Microsoft Partner und haben mittlerweile einen verflixt cleveren eigenen OLAP-Client für Analysis Services zu bieten, genannt Nova-View.

Ende 1998 war es dann soweit, *Plato*, in den ersten Betas noch *Decision Support Services* genannt, erschien als *OLAP Services* auf dem Markt zusammen mit SQL Server 7.0. Dann begann die Erfolgsgeschichte, die den OLAP-Markt wirklich eindrucksvoll verändert hat, was die Grafik in Abbildung 6.3 deutlich zeigt.

---

[7]   In ersten Vorversionen von SQL Server 2008 gibt es an dieser Stelle nur ein »Basic Data Mining Tutorial«, aber das wird sich hoffentlich sehr bald ändern; das Lernprogramm ist ja da und muss nur auf SQL Server 2008 angepasst werden.

[8]   Dafür bitte darauf achten, dass zum SQL Server auch die Beispieldatenbank »AdventureWorksDW« mit installiert werden muss, was standardmäßig nicht geschieht. Es empfiehlt sich, sie von www.codeplex.com in der neuesten Version herunterzuladen.

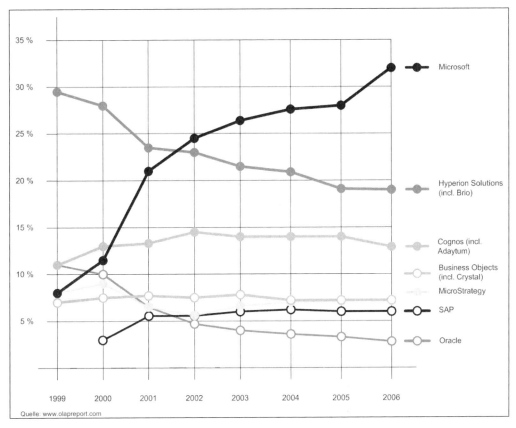

Abbildung 6.3 Entwicklung der Marktanteile im OLAP-Segment

Im Jahre 2000, passend zum SQL Server 2000, gab es dann noch einmal Nachschlag bei den OLAP Services: Basierend auf allerlei Feedback aus der schnell wachsenden Nutzergemeinde wurden einige erweiterte Features »nachgeliefert«, die in der Praxis doch sehr gefehlt hatten: das DISTINCT COUNT-Measure, die Parent-Child-Dimensionen, Drillthrough, Zurückschreiben (*Writeback*) und einiges mehr. Konfusion löste in der Szene aus, dass das prinzipiell unveränderte Produkt bei dieser Gelegenheit in *Analyis Services* umbenannt wurde. Dies geschah, um zu verdeutlichen, dass man jetzt nicht nur OLAP, sondern auch Data Mining beherrscht, was sicherlich korrekt ist, aber diese Umbenennung hat zur Bekanntheit des Produkts nicht gerade beigetragen.

Aber auf dem oben abgebildeten Erfolg hat sich Microsoft keineswegs ausgeruht. Während der Entwicklungszeit der nächsten Version, Analysis Services 2005, hat man sich bemüht, immer wieder kleine »Goodies« auch den Nutzern der 2000er-Version zur Verfügung zu stellen, indem man sie kostenlos über die Microsoft-Webseite zum Download angeboten hat. Das Meiste gehört dabei in den Bereich der Client-Applikationen. Architektonisch war die interessanteste Komponente auf der Server-Seite sicherlich der *XML for Analysis SDK*, der erstmalig den Zugriff auf den Analysis Server aus der .NET-Welt, rein über XML und SOAP ermöglichte. Dies ist nicht nur deshalb interessant, weil XML for Analysis ja ein Standard ist, der in der OLAP-Welt allgemein verbreitet ist, sondern auch, weil es die »native« Verbindungsart zum Analysis Server seit der Version 2005 darstellt.

Nach einer langen und spannenden Beta-Phase unter Beteiligung zahlreicher Großkunden und sonstiger Benutzer veröffentlichte Microsoft am 28. Oktober 2005 den SQL Server 2005, und mit ihm die Analysis Services 2005. Während der relationale Datenbankserver weiterhin auf dieselbe, erfolgreiche Engine zurückgriff, hatte man sich beim OLAP-Server zu einem großen Wurf entschlossen! Zwar blieben die APIs weitgehend unverändert – man konnte nach wie vor mit Applikationen, die OLE DB für OLAP (ODBO) und die Abfragesprache MDX unterstützen, auf den Server zugreifen – aber die Architektur der Analysis Services war komplett neu. Während die Vorversion sehr stark an den Hierarchien der Dimensionen aufgehängt war, verwaltete Analysis Services 2005 speziell die einzelnen Attribute. Die meisten Veränderungen waren von dem Design-Wunsch getragen, OLAP-Auswertungen auch direkt auf den Produktionsdaten, ohne Datawarehouse durchführen zu können, mit Cubes, die von Assistenten generiert werden sollten. Ziel war es, auch das relationale Reporting in Echtzeit komplett über OLAP abwickeln zu können, und gleichzeitig die aufwändigen Prozesse des Datawarehouse Design und des Daten-Ladens unnötig zu machen. Der Oberbegriff dafür lautete UDM: Unified Dimensional Model.

Rückblickend kann man sagen, dass nach wie vor jedes größere OLAP-Projekt mit den Analysis Services ein Datawarehouse und Lade-Prozesse hat: der große Wurf scheint daneben gegangen. Die vielen neuen Features aber, die das UDM benötigte, haben sehr viel dazu beigetragen, die Analysis Services 2005 dorthin zu bringen, wo nie ein Microsoft OLAP Server vor ihm gewesen ist.

Erstellen eines Cubes im SQL Server 2008

Wie das Erstellen eines Cubes im SQL Server 2008 von statten geht, finden Sie in den folgenden Abschnitten beschrieben.

Die Benutzeroberfläche Business Intelligence Development Studio

Nachdem wir in der Einführung gelernt haben, dass bei der ersten Version der Analysis Services zuerst die Oberfläche und dann die Funktionalität programmiert wurde, sehen wir natürlich mit besonderer Spannung auf das Frontend zum Erstellen kompletter BI-Lösungen im SQL Server 2008, das *BI Development Studio*, häufig auch BIDS abgekürzt. In diesem einheitlichen Client findet sich Seite an Seite, was zusammen gehört, denn eine vollwertige OLAP-Lösung besteht ja oft aus vielen Komponenten: Integration Services-Pakete zum Import der Daten, SQL-Datenbanken, in denen diese Daten aufbereitet und zwischengespeichert werden, dann Cubes und Dimensionen zur Analyse und dann vielleicht noch einige Berichte in den Reporting Services. Um dies alles zu verwalten, braucht man schon seit dem SQL Server 2005 nur noch eine Oberfläche!

Ob einem diese Oberfläche auch spontan gefällt, hängt sicherlich davon ab, ob man schon Erfahrung mit der Softwareentwicklung im Visual Studio hat, denn dann fühlt man sich im BI Development Studio gleich zuhause. Man erkennt den Projektmappen-Explorer (*Solution Explorer*) wieder, der alle Dateien des Projektes anzeigt, das Eigenschaftenfenster (*Properties Window*), in dem man das ausgewählte Objekt modifizieren kann, die »Toolbox«, aus der man sein Projekt visuell zusammenklicken kann, und die Möglichkeit, zwischen »Code anzeigen« und »Ansicht-Designer« umzuschalten. Das sind eben die Fähigkeiten des *Microsoft Development Environment*! Natürlich zeigt diese Oberfläche auf den ersten Blick an, welche Komplexität in dem damit bedienten Programm steckt, und verschreckt damit vielleicht viele An-fänger. Andererseits: BI-Projekte *sind* nun einmal mindestens so komplex wie Softwareprojekte, und das Visual Studio.NET hat als

Oberfläche schon gezeigt, dass auch komplexeste Softwareentwicklungen damit problemlos von der Hand gehen.[9]

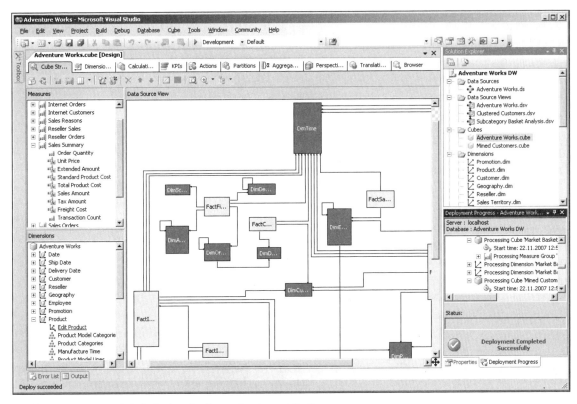

Abbildung 6.4   Ein OLAP-Cube im Business Intelligence Development Studio

Bereitstellung

Das größte Erstaunen dürfte beim ersten Betrachten hervorrufen, dass in der Toolbar am oberen Fensterrand der Knopf mit dem grünen Dreieck für »Start« auftaucht. Soll man damit den Windows Media Player starten können, damit man beim Entwerfen von Cubes Musik hören kann? OK – bei der Softwareentwicklung startet man damit das gerade geschriebene Programm, aber was startet man bei einer OLAP-Lösung? Ganz einfach, die Bereitstellung (*Deployment*): die auf dem lokalen PC entwickelten Dimensionen, Cubes etc. werden auf einen Server kopiert, sodass sie dort abgefragt werden können. Dieses etwas aus der Webprogrammierung entlehnte Verfahren hat natürlich den riesigen Vorteil, dass man alle Objekte, die man entwickelt, in Form von Skript-Dateien auf dem Client-Rechner vorliegen hat, wo sie in eine Quellcode-Versionsverwaltung einbezogen werden können. Sie liegen jedenfalls nicht mehr nur auf dem Server, und man modifiziert auch nichts mehr direkt auf dem Server wie bei SQL 2000, sondern man kann alles erst einmal auf dem Entwicklungs-PC betrachten und modifizieren, bevor man die Änderungen »scharf schaltet«.

---

[9]   Übrigens auch die Entwicklung des BI Development Studios selbst, das auch komplett in .NET geschrieben ist, laut Microsoft eins der größten internen .NET-Projekte überhaupt.

Und auch das professionelle Arbeiten mit einer Test- und einer Produktionsumgebung wird durch einen Konfigurationsmanager, mit dem man einfach zwischen beiden Umgebungen umschalten kann, sehr erleichtert.[10]

Die größte Freude aber, die Microsoft den Nutzern gemacht hat, ist die, dass kein Fenster im BI Development Studio *modal* ist und damit, sobald es geöffnet wird, alle anderen Fenster der Applikation blockiert. Während jetzt also in einem Fenster eine halbe Stunde lang ein Cube verarbeitet wird, kann man in einem anderen Fenster ganz problemlos weiter ein Integration Services-Paket bearbeiten. Alle Oberflächen haben eigene Programm-Threads, sie laufen weitgehend unabhängig voneinander, ohne sich zu beeinflussen.

Der Cube Wizard

Na gut, die Oberfläche ist komplex und zeigt damit an, dass die Arbeit mit den Analysis Services so ganz simpel nicht sein wird. Wie will man nun damit den BI-Neuling – und davon gibt es immer noch viel zu viele – aus der Reserve locken? Wird er nicht durch das Übermaß an sichtbarer Komplexität erschlagen? Denkbar wäre das, aber das Entwicklungsteam hat es vorausgesehen und eine Menge von Assistenten eingebaut, die den Einstieg immer und immer einfacher machen sollen. Am weitesten bringt einen dabei sicher der Cube Wizard.[11] Hier geht es nicht nur um die Oberfläche, sondern auch um die Technologie dahinter: mit *IntelliCube* kann man einen Assistenten auf eine voll normalisierte Produktionsdatenbank »loslassen«, und er schlägt vor, welches die Faktentabellen und welches die Dimensionstabellen sind, er erzeugt aus den Dimensionstabellen funktionsfähige Dimensionen mit Hierarchien und Ebenen, er findet die Measures in den Faktentabellen und baut daraus einen ersten Cube. Dem Kenner fällt auf, dass der gesamte Schritt des Erstellens eines Datawarehouse, wo eine Kopie der Quelldaten in denormalisierten Tabellen abgelegt wird, damit wegfällt. Das ist ja schließlich der Hauptgrund, der es heute noch verhindert, dass jede Datenbank ihren Cube hat: man muss nämlich eine zweite Datenbank entwerfen, das Datawarehouse oder – etwas kleiner – den Datamart, »mundgerecht« designt für die OLAP-Analyse im Stern- oder Schneeflockenschema. Dann muss man per Integration Services die Daten umformatieren, säubern und hinüberkopieren. Das ist natürlich eine Aufgabe, die viel Design-KnowHow und Handarbeit erfordert, und für die es – auch bei SQL Server 2008 – noch keinen Assistenten gibt[12]. An die Stelle eines realen Datawarehouse kann aber in der neuesten Version auch ein »virtuelles« Warehouse treten, eine logische Definition der Verbindungen zwischen den Quelltabellen, genannt Datenquellensicht (*Data Source View*). Und für die Erstellung dieser Datenquellensicht gibt es natürlich auch den *Data Source View Wizard*, den man einfach vor dem Cube Wizard einmal durchlaufen lassen muss.

Sicherlich wird man gerade für die Integration von Daten aus verschiedenen Quellen – der Hauptgrund für klassische BI-Projekte – auch weiterhin ein eigenes Datawarehouse brauchen und füllen müssen, aber wenn man einfach nur mal ein paar Auswertungen mit einer Datenquelle machen will, dann geht das dank Cube Wizard jetzt sehr viel schneller.

---

[10] Ich weiß, eine Reihe von Nutzern kann es einfach nicht lassen und ignoriert diesen ganzen »Projekt-Quatsch«: sie öffnen immer den Cube direkt auf dem Server über den Menüpunkt *File / Open / Analysis Services Database*. Na gut, wer sowieso alleine arbeitet, soll doch machen, was er will. Aber es soll nachher keiner kommen und sagen, wir hätten ihn nicht gewarnt.

[11] Der Cube-Assistent hieß beim SQL Server 2005 anfangs noch »one-click cube« und erst später korrekter *IntelliCube*. Diese stark marketing-lastigen Begriffe sind mittlerweile mit Recht stark in den Hintergrund geraten.

[12] Das stimmt nicht ganz, denn das Bauen eines Cubes ohne Daten wie auf Seite 277 beschrieben stellt quasi einen solchen Assistenten dar, aber ausgehend nicht von den Quelldaten, sondern von dem Cube, den man vorher entworfen hat.

Dimensionen von Sternen und Schneeflocken

Ja, mit so poetischen Dingen wie Schneeflocken und Sternen beschäftigen sich die OLAP-Entwickler jeden Tag! Das hat einfach damit zu tun, dass die »klassischen« Cube-Server nur dann ihr performance-steigerndes, multidimensionales Wunderwerk tun können, wenn sie dafür eine eigens entworfene Daten-bank bekommen: das Datawarehouse (oder, wenn man es eine Nummer kleiner will, den Datamart). Mit einer Produktionsdatenbank, die so komplex ist wie das Leben, kommen sie einfach nicht so gut zurecht, vor allem wegen der hohen Zahl an Tabellen darin, die auch noch durch vielfältige Beziehungen verbunden sind. Abbildung 6.5 zeigt das Datenbankschema der vergleichsweise einfachen Beispieldatenbank North-wind, wie sie vielen vielleicht noch von Microsoft Access bekannt ist.

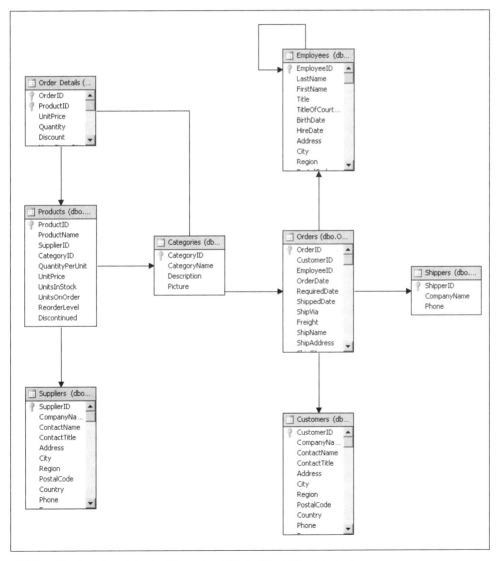

Abbildung 6.5 Typisches relationales Schema einer (einfachen) Produktionsdatenbank

Bisher musste man, um auf einer so komplexen Datenbank OLAP-Cubes erzeugen zu können, die Komplexität des »echten« Datenbankschemas künstlich »auflösen«; man musste die Zahl der Tabellen und Verbindungen verringern, damit weniger *JOINs* nötig waren, um die Daten zu analysieren. Das Ergebnis sah dann in der Regel so aus, dass sich viele Dimensionstabellen jeweils um eine Faktentabelle in der Mitte herum gruppierten, verbunden durch eine simple Primär- und Fremdschlüsselbeziehung zu dieser Faktentabelle. Das Ergebnis dieses Designs, als Datenbankdiagramm dargestellt, sah dann aus wie ein Stern, wie man in der Abbildung 6.6 sieht. In diesem Sternschema sind im Prinzip dieselben Daten enthalten wie in der Northwind-Datenbank, aber eben stark vereinfacht »modelliert«, um die maximale Abfrageperformance zu erreichen.

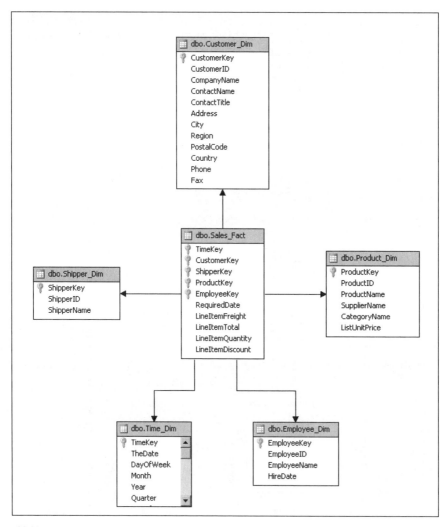

Abbildung 6.6 Sternschema im Datamart

Eine solche Struktur ist dem relationalen Datenbankdesigner, der die Produktionsdatenbank entwirft, natürlich ein Grauen: mühselig hat er etwa an die *Produkt*-Tabelle nicht einfach zwei Spalten *Produktunter-*

kategorie und *Produktkategorie* angehängt, in der die Produkte jeweils mit kurzen Schlagworten kategorisiert werden, nein, er hat eine Tabelle *Produktunterkategorien* mit allen möglichen Unterkategorien darin erzeugt und trägt in der *Produkt*-Tabelle nur einen Verweis darauf ein. Und genauso hat er alle möglichen Produktkategorien in einer gleichnamigen Tabelle aufgelistet und bei den Produktunterkategorien wieder nur einen Verweis darauf hinterlegt. Gut gemacht! – Und dieses elegante Design kann man sogar ins Datawarehouse hinüberretten. Dort baut dann halt die *Produkt*-Dimension mit den Ebenen *Produkt – Unterkategorie – Produktkategorie* auf drei Dimensionstabellen auf, die miteinander verbunden sind, statt auf nur einer Tabelle pro Dimension. Stellt man diese Dimensionstabellen und ihre Faktentabelle dazu wiederum in einem Diagramm dar, dann ergibt sich – aufgrund der vielen Verbindungen – entfernt das Bild einer Schneeflocke (Abbildung 6.7 zeigt nur einen »Arm« dieser Flocke).

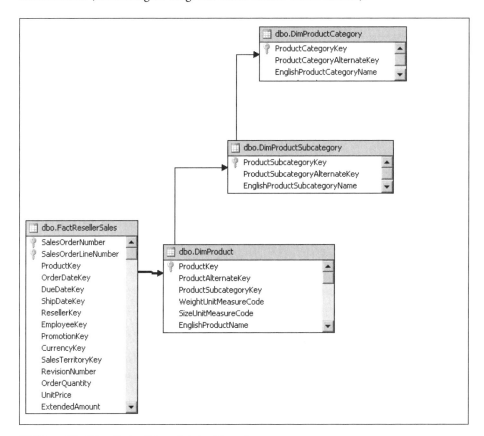

Abbildung 6.7   Schneeflocken-Schema bei einer Dimension

Seit den Analysis Services 2005 hat der Dimensionsdesigner übrigens, wenn er auf einem solchen Schneeflockenschema arbeitet, noch eine Wahlmöglichkeit mehr! In der 2000er-Version konnte man aus den drei Dimensionstabellen für Produkte nur eine einzige *Snowflake*-Dimension bauen, denn jede Dimension muss direkt über ihre Blatt-Ebene (hier: das einzelne Produkt) mit der Faktentabelle verbunden sein. Neuerdings wäre es auch möglich, eine Dimension *Produktkategorien* zu definieren, die ihre Verbindung zur Faktentabelle nur über eine andere Dimensionstabelle »hinweg« herstellen kann. Man spricht dabei von einer *referenzierten* Dimension (*reference dimension*). Wenn man Lust hat, kann man Dimensionen, die eine referenzierte Beziehung miteinander haben, sogar beliebig oft miteinander verketten – nur am Ende dieser Kette muss eine »reale« Dimension stehen, die sich ganz traditionell direkt mit der Faktentabelle verbinden lässt.

ACHTUNG   Sie sind einer dieser »Schöngeister«, der sich den ganzen Tag mit Sternen und Schneeflocken herumschlägt? Haben Sie jetzt den entfernten Verdacht, dass die Analysis Services Ihr mühsam erworbenes Wissen über relationale Modellierung von Datawarehouses mit einem Schlag veralten aussehen lässt, wie es in dieser Branche so oft geschieht? Keine Angst: dieser OLAP Server ist zwar so gut, dass er auch ohne Datawarehouse auskommen könnte, aber wenn man mehrere Datenquellen integrieren will, wenn die Datenmengen riesig werden oder wenn die Quelldatenbank aus Performancegründen nicht im vollen Betrieb abgefragt werden darf, wird man natürlich weiter ein gut designtes Datawarehouse benötigen.

OLAP ohne Datawarehouse

Durch die IntelliCube-Technologie eröffnet sich für viele, die gerne ein paar Cubes von ihrer relationalen Datenbank hätten, eine neue Welt: die multidimensionale Power von OLAP, ohne lange an einem Datawarehouse feilen zu müssen. Mit Auswertungen, die über einen Cube direkt auf der Produktionsdatenbank ausgeführt werden, könnte sich die *Business Intelligence*, also die Auswertungsintelligenz, in noch mehr Unternehmen verbreiten.

Die Praxis hat aber, seit diese Fähigkeit mit den Analysis Services 2005 erstmalig angeboten wurde, gezeigt, dass es nur in wenigen Randbereichen sinnvoll ist, Cubes ohne Datawarehouse zu bauen, z. B. für Echtzeit-Auswertungen. Dieses Feature hat im Grunde am ehesten eine Bedeutung, weil es als Design-Ziel die Analysis Services immer dynamischer und flexibler gemacht hat! Dafür waren ja auch einige Erweiterungen gegenüber der OLAP-Engine der Analysis Services 2000 nötig. Dort galt noch die klare Einschränkung: pro Cube nur eine Faktentabelle! Die Kennzahlen, die man in seinem Datenwürfel aufsummieren oder irgendwie anders auswerten wollte, durften nur nebeneinander in einer Tabelle stehen. Wollte man Daten aus mehreren Tabellen gemeinsam auswerten (etwa Planwerte und Echtdaten), dann musste man zwei getrennte Cubes bauen und diese aufwändig wieder zu einem virtuellen Cube verbinden. Das ist jetzt nicht mehr nötig – es ginge auch gar nicht, denn in einer normalen, relationalen Datenbank verbergen sich die Fakten, die man in einem Cube zusammen sehen will, naturgemäß in mehreren Tabellen; die Frachtkosten etwa in einer Bestellungstabelle, die Postensumme in den Bestellpositionen. Man löst dieses Problem seit den Analysis Services 2005 dadurch, dass man Kennzahlengruppen (*Measure groups*) für den Cube definiert. Im Cube Wizard hat der Benutzer ja bereits die Faktentabellen in der Quelldatenbank ausgewählt, und die Measures, die zusammen aus einer Faktentabelle kommen, werden dann jeweils zu Kennzahlengruppen zusammengefasst. Den dafür nötigen *JOIN* zwischen den beiden Tabellen (bei Bestellungen und Bestellpositionen z. B. über die Bestellnummer) hat der Assistent meist ebenfalls gefunden, und als so genannte *Data Relation* in der Datenquellensicht (*Data Source View*) dargestellt, selbst wenn dazu noch über Zwischentabellen gegangen werden muss.

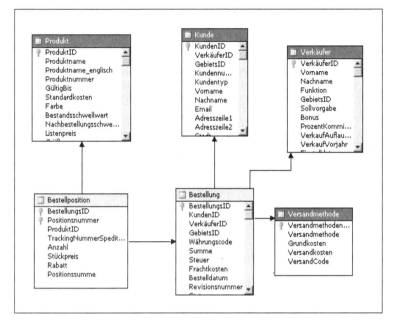

Abbildung 6.8   Datenquellensicht mit mehreren Faktentabellen (hell eingefärbt)

Der OLAP-Entwickler kann jetzt seinen Cube frei designen, ohne Rücksicht darauf zu nehmen, aus welchen Tabellen seine Kennzahlen kommen.

Dimensionen basieren auf Attributen

Traditionell gelten OLAP-Cubes meist als super-flexibel, was Auswertungen angeht. Das heißt, dass man beliebig und blitzschnell alle Kennzahlen und alle Merkmale miteinander kombinieren kann, die im Cube vorgesehen ist. Hatte man allerdings etwas erst einmal nicht zur Auswertung vorgesehen, war der Aufwand schon größer! Neue Dimensionstabelle erzeugen, neue Dimension anlegen… Da war dann oft das relationale Reporting, bei dem man einfach nur eine SQL-Anfrage anpassen musste, sogar flexibler.

Um die Cubes an dieser Stelle noch vielseitiger zu machen, hat Microsoft ein spannendes Konzept gewählt: das der *Attribute* (*Attributes*). Beim Anlegen einer Dimension ermöglicht es der Cube Wizard, aus jeder Spalte der Dimensionstabelle ein Attribut der Dimension zu machen. Wenn ich in meiner Kundentabelle also Adressangaben und demografische Daten habe, dann hat die Dimension *Kunden* solche Attribute wie *Wohnort*, *Postleitzahl*, *Land*, *Geschlecht*, *Einkommen* und *Ausbildung*.

Neu in SQL Server 2008   In Analysis Services 2005 war das Verhalten des Cube Wizard noch radikaler: er machte automatisch aus allen Spalten ein Attribut. Das ging doch ein wenig weit; eine Unzahl von nicht immer sinnvollen Attributen machte eigentlich winzige Cubes riesig und unnötig komplex. Bei AS 2008 erzeugt der Cube Wizard nur noch das Schlüssel-Attribut, und auch der Dimension Wizard, der beim Erzeugen einer einzelnen Dimension mehr Möglichkeiten bietet, zeigt zwar alle Spalten an, man muss sie aber einzeln anklicken, wenn man überhaupt ein Attribut dafür möchte. An dieser Stelle sollte man pro Attribut dann noch entscheiden, ob man es auch dem Nutzer wirklich anzeigen möchte, über *Enable Browsing*, dann wird auch eine so genannte Attributhierarchie (*Attribute Hierarchy*) dafür erzeugt (indem bei diesem Attribut die Eigenschaft *AttributeHierarchyEnabled* auf *true* gesetzt wird). In einer solchen Attribut-hierarchie gibt es für das Attribut eine Hierarchie mit nur einer Ebene, in der alle unterschiedlichen Ausprä-gungen des Attributs Mitglieder sind. Bei einer Dimension *Familienstand* wären das etwa die drei Ausprägungen *ledig*, *verheiratet* und *geschieden* (und vielleicht noch *Weiß nicht*).

Wenn ich zu faul bin, mir über das Verhältnis der Attribute zueinander Gedanken zu machen, dann kann ich einfach Attributhierarchien für alle diese Attribute erlauben.

Nun stehen aber meistens die Attribute zueinander in irgendeiner hierarchischen Beziehung. So wissen wir z. B., dass es in jedem Land mehrere »Wohnorte« gibt, und für jeden »Wohnort« mehrere »Postleitzahlen«. Der Cube Wizard erzeugt diese nicht, aber die Oberfläche im BIDS nervt uns mit kleinen, blauen Wellenli-nien unter dem Namen der Dimension, was ja immer auf einen verbesserungswürdigen Punkt (nein, wir sagen nicht »Fehler«) im Cube-Design hinweist. Im Tooltip zu dieser Wellenlinie erfährt man den Grund: *Create hierarchies in non-parent child dimensions*. Diese Formulierung ist nun denkbar unklar, aber es läuft darauf hinaus, dass man einfach im Dimensions-Designer durch Klicken und Ziehen von Attributen ins *Hierarchies*-Fenster manuell Hierarchien definieren soll, wie etwa: Land – Stadt – Postleitzahl.

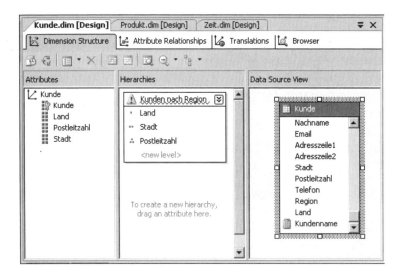

Abbildung 6.9   Eine benutzerdefinierte Hierarchie im Dimensions-Editor

Wie in der Einführung schon erwähnt, dienen diese blauen Wellenlinien vor allem dazu, die Nutzer anzure-gen, ihr Cube Design zu optimieren. Bei Analysis Services 2005 hatten oft entweder der Cube-Assistent oder ein unwissender Nutzer Cubes oder Dimensionen entworfen, die zwar inhaltlich korrekt waren, aber für eine miese Abfragegeschwindigkeit sorgten. Schuld daran war sicherlich Microsoft selbst, denn die Oberflä-che ermöglichte solche Konstrukte problemlos, das Handbuch verriet nichts über korrektes Cube Design, und der Microsoft-Vertrieb tönte dazu lauthals: »Erzeugen Sie beliebig komplexe Cubes direkt auf Ihren Produktionsdaten!«.

Jetzt ist es gar nicht so einfach geworden, die blauen Wellenlinien loszuwerden, aber mit Recht! Bei einer einfachen Dimension wie der Kunden-Dimension in Abbildung 6.9 werden nacheinander diese verschiedenen Punkte angemahnt werden, bis man endlich Ruhe hat:

- *Benutzerdefinierte Hierarchien erzeugen.* Hierarchien wie die »Kunden nach Region«-Hierarchie in unserem Beispiel sind für den Anwender sinnvoll, weil sie den Analyseweg vorgeben. Sie sind die Technologie hinter dem beliebten *Drilldown*, wenn man z. B. nach einem Doppelklick auf das Land in Excel einen Wert für die einzelnen Städte erhält. Gleichzeitig aber geben sie dem Cube einen Hinweis, welche Attribute wohl häufig abgefragt werden, und er wird dann für diese Attribute bevorzugt Aggregationen anlegen.

- *In benutzerdefinierten Hierarchien verwendete Attribute unsichtbar machen.* Dieser Hinweis dürfte vor allem dazu dienen, die Dimensionen übersichtlicher zu gestalten. Macht man z. B. das Attribut »Stadt« nicht unsichtbar, über die Attribut-Eigenschaft *AttributeHierarchyVisible=False*, dann trifft der Anwender in seinem Browser zweimal auf das Attribut, einmal einzeln als eine Art Dimension »Stadt«, und dann noch einmal in die Hierarchie »Kunden nach Region« eingebettet. Manchmal kann das aber sogar sinnvoll sein, wenn etwa ein Nutzer einen Bericht nur mit Ländern und Postleitzahlen wünscht; dafür kann man nämlich die einzelnen Attribute verwenden, wenn sie sichtbar sind.

- *Attributhierarchien zwischen allen Ebenen der Hierarchie einrichten.* Dieser Hinweis ist sicherlich der Wichtigste, deshalb enthält er, wie im Bild zu sehen, noch ein gelbes Ausrufezeichen daneben! Falsch oder nicht definierte Attributbeziehungen waren der häufigste Grund für schlechte Abfrageperformance in Analysis Services 2005, weshalb sie auch im nächsten Abschnitt näher erläutert werden.

Diese drei Hinweise sind nun allesamt echte *best practices*, die jeden Cube übersichtlicher und schneller machen. Wir raten also dazu, durchaus der Spur der blauen Wellenlinien zu folgen, aber nicht sklavisch! Wenn Sie gute Gründe haben, von einem solchen Design-Vorschlag abzuweichen, dann tun Sie dies ruhig; Ihr Cube wird auch so funktionieren und womöglich auch schnell genug sein.

Attributbeziehungen: der Dimensions-Turbo

Die Attributbeziehungen waren leider bei den Analysis Services 2005 ein gut gehütetes Geheimnis! Sie waren in der Oberfläche sehr gut versteckt, wohl, um Komplexität von den Benutzern fernzuhalten. Dass die meisten Anwender sie daraufhin nicht oder nicht ausreichend definiert hatten, ist kein Wunder, führte aber bei großen oder komplexen Cubes zu minutenlang laufenden Abfragen; und das ist für OLAP-Verhältnisse schon ein Skandal! Also erinnern jetzt nicht nur blaue Wellenlinien daran, diese Beziehungen zu definieren, sondern es gibt dafür auch eine wirklich neue Oberfläche im Dimensions-Designer: die Reiterkarte *Attribute Relationships*.[13]

Grund dafür ist, dass es zwei Arten von Hierarchien gibt: *natürliche Hierarchien*, die auch in den Daten unterstützt werden, und *Benutzerhierarchien* oder Reporting-Hierarchien, die einfach nur auf Auswertungs-Wünschen der Anwender beruhen. Eine natürliche Hierarchie ist z. B. *Jahr – Quartal – Monat – Tag*, denn es ist ja auch in den Daten so, dass jeder Tag genau einem Monat zugeordnet werden kann, jeder Monat genau

---

[13] Wer eine ähnliche Oberfläche auch für SQL 2005 haben möchte, der sei auf das kostenlose Add-In »BIDS Helper« verwiesen, das man von www.codeplex.com herunterladen kann. Es integriert sich ins BIDS 2005 und macht sich dort auf vielfache Weise nützlich!

einem Quartal usw. Eine Benutzerhierarchie wäre so etwas wie *Artikelgruppe – Farbe – Preislage*: der Anwender ist wahrscheinlich total begeistert, wenn er nach einem Klick auf eine Artikelgruppe sofort eine Auswertung der Farben sieht, in denen die Artikel dieser Gruppe erhältlich sind, und bei einem Klick auf die Farbe dann sieht, in welcher Preislage sich diese Farbe am besten verkauft. Keinesfalls aber kann man in den Daten jede Farbe genau einer Artikelgruppe zuordnen: es kann genauso rote Pullover wie rote Fahrräder geben. Beide Arten von Hierarchien kann man bauen, aber nur für die natürlichen Hierarchen kann und muss man Attributbeziehungen zwischen den Ebenen definieren. Zum Lohn erhält man eine weit bessere Performance beim Zugriff über diese Hierarchien. Dies gilt besonders, wenn man, nachdem man die Beziehungen definiert hat, ein neues Aggregationsdesign für den Cube erstellen lässt und ihn neu verarbeitet: er bildet dann für die Ebenen der natürlichen Hierarchien bevorzugt Aggregationen.

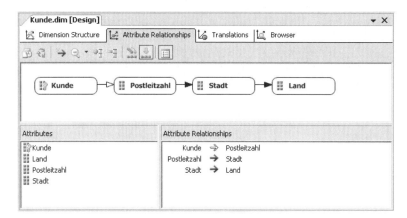

Abbildung 6.10   Attributbeziehungen richtig definiert

In Abbildung 6.10 kann man sehen, wie eine natürliche Hierarchie korrekt definiert werden sollte. Normalerweise sind alle Attribute nur direkt mit dem Schlüsselattribut, hier »Kunde«, verbunden. Mit dieser Anordnung der Attribute wie oben gezeigt sagt man dem Server: Jeder Kunde hat genau eine Postleitzahl, jede Postleitzahl genau eine Stadt usw. Jetzt werden Kenner einwenden, dass es durchaus Postleitzahlen gibt, die sich von zwei Städten geteilt werden müssen (welche Pappnase hat denn *das* zugelassen?). Der OLAP Server ist da unerbittlich: beim Verarbeiten der Dimension prüft er die Beziehungen in den Daten, und wirft einen Verarbeitungsfehler aus, wenn sie nicht erfüllt sind.

TIPP   Wenn ein Attribut für sich genommen nicht eindeutig zugeordnet werden kann, dann überlegen Sie doch, es aus einer Kombination von Spalten zu definieren! So gibt es z. B. die Postleitzahl 38100 sowohl in Deutschland als auch in Italien. Wenn man aber als *KeyColumns* dieses Attributs die Kombination aus Land und Postleitzahl definiert, wird das Attribut damit eindeutig und kann verarbeitet werden. Im Namen (*NameColumn*) des Attributs braucht man dann ja trotzdem nur die Postleitzahl selbst anzuzeigen.

Wenn man in der Reiterkarte *Attribute Relationships* solche Beziehungen definiert, etwa durch Doppelklick auf die Pfeile, die die Attribute miteinander verbinden, dann wird man zu dieser Beziehung noch etwas gefragt, nämlich ob ihr *RelationshipType* flexibel (*flexible*) oder fest (*rigid*) ist. Die Erklärung wird gleich mitgeliefert: *flexible (will change over time)* und *rigid (will not change over time)*. Das heißt nur, dass es doch sehr untypisch wäre, wenn zwischen zwei Aktualisierungen der Dimensionsdaten plötzlich ein Quartal in ein anderes Jahr hinein wechseln würde, oder eine Stadt in ein anderes Land. Solche Beziehungen sind *fest*, der Analysis Server trifft keine Vorkehrungen dafür, dass sie sich in der Hierarchie spontan verändern. Die

Zuteilung eines Produkts zu einer Produktgruppe etwa kann aber schon öfter einmal umgestoßen werden. Wenn dies im laufenden Betrieb passieren soll, ohne dass der gesamte Cube neu mit Daten gefüllt werden muss, muss die Attributbeziehung als *flexibel* definiert sein. Auch Beziehungen, die fest sind, können sich einmal ändern (das ist ja fast schon philosophisch); aber dann muss leider die Dimension vollständig neu verarbeitet werden. Das zwingt uns wiederum dazu, auch alle Cubes, in denen die Dimension verwendet wird, neu zu verarbeiten.

Die Oberfläche zeigt feste Beziehungen mit einem schwarzen Pfeil an, flexible Beziehungen dagegen in weiß.

Speichermodi HOLAP, ROLAP, MOLAP und Proaktives Zwischenspeichern

Na schön, könnte man sagen, die Analysis Services könnten auch direkt auf der Produktionsdatenbank arbeiten. Aber wie wollen Sie dann eine OLAP-typische Abfragegeschwindigkeit erreichen? Wie gesagt: maximal 5 Sekunden darf eine Abfrage dauern, sonst gilt es gar nicht mehr als OLAP. Nun, der Trick, wie die Cubes diese Abfragegeschwindigkeiten überhaupt erreichen können, sind die Aggregationen: es werden einfach die Summenwerte, die man bei einer Abfrage am ehesten erwartet, schon vorher berechnet und abgespeichert! Dass man nicht jede mögliche Kombination jeder Dimensionsebene mit jeder anderen vorher aufsummieren kann, weil das zur »Datenexplosion« führt, ist klar; aber das ist ja gerade die Intelligenz der Analysis Services, dass sie genau die richtigen Kombinationen summieren und abspeichern.

TIPP   Denken Sie daran, dass Sie den Analysis Services sehr helfen können, denn die wissen ja nicht, welches die Abfragen sind, die Sie typischerweise auf den Cubes ausführen. Da der Analysis Server diese Abfragen mitprotokollieren kann, sollten Sie ihm einfach gelegentlich durch Anwendung des »Verwendungsbasierte Optimierung-Assistenten« die Möglichkeit geben, dieses Protokoll auf die Speicherverwaltung anzuwenden und dort Aggregationen wegzuwerfen, wo sie nie gebraucht wurden, und dort, wo häufig gefragt wird, neue Aggregationen hinzuzufügen.[14]

Interessant ist dann noch die Frage, wie und wo diese Aggregationen abgespeichert werden, also welchen Speichermodus man verwendet. Wenn die OLAP-Gemeinde abends beim Bier zusammensitzt, dann kann dies zu langen, erhitzten Diskussionen führen. Worum geht es? Nun, beim Speichermodus *MOLAP* (Multidimensional OLAP) werden diese Aggregationen in einer eigenen, physisch vorhandenen Speicherstruktur abgelegt, völlig getrennt von der Quelldatenbank.[15] MOLAP ist nun aber bekannt dafür, dass nicht nur die Aggregationen, sondern auch alle Daten, die im Cube betrachtet werden können, bis hinunter auf die unterste Detailebene mit in den Cube geladen werden. Wenn man einen MOLAP-Cube abfragt, wird also die Datenbank, aus der die Daten kamen, überhaupt nicht mehr benutzt. Rustikale Naturen könnten sie daher auch anhalten, um Speicherplatz zu sparen.

---

[14] OK, ich geb's zu: Standardmäßig protokolliert er nichts mit, dazu müssen Sie erst eine SQL Server Datenbank einrichten. Wie das geht, steht aber im Onlinehandbuch unter »Configuring the Analysis Services Query Log«.

[15] Genau genommen sind dies zwei Dateien mit den Namen »1.agg.flex.data« und »1.agg.rigid.data« auf der Festplatte des OLAP-Servers – aber das kann uns eigentlich egal sein.

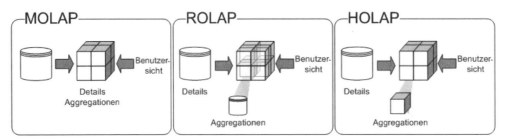

Abbildung 6.11　Die Speichermodi der Analysis Services im Vergleich

Das andere Extrem bei den Speichermodi ist *ROLAP* (Relational OLAP): hier verbleiben nicht nur die Daten in der Datenbank, sondern auch die Aggregationen! Analysis Services erzeugt, sobald man für einen Cube den Speichermodus ROLAP wählt, dynamisch von selbst Tabellen in der Quelldatenbank, in der diese Summenwerte liegen, und liest sie auch selbst wieder aus bzw. aktualisiert sie bei der Cube-Aufbereitung. Der Cube wird dabei dem Anwender nur »vorgespielt«; er enthält selber keinerlei Daten. Dieser Speichermodus ist vor allem bei denjenigen beliebt, die nicht noch zusätzlich den Cube sichern wollen, sondern nur eine SQL-Datenbank. Viele reizt vielleicht auch die Möglichkeit, die ROLAP-Aggregationstabellen irgendwie selbst auszulesen. Nicht zu vergessen: mit diesem Speichermodus ist *Echtzeit-ROLAP* (*Real-time ROLAP*) möglich, also die Möglichkeit, Änderungen in der Datenbank jederzeit auch im OLAP-Cube sehen zu können, ohne erneutes Aufbereiten!

HOLAP (Hybrid OLAP) bringt dann das Beste aus beiden Welten: während die Daten in der Datenbank verbleiben, werden die Aggregationen physisch im Cube abgespeichert. Anfragen, die der OLAP Server also nur aus den Aggregationen beantworten kann, gehen gar nicht erst an die Datenbank, sobald man aber auf die unteren Detailebenen geht, müssen die Quelldaten noch benutzt werden. Auch dieser Speichermodus ist bei Analysis Services 2008 »echtzeitfähig«.

Was sagen wir nun in dieser Stammtischdiskussion, welcher Speichermodus ist der Beste? Nun, einer der Gründe, warum Microsoft 1996 das Panorama-Produkt kaufte, war der, dass dieser Server alle Speichermodi für den Nutzer transparent unterstützte! So kann man noch heute für jede einzelne Partition eines Cubes entscheiden, dass man z.B. die häufig gefragten Daten des aktuellen Jahres in MOLAP ablegt, das zum Vergleich gelegentlich benutzte Vorjahr in HOLAP und alles davor, was eh keinen mehr interessiert, in ROLAP. Machen Sie es also, wie Sie wollen!

HINWEIS　Obwohl alle Speichermodi gleichermaßen unterstützt werden, zeigen Performancetests mit den Analysis Services meist doch sehr bald die Überlegenheit des MOLAP-Modus. Gerade die interne Indizierung in der Cube-Datei ist herkömmlichen Datenbank-Indizes überlegen, und clevere Komprimierungsmechanismen sorgen auch dafür, dass die Größe der Cube-Dateien, auch wenn sie alle Detaildaten der Quelldatenbank enthalten, nur einen Bruchteil von der Größe der Originaldaten beträgt.

Aber das Problem mit den Aggregationen ist noch ein anderes: sie veralten schnell. Immer, wenn sich in der Quelldatenbank etwas ändert – und bedenken wir, in extremen Fällen kann die Quelle ja eine Produktionsdatenbank sein, die sich andauernd verändert – werden die alten Summenwerte ungültig und müssen neu berechnet werden. Üblicherweise macht das ein zeitgesteuerter Auftrag jede Nacht, aber das ist bei einer ständig dynamischen Datenbank sicher nicht häufig genug. Auch hier haben die Analysis Services eine verblüffende Lösung: *Proaktives Zwischenspeichern (proactive caching)*. Dieses System verwendet die Aggregationen, solange sie aktuell sind, erhält aber von der Datenbank eine *Benachrichtigung (Notification)*, wenn sich die Daten, die dem zugrunde liegen, verändert haben, und berechnet dann die Aggregationen automatisch neu. Zusätzlich kann eingestellt werden, ob während dieser Neuberechnung direkt die Quelldaten verwendet werden (dann werden die Abfragen natürlich langsamer) oder ob die alten Aggregationen noch einen Moment lang benutzt werden dürfen, bis die neuen fertig sind (dann sind die Summenwerte unter Umständen natürlich nicht aktuell). Und schließlich kann man das sogar so fein tunen, dass der OLAP Server nach der Meldung, dass Daten geändert wurden, erst einmal eine bestimmte Zeit abwartet (das Ruheintervall oder *Silence interval* nämlich), bevor er die Neuberechnung vornimmt, falls viele Änderungen gleichzeitig eintreffen.

Alle Speichermodi unterstützen proaktives Zwischenspeichern, sodass auch hier die Diskussion, welcher Modus denn nun der Beste ist, ergebnisoffen bleibt.

Erweiterte Funktionen der Analysis Services

Wie Sie gesehen haben, kann man schon mit den Grundfunktionen der Analysis-Services hervorragende Unternehmensauswertungen vornehmen. Dennoch wissen wir aus eigener Erfahrung: Hat man erstmal Pandoras Büchse geöffnet, wachsen sehr schnell die Begehrlichkeiten. In Rahmen der Analysis-Services befriedigen Sie sicherlich die folgenden Abschnitte.

Bei schmutzigen Daten: als »Unbekannt« ablegen

Ein weiterer, wichtiger Grund, warum ein Datawarehouse zwischen OLAP-Cubes und Produktionsdatenbank immer eine gute Idee ist, ist das Problem mit »schmutzigen Daten«. Natürlich kommt so etwas in Ihrer Datenbank überhaupt nicht vor, aber wir kommen ja als Berater viel herum und da könnten wir Ihnen Sachen erzählen... Schmutzig wären z. B. Bestellungen an Kunden, die noch gar nicht in der Kundentabelle eingetragen sind, oder auch solche, bei denen die Angabe der Versandart noch fehlt – d.h. diese Spalte erlaubt einen leeren oder »null«-Wert. Gebe ich solche Datensätze in einen Cube, dann werden sie bei der Verarbeitung des Cubes einfach ignoriert, ihre Zahlen fehlen dann aber auch in der Auswertung. Ein sauberer, aber auch mühseliger Ausweg ist es, in den Dimensionen z.B. ein »Versandart fehlt«-Element manuell einzufügen und beim Import der Daten alle leeren oder unbekannten Datensätze auf dieses »Dummy-Element« umzubiegen. Weil der Microsoft OLAP Server aber im Ernstfall auch direkt mit Produktionsdatenbanken fertig werden muss – ohne schützendes Warehouse dazwischen – und weil Produktionsdatenbanken gerne einmal schmutzig oder unvollständig sind, kann er alles das auch selbst behandeln; man kann ihn sogar so einstellen, dass er in den Dimensionen automatisch ein *Unbekannt*-Element erzeugt (*UnknownMember*), und so alle Datensätze verarbeitet und bei der Auswertung mitzählt.

Business Intelligence Assistent

Auch wenn der erste Cube mit dem Cube-Assistenten im Nu erzeugt ist, lassen einen die digitalen Helferlein danach nicht im Stich. Typischerweise hat man für die Analyse erst einmal nur simple Summenwerte in seinen Cubes: Jahressummen, Monatssummen, Summen pro Produktgruppe etc. Was aber das Business wirklich vorantreibt und was die Manager wirklich sehen wollen, sind z.B. Berechnungen über die Zeit: kumulierte Werte, Abweichungen von Periode zu Periode, gleitende Durchschnittswerte (*Moving average*) oder Vergleiche mit derselben Periode im Vorjahr. Bevor OLAP kam, waren diese Berechnungen die Domänen der Excel-Künstler; in den Analysis Services 2000 konnte man sie durch geschickt programmierte, berechnete Elemente in die Cubes aufnehmen, wenn man die Abfragesprache MDX beherrschte – und heute ist das einfach ein Knopfdruck im BI Development Studio: *Business Intelligence hinzufügen.*

Abbildung 6.12   Der Business Intelligence Wizard

Nicht nur Berechnungen über die Zeit sind möglich, sondern fast alles, was einen Cube erst intelligent macht. Etwa semi-additive Kennzahlen: jede OLAP-Auswertung, die z. B. Bestandsmengen enthielt, hatte das Problem, dass zwischen verschiedenen Lagerorten Bestandsmengen aufsummiert werden dürfen, zwischen verschiedenen Monaten natürlich nicht. Der Business Intelligence-Assistent fügt die dafür nötigen Berechnungen dem Cube automatisch hinzu.

Mit dem Business Intelligence-Assistenten kann man aber auch generell einstellen, wie in einer Dimension aus einer Detail-Ebene heraus der Wert einer höheren Ebene berechnet wird. Normalerweise wird natürlich einfach aufsummiert (z. B. »31 Tagessummen ergeben die Monatssumme«), aber mit dem Assistenten kann man auch entscheiden, ob vielleicht subtrahiert wird, ob ein Dimensionselement überhaupt nicht »nach oben« durchgereicht wird oder ob dazu jedes Mal eine spezielle Formel verwendet wird. Die dabei verwendeten Dimensions-Eigenschaften heißen *benutzerdefinierte Rollupoperatoren* (*unary operator*) und *benutzerdefinierte Elementformeln* (*custom member formula*), aber sie sind unter den Eigenschaften jedes Attributs einer Dimension in der Oberfläche tief versteckt: ohne den Assistenten würde sie kaum jemand finden.

Auch der Finanzabteilung wird geholfen: wenn eine der Dimensionen Konten enthält, dann erkennt der Assistent, welche Konten Einnahmen (*income*), welche Ausgaben (*expense*) enthalten, welche Umlauf (*flow*), Salden (*balance*), Aktivposten (*assets*) oder Passiva (*liabilities*) enthalten und entscheidet, ob diese Zahlen über die Zeit summiert werden dürfen und wie sie bei unterschiedlichen Währungen konvertiert werden sollen.

Key Performance Indicators

Hat Ihr Chef sich auch schon darüber beschwert, dass ihm das alles zu kompliziert ist? Dass er endlich mal Transparenz braucht? Nur mal einen simplen Überblick über das Unternehmen, das kann doch so schwer nicht sein? Nun, das ist verständlich: vermutlich muss er dauernd Entscheidungen treffen über Dinge, die er im Einzelnen nicht versteht. Zeit, sich genau in alles einzuarbeiten, hat er eigentlich nicht, und das will er auch nicht. Er möchte einfach zu jedem Bereich des Unternehmens eine schnelle, verständliche Information haben, wie es um diesen Bereich steht, am besten so als Verkehrsampel: Umsatz grün, Kosten gelb, Kundenzufriedenheit rot. Oder vielleicht noch als Pfeil, damit er sieht, wohin die Entwicklung geht: mit den Gehältern geht es abwärts, mit den Gewinnen steil nach oben.

Genau das gibt es, und man kann sich leicht vorstellen, dass viele Manager so etwas lieben: die *Balanced Scorecard*.[16] Hier bekommen Sie auf einen Blick gezeigt, oft in einem Intranet-Portal, aber gerne auch nur als Ausdruck auf Papier, wie es der Firma geht; wie die *Business Performance* ist. Diese Scorecard basiert auf den Zahlen der einzelnen Bereiche, und zwar nicht auf allen Zahlen (dann wird's ja wieder so kompliziert), sondern auf den *Key Performance Indicators* oder Leistungsindikatoren, oft nur kurz *KPIs* genannt.

Und diese »Grundbausteine« einer Balanced Scorecard gehören natürlich zentral definiert und festgelegt, auf einem Server wie den Analysis Services, mit komplexen Rechenfunktionen und vor allem mit Zugriffssicherheit. Schließlich darf niemand kommen und kurz vorm Veröffentlichen des Quartalsberichts sagen: »Nein, nein, das geht nicht: so viele Umsatz-Ampeln rot! Setzt mal die Ziele runter…« Im Zeitalter der Compliance und Auditierbarkeit nach Regelwerken wie BASEL II oder gar Sarbanes-Oxley ist sowas schon beinahe eine Straftat!

Was ist ein KPI eigentlich? Nun, es gibt verschiedene Definitionen dazu, aber die SQL Server-spezifische ist derart, dass ein KPI immer aus vier Zahlen besteht, nämlich jeweils aus einem

- **Wert** (*Value*), also einer aktuellen Zahl wie »Jahresumsatz«, die aus einem Measure des Cubes kommt – physisch vorhanden oder per MDX berechnet,

- **Ziel** (*Goal*), wohin man diesen Wert gerne bringen möchte; kann ebenfalls aus einer Berechnung kommen,

- **Status**, also einer Bewertung, wie es dem Wert aktuell »geht«, ausgedrückt in numerischen Werten von −1 (»sehr schlecht«) bis +1 (»sehr gut«),

- **Trend**, ob sich der Wert gerade zu seinem Ziel hin entwickelt oder nicht, auch wieder symbolisiert mit Werten zwischen −1 und +1.

Das ist alles, was man auf dem Server für einen solchen KPI definieren muss. Man kann auch bereits einstellen, welche Art der Visualisierung gewünscht wird, da gibt es Verkehrsampeln, Tankanzeigen, Thermometer und sogar lächelnde und weinende Gesichter, die den Status eines KPIs symbolisieren, und natürlich einfarbige und bunte Pfeile und wieder »Smileys« für den Trend. Ein erster Client, der diese bunten Bildchen dann auch anzeigt, ist Excel 2007, mehr dazu im Kapitel 8. Die Königs-Applikation im Microsoft-Umfeld für die Erzeugung von Business Scorecards ist die Monitoring-Komponente des *PerformancePoint Server 2007*, des Nachfolgers des *Business Scorecard Managers 2005*.

---

[16] Erfunden haben das 1992 Robert S. Kaplan und David P. Norton. Mehr dazu in ihrem Buch »The Balanced Scorecard: Translating Strategy into Action«.

Abbildung 6.13   Darstellung von KPIs im PerformancePoint Server, sogar mit Grafik

Schön ist auch noch, dass die Reporting Services 2.0 beim Zugriff auf Analysis Services-Cubes deren KPIs im Abfragedesigner mit anzeigen, aber leider können sie auch nur den numerischen Wert des KPIs anzeigen und nicht die grafische Visualisierung.

Perspektiven

Und jetzt sein wir mal ganz ehrlich: Alle rufen immer lautstark nach den Unternehmenszahlen, aber können sie auch das Echo vertragen? Mit dem Cube Wizard baut man doch seinen Nutzern gerne einen Cube mit 30 Dimensionen und 50 Measures – das unterstützen die Analysis Services auch problemlos – aber versteht diesen Cube dann überhaupt noch jemand? Bei der Business Intelligence geht es ja letztendlich nicht darum, auch noch die letzte im Unternehmen auswertbare Zahl auf unterster Detailebene in Excel anzuzeigen – wie es die Controller immer gerne möchten – sondern es geht darum, Wissen leicht zugänglich zu machen, damit bessere Entscheidungen getroffen werden. Oft stellt man dann fest, dass weniger mehr ist. Der durchschnittliche Nutzer ist von einem Cube mit mehr als 10 Dimensionen und mehr als 10 Measures einfach überfordert, und er verwendet ihn letztendlich nicht mehr, oder nur noch über vordefinierte Berichte. Damit geht eine wesentliche Stärke von OLAP, die dynamische Datenabfrage, verloren. Auch wenn die Cubes einfach nicht mehr benutzt werden, weil sie zu kompliziert sind, muss ein BI-Projekt als gescheitert gelten.

Nach dieser Vorrede ist schon klar, dass der SQL Server auch dafür eine Lösung parat haben muss, und richtig: es gibt die Perspektiven (*Perspectives*). Mit einer solchen Perspektive kann man die überbordende Fülle des Cubes an Dimensionen, Measures, Attributen, Hierarchien und Berechnungen einfach einschränken auf genau das, was der Nutzer zur Analyse eines bestimmten Business-Problems braucht. Wenn man zum Beispiel mal nicht die Vertriebsumsätze, sondern die Preisentwicklung betrachten möchte, dann ist dies bedeutend einfacher, wenn es eine Perspektive namens *Preisentwicklung* gibt, in der nur die Dimensionen und Kennzahlen sichtbar sind, die auf die Preisentwicklung Einfluss haben (also etwa *Produkt*, *Zeit* und *Durchschnittspreis*, aber nicht *Vertriebsweg*, *Verkäufer* oder *Frachtkosten*). Für den Anwender sieht diese Perspektive aus wie ein weiterer Cube, auf dem Server aber nimmt sie keinen Speicherplatz weg, sondern besteht eigentlich nur aus einer einzigen XML-Datei, in der die Definition der Perspektive abgespeichert ist.

ACHTUNG   Eine Perspektive ist kein Mittel, um Anwendern Berechtigungen auf Teile von Cubes zu entziehen! Auch wenn eine Dimension in einer Perspektive nicht enthalten ist, kann der Anwender sie prinzipiell verwenden, wenn er z. B. MDX beherrscht. Die Berechtigungen auf eine Perspektive entsprechen immer direkt den Berechtigungen auf den darunter liegenden Cube, und nur bei diesem Cube können Berechtigungen verwaltet werden.

Und noch eine bittere Wahrheit: die Perspektiven, so sinnvoll sie auch sind, sind eine Funktionalität, die nur den Nutzern der Enterprise Edition des SQL Servers zur Verfügung stehen. Es zeigt sich schnell, dass man, wenn man ernsthaft mit Cubes arbeiten will, um die Enterprise Edition nur schwer herumkommt.

Cubes ohne Daten bauen

Nun betrachten wir einen weiteren Weg, wie es Microsoft gelingen sollte, noch mehr Kunden für OLAP zu begeistern. Weiter oben haben wir gelernt, wie der Cube Wizard es möglich macht, automatisch Cubes auf Basis einer Produktionsdatenbank generiert zu bekommen, ohne ein aufwändiges Datawarehouse designen und füllen zu müssen. Und jetzt gehen wir genau den anderen Weg: Wir bauen Cubes ohne Quelldatenbank und ohne Daten darunter. Dieser *Top-Down*-Design-Ansatz hat mit dem SQL Server 2005 Einzug gehalten, war aber scheinbar doch zu gut versteckt, so dass er selten genutzt wurde.

Worum geht es? Nun, mit diesem Prinzip können sich Manager und Analysten, die das Prinzip von Dimensionen und Measures einmal begriffen haben, sich ihre Würfel quasi »in der Luft hängend« selbst designen. Eigentlich ist man bei diesen Power-Usern auch an der richtigen Adresse, denn sie sollen die Cubes ja am Ende auch verwenden. Eine ganze Reihe von OLAP-Tools, die heute auf dem Markt sind, haben schon gezeigt, dass dieser Ansatz durchaus fruchtbar ist.

Man durchläuft also im Business Intelligence Development Studio einfach wieder den Cube Wizard, wählt aber die Option *Generate tables in the data source*. Dann fragt der Assistent, welche Kennzahlen man wünscht, welche Dimensionen man denn gerne hätte, wie denn bitte die Ebenen dazu heißen sollen, und so weiter. Sollte man zufällig Fahrradhändler sein, wird einem dabei auch die AdventureWorksDW-Datenbank als Vorlage angeboten.[17] Ganz am Rande werden dabei einige der schwierigsten OLAP-Probleme gelöst: Die Zeit-Dimension wird automatisch generiert, und sie unterstützt sogar verschiedene Kalendertypen: fiskalische, Marketingkalender und Kalender nach ISO 8601. Durch ein einfaches Häkchen bei der Option *SCD* hat man das ganze Problem der langsam veränderlichen Dimensionen (*slowly changing dimensions*) erschlagen, das immer dann auftritt, wenn sich Zuordnungen in Dimensionen über die Zeit ändern (dazu mehr weiter unten unter »Langsam veränderliche Dimensionen«). Ist man damit fertig und gefällt einem das

---

[17] Hören Sie die leichte Häme? Das kommt daher, dass es früher in einer Beta-Version von SQL 2005 mal sinnvolle Vorlagen gab wie »Verkauf« und »Budget«, aber die sind nie produktiv gegangen.

Ergebnis, so startet man einfach einen Assistenten, der das Datawarehouse aus unserer Cube-Definition selbst erzeugt, komplett mit Faktentabellen und Dimensionstabellen.[18]

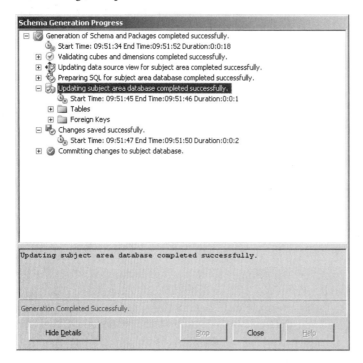

Abbildung 6.14
Ein Datawarehouse wird generiert

m:n-Dimensionen

Und noch eine Veränderung war nötig, um die Cubes näher an die Struktur der relationalen Quelldatenbanken zu bringen: die Unterstützung von *m:n*-Beziehungen für Dimensionen. Im »klassischen« OLAP erzeugt man ja im Datawarehouse, also in der Datenbank, auf deren Tabellen die Cubes aufgebaut werden, immer eine ganz exakte *1:n*-Beziehung zwischen der Faktentabelle und dem Dimensionseintrag. Ein Fakteneintrag etwa über Kosten und Dauer einer Dienstreise konnte immer nur exakt einem Außendienstler zugeordnet werden und exakt einem Kunden. Was aber, wenn sich zwei Kollegen etwa ein Auto teilen? Oder wenn auf einer Reise mehrere Kunden besucht werden sollen? Das lässt sich mit der bisherigen Version des OLAP Servers nicht darstellen; man muss sich ein Verfahren ausdenken, mit dem man diese *m:n*-Beziehung beim Laden der Daten ins Datawarehouse quasi »auflöst«. Die Analysis Services sprengen diese Beschränkung, und machen es damit eben möglich, Cubes nicht nur auf Datenbanken zu erzeugen, die speziell für OLAP-Zwecke im klassischen »Stern«- oder »Schneeflocken-Schema« entworfen sind.

---

[18] In den Beta-Versionen von SQL 2005 gab es diesen Assistenten auch schon. Aber da bot er sogar an, gleich auch eine Staging-Datenbank mit anzulegen, wie sie jeder Profi benutzt, um die Produktionsdaten ins Datawarehouse zu laden, und gleich auch noch die Integration Services-Pakete zu generieren, die diese Staging-Datenbank aus Textdateien mit Daten befüllen! Seitdem ist diese Fähigkeit aus dem SQL Server verschwunden. Wann und wo sie wohl wieder auftauchen wird…

> **HINWEIS** Die Verwendung von *m:n*-Dimensionen ist nur möglich, wenn man vorher bei der Definition der Datenquellen-
> sicht, die den Blick des OLAP Servers auf die Quelldatenbank darstellt, die referenziellen Verweise erzeugt, die das System
> benötigt, um die *m:n*-Beziehung aufzulösen.

Dimensionen in verschiedenen Rollen

Typischerweise bietet sich für manche Dimensionen im Cube etwas an, was für unseren Abfall schon selbstverständlich ist: Recycling. Eine Zeit-Dimension enthält einen Eintrag für jeden Monat oder jeden Tag, den ich analysieren will, und deshalb kann ich sie auch jedesmal wiederverwenden, wenn ich mehrere Zeitangaben in meiner Faktentabelle habe (*bestellt am, verpackt am, ausgeliefert am*). Ich füge dieselbe Datenbank-Dimension einfach dem Cube mehrfach hinzu, immer mit einem anderen Fremdschlüssel, und jedes Mal entsteht einfach eine neue »Rolle« für meine Dimension. Der Speicherplatz fällt allerdings nur einmal an, die Dimension selbst wird nicht kopiert und muss auch nur einmal verarbeitet werden.

Ein weiteres Szenario: Wenn ich in meinen Fakten z.B. Bestellungen verwalte, und ich möchte unter anderem analysieren, welcher meiner Mitarbeiter die Bestellung angenommen, wer sie verpackt und wer sie abgeschickt hat, dann finde ich in der Faktentabelle dreimal die Mitarbeiternummer: unter *angenommen*, *verpackt* und *abgeschickt*. Wenn ich die Mitarbeiter-Dimension dann dem Cube noch zweimal zusätzlich hinzufüge, dann werde ich jeweils immer wieder aufgefordert, einen neuen Namen für die neue Kopie zu vergeben, und in der Reiterkarte *Dimension Usage* taucht die Dimension dann dreimal auf, mit dem Namen der Quell-Dimension in Klammern. Ich kann in diesem Fenster auch gezielt einstellen, mit welcher Spalte der Faktentabelle sich diese Kopie der Dimension verbindet.

Langsam veränderliche Dimensionen

Die *slowly changing dimensions* sind ein ganz typisches Problem beim Data Warehousing, das schon der OLAP-Papst Ralph Kimball in seinem Buch *The Datawarehouse Toolkit: Practical Techniques for Building Dimensional Datawarehouses* beschreibt.

Es tritt immer dann auf, wenn sich Klassifizierungen in Dimensionen über die Zeit ändern. Nehmen wir an, wir analysieren in einer *Personal*-Dimension Abteilungsleiter und (eine Ebene tiefer) ihre Mitarbeiter. Wenn sich z.B. der Abteilungsleiter eines Vertriebsmitarbeiters zum 1.7. ändert, sollen dann die bisherigen Umsätze des Mitarbeiters auch *nachträglich* dem neuen Chef gutgeschrieben werden? Kimball teilt die Lösungsansätze für langsam veränderliche Dimensionen in drei Typen ein:

- **Typ 1**, in dem die Vergangenheit einfach überschrieben wird (der neue Chef *bekommt* die alten Umsätze des Vertrieblers zugeschrieben),

- **Typ 2**, bei dem die Vergangenheit erhalten bleibt, indem ein »neuer Mitarbeiter« erzeugt wird, der zwar genauso heißt wie der alte, der aber dem neuen Chef zugeordnet ist und der die Umsätze ab dem 1.7. erhält und

- **Typ 3**, bei dem die letzte Version der Vergangenheit erhalten bleibt, indem man in der Mitarbeiter-Tabelle eine Zusatzspalte »Voriger Abteilungsleiter« und eine Spalte »Abteilungsleiter gültig ab« einfügt.

In den Analysis Services muss man dazu eigentlich nichts tun, es ist eine Technologie, die man im relationalen Warehouse einsetzt und die ehrlich gesagt auch einer der wichtigsten Gründe ist, nach wie vor zwischen Cubes und Produktionsdaten ein Datawarehouse zu setzen. Allerdings wird uns die Anwendung dieses

Prinzips von unserem OLAP Server leicht gemacht: Wenn man einen Cube ohne Datenquelle erstellt, wie weiter oben unter »Cubes ohne Daten bauen« beschrieben, kann man mit einem einfachen Häkchen dafür sorgen, dass der Dimension die Attribute *SCD-StartDatum*, *SCD-EndDatum*, *SCD-.Original ID* und *SCD-Status* hinzugefügt werden. Auch nachträglich kann ich einem Cube-Attribut z. B. den Typ *scdStatus* verleihen, allerdings hat das in keinem bekannten OLAP-Client irgendeine Funktion. Füllen lassen kann man diese Attribute auch unkompliziert beim Datenimport mit den Integration Services, dort gibt es extra ein »Langsam veränderliche Dimension«-Datenflusselement, das das inkrementelle Laden von veränderten Dimensionsdaten ganz leicht macht.

Wartung der Analysis Services-Cubes

In den Firmen, wo Microsoft Business Intelligence-Lösungen schon eingesetzt werden, steigt ihre Verbreitung und Popularität nach einiger Zeit in der Regel deutlich an: Waren die Cubes vielleicht anfangs nur so einen Art von »Pivot-Tabellen auf Anabolika«, das Lieblingsspielzeug von Chefs und Controllern, so haben sie sich dann auch weiter »nach unten« verbreitet. Auch der Abteilungsleiter oder der Teamchef gucken jetzt öfter mal im Intranet-Portal vorbei, was denn die aktuellen Zahlen ihrer Abteilung sind, und vielleicht motiviert man sogar die Mitarbeiter selbst schon damit, dass sie über ihren Projektfortschritt mit regelmäßig aktualisierten Grafiken informiert werden. Und hat ein Werkzeug erst einmal diese Wichtigkeit bekommen, steigen ganz automatisch die Ansprüche an Datensicherheit und Verfügbarkeit! Wenn die Quartalsberichte abgeschlossen werden, wenn die Planung fürs nächste Halbjahr erstellt wird oder wenn die Gespräche mit den Lieferanten im Gange sind, möchte niemand mehr einen Tag lang auf seine Business Intelligence verzichten! Von einem OLAP- oder Data Mining-Server wird dann ganz automatisch erwartet, dass er – wie die Datenbank selbst – ununterbrochen verfügbar ist, dass es eine regelmäßige Datensicherung gibt, die Hardwareausfälle abpuffern kann, und dass wichtige Veränderungen erstmal auf einer Testinstallation geprüft werden, bevor sie »online« gehen.

Der folgende Abschnitt soll also vor allem dem *BI-Administrator* dienen, der den Betrieb der Cubes und der Mining-Modelle einrichtet und überwacht. Liebe Datenbankadministratoren: Man hörte euch ja oft unken, dass die vielen automatischen Management-Features vom SQL Server euch die Arbeit wegnehmen: Hier ist ein neues Tätigkeitsfeld!

SQL Server Management Studio

Ganz klar sind bei den Analysis Services die Rollen definiert: Designer und Entwickler auf der einen Seite, Administratoren auf der anderen. Dementsprechend haben sie auch ganz verschiedene Werkzeuge bekommen: der Designer bekommt das Business Intelligence Development Studio, das auf Seite 260 vorgestellt wurde, der Administrator das SQL Server Management Studio. Allerdings bewegt sich jetzt auch der Administrator im Microsoft Development Environment, das vom Visual Studio .NET her eher den Entwicklern bekannt sein dürfte. Wie im Visual Studio und im BIDS gibt es den *Solution Explorer* oder Projektmappen-Explorer, der alle Dateien des Projektes anzeigt, das *Properties Window* oder Eigenschaftenfenster, in dem man das ausgewählte Objekt modifizieren kann, die *Toolbox*, den *Object Explorer* und so weiter. Aber warum sollte dem Administrator nicht recht sein, was dem Designer billig ist? Wichtig ist doch, was man mit dem Tool anstellen kann, und das ist genau auf den Administrator abgestimmt.

Verarbeitung

Was ist genauso genommen das Einzige, was ein BI-Administrator regelmäßig tun muss? Richtig: Verarbeiten. Er muss dafür sorgen, dass die Dimensionen ihre Metadaten erweitern oder verändern, also von neuen Produkten und Kunden erfahren, und dass die Zeitdimension sich um den aktuellen Tag »verlängert«. Und danach müssen auch die Cubes davon erfahren, dass neue Fakten-Daten hinzugekommen sind, und diese – am besten inkrementell – den vorhandenen Cubes hinzufügen. Das ist natürlich kein manueller Job, sondern dafür hat man bitte ein Integration Services-Paket erzeugt, in dem vermutlich als Erstes die aktuellen Daten in den Datamart geladen werden (wenn man überhaupt noch einen Datamart hat). Dabei kann sogar eine schicke Fehlerbehandlung erfolgen (z. B. eine E-Mail an den Administrator, wenn die Verarbeitung fehlschlägt), und dieses Paket wird dann zeitgesteuert jede Nacht ausgeführt. Zusätzlich kann die Verarbeitung auch sowohl vom BI Development Studio als auch vom SQL Server Management Studio aus mit derselben Oberfläche manuell gestartet werden. Es gibt eine Reihe von neuen Verarbeitungs-Optionen, die dem Administrator das Leben leichter machen. So ist es schon eine besondere Kunst, bei vielen Dimensionen, Cubes und verknüpften Objekten zu erkennen, was man in welcher Reihenfolge verarbeiten muss, damit wirklich aktuelle Daten sichtbar werden! Jetzt gibt es dafür die Einstellung *Standard verarbeiten* (*Process Default*), die einfach automatisch alle Objekte verarbeitet, die für den aktuellen Cube benötigt werden. Es passiert ja in der Praxis immer wieder, dass man im heiligen Eifer eine Dimension komplett verarbeitet hat, was ja zur Folge hat, dass alle Cubes, die diese Dimension verwenden, auch wieder verarbeitet werden müssen, bis man wieder Zahlen sieht! Dafür gibt es nun die Schaltfläche *Auswirkungsanalyse* (*Impact Analysis*), deren dort hinterstehende Funktion genau aufzeigt, was denn die Folge des unbedachten Tuns wäre. Und schließlich kann man einfach die Option *Betroffene Objekte verarbeiten* (*Process affected objects*) wählen, wodurch automatisch alles mit verarbeitet wird, was vom aktuell bearbeiteten Objekt abhängt. Und so einfach, wie das Verarbeiten jetzt geworden ist, muss man auch nicht mehr notwendigerweise OLAP-Administrator sein, um es aufrufen zu können. Jeder Analysis Services-Rolle einzeln kann fein detailliert das Recht erteilt werden, bestimmte Dimensionen oder Cubes aktualisieren zu können, und dass sogar, wenn die Mitglieder dieser Rolle nicht einmal die Metadaten, die Definition des Cubes oder die der Dimension lesen dürfen.

HINWEIS   Dass ein einfacher Nutzer einen Cube manuell verarbeitet, ist kein sehr häufiges Szenario. Gelegentlich ist es aber erforderlich, dass Anwender Eingaben in die Tabellen machen müssen, die den Cubes zugrunde liegen; z. B. neu importierte Produkte der richtigen Produktgruppe zuordnen, doppelte Kundeneinträge einem Haupteintrag zuordnen oder Planungsdaten direkt in eine Faktentabelle eingeben. In diesem Fall muss dieser Nutzer nicht erst bis zum nächtlichen Verarbeiten warten, bis er diese Eintragungen auch im Cube sieht, sondern er kann, wenn er fertig ist, selbst das Verarbeiten anstoßen.

Scripting

Der einzige Weg, mit dem die Analysis Services mit ihren Clients kommunizieren (und das betrifft auch die Verwaltungstools), ist über XML for Analysis (XMLA). Das heißt, sie schicken XML-Nachrichten hin und her. XML for Analysis ist ein offener Standard, der von Hyperion, SAS und Microsoft ins Leben gerufen wurde, und der definiert, wie man OLAP Cubes über XML abfragt.[19] Was in diesem Standard allerdings anfangs nicht enthalten war, sind die Befehle, mit denen man z. B. OLAP-Cubes erzeugt, modifiziert, aufbe-

---

[19] Mehr dazu auf der Homepage des XML for Analysis Council, *http://www.xmla.org*.

reitet und löscht: die so genannte DDL (*Data Definition Language*). Die ist nun allerdings immer dann erforderlich, wenn man z.B. über das SQL Server Management Studio, das auf dem Client-Rechner installiert ist, den Befehl zum Sichern eines Cubes an seinen OLAP Server schicken möchte. Damit dies ebenfalls über XMLA funktionieren kann, wurde XMLA um einen XML-Dialekt erweitert, der genau diese Funktionalität enthält: die Analysis Services Skripting Language oder ASSL.

Funktional ist das Codebeispiel in Listing 6.1 vergleichbar mit einem *BACKUP DATABASE*-Befehl im SQL, es sieht nur wegen der XML-Formatierung völlig anders aus.

```
<Backup xmlns="http://schemas.microsoft.com/analysisservices/2003/engine">
  <Object>
    <DatabaseID>Contoso BI</DatabaseID>
  </Object>
  <File>E:\Backups\ContosoBI.abf</File>
  <AllowOverwrite>true</AllowOverwrite>
  <Security>IgnoreSecurity</Security>
</Backup>
```

Listing 6.1   Sichern einer OLAP-Datenbank in eine Textdatei per ASSL

Was heißt das nun für den BI-Administrator? Ganz einfach, er kann sich seinen kompletten Analysis Server (oder jedes Einzelteil davon) im SQL Server Management Studio ausskripten lassen, und mit diesem Skript auf einer zweiten Testinstallation die identischen Objekte erstellen. Außerdem kann er jede Veränderung an jedem Objekt, die er vielleicht in der Produktionsdatenbank durchführen will, nicht mehr nur unmittelbar sofort mit den grafischen Tools machen, sondern alternativ ein Skript davon erstellen lassen, das er als *.xmla*-Datei abspeichern kann. Jedes Fenster des Management Studios bietet dafür eine Schaltfläche *Skript für Aktion*. Diese Datei kann er dann auch nachts durch einen SQL Server Agent Job ausführen lassen!

SQL Profiler – Integration

Ein weiterer Punkt, in dem die BI-Komponente des SQL Servers ihrem Datenbank-Bruder ebenbürtig geworden ist, ist die Unterstützung des SQL Server Profilers. Na gut, wenn alles klar geht, braucht man den Profiler eigentlich nicht. Aber wenn zu unerwarteten Zeiten plötzlich Performance-Probleme auftreten, wenn bestimmte Nutzer über Fehlermeldungen klagen, andere nicht, dann kann der SQL Server Administrator einfach mit dem Profiler eine Ablaufverfolgung einrichten, diese in der kritischen Zeit »mitlaufen lassen«, und alle SQL-Befehle, die der SQL Server abarbeiten musste, werden mitprotokolliert. Unschätzbar auch die Möglichkeit, diese Befehle dann z.B. auf einer Testinstanz »wiedergeben« zu können, um das Problem in Ruhe zu diagnostizieren.

Endlich, endlich kann das auch der BI-Administrator tun! Vorbei das Rätselraten darüber, was der OLAP Server denn »nun gerade macht« oder welche MDX-Zauberei mein OLAP-Client gerade bei der einen Abfrage anwendet, die länger als 5 Sekunden läuft.

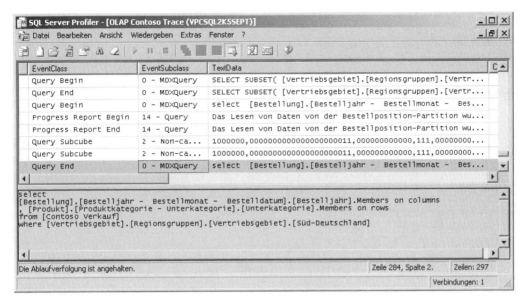

Abbildung 6.15 Ablaufverfolgung für OLAP-Abfragen

Der Profiler skriptet dabei nicht nur reines MDX, wie in Abbildung 6.15 zu sehen, sondern auch die XMLA-*Discover*-Befehle, die der Client sendet, um die Struktur der OLAP-Datenbank auszulesen, und natürlich auch die XMLA-*Command*-Ausführungen, bei denen per ASSL Objekte auf dem Server verändert werden. Die Ablaufverfolgung auf dem Analysis Server ist eine unschätzbare Hilfe beim Debugging von BI-Anwendungen; eine Unterstützung, die man von einer wirklich geschäftskritischen Applikation schon erwarten darf.

Mehrere Instanzen und Clustering

Je wichtiger ein OLAP- oder Data Mining-Server im Unternehmen wird, desto selbstverständlicher erwartet man von ihm, dass er jederzeit verfügbar ist. Eigentlich ist es ein gutes Zeichen, dass man die gleichen Anforderungen an seine BI-Komponenten stellt, die man auch von seiner Produktionsdatenbank erfüllt sehen will! Die Entwicklung beim Analysis Server 2005 hat gezeigt, dass gerade die Cubes immer größer und wichtiger werden, vielleicht sogar größer, als die Entwickler es anfangs selber gedacht hatten. Analysis Services 2008 ist angesichts der Realität weiter optimiert worden.

Seit dem SQL Server 2005 kann man ja die Analysis Services mehrfach auf ein- und demselben Rechner installieren, eben verschiedene Instanzen schaffen, wie auch beim SQL Server. Das geht bei der Standard Edition bis zu sechzehn Mal, bei der Enterprise Edition sogar fünfzig Mal! Der Trick ist derselbe wie beim SQL Server: es gibt zuerst eine *Standardinstanz (Default Instance)*, die immer denselben Netzwerknamen hat wie der Server. Ihr Windows-Dienst heißt MSSQLServerOlapService. Installiert man nun ein weiteres Mal die Analysis Services auf diesem Rechner, dann wird man nach einem Instanznamen gefragt, der beim Netzwerkzugriff dem Servernamen nachgestellt wird, im Format

```
Servername\Instanzname
```

Es entsteht dann ein zweiter Windows-Dienst für die Analysis Services, der MSOLAP$*Instanzname* heißt.

TIPP   Wenn man eine Instanz umbenennen will oder wenn man eine andere Instanz explizit zur Standardinstanz machen möchte, dann kann man dafür das mitgelieferte Dienstprogramm zum Umbenennen von Instanzen oder *Instance Rename Utility* `asinstancerename.exe` verwenden. Analysis Services 2005 und Analysis Services 2008 laufen problemlos als zwei unabhängige Instanzen auf einem Rechner. Benutzt man aber Analysis Services 2000 und Analysis Services 2008 auf derselben Maschine, dann muss immer der 2000er-Server die Standardinstanz sein.

Wozu braucht man nun mehrere Analysis Server auf einer Maschine? Spart das etwa Lizenzkosten? Bei der Enterprise Edition womöglich ja, bei der Standard Edition nicht: dort benötigt man für jede Instanz eigene Lizenzen. Grundsätzlich ist das aber eine schwierige Frage, die man unbedingt mit einem Lizenzierungs-Spezialisten klären sollte, bevor man so ein Szenario entwirft. Die ganz praktischen Hauptgründe für ein Multi-Instancing sind:

- **Serverkonsolidierung:** Mehr und mehr Firmen gehen dazu über, die schiere Anzahl der vielen, »natürlich gewachsenen Server-Kisten« zu reduzieren und statt dessen lieber einige wenige Server mit überlegener Hardware aufzustellen, die sich leichter und preiswerter verwalten lassen.

- **Server-Hosting:** Wenn Sie für mehrere völlig unterschiedliche Kunden jeweils eine eigene Analysis Services-Umgebung bereitstellen wollen, dann müssen Sie dafür jetzt nicht mehr eigene Rechner installieren. Hauptgrund für diese getrennten Rechner war ja die Angst der Kunden, dass jemand in ihre Daten hineinschauen könnte, und genau das verhindern die Analysis Services bereits: Die Benutzerverwaltung ist für jede Instanz vollkommen unabhängig von den anderen Instanzen auf derselben Maschine.[20]

- **Trennung von Test- und Produktionsinstanz:** Im wirklich professionellen Betrieb führt man alle Änderungen erst einmal auf einer 100% identischen Testinstanz durch, bevor sie im Produktionssystem gemacht werden. Mit Multi-Instancing kann man z. B. ein Service Pack erst einmal probeweise nur für die Testinstanz installieren, auch auf demselben physischen Server.

ACHTUNG   Mit zwei Instanzen auf derselben Maschine ist das genauso wie mit zwei fast gleich alten Geschwistern in der Familie: sie teilen sich überhaupt nichts, sondern kämpfen erst einmal um alles miteinander. Um beide zufrieden stellen zu können, braucht man also wirklich die doppelten Ressourcen: doppelt so viele Prozessoren, doppelt so schnelle Festplatten, doppelt so viel Hauptspeicher und so weiter. Dabei bitte bedenken: Auf der 32-bit Windows-Plattform können beide Instanzen zusammen nur maximal 3 GB Hauptspeicher adressieren!

Der schönste Nebeneffekt des Multi-Instancing ist aber, dass es die technische Möglichkeit zum *Clustering* schafft. Es ist im Prinzip genauso wie bei der relationalen Komponente: Man installiert auf mehreren Rechnern den Microsoft Cluster Service (MSCS). Dabei schließen sie sich zu einem Cluster aus mehreren »Knoten« (=Computern) zusammen, der gemeinsame »Ressourcen« verwaltet: eine IP-Adresse, eine Festplatte, einen Netzwerknamen und so weiter. Wenn man jetzt auf diesem Cluster einen »virtuellen AS-Server« installiert, so können diese Instanz und ihre Ressourcen abwechselnd auf jedem am Cluster beteiligten Server laufen! Die inaktiven Knoten fragen dabei permanent den aktiven Rechner ab, ob er noch ant-

---

[20] Das heißt natürlich, dass jede AS-Instanz ihre eigene Serverrolle hat, deren Mitglieder sie administrieren dürfen. In diese Serverrolle kann man nun völlig unterschiedliche Windows-Gruppen aufnehmen, so dass diese nur jeweils ihren AS-Server administrieren können. Ausgenommen davon ist aber die lokale Administratorengruppe des Servers, auf dem die Analysis Services installiert sind: die ist immer Mitglied der AS-Serverrolle, ohne dass dies in der grafischen Oberfläche angezeigt wird.

wortet; tut er dies eine bestimmte Zeit lang nicht mehr, übernimmt einer von ihnen den Job des eben ausgefallenen Kameraden. Auf 32-bit-Systemen können AS-Cluster aus bis zu 8 Knoten bestehen!

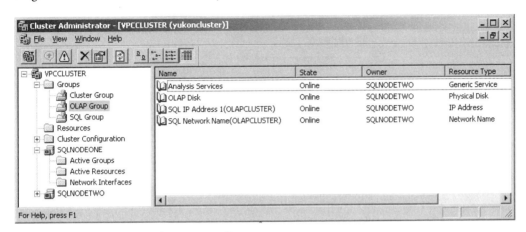

Abbildung 6.16 Analysis Services als Ressource im Cluster

Eine solche Installation nennt man einen *Single Instance Cluster* (siehe Abbildung 6.15), weil auf dem ganzen Cluster nur eine Instanz der Analysis Services läuft, die zu jedem Zeitpunkt immer nur auf einem Knoten aktiv sein können. Jetzt fragen Sie aber natürlich: Und was machen die anderen Rechner solange? Nur einfach warten, bis ihre große Stunde schlägt? Können die nicht einen Teil der Last übernehmen? Im Prinzip ja, aber nicht die Last dieser einen Instanz! Man kann einfach mehrere Instanzen der Analysis Services auf dem Cluster installieren, die aber dann jeweils einen unterschiedlichen Netzwerknamen haben und unterschiedliche Cubes verwalten. Wenn einer dieser Knoten ausfällt, dann wandert eben seine Instanz auf einen anderen Knoten hinüber, zu der dort bereits laufenden Instanz. Eine solche Installation nennt man einen *Multi-Instance Cluster* (siehe Abbildung 6.17), und sie läuft im Prinzip völlig problemlos, solange der aktive Knoten über genug Ressourcen verfügt, um mehrere Instanzen gleichzeitig zu versorgen.

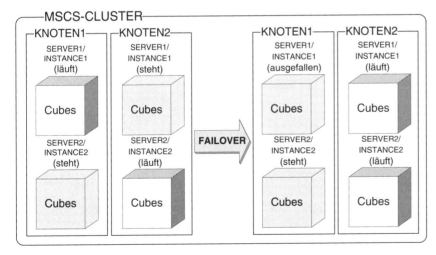

Abbildung 6.17 Multi-Instance OLAP Cluster

ACHTUNG An dieser Stelle gleich die bittere Pille: Es ist leider nicht so, dass ihre Benutzer gar nichts von diesem *Failover* ihres AS-Servers bemerken würden. Die Instanz fällt natürlich eine bestimmte Zeit lang aus (die Zeit, die sie benötigt, auf dem anderen Knoten wieder hochzufahren), und dabei werden die existierenden Verbindungen zu ihr natürlich getrennt. Wenn die Anwender aber einfach stur weiterversuchen, auf ihren Cube zuzugreifen, dann ist er nach einigen Sekunden unter demselben Netzwerknamen und derselben IP-Adresse wieder erreichbar.

Analysis Services weltweit: Internationalisierung

Geben wir es ruhig zu: Wir haben auch schon einmal wütend geschnaubt, wenn irgendwo nur das englische Datumsformat verstanden wurde oder wenn das Dollarzeichen zwingend vor eine Währungsangabe geschrieben werden musste: Diese Amerikaner! Halten sich wohl für den Nabel der Welt![21] Nun ist es aber speziell so, dass gerade weltweit agierende Firmen Interesse an OLAP und Data Mining haben, und dabei bekommen sie in den verschiedenen Ländern natürlich Anpassungsschwierigkeiten mit den lokalen Sprachen. Microsoft hat auch hier ein offenes Ohr für die Probleme der Nutzer gehabt hat, und auch auf diesem Gebiet übertrifft der Analysis Server mit seinen Fähigkeiten zur Internationalisierung sogar den relationalen Datenbankserver.

Dies begegnet einem speziell dann, wenn man in einer Dimension auf einer Ebene viele Elemente hat, die man bei einem Report korrekt sortiert ausgeben will! Ob die Dimension dann korrekt zwischen »A« und »a« (oder zwischen »a« und »â«) unterscheidet, das liegt an der Sortierreihenfolge (*Code Page*). Meist ist dies standardmäßig *Latin1_General_CI_AI*, was für »Latin1-General, case-insensitive, accent-insensitive« steht; danach werden »A«, »a«, und »â« gleich sortiert. Will man dies nicht, muss man eine andere Sortierreihenfolge verwenden.

Man kann den Zeichensatz und die Sortierreihenfolge des Analysis Servers jederzeit umstellen, dort ist etwa einstellbar, dass alles *German_Phonebook*-artig sortiert wird, eben so, wie es der Deutsche aus seinem Telefonbuch kennt, nämlich »ä« wie »ae« sortiert, »ü« wie »ue« und so weiter. Dann sind aber die Mitarbeiter aus der französischen Tochterfirma ganz traurig, weil sie ihre *accents* (»à«, »é«, »û«) nicht finden.

Für diesen Fall gibt es die *Übersetzungen* (*Translations*). Man kann dabei, wie in Abbildung 6.18 zu sehen ist, für jedes Attribut jeder Dimension unter *Attributdatenübersetzung* (*Attribute data translation*) eine zusätzliche Spalte angeben, aus der der »fremdsprachliche« Inhalt kommt, und dabei auch sagen, welche Sortierreihenfolge bei dieser Spalte verwendet werden soll.

---

[21] Stimmt gar nicht: Die Amerikaner nehmen die Software-Probleme der anderen Länder sehr ernst; sie haben sogar extra ein schönes Wort dafür: »I18n«, eine Abkürzung, mit der sie vermeiden, das Wortungetüm »Internationalization« aussprechen zu müssen, was ja aus einem »I«, 18 Buchstaben und dann einem »n« besteht.

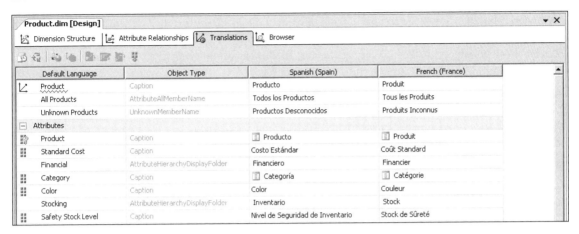

Abbildung 6.18   Übersetzungen für Dimensions-Daten

Wenn die Clients sich dann aus Frankreich zu unserem internationalen Cube verbinden, geben sie ja ihre Ländereinstellungen mit, und der OLAP-Server bedient sie mit den alternativen Inhalten, hier z.B. beim Produktnamen (frz.: Produit) aus der »FrenchProductName«-Spalte.

Default Language	Object Type	Spanish (Spain)	French (France)
Adventure Works	Caption	Adventure Works	Adventure Works
Measure Groups			
Internet Sales	Caption	Ventas por Internet	Ventes par Internet
Internet Sales Amount	Caption	Cantidad de Ventas por Internet	Montant des Ventes (Internet)
Internet Order Quantity	Caption	Cantidad de Ordenes por Internet	Nombre de Commandes (Internet)
Internet Extended Amo...	Caption	Cantidad Extendida por Internet	Montant Étendu (Internet)
Internet Tax Amount	Caption	Cantidad de Impuesto por Internet	Taxes (Internet)
Internet Freight Cost	Caption	Costo de Flete por Internet	Coût de Transport (Internet)
Internet Unit Price	Caption	Precio Unitario por Internet	Prix Unitaire (Internet)
Internet Total Product ...	Caption	Costo Total del Producto por Internet	Coût Total Produit (Internet)
Internet Standard Prod...	Caption	Costo Estándar del Producto por Internet	Coût Standard Produit (Internet)
Internet Transaction C...	Caption	Cuenta de Transacción por Internet	Nombre de Transactions (Internet)
Internet Orders	Caption	Ordenes por Internet	Commandes par Internet

Abbildung 6.19   Übersetzungen für Cube-Metadaten

Aber die Dynamik muss bei OLAP natürlich noch weiter gehen, denn der Nutzer sieht ja nicht nur die Inhalte des Cubes, sondern auch die Metadaten: die Namen der Dimensionen, der Hierarchien, der Ebenen und Attribute. Hier muss ebenfalls der Übersetzer ran, und er hat dafür extra im Dimensions-Designer eine Tabelle, in die er die Bezeichnungen in seiner Sprache einfügen muss, wie in Abbildung 6.19 gezeigt.

Was denn nun noch

Immer noch haben viel zu wenige Datenbanken auch einen Cube, der sie analysiert. Analysis Services 2005 haben versucht, mithilfe des *Unified Dimensional Model* OLAP weiter zu verbreiten, indem sie Datawarehouse und Ladeprozesse überflüssig machen wollten; und in diesem speziellen Punkt sind sie gescheitert. In allen anderen Punkten waren sie aber sehr erfolgreich, und dieses Erbe führt die Version 2008 weiter. Deren Neuerungen betreffen vor allem Funktionalitäten, die es auch OLAP-Neulingen möglich machen, noch einfacher bessere und schnellere Cubes zu bauen. In diesem Sinne kann man entspannt der weiteren Verbreitung multidimensionaler Auswertungen entgegensehen.

Das wirkliche Potenzial liegt auch gar nicht mehr hier, sondern in der zweiten großen Komponente der Analysis Services, dem *Data Mining*. Angesichts des großen Missverhältnisses zwischen riesigen technologischen Möglichkeiten und seltener tatsächlicher Realisierung sagen viele, dass Data Mining das OLAP von morgen ist! Auch in diesem Überblickswerk darf Data Mining nicht fehlen, wir empfehlen die weiterführende Lektüre von Kapitel 8, in dem die Data Mining-Add-Ins für Office 2007 vorgestellt werden.

Kapitel 7

Das Auge isst mit – SQL Server Reporting Services

In diesem Kapitel:

Zur Geschichte	291
Architektur der Reporting Services	293
Der Berichts-Manager	317
Eigene Anwendungen mit den Reporting Services	323
Zusammenfassung	330

Die Firma StarBack ist aufgrund des rasanten Wachstums vor allem an schnellen korrekten Informationen über das eigene Unternehmen interessiert. Die vielen unterschiedlichen Datenquellen können mithilfe des SQL Servers 2008 in ein komplexes und vollständiges Datawarehouse überführt werden. Die Analysis Services machen es möglich, auch bei immensen Datenmengen Auswertungen mit für alle angenehme Ausführungszeiten zur Verfügung zu stellen.

Neue eigene Programmierungen können durch den SQL Server 2008 und die enge Integration mit der Entwicklungsumgebung, dem Visual Studio 2008 sehr produktiv, stabil und damit auch kostengünstig für das Unternehmen umgesetzt werden.

Das Unternehmen sucht aber nach einer Möglichkeit, die viele Auswertungen, die als Teil einer möglichen neuen Gesellschaftsstruktur aber auch als Anteil der bislang üblichen Geschäftsprozesse, teilweise standardisiert, in regelmäßigen Abständen erzeugt werden müssen und die vielen Ad-Hoc-Abfragen, auf die Grundlage einer Technologie zu stellen, die es möglichst einfach macht, diese zu entwickeln, zu verwalten und dann im gesamten Unternehmen bereit zu stellen.

Natürlich können solche Auswertungen als Teil der Unternehmensanwendung von den Mitarbeitern der IT-Abteilung programmiert und dann innerhalb der Hausanwendung bereit gestellt werden. Die IT-Abteilung ist aber zum einen bereits mit der Wartung und Erweiterung der bestehenden Arbeiten mehr als ausgelastet und zum anderen kennen die Fachabteilungen ihre Daten am Besten. Viel Zeit und damit Geld wird durch die Abstimmung zwischen IT-Abteilung und Fachabteilung bei der Erstellung solcher Auswertungen verloren.

Durch diesen Vermittlungs- und Abstimmungsaufwand wird vor allem die Erzeugung teilweise kurzfristig benötigter Auswertungen so sehr erschwert, dass diese beinahe gar nicht realisiert werden können. Auch die Beantwortung scheinbar trivialer Umsatzabfragen, wie »Ist das Gebäck Vollkorn-Krustenbrot in den letzten drei Monaten bei unseren A-Kunden wirklich nur im Zusammenhang mit der Bestellung vieler Kleiner Wagen nachgefragt worden«, die aber für die Entscheidungsfindung dennoch von zentraler Bedeutung sind, können daher oft nicht in dem gewünschten Maße umgesetzt werden.

Dieser Konflikt führt seit einiger Zeit sogar zu einer Belastung der Arbeitsatmosphäre zwischen den Beteiligten. Die IT-Abteilung sieht sich daher oft mit »Banalitäten« überlastet, die Fachabteilung mahnt fehlende Unterstützung bei der Umsetzung der Unternehmenziele an.

Die Firma kann sich vorstellen, bei dem Aufbau eines neuen oder überarbeiteten unternehmensweiten Berichtswesens durch externe Dienstleister unterstützt zu werden, möchte aber auf keinen Fall in eine neue lang andauernde Abhängigkeit geraten, sodass für dringend benötige Auswertungen immer wieder Externe beauftragt werden müssen.

StarBack hat gehört, dass die Reporting Services des SQL Servers 2008 viele der eben skizzierten Erwartungen erfüllen können und will sich die Technologie, den Einsatz und die Verwaltung des Produktes genauer ansehen.

Zur Geschichte

Die Reporting Services sind als Teil des SQL Servers 2005 zum ersten Mal ausgeliefert worden. Weil die Entwicklung der Version etwas länger dauerte als zunächst geplant, ein Umstand der sonst bei Microsoft-Produkten, wie wir alle wissen, seit Jahren völlig unbekannt ist, wurde eine Vorversion für den SQL Server 2000 im Februar 2004 noch vor der endgültigen Auslieferung mit dem SQL Server 2005 freigegeben und rückwirkend als Teil der Lizenz (und damit ohne weitere Kosten) zur Verfügung gestellt.

HINWEIS   In der Lizenz ist bis heute aber nur der Betrieb auf der gleichen Maschine enthalten, auf der auch der SQL Server läuft. Für die Installation auf einem anderen Rechner, die technisch vielleicht wünschenswert ist, wird (leider) eine weitere SQL Server-Lizenz erforderlich.

Die Reporting Services stellen eine vollständige Infrastruktur zur Erstellung, Verwaltung und Bereitstellung von Berichten im Unternehmen dar und sind daher ganz klar Teil der strategischen Ausrichtung des Produktes im Bereich der Business Intelligence.

Microsoft fasst diesen Begriff etwas weiter als vielleicht einige Mitbewerber, Berichte werden so zum Beispiel nicht immer als Teil einer BI-Strategie angesehen. Durch die klare Umsetzung und Einbettung in die gesamte Produktlinie von Microsoft wie etwa der noch später ausgeführten Integration in Microsoft Office SharePoint Server (MOSS) ist dieses erweiterte Verständnis bei Microsoft aber sinnvoll. Geschäftsintelligenz, und das ist die etwas sperrige Übersetzung von BI, kann auch bedeuten, dass jeder Mitarbeiter auf die wirklich aktuelle Artikelliste zugreifen kann. Der Mitarbeiter kann im Kundengespräch nur dann überzeugen, wenn er die aktuellen Lieferzeiten eines Produktes kennt und so durch kompetente Auskünfte Vertrauen gewinnt usw.

Das erweiterte Verständnis des Begriffs Business Intelligence ergibt sich sinnvoll aus den unterschiedlichen Zielgruppen im Unternehmen. Auswertungen und Datenauszüge zur Entscheidungsfindung werden auf ganz unterschiedlichen Ebenen des Unternehmens ganz unterschiedlich genutzt.

Während die Geschäftsführung an einem übersichtlichen Dashboard interessiert ist, muss das Controlling sehr komplexe Datenanalysen fahren können. Ein Großteil des Unternehmens ist aber einfach auf aktuelle einheitliche Darstellung von Artikellisten, Verfügbarkeiten, Provisionsabrechnungen oder andere Informationen angewiesen.

Daher antworten die unterschiedlichen Dienste des SQL Servers im IT-Hintergrund des Unternehmens auf ganz unterschiedliche Bedürfnisse der Mitarbeiter.

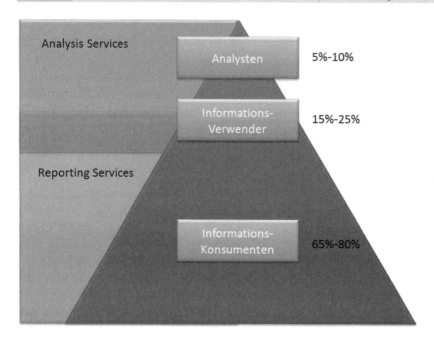

Abbildung 7.1   Zielgruppen im Unternehmen

Viele werden aus eigener Erfahrung wissen, dass es in jedem Unternehmen durchaus fleißige Abteilungen und Personen gibt, die Auswertungen und Berichte erstellen. Diese sind teilweise ganz ausgezeichnet und überzeugend. Nur leider widersprechen die Auswertungen aus Abteilung 2, der von Herrn Müller, denen von Abteilung 5, weil deren Berichte andere Daten zeigen. Ein zentrales Unternehmens-Reporting stellt daher auch eine zentrale Informationsquelle zur Verfügung, auf die sich alle beziehen können: *One Version of the Thruth*, die eine Version der Wahrheit.

Durch die zentrale Bereitstellung stehen die Daten einheitlich zur Verfügung. Anwender, Partner und Kunden können über einen zentralen Punkt auf die bereitgestellten Berichte zugreifen. Dafür bieten die Reporting Services in SQL Server 2008 wahlweise den Report Manager, eine Webseite, über die man alle Funktionen aufrufen kann, oder die Integration in Microsoft SharePoint-Technologien an. In diesem Fall entsteht innerhalb einer SharePoint-Site (sei es mit den Windows SharePoint-Services als Teil der Windows Server Lizenz oder im Microsoft Office SharePoint Server MOSS) ein Berichtsportal. Diese allerdings wahlweise – bei der Installation oder späterer Konfiguration muss man zwischen dem sogenannten Nativen Modus und der SharePoint-Integration wählen.

Aber nicht nur Anwender können diese Berichte nutzen. So wie wir es gewöhnt sind, dass Anwendungen den SQL Server nutzen, um ihre Daten zu verwalten, so können Anwendungen die Berichte aus den Reporting Services nutzen. Damit müssen die Anwendungen nicht immer wieder erneut bestimmte Funktionalitäten ausliefern, denn über die Reporting Services stehen diese zentral zur Verfügung. Die Reporting Services sind als XML-Webdienst implementiert. In Kapitel 4, »Da hat man was Eigenes«, finden Sie viele weitere Informationen zu Webdiensten. Webdienste stellen ihre Daten über eine Webarchitektur als XML standardisiert zur Verfügung. Daher bieten die Reporting Services eine Schnittstelle, die von beliebigen Anwendungen und vielen anderen Systemen zum Datenaustausch genutzt werden kann.

Daher ergeben sich vielfältige Einsatzszenarien für die Reporting Services:

- **Unternehmensweites Reportportal:** Mit dem schon erwähnten Report-Manager kann jeder Berechtigte auf die für ihn verfügbaren Berichte in den Reporting Services zugreifen.

- **B2B/B2C Reporting:** Über die standardisierte Schnittstelle der Reporting Services können sowohl Partner als auch Kunden, wenn sie berechtigt sind, Berichtsdaten abrufen.

- **Integriertes Reporting:** Anwendungen, die mit einem Webservice kommunizieren können, nutzen die Reporting Services für eigene Berichte und Ausdrucke.

Wenn man Reporting Services als unternehmensweites Reporting vorstellt, meint dies auch, dass neben den erwarteten Funktionen, wie die Erstellung von Berichten und deren Abruf, auch administrative Möglichkeiten gegeben sein müssen. Eine Abfrage, die ein Bericht beim Abruf auf der Datenbank ausführt, kann dabei die Produktions-Datenbank so belasten, dass es nicht denkbar ist, dass 100 Anwender ihn während eines Tages anfordern können. Die Reporting Services bieten daher viele Einstellungen zur Behandlung solcher Probleme an. So kann man Berichte beispielsweise nur alle 40 Minuten tatsächlich mit Daten aus der Datenbank aktuell füllen, in der Zwischenzeit wird dagegen nur eine zwischengespeicherte Version angezeigt. In einem anderen Fall möchte man eventuell nur tagesaktuelle Daten anzeigen, daher kann man mit den Reporting Services einen Bericht so einstellen, dass er in der Nacht ausgeführt und während des Tages angezeigt wird.

Der Anspruch der Reporting Services, als zentrales Unternehmens-Reporting eingesetzt werden zu können, bedeutet auch, dass Sie die Reporting Services benutzen können, um Berichte aktiv zu versenden. Wöchentliche oder monatliche Auswertungen können per E-Mail an die zuständigen Mitarbeiter im Unternehmen automatisiert verschickt werden. In der Enterprise Version ist sogar die Möglichkeit verfügbar, bei Datenänderungen den E-Mail-Versand anzustoßen. Schließlich macht das tägliche Versenden der aktuellen Telefon- oder Artikelliste im Unternehmen sicher wenig Sinn, der Versand bei Aktualisierungen aber auf jeden Fall.

Zudem verstehen viele unter Reporting allein den statischen Bericht, der dann zumeist über einen Drucker in Papierform ausgegeben wird. Daher verwechseln auch viele Anwender die Reporting Services mit Funktionen, wie wir sie aus Microsoft Access oder von Crystal Reports kennen, das lange mit Visual Studio ausgeliefert wurde.

Mit den Reporting Services werden Berichte jedoch nicht auf einem Rechner, also dem Client verwaltet, sondern wie beschrieben von einem Server angeboten. Auch sind diese Berichte alles andere als statisch. Mit den Reporting Services können Sie Berichte erstellen, die parametrisierbar sind.

Anders wäre eine Umstellung des Reportings für ein gesamtes Unternehmens wohl kaum denkbar. Für 600 Mitarbeiter kann man nicht 600 Gehaltsabrechnungen erstellen – stattdessen erstellt man mit den Reporting Services einen Bericht, der als Parameter die aktuelle Mitarbeiternummer übergeben bekommt. Und Funktionalitäten wie *Drilldown* ermöglichen es, interaktiv in einem Bericht Details zu sichten. So kann man bei einer auffällig niedrigen Summe der Verkäufe im Bereich Hessen beispielsweise die darunter liegenden Einzelsummen der summierten Städte betrachten und Details ein- und wieder ausblenden.

Architektur der Reporting Services

Die Reporting Services werden entweder während des Setups des SQL Servers 2008 direkt mitinstalliert oder man holt diese Installation später nach. Bei der Installation hat man dann zudem die Möglichkeit zwischen einer reinen Installation (dabei werden nur die benötigten Dateien auf den Rechner kopiert) und einer Installation mit Konfiguration mit Standardwerten.

Neu in SQL Server 2008   Anders als in früheren Versionen muss kein Internet Information Server (IIS) mehr auf dem Rechner installiert werden, bevor man die Reporting Services installieren und konfigurieren kann. Alle Funktionalitäten, die die Reporting Services brauchen (und Teil dieser Funktionen sind XML-Webdienste) werden als Teil der SQL Server 2008-Installation bereit gestellt. Diese Möglichkeit wurde in den Veröffentlichungen vor dem Erscheinen des SQL Servers 2008 oft als IIS Agnostic Report Deployment bezeichnet.

Die Installation ohne den Internet Information Server hat viele Vorteile. Erstens: Administratoren mochten das noch nie. Die Vorstellung, dass ein Internet Information Server (IIS) auf demselben Server wie ein SQL Server installiert ist, finden viele sehr fragwürdig. Jeder auf einem Server zusätzlich installierte Dienst ist ein potentielles Sicherheitsrisiko, das in diesem Fall sogar besonders verschärft ist, denn im SQL Server liegen doch zumeist die wirklich wichtigen Unternehmensdaten. Der IIS ist in der Vergangenheit zudem – ob zu Recht oder zu Unrecht soll hier nicht diskutiert werden – durch einige Sicherheitsmängel aufgefallen. Zudem erhöht jeder Dienst die Komplexität der gesamten Installation. Die Möglichkeit, den SQL Server 2008 ohne IIS zu installieren ist daher sehr zu begrüßen.

Außerdem sind die Reporting Services in und mit .NET geschrieben worden und daher muss auch auf der Maschine das .NET Framework, die Laufzeitumgebung von .NET, in der Version 2.0 installiert sein. Dies muss aber nicht zuvor geschehen. Ist das .NET Framework noch nicht installiert, geschieht dies als Teil des Setups.

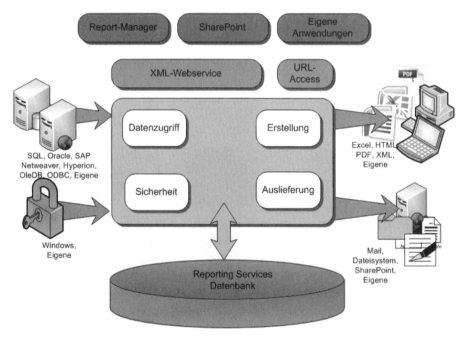

Abbildung 7.2   Die Architektur der SQL Server 2008 Reporting Services

In Abbildung 7.2 sehen Sie den architektonischen Aufbau der Reporting Services. Der Dienst braucht eine SQL Server-Datenbank zur Ablage seiner Daten. Dabei sind dies die Daten seiner internen Verarbeitungen – das Repository, wenn man so will. Die Daten, die dargestellt werden, können aus beliebigen Datenquellen stammen. Wenn Sie bei der Installation der Reporting Services einen SQL Server wählen, werden dort zwei Datenbanken angelegt: *Reportserver* und *ReportserverTempDB*.

Zugegriffen wird auf die Reporting Services idealerweise über die XML Webservices. Alternativ können Sie auch über den sogenannten URL-Access die Reporting Services ansprechen. Der Reportserver stellt dabei verschiedene URL, also *Webadressen* zur Verfügung, die es möglich machen, einen Bericht z. B. als HTML oder auch GIF etc. abzurufen. Dies kann das Einbinden von Reporting Services-Berichten in eigene Webanwendungen sehr vereinfachen.

Der Report Manager, die mitgelieferte Webanwendung oder auch SharePoint greifen allerdings ausschließlich über die XML-Webservices auf die Reporting Services zu und eignen sich als Ausgangspunkt zum Aufbau eines Berichtsportals für das Unternehmen.

TIPP   Falls Sie darüber nachdenken, ein Berichtsportal im Unternehmen aufzubauen, sollten Sie sich unbedingt die Microsoft Windows SharePoint Services, die in der Lizenz des Windows Server 2003 enthalten sind, oder deren »großen Bruder«, den Microsoft Office SharePoint Server, ansehen. Die Sharepoint-Produkte stellen u.a. viele Funktionen für ein Intranetportal als Baukastensystem zur Verfügung. So ein Baustein, der dort Webpart genannt wird, ist auch für die Reporting Services verfügbar. Damit haben Sie die Wahl, Ihr zentrales Reporting auch über einen Sharepoint-Server anzubieten und dabei weiteren Nutzen für Ihr Unternehmen zu ziehen. Darüber hinaus stellt SharePoint viele interessante Möglichkeiten im Bereich der Team-Arbeit bereit, sodass es sich bei einem Neuaufbau solcher Informationsportale wirklich lohnt, sich zuvor eingehend mit dieser Technologie zu beschäftigen.

Auch aus der Abbildung oben ist ersichtlich, dass es vier grundsätzliche Verarbeitungsaspekte der Reporting Services gibt: Den Datenzugriff, die Sicherheit, die Erstellung und die Auslieferung.

Datenzugriff

Die Reporting Services im SQL Server 2008 können Daten aus beliebigen und daher beinahe allen Datenquellen anzeigen. Sie nutzen .NET Provider für den Zugriff auf die Datenbanken. Im Auslieferungszustand werden die Provider für

- Microsoft SQL Server (ach!)
- Oracle-Datenbanken
- Hyperion Essbase
- SAP NetWeaver
- XML
- OleDB-Daten
- ODBC-Daten
- Report Model
- Microsoft SQL Server Analysis Services

angeboten. Dies wirkt zunächst wie eine Beschränkung auf nur neun verschiedene Datenquellen; es ist Ihnen aber sicher bekannt, dass über OleDB oder über die noch etwas ältere Schnittstelle ODBC auf fast jede derzeit verfügbare Datenquelle zugegriffen werden kann.

Dabei können die Reporting Services nicht nur mit relationalen Daten aus SQL Servern, sondern auch mit flachen Daten wie aus Active Directory von Windows, Textdateien oder aber multi-dimensionalen Daten aus OLAP Datenquellen wie den Analysis Services umgehen.

Sicherheit

Wenn Daten in einem Unternehmen veröffentlicht werden, spielt Sicherheit sofort eine große Rolle. Sie würden es wahrscheinlich nicht begrüßen, wenn alle Mitarbeiter auf Ihre Gehaltsabrechnung zugreifen könnten. Ebenso wenig wird man Partnern, und seien es noch so vertraute, alle internen Details der Finanzstrukturen offen legen. Daher wird selbstverständlich beim Zugriff auf einen Report, einen Bericht, der Sicherheitskontext überprüft. Innerhalb der Reporting Services können Sie hierarchische Ordnerstrukturen bilden und den Zugriff auf diese Ordner oder einzelne Objekte in ihnen wie beim Dateisystem auf einzelne Anwender oder Rollen beschränken. Von den Zugriffsrechten innerhalb der Reporting Services bleiben natürlich Rechte auf der Ebene der Daten unberührt. Wie wir gesehen haben, verfügt der SQL Server 2008 über differenzierte Zugriffskontrollen. Andere Datenbankserver kennen ebenfalls Berechtigungskonzepte, und daher kann es passieren, dass ein Benutzer sehr wohl einen bestimmten Bericht öffnen darf, die aktuellen Einstellungen einen Zugriff auf die in dem Bericht verwendeten Daten aber versagen. Sicherlich wird man dies aus Gründen der Benutzerfreundlichkeit versuchen zu vermeiden. Die Sicherheitseinstellungen eines Berichtes bleiben aber vollkommen unabhängig von denen der in ihm verwendeten Daten.

Bei der Standardkonfiguration unterstützten die Reporting Services die Überprüfung der Benutzer durch ihren Windows Account. Ähnlich wie bei der Windows-Authentifizierung im SQL Server vertrauen dann die Reporting Services der Anmeldung unter Windows. Dies bedeutet, dass ein Benutzer mit seinen Anmeldeinformationen im lokalen Netzwerk auch von den Reporting Services erkannt wird und ihm entsprechend den Einstellungen dann seine Berechtigungen zugewiesen werden.

Dieses Verfahren ist aber nicht praktikabel, wenn die Grenzen des lokalen Firmennetzwerkes verlassen werden. Sollen Partner oder Kunden zugreifen, wären wir wohl kaum willens oder fähig, ihnen jeweils ein Windows-Anmeldekonto in unserem Unternehmensnetzwerk bereitzustellen.

ACHTUNG   Während der Ankündigungen für den SQL Server 2008 wurde oft davon berichtet, dass die Reporting Services 2008 ein als *Internet Report Deployment* bezeichnetes Verfahren unterstützen sollten. Dabei ging es um die Möglichkeit, über eine Formularanmeldung auch andere Authentifizierungen als den Windows-Account zuzulassen. Leider findet sich in den bisherigen Vorversionen kein Hinweis auf die Umsetzung dieser sicher sehr hilfreichen Option. Im Gegenteil, ein Eintrag in der Konfigurationsdatei der Reporting Services, – falls Sie danach suchen: *RSForms* im Abschnitt *Configuring Authentication in Reporting Services* der SQL Server Online-Hilfe – der auf diese Authentifizierung hinweist, ist mit dem Hinweis versehen, dass er für spätere SQL Server Versionen reserviert sei.

Für das Extra- und Internet müssen daher im Allgemeinen eigene Erweiterungs-Anwendungen entwickelt werden, die die Sicherheitsüberprüfungen vornehmen und dann im eigenen Berechtigungskontext die Reporting Services nutzen. Es ist daher besondere Gründlichkeit bei der Entwicklung solcher Anwendungen geboten.

TIPP	In den Programmierbeispielen für die Vorgängerversion, den SQL Server 2005, war der Code für die Implementierung einer Formularauthentifizierung als sogenannte *Security Extension* der Reporting Services enthalten.

Erstellung

Das für den Anwender Wichtigste ist der Bericht selber. Üblicherweise greift man über eine Anwendung, sehr oft über eine Weboberfläche, auf die Berichte der Microsoft SQL Server Reporting Services zu.

Daher wird der Bericht zunächst in HTML ausgeliefert. HTML hat dabei den Vorteil, dass es über Javascript beispielsweise Interaktivität zulässt. So kann der Bericht vom Benutzer nach seinen Wünschen verändert werden. HTML eignet sich aber nicht sehr gut zum Ausdruck oder zur Weiterverarbeitung.

Daher gibt es auch die Möglichkeit, PDF, das Portable Document Format, zu generieren, ohne zusätzliche Software von Adobe installieren zu müssen. PDF eignet sich besonders, wie der Name schon sagt, zum Versenden und Übertragen von Berichten, da in diesem Datenformat viel unternommen wurde, um die Datenmenge ohne eklatanten Qualitätsverlust zu reduzieren. PDF-Dokumente können aber normalerweise nicht verändert werden, und die Übernahme und Weiterverarbeitung ist etwas aufwändiger als bei anderen Formaten.

Da sehr viele Nutzer im Unternehmen, besonders solche, die mit den Zahlen des Unternehmens vertraut sind und mit ihnen umgehen müssen, Microsoft Excel aus dem Office Paket verwenden, kann der Bericht auch sofort im Excel-Format bereitgestellt werden. Dabei werden die Daten komfortabel als Werte in die Zellen eingetragen, Summierungsebenen werden als Gliederungsebenen exportiert, und man kann sofort mit diesen Daten weiterarbeiten. Der Export in Excel wurde zudem im SQL Server 2008 weiter verbessert.

Auch die Ausgabe in das Format von Word aus dem Office Paket wurde für den SQL Server 2008 angekündigt, wir konnten aber in den bislang verfügbaren Vorabversionen bis CTP5 davon nichts entdecken.

TIPP	Falls dies so sein sollte, dass auch der Word-Export es nicht in das endgültige Produkt schaffen sollte, so ist dies weniger dramatisch, als es vielleicht auf den ersten Blick erscheint. Wer auf die Funktionalität wirklich angewiesen ist, oder für den die Entscheidung für oder gegen die Reporting Services des SQL Servers als Unternehmensberichtswesen davon abhängig ist, der sei auf die Firma Aspose verwiesen, die gegen einen kleinen Obolus genau diese Funktion schon seit einiger Zeit anbietet *http://www.aspose.com/Products/Aspose.Words.Reporting.Services/Default.aspx* und diese Funktion sicher auch für den SQL Server 2008 anbieten wird, so sie nicht enthalten sein wird.

Daneben gibt es noch andere Berichtsformate. So kann man für die Weiterverarbeitung in Automaten unter anderem auch reine XML-Daten anfordern.

Auslieferung

Normalerweise fordert ein Anwender aktiv einen Bericht an. Dies kann direkt im Berichtsportal, über SharePoint oder über eine Anwendung geschehen. Aber nach dem Motto: »Wenn der Anwender nicht zum Bericht kommt, kommt der Bericht eben zum Anwender«, können Berichte auch vom Server aus zugestellt werden.

In der Standardkonfiguration wird die Auslieferung in das Dateisystem und zwar in einer Freigabe auf einem Server sowie die Auslieferung per E-Mail und in SharePoint unterstützt. Dabei wird die Logik eines Abonnements verfolgt: Für eine E-Mail-Adresse, die natürlich auch eine Verteilerliste sein kann, wird ein Bericht für eine bestimmte Zeitplanung wie etwa jeden Montag um 08:00 Uhr abonniert. Dieser Bericht wird dann entweder als Link zum Reportserver oder als E-Mail-Anhang in einem der besprochenen Ausgabeformate ausgeliefert.

Das mag für den Bericht der monatlichen Umsätze an die Geschäftsführung sinnvoll sein. Wenn aber jeden Montag die aktuelle Telefonliste als PDF verschickt wird, schaut schon in der dritten Woche niemand mehr rein. Daher kann neben einem zeitgesteuerten Abonnement auch ein datengesteuertes konfiguriert werden. Hier stößt eine Änderung der Daten die Auslieferung an. Dabei nehmen die Reporting Services keine Änderungen am Schema der Datenbank vor – man könnte so eine Funktion über Trigger realisieren – sondern der Reportserver erstellt eine Momentaufnahme der Daten und vergleicht diesen Schnappschuss dann mit den aktuellen Daten. Bei Unterschieden wird das Abonnement verschickt. Leider ist das datengesteuerte Abonnement bislang nur in der Enterprise Version verfügbar gewesen.

Erweiterungsmöglichkeiten

Alle beschriebenen Schnittstellen der Reporting Services sind nach außen – für Datenzugriff, Sicherheit, Erstellung und Auslieferung – im wahrsten Sinne des Wortes auch als .NET-Schnittstellen implementiert und auch sehr ausführlich dokumentiert. In .NET gibt es das OOP-Konzept (objektorientierte Programmierung) der Interfaces, zu Deutsch eben Schnittstellen.

HINWEIS   Es ist nicht ganz trivial zu beschreiben, was diese Schnittstellen leisten, aber die Analogie zu bekannten Schnittstellen, wie wir sie etwa von unseren Stereoanlagen oder Notebooks kennen, ist hilfreich:

Ein Interface, eine Schnittstelle, beschreibt nicht die konkrete Implementierung, sondern beschreibt nur Konzepte oder Strukturen. Diese sind dann dokumentiert, und andere können nach dieser Dokumentation solche Schnittstellen umsetzen. Nach diesem Prinzip ist beispielsweise auch die Schnittstelle *USB* beschrieben und dokumentiert. Wenn ein Hersteller ein Notebook baut, kann er diese Spezifikation umsetzen. Geräte, die USB nutzen, etwa eine USB-Maus, brauchen keine Kenntnis der dahinter liegenden Maschine zu haben, sondern müssen nur ihrerseits die USB-Schnittstelle absolut genau umsetzen und können dann mit dem Notebook zusammenarbeiten. Daher kann man dieses Schnittstellenkonzept auch als eine Art Vertrag auffassen. Unterschiedlichste Geräte können auf diese Weise USB nutzen, sie müssen sich nur an den beschriebenen Vertrag halten.

In .NET versteht man daher unter einer Schnittstelle ein Stück Code, der einen Satz von Funktionen, Methoden und Eigenschaften beschreibt. Dieser Code stellt aber keine wirkliche Funktionsimplementierung dar, sondern es wird nur das Konzept einer bestimmten Funktionalität beschrieben, die mit zu implementierenden Eigenschaften oder Methoden erst noch realisiert werden muss – etwa so wie bei der USB-Schnittstelle nicht ein Stecker ausgeliefert wird, sondern nur beschrieben wird, wie dieser auszusehen hat, wenn die Schnittstelle funktionieren soll. Ein Interface legt also fest, dass eine Funktion vorhanden sein muss, die eine Zahl zurückliefert und einen Text und zwei Zahlen geliefert bekommt. Eine eigene Entwicklung muss, wenn sie die Schnittstelle unterstützen will, exakt solch eine Funktion bereitstellen.

Sie können mithilfe dieser Schnittstellen die Funktionalität der Reporting Services erweitern, indem Sie in einem eigenen Code die Schnittstellen umsetzen und Ihre Programmierung quasi in die Reporting Services »einhängen«. Man kann benutzerdefinierte Erweiterungen bei allen vier Schnittstellen einfügen. Wenn Sie die Beispiele installieren, können Sie etwa sehen, wie Microsoft für die Reporting Services eine weitere Auslieferungsform bereitstellt: Dank der Umsetzung der Schnittstelle kann man dann Berichte auch direkt auf einen Drucker »ausliefern«. Der stündliche Ausdruck einer Packliste direkt auf den Drucker im Lager wäre hier eine denkbare Anwendung.

Sollten Sie der Hersteller des unvergleichlichen Dateiformates .HAL[1] sein, können Sie über die Implementierung der Erstellungsschnittstelle die Erstellung von Berichten neben HTML, PDF usw. dann auch in HAL möglich machen.

Reportgestaltung

Die Berichte selber werden mit Reportdesignern erstellt, wie wir sie auch von anderen Produkten kennen. Diese unterstützen sehr visuell wie in einem Malprogramm die Positionierung der einzelnen Elemente und Grafiken. Bei den Reporting Services für den SQL Server 2005 gab es den leistungsstarken Reportdesigner nur als Projektvorlage für Visual Studio 2005, das als Teil der SQL Server-Installation bekanntlich den klangvollen Namen Business Intelligence Development Studio – kurz BIDS trägt. Da Microsoft die Reporting Services, wie auch hier schon ausführlich geschildert, als technologische Grundlage eines unternehmensweiten Berichtswesens anpreist, ist es gelinde gesagt »suboptimal«, den Reportdesigner, mit dem man diese Berichte letztlich erstellen muss, nur als Teil des Visual Studios auszuliefern. Sie mögen als Entwickler Visual Studio für ein wirklich tolles Produkt halten, und da wir täglich damit arbeiten, können wir Ihnen da nur zustimmen. Der Mitarbeiter aus der Finanzabteilung, der sicherlich auch mal einen Bericht für die Geschäftsführung erstellen soll, kann unsere Begeisterung aber sicherlich nicht sofort teilen. Allein die Idee, Visual Studio auf einem Arbeitsplatzrechner der Finanzabteilung zu installieren, würde in den meisten Firmen doch mit erstauntem Befremden aufgenommen werden. Dieser Umstand war daher für die Reporting Services bislang ein echter *show stopper*.

Als Alternative für den Reportdesigner im BIDS stand im SQL Server 2005 nämlich nur der Report Builder zur Verfügung. Die Anwendung wurde und wird als Teil der SQL Server-Installation mit ausgeliefert, ist aber eine Client-Anwendung, die auf dem Rechner des Anwenders läuft.

Technisch gesehen ist sie als *no-touch deployment*-Anwendung konzipiert, d.h. sie liegt auf dem Server, wird dort aufgerufen (z.B. über einen Link im Report Manager oder einer SharePoint-Berichtsliste), wird dann aber ohne Installationsroutine oder andere besondere Eingriffe auf dem lokalen Rechner installiert. Dabei muss der Benutzer auch über keine Administratorenrechte o.ä. verfügen.

---

[1] Die Dateiendung .hal ist natürlich eine Anspielung auf den Supercomputer des Raumschiffes im Film »Odyssee im Weltall 2001« von Stanley Kubrick. Wie die Zeiten sich ändern: Damals – 1968 – so heißt es, war *HAL* eine Anspielung auf IBM – man braucht nur die Buchstaben um eine Stelle im Alphabet nach links zu verschieben. Wie würde heute so ein Computer heißen: *Lhbqnrnes*?

Abbildung 7.3   Der Report-Builder des SQL Servers 2008

Neu in SQL Server 2008   Der Report-Builder und der Report-Designer im BIDS waren bis zum SQL Server 2008 die beiden einzigen Tools, die Microsoft zur Erstellung von Berichten auslieferte, im SQL Server 2008 kommt noch der Report-Designer als Stand-Alone-Anwendung im Office 2007-Look dazu.

Die Tools verfolgen ganz unterschiedliche Strategien bei der Erstellung von Berichten. Der Report-Designer (sowohl in Visual Studio als auch die neue Stand-Alone-Anwendung) haben den IT-Professional oder doch sehr weit fortgeschrittenen Power-User als Zielgruppe, der mit einem direkten Zugriff auf die Datenquellen (in vielen Fällen sogar sicher mit Experten-Wissen z.B. im Bereich von SQL zur Formulierung der Abfragen) optisch und technisch anspruchsvolle Berichte umsetzt.

Der Report-Builder ist von Microsoft – man mag trefflich darüber streiten, ob er diesem Anspruch genügt – für den Anwender gedacht, der über übliche Office-Kenntnisse verfügt. Im Report-Builder kann gar nicht auf irgendwelche Datenquellen mit ihren hermetischen Abfragesprachen zugegriffen werden, der Report-Builder kann allein auf sogenannte Report-Modelle zugreifen.

In einem Report-Modell sind die verfügbaren Felder einer beliebigen Datenquelle und vor allem auch ihre Beziehungen zueinander (etwa dass ein Kunde Bestellungen hat, die über einzelne Positionen verfügen) zuvor definiert worden. Die Idee: Der IT-Professional definiert ein solches Modell, dass der Anwender dann einfach benutzen kann. Das Modell beschreibt dann alle verfügbaren Daten, sogar Berechnungen (z.B. Summe aller Bestellungen) oder Teilgruppierungen (Auswertungen nicht nur nach dem Datum, sondern nach dem Jahr der Bestellungen) sind im Modell bereits vordefiniert.

So ein Modell wird ebenfalls im Business Intelligence Development Studio in Form einer Vorlage ausgeliefert. Das erste Modell kann mit einem Assistenten erzeugt werden (neben dem SQL Server wird die Erzeugung von Modellen auch für Oracle-Datenquellen unterstützt), später wird man Modelle entweder ganz manuell erstellen oder zumindest manuell erweitern.

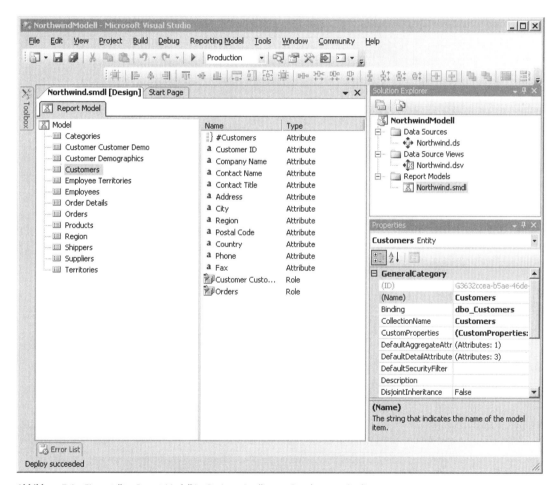

Abbildung 7.4   Ein erstelltes Report-Modell im Business Intelligence Development Studio

Sie können erkennen, dass nicht nur einzelne Felder (hier Attribute) definiert sind, sondern auch Beziehungen der Entitäten untereinander, Bestellungen (Orders) sind den Kunden (Customers) zugewiesen (Role).

HINWEIS   Wenn Sie bereits mit den Analysis Services gearbeitet und einen Cube definiert haben, brauchen Sie kein Modell mehr zu erstellen. Es reicht, den Cube als Datenquelle in den Reporting Services bereit zu stellen und dann z. B. im Report Manager aus dieser Cube-Datenquelle ein Modell zu generieren. Wie in einem Modell sind in einem Cube der Analysis Services alle verfügbaren Attribute, Berechnungen und ihre Beziehungen zueinander bereits definiert.

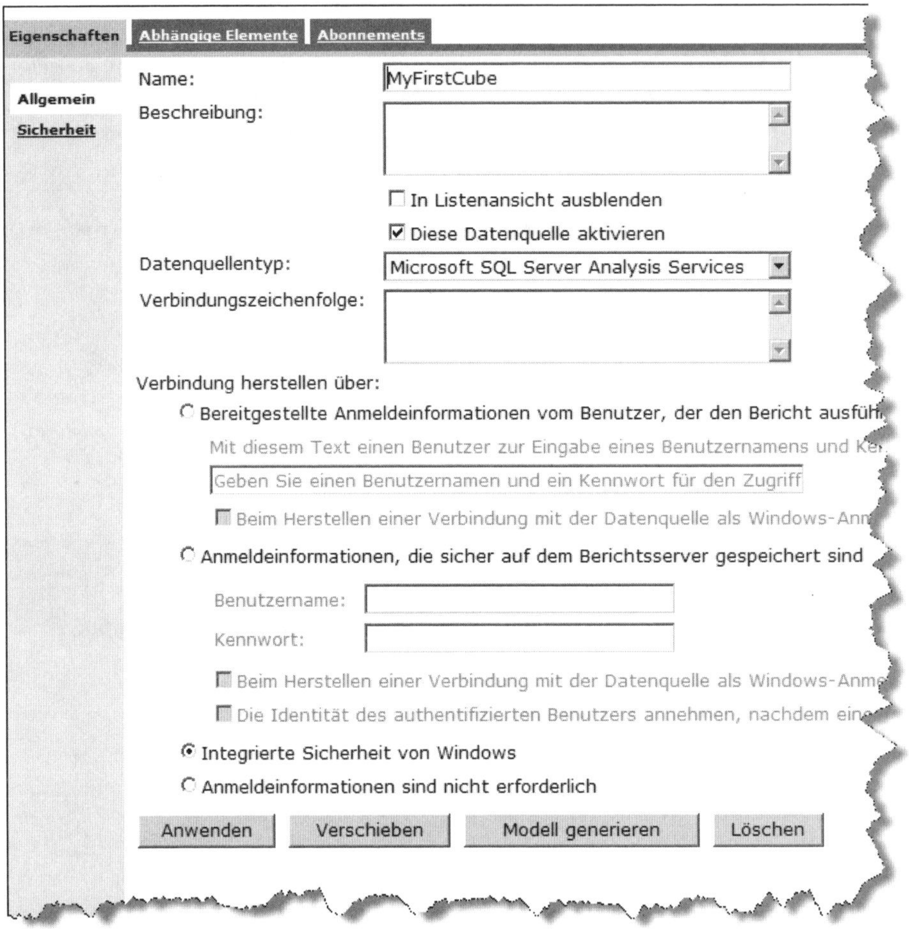

Abbildung 7.5   Eine Analysis-Datenquelle in den Reporting Services

Nachdem man eine Analysis-Datenquelle zu den Reporting Services hinzugefügt hat, gibt es nichts mehr zu tun, ein Modell kann dann automatisiert erstellt werden. Die Definition eines Cubes ist eben schon einem Modell sehr ähnlich.

Um einen ersten Bericht zu erstellen, wird im Weiteren der Vorgang einmal für den neuen Report-Designer Schritt für Schritt erklärt. Aus Gründen, die sich einer rationalen Überprüfung entziehen, stellen wir einen Bericht auf Grundlage der Northwind-Beispieldatenbank zusammen. Eine unserer Lieblingsthesen ist es, dass ALFI, Alfreds Futterkiste, dank Northwind aus dem SQL Server und davor schon Microsoft Access der im Universum am häufigsten gespeicherte Datensatz ist. Wir warten auf Gegenbeweise, gerne auch von Außerirdischen. Auch wenn die Northwind-Datenbank schon lange nicht mehr Teil des SQL Servers oder seiner Beispiele ist, kann die Installation auch im SQL Server 2008 erfolgen (eines der Dinge, die wir als erstes getan haben). Ein entsprechendes Skript finden Sie z.B. unter *http://blogs.sqlserverfaq.de/Lists/Beitraege/Post.aspx?ID=21.*

HINWEIS   Wir haben vieles versucht, um mit der Berichterstellung im Report-Designer, von dem die uns vorliegenden CTPs nur eine sogenannte *Preview* – Voransicht – enthalten, einen auch optisch eindrucksvollen Bericht zu erstellen. Dies war aufgrund des Zustandes des Programms leider kaum möglich. Wir drücken uns und Ihnen die Daumen, dass dies sich bis zum endgültigen Produkt radikal ändert. Die sichtbaren Anfänge sind allemal vielversprechend.

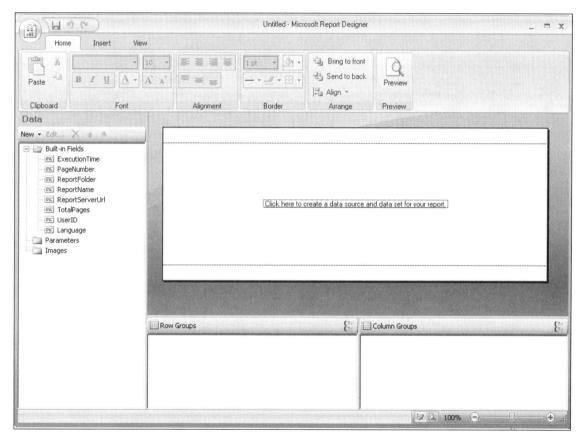

Abbildung 7.6   Der neue Report-Designer des SQL Servers 2008

Neu in SQL Server 2008   Bei der Erstellung des ersten Berichtes kann man sich von der Oberfläche gut helfen lassen. Man kann von den neuen Assistenten in Microsoft-Produkten wirklich viel Gutes berichten. Während früher manchmal undurchsichtiges Zeug dabei herauskam, erzeugen die neuen Assistenten einfach den Code oder die Einstellungen, die man auch manuell vornehmen könnte, nur eben sehr viel einfacher und meist auch schneller. Anpassungen sind kein Problem und die traurige Wahl: Mit Assistenten und Nichts-ändern-können aber Alles-allein-machen, gehört der Vergangenheit an.

Datenquelle

Als erstes wählt man eine Datenquelle, aus der die im Bericht dargestellten Daten kommen. Sie können dabei, wie schon beschrieben, auf den SQL Server, auf Oracle-Datenbanken, auf Hyperion, SAP, XML, Report Model, OleDB- und ODBC-Daten sowie die Microsoft SQL Server Analysis Services zugreifen. Diese Datenquelle kann als eigenes Objekt in den Reporting Services abgelegt werden. Auf solche Datenquellen kann man sich dann im eigenen Report einfach beziehen.

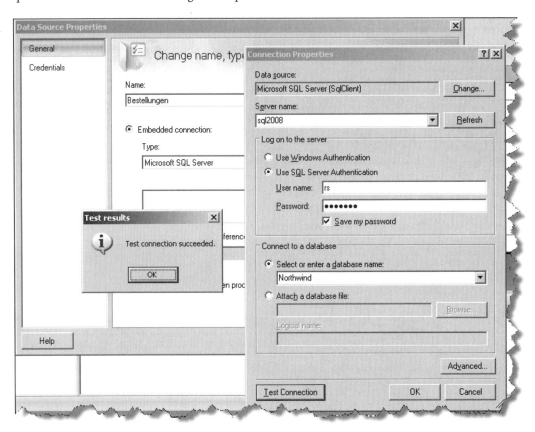

Abbildung 7.7   Die Definition einer Datenquelle

TIPP   Es ist sehr sinnvoll, Datenquellen in den Reporting Services freizugeben. Zum einen müssen Sie die Datenverbindung für mehrere Berichte, die Sie erstellen, nicht immer wieder neu erstellen. Außerdem benutzt man im Unternehmen wenige verschiedene – am besten nur wenige Datenbanken. Zum anderen können Sie dann diese Datenquelle zentral administrieren. So entwickeln Sie in der IT-Abteilung in Ihrer Testumgebung die nötigen Reports, die alle eine freigegebene Datenquelle benutzen, die mit der Testdatenbank verbunden sind. Nachdem Sie die Berichte und die Datenquelle auf das Produktionssystem übertragen haben, ändern Sie einmal die Einstellung dieser zentralen Datenquelle, die Sie nun die Produktionsdatenbank nutzen lassen: Alle erstellten Berichte zeigen nun sofort die produktiven Daten an, da sie die zentrale freigegebene Datenquelle benutzen.

Abfragetext

Der Bericht enthält gewöhnlich eine zentrale Datenabfrage. Beachten Sie aber, dass die Datenquellen recht unterschiedlich sind. Eine Abfrage gegen eine Oracle-Datenbank sieht sicherlich anders aus, als der Zugriff auf das ActiveDirectory oder auf die OLAP-Daten der Microsoft SQL Server Analysis Services.

Dennoch stellt Microsoft ein Abfragetool zur Verfügung, mit dem Sie gewohnt anschaulich solche Abfragen erstellen können. Solche Abfragegeneratoren kennen Sie sicherlich aus Access oder auch schon aus SQL Server 2000. Sehr hilfreich war es schon, dass in den Reporting Services von SQL Server 2005 auch Abfragen für OLAP-Daten visuell unterstützt erstellt werden konnten.

Leider ist ein solches Abfragetool, ein Abfragedesigner, aber in den uns vorliegenden CTPs noch nicht enthalten. Die entsprechende Seite im Assistenten macht es aber auch möglich, den Abfragetext einfach einzugeben oder hineinzukopieren, da je nach Datenquelle eventuell noch ganz andere Abfragetools zur Erzeugung zur Verfügung stehen oder weil der Text wirklich selbst erzeugt werden muss.

Denken Sie daran, dass Sie sehr einfach im SQL Server Management Studio eine Abfrage mit dem SQL Server-Abfragegenerator erzeugen können.

TIPP	Mit der rechten Maustaste rufen Sie im Anfragefenster des SQL Server Management Studios einfach

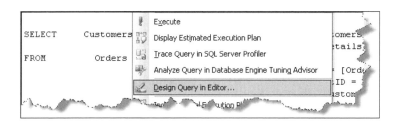

Design Query in Editor... auf. Der von Ihnen eventuell bereits eingegebene Abfragetext wird grafisch dargestellt, Sie können ihn grafisch bearbeiten, und er wird dann nach Verlassen des Editors in ein SQL-Statement »übersetzt«. Dabei wurde im SQL Server 2008 endlich auch darauf geachtet, dass Sie immer wieder hin- und herschalten können. Sie können also zu jeder Zeit entweder das Statement manuell editieren oder grafisch mit *Editor*, die Änderungen werden jeweils in das andere Format übertragen.

Das SQL-Statement, das wir hier benutzt haben, lautet:

```
SELECT dbo.Customers.CompanyName, dbo.Customers.City, dbo.Customers.Country, dbo.Orders.OrderDate,
dbo.Products.ProductName,dbo.[Order Details].UnitPrice, dbo.[Order Details].Quantity, dbo.[Order
Details].UnitPrice * dbo.[Order Details].Quantity AS LineTotal
FROM dbo.Customers INNER JOIN
dbo.Orders ON dbo.Customers.CustomerID = dbo.Orders.CustomerID INNER JOIN
bo.[Order Details] ON dbo.Orders.OrderID = dbo.[Order Details].OrderID INNER JOIN
dbo.Products ON dbo.[Order Details].ProductID = dbo.Products.ProductID
```

Das Erstellen eines Reports

Neben der Wahl der Datenquelle und der Erstellung des Abfragetextes kann nun der Bericht gestaltet werden. Auch wenn die Auswahl ausgesprochen übersichtlich wirkt, sind die Möglichkeiten doch sehr komplex.

Abbildung 7.8   Die in einem
Report verfügbaren Steuerelemente

Neu in SQL Server 2008   Auch wenn Sie in der Aufzählung zwischen Tabelle, Matrix und Liste unterscheiden, so wird mit dem SQL Server 2008 ein neues, allen diesen zugrunde liegendes Steuerelement eingeführt:
die Tablix. Wie der Name schon sagt, ist es die Verschmelzung von Liste, Tabelle und ehemaliger Matrix,
wieder ein Microsoft-Name für die gute alte Kreuztabelle – in anderen Kreisen auch unter dem Namen
Pivot-Tabelle bekannt.

Beachten Sie aber, dass auch der SQL Server 2008 keine neue T-SQL Erweiterung für Kreuztabellen besitzt
(sei denn, Sie wollen die *Grouping Sets* als solche wahrnehmen). Die *Pivotisierung* findet allein bei der
Ausführung der Reports aus einer flachen Ergebnisliste statt.

Nun klicken wir auf das Tabellen-Symbol um eine Tabelle im Bericht zu erstellen und ziehen die gewünschten Spalten in die zweite Zeile – dies ist die sogenannte Detail-Zeile. Die Überschriften werden dann automatisch im Tabellenkopf platziert.

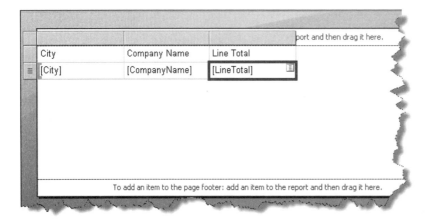

Abbildung 7.9   Eine erste
einfache Tabelle

Der Report-Designer hält sich strikt an das Erscheinungsbild anderer Anwender-Programme von Microsoft, besonders natürlich an die Gestaltungsrichtlinien von Microsoft Office 2007; die neuen Symbolleisten,
die *Ribbon Bar*s, sind ebenso vorhanden, wie alle anderen Bedienungskonzepte. Daher kann man ohne
weitere Einführung die Anwendung bedienen. In der folgenden Abbildung sehen Sie den schon weiter
gestalteten Bericht – wir haben den Tabellenkopf mit weißer Schriftfarbe, fett, 12pt und mit schwarzem
Hintergrund formatiert. Danach haben wir auf der rechten Maustaste die Eigenschaften des *LineTotal*-
Feldes aufgerufen.

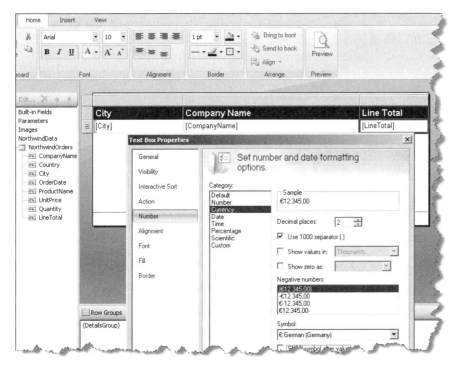

Abbildung 7.10 Intuitive Bedienung des Report-Designers

Als nächstes soll eine Gruppierung der Datensätze nach dem Land, sowie eine entsprechende Sortierung stattfinden. Das neue Steuerelement Tablix unterstützt Gruppierungen sowohl auf Zeilen und Spaltenebene und dies – bei einer Kreuztabelle – auch gleichzeitig.

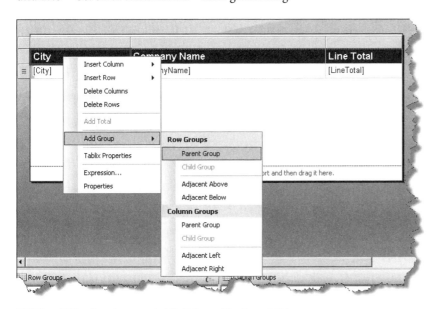

Abbildung 7.11 Gruppierungen sind für Zeilen und Spalten möglich

Für die neue Gruppe wird ein Name vergeben und das Gruppierungsargument angegeben, also wonach gruppiert werden soll. Natürlich kann dabei festgelegt werden, ob etwa ein Gruppenkopf oder -fuß erscheinen soll oder nicht. Zudem können recht einfach Teilsummen hinzugefügt werden.

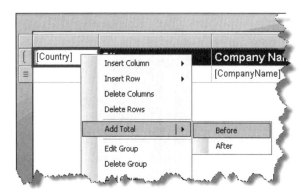

Abbildung 7.12   Teilsummen können für jede Gruppierungsebene hinzugefügt werden

Die Ausführung des Reports kann dann lokal erfolgen, man schaltet einfach in die Voransicht um.

Dabei wird der Report zunächst *nicht* in die Reporting Services eingestellt. Die Voransicht kann auch in Details vom endgültigen Erscheinungsbild leicht abweichen. Diese Voransicht dient daher primär zu einer ersten Beurteilung des Ergebnisses bzw. zur einfachen Ausführung von Ad-hoc-Reports, die gar nicht veröffentlicht werden sollen.

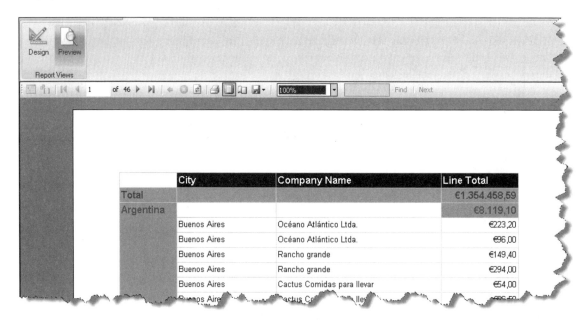

Abbildung 7.13   In der Voransicht stehen Drucken, Exportieren und andere Möglichkeiten zur Verfügung

Um dann den Report tatsächlich im Unternehmen zur Verfügung zu stellen, muss er *veröffentlicht* werden (im Report-Designer des Visual Studios heißt diese Funktion *Bereitstellen*).

Dies ist etwas völlig anderes als das *Speichern* des Reports. Ein Report wird in einem bestimmten XML-Schema (RDL für Report Definition Language) abgelegt. Im Grunde handelt es sich bei einem Report der Reporting Services also um eine Textdatei, die XML enthält.

```xml
<?xml version="1.0" encoding="utf-8"?>
<Report xmlns:rd="http://schemas.microsoft.com/SQLServer/reporting/reportdesigner"
xmlns="http://schemas.microsoft.com/sqlserver/reporting/2007/01/reportdefinition">
    [...]
    <Query>
     <DataSourceName>NorthwindData</DataSourceName>
     <CommandText>SELECT
     Customers.CompanyName, Customers.Country, Customers.City, Orders.OrderDate,
Products.ProductName,
     [Order Details].UnitPrice, [Order Details].Quantity,
     [Order Details].UnitPrice * [Order Details].Quantity AS LineTotal
                    FROM Orders INNER JOIN
                    [Order Details] ON Orders.OrderID = [Order Details].OrderID INNER JOIN
                    Products ON [Order Details].ProductID = Products.ProductID INNER JOIN
                    Customers ON Orders.CustomerID = Customers.CustomerID</CommandText>
    </Query>
   </DataSet>
  </DataSets>
  <Body>
   <ReportItems>
    <Tablix Name="Tablix1">
     <TablixBody>
       <TablixColumns>
         <TablixColumn>
           <Width>1.71875in</Width>
```

Listing 7.1 Gekürzter Ausschnitt aus einer Report-Definitionsdatei

Beim Veröffentlichen aber wird dieses XML-Dokument in die Reporting Services übertragen und je nach Konfiguration in der *ReportServerDB* (im Nativen Modus) oder einer SharePoint Liste (im SharePoint-integrierten Modus) abgelegt und danach nur aus dieser Datenbank ausgeführt.

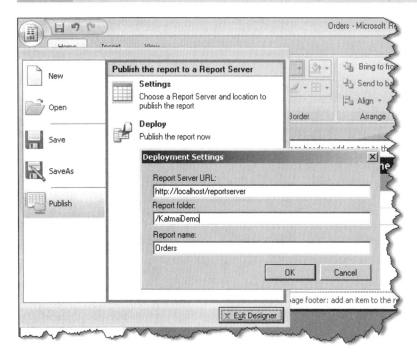

Abbildung 7.14   Der Report wird in
die Reporting Services veröffentlicht

Da die Reporting Services eben wie erwähnt ein XML-Webservice sind, wird sowohl im Nativen Modus wie im SharePoint Modus (auch die SharePoint-Listen sind XML-Webservices) eine URL als Speicheradresse angegeben. Wenn Sie den SQL Server 2008 im Nativen Modus mit den Standardeinstellungen installiert haben, lautet die Stamm-URL für den Reportserver *http://localhost/reportserver*.

Neue Visualisierungen

Nicht zuletzt der Titel dieses Kapitels weist auf einen entscheidenden Aspekt von Reports bzw. Berichten hin: Das Erscheinungsbild. Ein *Bild sagt mehr als tausend Worte, das Auge isst mit* etc. All diese Redensarten verweisen auf den Umstand, dass der Mensch ein sehr visuelles Wesen ist.

Ob bewusst oder unbewusst wird man ein Reporttool neben allen technischen Details immer nach seinen optischen Möglichkeiten beurteilen. Die Reporting Services konnten schon in der Version des SQL Servers 2005 damit gut überzeugen. Wenn man aber alle Zweifel hinwegfegen wollte, kaufte man tunlichst die Reporting Services Steuerelemente der Firma Dundas hinzu, um jeden Projektleiter, jeden Geschäftsführer und Controller zum einen von der eigenen Genialität, zum anderen von den immensen Möglichkeiten der Reporting Services zu überzeugen.

Neu in SQL Server 2008   Dieses Verfahren muss auch bei Microsoft bekannt geworden sein. Daher hat unsere kleine Firma aus Redmond/Seattle ihr hart Erspartes zusammengerafft und für den SQL Server 2008 einen Großteil der Diagrammsteuerelemente der Firma Dundas lizenziert. Dies wird den Reporting Services des SQL Servers 2008 noch einmal einen enormen zusätzlichen Erfolg bescheren.

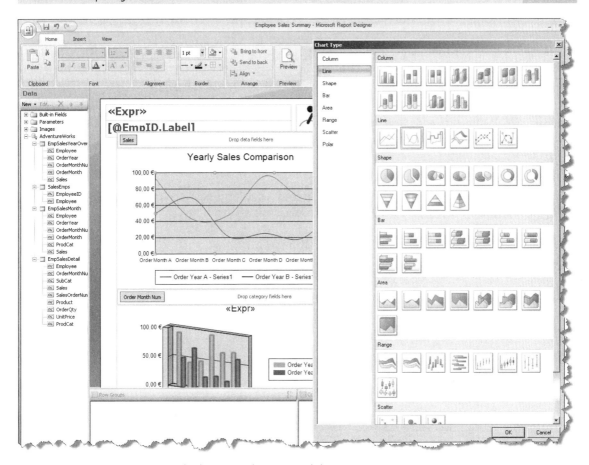

Abbildung 7.15   Im SQL Server 2008 sind viele neue Visualisierungen enthalten

Die Möglichkeiten des neuen SQL Servers erschließt man sich am besten mit einigen vorbereiteten Beispielen, die man, sicherlich nicht der Produktionsumgebung, aber auf einer geeigneten Test-Maschine leicht installieren kann. Microsoft hat die Erstellung und Verwaltung der Beispiele »ausgelagert«. Man findet diese nun nicht mehr auf der Microsoft-Download-Seite, oder als Teil des Setups, sondern auch in diesem wird auf die Seite von CodePlex verwiesen: *http://codeplex.com/SqlServerSamples/*.

Sie haben jetzt sicherlich einen Eindruck von der Erstellung eines Berichtes mit den Reporting Services gewonnen. Sicherlich kann und will dieser Eindruck nicht eine Schulung oder Anleitung zur Berichtserstellung sein. Wir verweisen daher gerne auf das ausgezeichnete Buch unserer Partner *Volker Pruß, Martin B. Schultz und Jörg Knuth* über die *Reporting Services im Microsoft Press Verlag*.[2] Auch wenn diese sich noch mit den Reporting Services des SQL Servers 2005 beschäftigen, sind viele grundlegende Verfahren auch für den SQL Server 2008 noch richtig. Zudem wird bald auch eine für den SQL Server 2008 aktualisierte Fassung erscheinen.

---

[2]   Microsoft SQL Server 2005 Reporting Services – Das Praxisbuch, ISBN 13: 978-3-86645-402-6.

Weitere Aspekte

Auf einige Möglichkeiten der Reports möchten wir Sie noch hinweisen, weil sie ein wenig die Vielfalt der Einsatzmöglichkeiten offen legen. Im ersten Schritt wurde ein einfacher Report erzeugt, der alle Bestellungen aus allen Ländern einfach anzeigt. Danach wurde nach den Ländern gruppiert.

Was aber, wenn wir gar nicht immer alle Datensätze sehen wollen? Die Berichte unterstützen auch die Möglichkeiten, Parameter zur Steuerung der Daten einzusetzen. So können dann beispielsweise die Länder, aus denen wir die Bestellungen sehen wollen, gewählt werden.

Parameter

Dazu wird die Abfrage des DataSets editiert und ein Parameter hinzugefügt. Wir verwenden die Syntax IN, weil später Daten aus einem oder mehreren Ländern angezeigt werden sollen.

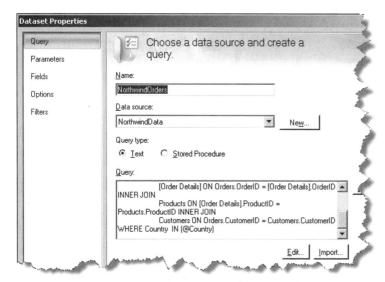

Abbildung 7.16   Die Abfrage wird um einen Parameter erweitert

Hat man dies getan erscheint der Parameter in der Liste der verfügbaren Parameter und kann entsprechend weiter konfiguriert werden.

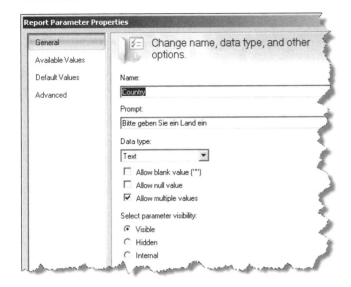

Unter der Datenquelle wird ein weiteres Dataset hinzugefügt, für das wir die Liste aller Länder ausgeben
wollen.

```
Select Country FROM Customers group by Country order by Country
```

Listing 7.2 Die Liste aller verfügbaren Länder

Dieses Dataset wird bei den *Available Values* des Parameters als Quelle der verfügbaren Werte angegeben.

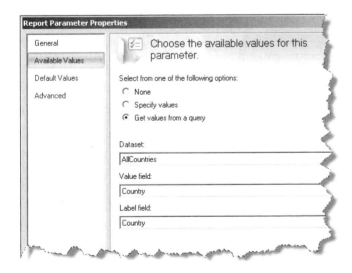

Abbildung 7.18 Auch Darstellungs- und Wertefeld
können abweichen

Schaltet man nun in die Voransicht, sieht man, dass der Report nicht mehr sofort ausgeführt wird, sondern
zunächst der Parameter gefüllt werden muss, sodass in unserem Beispiel also das Land bzw. die gewünschten Länder ausgewählt werden müssen.

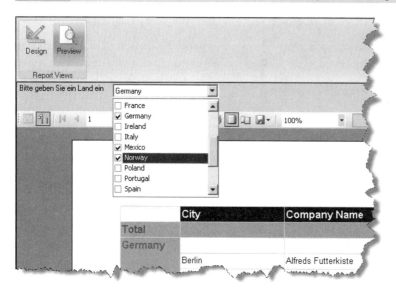

Abbildung 7.19 Auswahl des Parameters

Auch Standard-Parameter können aber eingestellt werden, dann wird der Bericht immer erst mit diesem Standardwert ausgeführt und man kann alternative Einstellungen später wählen.

Ausdrücke

Als weitere Möglichkeit wollen wir die Werte betonen, die unterhalb eines kritischen Wertes liegen. Bei der Betrachtung der Daten fällt uns auf, dass es Bestellungen mit sehr geringen Gesamtsummen unter 50 Euro gibt. Diese sind für das Unternehmen wegen des hohen Verwaltungsaufwandes beinahe uninteressant, durch eine Formatierung (rote Zahl) wollen wir unsere Vertriebsbeauftragten darauf aufmerksam machen.

Dazu wählen wir wieder die Eigenschaften des Feldes aus, das wir formatieren wollen.

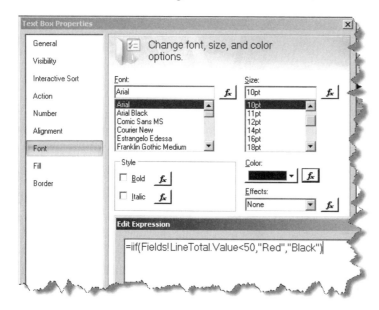

Abbildung 7.20 Erweiterte Eigenschaften eines Datenfeldes

Man erkennt, dass neben vielen Eigenschaften das besondere Funktionssymbol f_x angebracht ist. Das heißt, dass hier nicht nur statische Werte, etwa bei der Farbe ein beliebiger Farbwert wie *Yellow* (Gelb), angegeben werden kann, sondern die Eigenschaft auch das Ergebnis eines Ausdruckes oder sogar einer Funktion sein kann.

Nach dem Klick auf das Symbol öffnet sich der – in der Vorabversion dieses Report-Designers – leider sehr rudimentäre Ausdruckseditor. Wir wissen alle, dass Microsoft das besser kann. Das ist schließlich die Firma, die der Welt *edlin* geschenkt hat. Aber immerhin hat man schon ein Textfeld, in dem man mit dem Cursor hin- und herfahren kann und in das man etwas eingeben kann. Wenn man sich verschrieben hat, kann man das sogar wieder löschen. *Chapeau* würde der Franzose sagen.

Nur leider: Was eingeben? Man muss dann schon die Syntax der Reporting Services kennen, um hier weiter zu kommen. Dazu einige Bemerkungen.

In diesem Fall ist der Report-Designer im Visual Studio, obwohl noch in der Version des SQL Servers 2005, wirklich schon weiter.

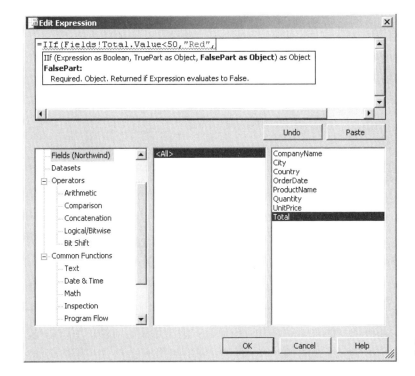

Abbildung 7.21 Der Ausdruckseditor im Visual Studio ist schon deutlich weiter...

Unter den *Common Functions* findet man dort immerhin eine Liste der verfügbaren Funktionen, diese sind ein bisschen an die Basic Syntax angelehnt, aber eben auch nur ein bisschen. Auf Felder der Datenquelle wird mit `Fields!`*Feldname*`.Value` verwiesen, auf die Werte eines Parameters mit `Parameters!`*Parametername*`.Value`. Die sogenannten *Build-in Fields*, die eingebauten Felder, wie etwa die Gesamtzahl der Seiten, ruft man über die *Globals*-Auflistung auf, also etwa `Globals!TotalPages`.

In dem Beispiel, das wir gewählt haben, benutzen wir die Funktion IIF. Die Funktion überpüft einen Ausdruck Fields!LineTotal.Value<50 darauf, ob er wahr ist. In diesem Fall wird das zweite Argument zurückgegeben (Red), sonst das dritte Argument (Black).

Dies ist wirklich bemerkenswert, wenn man einmal die Tragweite der Funktionalität verstanden hat. Nicht nur der Inhalt des Feldes (z. B. SUM(Fields!Total.Value)), sondern auch (beinahe) alle anderen Eigenschaften lassen sich durch Ausdrücke steuern. Hier nun einmal die Color-Eigenschaft, also die Farbe. (*Warum man im Visual Studio in einer Windows Forms-Anwendung bei Textboxen die* ForeColor-*Eigenschaft einstellt, hier aber wieder nur* Color, *versteh' einer! Treffen die sich nie, um solche Dinge abzustimmen?*).

So könnte man auch die Sichtbarkeit eines Steuerelementes aus einer Datenquelle steuern. Möchte man nur Textboxen sichtbar machen, die mehr als 50 Euro ausgeben, so wäre dies ebenso möglich (*Und mit welcher Eigenschaft?* Visible, *wie sonst immer? Nein:* Visibility, *dort dann* Hidden *(nicht etwa* true *oder* false*). Himmel, gib mir Kraft!*).

In diesem Fall haben wir mit dem Ausdruck also etwas abgebildet, was in Excel beispielsweise bedingte Formatierung genannt wird. In der folgenden Abbildung wurde auch das Datumsfeld noch entsprechend formatiert.

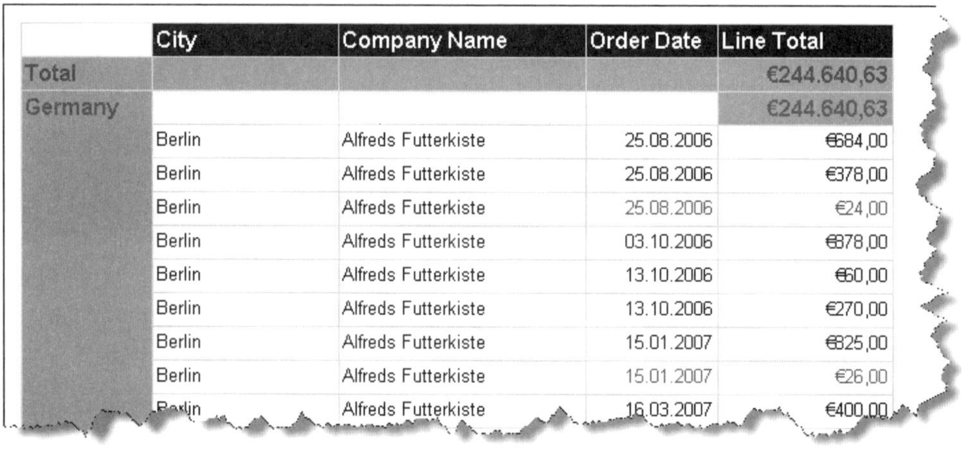

	City	Company Name	Order Date	Line Total
Total				€244.640,63
Germany				€244.640,63
	Berlin	Alfreds Futterkiste	25.08.2006	€684,00
	Berlin	Alfreds Futterkiste	25.08.2006	€378,00
	Berlin	Alfreds Futterkiste	25.08.2006	€24,00
	Berlin	Alfreds Futterkiste	03.10.2006	€378,00
	Berlin	Alfreds Futterkiste	13.10.2006	€60,00
	Berlin	Alfreds Futterkiste	13.10.2006	€270,00
	Berlin	Alfreds Futterkiste	15.01.2007	€825,00
	Berlin	Alfreds Futterkiste	15.01.2007	€26,00
	Berlin	Alfreds Futterkiste	16.03.2007	€400,00

Abbildung 7.22   Das Ergebnis in der Voransicht

ACHTUNG   Wie Sie erkennen, sollte man die Komplexität des Produktes nicht unterschätzen. Wie Sie anhand der Screenshots erkennen können, hat es Microsoft wieder einmal verstanden, auch für recht komplexe Abläufe einen ersten Einstieg über gut strukturierte Anwendungen zu finden. Doch »der Teufel steckt im Detail«: Die Reporting Services sind ein professionelles, komplexes Produkt zur Erstellung eines beinahe jeden denkbaren Berichtes. Wenn Sie dieses Produkt in einem Projekt einsetzen, bedenken Sie, dass Sie eine Schulungs- oder Eingewöhnungsphase brauchen werden. Je nach vorhandenen Vorkenntnissen werden Sie sicher 5-10 Tage intensiver Beschäftigung brauchen, bevor Sie einen Großteil Ihrer Vorstellungen zügig umsetzen können.

Der Berichts-Manager

Die mitgelieferte Webanwendung trägt den Namen Berichts-Manager. Wenn man die Reporting Services in der Standardkonfiguration installiert, findet man ihn unter *http://localhost/Reports*. Die hier wiedergegebenen Screenshots geben das Erscheinungsbild für einen Administrator wieder. Sie können sich vorstellen, dass etwa die Datenquellen für einen normal berechtigten Anwender nicht sichtbar und zu ändern sind. Auch viele Einstellungsmöglichkeiten, die im Weiteren aufgezeigt werden, sind ebenfalls nur für Administratoren zugänglich.

Das Erscheinungsbild im SharePoint-integrierten Modus ist natürlich ein anderes. Der Berichts-Manager steht hier nicht zur Verfügung und wird tatsächlich abgeschaltet.

Aber (beinahe) alle Funktionen des Berichts-Managers stehen auch zur Verfügung und werden genauso oder ähnlich administriert. Eine vollständige Liste der Unterschiede zwischen den Möglichkeiten des Nativen Modus und des SharePoint Integrated Mode finden Sie unter *Features Supported by Reporting Services in SharePoint Integration Mode (*and *not supported features* – by the way) in der Online-Hilfe des SQL Servers 2008.

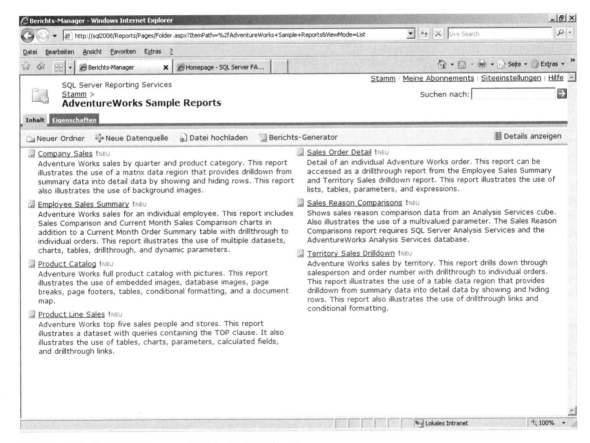

Abbildung 7.23   Der Berichts-Manager mit installierten Beispielreports

Die Oberfläche ist einfach gehalten. Wir denken, dass dies so gewollt ist, damit eine Anpassung für die Bedürfnisse des jeweiligen Einsatzes besonders einfach ist. So kann man sehr schnell mit einer anderen Stylesheet-Datei (css) die Farben ändern oder die Logos – wie oben links in der Abbildung zu sehen – oder den Ordner durch ein Firmen-Logo ersetzen. Zu allen Objekten stehen Eigenschaften zur Verfügung, mit denen ihr Verhalten und Erscheinungsbild gesteuert werden können.

Im Berichts-Manager stehen die Berichte natürlich als HTML zur Verfügung. HTML bietet durch JavaScript auch die Möglichkeit, dynamische Elemente miteinzubinden. So kann etwa eine Detailstufe ein- oder ausgeblendet werdet.

Solche Dynamik geht natürlich bei dem einen oder anderen Exportformat verloren. Beim Export als Bild entsteht eben nur ein statisches Bild, das den aktuellen Zustand des Berichtes wiedergibt. Für den Export nach Excel hat man sich aber sehr viel Mühe gegeben. Dort werden die Detailebenen wirklich als Gruppierungsebenen exportiert und die gesamten interaktiven Möglichkeiten blieben dann erhalten.

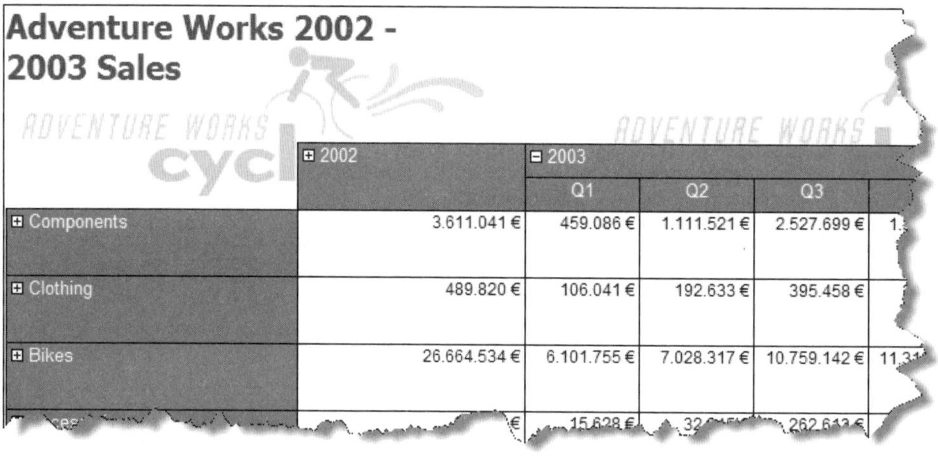

Abbildung 7.24   Durch das Klicken auf Plus- bzw. Minuszeichen können Details ein- oder ausgeblendet werden

Alle von den Reporting Services angebotenen Funktionen können über den Berichts-Manager administriert werden. So wurde schon besprochen, dass in manchen Szenarien ein ständiges Abfragen der Datenbank, um den Bericht mit den aktuellsten Daten zu füllen, gar nicht wünschenswert ist. Vielmehr sollen diese Daten nur einmal am Tag eingelesen, und dann nur zwischengespeicherte Werte im Bericht angezeigt werden.

Ausführung

In den *Eigenschaften* des Reports findet sich der Eintrag *Ausführung*.

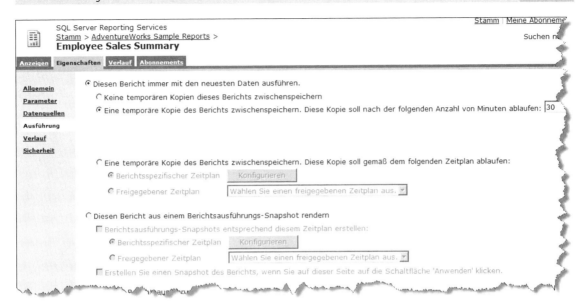

Abbildung 7.25   Nicht immer möchte man direkt auf die Datenquelle zugreifen

Damit ist man denkbar flexibel, auch was die Ausführungsgeschwindigkeit der Berichte angeht. Wenn es sich um »nur« tagesaktuelle Berichte handelt, kann man auch sehr große oder komplexe Abfragen in der Nacht als sogenannten Ausführungs-Snapshot ausführen lassen. Tagsüber für den Zugriff der Benutzer stehen sie dann schon in der ReportServer-Datenbank bereit.

Wenn Sie einen Bericht erzeugt haben, der Parameter entgegennimmt, kann man mit dem Berichts-Manager die Ausgabe so einstellen, dass der Benutzer diese Parameter setzen kann. Dies wird nicht immer gewünscht sein. Denken Sie an unser Beispiel mit den Gehaltsabrechnungen. Der Parameter, der den jeweiligen Angestellten einstellt, sollte nicht frei wählbar sein, sondern vom System gesetzt werden. So können Parameter mit einem Standardwert versehen werden und zwar unabhängig davon, wie der Programmierer dies voreingestellt hat.

Dabei hat man (im Screenshot nicht mehr sichtbar) die Möglichkeit einzustellen, ob der Benutzer diesen voreingestellten Wert sehen und ändern kann.

Abbildung 7.26 Auch die Parameter können nach Wunsch administriert werden

Wenn ein Bericht den Vorstellungen oder dem Interesse eines Benutzers entspricht, kann er auch über den Reportmanager ein gewünschtes Exportformat wählen und den Bericht dann in Excel weiter bearbeiten oder etwa per PDF versenden.

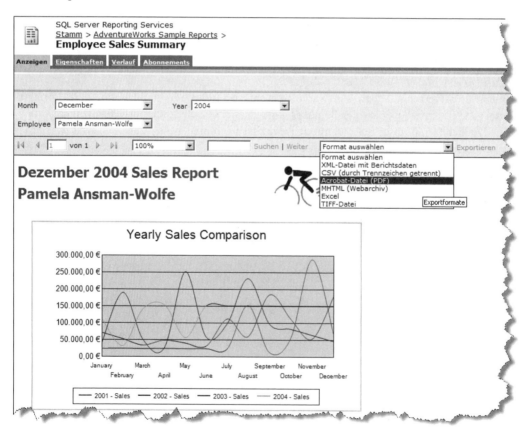

Abbildung 7.27 Der Bericht kann direkt aus dem Berichts-Manager exportiert werden

Verlauf

Zudem ist es möglich, entweder auf Wunsch durch die Anwender oder automatisiert einen Verlauf zu erstellen. Ein solcher Verlauf ist der »eingefrorene« Zustand, also ein Schnappschuss zu einem bestimmten Zeitpunkt.

Man kann sich einfach sinnvolle Anwendungsgebiete vorstellen. Man denke etwa an einen Bericht, der immer die Umsatzzahlen für den aktuellen Monat, oder den Wert *Year-To-Date* ausgibt. Im Beispiel des Monatsberichtes, wäre natürlich dieser Monat für den Januar ebenso informativ wie für den Februar, aber wie waren noch einmal die Daten im Januar zum Vergleich?

Ein solcher Monatsbericht würde sich also besonders anbieten um automatisiert einen Eintrag im Verlauf am Ende eines jeden Monats anzulegen. Über das Jahr würde sich dann eine Liste der verfügbaren Monatsauswertungen aufbauen.

ACHTUNG   Um einen Eintrag im Verlauf automatisiert zu erstellen, müssen die Anmeldeinformationen in der dem Bericht zu Grunde liegenden Datenquelle gespeichert sein. Dies gilt besonders für Daten aus dem SQL Server 2008. Mit anderen Worten: Die Anmeldung mit dem aktuellen Windows-Konto, sonst sicher die zu empfehlende Zugriffsauthentifizierung, scheitert hier. Ein SQL-Login mit Kennwort sollte in der Datenquelle fest hinterlegt werden. Denken Sie daran, einem solchen SQL-Konto möglichst wenig Rechte zu geben. Für Berichte sind Nur-Lese-Berechtigungen völlig ausreichend, ein Bericht ändert keine Daten und soll es auch nicht. Deshalb erstellen wir gerne ein Login RSReader, der als Datenbankbenutzer in den Datenbanken, aus denen es Berichte zu erstellen gibt, der Rolle *db_data_reader* angehört.

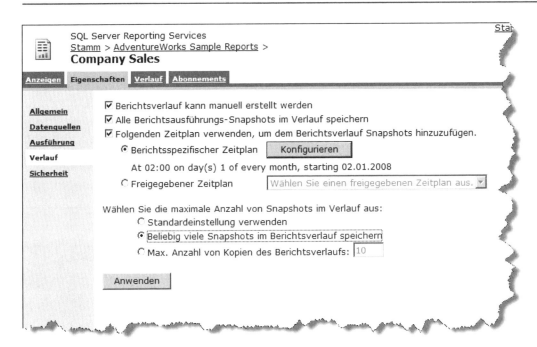

Abbildung 7.28   Ein Eintrag im Verlauf kann nach einem automatisierten Zeitplan entstehen

Abonnements

Analog zur Redensart »Wenn der Prophet nicht zum Berg kommt, dann muss eben der Berg zum Prophe-ten kommen« kann man für die Reporting Services formulieren: »Wenn der Anwender nicht zum Bericht kommt, kommt der Bericht eben zum Anwender«. Die Reporting Services verfügen über sogenannte Auslie-ferungs-Erweiterungen. Bei der Installation wird eine E-Mail und Dateisystem-Erweiterung mitausgeliefert. Da SharePoint-Listen für den Empfang von E-Mails konfiguriert werden können, ist so zudem die Ausliefe-rung an SharePoint-Listen denkbar.

ACHTUNG   Oftmals ist es nicht möglich, ein Abonnement für die E-Mail-Auslieferung zu erstellen. Dann hat man im Allgemeinen vergessen, einen SMTP-Server bei der Konfiguration für die Reporting Services anzugeben. Wechseln Sie daher in das *Startmenü* und wählen dort in der *SQL Server 2008 Programm Gruppe* die *Reporting Services Configuration*. Dort erstellen Sie unter *E-Mail Settings* die nötigen Einträge.

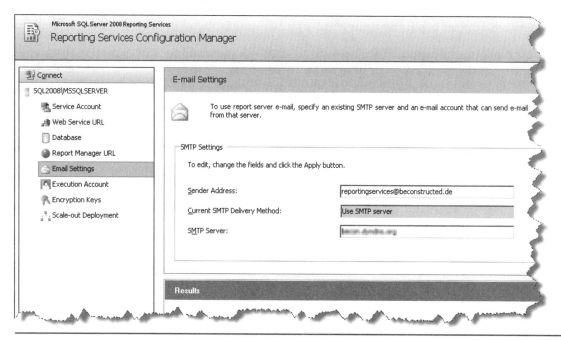

So ist es etwa ideal, eine Liste der fehlgeschlagenen Backups an den SQL Server Administrator zu senden oder als kleine emotionale Tagesstarthilfe eine Liste der umsatzstärksten Produkte an die Geschäftsführung zu senden. Dies als kleiner Hinweis, um sich als Autor eines solchen Umsatzberichtes unauslöschlich in das Gedächtnis ihrer Vorgesetzen positiv einzubrennen.

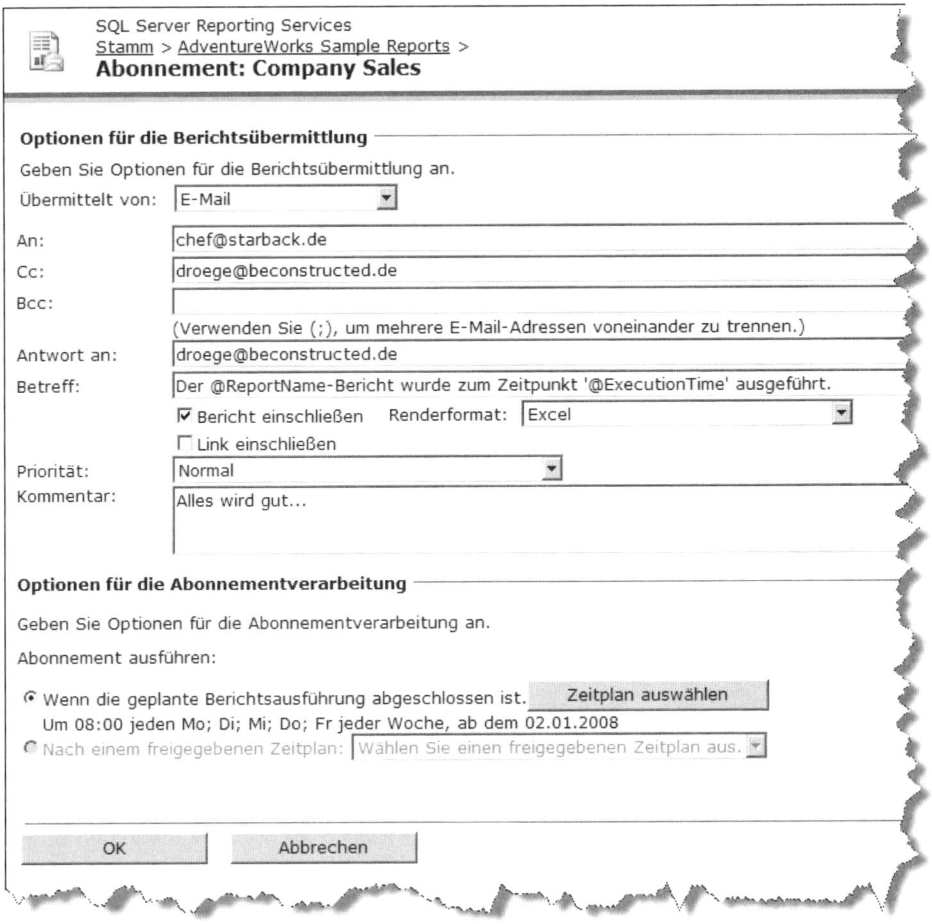

SQL Server Reporting Services
Stamm > AdventureWorks Sample Reports >
Abonnement: Company Sales

Optionen für die Berichtsübermittlung

Geben Sie Optionen für die Berichtsübermittlung an.

Übermittelt von: | E-Mail

An: | chef@starback.de

Cc: | droege@beconstructed.de

Bcc: |

(Verwenden Sie (;), um mehrere E-Mail-Adressen voneinander zu trennen.)

Antwort an: | droege@beconstructed.de

Betreff: | Der @ReportName-Bericht wurde zum Zeitpunkt '@ExecutionTime' ausgeführt.

☑ Bericht einschließen   Renderformat: | Excel

☐ Link einschließen

Priorität: | Normal

Kommentar: | Alles wird gut...

Optionen für die Abonnementverarbeitung

Geben Sie Optionen für die Abonnementverarbeitung an.

Abonnement ausführen:

◉ Wenn die geplante Berichtsausführung abgeschlossen ist.   [Zeitplan auswählen]

  Um 08:00 jeden Mo; Di; Mi; Do; Fr jeder Woche, ab dem 02.01.2008

○ Nach einem freigegebenen Zeitplan: | Wählen Sie einen freigegebenen Zeitplan aus.

[OK]   [Abbrechen]

Abbildung 7.29   Der Bericht wird an jedem Werktag versendet

Analog kann natürlich ein Bericht auch in das Dateisystem ausgeliefert werden. Ein interessantes Szenario wäre dabei die Erstellung von PDFs oder Bildern im zentralen Unternehmenslaufwerk.

Eigene Anwendungen mit den Reporting Services

Der sicherlich größte Vorteil für Entwickler ist es, mit den Reporting Services eigene Anwendungen erstellen zu können. Einem alten Scherz zufolge macht der Umgang mit Computern solange Spaß, solange man nichts ausdrucken muss. Jetzt macht sogar das Ausdrucken Spaß. Und dabei bedienen Sie sich der gleichen Logik, wie Sie es vom Umgang mit den Daten bereits gewöhnt sind: Sie verfügen über dezidierte Befehle und Technologien, solche Aufgaben von einem Server erledigen zu lassen. Genauso, wie Sie die Daten mit einfachen Befehlen aus dem Server holen und dort auch ändern können, steht Ihnen nun (endlich) ein Server zur Verfügung, der Ihnen Berichte liefert.

Da es sich bei den Reporting Services um eine Webservice-Schnittstelle handelt, können Sie diese Berichte – wenn dies gewünscht sein sollte – weltweit problemlos über das Internet versenden, da die Transport-Ports, die für Webservices genutzt werden (Port 80 für http und SOAP sowie Port 443 für SSL, also die verschlüsselte Übertragung), im Allgemeinen von den Firewall-Systemen nicht geblockt werden.

Schon in Kapitel 4 wurde ausgeführt, wie eine Anwendung einen Webservice nutzen kann. Unter Visual Studio .NET 2005 oder 2008 fügt man, wie schon in früheren Versionen, seinem Projekt einen Webverweis hinzu. Dabei wird auf dem lokalen Rechner eine Proxy-Klasse erstellt, die die entfernten Aufrufe kapselt, sodass man den Eindruck hat, mit lokalen Objekten zu arbeiten.

Die folgenden Screenshots arbeiten noch mit Visual Studio 2005, damit möglichst viele Leser die Beispiele nachverfolgen können. Das Gesagte gilt aber beinahe unverändert auch für Visual Studio 2008. Die Neuerungen, die allein Visual Studio 2008 und die neuen .NET Framework Versionen nach 2.0 betreffen, wurden bereits in Kapitel 4 besprochen.

Um mit den Reporting Services arbeiten zu können, gibt es unterschiedliche Strategien. Zum einen können Sie mit den Reporting Services arbeiten, als wenn es sich um eine lokale Klassendatei mit darin definierten Objekten handeln würde. Die andere Möglichkeit bieten fertige Steuerelemente, die teilweise zum Lieferumfang von Visual Studio gehören, teilweise nachträglich für das Visual Studio 2005 von Microsoft heruntergeladen werden können. Sie finden diese unter dem Stichwort *Microsoft Report Viewer Redistributable 2005* und *http://www.microsoft.com/downloads/details.aspx?FamilyID=8a166cac-758d-45c8-b637-dd7726e61367&DisplayLang=en*.

Webverweis

Genauso wie Sie für Klassenbibliotheken, die nicht immer eingebunden werden, manuell einen Verweis hinzufügen müssen, um mit ihnen arbeiten zu können, so müssen Sie dann einen so genannten Webverweis hinzufügen.

Dabei liest ein Tool (WSDL) die Beschreibung des Webservices und erstellt eine sogenannte lokale Proxyklasse. Bietet der Webservice etwa eine Funktion CreateFolder an, dann erstellt das Tool eine lokale Klasse, die über eine Funktion CreateFolder verfügt. In dieser wird dann über SOAP (all das verbirgt die Klasse allerdings vor Ihnen) der entfernte Webservice über seine URL und den Funktionseinsprung aufgerufen und das Ergebnis wiederum an die Klasse zurückübertragen. Es steht dann als lokaler Rückgabewert in Ihrem lokalen Programm zur Verfügung.

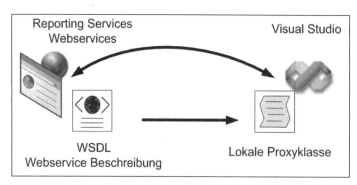

Abbildung 7.30   Eine lokale Proxyklasse kapselt die SOAP-Aufrufe an den Webservices

HINWEIS   Sie können die Proxyklasse und viele andere interessante Dateien sehen, wenn Sie oben im Projektmappen-Explorer, das 2. Symbol in der Reihe mit dem Tooltip »Alle Dateien anzeigen«, anklicken. Dann blendet Visual Studio neben der eben erwähnten Proxyklasse auch andere intern benutzte Dateien ein.

Daher kann man mit den Reporting Services arbeiten, als würden Aufrufe lokaler Klassen erfolgen. In Visual Basic .NET könnte ein Aufruf etwa so aussehen:

```
Dim rs As ReportingService
rs = New ReportingService()
' Anmelden mit aktuellen Informationen
rs.Credentials = System.Net.CredentialCache.DefaultCredentials
' Die URL des Webservice festlegen
rs.Url = "http://sql2008/ReportServer/ReportService.asmx"
…
Dim historyID As String = Nothing
Dim deviceInfo As String = Nothing
Dim showHide As String = Nothing
Dim param As ParameterValue() = Nothing
Dim credentials As DataSourceCredentials() = Nothing
Dim results() As [Byte]
Dim warnings As Warning() = Nothing
Dim reportHistoryParameters As ParameterValue() = Nothing
Dim streamIDs As String() = Nothing
…
results = rs.Render("/AdventureWorks Sample Reports/Company Sales", "IMAGE", historyID, deviceInfo,
param, credentials, showHide, Nothing, Nothing, reportHistoryParameters, warnings, streamIDs)
```

Listing 7.3   Der Code ist ein Ausschnitt des Beispielprogrammes FindRenderSave von Microsoft

Die Erstellung einer Instanz des Webservices ist – durch die erwähnte Proxyklasse – der Aufruf einer lokalen Klasse. Daher auch die normale Deklaration und Initialisierung Dim rs As ReportingService und rs = New ReportingService(). Die generierten Proxyklassen für einen Webservice bieten zudem die Möglichkeit, die URL und auch die *Credentials* zu übergeben.

Die *Credentials* sind die Anmeldeinformationen, sodass Sie sich durch diese Klasse auch mit jedem anderen gewünschten Usernamen anmelden können. *DefaultCredentials* gibt die aktuellen Anmeldeinformationen zurück, also den Sicherheitskontext, mit dem Sie gerade angemeldet sind.

```
Dim k As System.Net.NetworkCredential
        k.UserName = "MeinUsername"
        k.Domain = "DieDomain"
        k.Password = "SecureP@asswOrd"
```

Listing 7.4   Die Klasse Credentials stellt Anmeldeinformationen bereit

Wie Sie sehen, wird im Listing die Methode *Render* (Umsetzen) der Reporting Services aufgerufen. Diese liefert ein Byte-Array zurück, da die Berichte durchaus in binären Dateiformaten abgelegt werden können – wie Sie schon gesehen haben. So könnte man im Parameter format natürlich auch ein PDF anfordern und dann das Byte-Array auf der Festplatte speichern oder als Bitmap (wie hier) und dann sofort in der Anwendung wiedergeben. Die etwas einfache Beispieloberfläche kann dann so aussehen:

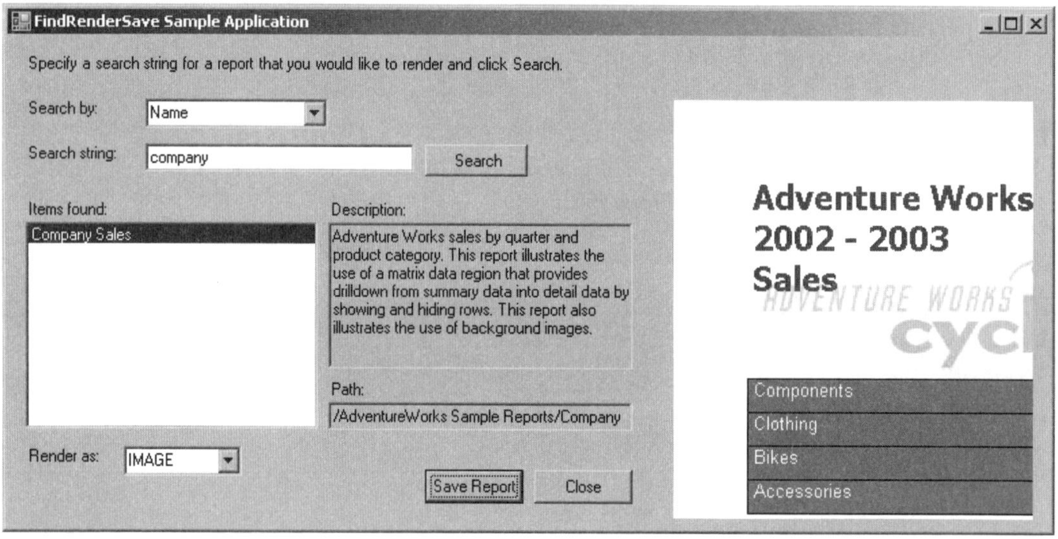

Abbildung 7.31   Der Report wird als Bild angefordert und in der Anwendung sofort angezeigt

Reporting Services Steuerelement

Interessanterweise sind besonders viele Programmierer durch die Tatsache irritiert, dass es sich bei den Reporting Services um XML-Webservices handelt. *Wat de Bur nich kennt, dat frett hei nich.*

Wohl wegen des Wortgleichklangs Webprogrammierung, Webservices sind dann viele der Meinung, dass die Reporting Services eventuell noch etwas für Webseiten-Programmierung sind, aber eben auf keinen Fall für eine *normale* Anwendung. (*Normal ist übrigens immer, was man selber macht…*).

Aber: Ganz im Gegenteil. Die Reporting Services sind eine ganz hervorragende Möglichkeit für die Programmierung von Windows- oder *Fat Client*-Anwendungen. Und dies ganz ohne komplexe SOAP-Aufrufe.

HINWEIS   Natürlich gibt es ein ähnliches Steuerelement auch für die Programmierung von Webseiten mit ASP.NET. Wir zeigen hier nur exemplarisch die Anwendung unter Windows, da unserer Meinung nach diese Möglichkeiten noch weniger bekannt sind. Reporting Services lassen sich in allen Arten von Programmen für alle Aspekte des Ausdrucks- oder Berichtswesens verwenden.

Schon Visual Studio 2005 lieferte ein Steuerelement mit aus, das es möglich machte, alle Funktionen der Reporting Services in einer eigenen Windows Forms-Anwendung zur Verfügung zu stellen. Sie finden das Steuerelement bei Visual Studio 2005 noch unter der Rubrik *Daten*, bei Visual Studio 2008 unter *Berichterstellung*. Man zieht es einfach auf ein Formular, im Beispiel wurde zudem die Anchor-Eigenschaft auf Top, Bottom, Left, Right gesetzt. Danach wird einfach der gewünschte Report gewählt.

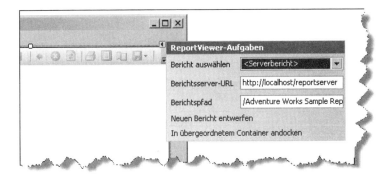

Abbildung 7.32   Man trägt einfach den gewünschten Report ein

Nun kann einfach das Programm ausgeführt werden.

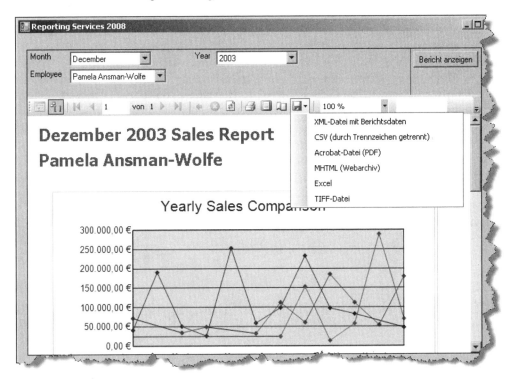

Abbildung 7.33   Das Steuerelement bildet alle Möglichkeiten des Bericht-Managers ab

Neu in SQL Server 2008   Nun noch ein letzter Hinweis, der unbedingt unter uns bleiben soll (eine Veröffentlichung ist im Allgemeinen die sicherste Methode ein Geheimnis zu hüten). Wenn Sie einmal das kleine Dreieck oben rechts im Report Viewer Steuerelement (das *Smarttag* für die häufigsten Aufgaben – so das korrekte *Wording* nach Worten unseres geschätzten Lektors) noch einmal aufklappen, sehen Sie den Eintrag *Neuer Bericht*. Aha, man kann im Visual Studio 2008 also auch Berichte für die Reporting Services entwickeln. Nach Ausführen des Befehls finden wir aber in unserem Bericht eine RDLC –Datei. Was ist das? Eine RDL-Datei war eine Report Definition Language Datei für den Reportserver, aber RDLC?

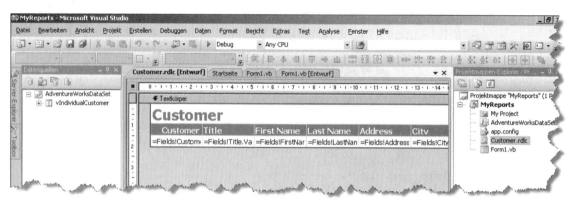

Tatsächlich hat Microsoft mit dem Steuerelement durch die »Hintertür« auch die Möglichkeit eingeführt, Berichte *lokal* ohne Reportserver zu erstellen und auszuführen. Das C von RDLC steht wohl für Client, die Dateien werden einfach mit der *Exe*-Datei bzw. mit den Assemblies mitausgeliefert und auf dem lokalen Rechner von einer DLL ausgeführt. Dann sind nicht alle Export-Formate wählbar und auch sonst sind andere Serverfunktionen wie Abonnements nicht verfügbar, zur Erstellung von Ausdrucken reicht es aber allemal. Damit steht den Programmierern die gleiche Technologie sowohl zur Erstellung von lokalen wie zentralen Berichten zur Verfügung.

Im Visual Studio 2008 kann man sich einen großen Teil der Arbeit abnehmen lassen, indem man direkt eine *Berichtsanwendung* erstellt.

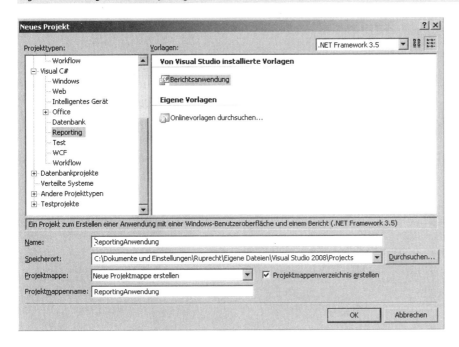

Dabei wird der Assistent gestartet, den man auch aus der Berichtserstellung als Projektvorlage im Business Intelligence Development Studio kennt:

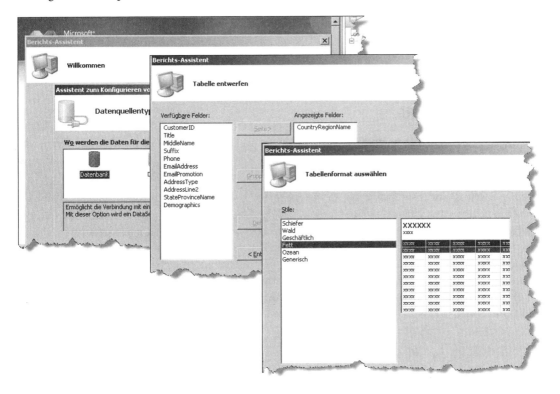

Das Formular mit ReportViewer Steuerelement, Datenquelle, Bericht und Layout ist dann schon fertig gestellt.

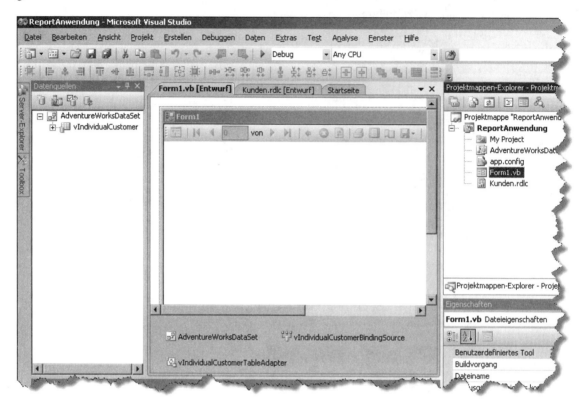

Zusammenfassung

Eine kleine Einführung zu den Reporting Services finden Sie als Webcast von einem unserer Autoren unter *http://www.microsoft.com/germany/msdn/webcasts/library.aspx?id=1032344269*. Dort finden Sie sogar eine ganze Reihe zur Einführung in den SQL Server (allerdings noch für die Version 2005).

Die Reporting Services sind eine großartige Erweiterung der bisherigen Möglichkeiten des SQL Servers. Dabei konnte in unseren Ausführungen leider nur ein Teil der Funktionalität vorgestellt werden. Sie sind ein eigenständiger Dienst, der als Webservice konzipiert ist und daher einfach auch in heterogenen Umfeldern eingesetzt werden kann. Obwohl er relativ einfach zu bedienen und einzusetzen ist, bietet er vielfältige Möglichkeiten. Die Anwender können dabei die Berichte sowohl über ein mitgeliefertes Portal selbstständig abrufen als auch Berichte abonnieren, die dann vom Server meist nach Zeitplan aber auch nach Datenänderungen zugestellt werden. Als Webservice sind die Reporting Services aber auch jederzeit in eigene Anwendungen (am einfachsten mit .NET, jederzeit aber mit Java oder anderen Technologien) zu integrieren.

Daher sind Reporting Services eine echte Alternative zu anderen Formen der Bereitstellung von Daten – auch über größere Entfernungen. Durch die Benutzung der Infrastruktur des Internets und die Verwendung standardisierter Protokolle gibt es keine Integrationsschwierigkeiten in bestehende IT-Landschaften. Die Reporting Services, die bereits in einer Version für SQL Server 2000 verfügbar waren, wurden von uns schon in vielen Szenarien eingesetzt und erfüllen die in sie gesetzten Erwartungen vollständig. Wenn Sie sich entschließen, Reporting Services im eigenen Unternehmen oder anderen Projekten einzusetzen, was wir Ihnen nur wärmstens empfehlen können, sollten Sie eine Zeit der Einarbeitung kalkulieren, um die vielfältigen Einsatzmöglichkeiten wirklich kennen zu lernen.

Mit den Erweiterungen der Reporting Services im SQL Server 2008 sieht man, wie ernst es Microsoft mit dem Produkt und der eigenen Business Intelligence-Strategie ist. Die Reporting Services, die als Serverprodukt schon sehr ausgereift sind, können mit dem neuen Report-Designer hervorragend als unternehmensweites Berichtswesen eingesetzt werden, in dem es für jede Zielgruppe (Anwender, Power-User und IT-Professional) das richtige Werkzeug zur Gestaltung, Anzeige und Bereitstellung der Berichte im Unternehmen gibt.

Kapitel 8

Man glaubt nur, was man sieht – Das Microsoft Office System als Client für SQL 2008

In diesem Kapitel:

Excel 2007 als OLAP Client   335

Data Mining-Add-Ins für Office 2007   344

Die OLAP-Cubes von StarBack sind ja nun schon einige Monate online. Mittlerweile zweifelt niemand mehr die Korrektheit der Zahlen an, und alle loben die Reports, die auf den Cubes erstellt wurden. Die Geschäftsleitung ist immer ganz begeistert, was ein Mitarbeiter aus dem Controlling, der in seiner vorherigen Firma schon viel mit OLAP gemacht hat, alles für tolle Auswertungen auf den Cubes erstellen kann! Die Client-Software, die er dafür benutzt, ist allerdings sehr teuer, weshalb er nur eine Einzelplatz-Lizenz dafür hat, und sie sieht auch ziemlich kompliziert aus, sodass niemand anders sie lernen will. Der Kollege murrt schon: Er hat auch noch etwas anderes zu tun, als für das ganze Unternehmen die Zahlen zu liefern!

Die IT-Abteilung hat ein Einsehen, und macht sich auf die Suche nach einem OLAP-Client, der dann von allen interessierten Nutzern verwendet werden soll. Man lädt die großen Namen der Branche ein, sieht viele begeisternde Präsentationen, isst manche Schachtel Besprechungs-Kekse leer, erschrickt über so manches aufwändige Lizenzmodell, und ist immer noch nicht so recht weiter. Zufällig stehen aber auch gerade Verhandlungen mit Microsoft über ein Enterprise Agreement an, in deren Rahmen Microsoft auch dringend die neueste Office-Version 2007 empfiehlt. Auf die Frage, was denn da die Vorteile seien, antwortet der Microsoft-Mitarbeiter mit einer spontanen Vorführung von Excel 2007 als OLAP-Client (er hatte in seiner vorherigen Aufgabe bei Microsoft auch schon viel mit OLAP gemacht). StarBack ist begeistert: das ist da alles drin? Sofort wird beschlossen, bei zehn ausgewählten Nutzern Excel 2007 zusätzlich zum vorhandenen Office 2003 zu installieren. Erstaunlich, was diese Nutzer nach einer kurzen Einweisung schon alles hinbekommen!

Eine ihrer ersten Cube-Auswertungen ergibt: die Verkaufszahlen im Web-Shop stagnieren, während die im Callcenter weiter fleißig steigen. In einem Meeting mit den Webentwicklern und Callcenter-Mitarbeitern wird nach den Gründen gesucht, und bald wird klar: es ist die angepasste Beratung. Vorschläge wie »Probieren Sie doch mal unsere neuen französischen Croissants, die gehen in letzter Zeit bei Frühstücksrestaurants wie ihrem besonders gut« werden vom Käufer oft dankend angenommen und steigern den Umsatz. Das sollte es in unserem Online-Shop auch geben! Dieser Internet-Buchhändler hat sowas doch auch! Ja, sowas geht mit Data Mining, weiß die IT, aber das ist teuer, diese ganzen unterschiedlichen Verfahren, da müsste man erst mal einen Statistiker einstellen…

Aber einer der Web-Entwickler gibt nicht auf. Data Mining kann doch der SQL Server auch, und im Internet hat er gefunden, dass es dafür so ein Excel-Add-In gibt, das man nur herunterladen muss! Er besorgt sich einfach die Verkaufspositionen der letzten Wochen als Textdatei-Export, lädt sie in sein Excel und hat nach einigem Experimentieren genug Material zusammen, dass er den Chef überzeugen kann: Es wird ein Projekt aufgesetzt, aus den bisherigen Verkäufen der Kundengruppe automatisch Vorschläge zu generieren, die auf der Internet-Seite für jeden Bestellvorgang präsentiert werden sollen.

Lange Jahre schien es, als ob Microsoft einen ganz zentralen Vorteil überhaupt nicht nutzen, ja brach liegen lassen wollte: Sie sind nicht nur die Hersteller des Datenbankservers, der in den letzten zehn Jahren die Server-Welt auf den Kopf gestellt hat, sondern auch noch verantwortlich für die populärste Office Suite der Welt, mit 95% Marktanteil und 400 Millionen verkauften Kopien! In diesem Softwarepaket, das so ziemlich jeden PC fest im Griff hat, ist nun allerdings vom SQL Server herzlich wenig zu sehen. Gerade im Bereich der Business Intelligence hat das vielfach für Verwunderung gesorgt, denn der Zugriff von Excel auf die Analysis Services-Cubes war nicht immer einfach zu finden und zu bedienen! Die einmütige Auskunft von Microsoft war immer: Wir stellen den Server und unterstützen dabei offene Schnittstellen wie OLE DB für OLAP und XML/A, und die Partner entwickeln die Frontends dazu. Ganz schwierig wurde es im Bereich Data Mining, einer Komponente von Analysis Services, die sogar vollkommen ohne jedes Benutzerinterface auskommen musste!

Mit Office 2007 nun hat sich dies in vielen Punkten verändert. Offensichtlich haben sich die beiden vielfach konkurrierenden Abteilungen bei Microsoft, das Office Team und das Server Team, endlich einmal zu konstruktiven Meetings zusammengefunden,[1] und das Ergebnis kann sich sehen lassen: Ein in Excel integrierter OLAP-Client, der jedes Feature der Analysis Services 2008 unterstützt, und ein kostenloses Add-In, das endlich den Data Mining-Fähigkeiten des SQL Servers auch den Auftritt gibt, der ihnen gebührt.

Man könnte nun lang philosophisch darüber streiten, ob dies ein unzulässiges Ausnutzen der Marktmacht des weltweit größten Softwareherstellers ist. In der Praxis aber stellt man fest, dass noch bei verschwindend wenigen Anwendern die faszinierenden Möglichkeiten eines Datenbankservers bekannt sind! Da kann jedes bisschen Werbung, das Benutzer näher an ihre Daten bringt, für alle nur von Vorteil sein.

Excel 2007 als OLAP Client

Excel 2007 ist das erste Mal als vollwertiger OLAP-Client einsetzbar. Wie Sie Excel 2007 dafür genau einsetzen, erklären die folgenden Abschnitte.

Excel als Datenbank auf dem Client

Zunächst mal wird sich für viele Nutzer von Excel 2007 die Frage stellen, ob man überhaupt noch Analysis Services-Cubes braucht! Denn endlich passen jetzt mehr Daten in die Tabelle: 1 Million Zeilen und 16.000 Spalten. Das war ein ganz eindeutiger Nutzerwunsch! Herr, bewahre mich vor der Erfüllung meiner Wünsche... Aber nun ist es zu spät: keine OLAP-Projekte mehr, die nur deshalb starten, weil die Quelldaten der bisherigen Auswertungen mehr als 65.536 Zeilen enthalten! Dafür wird das Chaos umso größer sein, wenn man den externen Berater rufen muss, weil die Excel-»Applikation« mit der Jahresplanung mittlerweile 250 MB groß geworden ist. Aber ehrlich, die Datenmengen, die überall gesammelt werden, werden so schnell wachsen, dass auch die neue Grenze von einer Million Zeilen leicht erreicht sein wird.

Und wer die altvertraute Funktion der »Excel-Listen« sucht, die gibt es nicht mehr: Die neue Funktion *als Tabelle formatieren* macht aus einigermaßen strukturierten Daten mit wenigen Mausklicks eine optisch attraktive »Excel-Tabelle«, deren Zeilen je nach Tabellenformatvorlage zur besseren Übersichtlichkeit abwechselnd eingefärbt sind. Die Spaltenüberschriften werden dabei mit Schaltflächen versehen, die die Tabelle sortierbar und filterbar machen. Diese teils neuen, teils nur anders verpackten Funktionen zum Data Profiling, zum einfachen und spontanen Erkunden von Daten, machen Excel zu einer großen Hilfe für jeden, der mit Daten arbeiten muss.

---

[1] Vielleicht unter leisem Druck, aber das ist reine Spekulation. Die SharePoint-Entwickler beispielsweise – so hörte man – haben sich so lange mit dem Office Team gekabbelt, bis ein Machtwort gesprochen wurde: SharePoint wurde in die Office Suite integriert, heißt deshalb jetzt »Microsoft *Office* SharePoint Server« und die ehemaligen Streithähne sitzen nun im selben Team.

Verbesserte Unterstützung für Analysis Services

Der Markt für Business Intelligence-Clients erzitterte: Microsoft selbst lieferte 2007 seinen ersten echten OLAP-Client aus, integriert in das Werkzeug, das von 87% aller Mittelständler bereits als BI-Tool eingesetzt wird: Microsoft Excel. Eine Unmenge von Fähigkeiten, die die Analysis Services mit der Version 2005 erworben hatten, kamen erstmalig an die Oberfläche. Werfen wir im folgenden einmal einen Blick auf diese Vielfalt, an der sich jetzt jede andere Anwender-Software messen lassen muss.

Direkter Zugriff auf Analysis Services über *Daten*-Reiterkarte

Wenn es darum geht, die Funktionalität, die ein Microsoft-Team entwickelt hat, mit möglichst wenigen Klicks in der Oberfläche erreichbar zu machen, ginge es hoch her in den Design-Meetings, die zur Entwicklung von Office 2007 gehalten wurden! Die Analysis Services sind aber schon als eindeutige Sieger im Kampf um den leichten Zugriff hervorgegangen. Vielleicht hat man die OLAP-Cubes jetzt so viel besser sichtbar gemacht, weil sie bei allen bisherigen Versionen endlos tief versteckt waren. Seit Office 2000 (wo man erstmals überhaupt aus Excel auf Würfel zugreifen konnte) geht der »Suchpfad« ungefähr so: *Daten / Pivot Table und Pivot-Chart-Bericht / Externe Datenquelle / Daten importieren / OLAP-Cubes / Neue Datenquelle / OK* und so weiter. Da ist man jetzt entscheidende Klicks näher gekommen: *Daten / Externe Daten abrufen / Aus anderen Quellen / Von Analysis Services.*[2] Das erhöht eindeutig die Chance, dass mehr jetzt noch ahnungslose Nutzer sich zumindest fragen, was wohl diese Analysis Services sind!

Neue Design-Oberfläche für Pivot-Tabellen

Man hört es hier und dort auch murren: Die gute, alte Excel Pivot-Tabelle, wie sie bis zur Version von Office 2003 doch schon zu guter Funktionalität herangewachsen war, war doch für Anfänger etwas leichter zu bedienen, einfach nur Klicken und Ziehen, und fertig war der simple Bericht. Dafür machte diese einfache Oberfläche doch schnell schlapp, wenn die OLAP-Cubes komplizierter und die Berichts-Anforderungen komplexer wurden! Das daher dringend nötige Neudesign der Pivot-Tabelle ist sicherlich angelehnt an das *Excel 2002/2003 Add-in für SQL Server Analysis Services*, ein kostenloses Stück Software, das die OLAP-Funktionalitäten der vorherigen Excel-Versionen schon erheblich verbessert hatte. Es steht übrigens nach wie vor auf der Microsoft Website zum Herunterladen bereit!

---

[2]　Wir müssten noch mal eine alte Office 2007-Beta installieren, um ganz sicher zu sein, aber die Autoren meinen sich zu erinnern, dass es in den ersten Versionen sogar nur drei Klicks waren: *Daten / Externe Daten abrufen / Von Analysis Services.* Aber dann hat vielleicht mal jemand vom SQL Server Team im Abstimmungs-Meeting gefehlt…

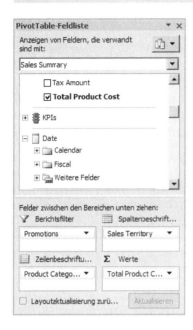

Abbildung 8.1 Die Feldliste der neuen PivotTable

Jetzt gilt es nicht mehr, die in der Feldauswahl gefundenen Kennzahlen oder Dimensionen direkt in das Excel-Sheet zu ziehen, sondern in die separate Feldliste, in darunter vorgesehene Felder für Filter, Zeilen, Spalten und Werte. Das ist zwar etwas gewöhnungsbedürftig, aber durchaus konsistent mit einer Reihe anderer OLAP-Frontends von Drittherstellern.

Perspektiven direkt auswählbar

Weil sich vieles im Design von Analysis Services-Cubes verändert hat seit dem SQL Server 2000, sind die Perspektiven eines der wichtigsten Features beim Cube-Zugriff geworden! Durch die Möglichkeit, viele verschiedene Faktentabellen in so genannten Kennzahlengruppen (*Measure Groups*) eines einzigen, großen Cubes zusammenzufassen, sind mittlerweile Cubes mit dreißig, vierzig Dimensionen und ebensovielen Kennzahlen keine Seltenheit mehr. Technisch ist es ja auch wunderbar, dass man hier alles mit allem kombinieren kann, aber der Nutzer steigt erfahrungsgemäß bei maximal zehn Dimensionen und fünf, sechs Kennzahlen aus! Eine Perspektive ist nun ein »Serviervorschlag«, also die Auswahl des Cube-Designers, welche Dimensionen für einen bestimmten Analyse-Zweck mit welchen Measures kombiniert Sinn ergeben. Ist die Vielfalt auf diese Weise vernünftig reduziert, macht die Arbeit den Anwendern auch wieder Spaß. Die Kunst des Designers ist es nun, in der Benennung der Perspektive schon klar zu machen, zu welchem Zweck sie dient, damit der Nutzer auch die richtige erkennt und wählt. Man sucht übrigens eine Perspektive ganz zum Anfang der OLAP-Analyse aus, denn sie erscheint dem Anwender wie ein weiterer, zusätzlicher Cube neben dem (ungleich größeren) Original-Cube. Das ist eine Leistung des OLE DB Data Providers für Analysis Services, und eben deshalb funktionieren Perspektiven auch bei OLAP-Clients, die davon noch nie etwas gehört haben können. Die Unterstützung von Excel 2007 besteht nun darin, gleich bei der Cube-Auswahl kenntlich zu machen, was ein kompletter Cube ist und was »nur « eine Perspektive.[3]

---

[3] Wenn Sie nur über die Standard Edition des SQL Servers verfügen, vergessen Sie diese Worte: Perspektiven sind ein Enterprise-Feature. Wenn Sie mich fragen, ist es dasjenige, das am schmerzhaftesten fehlt, wenn man es nicht hat.

Kennzahlengruppen und Dimensions-Hierarchien

Diese ab dem SQL Server 2005 vorhandenen Features haben eine gute und eine schlechte Seite: die Kennzahlengruppen (*Measure Groups*) fassen die Kennzahlen, die ihren Ursprung in einer gemeinsamen Tabelle haben, organisatorisch zusammen. Im SQL Server 2000 waren das noch verschiedene Cubes! Viele neue OLAP-Anwendungen bestehen also jetzt nur noch aus einem Cube, in dem alles miteinander kombinierbar ist; aber dafür leidet natürlich etwas die Übersichtlichkeit. Wenn also die Measure Groups im Client sichtbar sind, hilft das dem Neuling schon erheblich. Besonders clever: Die Reduktion auf sinnvolle Kombinationen über das Auswahlfeld *Anzeige von Feldern, die verwandt sind mit*, denn dann sind nur noch die Dimensionen sichtbar, die mit der aktuellen Measure Group verbunden sind (siehe Abbildung 8.1).

Auch, dass es jetzt problemlos möglich ist, für eine Dimension mehrere, parallele Hierarchien zu definieren (Klassisches Beispiel: *Jahr – Monat – Tag* und *Jahr – Kalenderwoche – Tag*) ist zwar praktisch, macht aber die Arbeit mit dem Cube nicht unbedingt einfacher. Statt diese verschiedenen Hierarchien als unabhängige Dimensionen anzuzeigen (wie bei manchen anderen Clients), sind sie jetzt unter dem Oberbegriff ihrer gemeinsamen Quell-Dimension elegant auswählbar.

Elementeigenschaften

Speziell, wenn man seine Analysis Services 2005-Cubes mit dem Cube-Assistenten entworfen hat, geht es einem manchmal wie dem Zauberlehrling: die Geister, die man rief, wird man schwer wieder los! Dieser Assistent macht nämlich aus jeder Spalte jeder Dimensionstabelle sofort eine *Elementeigenschaft* (*Member Property*) der Dimension. Man kann also z. B. Produkte nicht mehr nur nach vorgefertigten Hierarchien wie Produktkategorie – Unterkategorie – Produkt auswerten, sondern auch nach allen Eigenschaften wie Preis, Gewicht oder Lieferant. Weil dadurch aber eine Unmenge an Auswahlmöglichkeiten entsteht, ist es praktisch, dass Excel 2007 sie alle im standardmäßig zugeklappten Ordner *Weitere Felder* verbirgt. Dennoch ist es in Analysis Services 2008 sogar jetzt so, dass der Cube-Assistent standardmäßig keine Elementeigenschaften erzeugt, man muss dies Spalte für Spalte explizit anwählen. In Excel werden alle Elementeigenschaften normalerweise im QuickInfo angezeigt, aber wenn man auf eine entsprechende Dimensions-Zelle rechts klickt, findet sich im Kontextmenü auch der Eintrag *Eigenschaften im Bericht anzeigen*, der die gewünschten Eigenschaften in einer eigenen Spalte oder Zeile einblenden kann.

Aktionen

Besonders spektakuläre Auswertungen mit Excel lassen sich realisieren, wenn man dafür auf die Fähigkeit des Analysis Servers zugreift, bei einem OLAP-Client durch Klick auf eine Zelle verschiedene externe Programme aufzurufen, und diesen Programmen die aktuelle »Position« im Cube quasi als Parameter mitzugeben. Mit diesen so genannten *Aktionen* (*Actions*) kann man etwa einen schön formatierten Reporting Services-Bericht aufrufen, der genau erklärt, wie das Produkt aussieht, das so hohe Lagerbestände hat, man kann sich die Website eines gerade gefundenen Kunden mit drastisch gesunkenen Umsätzen aufrufen lassen und vieles mehr.[4]

---

[4] Wer das einfach mal sehen möchte: In der Beispieldatenbank AdventureWorksDW gibt es eine Aktion auf der Dimension »Geography«, Ebene »City«, bei der eine Website mit der Karte der Stadt in MSN Maps geöffnet wird, siehe Abbildung 8.2. Auch ein Beispiel mit dem Aufruf eines Reporting Services-Berichts ist enthalten.

Abbildung 8.2 Kontextmenü der
Pivot-Tabelle, hier mit einer Aktion

Die bekannteste Aktion ist immer noch der *Drillthrough*, der einfach die Faktentabellen-Zeilen anzeigt, auf die die aktuell angeklickte Zelle zurückgeht. Ein ideales Verfahren, um zweifelnden Anwendern zu beweisen, dass die Zahlen im Cube doch stimmen! All dies funktioniert jetzt auch von Excel 2007 aus, ein Rechtsklick auf den Ergebnisbereich einer Pivot-Tabelle zeigt ein Auswahlmenü mit dem Unterpunkt *Details anzeigen*, dann öffnet sich eine neue Tabelle mit den Quelldaten. Voraussetzung ist allerdings, dass die Drillthrough-Aktion vorher auf der passenden Kennzahlengruppe im Server definiert wurde.

Benannte Mengen

Eine schöne Möglichkeit, dynamische Berechnungen im OLAP-Cube einzubetten und dem Nutzer zugänglich zu machen, sind *benannte Mengen* (*Named Sets*). Mit ein paar MDX-Grundkenntnissen kann man hier eine statische Element-Liste oder eine Element-Liste, die das Ergebnis einer MDX-Abfrage ist, quasi zu einer Art »dynamischen Dimension« machen. Beliebte Anwendungen sind TOP-Abfragen: »Top 20 Kunden nach Bestellvolumen« oder »Top 10 Produkte nach Umsatz in den letzten 30 Tagen«. Diese benannten Mengen werden jetzt auch in Excel schön sichtbar, nämlich wie ein weiteres Attribut der Dimension, auf der sie erstellt sind, und können statt der »kompletten« Dimension auf den Zeilen oder Spalten eines Berichts verwendet werden, wenn auch leider nicht als Filter.

Ausblenden von Ebenen

Ein besonderes Ärgernis für alle Nutzer der Excel-Pivot-Tabelle bis zur Version 2007 war es, dass man, wenn man eine Hierarchie im Bericht anzeigen wollte (z.B. *Jahr – Quartal – Monat – Tag*), keine Ebene »zwischendurch« aus dem Bericht entfernen konnte; gab es die Quartale, dann musste man sie auch anzeigen und konnte bestenfalls mit Excel-Methoden die ganze Spalte oder Zeile ausblenden. Wie man auch in Abbildung 8.2 sehen kann, gibt es im Kontext-Menü jetzt den Eintrag *Felder ein-/ausblenden*, mit dem genau dies korrekt funktioniert.

Unterstützung für Server-KPIs

Ach, wie die Geschäftsführer sie lieben: die netten kleinen Ampeln. Weil ja manchmal regelrecht Köpfe rollen, wenn so eine Ampel für einen Geschäftsbereich plötzlich auf rot steht, ist es gut zu wissen, dass die Regeln, wann die Farbe wechselt, jetzt im Analysis Server manipulationssicher gespeichert sind. Seit Excel 2007 erscheinen die Key Performance Indicators (KPIs) jetzt auch mit in der Pivot-Tabelle, sie haben sogar einen eigenen Ordner in der Feldliste (siehe Abbildung 8.1). Angezeigt werden können nicht nur die reinen Zahlenwerte»Wert« (*Value*) und»Ziel« (*Goal*) für jede KPI, sondern auch die grafische Visualisierung unter »Trend« und»Status«, in Form von Trendpfeilen und eben Ampeln. Dass das nicht diejenige Visualisierung ist, die man auf dem Server eingestellt hat (denn dort kann man z.B. auch Thermometer oder lachende und weinende Gesichter auswählen), ist vielleicht zu verschmerzen.

Übernahme der Server-Formatierung (Zahlenformate, Farben, Schriften)

Schon, wenn man in Excel 2007 zum ersten Mal eine Kennzahl vom Analysis Server verwendet, die dort als Währung angegeben ist, und diese dann auch im Excel-Sheet mit einem Währungssymbol davor erscheint, huscht ein Lächeln über das Gesicht des Anwenders. Diese vermeintlich simplen Dinge kamen vorher einfach nicht bis zum Client durch! Jetzt aber kann man sogar basierend auf eine Regel, die im Server festgelegt ist, im Excel-Bericht automatisch negative Werte rot darstellen lassen oder Planwerte kursiv etc.

> **TIPP** Etwas absonderlich ist, dass serverseitige Farben und Schriften nur für berechnete Elemente funktionieren, also nicht für ganz einfache Standard-Measures. Wer aber dennoch so etwas verwenden möchte, der muss einfach ein berechnetes Dummy-Element (also ohne Berechnung) erstellen, in dem er diese Formatierungen definiert, und das dazugehörige Stamm-Measure unsichtbar machen.

Aber auch bei der serverseitigen Formatierung ist nicht wirklich alles Gold, was glänzt: der Analysis Server beherrscht ja problemlos die Währungsumrechnung mithilfe des Business Intelligence-Assistenten. Was er leider nicht so problemlos beherrscht, ist die Weitergabe der Formatierung der Währung (inklusive des Währungssymbols), in die er umgerechnet hat, auf den Excel-Client. Dass vor Ihrer Währungsspalte also ein Euro steht, muss nicht heißen, dass diese Währung auf dem Server auch in Euro gespeichert ist, es deutet nur darauf hin, dass in den Ländereinstellungen Ihres Clients die Währung auf Euro steht.

Automatische Anpassung an Client-Sprache

Ein hässliches Problem, das man kennt, wenn man mit Nutzern aus verschiedenen Ländern zu kämpfen hat: Jeder hat die Berichte am liebsten in seiner eigenen Sprache. Analysis Services bringt als Lösung dazu schon ab der Version 2005 die Übersetzungen (*Translations*), mit denen der OLAP-Cube bei der Verbindung mit dem Server die Ländereinstellungen des Clients erfährt, und dann dynamisch in der Sprache des Clients antwortet! Cube-Namen, Dimensionsnamen, Attributnamen, aber auch Inhalte von Dimensionen sind übersetzbar, wobei für z.B. französische Produktbezeichnungen auch ein Attribut mit der französischen Produktbezeichnung zusätzlich bereits in der Produktdimension vorhanden und gefüllt sein muss, die Übersetzungen schalten dann nur noch automatisch um.

Dass dies ein Feature von Excel 2007 ist, kann man aber nicht direkt behaupten: es ist eine Leistung des OLE DB Data Providers für Analysis Services. Und weil das so ist, »können« es sofort alle Clients, die diesen Provider verwenden, darunter natürlich auch Excel.

Grafische Visualisierung der Zellwerte

Echte Controller geraten natürlich in Verzückung, wenn sie eine wohl gefüllte Excel-Tabelle mit etwa 128 Spalten und 6.000 Zeilen sehen, alles voll mit Zahlen über Zahlen. Ihr geübtes Auge wird darin auch sofort Ausreißer erkennen und Trends entdecken können. Für uns andere aber hat Excel 2007 verschiedene wirklich nette Hilfen parat, die lange Zahlenkolonnen erheblich »durchsichtiger« machen können. Unter dem Menüpunkt »Start / Bedingte Formatierung« kann man mit *Datenbalken*, die sich dezent in den Hintergrund der Zellen einblenden, auch optisch leicht einen Vergleich numerischer Werte miteinander erhalten. Wenn dieser Vergleich auch eine Bewertung enthalten soll, empfehlen sich *Farbskalen* für den Zellhintergrund, die z.B. von rot bis grün gehen können, sodass man das beliebte Feature der *Heatmap* nachbauen kann. Über »Symbolsätze« schließlich gibt es die Möglichkeit, unabhängig von den KPIs, die auf dem Server definiert werden, lokal eigene Ampeln zu erzeugen.

	A	B	C	D
1	Sales Amount	Spaltenbeschriftungen 🔽		
2	Zeilenbeschriftungen 🔽	⊞ Bikes	⊞ Clothing	⊞ Components
3	⊞ Q1 CY 2002	$5,669,191.70	$11,703.33	$175,043.77
4	⊞ Q2 CY 2002	$5,759,704.33	$20,247.87	$376,246.57
5	⊞ Q3 CY 2002	$8,035,127.17	$262,533.15	$1,935,053.42
6	⊞ Q4 CY 2002	$7,022,335.00	$191,102.81	$1,123,748.72
7	⊞ Q1 CY 2003	$6,099,507.65	$105,669.61	$459,073.39
8	⊞ Q2 CY 2003	$7,022,584.18	$191,410.76	$1,111,225.62
9	⊞ Q3 CY 2003	$10,503,181.06	$386,859.72	$2,521,508.59
10	⊞ Q4 CY 2003	$11,285,604.81	$326,172.06	$1,390,689.69
11	Gesamtergebnis	$61,397,235.89	$1,495,699.31	$9,092,589.76

Abbildung 8.3 Datenbalken, Farbskalen und Symbolsätze (in dieser Reihenfolge)

Überhaupt sind dies alles reine Client-Features, die auch ohne Verbindung zum OLAP-Server funktionieren. Speziell bei den Symbolsätzen kann dies beunruhigend sein, da sich ein Anwender so mal einfach die eigene Ampel auf Grün stellen kann! Wenigstens gibt es aber immer die Möglichkeit, über den Menüpunkt *Start / Bedingte Formatierung / Regeln verwalten* mithilfe des *Managers für Regeln zur bedingten Formatierung* nachzuschauen, nach welchen Bedingungen hier die Farbe oder das Symbol wechselt.

Cube-Formeln

Achtung: dieses wichtige Feature bitte nicht in so einem lumpigen Absatz übersehen! An der Oberfläche schlecht sichtbar, sind die Cube-Formeln wie ein weiterer, zusätzlicher OLAP-Client, den man mit Excel 2007 geschenkt bekommt. Dieser Client hat den riesigen Vorteil, an allen hübschen grafischen Spielereien an der Oberfläche vorbei so zu funktionieren, wie es die Hardcore-Excel-Anwender lieben: mit Formeln! Buchhalter, die vorher, während Sie eine anregende Demo zur Pivot-Tabelle machen, gelangweilt auf ihren Blackberry geguckt haben, runzeln plötzlich nachdenklich die Stirne: Man kann ja doch mit diesen Würfeln »richtig« arbeiten! Man holt sich also mit den Cube-Formeln eine extrem wichtige Nutzergruppe wieder ins Boot, die sonst oft nur ein Bedürfnis hat: »Geben Sie mir einfach die ganzen Quelldaten in Excel, ich rechne mir das lieber selber aus«.

Der Einstieg in diese andere Welt ist ganz einfach, aber gut versteckt. Einfach auf eine fertige OLAP-Pivot-Tabelle klicken und dann unter dem Zusatzmenü *PivotTable-Tools / OLAP-Tools / In Formeln konvertieren* wählen. Ihre Pivot-Tabelle wird danach zwar noch genauso aussehen, aber beim Klick auf jede einzelne Zelle zeigt sich in der Bearbeitungsleiste eine Formel, die jetzt dafür zuständig ist, den Inhalt für genau diese Zelle aus dem Cube zu holen.[5] In diesem »formfrei« genannten Modus fallen nun alle Nachteile der Pivot-Tabelle weg: Man kann plötzlich wieder innerhalb der Pivot-Tabelle Spalten und Zeilen mit eigenen Berechnungen einfügen, und jeder Verweis auf eine Zelle in der Tabelle bleibt korrekt, auch wenn Inhalte sich ändern. Auch, wenn neue Elemente in Cube-Dimensionen erscheinen, wird eine formfreie Tabelle beim Aktualisieren nicht automatisch breiter oder länger wie die Pivot-Tabelle (und überschreibt damit auch nicht eventuell angrenzende Berechnungen).

Natürlich arbeitet ein echter Kenner der Cube-Formeln später nicht mehr mit *In Formeln konvertieren*, sondern er gibt die Formel direkt manuell in die Zielzelle ein. Dabei hilft ihm, dass Excel 2007 jetzt für Formeln ein Eingabefenster hat, das auch über mehrere Zeilen gehen kann und über IntelliSense und Auto-Vervollständigen verfügt! Es zeigt damit nicht nur die sehr komplexe Syntax der Formeln an, sondern macht auch Verbindungsnamen und die Inhalte der Dimensionen direkt auswählbar, wie Abbildung 8.4 zeigt.

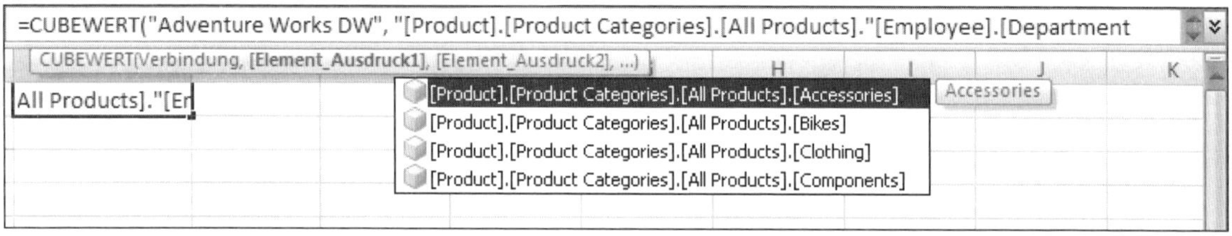

Abbildung 8.4   Editieren einer Cube-Formel mit IntelliSense

Die Anzahl der Formeln ist überschaubar, und ihre genaue Anwendung lässt sich in der Regel gut erlernen, wenn man sich ansieht, was in einer Tabelle, die auf formfrei konvertiert ist, hinter jeder Zelle steht:

- **CUBEELEMENT()**
  Gibt ein Element oder ein Tupel aus dem Cube zurück

- **CUBEELEMENTEIGENSCHAFT()**
  Gibt den Wert einer Elementeigenschaft im Cube zurück

- **CUBEKPIELEMENT()**
  Gibt eine KPI-Eigenschaft zurück und zeigt den KPI-Namen in der Zelle an

- **CUBEMENGE()**
  Definiert eine berechnete Menge von Elementen oder Tupeln durch Senden eines Mengenausdrucks an den Cube auf dem Server, der die Menge erstellt, und gibt dann diese Menge an Excel zurück

- **CUBEMENGENANZAHL()**
  Gibt die Anzahl von Elementen in einer Menge zurück

---

[5]   Wer kein Excel 2007 hat, der kann diese Funktionalität auch über das »Excel Add-In für Analysis Services« per Download von der Microsoft-Website erhalten. Allerdings sind die Namen der verwendeten Cube-Formeln nicht identisch.

- **CUBERANGELEMENT()**
  Gibt das n-te (mit einem Rang versehene) Element in einer Menge zurück

- **CUBEWERT()**
  Gibt einen Aggregatwert vom Cube zurück

Ein Wort der Kritik

Der Wurf, den das Microsoft Office-Team mit dem Neudesign der Pivot-Tabelle gelandet hat, ist so groß und hat auch so gut getroffen, dass wir jetzt einige Jahre lang (oder über mehrere Office-Versionen) sicher gut damit arbeiten können und werden. Dennoch ist es gerade in diesem Zusammenhang besonders ärgerlich, wenn einige wenige Dinge einfach fehlen oder nicht funktionieren: sie werden uns für eine lange Zeit ärgern.

Wer genau aufgepasst hat, weiß etwa, dass Microsoft nicht alle Features der Analysis Services im Excel-Client unterstützt: das *Zurückschreiben* (*Writeback*) fehlt. Dabei geht es darum, dass der Anwender auch Werte in den Cube schreiben und nicht nur lesen zu kann, was etwa bei Planwerten durchaus sinnvoll ist. Auf der Serverseite wurde das Zurückschreiben ja in Analysis Services 2008 nochmals verbessert: Es ist schneller geworden, weil man jetzt auch in MOLAP-Partitionen statt – wie vorher – nur in ROLAP-Partitionen zurückschreiben kann. Mit Excel 2007 lässt es sich leider nicht durchführen! Das ist besonders schade, weil viele andere Excel Add-Ins für OLAP diese Funktion realisieren, teilweise durch Verwendung einer eigenen Cube-Formel, teilweise wirklich dadurch, dass man einen Wert aus dem Cube automatisch »überschreiben« kann, indem man ihn einfach eintippt.

Und etwas anderes ist eigentlich Anlass zu noch größerem Ärger: *Berechnete Elemente* auf dem Cube werden nur sehr schlecht unterstützt. Diese enthalten ja oftmals die wirkliche *Business Intelligence*, indem sie für alle Nutzer zentral und mühelos Periodenabweichungen, kumulierte Werte und vieles mehr auf dem Server berechnen. Leider sieht man sie in Excel 2007 standardmäßig überhaupt nicht! Erst, wenn man im Kontextmenü (siehe Abbildung 8.2) *PivotTable-Optionen / Berechnete Elemente von OLAP-Server anzeigen* (sic!) ausgewählt hat, erscheinen diese zusätzlichen Elemente, meist ja in der Dimension »Measures«. Noch schlimmer wird es, wenn man berechnete Elemente in anderen Dimensionen als in »Measures« erzeugt hat, z.B. in einer Geografie-Dimension ein künstliches Element »Preußen« mit der berechneten Summe aus Berlin und Brandenburg.[6] Man kann dann dieses berechnete Element zwar auf Zeilen oder Spalten anzeigen, aber nicht ausblenden! Auch die Verwendung als Filter wird nicht unterstützt. Das ist umso erstaunlicher, als es in Beta-Versionen von Office 2007 durchaus schon funktionierte. Möge dieses Problem bald gelöst sein, um den schönen Gesamteindruck, den Excel 2007 als OLAP-Client hinterlässt, nicht zu trüben.

---

[6] Dieses Verfahren ist gar nicht so ungewöhnlich! Wenn man z.B. mit dem »BI-Assistenten« die so genannte »Zeitintelligenz« in einen Cube bringen lässt, erzeugt dieser genau ein Attribut der Zeit-Dimension mit berechneten Elementen »Vorjahr«, »prozentuelle Abweichung zum Vorjahr«, »Vormonat« und so weiter.

Data Mining-Add-Ins für Office 2007

Ein kurzer Blick in die Geschichte des SQL Servers zeigt, dass Data Mining schon immer sehr wichtig genommen wurde. Schon als der SQL Server 2000 auf dem Markt erschien, wunderte sich das kleine Häuflein von *Early Adopters*, die davor schon bei SQL 7.0 die OLAP-Komponente auf der Installations-CD entdeckt und sogar verwendet hatten, dass ihr Tool plötzlich nicht mehr wie vorher *OLAP Services*, sondern verwirrenderweise *Analysis Services* hieß. Grund war, dass es eben nicht nur OLAP, sondern erstmals auch Data Mining beherrschte, und diese wenig beachtete Neuigkeit wollte man eben auch im Namen dokumentieren.

Seitdem ist beim SQL Server Data Mining viel geschehen, aber leider ist immer noch die Zahl der Anwender sehr gering, die diesen Schatz, der in ihrer SQL-Installation verborgen ist, gehoben und für sich nutzbar gemacht haben. Vielleicht kann ja dieser Abschnitt den einen oder anderen dafür gewinnen! Auch bei OLAP hat es einige Jahre gedauert, bis diese Technologie »für die Massen« im Einsatz war, und viele Kenner sagen voraus, dass Data Mining das »OLAP von morgen« werden wird.

Data Mining – was ist das?

Jeder von uns hat das schon einmal erlebt: Man meldet sich auf einem populären Web-Shop an, klickt auf das eine oder andere Produkt, und schon verändert sich die Website: »Basierend auf ihre bisherigen Einkäufe« könne man Ihnen auch noch dieses oder jedes empfehlen; und »Nutzer, die sich dafür interessiert haben, hätten sich auch dafür interessiert«. Woher wissen die das? Ganz einfach, sie untersuchen die historischen Bestellungsdaten, finden dabei immer wiederkehrende Muster und erstellen schließlich basierend auf diese Muster Vorhersagen, wie wir uns als nächstes verhalten werden. Und weil zwar jeder Mensch einzigartig ist, wir aber in der Masse doch wieder ganz ähnlich reagieren, liegen sie dabei oft gar nicht so falsch und können damit erfreuliche Umsatzsteigerungen realisieren!

Aber nicht nur im Web, sondern auch in vielen anderen Bereichen kann Data Mining von enormem Nutzen sein. Überlegen Sie nur einmal, wo Vorhersagen überall sinnvoll sein können: Welches Gerät wird zuerst ausfallen? Welcher Kunde wird mich verlassen? Welche Rechnung wird nicht bezahlt werden? Wie wird sich die Kurve in dieser Grafik in Zukunft weiter entwickeln? Ist das ein korrekt eingegebener Datensatz?

Data Mining – wie geht das?

Leider ist in diesem Buch – wie in fast allen Fachbüchern zum SQL Server – nie genug Platz, um genauer beschreiben zu können, wie Data Mining funktioniert. Aber zumindest die wesentlichen Fachbegriffe und der Ablauf beim Erstellen einer Mining-Lösung sollen doch in einem Abschnitt umrissen werden!

Die wesentlichen zwei Schritte sind vereinfacht in Abbildung 8.5 beschrieben: Man beginnt zunächst mit einer *Trainings-Phase*. Hierbei werden Ihre gesammelten Echtdaten, aufgrund derer später vorhergesagt werden soll, einem Mining-Modell zum Training »vorgeworfen«. Die Sache ist noch ein wenig komplizierter: Sie definieren zunächst, welche Spalten aus welcher Datenquelle verwendet werden sollen, also z.B. diskrete, demographische Werte wie »Geschlecht«, »Alter« oder »Bundesland«, aber auch kontinuierliche Zahlen wie »Alter« und »Jahreseinkommen«, bei denen sich unter Umständen anbietet, diese zu »diskretisieren«, also

Alters- oder Einkommensgruppen zu erzeugen.[7] Diese Datenquellen-Definition macht die *Data Mining-Struktur* aus. Auf dieselbe Struktur setzt man jetzt möglichst mehrere unterschiedliche *Mining-Modelle* an, die dabei unterschiedliche *Mining-Algorithmen*, wie z.B. Clustering oder Decision Trees, verwenden können. All diese Modelle versuchen, in den Daten wiederkehrende Muster zu erkennen, um so später Vorhersagen treffen zu können.

Bevor Sie aber in die Vorhersage-Phase eintreten, empfiehlt es sich, noch eine zusätzliche *Test-Phase* einzulegen. Der kluge Daten-Bergwerker wird nämlich sein Mining-Modell nicht mit allen Daten gefüttert haben, die etwa aussagen, welche Kunden mit welchen Merkmalen auf das letzte Mailing reagiert haben und welche nicht, sondern er hat nur ca. 70% der Echtdaten zum Training verwendet. Mit den zurückgehaltenen 30% testet er dann die Vorhersage-Genauigkeit der verschiedenen Mining-Algorithmen, denn wenn diese Datensätze dem Mining-Modell zum Test zugeführt werden, kann man ja leicht die automatische Vorhersage mit der Realität vergleichen. Man verwendet dann einfach das Modell weiter, das am treffendsten vorhergesagt hat.

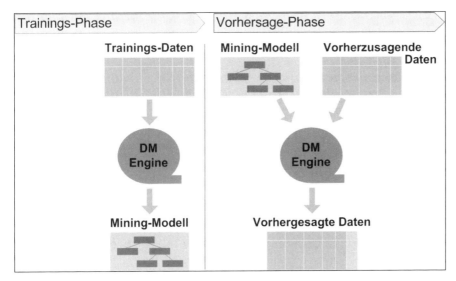

Abbildung 8.5 Was passiert beim Data Mining?

Die *Vorhersage-Phase* verwendet dann das Mining-Modell, das die Realität in der Trainings-Phase ja kennen gelernt und darin wiederkehrende Muster entdeckt hat, um basierend darauf in die Zukunft schauen zu können. So könnte etwa in einem Excel-Sheet mit Kundendaten und demografischen Informationen eine Spalte angehängt und mit Werten gefüllt werden: »Antwortet auf Mailings«. Wenn dann nur die positiv klassifizierten Kunden in der Folge angeschrieben werden, hat man eine Menge Kosten (für unnötige Mailings) gespart und seine Effizienz dabei noch vergrößert!

---

[7] Dazu eignet sich übrigens hervorragend speziell der Data Mining Client für Excel, siehe Seite 335.

Data Mining wird einfacher

Aber viel Reden über die tollen Vorteile hat bisher kaum genützt: kaum ein Anwender benutzt Data Mining. Ein Grund dafür könnte sein, dass sich hartnäckig das Vorurteil hält, die verschiedenen Verfahren des Data Mining – die in der Tat aus der Statistik und der Künstlichen Intelligenz (KI) kommen – seien so komplex, dass man zu ihrem Verständnis unbedingt einen Statistiker oder Mathematiker bräuchte. Und dann könne man ja wohl unmöglich diese ganzen Verfahren einfach einsetzen, ohne dass man genau verstanden hätte, wie sie funktionieren! Das ist nun wirklich eine zwar löbliche, aber ziemlich »deutsche« Einstellung. Die Amerikaner leben uns hier ein ganz anderes Konzept vor, und darauf hin ist das SQL Server Data Mining auch entworfen: Ist doch völlig egal, wie diese Modelle »unter der Motorhaube« funktionieren, »wichtig ist, was hinten herauskommt«, wie unser Altkanzler immer zu sagen pflegte. Ohne jede Kenntnis der verschiedenen Mining-Verfahren kann man sie hier einfach »gegeneinander antreten lassen«, und man benutzt dann einfach dasjenige Verfahren, das in der Vorhersage die besten Ergebnisse erzielt hat, visualisiert durch eine einfache Kurvengrafik, ein so genanntes *Genauigkeitsdiagramm* (Lift Chart). Nehmen Sie sich dieses Vorbild zu Herzen und lassen Sie einfach mal »wahllos« ein paar Mining-Modelle auf Ihre Daten los! Wir fahren doch auch alle Autos, ohne dass jeder gleich fehlerlos das Prinzip des Fallstromvergasers erklären kann.

HINWEIS   Wer zum Kennenlernen oder zum Testen spannende Beispielszenarien oder gar fertige Web-Applikationen benötigt, der sei auf die Website des SQL Server Data Mining-Produktteams verwiesen, zu finden unter *http://www.sqlserverdatamining.com*. Man könnte meinen, dass die Entwickler in ihrer Verzweiflung darüber, dass das von ihnen entwickelte Tool sich noch nicht massenhaft verbreitet hat, extra eine sehr liebevolle und aufwändige Website dafür gestaltet haben, um für sich selbst zu werben! Das sollte für andere Produkt-Teams bei Microsoft ein Vorbild sein!

Data Mining kommt zum Nutzer

Ein weiteres Problem, das die massenweise Verbreitung von Data Mining im SQL Server-Umfeld behindert hat, könnte sein, dass es bisher für diese ganzen Funktionalitäten keine Oberfläche gab! Die Administrations-Tools im BI Development Studio, noch ein paar ActiveX-Controls, die man in seine Software einbauen konnte, das war's. So bekommt man keine Technologie in den Massenmarkt! Aber jetzt ist endlich Besserung in Sicht, eben in Gestalt der Data Mining-Add-Ins für Office 2007. Sie sind hauptsächlich in Excel eingebettet, denn das ist der Ort, wo ein durchschnittlicher Anwender halbwegs strukturierte »Massendaten« verwaltet, so beklagenswert das für Datenbank-Spezialisten auch manchmal ist. Wir reden jetzt hier ja auch von Excel 2007, das immerhin schon mehr Zeilen als nur 65536 verwalten kann! Man muss auch davon ausgehen, dass die meisten einfachen Benutzer, die nur mehr aus Ihren Daten herausholen wollen, diese schon in Excel vorliegen haben. Microsoft holt diese Anwender da ab, wo sie stehen, und ermöglicht Ihnen mit den *Tabellenanalysetools für Excel*, erst einmal auf ihren Excel-Sheets zu erkennen, welches Potenzial hinter Data Mining steckt. Dabei arbeiten diese Tools mit Sitzungsminingmodellen, die zwar auf dem Analysis Services-Server angelegt, aber nach dem Beenden der Auswertung immer wieder gelöscht werden. Um Data Mining dann dauerhaft zu verwenden und vielleicht doch in den Web-Shop oder die eigene Applikation einzubauen, sollte man sich zum *Data Mining Client für Excel* vorarbeiten, der dann dauerhafte Mining-Modelle anlegt, verwaltet und benutzt, mit Daten aus Excel, aber auch aus relationalen Datenbanken.

Tabellenanalysetools für Excel

Über das mitinstallierte *Dienstprogramm für die Serverkonfiguration* muss zunächst einmal eine Verbindung zu einem Analysis Services-Server hergestellt werden. Dabei wird bei Bedarf auch gleich eine neue Analysis Services-Datenbank erzeugt, Standardname ist *DMAddinsDB*, in die die Add-Ins die dynamisch erzeugten Sitzungs-Miningmodelle abspeichern können. Man sollte also über die entsprechenden Berechtigungen dazu verfügen, kann dann aber gleich weiteren Nutzern Administratorberechtigungen für diese Datenbank erstellen, damit darin auch dauerhafte Modelle erzeugt werden können. Wenn jetzt Excel gestartet wird, dann sollte, sobald man sich mit dem Eingabefokus auf einer Tabelle befindet, die Registerkarte oder das *Ribbon* (im *Excel 2007-Sprech*) unter »Tabellentools/Analysieren« sichtbar sein, das in Abbildung 8.6 abgebildet ist.

Abbildung 8.6   Registerkarte Analysieren der Tabellentools

> **TIPP**   Wenn Sie die Registerkarte *Analysieren* nicht finden können, dann liegt es sicherlich daran, dass die Eingabedaten für die Tabellentools unbedingt als Tabelle in Excel formatiert sein müssen, nicht nur – wie standardmäßig – als Bereich. Gehen Sie also in die Daten und wählen Sie das Menü *Start / Als Tabelle formatieren*. Dann taucht auch die zusätzliche Registerkarte auf.

Wie gesagt, die Tabellenanalysetools für Excel sind gewissermaßen die *quick and dirty*-Variante des Data Mining, sie funktionieren sofort, ohne zeitraubende Vorarbeiten und auf Knopfdruck, ermöglichen kein genaues Anpassen der Mining-Modelle und liefern ihre Ergebnisse sofort in Excel wieder ab, oft sehr schön visualisiert. Sie sind also perfekt dazu geeignet, dem Zweifler die Fähigkeiten von Data Mining anschaulich zu demonstrieren! Für diesen Zweck empfehlen sich besonders die mitgelieferten Beispieldaten, die man über das Startmenü im Unterpunkt *Microsoft SQL Server 2005 DM Add-Ins / Beispieldaten für Excel* erreicht. Hier geht es darum, ob ein Nutzer aus der AdventureWorks-Adressliste ein Fahrradkäufer werden wird oder nicht. Dabei ist es kinderleicht möglich, mit der Funktionalität *Ausnahmen hervorheben* erst einmal die Ausreißer im Datenbestand zu erkennen, eben Leute, deren demographische Daten so untypisch sind, dass sie nur das Ergebnis verfälschen würden. Dann zeigt die Funktion *Wichtige Einflussfaktoren analysieren* klar auf, was die wesentlichen Gründe sind, die einen Kunden zum Fahrradkäufer machen, und *Kategorien erkennen* bildet so einfach und überzeugend Kundengruppen aus den Daten, dass auch der hartnäckigste Data Mining-Zweifler zumindest ins Grübeln kommt.[8]

---

[8]   Wer sich ohne Anleitung nicht traut, dieses Beispiel nachzuahmen, der sei auf die (allerdings englischen) Videos zu den Data Mining Add-Ins verwiesen, die es unter *http://www.microsoft.com/sql/technologies/dm/addins.mspx* herunterzuladen gibt. Auf Deutsch gibt es dazu noch eine Reihe exzellenter Webcasts, zu finden unter *http://www.microsoft.com/germany/technet/webcasts/default.mspx*.

Data Mining-Client für Excel

Wer in seinem Excel 2007 nach der erfolgreichen Installation der Data Mining Add-Ins für Office 2007 verzweifelt nach der Reiterkarte *Data Mining* sucht – denn diese enthält den Data Mining Client für Excel – der sollte noch einmal das Setup starten, denn diese wichtige Komponente wird standardmäßig leider nicht mit installiert, genauso wie übrigens auch die Data Mining-Vorlagen für Visio. Hat man aber diese Reiterkarte, kann man über sie in einer Weise, wie es in der Geschichte des SQL Servers noch niemals möglich war, Mining-Modelle erzeugen, verwalten und abfragen, alles ohne das BI Development Studio öffnen zu müssen.

HINWEIS   Bevor wir diese zweite große Komponente der Data Mining-Add-Ins für Excel kennenlernen, ein vielleicht ganz interessantes Wort zur Entstehungsgeschichte. Wer vom Tabellenanalysetool für Excel verwöhnt ist mit super-einfacher Bedienung, amüsanten Animationen und begeisternden Auswertungs-Grafiken, wird sich vielleicht wundern, wenn er den Data Mining-Client für Excel sieht. Hier dominieren karge, trockene Interfaces, die fast immer erst einmal herrisch die Einrichtung einer serverseitigen Datenquelle verlangen, und die den Nutzer manchmal mit schwer verständlichen Beschriftungen verwirren.

Wer den Hintergrund kennt, für den wird der Unterschied klar: die Tabellenanalysetools für Excel wurden vom Office-Team entwickelt, den Helden der überzeugenden Visualisierung. Und der Data Mining Client für Excel ist vom Server-Team geschaffen, enorm mächtig und leistungsfähig, aber nicht immer einfach zu bedienen und optisch eher zurückhaltend. Dies allein verrät viel über das Design und die Funktion mancher Werkzeuge!

Die einzelnen Funktionen sind hier von links nach rechts angeordnet, so wie man sie auch beim Erstellen eines professionellen Mining-Modells benötigt: Zunächst das Prüfen, Bereinigen und Partitionieren der Daten unter *Datenvorbereitung*, dann eine Auswahl der gängigsten Mining-Algorithmen mit der Möglichkeit, mehrere Mining-Modelle auf einer Mining-Struktur zu erstellen (*Datenmodellierung*), schließlich die Bewertung verschiedener Modelle unter *Genauigkeit und Überprüfung* und letztendlich die *Modellverwendung*, in der man Abfragen erstellen oder die Struktur der Modelle grafisch durchsuchen kann.

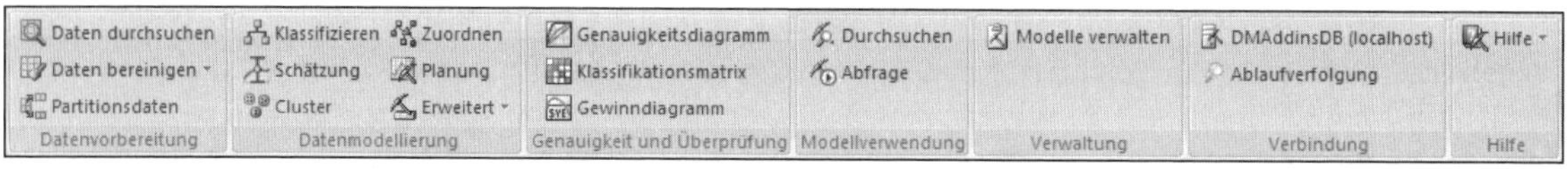

Abbildung 8.7   Die Registerkarte Data Mining in Excel 2007

Auch hier lässt sich ein simples Beispiel mithilfe der mitgelieferten Beispieldaten in Excel realisieren, aber das eigentliche Potenzial des Data Mining-Clients liegt natürlich darin, basierend auf SQL-Daten (ohne Zeilenbegrenzung wie in Excel) permanente Mining-Modelle erstellen, trainieren und testen zu können, die dann von Excel oder von eigenen Applikationen aus auf dem Analysis Server genutzt werden können. Mit nur wenigen Mausklicks aber kann man hier aus Daten in einem Excel-Sheet Ausreißer entfernen, sie in Trainings-und Testdaten aufteilen, Modelle darauf erstellen und mit Daten trainieren und so weiter. Beim Durchsuchen dieser gerade selbst erstellten Modelle stößt man dann erstmals auf die vielen, sehr attraktiven Visualisierungen etwa für Entscheidungsbäume und Abhängigkeitsnetzwerke. Manche Data Mining-Projekte haben als Endziel gar keine Vorhersage in neuen Daten, sondern nur eine solche grafische Darstellung! Mithilfe der Schaltfläche *In Excel kopieren* können alle Grafiken als Bild in die Zwischenablage für Excel übernommen werden, von dort aus kann man sie dann in eine Tabelle einbetten, skalieren und ausdrucken, nur interaktiv sind diese Grafiken dann leider nicht mehr.

Data Mining-Vorlagen für Visio

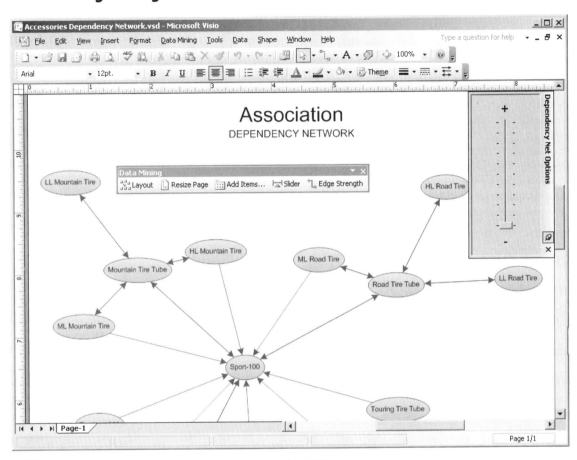

Abbildung 8.8 Darstellung eines Data Mining-Abhängigkeitsnetzwerks in Visio

Wie gesagt: Viele Data Mining-Projekte dienen gar nicht dazu, die gefundenen Muster automatisiert auf neue Daten anzuwenden, um darauf Vorhersagen zu erstellen, sondern sie möchten nur Zusammenhänge visualisieren, um etwa unterschiedliche Kundengruppen oder verschiedene Einflüsse auf Kaufentscheidungen besser verstehen zu können. Wenn es nun um Visualisierung geht, dann gibt es im Office System einen klaren Favoriten: Microsoft Visio Professional 2007. Leider ist dieses Programm nicht in irgendeiner Office Suite enthalten, sodass es einzeln lizenziert werden muss, aber die Mühe lohnt sich! Unter anderem auch, weil die oft sehr komplexen und attraktiven Visualisierungs-Grafiken, die in den verschiedenen Data Mining-Modell-Browsern verwendet werden, größtenteils direkt in Visio-Dokumente eingefügt werden können, sodass die einzelnen Objekte so genannte Shapes werden, die man vergrößern, verschieben, skalieren etc. kann. Dies betrifft im Detail Entscheidungsbäume, Abhängigkeitsnetzwerke und Cluster-Diagramme. Auf diese Weise lässt sich auch ein hochkomplexer Decision Tree über 8 Ebenen auf DIN A0 ausdrucken und der Marketing-Abteilung an die Wand hängen!

Kapitel 9

Wir spielen mit den großen Jungs – SQL Server 2008 Enterprise Features

In diesem Kapitel:

Viele Daten	352
Performance Tuning	374
Wichtige Erweiterungen im SQL Server 2008	378
Der Profiler	389
Hochverfügbarkeit	396

Es ist, wie es immer ist: Hat man einmal angefangen, etwas zu sammeln, hört man nicht mehr auf. So stellt es sich auf jeden Fall für die Firma StarBack dar. Seit die Webseite mit dem eigenen Webshop in Betrieb genommen wurde, explodiert das Datenvolumen. Sicherlich freut man sich über den auch für die Beteiligten unerwarteten Erfolg – zugleich beschleicht aber die Verantwortlichen in der Technik die Sorge, ob der SQL Server, der nun schon lange zuverlässig arbeitet, das gesamte Wachstum bislang klaglos unterstützt, und es so teilweise auch erst möglich gemacht hat, mit diesen Datenmengen zurecht kommt. Alle Dokumentationen, die Datenbank-Administratoren, die Microsoft-Hotline und externe Berater, die in der Zwischenzeit schon mal im Hause gewesen sind und einzelne Anwendungen betreut haben, beteuerten immer wieder, dass auch noch viel mehr Daten für den SQL Server kein Problem wären.

Die größte Datenbank für den SQL Server, die produktiv im Einsatz war, so wurde versichert, wäre 120 TB groß und würde hervorragend arbeiten. So weit, so gut. Aber die Datenbanken bei StarBack sind zurzeit noch viel, viel kleiner und doch ergaben sich bei manchen Operationen schon Geschwindigkeitsprobleme. »Wenn ein Kopf und ein Buch zusammenstoßen, und es klingt hohl, muss es nicht unbedingt das Buch sein«. Wenn der SQL Server so viel mehr Daten klaglos verarbeiten kann, die wenigen Daten von StarBack aber schon manchmal Probleme machen, könnte es ja an den Daten von StarBack liegen. Oder anders gesagt: Vielleicht sind die Datenbanken ja nicht optimal eingerichtet?

Seit kurzer Zeit hat StarBack sogar zwei SQL-Datenbankadministratoren. Zu viele verschiedene Mitarbeiter, Berater, ja zu Beginn sogar Verwandte der Geschäftsführung, haben an dem SQL Server »herumgeschraubt«, meinen die. Nach Aussage der Administratoren müsste da mal gründlich aufgeräumt werden. Daher soll, auch mithilfe von Spezialisten aus Berlin und Ratingen, erst einmal eine Schulung für alle mit den Datenbankbetrauten durchgeführt und ein Konzept für die weitere Speicherung, Aufteilung, Wartung und Administration der Daten entworfen werden.

Dies ist vor allem wichtig, da die aktuellen Zahlen belegen, dass StarBack, ganz anders als viele andere Firmen, einen Großteil des Umsatzes inzwischen über die eigene Webseite realisiert. Ein Ausfall der Seite wäre daher, und sei es nur für ein paar Stunden, eine echte Katastrophe. Neben dem reinen Geschäftsausfall entsteht dabei für den Anwender immer der Eindruck der Unzuverlässigkeit oder Unprofessionalität. Das muss aber unbedingt vermieden werden. Daher müssen die eingekauften Experten zunächst auf jeden Fall dafür sorgen, dass der SQL Server immer verfügbar ist und empfehlen daher schon im Vorfeld, einen SQL-Cluster zu installieren.

Viele Daten

Der SQL Server 2008 kann mit wirklich großen Datenmengen umgehen. Denken Sie nur an ein Unternehmensumfeld wie das einer Bank. Sie erkennen dann, dass Datenbanken rasch sehr groß werden können. Wobei »groß« natürlich immer relativ ist. Wir wollen unter einer großen Datenbank (*very large database: VLDB*) im Weiteren Datenbanken verstehen, die 100 Gigabytes und mehr, bis hin zu einigen hundert Terrabytes oder sogar Petabytes groß sind.

Neu in SQL Server 2008 In der Tat tritt der SQL Server 2008 mit dem erklärten Anspruch an, Datenbanken, die deutlich größer sind als 1-2 Petabytes, problemlos betrieben und verwalten zu können.

Dass eine Datenbank groß ist, heißt natürlich nicht notgedrungen, dass auch die einzelnen Tabellen »groß« sind; es können natürlich auch besonders viele sein.

Große Tabellen sind daher in unserem Zusammenhang Tabellen, die eine Aufgabeneinheit darstellen und durch ihre reine Größe Probleme bei der Bewältigung der anfallenden Aufgaben verursachen.

Oft erscheinen Administratoren Überlegungen zu solchen großen Datenbanken sehr theoretisch. Zwar kann der SQL Server wohl damit umgehen – soviel hat man gehört – aber es hat einfach nichts mit dem täglichen Erfahrungshorizont zu tun, in dem eine 40 GB-Datenbank schon einen echten Koloss darstellt. Es ist aber sehr wichtig, die grundlegenden Mechanismen zu kennen und auch kleinere Datenbanken optimal zu planen. Zum einen profitieren die kleineren Datenbanken von einigen Ansätzen und zum anderen werden aus kleinen eben doch allzu oft große Datenbanken, und man sollte sich mit den zu erwartenden Problemen auseinander setzen, bevor sie entstehen. Denken Sie bitte an die geänderte Gesetzeslage: Manche Daten, auch solche, die nur elektronisch vorliegen, müssen jetzt bis zu 10 Jahre aufbewahrt werden. In 10 Jahren kommen wirklich eine Menge Daten zusammen.

Oder denken Sie an die schon erwähnten SharePoint-Technologien. Der Microsoft Windows SharePoint-Service legt seine Listen, seine Dokumente alle im SQL Server ab. Solche Listen im SharePoint können Bilder, Word-Dokumente, sogar Videos enthalten, und wenn nun solche Dateien nicht mehr im Dateisystem, sondern im SQL Server abgelegt werden, können Sie sich das Größenwachstum sicher selber vorstellen.

Neu in SQL Server 2008 Denken Sie an das neue Speicherformat des SQL Servers 2008, FILESTREAM, das wir weiter unten noch besprechen werden. Hier wird deutlich, dass Microsoft Ihnen die Möglichkeit geben will, die Daten genau dort abzulegen, wo Sie es wünschen (eben im Dateisystem oder in den Tabellen des SQL Servers) und dennoch über eine einzige konsistente Zugriffstechnologie darauf zugreifen zu können.

Bei der Arbeit mit dem SQL Server 2008 können sich an mehreren Stellen Herausforderungen im Umgang mit großen Objekten ergeben. Denken Sie sich etwa eine Tabelle mit mehreren Millionen Zeilen. Wenn diese Zeilen zudem noch besonders lang sind, wird allein durch die sich summierenden Leseoperationen die Rückgabe der angeforderten Datensätze »lange« dauern. Es kann darüber gestritten werden, wann etwas langsam ist und wann nicht. Leider ergibt sich für die Entwickler und Administratoren ein grausam objektives Kriterium abseits der akademischen Lehre: Die Benutzer. Sobald die Benutzer beginnen, sich zu beschweren, ist eine Anwendung »zu langsam«, obwohl sie im Rahmen der gesetzten Möglichkeiten und aus Sicht der Technik eventuell schon »wahnsinnig schnell« ist.

Dabei spielen finanzielle Überlegungen durchaus eine Rolle: Wie viel kostet die Zufriedenheit der Benutzer? Der Aufwand an Hardware, Software, nachträglicher Entwicklung muss in einem für das Unternehmen realistischen Verhältnis zu den Anforderungen der Benutzer stehen. Auf der anderen Seite muss ein Unternehmen sich auch immer fragen: Was kostet die Unzufriedenheit der Benutzer? Wenn die Benutzer einer Anwendung gar keine Sympathien mehr entgegenbringen, kann dies auch erhebliche Kosten für das Unternehmen zur Folge haben, indem wichtige Informationen nicht gespeichert und daher später auch nicht zur Verfügung stehen.

Es gibt aber noch andere Aspekte, wo die schiere Größe von Objekten Probleme produziert. Neben der Abfragegeschwindigkeit ergeben sich Engpässe bei anderen administrativen Aufgaben. Denken Sie an die Wiederherstellbarkeit eines Systems. Wenn eine Datenbank nicht mehr in einem Wartungsfenster etwa einer Nacht gesichert werden kann oder aber die Sicherung mit unzumutbaren Einschränkungen verbunden ist,

ist die Datenbank »zu groß«. Es ist aber extrem wichtig, ein unternehmenskritisches System wieder herstellen zu können. Man muss also Strategien entwickeln, wie man mit den Daten so umgehen kann, dass alle notwendigen Aktionen schnell und sicher ausgeführt werden können.

Eine sinnvolle Lösung bietet die Partitionierung. Der SQL Server 2008 benutzt das Wort in einem engeren technischen Sinne. Daher wollen wir zunächst den deutschen Begriff wählen. Es gibt sinnvolle Ansätze, große Datenmengen, die man so nicht mehr handhaben kann, aufzuteilen.

Dateigruppen

Große Mengen von Daten ergeben große Dateien im Dateisystem. Schon in Kapitel 2 »Excel wird zu klein für uns« wurden einige Hinweise zu Dateigruppen gegeben, die hier noch einmal kurz aufgenommen und im Hinblick auf die besonderen Anforderungen großer Datenmengen noch einmal beleuchtet werden sollen.

Alle Daten einer Datenbank werden zunächst in einer *.mdf*-Datei gespeichert. Die maximale Größe dieser Datei ist daher die Grenze der Datenspeicherung. Mit den unter Windows eingesetzten Dateisystemen ergeben sich folgende Werte:

	NTFS	FAT32	FAT
Maximale Größe einer Partition	2 TerraByte (16 ExaByte, theoretisch)	2 TerraByte (Unter XP können nur Platten bis 32 GB formatiert werden).	4 GB[1]
Maximale Größe einer Datei	Nur durch die Größe des Datenträgers beschränkt.	4 GB	2 GB

Tabelle 9.1   Die maximalen Größen unter den gängigen Dateisystemen

ACHTUNG   Sie sollten, ungeachtet der Tabelle oder anderer theoretischer Möglichkeiten, einen SQL Server immer auf einem *Windows Server* installieren. Sie sollten dazu, wann immer es geht, einen Windows Server *2008* nutzen. Durch interne Optimierung ist er schon vom Dateisystem bis zu 15% schneller. Nutzen Sie aus mehreren Gründen immer NTFS für die Partition, auf der die Daten liegen. Wir raten darüber hinaus, auch für die Systempartitionen NTFS zu benutzen.

Gut, eine Datei unter NTFS kann schon sehr groß sein. 2 TB dürfte für die meisten Datenbanken in unserem Umfeld erst einmal reichen. Aber es gibt größere Datenbanken und auch diese zurzeit noch utopischen Größenordnungen werden sicher bald erreicht werden, wenn man beginnt, etwa mit SharePoint, ganze Dokumente, Bilder und anderes in einer Datenbank zu speichern. Sie können aber weitere Dateigruppen hinzufügen, die dann weitere Dateien aufnehmen können.

Wählen Sie dazu mit der rechten Maustaste die Eigenschaften einer Datenbank oder Erstellen Sie eine neue Datenbank.

---

[1]   Wobei viele Betriebssysteme die Clustergröße fälschlicherweise mit zu wenigen Sektoren einrichten, wodurch sich eine verminderte Maximalgröße der Partition von nur 2 GByte in der Praxis ergibt.

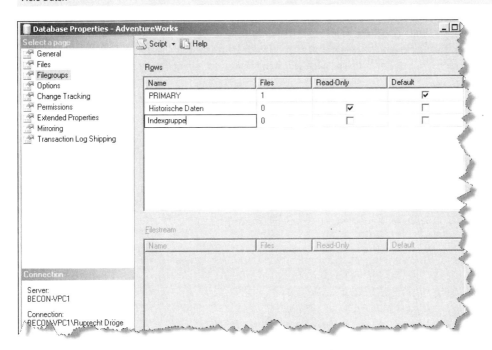

Abbildung 9.1   Wie Sie sehen, können weitere Dateigruppen auch schreibgeschützt sein

Wie Sie sehen, befindet sich noch keine Datei (*Files 0*) in dieser Gruppe. Sie wurde gerade erst angelegt. In dieser Dateigruppe kann dann eine neue Datei erstellt werden:

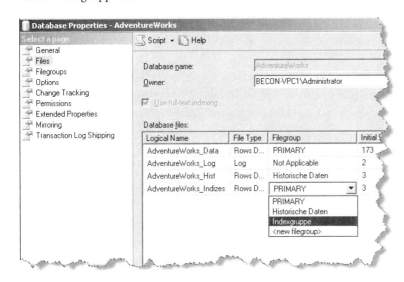

Abbildung 9.2   Hier richten Sie eine neue Daten-Datei in der Dateigruppe ein

Dabei erkennt man im Screenshot leider nicht mehr, dass die neue Datei sich dann auch auf einem anderen Datenträger befinden kann. Diese weiteren Dateien enden immer auf *.ndf*. Nun kann man zudem bei der Erstellung von Objekten steuern, in welcher Dateigruppe sie erzeugt werden.

ACHTUNG   Sie müssen also immer eine Dateigruppe erstellen und ihr nur *eine* Datei zuordnen, wenn Sie bei der Erstellung von Objekten den physikalischen Speicherort festlegen wollen. Da bei der Erstellung von Objekten nur eine Dateigruppe als Zielort angegeben werden kann, darf nur *eine* Datei enthalten sein, wenn man sicher sein will, dass das Objekt dort landet.

Die Daten einer Datenbank können nach dem beschriebenen Verfahren physisch[2] aufgeteilt werden. So könnten die Daten der Produktion in einer Dateigruppe, die der Buchhaltung in einer anderen gespeichert werden. Die Aufteilung kann nach mehreren Prinzipien erfolgen, und wir werden im Weiteren noch sehen, welche Aufteilungen sinnvoll sein könnten. Die Aufteilung nach Buchhaltung und Produktion ist eher eine unternehmensorganisatorische; es könnte andere, technische oder anwendungsorientierte Aufteilungen geben.

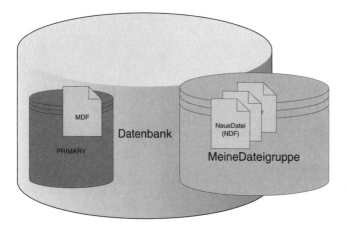

Abbildung 9.3   Eine Datei befindet sich immer in einer Dateigruppe, eine Dateigruppe in einer Datenbank

```
CREATE TABLE [dbo].[TestTable](
   [id] [int] NOT NULL,
 CONSTRAINT [PK_TestTable] PRIMARY KEY CLUSTERED
(
   [id] ASC
) ON [MeineDateigruppe]
) ON [MeineDateigruppe]
```

Listing 9.1   Wenn Sie ein Objekt anlegen, können Sie als Ort der Ablage eine Dateigruppe angeben

Damit haben Sie zunächst einmal die Beschränkung durch die Datei und Partitionen des Dateisystems aufgehoben. Man sieht, dass nun beliebig viele Dateien auf beliebigen Laufwerken hinzugefügt werden können. Die reine Menge der Daten ist daher zumeist kein Problem.

---

[2] Anm. d. Fachlektors: Die Diskussion, wann es »physisch« (*körperlich, leiblich* auch: *materiell, tatsächlich vorhanden*) und wann es »physikalisch« (*zur Physik gehörend, messbar*) heißt, hat nicht nur im deutschen Sprachraum als solchem, sondern gerade im Kontext dieses Buches eine besondere Historie, ja geradezu schon Tradition. Auch wenn der englische Spracheinfluss beide Formen immer mehr verwässert: Lasst mich bitte der guten alten Zeiten wegen noch ein weiteres Mal das hier zuvor gestandene »physikalisch« in »physisch« abändern – oh, äh, und nicht zuletzt, weil es sonst falsch wäre! ;-)

Einmal ist jedoch auch dies schon gesehen worden. Eine große deutsche Firma aus dem Telekommunika-
tionsbereich kam auf den ehrgeizigen Gedanken, mehr oder weniger das gesamte Dateisystem in eine bzw.
mehrere Sharepoint Sites zu überführen. Abgesehen von der Tatsache, dass das Vorhaben insgesamt keine
glückliche Idee ist und der wirklich eindrucksvollen Größe der resultierenden Datenbank mit mehreren
Terrabytes, sind den Administratoren einfach die Laufwerksbuchstaben für die Datendateien ausgegangen.

TIPP   Wie Sie im Listing 9.1 sehen, können Sie auch die Indizes in einer anderen Dateigruppe als die dazugehörigen
Tabellen ablegen. Das kann mit mehreren Prozessoren und unter Ausnutzung der Möglichkeiten des SQL Servers selbst zu
messbaren Geschwindigkeitsvorteilen führen. Bedenken Sie aber, dass die Sicherungsstrategien ungleich komplexer werden. Sie
müssen verständlicherweise peinlichst darauf achten, die Sicherung einer Dateigruppe mit Tabellen immer mit der Sicherung
der dazugehörenden Indizes zu erstellen und zurückzusichern. Der zu erwartende Geschwindigkeitszuwachs liegt nach unseren
Erfahrungen maximal im Bereich von 5%-5,71328% (oder so); es gibt andere Methoden, die einfacher sind und sehr viel mehr
Optimierung versprechen. Lesen Sie dazu auf jeden Fall den Abschnitt »Performance Tuning«.

Datendateierweiterungen im SQL Server 2008

Das Verschieben von Datendateien, also der *.mdf*- bzw. der *.ndf*-Dateien war in früheren Versionen des SQL
Servers ein umständliches Unterfangen. Der SQL Server 2008 wie schon 2005 kennt nun eine Erweiterung
des ALTER DATABASE-Befehls, der es möglich macht, alle Datendateien zu verschieben.

Man kann den Befehl jederzeit ausführen. Der SQL Server meldet dann, dass er die Änderungen in den
Systemkatalogen gespeichert hat, sie aber erst nach dem nächsten Start der Datenbank aktiv werden – es
wäre auch zu schön gewesen, wenn dies eine online verfügbare Aktion gewesen wäre.

Für die *tempdb* war dies tatsächlich schon im SQL Server 2000 möglich. Nun gibt es eine Syntax für alle
Datenbanken.

```
ALTER DATABASE <datenbankname> MODIFY FILE (name=<logischerName>, filename=<NeuerPfadundName>)
```

Anwendungsmuster

Wie eben gesehen, kann man sehr große Datenmengen im SQL Server ablegen. Man kann Daten aufteilen,
indem man ihren physikalischen Speicherort festlegt. Es kann aber Anwendungsmuster oder inhaltliche
Kriterien geben, nach denen eine Aufteilung der Daten vorgenommen wird.

Denken Sie beispielsweise daran, dass im Allgemeinen Daten nur des aktuellen Fiskaljahres wirklich benötigt und vor allem verändert werden. Ältere Daten werden oft nur aus rechtlichen Gründen gespeichert oder
in seltenen Fällen zur Information oder Analyse benutzt. Auch wenn der deutsche Administrator es gerne
nach Vorschrift macht, und die lautet, dass solche Daten in *eine* Tabelle gehören und ein Attribut oder eine
Spalte *Jahr* aufweisen: Viel naheliegender ist es doch, eine Tabelle *UmsatzAktuell* mit den aktuellen Daten zu
führen und eine andere Tabelle *UmsatzAbgeschlossen*. Man kann sogar noch stärker unterteilen in Tabellen
wie *Umsatz2000, Umsatz2001* usw.

Man stelle sich nun vor, jedes Jahr produziere ungefähr 1 Millionen Datensätze aus der Buchhaltung und in
der Datenbank befinden sich die Daten seit 1995. Es ist doch wohl einsichtig, dass eine Anwendung, die vom
Server 1 Millionen Datensätze durchsuchen lässt, um einen Buchungssatz des aktuellen Fiskaljahres zu

finden, damit etwas schneller fertig ist, als eine Anwendung, die einen Server abfragt, in dem alle Datensätze sich in einer Tabelle befinden (10 Millionen) – ich würde mal tippen, *ungefähr* zehnmal schneller – wenn sonst alles andere identisch ist, wohlgemerkt!

Die Aufteilung dieser Daten in verschiedenen Dateigruppen ist besonders sinnvoll. Es ergeben sich sofort interessante Perspektiven:

- Sollen die Daten wirklich nicht mehr geändert werden, könnte man als Schutz gegen versehentliche Änderungen, auch durch Anwendungen, die betroffenen Tabellen in einer eigenen Dateigruppe unterbringen, die schreibgeschützt ist. Damit überwacht der SQL Server und nicht allein die Anwendung, dass die Daten nicht mehr geändert werden. Genau dies legt der Screenshot im obigen Beispiel nahe.

- Dateigruppen lassen sich, wie schon beschrieben, alleine bzw. einzeln sichern. Es ist doch ein immenser Unterschied, ob man täglich 10 Millionen Datensätze in einer Tabelle sichert oder nur 1 Million. Es wird auch *etwas* schneller gehen. Eine solche Sicherung der einen großen Tabelle wäre vor allem deshalb so unglücklich eingerichtet, weil von den 10 Millionen Datensätzen anwendungsbedingt maximal nur 1 Million geändert sein können, daher sichert man jeden Tag 9 Millionen Datensätze für noppes, wie man im Rheinland sagt.

- Man könnte also die Sicherung umstellen und täglich nur noch die aktuellen Daten sichern und vielleicht einmalig im Monat zusätzlich noch die schreibgeschützten Daten.

Dies führt noch zu anderen Überlegungen. Wenn die Daten aufgrund ihres Einsatzes aufgeteilt werden können, ist es doch sicher auch möglich, Daten inhaltlich zu verteilen. Über den Inhalt wird aber kaum ein SQL Server Bescheid wissen, das heißt, nur die Anwendungslogik kann eine solche Aufteilung vornehmen.

Stellen Sie sich eine Tabelle mit allen Kunden vor. Sicherlich gibt es Firmen mit immens vielen Kunden, aber auch bei einem großen Internetshop sind es kaum mehr als 4 Millionen. Wenn es gut läuft, bestellen aber diese Kunden immer wieder. Daher entstehen schnell durchschnittlich sieben Bestellungen mit zwei Positionen – hupps – schon sind es 56 Millionen Datensätze in einer Tabelle *Bestellpositionen*, oder wie sie bei Microsoft früher gerne hieß: *Order Details*, mit Leertaste dazwischen, damit man um den Namen immer eckige Klammern machen muss, die auf einer deutschen Tastatur ja einfach zu erreichen sind. Oder Anführungsstriche.

TIPP   Vergeben Sie für die Spalten, Tabellen, Gespeicherten Prozeduren usw. einfache, aussagekräftige Namen, ohne Leertasten, ohne Sonderzeichen. Verzichten Sie, auch wenn es inzwischen technisch möglich sein *könnte*, auf deutsche Umlaute. Lassen Sie es einfach. Wirklich.

Es gibt gute Gründe, Daten in einer Tabelle gemeinsam zu halten. An dem Beispiel oben, wo die Umsatzdaten in aktuelle und historisierte aufgeteilt wurden, ärgert uns sofort, dass eine Abfrage über alle Datensätze denkbar unelegant ist.

Aber Bestellpositionen müssen im Grunde nur auf der Ebene der Bestellung, wenn man unbedingt möchte, auf der Ebene der Kunden zusammengehalten werden. Die Bestellpositionen müssen ihre Informationen nicht mit allen anderen Bestellpositionen teilen. Es gibt Ausnahmesituationen, etwa wenn man die Gesamtsummen aller Bestellungen berechnen will, aber in diesen seltenen Fällen kann dann ein erhöhter Aufwand zugunsten des deutlich niedrigeren Aufwands im normalen Fall akzeptiert werden.

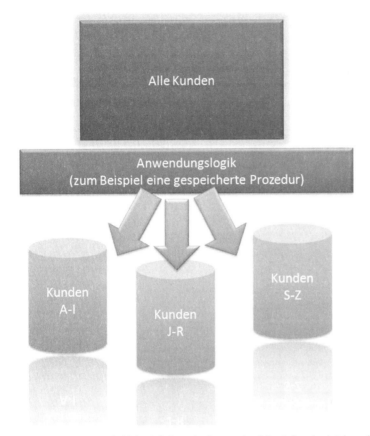

Abbildung 9.4   Eine inhaltliche Aufteilung der Daten anhand des Anfangsbuchstabens der Nachnamen der Kunden

Daher kann eine Anwendungslogik die Aufteilung der Daten vornehmen. Man könnte auch hier die von uns immer wieder favorisierten Gespeicherten Prozeduren einsetzen. Eine Prozedur `insert_order_detail` könnte entweder wie in der Grafik nach den Nachnamen oder nach der Kundennummer den Datensatz der Bestellposition in der ein oder anderen Tabelle ablegen. Genauso »wüsste« ein anderer Teil der Anwendungslogik, aus welcher Tabelle er die Bestellungen des Kunden *Braun-Wiesholler* abrufen sollte.

Nicht so schön daran ist, dass diese Einstellungen und Überlegungen eng mit den Entwicklern einer bestimmten Anwendung abgesprochen werden müssen. Das Verfahren ist alles andere als transparent für die Anwendung. Im Gegenteil: Es wird alleine mithilfe einer Anwendungslogik entweder in Form der Gespeicherten Prozeduren oder mit Anwendungskomponenten außerhalb des SQL Servers zu realisieren sein. Daher ist es zwar sehr gut geeignet, eine Anwendung zu skalieren, aber auch sehr unflexibel, auf jeden Fall aus Sicht der SQL Server-Administratoren. Die Entwickler brauchen *nur* ein paar Komponenten zu ändern und schon werden die Bestellungen statt in drei, wegen der wachsenden Menge in vier verschiedenen Tabellen gespeichert. Ein Administrator, wenn er nicht beginnen will, den Code der Gespeicherten Prozeduren zu verändern, hat aber kaum noch Eingriffsmöglichkeiten.

Aufteilung über mehrere Server

Auch wenn kritische Bemerkungen über das Verfahren der inhaltlichen Aufteilung von Datensätzen gemacht wurden, ist es oft der einzige Weg, eine wirklich weit reichende Unterstützung *sehr* großer Datenmengen umzusetzen. Ein sehr gutes Beispiel sind die im Internet verfügbaren Dienste. Man braucht wenig Phantasie, um sich beispielsweise die Datenmengen vorzustellen, die bei einem Webmaildienst wie *hotmail* oder anderen anfallen.

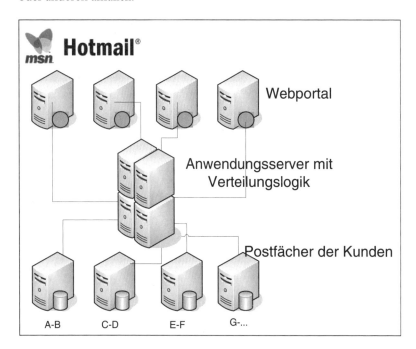

Abbildung 9.5   Der Aufbau eines Maildienstes

Auch wenn Sie es vielleicht nicht glauben, solche Dienste können auf die ständig wachsende Anzahl von Benutzern, Mails und Dateien im Anhang nur reagieren, indem sie weiteren Speicher, und zwar nicht in Gestalt von Tabellen oder Datenträgern, sondern in Gestalt ganzer Rechner in den Verbund der Anwendung aufnehmen. Dabei entscheiden dann Komponenten auf eigenen Anwendungsservern, auf welchem Datenbankserver die benötigten Informationen liegen. Bei solchen Maildiensten sind die Informationen, die wirklich geteilt werden müssen, mehr als übersichtlich. Selbst die Anmeldegenehmigungen können abhängig vom Benutzernamen auf dezidierte Server geleitet werden, und die einzelnen Postfächer sind wirklich nur für den einzelnen Benutzer bestimmt. Auch Zwischensummen über alle Mails werden da sicher eher selten berechnet.

Die beschriebene Anwendungslogik nennt man oft auch *Middle Tier*, weil sie die mittlere Säule zwischen den Daten- und der Präsentationsschicht ist. In Kapitel 4 wurde ausführlich über moderne Anwendungsarchitektur berichtet. Dort finden Sie auch ausführlichere Beschreibungen der Aufgaben der anderen Schichten und denkbarer Umsetzungen.

TIPP Ein polemisches Wort sagt, dass die Architektur einer Anwendung dann vollständig modernen Skalierungsanforderungen genügt, wenn man notfalls durch Ändern allein der Anwendungslogik in der *Middle Tier* jedem einzelnen Benutzer einen eigenen Server zuteilen könnte. Falls Sie den Entwurf einer Unternehmensanwendung planen und dabei überlegen, solche Szenarien wie hier beschrieben umzusetzen, sei Ihnen auf das Wärmste das *Buch COM+ and the Battle for the Middle Tier* von *Roger Sessions* empfohlen. Neben technischen Details zu COM+ bietet es hervorragende Einblicke in mehrschichtige Systeme. Und beginnt in einem Starbucks, wo dieser Glückliche seine Bücher schreibt.

Partitionierte Sichten

Auch wenn wir gesehen haben, dass wir Daten beinahe beliebig aufteilen können: Bislang kennen wir nur Möglichkeiten, diese Aufteilung manuell vorzunehmen und über eigene Komponenten dann auf diese verteilten Daten einheitlich zuzugreifen. Schon mit SQL Server 7.0 wurden aber die partitionierten Sichten eingeführt, um sowohl den Anwendungsentwurf zu vereinfachen und für Anwendungen nicht sichtbare Verteilungen von Daten möglich zu machen, als auch eine erhebliche Leistungssteigerung zu gewähren.

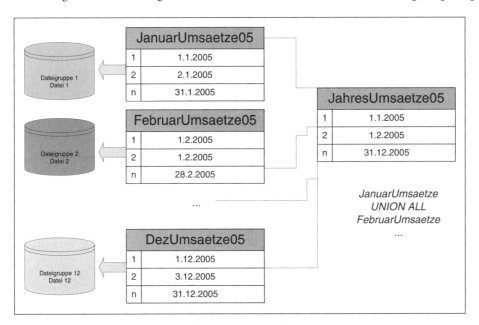

Abbildung 9.6 Die Aufteilung der Daten wird hinter einer Sicht verborgen

Die Idee ist sehr überzeugend. Ob die Daten tatsächlich in einer großen Tabelle stehen oder über eine Sicht aus mehreren Tabellen zusammengesetzt werden, macht für die Anwendungen bei Abfragen erst einmal keinen Unterschied. Der Anweisung SELECT * FROM JahresUmsaetze05 kann man nicht ansehen, ob sie gegen eine Tabelle oder eine Sicht ausgeführt wird.

Was man daran aber meistens nicht mag, ist der UNION-Operator, um die Datensätze dann wieder alle zusammenzufügen. Wir haben wahrscheinlich alle gelernt, dass UNION irgendwie langsam ist. Das leuchtet ja auch erst einmal ein: Alle Abfragen müssen durchgeführt werden, damit die Sätze geholt werden, und das ist bei zwölf Tabellen sicherlich aufwändiger als bei einer. Dann müssen die Ergebnisse auch noch zusammengeführt werden, was sicherlich ein weiterer Aufwand ist. Würde man denken. Stimmt aber in diesem Fall nicht.

Der Trick besteht darin, dass die Tabellen der Einzelmonate mit so genannten *Check Constraints* erstellt werden. Eine Einschränkung oder *Constraint* ist dann vertrauenswürdig, wenn sie nicht mit *NOCHECK* erstellt wurde oder nachträglich Daten mit *NOCHECK* eingefügt wurden.

WICHTIG   Eine Einschränkung, also eine *CHECK_CONSTRAINTS* kann auf mehrere Arten ihre Vertrauenswürdigkeit verlieren. Denken Sie daran, auf jeden Fall mit *CHECK* die Einschränkung zu erstellen und auch bei anderen Importen immer *WITH CHECK* auszuführen. So führt leider *BULK INSERT* ohne explizites *CHECK_CONSTRAINTS*-Argument keine Überprüfungen aus, und das Vertrauen des SQL Servers in die Einschränkungen ist auch dahin. Wenn dies der Fall ist, werden wieder alle Basistabellen in den Ausführungsplan aufgenommen.

Bei einer vertrauenswürdigen Einschränkung ist der SQL Server tatsächlich sicher, dass sich nur Daten in der Tabelle befinden, die der Einschränkung genügen. So eine Tabelle könnte wie in dem folgenden Listing erstellt werden:

```
CREATE TABLE JanuaerUmsaetze08
    (OrderID INT,
    CustomerID INT NOT NULL,
    OrderDate DATETIME NULL
        CHECK (DATEPART(yy, OrderDate) = 2008),
    OrderMonth INT
        CHECK (OrderMonth = 1),
    DeliveryDate DATETIME NULL
        CHECK(DATEPART(mm, DeliveryDate) = 1)
    CONSTRAINT OrderIDMonth PRIMARY KEY(OrderID, OrderMonth))
```

Listing 9.2   Erstellung der Januar-Tabelle mit einer CHECK-Einschränkung

Unterstellen wir dann, dass es eine Sicht gibt, die alle Tabellen dieses Jahres, also die eben erstellte JanuarUmsaetze08 als auch FebruarUmsatze08, Maerz etc. mit einem UNION vereint wieder ausgibt, etwa durch folgendes Skript erstellt:

```
CREATE VIEW JahresUmsaetze08
AS
        Select * from JanuarUmsatze08 UNION
        Select * from FebruarUmsatze08 UNION
etc..
```

Vermeiden Sie Select *-Abfragen

Die SQL Befehle in diesem Buch sind nur vereinfachende Beispiele. Mit der rechten Maustaste kann man sich wirklich bequem für den Select-Befehl jeder Tabelle ein Skript mit allen expliziten Spaltennamen erstellen lassen.   ▶

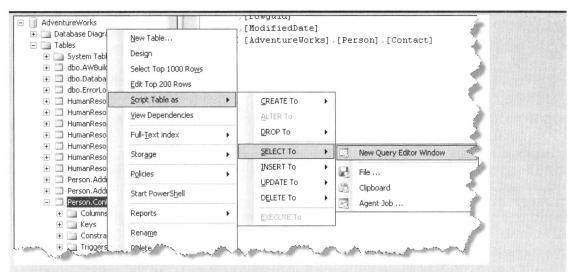

Ich weiß, dass das hart ist und natürlich halte ich mich auch nicht *immer* daran, aber

SELECT * belegt unnötigen Speicher, und ein SQL Server kann nie genug davon haben.

SELECT * belegt Netzbandbreiten, völlig unnötig.

SELECT * macht es wirklich schwer, eine sinnvolle Rechtevergabe in der Anwendung durchzuhalten.

SELECT * bringt den Query-Analyser oftmals um die Möglichkeit, die Spalten für eine Indexbenutzung zu identifizieren.

SELECT * kann vorhandene Anwendungen brechen, in dem diese davon ausgehen, dass die 2. Spalte *CustomerName* heißt, ein Administrator aber in der Tabelle nun eine Spalte *CustomerShortName* **vor** *CustomerName* eingefügt hat, die nun die zweite Spalte ist und mit * natürlich auch erfasst wird.

Wenn

```
SET DATEFORMAT dmy go SELECT * FROM JahresUmsaetze05 where OrderDate='7.1.2005'
```

ausgeführt wird, werden zunächst die Einschränkungen der Tabellen ausgewertet. Daher kommen die anderen Tabellen des Jahres im eigentlichen Ausführungsplan der Anweisung gar nicht mehr vor. Das funktioniert natürlich nur, wenn der Partitionsschlüssel, also die Spalte, für die die Einschränkung erstellt wurde, abgefragt wird. Die Beispiele lesen sich zunächst sehr überzeugend, bis man auf die dumme Idee kommt, doch mal alle Bestellungen, die der Mitarbeiter Maier aufgenommen hat, zu selektieren. Dann muss natürlich leider die erwartete, langsame *UNION*-Abfrage ausgeführt werden. Trotzdem ist das Konzept großartig und man kann es sehr gewinnbringend in vielen Projekten und Anwendungen einsetzen. Beachten Sie aber, dass man in reinen SQL Server 2008-Umgebungen nun eher partitionierte Tabellen einsetzen wird, die wir gleich vorstellen.

So raffiniert aber dieser Ansatz auch sein mag – die Aufteilung der Tabellen muss auf jeden Fall manuell vorgenommen werden. Auch wenn der Zugriff über die Sicht die Einzelheiten nach außen verbirgt – eine Anwendung kann beispielsweise ein neues Buchungsjahr nicht über DML-Befehle erzeugen.

Man unterscheidet bei der Syntax von SQL folgende Befehlsgruppen:

- DML, *Data Manipulation Language*: Befehle, mit denen man Datenänderungen vornimmt, also alle UPDATE-, INSERT- und DELETE-Anweisungen; auch andere Befehle wie TRUNCATE TABLE können dazugerechnet werden.

- DDL, *Data Definition Language*: Befehle, mit denen man die Struktur der Daten ändert, also alle CREATE-, ALTER- und DROP-Anweisungen, die sich auf die Objekte der Datenbank bzw. die Datenbank selbst beziehen.

- DCL, *Data Control Language*: Befehle, die den Zugriff auf die Daten steuern. Für SQL Server 2008 sind dies die GRANT-, DENY- und REVOKE-Anweisungen.

- Die SELECT-Anweisung, auch noch eine der häufigsten Anweisungen, fällt aus dieser Einteilung heraus, da sie weder die Daten, noch die Struktur der Daten und auch nicht den Zugriff auf Daten ändert. Sie wird aber dennoch meistens als DML-Anweisung eingestuft.

Es ist immer problematisch, wenn eine Anwendung die Struktur ihrer eigenen Datenbank ändert. Das hat viele Gründe. Offensichtlich ist, dass der Benutzerkontext, in dem solche Strukturänderungen vorgenommen werden, über erhebliche Rechte verfügen muss, was man sich eigentlich nicht wünschen kann.

Im vorliegenden Beispiel müsste eine Anwendung, um ein weiteres Buchungsjahr hinzuzufügen, eine Tabelle anlegen. Und zwar für jeden Monat des Jahres eine, jeweils zu Beginn des Jahres oder monatsweise. Zudem muss eine Abfrage erstellt werden (*UmsaetzeJahr06*), die mit dem UNION-Operator die Monatstabellen wieder zusammenfügt und nach außen als Einheit repräsentiert. Wenn es dazu noch eine Sicht *UmsaetzeAlle* gibt, die wiederum die Sichten der Jahresumsätze zusammenfasst, müsste die SQL-Anweisung diese Sicht ändern und das neue Jahr eingefügt werden.

Zudem handelt es sich um eine Sicht. Das heißt im vorliegenden Fall, dass diese eigentlich nicht aktualisierbar ist. Mit dem SQL Server 2000 wurden daher partitionierte Sichten eingeführt, die auch Datenänderungen zulassen. Wenn die Befehle die gleiche Struktur wie die Basistabellen benutzen, können Änderungen über die Sicht an die genutzten Tabellen weitergegeben werden. Damit ist die Verwendung natürlich deutlich einfacher. Sonst müsste man für einen großen Teil der Anweisungen – eben für alle Anweisungen, die Daten verändern – doch wieder eigene Gespeicherte Prozeduren oder Ähnliches verwenden.

Die Datenänderungen müssen jedoch recht aufwendig als INSTEAD_OF-Trigger implementiert werden. Im Trigger, der an Stelle der Einfügung ausgeführt wird, kann man auf die nur im Trigger vorhandene Tabelle *inserted* zugreifen und die Daten abhängig von ihrem Buchungsdatum dann in die tatsächliche Tabelle z. B. *UmsaetzeJanuar08* einfügen.

Im SQL Server 2008 werden die partitionierten Sichten wohl in der Enterprise Version und der Standard Edition enthalten sein.

Damit sind die partitionierten Sichten ein guter Ersatz in großen Datenbanken für die Aufteilung großer Datenmengen, die die Standard Edition benutzen müssen, und daher die »moderne« Methode, die partitionierten Tabellen nicht implementieren können.

Partitionierte Tabellen

Wie erläutert wurde, tragen partitionierte Sichten vor allem zur Leistungssteigerung der Abfragen bei. Durch die Aufteilung in kleinere Basistabellen kann es dabei auch zu sinnvolleren Backup- und Restore-Strategien kommen – besonders einfach sind diese Szenarien jedoch nicht. Partitionierte Sichten vereinfachen auch die Nutzung der Datenbank durch die Anwender oder Anwendungen. Diese können auf die Daten zugreifen, als wenn es sich um die gewohnte Speicherung in einer großen Tabelle handeln würde. Was partitionierte Sichten aber definitiv nicht leisten, ist eine Vereinfachung auf der administrativen Ebene. Im Allgemeinen erscheint den Anwendern das Prozedere so komplex, dass nur in spezialisierten Umgebungen partitionierte Sichten überhaupt eingesetzt werden.

Daher hat man schon für SQL Server 2005 das Konzept geändert oder erweitert. Eine Tabelle kann weiterhin eine physische und logische Einheit sein, die Sie einer Dateigruppe als Speicherort zuweisen können. Eine Tabelle kann jetzt aber auch eine logische Einheit sein und dahinter finden automatisiert Partitionierungen statt. Das bedeutet, dass Sie nur noch zum Teil bei der Erstellung festlegen, wo welche Daten landen. Dazu wird ein so genanntes Partitionsschema erstellt. Das Partitionsschema verwendet wiederum eine Partitionsfunktion, um die Daten einer oder mehrerer Dateigruppen physisch zuzuordnen. Die Partitionsfunktion ist ein kleiner Algorithmus, der die Verteilung der Daten regelt. Dieses Vorgehen ist äußerst praktisch. Im Gegensatz zu den partitionierten Sichten müssen Sie die Verteilung nicht immer wieder manuell vornehmen, sondern Sie legen einmalig fest, wie eine solche Verteilung prinzipiell funktionieren soll – den Rest erledigt der Server selbst.

Eine Tabelle ist eine Tabelle, möchte man sagen. Mit anderen Worten: Die Tabelle ist auch im SQL Server 2008 weiterhin eine logische Einheit, auf der Sie beispielsweise Indizes wie gewohnt setzen können – die physische Ablage kann aber nun vollkommen anders als in früheren Versionen umgesetzt werden.

Bereichspartitionen

Bereichspartitionen sind Bereiche aus einer Tabelle, die nach Kriterien innerhalb der Daten aufgeteilt sind. Das typische Beispiel, das schon vormals häufiger benutzt wurde, ist die Aufteilung von Benutzerdaten aufgrund des eingetragenen Nachnamens. Dabei werden Bereichsgrenzen festgelegt. Bei der Aufteilung der Nachnamen könnten dies zwei Bereiche A–L, K–Z oder andere, feiner unterteilte Bereiche sein. Diese Bereichsgrenzen werden administrativ festgelegt. Nicht der Server trifft die Entscheidung über diese Grenzen, sondern der Entwickler einer bestimmten Anwendung. Oder der Administrator legt sie fest. Dabei können diese Partitionsgrenzen auch bei Änderung der Verwendung der Daten jederzeit geändert werden.

Eine Bereichspartition wird dann einer Dateigruppe zur physischen Ablage zugeordnet. Dabei sind die Vorteile natürlich ähnlich zu denen der partitionierten Sicht. Neben den Geschwindigkeitsvorteilen, wenn aus Auswertungsgründen nur bestimmte Daten der Partition angefordert werden, bieten sich vor allem neue Möglichkeiten der Dateiarchivierung. Da der SQL Server aufgrund der Partitionsgrenzen genau weiß, wo bestimmte Daten liegen, braucht er auch nur dort zu suchen. Sollen neue Daten regelmäßig gesichert werden, ältere Daten jedoch nur sporadisch, ist durch die Bereichspartitionen eindeutig definiert, wo diese abgelegt sind.

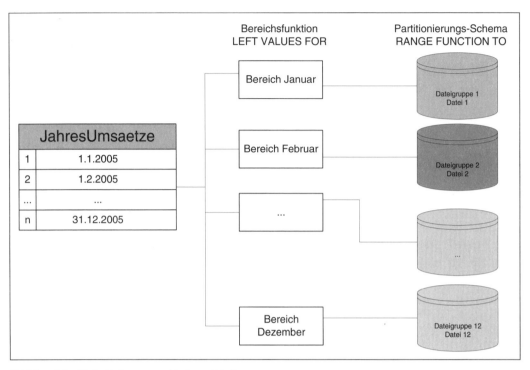

Abbildung 9.7 Die Architektur von partitionierten Tabellen

Partitionsschlüssel

Die Aufteilung der Daten erfolgt nach einem Partitionierungsschlüssel. Dieser Schlüssel ist nichts weiter als eine Spalte der aufzuteilenden Tabelle. Die schon angesprochene Partitionierungsfunktion legt nun die Aufteilung dieser Daten aufgrund des Datentyps der Spalte fest. Sie sollten selbstverständlich ausreichend mit der Anwendung, die die Daten benötigt, vertraut sein, um einen sinnvollen Schlüssel zu bestimmen. Das einzige Kriterium zur Auswahl eines geeigneten Schlüssels ist die reale Nutzung der Daten. In einer Testphase könnte man beispielsweise den Profiler (siehe Seite 374) nutzen, um das Verhalten der Benutzer zu bestimmen und so festzulegen, nach welchen Kriterien die Daten am häufigsten selektiert werden, wenn der geeignete Schlüssel durch andere Aspekte der Anwendung oder administrative Anforderungen nicht sowieso offensichtlich ist.

Die Partitionierungsfunktion legt zwar die Aufteilung anhand des Schlüssels fest, sie bestimmt aber nicht die physische Ablage. Erst das Partitionierungsschema weist einzelnen Partitionen reale Festplattenbereiche zu, indem es die zu nutzenden Dateigruppen auswählt. Dabei müssen Sie zurzeit noch selber darüber wachen, ob die Anzahl der Partitionen im Partitionierungsschema exakt mit der Anzahl der durch die Partitionierungsfunktion erzeugten Bereiche übereinstimmt. Wenn wir die Nachnamen unserer Benutzer nur in genau zwei Bereiche aufteilen, muss auch das Partitionierungsschema nur über genau zwei Dateigruppen verfügen. Bei einer Aufteilung in sechs Bereiche muss es sechs Dateigruppen geben, die das Schema festlegt usw. Dabei müssen die Dateigruppen nicht notgedrungen verschieden sein.

Es ist leicht zu erahnen, dass die Aufteilung auf verschiedene Datenträger durch die Architektur des Dateisystems zu Leistungsverbesserungen führen wird. Dies ist aber eine Entscheidung aus Gründen der Performance. Sollten Sie die Aufteilung allein aus Gründen einer verbesserten Sicherungskonzeption gewählt haben, ist dies nicht zwingend erforderlich.

Genauso wenig müssen Sie auf eine gleichmäßige Verteilung der Daten unbedingt achten. Dies kann in dem nun schon strapazierten Beispiel der Nachnamen sinnvoll sein – bei Archivdaten und aktuellen Daten ist sie es sicher nicht.

Sie können nicht nur die Tabelle, sondern auch die Indizes entsprechend partitionieren. Das Thema ist insgesamt sehr komplex, und Sie sollten genau die Online-Hilfe lesen; diese weist jedoch darauf hin, dass optimale Ergebnisse zu erwarten sind, wenn man für den Index und die Tabelle nicht nur die gleiche Partitionierungsfunktion, sondern auch das gleiche Partitionierungsschema benutzt. Solche Tabellen heißen dann im neuen Jargon *nach dem Speicherort ausgerichtet*.

Das Erstellen von Partitionierten Tabellen

Wenn Sie davon überzeugt sind, dass eine Tabelle so groß ist, dass sich eine Aufteilung lohnt, oder wenn administrativer Aufwand dies rechtfertigt, müssen Sie einige Vorarbeiten leisten, bevor Sie die Tabellen aufteilen können.

Sie müssen sich entscheiden, wie viele Bereiche Sie später bilden wollen. Wie schon erwähnt, kann dies im Betrieb geändert werden. Eine gute Planung vereinfacht die spätere Ausführung und Wartung. Wenn die Anzahl der Bereiche festgelegt ist, müssen Sie entscheiden, ob Sie verschiedene Dateigruppen erstellen wollen, die diese Bereiche aufnehmen. Eine gute einfache Regel zu Beginn lautet, pro Bereich eine Dateigruppe mit einer Datei zu erstellen. Diese sollten auf verschiedenen Datenträgern liegen, wenn Sie zusätzliche Leistungsgewinne z. B. bei einer Maschine mit mehreren Prozessoren erwarten.

Das Erstellen von Dateigruppen wurde oben anhand der Dialoge im SQL Server Management Studio vorgeführt. Daher im Folgenden die entsprechenden SQL-Anweisungen:

Dateigruppen

```
ALTER DATABASE MeineDatenbank ADD FILEGROUP [KundenAI]
ALTER DATABASE MeineDatenbank ADD FILEGROUP [KundenJR]
ALTER DATABASE MeineDatenbank ADD FILEGROUP [KundenSZ]
```

Listing 9.3   Das Hinzufügen einer Dateigruppe

Dateien in Dateigruppen

Nachdem die Dateigruppen erstellt wurden, können jetzt Dateien angefügt werden:

```
ALTER DATABASE MeineDatenbank
ADD FILE
(NAME = N'KundenAIDatei',
FILENAME = N'C:\MeineDatenbank\KundenAI.ndf',
SIZE = 5MB,
```

```
MAXSIZE = 100MB,
FILEGROWTH = 10%)
TO FILEGROUP [KundenAI]
```

Listing 9.4   Nachdem die Dateigruppen erzeugt wurden, werden physische Dateien hinzugefügt

Partitionierungsfunktion

Nach den eben gemachten Ausführungen müssen Sie jetzt festlegen, wie Ihre Daten aufgeteilt werden. Diese Aufteilung übernimmt die Partitionierungsfunktion, die die logischen Bereiche der Daten festlegt.

```
CREATE PARTITION FUNCTION PartKundenFunction(nvarchar)
AS
RANGE LEFT FOR VALUES
('I',
'R')
```

Listing 9.5   Die Ranges in der Partitionierungsfunktion sind von der Syntax her nicht sehr glücklich umgesetzt

Die Funktionssyntax lässt einen zunächst etwas ratlos zurück. Es sollten doch drei Bereiche erzeugt werden – man sieht aber nur zwei! Das Geheimnis liegt in der Formulierung RANGE LEFT FOR. So meint die Syntax, dass man mit den Werten einen Bereich *links* von ihnen festlegt. Der erste Bereich wird also *links und gleich* von I erstellt, also für die Werte A-I, der zweite Bereich für die Werte über I und *links und gleich* von R, also J-R, der letzte Bereich enthält alle anderen Werte, in diesem Fall also S-Z. Nun gut, das hätte man sicher auch klarer und intuitiver umsetzen können, mit einem VALUES ('A' TO 'I', 'J' TO 'R'...) oder so – aber mich fragt ja keiner. Mal sehen, wer das von Ihnen auf Anhieb fehlerfrei hinkriegt!

Die Syntax im neuen SQL Server 2008 lässt das gleiche Verwirrspiel auch mit der Option RANGE RIGHT FOR VALUES zu – wie es euch gefällt.

Partitionierungsschema

Die Syntax für das Partitionierungsschema ist einleuchtend und einfach:

```
CREATE PARTITION SCHEME PartKundenPart
AS
PARTITION PartKundenFunction
TO ([KundenAI], [KundenJR], [KundenSZ])
```

Listing 9.6   Eine Partition wird erstellt

TIPP   Auch wenn mehrere Partitionen in einer Dateigruppe liegen, müssen Sie diese explizit angeben, sobald Sie überhaupt verschiedene Dateigruppen benutzen. Also ...TO ([Gruppe1], [Gruppe1], [Gruppe1], [Gruppe2]). Nur wenn sie *alle* Partitionen in einer Gruppe unterbringen, ist eine vereinfachte Syntax möglich:

```
CREATE PARTITION SCHEME PartKundenPart AS PARTITION PartKundenFunction ALL TO ([PRIMARY]).
```

Das Anlegen der Partitionierten Tabelle

```
CREATE TABLE [dbo].[OrdersRange]
(
   [KundenID] [int] NOT NULL IDENTITY 11,
   [Nachname] [nvarchar] (80) NOT NULL,
      CONSTRAINT CSTNachname CHECK ([Nachname] >= 'A' AND [Nachname] <= 'Z'),
   [Vorname] [nvarchar] (80) NULL,
   [Geburtstag] [datetime] NULL,
   …)
ON PartKundenPart (Nachname)
```

Listing 9.7   Die Tabelle wird in die Partition hinein erstellt

Anlegen von Indizes

Wie schon erwähnt, werden Indizes ohne weitere Vorkehrungen im gleichen Schema mit der gleichen Funktion erstellt wie die Tabelle. Fügen Sie daher nach dem Erstellen der Tabelle und *nach* dem Laden der Daten einen gruppierten Index und alle weiteren benötigten Indizes hinzu. Dies ist eine einfache und zugleich effektive Möglichkeit, und Sie gehen dabei mit den partitionierten Tabellen genauso um wie mit den Tabellen, die Sie bislang gewohnt waren.

Systemsichten für die Partitionierten Tabellen

Dazu existieren im SQL Server 2008 noch ein paar Systemsichten und eine Funktion, die den Umgang und die Administration der Partitionen vereinfachen. Wenn man während des Setups des SQL Servers sich dazu entschließen kann, die Beispiele mit zu installieren – wozu wir dringend raten, wenn es kein Produktivserver ist – kann man Partitionierte Tabellen anhand eines umfangreichen Datenbestandes bestaunen, wobei immerhin mehr als 113.000 Zeilen in eine solche Tabelle eingefügt werden.

Als Partitionierungsschlüssel wird dabei das Datum einer Transaktionstabelle benutzt (wirklich *das* Standardbeispiel) und mit folgendem Statement erzeugt.

```
CREATE PARTITION FUNCTION TransactionRangePF1 (datetime)
AS RANGE RIGHT FOR VALUES ('10/01/2003', '11/01/2003', '12/01/2003',
            '1/01/2004', '2/01/2004', '3/01/2004', '4/01/2004',
            '5/01/2004', '6/01/2004', '7/01/2004', '8/01/2004');
```

Listing 9.8   Aufteilung der Daten anhand des Datums

Danach werden mit einem Bulk Copy die schon erwähnten 113.000 Zeilen eingefügt.

Anschließend kann man z.B. mit der Funktion *$Partition* genau erfahren, wie viele Datensätze in den einzelnen Partitionen eingefügt wurden.

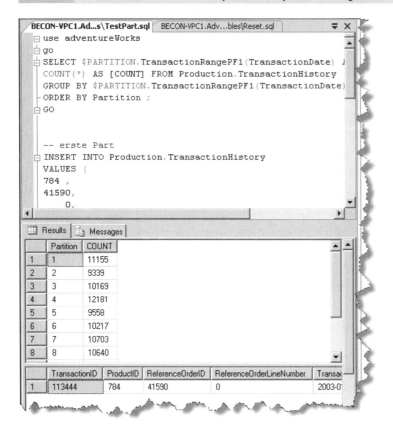

Zusätzlich stehen noch die Katalogsichten *sys.partition_functions*, die alle in der Datenbank verfügbaren Partitionierungsfunktionen ausgibt, *sys.partition_parameters,* die alle Parameter der einzelnen Funktionen ausgibt (wobei zurzeit ja leider immer nur ein Parameter unterstützt wird) und *sys.partition_range_values* zur Verfügung, die alle Bereichsgrenzwerte ausgibt.

Neu in SQL Server 2008   Im SQL Server 2008 wurden die Partitionsinformationen jetzt auch in den grafischen Ausführungsplan übernommen.

Transaction Isolation Level

Bei der Geschwindigkeit spielen, wie wir gesehen haben, durchaus mehrere Faktoren eine Rolle. Dabei ist es nun auch wichtig zu zeigen, dass die Anwendungslogik einen entscheidenden Einfluss auf die Verarbeitungsgeschwindigkeit des SQL Servers 2008 hat. Unten im Abschnitt »Performance Tuning« wird deutlich werden, dass Transaktionen so kurz wie möglich gehalten werden sollen, unter anderem, weil sie verschiedene Objekte der Datenbank sperren können. Wenn eine Verbindung in einer Transaktion Daten in eine Tabelle einfügt, dann können andere Verbindungen nur die schon vorhandenen Daten konfliktfrei lesen. Da aber viele Anwendungen gerne ganze Ausgaben mit SELECT * FROM *Tabellenname* ohne irgendwelche einschränkende

WHERE-Klauseln abfragen, ergibt sich schnell ein Problem. Da die Tabelle durch die Einfüge-Operation aber über eine Sperre verfügt, muss die Verbindung, die mit dem SELECT-Befehl liest, warten, bis die Transaktion beendet ist. Dies macht sich sofort als Geschwindigkeitsverlust bemerkbar.

Und das – für die meisten, die sich neu mit dem SQL Server zu beschäftigen beginnen – Überraschende ist, dass die Verbindung notfalls auch unendlich lange wartet, bis die Sperren aufgehoben werden. Dadurch bekommt die Anwendung aber niemals eine Fehlermeldung – etwa in Form eines Timeouts –, sondern sie ist *scheinbar* abgestürzt. Die Anwendung scheint nicht mehr zu reagieren und der Anwender wird sie nach einer Zeit frustrierten Wartens wahrscheinlich mit dem Task-Manager beenden, während in Wirklichkeit ein SELECT-Befehl nur auf die Aufhebung der Tabellen- oder Seitensperre wartet.

TIPP   Es gibt mehrere Möglichkeiten, das unendliche Warten auf Sperren zu umgehen. Nach einer festen Zeitspanne sollte eine Anwendung lieber ein Timeout melden, als dem Anwender das Gefühl zu geben, sie reagiere überhaupt nicht mehr. Bei Entwicklungen mit ADO.NET können Sie die *CommandTimeout*-Eigenschaft des *Command*-Objektes setzen oder sich dazu entschließen, Daten immer nur asynchron, zum Beispiel in einem eigenen Thread (was nicht immer trivial ist) abzurufen. Auf jeden Fall sollte die Oberfläche immer reaktionsfähig bleiben.

Was Sie beim SQL Server auch tun können, wozu wir aber eigentlich nicht raten wollen, ist, diese Sperren zu ignorieren. Dies können Sie tun, indem Sie entweder in der Abfrage selber einen entsprechenden Hinweis geben: SELECT * FROM Tabellenname WITH (NoLock) oder für die gesamte Verbindung den so genannten *Transaction Isolation Level* umsetzen. Wie der Name schon nahe legt, steuert diese Einstellung, wie Transaktionen voneinander isoliert werden. Die ausgesprochen hässliche Einstellung

```
SET TRANSACTION ISOLATION LEVEL READ UNCOMMITTED
```

Listing 9.9   Tun Sie das nicht oder nur, wenn Sie ganz genau wissen, was Sie da tun

sorgt dafür, dass Sie auch nicht abgeschlossene, nicht bestätigte Transaktionen lesen können. In unserem Beispiel würde der SELECT-Befehl die eingefügten Zeilen schon sehen können, ohne dass die Transaktion abgeschlossen wurde. Das ist aber sehr, sehr böse und man muss schon sehr genau wissen, was man tut, wenn man diese Einstellung wählt. Stellen Sie sich eine Anwendung vor, die Buchbestellungen (hoffentlich auch für dieses Buch) entgegennimmt. Es wird während der Bestellung geprüft, ob genug Bücher auf Lager sind und der Benutzer ggf. über längere Lieferzeiten informiert. Während dieser Bestellung bucht man Bücher ins Lager ein; später wird diese Einbuchung, die in einer Transaktion läuft, aus welchen Gründen auch immer, abgebrochen und rückgängig gemacht. Wenn dabei mit dem *Transaction Isolation Level Read Uncommitted* gearbeitet wurde, hat man dem Benutzer eventuell Bücher gemeldet, die es gar nicht gibt oder es zumindest unterlassen, auf fehlende Lagerbestände hinzuweisen!

Die Standardeinstellung des SQL Servers 2008 ist genau wie beim SQL Server 2005 der *Transaction Isolation Level Read Committed*. Dabei werden *Dirty Reads,* wie eben beschrieben, verhindert. Es gibt noch weitere Level, die jedoch nur im Einzelfall benutzt werden sollten – dazu sollten Sie die Online-Dokumentation lesen. Einen kurzen Überblick über die Merkmale der einzelnen Level finden Sie in der folgenden Tabelle:

Isolation level	Möglich: Dirty read	Möglich: repeatable read	Möglich: Phantom	Kontrolle beim gleichzeitigen Zugriff
Read uncommitted	Ja	Ja	Ja	(keine Kontrolle)
Read committed	Nein	Ja	Ja	Pessimistisch
Read committed snapshot	Nein	Ja	Ja	Optimistisch
Repeatable read	Nein	Nein	Ja	Pessimistisch
Snapshot	Nein	Nein	Nein	Optimistisch
Serializable	Nein	Nein	Nein	Pessimistisch

Besonders fatal daran ist es, dass sich andere SQL Server nicht so verhalten. Besonders der engagierte Marktbegleiter Oracle agiert hier ganz anders: Er würde in dem beschriebenen Fall alle »alten« Daten der Tabelle anzeigen – die laufende Transaktion der anderen Verbindung also ignorieren. Man kann lange und trefflich darüber streiten, welches Verhalten denn nun das »richtige« sei. Daher kommt es aber bei Migrationsprojekten immer wieder zu Irritationen.

Besonders wenn Entwickler die Logik nicht kennen, kommen sie schnell zu dem Schluss, das der »SQL Server von Microsoft aber langsam ist«, weil sie bei dem Server, mit dem sie bisher gearbeitet haben, nicht auf Transaktionen geachtet haben – und man darf sich ruhig fragen, ob das sinnvoll war und ist.

Um alle möglichen Diskussionen über das Für und Wider der unterschiedlichen Verfahren ad acta zu legen, bietet der SQL Server 2008 auch den *Transaction Isolation Level Snapshot*.

Dabei werden, wie eben gezeigt, die Transaktionen anderer Verbindungen einfach ausgeblendet. Wenn also eine Verbindung Daten in eine Tabelle einfügt oder ändert und Ihre Verbindung die Daten aus der gleichen Tabelle liest, wird Ihnen der Schnappschuss (*Snapshot*) der Daten vor der anderen Transaktion gezeigt. Daher müssen Sie auch nicht auf den Abschluss der Transaktion warten. Die Daten erscheinen schneller verfügbar. Man muss eingestehen, dass diese Einstellung dem intuitiven Verständnis der meisten Benutzer entgegenkommt. Ein Schnappschuss bedeutet, dass der Zustand der Daten aufbewahrt wird, bevor eine Transaktion beginnt, sie zu ändern. Daher wird oft auch der Begriff der Versionierung benutzt. Jeder Schnappschuss stellt natürlich eine Version der Daten dar.

Um den Transaktions-Level zu benutzen, muss man ihn erst auf der Ebene der Datenbank aktivieren.

```
ALTER DATABASE <database name> SET ALLOW_SNAPSHOT_ISOLATION ON
```

Listing 9.10   Man muss die Option erst aktivieren

Danach kann der Isolations-Level wie gewohnt gesetzt werden, dann aber mit der Option Snapshot:

```
SET TRANSACTION ISOLATION LEVEL SnapShot
```

Listing 9.11   So setzt man den Isolations-Level für die aktuelle Verbindung

Es ist aber darauf hinzuweisen, dass *Transaction Isolation Level Snapshot* keine Sperren beim Lesen erstellt. Er muss aber eingestellt werden, bevor eine Transaktion beginnt. Beachten Sie, dass eine Transaktion nicht, wie man denken könnte, bei der Anweisung BEGIN TRANSACTION startet, sondern bei dem ersten auf diese Anweisung folgenden Befehl.

TIPP		Was aber ist mit bestehenden Anwendungen? Wenn diese nun auf einem SQL Server 2008 laufen, wie sollen sie »in den Genuss« dieses Isolations-Levels kommen? Es ist ja wohl kaum denkbar, dass alle Anwendungen neu erstellt werden, um den tollen, neuen Befehl zu nutzen.

Für diese Szenarien gibt es eine einfache und gute Lösung. Der ALTER DATABASE-Befehl wurde erweitert, und mit ihm können Sie das Verhalten von *Transaction Isolation Level Read Committed* beeinflussen, das Programm im SQL Server standardmäßig nutzen:

```
ALTER DATABASE <database name> SET READ_COMMITTED_SNAPSHOT ON
```

Um Kompatibilität zu gewährleisten, ist diese Option normalerweise deaktiviert. Wenn Sie sie aber, wie hier im Beispiel, anschalten, verhält sich READ_COMITTED transparent für die Anwendungen – *beinahe* wie SNAPSHOT.

Nun ist bekanntermaßen leider nichts im Leben umsonst. Es würde uns schon sehr wundern, wenn das bei einem so leistungsstarken Feature der Fall wäre. Irgendwo muss der SQL Server beispielsweise ja die verschiedenen Versionen der Objekte, hier der Tabellen, doch aufbewahren. Wenn in 300 Verbindungen 260 Schnappschüsse gespeichert werden müssen, dann muss das eine Auswirkung auf den SQL Server haben. Und diese Auswirkung gibt es natürlich.

Der SQL Server 2008 speichert die verschiedenen Versionen in der Datenbank *tempdb*. Auf die verschiedenen Aufgaben der Systemdatenbanken haben wir in Kapitel 2 hingewiesen. *Tempdb* ist gerade für interne Aufgaben im SQL Server zuständig, für große Sortierungen etwa, und wie hier zur Speicherung von Tabellen-Versionen.

Daher muss die Größe von *tempdb* konsequent überwacht werden, wenn mit *Transaction Isolation Level Snapshot* gearbeitet werden soll. Der SQL Server 2008 bietet für seine Datenbanken die Option des prozentualen Wachstums an. Dies kann sehr hilfreich sein, wenn Sie nicht ständig die Größe der *tempdb* überwachen können oder wollen. Dabei arbeitet der SQL Server 2008 hier stark optimiert: Im Gegensatz zu anderen Produkten kann er die Versionen auf der Ebene der Zeilen verwalten, was sowohl Platz- als auch Geschwindigkeitsvorteile mit sich bringt.

HINWEIS		Dies ist übrigens auch eine klare Vereinfachung zu Oracle. Dort unterstützen die ROLLBACK SEGMENTS-Anweisungen keine PCTINCREASE-Option. Daher müssen die Segmente, die dem Transaktionsprotokoll *ein wenig* entsprechen, direkt in der richtigen Größe erzeugt werden – sonst kann es leicht zu der gefürchteten Meldung ORA-01555 *Snapshot too old* kommen, da neue Transaktionen die Versionen älterer Transaktionen überschreiben.

Sehr hilfreiche Informationen finden Sie dazu unter *http://www.microsoft.com/technet/prodtechnol/sql/2005/SQL05B.mspx.*

Damit Sie aber auch das Wachstum der *tempdb* besser steuern können, hat SQL Server 2008 Leistungsindikatoren (*performance counter*) im Performance-Monitor. Sie finden den Performance-Monitor unter dem nichts sagenden Eintrag *Leistung* in der *Verwaltung* eines Servers oder unter *Systemsteuerung/Verwaltung* bei einer Workstation. Dort stehen jetzt weitere Indikatoren, die hauptsächlich den Zustand der *tempdb* wiedergeben, zur Verfügung:

- Free Space in tempdb
- Size of Version Store
- Rate of growth
- Number of Conflicts
- Longest running active transaction

Viele neue Systemsichten geben dabei weitere Auskunft, die Sie sich für die Administration einer Datenbank im neuen Transaktions-Isolation-Level schon einmal merken sollten:

- *sys.dm_tran_active_snapshot_database_transactions*
- *sys.dm_tran_top_version_generators*
- *sys.dm_tran_transactions_snapshot*
- *sys.dm_tran_current_transaction*
- *sys.dm_tran_version_store*

Performance Tuning

Ob nun SQL Server 2000 oder SQL Server 2005 oder eben SQL Server 2008: Immer wieder kann es bei der einen oder anderen Anwendung zu Geschwindigkeitsproblemen kommen. In den seltensten Fällen, das muss man leider so sagen, liegt es am SQL Server. Die gute Nachricht lautet genauso: Es liegt fast nie am SQL Server. Dann hätte man nämlich nichts machen können – außer das Produkt zu wechseln, und das wäre nicht nur schade, sondern auch völlig unnötig. So liegt es also meistens an den Anwendern oder Anwendungen, also an uns. Im Folgenden sind daher die wichtigsten Hinweise noch einmal zusammengefasst. Wenn Sie auf Leistungsengpässe stoßen, gehen Sie unsere Ratschläge Punkt für Punkt durch – es müsste schon etwas sehr Außergewöhnliches mit Ihrem SQL Server sein, wenn Sie nicht schnell eine deutliche Verbesserung feststellen würden.

Das Allerwichtigste zuerst: So gut gemeint und hilfreich Hinweise, die hier beschriebenen oder die, die Sie woanders lesen oder hören, auch sein mögen: Vertrauen Sie allein messbaren Resultaten. Nutzen Sie daher den Profiler ausgiebig und überprüfen Sie Ihre Ergebnisse auch im SQL Server Management Studio, indem Sie objektive Ergebnisse vergleichen. Daher vertrauen Sie bitte keinen Gerüchten; es wird viel erzählt – auch wenn es ein *Double-bind*[3] ist, wenn unser Ratschlag an Sie lautet, Ratschlägen zu misstrauen – so ist das eben.

---

[3]　Anm. d. Lek.: Double-bind (engl. doppelte Bindung) ist ein Begriff aus der Psychologie, der eine Situation beschreibt, bei der zwei gegensätzliche Reaktionen zum gleichen, negativen Ergebnis führen. Man kann eine double-bind-Situation auch als »loose-loose«-Situation charakterisieren (im Gegensatz zur Win-Win-Situation). Die klassische Darstellung findet sich in folgender Anekdote:

Eine Frau schenkt Ihrem Mann zwei neue Hemden, ein weißes und ein blaues. Nachdem der glücklich Beschenkte sofort enteilt ist, um eines, das weiße, direkt anzulegen, wieder erscheint, um der Herzgemahlin das Ergebnis beseelt vorzuführen, reagiert diese mit leicht trauerumflorter Miene: »Ach, das andere gefällt dir wohl nicht?« – Ebenso beliebt ist die strenge Aufforderung der Eltern an den schwächelnden Nachwuchs: »Sei nicht so nachgiebig!« 　(Quelle: *Wikipedia und Autoren*).

Bevor Sie eine Anwendung erstellen, sollten Sie folgende Hinweise beachten:

■ Wählen Sie ein gutes Tabellendesign. Lernen Sie die neuen Konzepte der partitionierten Tabellen kennen und setzten Sie sie dort ein, wo sie sinnvoll sind: Bei sehr großen Tabellen. Nutzen Sie diese Funktionen nie um ihrer selbst willen.

■ Auch im SQL Server 2008 ist eine Datenseite 8KB groß. Nach dem Page Header stehen 8.096 Bytes zur Verfügung. Der SQL Server 2008 kennt auch Datentypen wie *nvarchar(max)*, die sich etwas anders verhalten, Sie sollten dennoch die Größe der Seite beachten. Je genauer die Zeilen auf die Seite passen desto besser für die Speicher-Verwaltung. Das bedeutet im Zweifelsfall, eine Tabelle lieber mit 1:1-Beziehung zu teilen, als alle Spalten in einer Tabelle zu halten. Meistens gibt es häufig und weniger häufig genutzte Spalten. Wenn in einer großen Tabelle nur eine Zeile auf die Seite passt, diese aber im Schnitt nur zu 65% Prozent gefüllt wird, kann es besser sein, zwei Tabellen zu erstellen.

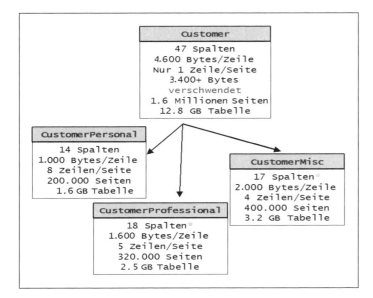

Abbildung 9.9 Eine optimierte Aufteilung von Zeilen auf der Seite

Im obigen Beispiel sparen Sie allein 5.5 GB nur durch die verbesserte Anordnung. Und Platz auf der Festplatte bedeutet auch Platz im Arbeitsspeicher.

■ Erstellen Sie für alle Fremdschlüsseleinschränkungen einen Index in der Kind-Tabelle. Wenn *Bestellungen* mit einer *BestellID* versehen sind und in der Tabelle *BestellDetails* auf diese *BestellID* verwiesen wird, erstellen Sie einen Index auf *BestellID* in der Tabelle *BestellDetails*. Das macht Microsoft Access von selber, nicht aber SQL Server 2008.

■ Erstellen Sie Indizes für die wichtigsten Spalten Ihrer Abfragen. Die wichtigen Spalten sind die, die in den WHERE-Klauseln benutzt werden.

Wenn Sie unsicher sind, welche Indizes die besten sind, dann lassen Sie die Abfrage vom Database Tuning Advisor analysieren.

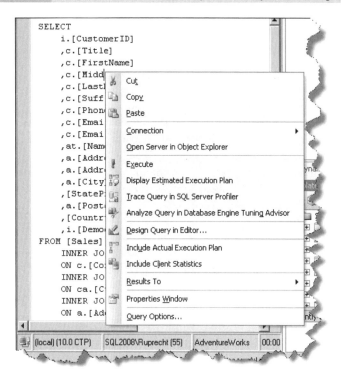

Dieser gibt gute Hinweise, die man einfach übernehmen kann. Besser als nichts sind sie allemal. *Besser gut klauen, als schlecht selber machen.*

- Legen Sie eine Reihenfolge fest, in der Sie Tabellen in Anweisungen aufrufen. Wenn Sie größere gespeicherte Prozeduren erstellen, arbeiten Sie, wenn in der Prozedur mehrere Tabellen benutzt werden, diese immer in der festgelegten Reihenfolge ab. Dies verhindert Deadlocks.

- Wenn Sie explizite Transaktionen benutzen, also BEGIN TRANSACTION-Anweisungen, halten Sie diese Transaktionen so kurz wie irgend möglich. Verwenden Sie *niemals* Transaktionen mit Benutzerinteraktion. Zeigen Sie also in einer Anwendung nicht während einer Transaktion einen Dialog an und fahren danach mit der Transaktion fort. Denken Sie daran, dass auch Benutzer Mittagessen gehen oder in den Urlaub fahren. Während dieser Zeit haben Sie, wenn es schlecht läuft, eine offene Transaktion in der Datenbank.

Wenn Sie schon eine Anwendung oder Datenbank vorfinden, deren Leistung unbefriedigend ist, gehen Sie wie folgt vor:

- Schließen Sie etwas Ernstes aus: Hardware.

  Wenn Leistungsprobleme beim SQL Server auftreten, kann es – sehr selten – auch an der Hardware liegen.

- Überprüfen Sie als Erstes die *Ereignisanzeige* in der Programmgruppe *Verwaltung*. Finden Sie dort auffällige Einträge im Systemprotokoll, sogar Fehler, wenn beispielsweise das IO-System, also die Festplatten nicht ordnungsgemäß arbeiten, haben Sie das Problem schon gefunden. Der SQL Server selbst legt seine Informationen übrigens nicht im System-, sondern im Anwendungsprotokoll ab. Überprüfen Sie die Einträge auch dort.

- Überprüfen Sie mithilfe von *Leistung* in der Verwaltung, also dem Performance Monitor, die wichtigsten Einträge. Nach unseren Erfahrungen liegt der Engpass, wenn er hardwarebedingt ist, was eher selten der Fall ist, am wahrscheinlichsten an einem zu knapp bemessenen Arbeitsspeicher. Überprüfen Sie danach das Festplattensystem. Am seltensten liegt es an der Anzahl oder Leistungsfähigkeit der Prozessoren. Werten Sie die Daten für den *Arbeitsspeicher* aus. Am einfachsten schauen Sie bei dem verfügbaren Speicher nach. Da muss noch genügend Platz sein – anderenfalls hat der Rechner zuwenig Arbeitsspeicher. Wenn Sie dort die Prozessorzeit überwachen, sollte der Durchschnitt nicht über 65%–70% liegen, sonst sollten Sie tatsächlich über einen Server mit mehreren *Prozessoren* nachdenken. Die durchschnittliche Länge der Warteschlange des *Datenträgers* darf nicht höher als 1 sein, sonst hat Ihr Rechner ein zu langsames Festplatten-Subsystem.

- Achten Sie auf die Größe des Transaktionsprotokolls. Auch ein großes Transaktionsprotokoll kann die Leistung beeinträchtigen. Sichern Sie das Transaktionsprotokoll so oft wie Sie können – ruhig alle ein bis zwei Stunden oder sogar öfter: nur eine Sicherung entleert das Transaktionsprotokoll. Dabei wird die physische Datei nicht kleiner, sondern freier Platz geschaffen. Wenn die Datei schon gigantisch angewachsen ist, lesen Sie in Kapitel 2 nach, wie Sie das Transaktionsprotokoll verkleinern können.

- Nehmen Sie den Profiler zu Hilfe, um besonders langsame Abfragen zu identifizieren. Indizieren Sie in den Tabellen die Spalten, mit denen besonders häufig Abfragen durchgeführt werden. Mit nichts lässt sich eine Anwendung bzw. eine Datenbank so beschleunigen, wie mit der Vergabe sinnvoller Indizes. Die Verbesserung einer Abfrage kann dabei durchaus im Bereich von 500%–700% liegen.

- Wie die Abfrage genau aussieht, sehen Sie im Profiler. Kopieren Sie die Abfrage in das SQL Server Management Studio, und führen Sie sie zunächst ohne jede Änderung aus. Wählen Sie dazu im Abfragefenster mit der rechten Maustaste die Abfrageoptionen *Query Options*. Stellen Sie dort ein, dass zusätzlich die Dauer mit SET STATISTICS TIME und die Statistiken über I/O-Operationen mit SET STATISTICS IO ausgegeben werden.

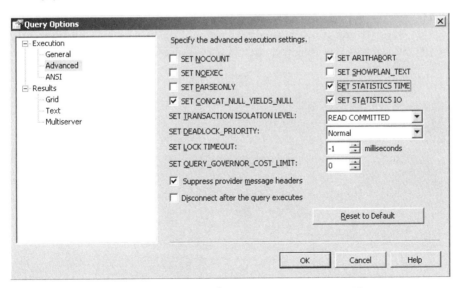

Abbildung 9.10 Die entscheidenden Optionen zur Überwachung der Leistung einer Abfrage

Erstellen Sie dann die Indizes und überprüfen Sie, ob wirklich eine Leistungsverbesserung aufgetreten ist. Dabei spielt die Dauer und die Anzahl der Schreib-/Lesevorgänge eine Rolle, wobei diese zumeist korrelieren. Wenn dies nicht der Fall ist, löschen Sie den Index sofort wieder. Sollten Sie eine gute, oder was auch häufig der Fall sein kann, dramatische Verbesserung erleben, testen Sie das Gesamtsystem, ob durch die Verbesserung in dieser Abfrage andere Anweisungen oder Vorgänge negativ beeinträchtigt wurden. Häufig werden viele Spalten in einer Abfrage ausgewählt und dann in der WHERE-Klausel nach wenigen oder nur einer Spalte gefiltert. Indizieren Sie diese Spalte oder die wenigen Spalten. Auch Indizes über mehrere Spalten sind möglich.

TIPP   Besonders gut sind die Leistungsverbesserungen, wenn eine Abfrage wenige Spalten mit einer kurzen *WHERE*-Klausel abfragt. Dann erstellt man einen Index, der alle Spalten in der Reihenfolge der Abfrage enthält, wobei erst die Spalten der *WHERE*-Klausel, dann die der Ausgabe aufgenommen werden – diesen nennt man übrigens *Covered Index*. Eine solche Abfrage kann dann aus dem Index befriedigt werden, was bedeutet, dass die Datenseiten gar nicht mehr gelesen werden müssen.

Wir hoffen, dass diese Hinweise hilfreich für Sie waren. Sicherlich finden Sie hier keine vollständige Liste und nur die tägliche Arbeit mit dem Produkt, gute Schulungen und Eigenstudium versetzen einen auf Dauer in die Lage, Datenbanken optimal einzustellen.

Wichtige Erweiterungen im SQL Server 2008

Declarative Management Framework

Im Objektexplorer des SQL Server Management Studios finden Sie den Eintrag *Management*. Dort gibt es nun im SQL Server 2008 den neuen Punkt *Policy Management*, der im Deutschen wahrscheinlich zu Richtlinienmanagement wird.

Diese Richtlinien sind Teil eines der besten neuen Möglichkeiten des SQL Servers 2008, vor allem wenn es um die einheitliche, qualitativ sichere Verwaltung mehrerer SQL Server im Unternehmen geht.

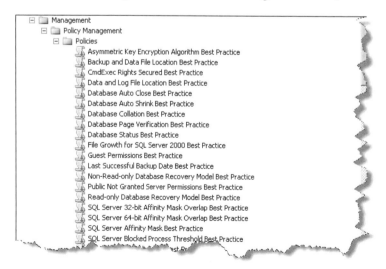

Abbildung 9.11   Vordefinierte Richtlinien im SQL Server Management Studio

Die Konfiguration ist dabei, bei aller Komplexität der Möglichkeiten, zunächst erfrischend einfach. Zunächst definiert man eine Richtlinie. Aufgrund der Struktur des Declarative Management Frameworks kann dabei (beinahe) jeder Aspekt eines Servers, einer Datenbank, einer Tabelle Teil einer solchen Richtlinie sein.

Im SQL Server Management Studio sind schon eine ganze Reihe solcher Richtlinien vordefiniert, von denen sich viele auf die sogenannten *Best Practices* beziehen, kurz gesagt: So sollte es (laut Microsoft) gemacht werden. Alle diese Optionen sind standardmäßig deaktiviert, wenn man eine bestimmte Richtlinie für seine Server einsetzen will, reicht es, diese zu aktivieren.

So sollte z.B. die AutoShrink-Option einer Datenbank nicht aktiviert sein. Dabei wird die Datenbank automatisch in bestimmten Abständen verkleinert, was zu einem relativ hohen und unnötigen Overhead führt. Daher finden Sie eine *Database Auto Shrink Best Practice*-Richtlinie im SQL Server Management Studio. Nun ist es sehr leicht zu überprüfen, ob alle Datenbanken dieser Richtlinie entsprechen. Auf der rechten Maustaste findet man (auch bei deaktivierten Richtlinien) den Eintrag Test Policy. Dies führt eine sofortige Überprüfung aus.

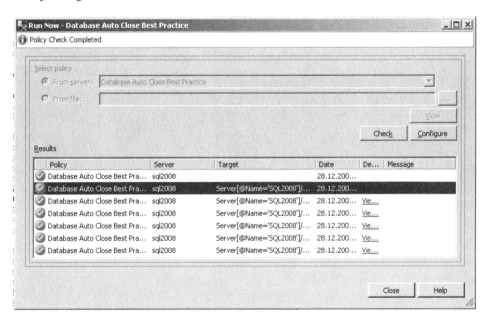

Abbildung 9.12 Alle Datenbanken sind nach der Richtlinie konfiguriert

Die Logik einer solchen Richtlinie setzt sich wie folgt zusammen: Zum einen gibt es eine bestimmte *Check Condition*, also eine Bedingung, die überprüft werden soll. Dies ist der zu erreichende Zustand.

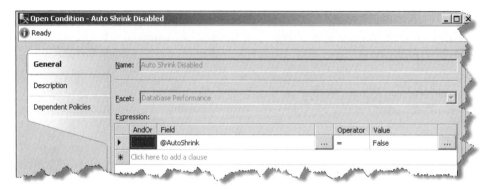

Abbildung 9.13   Die Bedingung legt den gewünschten Zustand fest

Der andere Aspekt ist der Eintrag *Against Targets*, der festlegt, gegen welche Ziele die Richtlinie geprüft werden soll.

Im Fall der Auto Shrink Policy sind dies *Online User Databases*, also alle Benutzerdatenbanken, die verfügbar (ONLINE) sind. Schaut man sich die Definition dieser Bedingung an, so findet man folgendes:

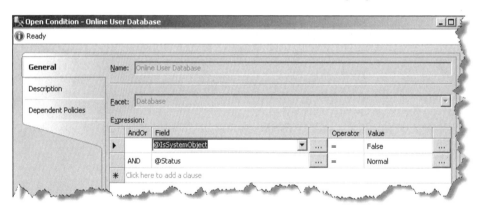

Abbildung 9.14   Die Definition von Online User Database

Sowohl die *Check Conditions* als auch die Einträge unter den Targets werden verwirrender Weise unter dem Eintrag »Conditions«, also Bedingungen, des Declarative Management Frameworks verwaltet.

Welche Überprüfungen überhaupt möglich sind, findet man unter dem Baum-Eintrag »facet«.

Dort werden alle Objekte (Datenbank, Data File, User, Table etc.) aufgelistet, und unter den Eigenschaften findet man dann alle bereit gestellten Informationen. So stehen unter Data File etwa der Name, die IsRead-Only-Eigenschaft etc. zur Verfügung.

Neben der reinen Überprüfung kann aber auch eine Policy konfiguriert und damit durchgesetzt werden. Angenommen, Sie haben bei einer Datenbank dennoch *Auto Shrink* aktiviert, so kann die Richtlinie auch tatsächlich eine Änderung vornehmen. Im Beispiel haben wir die unerwünschte Option einmal aktiviert. Eine Überprüfung der Richtlinie ergibt den Hinweis:

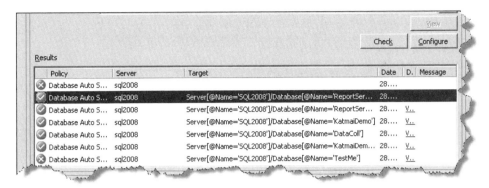

Abbildung 9.15   Die Überprüfung der Richtlinie schlug fehl

Durch den Klick auf die Schaltfläche *Configure* kann nun die Datenbank (im Beispiel die böse *TestMe*) nach den Vorgaben eingestellt werden.

Resource Governor

In SQL Server-Installationen kommt es immer wieder vor, dass viele Benutzer auf unterschiedliche Datenbanken innerhalb einer Instanz zugreifen. Oftmals gibt es das Bedürfnis, die Leistung, die einzelnen Anwendern oder Anwendungen zur Verfügung steht, besser zuteilen zu können.

Wenn man auf einer Maschine, sei sie nun real oder virtuell,[4] mehrere SQL Server-Instanzen installiert, kann man einzelne Prozessoren (bei Mehrprozessorsystemen) oder Arbeitsspeicheranteile den einzelnen Instanzen zuweisen. Innerhalb einer solchen Instanz aber war die Zuteilung von Leistung bislang schwierig oder unmöglich.

Diesen Umstand behebt der *Resource Governor*. Er ermöglicht es, bestimmte Ressourcen-Pools anzulegen, denen bestimmte Anteile der verfügbaren Ressourcen zugeteilt werden. Dies kann sehr komfortabel über die Oberfläche oder – wie immer – über T-SQL-Befehle geschehen.

Sie können unter *Management* im Objekt-Explorer einfach den Eintrag *Resource Governor* wählen.

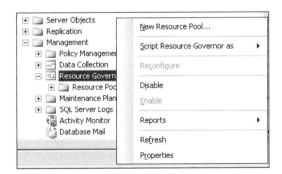

---

[4]   Sind virtuelle Maschinen nicht real? Sie können auf jeden Fall sehr viel realen Ärger machen, interessanter Weise vor allem, wenn sie einmal »nicht da« sind…

Dort wird ein neuer Pool erzeugt und dazu mindestens eine Workload-Group. Die vorhandenen Workload-Gruppen teilen sich die in ihrem Ressource-Pool eingetragenen Ressourcen nach weiteren Kriterien auf.

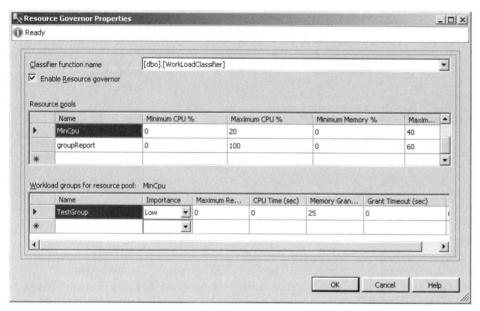

Abbildung 9.16 Die Konfiguration des Resource Governors über das SQL Server Management Studio

Es bleibt aber die Frage, wie man nun Benutzern oder Anwendern eine solche Workload-Gruppe zuteilen kann. Dazu muss eine eigene Funktion erstellt werden. In der Abbildung ist dies schon geschehen und der Funktionsname erscheint unter dem Eintrag »Classifier function name«. Das folgende Skript zeigt beispielhaft eine solche Funktion, im Skript wird diese Funktion dann dem Resource Governor zugeteilt, was aber genauso auch über die Oberfläche möglich ist.

```
CREATE FUNCTION WorkLoadClassifier() RETURNS SYSNAME
WITH SCHEMABINDING
AS
BEGIN
    DECLARE @grp_name AS SYSNAME
        IF (SUSER_NAME() = 'test')
            SET @grp_name = 'MinCpu'
        IF (APP_NAME() LIKE '%REPORT SERVER%')
            SET @grp_name = 'groupReport'
    RETURN @grp_name
END
ALTER RESOURCE GOVERNOR WITH (CLASSIFIER_FUNCTION= dbo.WorkLoadClassifier)
ALTER RESOURCE GOVERNOR RECONFIGURE
```

Listing 9.12 Eine mögliche Classifier Function zur Zuteilung der Workload Groups

Wie man im Skript sieht, gibt es ganz unterschiedliche (und auch noch weitere) Möglichkeiten der Zuteilung. Im einen Fall ist es der Benutzername (test) im anderen Fall der Name einer Anwendung (%REPORT SERVER%). Der Programmierer hat natürlich selbst dafür zu sorgen, dass die Zuweisung eindeutig ist, oder er muss entsprechend Prioritäten festlegen.

Auditing

Bei Datenbanken im Enterprise-Umfeld ist es fast schon zu erwarten, dass sie früher oder später einem regelmäßigen Audit unterzogen werden. Regelwerke wie BASEL II oder gar Sarbanes-Oxley (SOX) geben dabei vor, dass alle Aktionen auf der Datenbank protokolliert werden müssen; Einfügungen, Änderungen und Löschungen, aber eben oft auch der bloße Lesezugriff über SELECT. Der SQL Server bot dafür vielfältige Möglichkeiten, wie wir sie schon in Kapitel 1 zum Auditing vorgestellt haben, aber keine, die das Lesen auf bestimmten Tabellen, ja, sogar von bestimmten Spalten mit z.B. sensitiven Informationen überwachen können. Oftmals ist es dabei – ehrlich gesagt – zunächst gar nicht einmal so wichtig, diese Informationen problemlos auswerten zu können; der Datenbankadministrator möchte einfach nur ein Häkchen an das Audit-Protokoll machen können: ja, diese Datenbank wird überwacht.

Neu in SQL Server 2008   Für diese Anforderungen ist das SQL Server Auditing maßgeschneidert. Es nutzt die neuen *Extended Events*, die wir schon in Kapitel 1 beschrieben haben, was bedeutet, dass es genau wie diese seine Informationen wahlweise in Dateien im Dateisystem oder im Windows-Ereignisprotokoll hinterlassen kann. Beim Ereignisprotokoll hat man die Wahl zwischen dem Systemereignisprotokoll und dem Sicherheitsereignisprotokoll, wobei letzteres ja nicht von jedem Nutzer eingesehen werden kann, was bei der Überwachung natürlich von Vorteil ist.

Zur Einrichtung des Auditing muss man zunächst einmal im Management Studio sich mit dem Server verbinden und dann unter *Security / Audits* ein serverweites Audit einrichten, das erst einmal nur vorgibt, wohin die Protokolleinträge geschrieben werden sollen, wie in Abbildung 9.17 zu sehen.

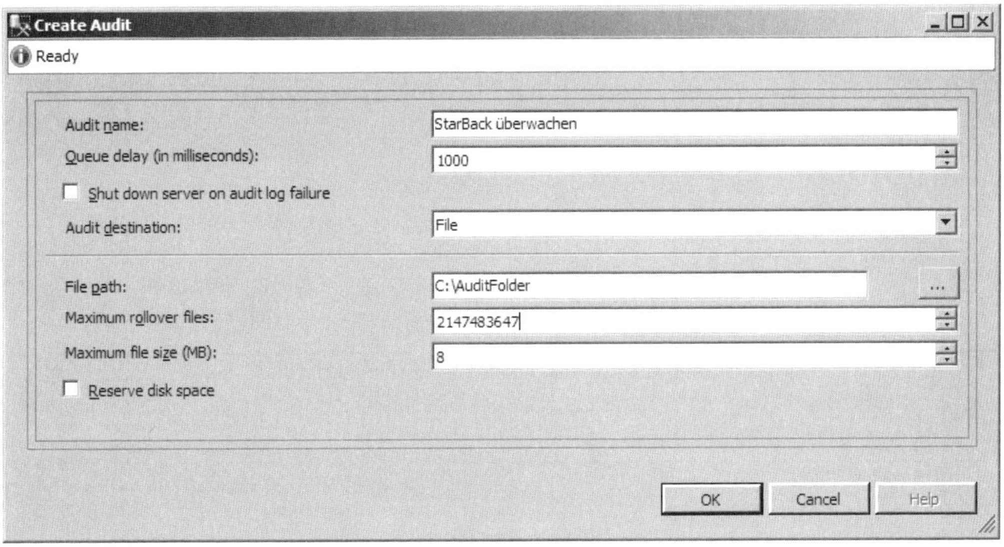

Abbildung 9.17   Auditing in eine Datei

Danach kann ich für den gesamten Server so genannte *Server Audit Specifications* definieren, falls ich wissen möchte, wann sich bestimmte Nutzer an- oder abgemeldet haben oder ob ihnen irgendwelche serverweiten Rechte vergeben oder entzogen worden sind.

Alternativ oder zusätzlich kann man in der einzelnen Datenbank unter *Security / Database Audit Specifications* einrichten, was denn eigentlich genau überwacht werden soll. Die Liste der Möglichkeiten ist schier endlos, ich kann einschränken auf:

- *Audit Action Type*. Das kann eine unglaubliche Vielfalt von Aktionen sein, von direkten DML-Statements wie SELECT und DELETE bis hin zu Änderungen an den Berechtigungen wie DATABASE_ROLE_MEMBER_CHANGE_GROUP.

- *Object Schema / Object Name*. Hier sollten zur Vermeidung des Daten-Overkills nur wirklich interessante Tabellen, Prozeduren etc. aufgenommen werden.

- *Principal Name*. Das ist die meist optionale Einschränkung, dass nur protokolliert wird, wenn ein bestimmter Nutzer oder eine bestimmte Gruppe eine Aktion vornimmt.

Da die Oberfläche hier nicht so ganz zufriedenstellend ist, werden viele vermutlich lieber die relativ eindeutige Transact-SQL-Syntax zum Einrichten von Audits verwenden:

```
CREATE DATABASE AUDIT SPECIFICATION StarBack_Personal_Audit
  FOR SERVER AUDIT Eventlog_Audit
  ADD (SELECT, INSERT, UPDATE
  ON dbo.Personal(Monatsgehalt))
```

Man findet dann, sobald eine der zu überwachenden Aktionen eingetreten ist, einen sehr ausführlichen Eintrag im jeweiligen Log, der sogar den ausgeführten Befehl enthält. Bei einigen Einträgen gibt es noch im XML-Format (unter *additional_information*) eine Reihe von zusätzlichen Angaben. Hier nur ein kurzes Beispiel im Ausschnitt:

```
Audit event: event_time:2008-01-01 11:58:03.8256848
[…]
session_server_principal_name:KKarlo
server_principal_name:KKarlo
server_principal_sid:2330d05956a24143a943d725f01d3683
database_principal_name:KKarlo
server_instance_name:WS03EER2
database_name:Starback
schema_name:dbo
object_name:Personal
statement:select * from Personal
additional_information:
```

HINWEIS   Natürlich kann man die Anwendung eines solchen Audits auch wieder durch eine *Policy* des *Declarative Management Framework* überwachen lassen, damit sicher gestellt ist, dass jede Datenbank, wo dies erforderlich ist, einem bestimmten Audit unterliegt.

Der ganze Aufwand, den Microsoft hier um diese Überwachungsmöglichkeiten gemacht hat, mag übertrieben erscheinen, aber jeder Datenbank-Administrator, der gezwungen ist, seine Server oder Datenbanken einem regelmäßigen Audit zu unterwerfen, wird aufseufzen und sagen: Nein, dafür dass ich endlich einen Haken an das Protokoll machen und mich wieder meinen eigentlichen Aufgaben zuwenden kann, ist kein Aufwand zu hoch.

Performance Data Collection

Die Leistungsüberwachung einer SQL Server Instanz zählt zu den anspruchsvollen Aufgaben im Unternehmensumfeld. Oftmals gibt es konkurrierende Interessen und Wahrnehmungen. So wird das Laufzeitverhalten einer gekauften Anwendung als für die Anwender unzumutbar empfunden, der Hersteller dieser Anwendung beteuert aber aufrichtig, dass nun gerade diese Anwendung bei vielen anderen Unternehmen völlig unproblematisch läuft, und nur ein langsamer SQL Server der Grund des Problems sein kann. Aber auch ohne konkrete Problemlage ist es sinnvoll, proaktiv Leistungsdaten zu sammeln, um diese objektiv und über längere Zeit auswerten und analysieren zu können. Dies, um zum Beispiel ein verändertes Verhalten nach Installation einer neuen Anwendung zweifelsfrei nachweisen zu können.

Das System stellt diese Informationen ja bereit: Mit den Dynamischen Verwaltungssichten (*dynamic management views*)ist es möglich, sehr genau Auskunft über z. B. das Laufzeitverhalten von Abfragen zu bekommen. Hier ein Beispiel, das die Abfragen nach der maximalen Länge ihrer Ausführung sortiert ausgibt:

```
SELECT
SUBSTRING(st.text, (qs.statement_start_offset/2)+1
, ((case qs.statement_end_offset
when -1 then DATALENGTH(st.text)
else qs.statement_end_offset
end - qs.statement_start_offset)/2) + 1) as [SQL text]
, qs.execution_count [Anzahl Ausführungen]
, qs.total_elapsed_time [Ausführungszeit Gesamt]
, qs.last_elapsed_time [Letzte Ausführungszeit]
, qs.min_elapsed_time [Minimale Ausführungszeit]
, qs.max_elapsed_time [Maximale Ausführungszeit]
, qs.total_clr_time [.NET Zeit Gesamt]
, qs.last_clr_time [Letzte .NET Zeit]
, qs.min_clr_time [Minimale .NET Zeit]
, qs.max_clr_time [Maximale .NET Zeit]
from sys.dm_exec_query_stats as qs
cross apply sys.dm_exec_sql_text(qs.sql_handle) as st
ORDER BY qs.max_elapsed_time DESC
```

Listing 9.13   Mehr Infos über Abfrageoptimierung unter http://blogs.sqlserverfaq.de

Das Problem ist nur, dass diese Daten immer einen momentanen Zustand dokumentieren. Natürlich könnte jeder nun Tabellen anlegen und die Ausgaben solcher Abfragen zur späteren Analyse speichern. Microsoft hat aber im SQL Server 2008 diese Möglichkeit bereits umgesetzt, und zwar nicht nur für den jeweiligen lokalen Server, sondern direkt mit einer Infrastruktur, die die zentrale Überwachung mehrerer SQL Server möglich macht. Dies ist besonders sinnvoll, da immer mehr Firmen in ihren IT-Abteilungen professionelle SQL Server-Plattformen aufbauen, bei denen die Überwachung und Dokumentation der Server schon für die Einhaltung diverser SLAs (Service-Level-Agreements) oder zu deutsch Dienstgütevereinbarungen (DGV), also die zugesicherte Bereitstellung von SQL Server-Leistungen im Unternehmen, von zentraler Bedeutung ist.

Die Daten, die mit der Performance Data Collection gesammelt werden, werden in einem zentralen Performance Warehouse gespeichert. Bevor man also beginnt, Leistungsdaten zu sammeln, wird eine Datenbank auf einem Server eingerichtet, der von seiner Leistungsfähigkeit her in der Lage ist, diese Aufgabe zu übernehmen.

Die Gesamtlast im Unternehmen wird aber reduziert, da die erhobenen Daten nicht sofort und damit eventuell im Sekundentakt oder noch häufiger im Netz übertragen werden. Sie werden stattdessen auf dem beteiligten Rechner in einem lokalen Dateiverzeichnis gesammelt und dann zu definierten Zeitpunkten an das zentrale Datawarehouse gesendet, natürlich durch eine Reihe von zeitgesteuerten SQL Server Agent-Jobs.

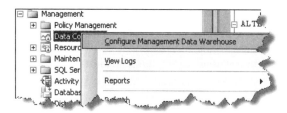

Abbildung 9.18   Data Collection im SQL Server Management Studio starten

Dieses zentrale Performance Warehouse stellt dann zudem die unterschiedlichsten Auswertungen und Berichte zur Verfügung, die zunächst aus dem Management Studio aufgerufen, angezeigt und ausgedruckt werden können.

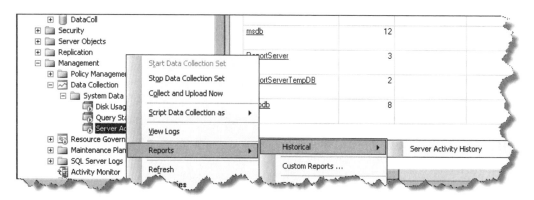

Abbildung 9.19   Aufruf eines Reports mit historischen Daten

Die Berichte sind natürlich – *eat your own dogfood* – mit Reporting Services erstellt. Sie werden mit Client-Reporting angezeigt, sodass keine Reporting Services laufen müssen. Leider hat Microsoft darauf verzichtet, diese Daten in einen Analysis Services-Cube zu laden: die Berichte werden von SQL-Abfragen aus der Datenbank gefüllt. Wer diese Abfragen betrachten oder erweitern will, kann sich die Data Collection auch skripten lassen, wie in Abbildung 9.19 sichtbar. Ein Beispiel für einen solchen Bericht finden Sie in Kapitel 1, unter »Performance Data Collection«.

Die Performance Warehouse Database (PWDB) ist den Anwendern des Microsoft Operations Managers (MOM) womöglich schon bekannt, dort gibt es sie schon eine ganze Weile. Geplant ist, diese Funktionalitäten miteinander zu integrieren, und auch Performance-Werte vom SQL Server 2005 in die Data Collection einfließen zu lassen.

Change Data Capture

Typisch für große Datenbanken ist, dass man sie auch auswerten will. Und wegen ihrer Größe ist das gar nicht so einfach. Der Datenbankserver kann nämlich nur eines richtig gut, entweder ganz schnell einzelne Datensätze einfügen, finden, ändern oder löschen, oder er kann Auswertungsabfragen über eine riesige Menge von Daten machen. Beides gleichzeitig auf einer Datenbank kommt sich gegenseitig in die Quere, nimmt sich Ressourcen weg, sperrt sich die Datensätze: da ist kein Nutzer mehr glücklich.

Dies ist einer der besten Gründe für ein Datawarehouse (DWH), also für eine zweite Datenbank mit dem gleichen Datenbestand, die nur die Auswertungsabfragen übernimmt: Sie macht der Haupt-Datenbank den Kopf frei für die ständige Transaktionsverarbeitung, auch OLTP (*OnLine Transaction Processing*) genannt. Die Herausforderung ist nur: Wie kriege ich das Datawarehouse synchronisiert, ohne die OLTP-Datenbank wieder übermäßig zu belasten? Die klassische Methode ist, das DWH nur nachts zu aktualisieren, wenn nichts mehr los ist: ok, das kann ja jeder. Aber heutzutage müssen viele DWHs eben näher an den Echt-Daten dran sein, sie werden viermal am Tag aktualisiert, vielleicht sogar jede Stunde, vielleicht sogar alle 15 Minuten! Dann ist es nicht sinnvoll, mit aufwändigen Vergleichsabfragen zwischen DWH und OLTP-Datenbank erst mal herauszubekommen, was sich eventuell geändert hat, um diese Änderungen dann im DWH nachzutragen.

Neu in SQL Server 2008 Genau für dieses alte Problem ist das neue Feature des *Change Data Capture* (etwa *Datenveränderungserfassung*) der SQL Server 2008 Enterprise Edition entwickelt. Es kann eine Liste aller Veränderungen an wichtigen Tabellen in automatisch erzeugten Log-Tabellen in derselben Datenbank mitprotokollieren. Dort liegen sie dann so bereit, dass man alle Veränderungen nur anhand dieser Log-Tabellen nachvollziehen kann, ohne die riesigen und belasteten Originaltabellen direkt auslesen zu müssen.

ACHTUNG Bitte verwechseln Sie *Change Data Capture* nicht mit *Change Tracking*, denn *Change Tracking* dient vor allem dafür, Offline-Szenarien zu realisieren, wo eine Datenbank sich eine Kopie des Bestandes zieht, diese Kopie ohne Verbindung weiter bearbeitet und dann ihre Veränderungen nach der Rückkehr wieder mit den ursprünglichen Daten synchronisieren muss.

Mit einer Systemprozedur wird diese Aufzeichnung zunächst für eine Datenbank aktiviert.

```
exec sys.sp_cdc_enable_db_change_data_capture
```

Offensichtliche Folge sind einige neue Tabellen in dem Schema *cdc*, die in der Datenbank angelegt werden. Insofern stellt diese neue Funktionalität einen erheblichen Eingriff in die Struktur der Datenbank dar. Zusätzlich wird ein SQL Server Agent Job erzeugt, der permanent läuft und dabei das Transaktionsprotokoll der Datenbank ausliest.[5] Dass dazu das Transaktionsprotokoll verwendet wird statt der Quelltabellen, hat zur Folge, dass das Change Data Capture die Prozesse auf der eigentlichen Tabelle nicht verlangsamt! Man muss aber unbedingt dafür sorgen, dass der Agent-Dienst läuft, sonst funktioniert das Change Tracking auch nicht.

---

[5] Der Agent Job ist vom Typ *REPL-LogReader*. Wer sich mit der SQL Server Replikation auskennt – ein Feature, das aus diesem Buch aus Platzgründen herausgefallen ist – weiß, dass dort genau derselbe Job Verwendung findet.

Danach kann die Erfassung der Änderungen Tabelle für Tabelle einzeln aktiviert werden, die Prozedur hat viele mögliche Parameter, hier sieht man die Übergabe der auf jeden Fall benötigten Informationen:

```
exec sys.sp_cdc_enable_table_change_data_capture
    @source_schema = N'dbo'
  , @source_name = N'tblCountries'
  , @role_name = N'cdc_Admin';
```

Durch diesen Befehl wird eine Log-Tabelle erzeugt, die beim obigen Beispiel `cdc.dbo_tblCountries_CT` heißen würde. In ihr befinden sich die Spalten der Originaltabelle mit Original-Namen und –Datentypen, plus fünf Spalten mit Verwaltungsinformationen.

> **TIPP** Leider müssen die Log-Tabellen stets in derselben Datenbank wie die zu überwachenden Tabellen liegen. Es ist aber möglich, eine eigene Dateigruppe (*Filegroup*) anzugeben, in der dann die Log-Tabellen von den Datenbank-Tabellen isoliert werden. Tun sie dies, wenn Sie Performanceverluste durch Change Tracking befürchten, und wenn Sie Produktivdaten und Log-Tabellen einzeln sichern wollen.

Macht man nun Änderungen an dieser Tabelle, können diese immer wieder nachvollzogen werden, die Aussagekraft ist dabei noch höher als beim SQL Server Change Tracking.

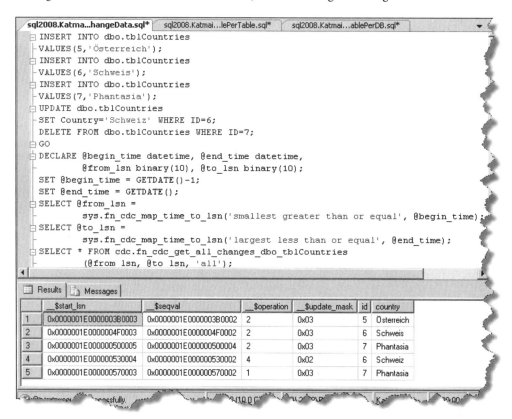

Abbildung 9.20 Ausgabe der protokollierten Änderungen an der Tabelle tblCountries

Die hier abgebildeten Möglichkeiten stellen nur einen kleinen beliebigen Ausschnitt dar. Die Ausgabe ist leicht zu verstehen __$operation kodiert offensichtlich das Einfügen (2), Ändern(4) oder Löschen(1).

Wenn dann das Datawarehouse mit den neuesten Änderungen aus dem OLTP-System aktualisiert werden soll, verwendet man vom System bereitgestellte Tabellenwertfunktionen (*table-valued functions*) aus dem Schema sys, die eine Tabelle mit den Veränderungen ausgeben, also mit den neuen, gelöschten oder geänderten Inhalten. Dabei kann man einstellen, ob man wirklich sequentiell alle Änderungen haben möchte, oder ob es genügt, den *Netto-Endstand* zu erhalten, z. B. wenn derselbe Datensatz mehrfach geändert worden ist. Basierend auf den Ergebnis-Tabellen dieser Funktionen kann man dann sehr einfach Integration Services-Pakete schreiben, die die Änderungen im Rahmen eines normalen ETL-Vorganges im Datawarehouse »nachziehen«.

Um diesen Lade-Vorgang dann auch selektiv nur für diejenigen Datensätze durchzuführen, die seit der letzten Aktualisierung des Datawarehouse geändert wurden, verwendet man am besten die LSN (*Log Serial Number*) der ersten bzw. letzten interessanten Transaktion. Im Transaktionsprotokoll ist jede Änderung in der Datenbank mit einer solchen fortlaufenden Nummer versehen; sollte man sie aber gerade nicht zur Hand haben, gibt es auch die Funktion sys.fn_map_lsn_to_time, mit der man sie über die Uhrzeit ermitteln kann. Diese LSN-Nummern werden dann an die Funktion cdc.fn_get_all_changes_*instanceName* übergeben. Den Instanz-Namen für die überwachte Tabelle kann man bei der Aktivierung auf Tabellenebene (sys.sp_cdc_enable_table_change_data_capture) mit angeben; ohne diese Angabe wird, wie im obigen Beispiel, ein Name aus Schema und Tabellennamen generiert. Man kann den vergebenen Instanz-Namen aber auch immer nachträglich aus der Tabelle cdc.change_tables auslesen.

ACHTUNG Standardmäßig werden die Veränderungen in den Log-Tabellen drei Tage lang aufgehoben, bevor sie der Cleanup-Job des SQL Server Agents löscht. Dieser Zeitraum, *retention* genannt, ist über sys.sp_cdc_change_job einstellbar, was sie auch tun sollten, im Hinblick darauf, wieviel Speicherplatz die Log-Tabellen verbrauchen dürfen. Bedenken Sie: Ein UPDATE erzeugt immer zwei Einträge in der Log-Tabelle, einen mit dem Zustand vor der Änderung, einen mit dem danach.

Der Profiler

Der Profiler ist ein unverzichtbares Instrument zur Analyse des SQL Servers 2008. Man stelle sich eine Rohrpost zur Kommunikation mit dem SQL Server vor. Alle Anfragen an den SQL Server werden in einem Befehl formuliert und dann durch das Röhrensystem an den SQL Server gesendet. Nun hat man mit dem Profiler die Möglichkeit, eine Röhre aufzuschneiden und alle Befehle beim Transport durch das System zu beobachten. Jeder Befehl, der an den SQL Server gesendet wird, kann mit dem Profiler beobachtet werden. Den Profiler finden Sie in der SQL Server-Programmgruppe.

Sie können damit unter anderem beobachten, welche Anweisungen tatsächlich von einer Anwendung an den SQL Server 2008 gesendet werden. Wenn Sie beispielsweise eine Anwendung im Hause haben, die Sie im Verdacht haben, die Leistung auf dem SQL Server zu beeinträchtigen, erstellen Sie eine neue Ablaufverfolgung oder einen neuen *Trace*, wie es im Englischen heißt.

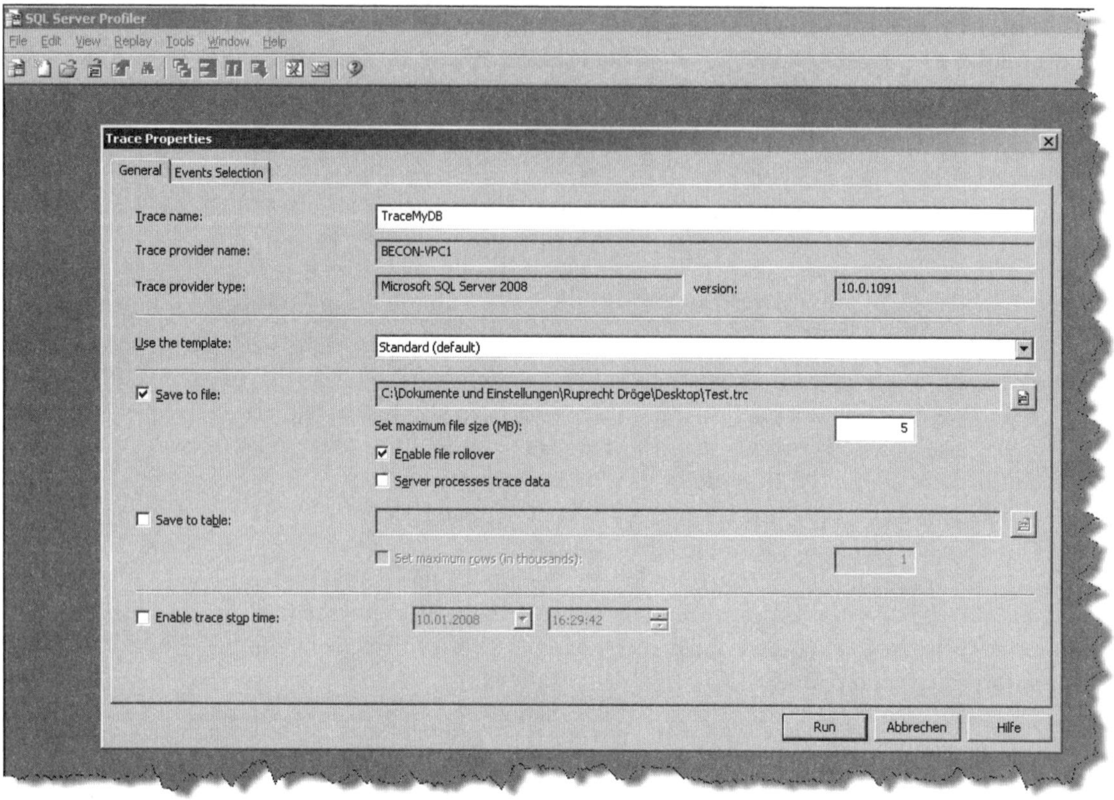

Abbildung 9.21   Man erstellt eine neue Ablaufverfolgung

Danach sehen Sie, während Sie selbst oder jemand anderes die Anwendung bedient, welche SQL-Befehle welche Aktion in der Anwendung auslösen. Daher beginnt die Arbeit mit dem Profiler im Allgemeinen mit der Erstellung eines neuen Traces. Man muss dabei beachten, dass auch die Beobachtung durch den Profiler das Ergebnis verändert. Wie man sich denken kann, produziert der Profiler einen gewissen zusätzlichen Verwaltungsaufwand, sodass diese Leistung des SQL Servers 2008 insgesamt weiter abnimmt. Die Beeinträchtigung spielt sich nach unserer Erfahrung im einstelligen Prozentbereich ab, was in manchen Situationen auch schon zu viel sein kann, meistens aber aufgrund der tollen Möglichkeiten, die der Profiler bietet, akzeptiert wird.

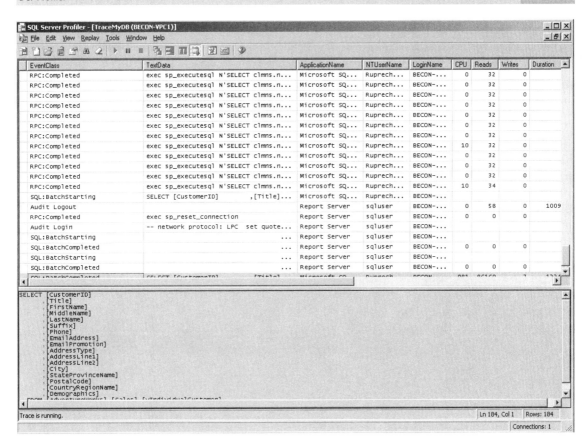

Abbildung 9.22 Das Ergebnis eines Traces

Wie man sieht, gehen wirklich viele Befehle an den SQL Server, selbst wenn man nur eine Anwendung, und zwar das SQL Server Management Studio benutzt – und das, wenn man alleine arbeitet.

Bei der Erstellung einer neuen Ablaufverfolgung kann man die Ergebnisse, wie der Screenshot zeigt, direkt in eine Datei oder in eine Tabelle des SQL Servers speichern. Dies ist sehr hilfreich für den neuen Database Tuning Advisor, der bereits in vorherigen Kapiteln vorgestellt wurde. Eine aufgezeichnete Ablaufverfolgung ist quasi das Futter für den Advisor, der Ihnen daraufhin helfen kann, bessere Einstellungen an der Datenbank und Ihren Objekten vorzunehmen.

Die Speicherung in einer Tabelle der Datenbank eröffnet die Chance, umfangreichere Auswertungen vorzunehmen. Es stehen Ihnen im SQL Server 2008 nicht nur alle Befehle der relationalen Datenbank zur Verfügung – Sie können sogar OLAP-Analysen der erhobenen Daten ausführen. Es ist eine etwas merkwürdige Vorstellung, bei Problemen im SQL Server eine Auswertung der Traces mit dem SQL Server zu machen, aber schon Münchhausen zog sich erfolgreich an den eigenen Haaren aus dem Sumpf und im Gegensatz zu dieser wenig glaubhaften Geschichte funktioniert das Verfahren im SQL Server ausgesprochen gut.

Wenn mehrere 100 Benutzer produktiv arbeiten, werden daher oft tausende von Anweisungen produziert und an den Server gesendet. Mit anderen Worten: Bald sieht man den Wald vor lauter Bäumen nicht mehr. Besonders wichtig ist daher die Filterung der verschiedenen Ereignisse.

Diese Filterung war in früheren Versionen des SQL Servers nicht immer einfach umzusetzen, daher hat man im SQL Server 2008 besondere Aufmerksamkeit auf eine Überarbeitung der Filtermöglichkeiten gelegt.

TIPP   Viele Anwender meinen, dass man die Eigenschaften eines Traces, zu denen auch Filtereinstellungen gehören, nicht nachträglich ändern kann, weil das entsprechende Symbol ausgegraut erscheint. Daher beenden viele die Ablaufverfolgung und beginnen neu. Wenn man den Trace mit dem Symbol der Pause kurz anhält, können die meisten Einstellungen geändert werden.

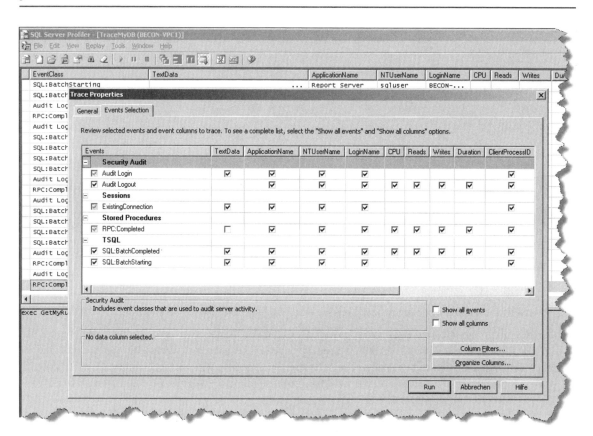

Abbildung 9.23   Der neue Dialog zur Auswahl der Ereignisse und Informationsspalten

Die Einstellungen gelingen jetzt einfacher, und die Oberfläche informiert direkt, ob ein Filter auf einer Spalte vorhanden ist oder nicht.

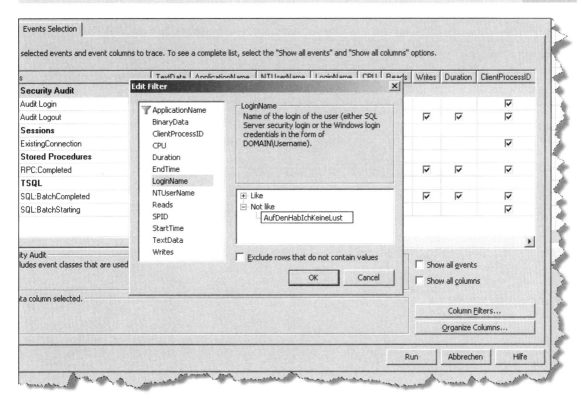

Abbildung 9.24   So einfach können jetzt im Profiler Filter gesetzt werden

Die wirklich entscheidende neue Funktion ist sicher das Verfolgen von vielen Ereignissen, die man bislang gar nicht beobachten konnte. So etwa die Ereignisse, die im Analysis Server auftreten. In Kapitel 6 finden Sie die Beschreibung der wichtigsten Neuerungen im Kontext des Analysis Servers.

Auch die Ausgabe ist erweitert worden. Immer wieder gerne wird etwa die Grafik zur Visualisierung von Deadlocks vorgeführt (ich selber halte dieses Feature für mäßig wichtig, weil der SQL Server Deadlocks selber auflösen kann. Auf der anderen Seite tut man natürlich gut daran, die Anzahl der Deadlocks zu überwachen, sollte man da eine Zahl größer 0 sehen, hat man allemal ein Problem. Gut, jetzt kann ich die Statements sofort und einfach identifizieren und: Ich kann mich aber dem Reiz der Darstellung auch nicht entziehen, und führe es daher hier vor).

Deadlocks entstehen, wenn Transaktionen sich gegenseitig blockieren. Dies kann man leicht nachstellen. Die eine Transaktion bemüht sich etwa um folgende Aktion:

```
BEGIN TRAN
UPDATE DeadLockTable SET Presenter='Ruprecht Dröge' where ID=2
Waitfor delay '00:00:10'
UPDATE DeadLockTable SET Presenter='Markus Raatz' where ID=1
COMMIT  TRAN
```

Die andere macht es – deadlockig – genau anders herum.

```
BEGIN TRAN
UPDATE DeadLockTable SET Presenter='Markus Raatz' where ID=1
Waitfor delay '00:00:10'
UPDATE DeadLockTable SET Presenter='Ruprecht Dröge' where ID=2
COMMIT  TRAN
```

Listing 9.14   Das wird nicht gut gehen; zwei Transaktionen blockieren sich gegenseitig

Der Profiler bietet nun auch eine grafische Darstellung der Ereignisse:

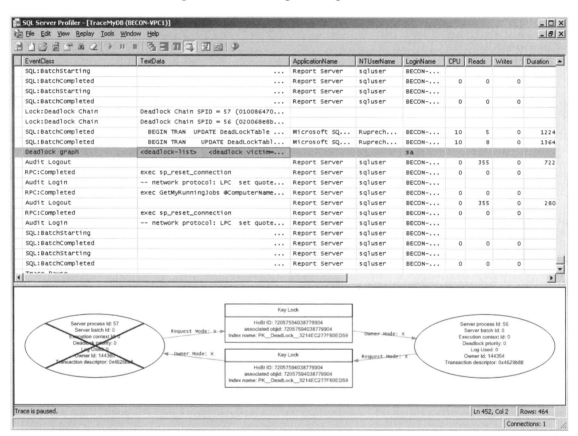

Abbildung 9.25   Ein Deadlockgraph, im Hintergrund erkennt man auch ein dazugehörendes XML Dokument, das man auch automatisiert auswerten kann

Neu in SQL Server 2008   Die Auswahl der verschiedenen Ereignisse wurde noch einmal überarbeitet. Für die bessere Unterstützung von verpflichtenden Ausführungsplänen steht zudem die Möglichkeit bereit, die gewonnenen Informationen zu exportieren.

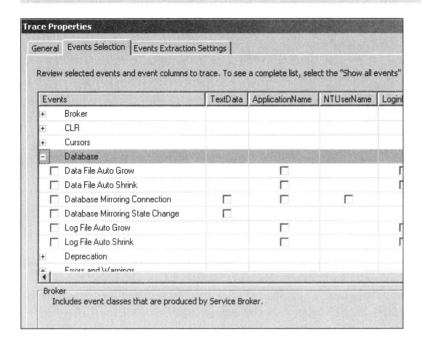

TIPP Wenn Sie einmal Ihre »Renner und Penner« schnell finden wollen, dann können Sie neben den dynamischen Verwaltungssichten, wie Sie sie im Blog z. B. unter

http://blogs.sqlserverfaq.de/Lists/Beitraege/Post.aspx?ID=15

finden, auch einfach ein anderes Template bei der Erstellung eines Traces wählen:

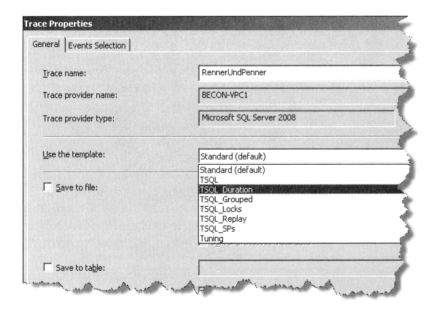

Alle SQL-Anweisungen, die an den SQL gesendet werden, werden hier nicht wie in einer standardmäßigen Ablaufverfolgung hintereinander notiert, sondern nach ihrer Dauer und ihrer Anweisung gruppiert. Daher ist die Vorlage *der* Tipp, wenn es darum geht, die »schwarzen Schafe« Ihrer Anwendungen zu finden. Oft sind es einige wirklich langsame Anweisungen, die das System insgesamt belasten. Diese sind mit der Vorlage schnell gefunden: Sie stehen in der Trace-Ausgabe dann ganz unten.

Aber lassen Sie sich nicht verwirren. Wenn eine Anweisung einmal 500 Millisekunden dauert, mag das unproblematisch sein. Wenn sie beim Import einer Excel-Tabelle durch eine Anwendung pro Zeile aufgerufen wird, und das für alle 544.000 Zeilen, ist das ein Problem (so was sollte man sowieso lieber nicht selber schreiben, sondern vom dafür vorhandenen Import- und Exportdienst erledigen lassen; siehe Kapitel 5 über die Integration Services. Es kommt also auch auf die Anzahl an!

Hochverfügbarkeit

Wie verfügbar ist Ihr Server wirklich? Jetzt rechnen wir mal mit dem Schlimmsten, dem Ausfall der Hardware. Das kann Ihnen auch bei einem prima RAID-System passieren! Aber Sie haben ja, wie in Kapitel 2 im Abschnitt zu »Datensicherung und Wiederherstellung« beschrieben, ein regelmäßiges Backup gemacht, vielleicht auf eine Festplatte oder ein Netzwerklaufwerk, was nicht vom Crash betroffen ist – also sind Sie fein raus. Aber jetzt rufen Dutzende Anwender bei Ihnen an und loben nicht etwa, wie toll Sie die Daten gerettet haben, sondern wollen nur eines wissen: Wann ist der Server wieder online? Mit genau dem Stand wie vor dem Crash?

Und das kann dauern. Erstmal brauchen Sie eine neue Hardware, bis die Anforderung geschrieben und bewilligt ist… Und dann muss sie auch noch lieferbar sein! Dann kommt die neue Kiste, dann installieren Sie das Betriebssystem, dann den SQL Server, kopieren die Backups und stellen wieder her. Das kann schon ein paar Tage dauern! Den meisten Anwendern dürfte das zu lang sein, und wahrscheinlich auch Ihrem Chef. Schneller wäre man nur, wenn man quasi einen Ersatzserver oder zumindest eine Ersatzdatenbank auf »Standby« hätte, die man nur noch »online« schalten müsste, und die dann für den ausgefallenen Server einspringen würde. Am besten gleich automatisch!

Mit diesen berechtigten Forderungen sind wir bei den Lösungen angelangt, die der SQL Server für diese Szenarien anbietet. Es sind insgesamt drei, zwischen denen es zu wählen gilt: der Protokollversand (*Log Shipping*), der SQL Server Cluster und die Datenbankspiegelung (*Database Mirroring*).

Protokollversand (Log Shipping)

Der Protokollversand, auch als *Standby Server* bezeichnet, ist so ein simples Verfahren zur Hochverfügbarkeit, dass es einem direkt selber hätte einfallen können! Man kann damit einen oder mehrere Server als potenzielle »Ersatzmaschinen« für den Produktionsserver bereitstellen, die automatisch auf einem möglichst aktuellen Stand gehalten werden. Auf dem Quellserver werden regelmäßig Transaktions-Log-Sicherungen erzeugt (das sollten sie ohnehin machen). Die dabei entstehenden Dateien werden über das Netzwerk auf die Zielserver kopiert und dort automatisch wiederhergestellt. Wenn man das alle Viertelstunde machen lässt, hat man demnach immer eine Maschine zur Hand, die sofort den Job des Quellservers übernehmen kann, mit einem maximalen Datenverlust, der den Änderungen von 15 Minuten entspricht. Da die Ziel-maschine dabei ja auch einige Kilometer geografisch getrennt aufgestellt sein kann, hat man sich damit sogar gegen Großbrände und Flugzeugabstürze gesichert, was sonst nur allerteuerste Lösungen können!

Noch ein paar Vorteile des Protokollversands: Wer ihn benutzt, gehört zu den wenigen SQL-Administratoren, die immer zu hundert Prozent sagen können, dass ihre Datensicherungen in Ordnung sind, weil sie sie nämlich quasi permanent »testen«, indem sie sie in eine andere Maschine einspielen! Und noch eine faszinierende Möglichkeit: man kann die Zielserver durchaus auch für einen lesenden Zugriff benutzen! Das ist ein fantastischer Trick, wie man fast unbegrenzt skalieren kann: Für Lesezugriffe bekommen die Anwender nur die leicht veraltete *Standby*-Kopie zu sehen, und erst, wenn sie schreiben wollen, leitet man sie dafür auf den Quellserver um. Geht das Lesen mal zu langsam, kann man beim Protokollver-sand einfach noch ein paar Zielserver dazustellen!

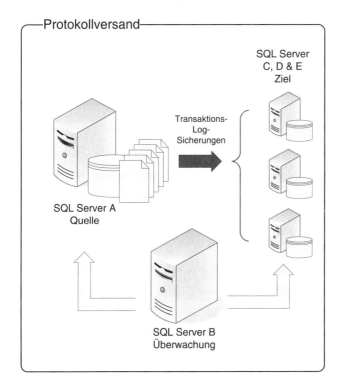

Abbildung 9.26 Protokollversand mit einem Quellserver, drei Zielservern und einem Überwachungsserver

HINWEIS   Das ist Ihnen bestimmt schon mal passiert: Sie sehen auf der Übersichts-Website eines bekannten Internet-Auktionshauses ein sensationell preiswertes Angebot. Begeistert klicken Sie sich bis zur eigentlichen Auktion durch, um ein Gebot zu machen, und schon ist der Preis um Einiges höher geworden – scheinbar in Sekunden. Betrug? Mitnichten: Wer nur einen Überblick will oder wer noch im Datenbestand sucht, bekommt eine *read-only*-Kopie zu sehen, die eben ein paar Minuten hinter den Originaldaten hinterher hängt. Nur, wer wirklich einen Schreibzugriff macht, sieht die volle Wahrheit!

Und das Schönste dabei: das kann nicht nur die teure Enterprise Edition, das geht auch mit der Standard oder Workgroup Edition. Das ist doch wirklich ein Super-Job für den ausgemusterten Rechner der vorletz-ten Generation, der sonst nur im Serverraum Staub fängt!

Den Protokollversand einzurichten ist recht einfach: Das funktioniert im SQL Server Management Studio unter den Eigenschaften der Datenbank. Dort kann man neben mehreren Zielservern auch die Monitor-Instanz konfigurieren. Das ist ein optionaler dritter SQL Server, der diesen Vorgang überwacht und Alarm schlägt, wenn einer der Beteiligten »aus dem Tritt kommt«.

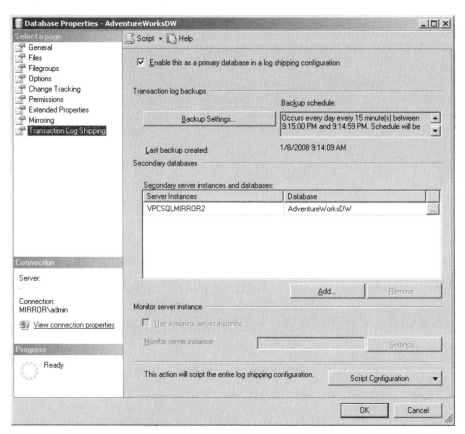

Abbildung 9.27　　Protokollversand im Management Studio einrichten

Im Grunde genommen ist der ganze Protokollversand nichts weiter als drei bis vier zeitgesteuerte SQL Server Jobs: *LSBackup* auf dem Quellserver, *LSCopy* und *LSRestore* auf dem Zielserver und *LSAlert* auf dem Monitor.[6] Dazu ein paar Tabellen in der *msdb*-Datenbank, die den Status mitverfolgen, und eine Dateifreigabe, über die die Backups kopiert werden – fertig ist der »Cluster des armen Mannes«.

Aber wir kommen noch zu den Nachteilen dieses Konzepts. Ja, man kann die Standby-Server für lesende Zugriffe nutzen. Aber was muss passieren, wenn ein neu kopiertes Transaktions-Log eingespielt wird? Richtig: Alle Nutzer müssen runter von der Datenbank. Entweder man wartet, bis sie von alleine gehen, oder der Protokollversand wirft automatisch alle Nutzer raus. Das ist sehr störend, und deshalb kann man auch

---

[6]　Die Jobs für *LSBackup*, *LSCopy* und *LSRestore* tun übrigens nichts anderes, als das Programm *sqllogship.exe* aufzurufen, jeweils mit dem Schalter *-Backup*, *-Copy* oder *-Restore*. Einzig der Monitor-Job verwendet eine SQL-Systemprozedur, *sp_check_log_shipping_monitor_alert*.

den *LSRestore*-Auftrag so einstellen, dass er z. B. nur einmal in der Stunde zuschlägt, während *LSBackup* und *LSCopy* vielleicht alle zehn Minuten arbeiten. Dann muss man aber im Falle eines *Failovers* die letzten Log-Sicherungen noch selbst einspielen!

Der »Ernstfall« ist überhaupt ein wenig der Schwachpunkt dieses Konzepts. Der Zielserver ist ja nicht sofort fertig zum Verwenden, denn die Datenbank steht immer noch im Zustand *Recovering*. Weil die Transaktions-Sicherungen alle mit RESTORE LOG [...] WITH NORECOVERY oder WITH STANDBY (wenn Lesen erlaubt sein soll) wiederhergestellt werden, kann die Datenbank nicht sofort für Änderungen benutzt werden. Man muss erst manuell aufrufen: RESTORE DATABASE datenbank WITH RECOVERY und erst danach kann man die Zieldatenbank richtig verwenden. Glücklich ist dann der, dessen Client-Anwendung so programmiert ist, dass sie, wenn ihr üblicher Datenbankserver nicht antwortet, gleich einen vorkonfigurierten Ersatzserver ausprobiert! Da die meisten dieses Glück nicht haben, muss man schlimmstenfalls den Standby-Server einfach umbenennen, und das ist auch nicht so problematisch: einfach den Computernamen ändern und einmal neu starten.

Neu in SQL Server 2008 Da das Backup-Format sich zwischen SQL Server 2005 und SQL Server 2008 nicht besonders geändert hat, ist auch eine Protokollversand-Konfiguration zwischen beiden Versionen denkbar, am besten mit SQL Server 2008 als Zielserver. Ansonsten ist darauf zu achten, dass SQL Server 2008 natürlich seine Backups komprimiert, was keine ältere Version lesen kann. Ob komprimiert wird oder nicht, lässt sich aber serverweit mit der Option *backup compression default* einstellen.

Database Mirroring

Die Datenbankspiegelung (*Database Mirroring*) ist ein Verfahren zur Hochverfügbarkeit auf Datenbankebene, das erst bei SQL Server 2005 dazugekommen ist. Die Aufregung in der Datenbank-Szene war groß, als in der ersten Version von SQL 2005 das Feature auch noch gar nicht eingesetzt werden konnte – jedenfalls nicht von Microsoft unterstützt – weil es offenbar »noch etwas mehr Zeit brauchte«. Erst Service Pack 1 hat die Datenbankspiegelung dann »freigeschaltet«.

Gespiegelte Daten-Dateien – das gab es beim SQL Server 6.5 auch schon mal, aber das ist hier nicht gemeint: die Datenbankspiegelung ist eine Software-Lösung, die mindestens zwei SQL Server-Instanzen benötigt, einen Prinzipalserver (*Principal*) und einen Spiegelserver (*Mirror Server*). Diese Rollen, die die Server da spielen, sind dynamisch; jederzeit kann im Failover der Spiegelserver zum Prinzipalserver werden und umgekehrt. Der Trick ist hierbei, dass alle Transaktionen in einer gespiegelten Datenbank vom Prinzipalserver ständig zum Spiegelserver übertragen und auf diesem angewendet werden, denn damit ist er immer »up to date«. Optional kann es noch einen dritten Rechner in diesem Szenario geben, der die Rolle des Zeugen (*Witness*) einnimmt, und der, wenn der Prinzipalserver ausfällt, ein automatisches Failover zum Spiegelserver veranlassen kann.

HINWEIS Damit die neue Funktionalität der Datenbankspiegelung überhaupt installiert werden kann, müssen alle am Szenario teilnehmenden Server dieselbe Version haben, Misch-Konfigurationen zwischen SQL Server 2005 und SQL Server 2008 fallen also aus. Darüberhinaus benötigen Prinzipal- und Spiegelserver beide die SQL Server Enterprise Edition oder beide die Standard Edition (die Workgroup Edition bleibt außen vor), aber die kostenlose Express Edition kann immerhin als Zeugenserver dienen.

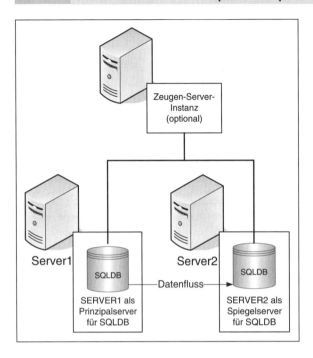

Abbildung 9.28　Datenbankspiegelung im Diagramm

Asynchroner und synchroner Betriebsmodus

Grundsätzlich sind zwei Betriebsmodi für die Datenbankspiegelung möglich: mit Transaktionssicherheit (synchron) und ohne Transaktionssicherheit (asynchron). Wenn die Transaktionssicherheit nicht gewährleistet sein muss, dann heißt das, dass der Spiegelserver zwar ständig Transaktionen vom Prinzipalserver erhält, diese aber nicht sofort anwendet. Transaktionsdaten werden auf dem Spiegelserver in einer Wiederholungswarteschlange (*redo queue*) zwischengespeichert und angewendet, sobald der Spiegelserver dazu kommt, was durchaus einmal einen Moment dauern kann, wenn er stark belastet ist. Da aber der Prinzipalserver selbst schneller arbeiten kann, ohne auf seinen Spiegel warten zu müssen, nennt man diese Betriebsart auch den *Modus für hohe Leistung* (*high-performance mode*).

Im asynchronen *high-performance*-Modus braucht man überhaupt keinen Zeugen, denn ein automatisches Failover ist hier gar nicht möglich. Das einzige, was ein Administrator im Ernstfall tun kann, ist, den Spiegelserver zum Dienst zu zwingen (*force service*); nämlich dazu, die Prinzipal-Rolle zu übernehmen. Leider geht das nur mit einem möglichen Datenverlust, nämlich dem Verlust der Transaktionen, die noch nicht auf den Spiegelserver übermittelt worden sind.

Im synchronen Modus dagegen sind Prinzipal- und Spiegelserver immer auf demselben Stand, denn eine Transaktion wird erst dann mit COMMIT festgeschrieben, wenn sie auf beiden Servern durchgeführt wurde. Das kann natürlich Zeit kosten, bringt aber mehr Sicherheit. Deshalb wird dieser Modus als *Hochschutzmodus* (*high-protection mode*) bezeichnet, oder sogar, wenn man über einen Zeugen auch ein automatisches Failover möglich macht, als *Modus für hohe Verfügbarkeit* (*high-availability mode*).

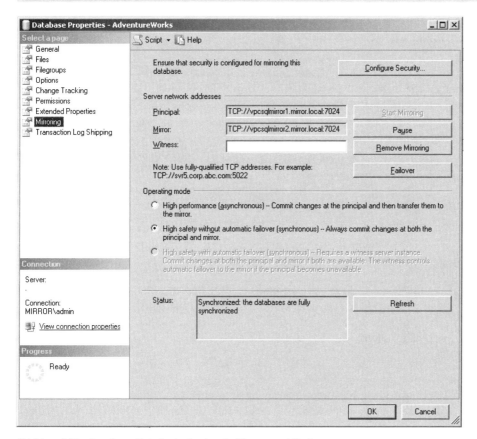

Abbildung 9.29 Asynchrone Datenbankspiegelung im Management Studio

Die Übertragung der Transaktionsdaten geschieht nicht, wie beim Log Shipping, indem extra eine Sicherung angefertigt und die Datei übertragen wird! Nein, auf Quell- und Zielserver wird jeweils ein Endpunkt definiert (mit der CREATE ENDPOINT *SQL*-Anweisung). Ein Endpunkt ist quasi ein Zugang vom Datenbankserver direkt zu einem Port im TCP/IP-Netzwerk. Er enthält in seiner Definition jeweils die Portnummer, das Protokoll der Kommunikation und die Angabe der Art der »Nutzlast«, die über ihn transportiert werden wird. Endpunkte werden übrigens genauso auch beim Zugriff auf den SQL Server über XML/SOAP und beim Service Broker verwendet.

Sind die Endpunkte auf beiden Seiten definiert, muss der Administrator noch selbst manuell dafür sorgen, dass auf dem Prinzipalserver von der Datenbank eine Gesamt-Sicherung erstellt wird, die er dann auf dem Spiegelserver wieder einspielen muss. Vorsicht: das Wiedereinspielen muss WITH NORECOVERY erfolgen, denn auf dem Spiegel sollen ja keine eigenen Modifikationen durchgeführt werden. Stattdessen muss er aber in der Lage sein, noch weitere Transaktionen vom Prinzipalserver über den Endpunkt zu erhalten und sie »nachzuspielen«.

Jetzt gilt es noch auf beiden Servern den jeweils anderen als »Partner« anzumelden, das geht durch den Aufruf des Statements:

```
ALTER DATABASE AdventureWorks
  SET PARTNER = 'TCP://MIRRORHOST.DOMAENE.DE:5022'
```

Der gleiche Aufruf muss danach noch mit der Netzwerkadresse des ersten Servers auf der anderen Seite erfolgen, und dann beginnen die Daten vom Prinzipalserver zum Spiegelserver zu fließen. Die Authentifizierung erfolgt dabei über die Windows-Kennung, unter der die jeweiligen SQL Server-Dienste auf den Rechnern laufen: Diese müssen »über Kreuz« jeweils auf dem anderen Server als Login hinzugefügt werden und Berechtigungen auf den Endpunkt erhalten. Abhängig davon, ob man nun einen Zeugen konfiguriert hat oder nicht, gibt es nun, sobald beide Datenbanken synchronisiert sind, die Möglichkeit, dass der Spiegelserver die Rolle des Prinzipals übernehmen kann; jeweils automatisch oder manuell, und mit Datenverlust oder mit voller Transaktionssicherheit. Wenn dann der verlorene, ehemalige Prinzipalserver wieder online geht, nimmt er automatisch die Funktion des Spiegelservers an.

Was damit nicht geschieht, ist ein Umlenken der Nutzer auf die jeweils aktive Datenbank. Es ist ja nach dem Failover ein anderer Server, der die Datenbank »hostet«, und die Client-Anwendung muss es übernehmen, beide Server abzufragen und sich für den jeweils aktiven zu entscheiden.

Neu in SQL Server 2008   In der frühen Entwicklungsphase von SQL Server 2008 war noch im Gespräch, ein *transparentes Failover für die Datenbankspiegelung* zu ermöglichen, sodass der Client ohne jede Unterbrechung sofort den Spiegelserver statt des Prinzipals anspricht und dort denselben Datenstand vorfindet. Dieses Feature wird aber vermutlich nicht den Weg in die finale Version finden.

Datenbanksnapshots

Eine gespiegelte Datenbank ist natürlich auf ihrem Spiegelserver in einem permanenten *NORECOVERY*-Zustand, weil ja andauernd weitere Transaktionen auf ihr angewandt werden. Deshalb kann man normalerweise nicht auf sie zugreifen, was natürlich schade ist, da sie ja nun schon mal auf dem Spiegelserver liegt. Um sie dennoch lesend, z.B. für die Erstellung von Auswertungen, verwenden zu können, kann man das neue Feature der Datenbanksnapshots (*Database Snapshots*) benutzen; wenn man die Enterprise Edition des SQL Servers besitzt, sind, wie der Name schon sagt, quasi Kopien einer Datenbank exakt im Zustand zu dem Zeitpunkt, an dem der »Schnappschuss« erstellt wurde. Sie sehen für Nutzer genau wie die Original-Datenbank aus, nur dass sie einen anderen Namen haben und sich inhaltlich überhaupt nicht mehr verändern. Damit die Nutzer sie lesend verwenden können, muss man leider seine Applikation so anpassen, dass sie sich statt mit der produktiven Datenbank mit dem Snapshot verbindet.

```
CREATE DATABASE Banking_snapshot1200 ON
  ( NAME = Banking_Data, FILENAME = 'C:\SQLSnapshots\BankingSnapshot1200.ss' )
  AS SNAPSHOT OF Banking;
```

Listing 9.15   Erzeugung eines Datenbanksnapshots

Technisch gesehen funktionieren diese Snapshots so, dass sie kurz nach ihrer Erstellung noch völlig leer sind, denn da sind ja der Snapshot und die Datenbank noch identisch.[7] Bevor jetzt eine Daten-Page in der Quelldatenbank verändert wird, schreibt der Server immer erst eine Kopie von ihr in die Snapshot-Datei,

---

[7]   Ich weiß, auf der Festplatte sehen die Snapshot-Dateien alle gleich riesig aus. Aber das ist nur ein Trick von NTFS, der sich »sparse files« nennt. Unter den »Eigenschaften« der Datei im Explorer zeigt sie ihre wahre Größe.

die dadurch immer weiter anwächst, je mehr in der Datenbank seit der Erstellung des Snapshots verändert wurde. Man sollte also ein Auge auf diese Dateien haben und den Snapshot unbedingt nach einiger Zeit löschen und durch eine aktuellere Kopie ersetzen! Schon aus diesem Grunde benennt man diese Snapshots gerne nach dem Zeitpunkt, an dem sie erstellt wurden.

Außer zum lesenden Zugriff auf eine »eingefrorene« Kopie der Daten gibt es auch die schöne Möglichkeit, beim Ausfall einer Datenbank, von der es Snapshots gibt, zu diesem Snapshot »zurückzukehren« und ihn zur produktiven Datenbank zu machen: Das funktioniert mit einer Variante der RESTORE DATABASE-Syntax:

```
RESTORE DATABASE Banking FROM DATABASE_SNAPSHOT =Banking_snapshot1200
```

SQL Cluster

Für viele gilt er als die Königsvariante der Ausfallsicherheit, und deshalb steht er auch am Ende dieses Kapitels: Der SQL Server Cluster. Ein solcher Cluster hat gegenüber den anderen Hochverfügbarkeitslösungen wie dem Protokollversand oder der Datenbankspiegelung den Vorteil, dass eine ganze Instanz vom SQL Server, mit allen Nutzern, Datenbanken und evtl. weiterer Software, automatisch auf einen anderen Rechner wechselt und dort weiterläuft, wenn der aktive Rechner ausfällt. Dabei ist nicht die geringste Nutzer-Interaktion notwendig – die ganze Aktion geschieht völlig automatisch, sodass selbst der Administrator es manchmal nicht merkt, wenn ein *Failover* erfolgt ist.

Der SQL Cluster ist kein eigenständiges Produkt, sondern »nur« eine Installation der SQL Server Enterprise oder Standard Edition auf einem Betriebssystem, auf dem der Microsoft Cluster Server (MSCS), besser bekannt noch unter seinem Codenamen »Wolfpack«, läuft. Ein Cluster Server hat eine IP-Adresse und einen Netzwerknamen, aber diese sind nicht fest einem physischen Rechner zugeordnet, sondern sind Ressourcen, die im Cluster von einem zum anderen »Knoten« wandern können, je nachdem, welcher gerade aktiv ist. Durch diesen Trick ist der *Failover* für die Anwender völlig transparent, denn er greift scheinbar immer auf denselben Rechner zu. Auch ein SQL Server, der auf einem solchen Cluster installiert ist, wird »virtuell«. Er hat einen eigenen, zusätzlichen Netzwerknamen, eine weitere Adresse und einen *MSSQLServer*-Dienst, der aber immer nur auf einem Knoten des Clusters läuft. Damit aber die Daten immer identisch sind, egal, wo der SQL Server nun läuft, greift er auf Datenbank-Dateien zu, die auf einer *Shared Disk* liegen, also einer Festplatte, die von allen Knoten des Clusters benutzt werden kann. Diese technische Konfiguration ist ganz einfach mit SCSI oder auch über Fiberchannel mit einem Storage Area Network (SAN) realisierbar – Network Attached Storage (NAS) wird hingegen nicht unterstützt. Damit ein passiver Knoten bemerkt, dass der aktive gerade ausgefallen ist, überwachen sie sich ständig gegenseitig über ein eigenes, möglichst unabhängiges Netzwerk, das so genannte *Heartbeat*. Außerdem gibt es meistens eine *Quorum Disk*. Das ist eine möglichst von den Datenplatten physisch getrennte *Shared Disk*, über die die Clusterknoten miteinander abstimmen, welcher der Knoten nun für einen aktiven Knoten übernimmt, wenn der auf den *Heartbeat* nicht mehr antwortet.[8]

---

[8] Bei Windows 2003-basierten Clustern ist eine Quorum Disk nicht mehr unbedingt nötig, weil es auch andere Methoden gibt, die Failover-Abstimmung vorzunehmen, z. B. ein »Majority Node Set«.

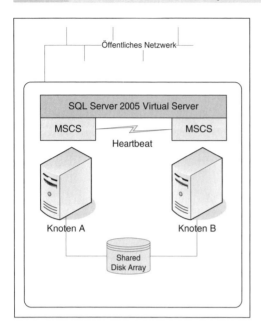

Abbildung 9.30 Das Prinzip des Microsoft Cluster Servers

Die Aufzählung dieser ganzen speziellen Hardware deutet auch an, was der spezielle Nachteil dieser Form der Hochverfügbarkeit ist: sie ist teuer. Insbesondere gilt dies dann, wenn man sein System vom Microsoft Produktsupport unterstützen lassen möchte, denn dann muss es in seiner Gesamtheit auf der *Hardware Compatibility* List für *Cluster Solutions* stehen (*http://www.windowsservercatalog.com*), und auf der steht keine Hardware vom Elektronikgroßmarkt um die Ecke!

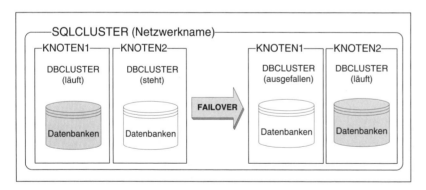

Abbildung 9.31 Single Instance SQL Cluster vor (links) und nach dem Failover

Um die teure Hardware besser auszunutzen, kommen viele Anwender auf die Idee, auch die anderen, »passiven« Knoten des Clusters nutzen zu wollen. Bei einem so genannten *Single Instance Cluster* tun diese Maschinen nämlich nichts – ihr SQL Server-Dienst steht. Deshalb braucht man ja auch nur den aktiven Knoten zu lizenzieren! Natürlich kann auch der andere Knoten einen laufenden SQL Server haben, aber nur eine andere Instanz vom SQL Server, mit einem eigenen Namen im Netzwerk und mit anderen Datenbanken. Der *Multiple Instance Cluster* verteilt die Last auf mehrere Maschinen, indem jeder Knoten eine eigene Instanz hat, die eigene Datenbanken betreibt. Fällt einer der Knoten aus, dann wird die Instanz, die auf ihm lief, auf einen anderen Knoten verschoben, der dafür dann allerdings bedeutend mehr Hauptspeicher und Prozessorkapazität benötigt! Die Last, die auf einer einzelnen Datenbank liegt, auf mehrere Rechner zu verteilen, das kann der SQL Server Cluster nicht.

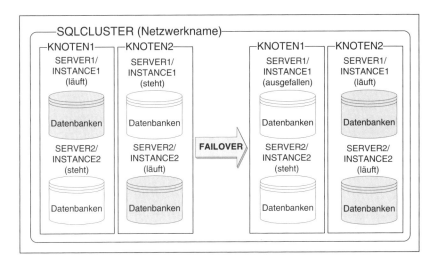

Abbildung 9.32 Multi-Instance SQL Cluster; links vor, rechts nach dem Failover

Und es gibt noch etwas, was er nicht kann: Er kann nicht völlig unbemerkt vom einen auf den anderen Knoten wechseln. Zwar ist es für das Anwendungsprogramm so, als würde der Server einfach »kurz weg sein« und einige Sekunden später »wieder antworten«, aber zwischendurch wird die Verbindung zum Server gekappt, was viele Anwendungen nicht überstehen. Außerdem werden offene Transaktionen, die noch nicht mit COMMIT festgeschrieben wurden, beim Failover sauber zurückgefahren. Sie müssen dann aber auch auf dem neuen Knoten erneut durchgeführt werden.

Neu in SQL Server 2008 In der frühen Phase der SQL Server 2008-Entwicklung war noch die Rede von einem *verbesserten Cluster-Support*, der natürlich besonders auf die neuen Features von Windows Server 2008 zielen sollte. Windows Server 2008 ist ja zeitgleich mit SQL Server 2008 veröffentlicht worden, und bringt eine ganze Reihe von Verbesserungen für Failover-Cluster mit, die meist mit der besseren Unterstützung moderner Hardware zu tun haben (GPT (GUID Partition Table)-Festplatten, SAN (Storage Area Network)-Speichersysteme, Hochgeschwindigkeitsnetzwerke etc.).

Leider war bis kurz vor der Veröffentlichung von SQL Server 2008 in den Vorversionen, die den Autoren vorlagen, das Clustering insgesamt als Installationsmöglichkeit noch gar nicht eingebaut. Vermutlich werden also auch die SQL Cluster-Erweiterungen noch ein, zwei Service Packs auf sich warten lassen.

Kapitel 10

Über raue Pfade zu den Sternen – Vorraussetzungen, Installation und Upgrade

In diesem Kapitel:

Editionen und Voraussetzungen   409
Installation   414
Upgrade zu SQL Server 2008   414

Die Firma StarBack hat sich entschlossen. Die neuen Systeme werden mit dem SQL Server 2008 umgesetzt. Nun ist es natürlich von besonderem Interesse, schon bei den Vorbereitungen, den Hardware-Beschaffungen und der Installation keine Fehler zu machen, die hinterher vielleicht korrigiert, aber dennoch einen erheblichen Aufwand verursachen würden.

Die Netzwerkadministratoren sind neugierig, welche Betriebssysteme unterstützt werden und welche Versionen es geben wird. Da im Februar 2008 sowohl der SQL Server 2008 als auch der Windows Server 2008 auf einem großen Launch-Event der Öffentlichkeit vorgestellt worden ist, ist zu fragen, ob der SQL Server auch diesen neuen Server unterstützt.

Auch die Entwickler müssen sich mit dem SQL Server 2008 jetzt schon intensiv beschäftigen, auch wenn erst mit dem Service Pack von Visual Studio 2008 eine vollständige Umgebung für die Zusammenarbeit mit dem SQL Server 2008 und einige besonders interessante Features zur Verfügung stehen.

Auch existieren schon einige SQL Server-Implementierungen im Unternehmen. Es handelt sich dabei sowohl um Entwicklungsrechner, auf denen die neuen Technologien getestet wurden, die aber inzwischen wertvolle Daten und Code-Abschnitte enthalten, als auch um Produktionsserver von eingekauften Anwendungen, die den SQL Server voraussetzten.

Diese vorhandenen Datenbanken sollten auf jeden Fall in die SQL Server 2008-Umgebung übernommen werden. Bei einer Untersuchung fiel dabei auf, dass einige der Anwendungen tatsächlich auch schon Gebrauch von den Analysis Services, Reporting Services und in einer SQL Server 2000-Umgebung auch von den Integration Services machen. Die Integration Services sind erst mit dem SQL Server 2005 vorgestellt worden – bei einer genauen Analyse kam heraus, dass die im SQL Server 2000 benutzte Technologie DTS (Data Transformation Services) heißt; wohl ein Vorläuferprodukt der Integration Services.

StarBack ist aber auf diese Implementierung angewiesen, weil damit wichtige Fremddaten täglich und bislang problemlos importiert werden. Dennoch möchte man nicht alleine für dieses Szenario alles noch einmal entwickeln. Man hat verstanden, dass es doch einige Tage benötigt, bis alles auf den neuen Stand konsolidiert ist, und erst einmal ein eigenes Projekt für das Upgrade eingerichtet ist. Denn darüber sind sich alle inzwischen klar: Der Weg lohnt sich!

Besonders vor den folgenden Ausführungen sind einige Bemerkungen angebracht.

Neben den rein technischen Informationen sind Entscheidungen darüber, welche Funktion in welcher Version oder Edition des SQL Servers enthalten sein werden – oder welche überhaupt verfügbar sein werden –, bei Microsoft auch immer aus dem Marketing motiviert.

Alle Informationen, die wir im Weiteren wiedergeben, sind auf der Grundlage der CTP5 und einer Preview[1] auf die CTP6 entstanden. Es kann nicht nur nicht ausgeschlossen werden, sondern wir vermuten sogar, dass sich im endgültigen Produkt einige Sachverhalte anders darstellen werden.

---

[1] Darüber könnte man auch ganze Abschnitte schreiben: Dass wir eine *Preview* einer *CTP* zur Verfügung hatten. Wie wir uns alle erinnern, heißt CTP »*Customer Technology Preview*«. So konnten wir mit einer *Preview* eines Produktes, das im Februar 2008 *gelauncht* ist, aber erst Mitte desselben Jahres in der endgültigen Version *released* wird, arbeiten.

Editionen und Voraussetzungen

Auch der SQL Server 2008 wird in 32-Bit- und 64-Bit-Versionen verfügbar sein. Dies ist ein Grund zur Freude, da Microsoft durchaus schon angekündigt hatte, Server-Produkte nur noch in 64-Bit-Versionen zu veröffentlichen (wie es z.B. beim Exchange Server 2007 der Fall ist).

Bei den 64-Bit-Versionen werden die x64 Prozessorfamilie und die Itanium-Systeme unterstützt.

Zurzeit werden nur die

- Enterprise Edition, die vollständigste Version

- Developer Edition

- SQL Express Edition

angekündigt und in der Online-Hilfe beschrieben. Es ist aber davon auszugehen, dass es auf jeden Fall wieder eine

- Standard Edition

- Workgroup Edition

geben wird.

> **TIPP**   Die Developer Version entspricht laut Online-Hilfe in allen Funktionen und Tools der Enterprise Version, ist nur in einem anderen Lizenzmodell verfügbar, d.h. konkret für einen Bruchteil des Geldes. Dies war im SQL Server 2005 de facto nicht *immer* der Fall. Die Developer Edition darf aber selbstverständlich nur zu Test- und Entwicklungszwecken eingesetzt werden, wie der Name schon sagt.
>
> Im Gegensatz zur Enterprise Edition kann die Developer Edition aber auch auf Nicht-Server-Betriebssystemen (konkret sind das Vista und Windows XP Professional SP2, Windows Server 2008 und 2003 SP2) installiert werden und dann in Produktionsumgebungen auf die Enterprise Version aktualisiert werden.

Enterprise Version

Die Enterprise Version ist die vollständigste und umfassendste Version des SQL Servers 2008. Alle im Buch beschriebenen Funktionen (so sie Eingang in das Endprodukt finden), sind Teil der Lizenz der Enterprise Version.

Serverkomponenten

Komponente	Beschreibung
SQL Server Datenbank Maschine	Die SQL Server Datenbank Maschine beinhaltet die Basis-Maschine, den Dienst, der für das Speichern, Auswerten und Absichern der Daten zuständig ist, die Replikation, Volltext-Suche und die Tools zur Verwaltung von relationalen und XML-Daten.
Analysis Services	Die Analysis Services beinhalten die Werkzeuge für das Erstellen und Verwalten von *Online Analytical Processing* (OLAP) und Data Mining-Anwendungen. ▶

Komponente	Beschreibung
Reporting Services	Die Reporting Services beinhalten Server- und Client-Komponenten für das Erstellen, Verwalten und Bereitstellen von Tabellen-, Kreuztabellen, Grafik- und Freiform-Berichten. Die Reporting Services sind auch eine erweiterbare Plattform zur Erstellung von Berichtsanwendungen.
Integration Services	Die Integration Services bestehen aus einer Reihe von grafischen Werkzeugen und Programmier-Objekten für das Verschieben, Kopieren und Transformieren von Daten verschiedenster Art.

Außerdem beinhaltet die Version folgende Werkzeuge

SQL Server 2008 Tools

Tool	Beschreibung
SQL Server Management Studio	Das SQL Server Management Studio (SSMS) ist eine integrierte Umgebung für den Zugriff, die Konfiguration, die Verwaltung, die Administration und die Komponenten-Entwicklung eines oder mehrerer SQL Server.
	Das SQL Server Management Studio lässt Administratoren und Entwickler der unterschiedlichsten Kenntnisstände den SQL Server 2008 benutzen.
	Internet Explorer 6 SP1 oder eine spätere Version ist Voraussetzung zur Installation des SSMS.
SQL Server-Konfigurations-Manager	SQL Server-Konfigurations-Manager stellt die grundlegende Verwaltung der Konfiguration für die SQL Server-Dienste, die Server-Protokolle, die Client-Protokolle und die Aliase bereit.
SQL Server Profiler	SQL Server Profiler ist eine Anwendung mit grafischer Oberfläche um die Instanz einer Datenbank-Maschine oder eines Analysis Services zu überwachen.
Database Engine Tuning Advisor	Database Engine Tuning Advisor hilft Ihnen einen optimalen Satz von Indizes, Statistiken und Partitionen für Ihre Datenbanken und Abfragen zu erstellen.
Business Intelligence Development Studio	Das Business Intelligence Development Studio (BIDS) ist eine Integrierte Entwicklungsumgebung (IDE) zur Erstellung und Entwicklung von Analysis Services, Reporting Services und Integration Services-Lösungen. Internet Explorer 6 SP1 oder eine spätere Version ist Voraussetzung zur Installation des BIDS.
Connectivity Components	Die Komponenten installieren die benötigten Implementierungen zur Kommunikation zwischen Clients und Servern sowie die Netzbibliotheken für DB-Library, ODBC und OLE DB.

Bei den eventuell ebenfalls verfügbaren anderen Editionen des SQL Servers 2008, wie Standard Edition oder Workgroup Edition, fehlen einige Funktionalitäten der einzelnen Komponenten oder ganze Komponenten.

Books Online

Dem SQL Server liegt immer die aktuelle Dokumentation bei, die lokal installiert werden kann oder auf die über das Internet zugegriffen werden kann.

Standard und Workgroup Edition

Die Standard und die noch weiter in den Funktionen eingeschränkte Workgroup Edition wird es auch im SQL Server 2008 sehr wahrscheinlich geben.

> **HINWEIS** In der Standard Edition sind vor allem die Funktionen nicht enthalten, die die Verwaltung von sehr großen Datenmengen und andere im großen Unternehmensumfeld wichtige Aspekte betreffen. Für den deutschen Mittelstand ist diese Version meistens ausreichend und zudem deutlich preiswerter (beim SQL Server 2005 etwa ein Drittel). Dies ist besonders ausschlaggebend, wenn Sie an leistungsstarke Maschinen mit vier oder mehr Prozessoren denken. Da der SQL Server auch pro Prozessor lizenziert werden kann (und für anonymen Internetzugriff beispielsweise auch so lizenziert werden muss), ist es doch ein erheblicher Unterschied, wenn solche Preisdifferenzen auch noch mit vier multipliziert werden.

Trotzdem beinhaltet die Standard Edition alle Komponenten, nur manche eben mit eingeschränktem Funktionsumfang. Einen Eindruck von den Unterschieden bekommen Sie, wenn Sie sich die Tabellen für den SQL Server 2005 ansehen, dort werden Sie bald auch die Dokumentationen für den SQL Server 2008 finden.

http://www.microsoft.com/germany/sql/edtionen/default.mspx

In der Workgroup Edition fehlen dann schon ganze Komponenten wie der Datenbank Optimierungsratgeber und die Integration Services. Da der Preisunterschied zur Standard Edition nicht so stark ausgeprägt ist, empfehlen wir im Allgemeinen die Standard- oder die Enterprise Edition.

SQL Server Express Edition

Die SQL Server Express Edition ist eine kostenfreie Version des SQL Servers, die aber dennoch über die beinahe vollständige relationale Datenbankmaschine verfügt. Es gibt Einschränkungen auf vielen Ebenen, so kann die Express Edition z.B. zwar Abonnent einer Replikation, nicht aber ein Verleger oder Verteiler sein. Dennoch beinhaltet sie so viele Funktionalitäten der kostenpflichtigen Versionen, wie z.B. eine eigene Version des SQL Server Management Studio Express, dass diese Ausgabe ideal zur Entwicklung von eigenen Anwendungen ist, da sie ebenfalls kostenfrei weitergegeben werden kann.

Daher besteht im Windows-Umfeld kein Grund – es sei denn aus politischen, nicht aber aus technischen oder monetären Überlegungen – ein anderes kostenfreies Datenbank-System einzusetzen.

Dies gilt vor allem, weil Entwickler ihre Anwendungen sowohl auf einer kostenfreien als auch – in größeren Unternehmensumfeldern – mit einer kostenpflichtigen Version des SQL Servers anbieten können, ohne für die reine Datenbank-Implementierung den Code zu ändern. Die T-SQL-Statements sind, wenn Sie sich nicht auf Features beziehen, die nicht Teil der Express Edition sind, absolut identisch.

Neu in SQL Server 2008 Im SQL Server 2008 wird die Express Edition, wenn man der Dokumentation glauben darf, keine Einschränkungen der Arbeitsspeicher-Nutzung mehr kennen (bislang war im SQL Server 2005 diese auf 1GB beschränkt). Zum »Beweis« der Screenshot, hoffen wir, dass dies so bleibt.

SQL Server 2008 Books Online (December 2007)

Hardware and Software Requirements for Installing SQL Server 2008

✎ Send Feedback

⬚ See Also

⊟ Collapse All

Getting Started (SQL Server 2008) > Initial Installation (SQL Server 2008) > Planning a SQL Server Installation >

[4]The System Configuration Checker will warn the user but will not block Setup if the minimum or recommended RAM check is not met. Memory requirements are for this release only, and do not reflect additional memory requirements of the operating system. The System Configuration Checker verifies the memory available when Setup starts.

[5] SQL Server 2008 is not supported on Windows Server 2008 Server Core installations.

SQL Server Express Edition (32-bit)

The following table shows the system requirements for SQL Server Express Edition (32-bit):

Memory[4]	RAM: • Minimum: 512 MB • Recommended: 1 GB or more • Maximum: Operating system maximum
Hard Disk	Disk space requirements will vary with the SQL Server components you install. For more information, see the "Hard Disk Space Requirements (32-Bit and 64-Bit)" section later in this topic.
Drive	A CD or DVD drive, as appropriate, is required for installation from disc.
Display	SQL Server graphical tools require VGA or higher resolution: at least 1,024x768 pixel resolution.
Other Devices	Pointing device: A Microsoft mouse or compatible pointing device is required.

Abbildung 10.1   Diese Abbildung zeigt die voraussichtlichen Fähigkeiten der SQL Express-Edition in der 2008-Version (Stand: 17.01.2008), ist aber zum Zeitpunkt, zu dem diese Zeilen entstehen, sicherlich noch mit Vorsicht zu genießen.

Beim SQL Server 2008 Express Edition fehlen aber die Business Intelligence-Komponenten wie Integration, Analysis und Reporting Services und noch einiges mehr.

TIPP   Aber auch im SQL Server 2008 wird es wieder eine *SQL Server Express 2008 with Advanced Services*-Ausgabe geben. Diese Version beinhaltet dann immerhin die Volltextsuche und auch die Reporting Services, sodass auch die kostenfreie Entwicklung von Berichtswendungen möglich ist. Laut einem Blog-Eintrag

http://blogs.msdn.com/sqlexpress/archive/2007/12/14/opinion-poll-creating-reports-in-sql-express-2008.aspx

überlegt die Produkt-Gruppe, ob diese Version nicht mehr eine Teil-Version des Business Intelligence Development Studios für die Report-Erstellung enthalten soll, sondern stattdessen zur Berichtserstellung den neuen Report Designer, wie im Kapitel 7 vorgestellt, benutzen wird.

Betriebssysteme

Der SQL Server 2008 wird den Windows Server 2000 *nicht* mehr unterstützen.

Die Installation auf einem Windows Server 2003 erfordert mindestens Service Pack 2 und zur Installation unter Windows Server 2008 wird dringend geraten.

> **HINWEIS**   Der Windows Server 2008 kennt einen sogenannten *Core Installation Mode*, bei dem nur einige Basis-Funktionalitäten ohne Windows-Oberfläche beispielsweise zum Betrieb eines Servers mit wenigen Grundaufgaben (DNS, Active Directory, DHCP etc.) installiert werden. Auf einer solchen *Core Installation* kann der SQL Server nicht betrieben werden.

Die Developer Edition unterstützt immerhin noch Vista in allen Ausgaben und *Windows XP Professional* mit mindestens installiertem Service Pack 2.

Allein die kostenfreie SQL Express Edition lässt sich noch auf anderen XP-Derivaten zum Betrieb überreden: Home Edition, Tablet PC Edition, Media Center Edition und Embedded Edition.

Arbeitsspeicher

Auch wenn wir diesen mäßigen Gag schon auf vielen Konferenzen in die Breite getreten haben, möchten wir auch Ihnen die Frage stellen:

»Wie viel Arbeitsspeicher braucht ein SQL Server?«

Lesen Sie nicht weiter und überlegen Sie ein wenig. Waren es 512KB oder ein 1GB? 512KB ist tatsächlich die Minimal-Voraussetzung für den SQL Server 2008, 1GB oder mehr sind empfohlen. Das kann natürlich von Microsoft nur humoristisch gemeint sein. Wir alle wissen, dass die Mindestvoraussetzungen von Microsoft-Produkten ihre Verwendung allein für Masochisten gestattet, denen ein zehnminütiger Blick auf die Eieruhr etwas gibt. Nein, die richtige Antwort auf die Frage lautet:

»Mehr.«

Egal wie viel Arbeitsspeicher ihr SQL Server hat, er braucht wahrscheinlich mehr. Aus Performance-Gründen ideal ist es z.B., wenn die gesamte Datenbank in den Speicher passt. Das ist heutzutage für Datenbanken im Terabyte-Bereich zumindest *ambitioniert*. Irgendwo zwischen dieser Wunschvorstellung und 1GB RAM liegt für Ihre Umgebung die Wahrheit.

Platten

Wie schon beim Arbeitsspeicher: Je mehr, je besser. Je schneller, je besser. Da eben nicht immer die gesamte Datenbank in den Arbeitsspeicher passt und manchmal auch Daten auf die Platten zurückgeschrieben werden, hängt die Leistung des SQL Servers 2008 dann erheblich von der Leistung der Platte bzw. des gesamten IO-Systems ab.

In großen Unternehmen werden SAN-Lösungen immer interessanter. Dennoch sind lokale Platten, wenn es um die reine Performance geht, zumeist vorzuziehen. Ideal ist dann natürlich eine eigene Partition oder sogar eigene Platten für Datenbank-Dateien einerseits und Transaktionsprotokoll-Dateien andererseits.

Viele Hersteller bieten bereits vorkonfigurierte Datenbankserver-Systeme an, auch teilweise schon mit vorinstalliertem SQL Server.

Installation

Neu in SQL Server 2008   Auch bei der Installation des SQL Servers 2008 ist eine ganze Menge passiert, mehr, als man an der Oberfläche vielleicht sieht. Das Microsoft-Marketing hat diese Veränderungen griffig als *streamlined installation* zusammengefasst, es geht aber in Wirklichkeit um Einrichtung, Konfiguration und den späteren Update- und Service Pack-Lebenszyklus. Im Wesentlichen geht es darum, den Vorgang der physischen Dateien auf der Festplatte von der Konfiguration der SQL Server-Software zu separieren. Das führt zu einer ganzen Reihe von Vorteilen:

- Man kann ein physisches Festplatten-Image von einer unkonfigurierten Basis-Installation mit Werkzeugen wie Acronis True Image, Symantec Drive Image erstellen, dies dann auf vielen anderen Servern aufspielen und dort erst konfigurieren.

- Während des Installations-Vorgangs kann die Software die neuesten Patches von der Microsoft-Website oder einem firmeninternen Server herunterladen und installieren.

- Die Installation der Basis-Software und der vorhandenen Service Packs und Patches kann als komplette Transaktion erfolgen, und bei einem Fehler so auch komplett wieder rückgängig gemacht werden.

- Für Standard-Konfigurationstypen kann man Installations- und Konfigurationsvorlagen erzeugen, die diese üblichen Varianten schneller installieren können. Dazu wird es auch von Microsoft eine Reihe von vorgefertigten Vorlagen geben.

- Sollte Ihre Organisation Compliance-Anforderungen genügen müssen oder sollte es bestimmte Richtlinien für die Installation und Konfiguration geben, dann können diese bereits bei der Installation und/oder der Konfiguration überprüft werden.

- Aufgrund dieser geänderten Infrastruktur wird man auch Service Packs deinstallieren können.

Die größte Freude hat man aber den Administratoren beim SQL Server 2008 sicherlich damit gemacht, dass man schon bei der Installation unterschiedliche Pfade für die Datenbank-Dateien, die Transaktions-Protokolldateien und die *tempdb* angeben kann! Auch die Analysis Services und Reporting Services können jetzt schon bei der Installation in eigene Ordner gelegt werden.

Upgrade zu SQL Server 2008

Der Upgrade vorhandener Datenbanken, Cubes, Reports oder ETL-Pakete wird, so steht es schon jetzt zu vermuten, für viele, die noch den SQL Server 2000 benutzen, ein großes Thema werden. Grund ist, dass nach dem derzeitigen Stand SQL Server 2000 und SQL Server 2008 nicht als *side by side*-Installation auf derselben Maschine (als zwei getrennte Instanzen dann natürlich) betrieben werden können, was bei SQL 2000 und SQL 2005 noch problemlos möglich war. Wer hingegen schon SQL 2005 verwendet, dessen Upgrade-Schritt ist zwar ohnehin nur klein, aber zusätzlich könnte er auch noch eine zweite Instanz SQL Server 2008 installieren und eine Zeitlang mit beiden Versionen parallel arbeiten.

Upgraderatgeber

»Keine Angst vorm SQL Server 2008«, das könnte die Maxime des Upgraderatgebers (*Upgrade Advisor*) sein! Die Furcht vor einem Upgrade zu verringern und die möglichen Probleme vorher zu erkennen, das ist sein Ziel. Man lädt ihn entweder von der Microsoft Website herunter oder entnimmt ihn dem Verzeichnis *Servers/redist/Upgrade Advisor* der SQL Server 2008 Installations-CD. Er kann dann auf der zu aktualisierenden Maschine installiert werden, aber gut auch von einem entfernten Computer arbeiten, also einen anderen Rechner über das Netzwerk prüfen. Letzteres gilt aber nicht für Reporting Services, da muss er wirklich lokal installiert sein.

Wenn man ihn startet, dann kann man sehr schön alle SQL-Komponenten seines SQL Servers 2000 oder 2005 einzeln auswählen und sie dem Test unterziehen.[2] Alle Datenbanken können geprüft werden, ob nicht z.B. in Gespeicherten Prozeduren für SQL Server 2008 reservierte Schlüsselworte verwendet worden sind. Wenn aber die meiste Logik ihrer Applikation nicht in Gespeicherten Prozeduren, sondern in SQL-Statements gespeichert ist, die Ihre Applikation einfach aufruft, dann kann der Updateratgeber auch Trace-Dateien vom SQL Server-Profiler und *.sql*-Batch-Dateien prüfen. Lassen Sie einfach einen Tag lang alle Statements mitprotokollieren, und dann kann der Ratgeber ja checken, ob dort nicht mehr Unterstütztes ausgeführt wird.

Natürlich kann man für die Analyse auch die Data Transformation Services von SQL 2000 und die neuen Integration Services heranziehen. Der Ratgeber prüft dann auf Wunsch sowohl DTS- und SSIS-Pakete, die im SQL Server gespeichert sind, als auch *.dts* und *.dtsx*-Dateien auf der Festplatte nach Konstrukten, die nicht oder problematisch zu migrieren sind.

Das Ergebnis der Prüfung ist dann in einer XML-Datei gespeichert und kann mit dem in Abbildung 10.2 gezeigten Report Viewer betrachtet werden. Wenn ein Fehler dort als *Important* mit der Bemerkung *When to fix: Before* gemeldet wird, dann sollte man erst gar kein Upgrade versuchen, ehe dieser Punkt nicht beseitigt ist.

---

[2]   Unter anderem kann man in den Vorversionen des SQL Servers 2008 auch die Komponente *Notification Sevices* für ein Upgrade prüfen lassen, wobei der Kenn schon vorher weiß: Diese Software ist in dieser Version komplett gestrichen, da gibt's nichts zu aktualisieren!

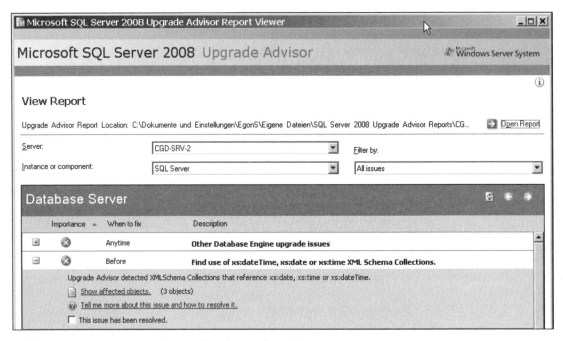

Abbildung 10.2   Der Report Viewer des Upgraderatgebers beschwert sich

Upgrade SQL-Datenbanken

Hat der Upgraderatgeber eine Datenbank gescannt, kann beim eigentlichen Upgrade nichts mehr schief-gehen. Dennoch ist es in vielen Situationen sinnvoller, eine Datenbank manuell einzeln von einem SQL Server 2000 oder 2005 auf die Version 2008 zu bringen. Dazu bietet sich die Verwendung des Sicherns und Wiederherstellens an. Alternativ (und technisch gesehen etwas schneller) kann man die Datenbank auch einfach per sp_attach_db an den neuen Server »anhängen«. Egal, welchen Weg man wählt; SQL Server 2008 erkennt, dass die neue Datenbank noch nicht ganz auf seinem Stand ist, und startet automatisch und sofort das *version upgrade*, das sich am besten an der Kommandozeile verfolgen lässt; besonders spannend, wenn es einmal schiefgeht:

```
Converting database 'StarBack_DataMart' from version 611 to the current version 643.
(local)(WS03EER2\Administrator):
Database 'StarBack_DataMart' running the upgrade step from version 611 to version 621.
(local)(WS03EER2\Administrator): Msg 3167, Level 16, State 1, Line 1
RESTORE could not start database 'StarBack_DataMart'.
(local)(WS03EER2\Administrator): Msg 3013, Level 16, State 1, Line 1
RESTORE DATABASE is terminating abnormally.
```

Ist dieses Versionsupgrade einmal erfolgreich durchgelaufen, ist es nicht mehr rückgängig zu machen. Eine Datenbank, die einmal am SQL Server 2008 den Betrieb aufgenommen hat, kann man älteren Versionen nicht mehr unterschieben.

Upgrade Integration Services

Im Falle der Integration Services, ehemals Data Transformation Services (DTS), hat sich ja Microsoft schon zur Version 2005 entschlossen, keinen Stein auf dem anderen zu lassen! Wie in Kapitel 5 schon erläutert, gab es gute Gründe dafür; aber es ist natürlich schon ein großes Päckchen, das allen DTS-Verwendern da für die Zukunft aufgeschnallt wurde: die Migration der oft mit hohem Aufwand entwickelten und mittlerweile zuverlässig »tickenden« Pakete. Integration Services 2008 stellt in diesem Punkt keine bessere Hilfe dar, als es Integration Services 2005 war.

Migration von Paketen aus dem SQL Server 2000

Die denkbar einfachste Variante zur Übernahme bestehender DTS-Pakete ist die Benutzung eines von Microsoft im BI Development Studio integrierten *Paketmigrations-Assistenten* (*SSIS Migration Wizard*). Dieser dient dazu, DTS-Pakete in ein Integration Services-Projekt im BI Development Studio zu übertragen. Die Portierung kann entweder durch eine direkte Verbindung zum Quellserver der Pakete durchgeführt werden, oder man bindet die Pakete als sogenannte *Strukturierte Speicherdateien* (*Structured Storage Files*) ein, sofern diese vorher von DTS gespeichert worden sind. *Strukturierte Speicherdateien* sind Sicherungen der bisherigen Pakete im Dateiformat *.dts*. Über einen intuitiven Dialog mit dem Assistenten wird die Zusammenstellung der zu portierenden Pakete vereinfacht.

Wahlweise kann der Start des Assistenten über den Menü-Eintrag *Projekt/DTS 2000-Paket migrieren* oder per Rechtsklick auf den Ordner *SSIS-Pakete (SSIS Packages)* ausgewählt und gestartet werden. Der Paketmigrations-Assistent importiert danach die ausgesuchten Pakete in das geöffnete Projekt und übernimmt dabei den Workflow, die Serververbindungen sowie angelegte Variablen und deren Werte in vollem Umfang. Es sind jedoch ausschließlich DTS-Pakete portierbar, die keine selbst entwickelten *Benutzerdefinierten Tasks* (*Custom Tasks*) enthalten, die also ausschließlich aus den klassischen Tasks der herkömmlichen DTS zusammengesetzt sind. Das sind traurige Nachrichten für die vielen Entwickler, die Mannjahre in DTS-Pakete gesteckt haben, die maßgeblich mit Eigenentwicklungen bestückt sind. Leider lag gerade in der leichten Erweiterungsmöglichkeit für Viele der Hauptgrund, DTS einzusetzen. Weil die Migration von alten DTS-Paketen mit dem Assistenten nur eingeschränkt möglich ist, muss man jedes Paket neu entwerfen, das Eigenentwicklungen enthält. Dabei gibt es natürlich die Möglichkeit, aus einer Kopie des Originalpaketes sämtliche Eigenanpassungen zu entfernen, um wenigstens das Grundgerüst der Standard-Tasks per Assisten übertragen zu können.

Das Ausführen von DTS 2000 Paketen

Moderne Menschen bezeichnen den SQL Server 2000 ja schon als *Legacy*, als Altlast, dessen Erbe man unwillig noch mit sich herumschleppt. Nun kann man aber nicht leugnen, dass es keinen wirklich eleganten und automatischen Migrationspfad von den damaligen Data Transformation Services zu den Integration Services von heute gibt. Monate, ja sogar Jahre der Entwicklung und Wartung der DTS-Pakete auf dem SQL Server 2000, und nun können sie nicht einmal mit dem Assistenten auf die neue Server-Version übertragen werden? Das werden viele Entwickler denken, es ist aber so schlimm auch wieder nicht. Zum Ausgleich dafür gibt es einen Task »DTS 2000-Paket ausführen« (*Execute DTS Package Task*), der die Pakete dort wo sie sind und wie sie sind ausführt. Einfach Servernamen angeben und Login eintragen, dann das Paket aussuchen und starten lassen. Wahlweise können wir hier auch wieder mit den *Strukturierten Speicherdateien* (*.dts*-Dateien) im alten Format arbeiten, das macht die Angelegenheit noch einfacher, da hier der Server und Login-Eintrag nicht nötig sind. Sogar im SQL Server Management Studio gibt es einen eigenen Ordner in der Oberfläche, in dem die herkömmlichen und mit viel Schweiß und Mühe geschaffenen DTS-Pakete einen Zufluchtsort finden.

Und noch besser: Microsoft hatte einige Zeit später noch sogar ein Einsehen mit den zahlreichen Nutzern, die nach wie vor DTS-Pakete verwenden, und hat zusätzlich den *DTS Package Designer* von den Data Transformation Services 2000 zum Herunterladen von der Microsoft Website herausgegeben, als Teil des *Feature Pack for Microsoft SQL Server 2005*. Damit kann man die alten Pakete sogar noch auf SQL 2005 editieren, nur Neue anlegen kann man nicht.

SQL Server 2008 hält es da ganz ähnlich: Will man DTS-Pakete nicht nur starten, sondern auch anpassen können, muss man sich den alten Designer auf der Maschine installieren.

Migration von Paketen aus dem SQL Server 2005

Nach dem ersten Öffnen einer .dtsx-Datei, die von Integration Services 2005 erstellt wurde, erhält man eine Reihe von Warnungen, die die Skript-Komponenten des Pakets betreffen. Diese werden dabei automatisch migriert, aber das Ergebnis wird erst beim ersten Speichern dauerhaft gemacht:

```
Warning loading Dim_Item.dtsx: The component "STAT Inferred" (94834) has been migrated successfully. You
must save the package for the change to be permanent.
```

Bei den so migrierten Script-Komponenten steht dann natürlich die Eigenschaft *ScriptLanguage* unveränderbar auf *Microsoft Visual Basic 2005*, der einzigen Sprache, die in der Version 2005 verfügbar war. Neue Script-Komponenten können natürlich auch in *Microsoft Visual C# 2005* entwickelt werden.

Upgrade Analysis Services

Zur Beruhigung aller bisherigen Analysis Services-Nutzer sei gesagt: die Änderungen zwischen der Version 2005 und 2008 sind entweder nur an der Oberfläche oder so tief in den Innereien des Servers gemacht, dass man eigentlich nicht wirklich von einer Migration reden kann. Die größten Aufwände entstehen für diejenigen, die bisher noch nicht das Upgrade auf Analysis Services 2005 gemacht haben, sondern die noch auf dem verlässlichen Stand der 2000er-Version geblieben sind.

Migration von Analysis Services 2000

Es wurde nicht viel publiziert, aber die Analysis Services 2005 waren ja eine komplette Neuentwicklung, bei der kein Stein von Analysis Services 2000 auf dem anderen blieb. Demzufolge ist es auch entsprechend schwer, Cubes der 2000er-Version auf 2005 oder 2008 zu bringen. Es gibt dafür einen Migrations-Assistenten für Analysis Services (*Analysis Services Migration Wizard*), der auch beim SQL Server 2008 wieder enthalten ist und der speziell für diese Version aktualisiert wurde. Man sucht ihn am besten unter den Programmdateien des SQL Servers und startet ihn dann von der Kommandozeile oder per Doppelklick im Explorer, er heißt *MigrationWizard.exe*. Wer aber unser Kapitel 6 aufmerksam gelesen hat, der ahnt schon, dass dieser Assistent angesichts der vielen, strukturellen Änderungen beim Cube- und Dimensions-Design geradezu scheitern *muß*. Daran gemessen funktioniert er wirklich gut: Er kann einfache Cubes so migrieren, dass sogar dieselben MDX-Abfragen wie unter SQL Server 2000 noch funktionieren. Sobald man aber diesen migrierten Cube öffnet und irgendeins der vielen, neuen Features von Analysis Services 2005 einbauen will, ist es vorbei: Es ist so mühsam, in diesem generierten Projekt irgendwelche Änderungen vorzunehmen, dass man aus der Praxis nur empfehlen kann: Nehmen Sie sich zwei, drei Tage Zeit und bauen Sie einfach die Dimensionen und Cubes auf denselben Tabellen nach.

Migration von Analysis Services 2005

Bei den Analysis Services ist die Anzahl der Veränderungen seit der Version 2005 ja relativ gering. Entsprechend ist es auch problemlos, ein Upgrade oder eine Migration der Cubes auf 2008 durchzuführen. Man kann im Business Intelligence Development Studio einfach die Projekt-Dateien von 2005 öffnen und die Weitergabe auf einen 2008er Server starten, fertig! Allerdings müssen dabei alle Cubes neu verarbeitet werden. Wer dies nicht wünscht, dem bleibt auch das Sichern und Wiederherstellen ganzer Datenbanken. Obwohl sich das Backup bei Analysis Services 2008 komplett verändert hat, um noch größere Datenbanken noch schneller sichern zu können, kann dennoch eine Sicherungsdatei (Format *.cab*) von Analysis Services 2005 meist problemlos auf der neuen Version wiederhergestellt werden, auch wenn die Datei ursprünglich durch ein Passwort geschützt war.

Upgrade Reporting Services

Die Aktualisierung der Reporting Services umfasst mehrere Schritte, da die Reporting Services selber aus einigen Komponenten bestehen.

Sie können die Reporting Services 2008 nur auf einem System installieren, das den Kernel-Treiber https.sys mitbringt. Wenn also die Installation der Reporting Services 2008 im Setup allein nicht aktivierbar ist, überprüfen Sie die unterstützen Betriebssysteme (Windows Server 2008 und 2003 mit SP2).

Neu in SQL Server 2008   Da die SQL Server 2008 Reporting Services ohne die Installation eines Internet Information Servers (IIS) betrieben werden können, aber auch auf einer Maschine mit installiertem IIS einwandfrei laufen können, muss für jede Anforderung mit http oder https von http.sys entschieden werden, ob diese Anforderung an den IIS oder die Reporting Services oder andere installierte Dienste weiter gesendet wird.

HINWEIS   Durch diese Architektur kann sowohl der Report Server als auch der IIS auf dem Port 80 betrieben werden, es wird eben vor einer Anforderung entschieden, an welche Applikation diese gesendet wird. Dies ist richtig bis auf Windows XP. Dort *müssen* der IIS und der Report Server auf verschiedenen Ports betrieben werden.

TIPP   Wenn Sie eine vorhandene Instanz der *Reporting Services* aktualisieren, wird es keine Probleme geben. Es sind keine Probleme dokumentiert und bei unseren Versuchen sind keine Probleme aufgetaucht. Dies gilt natürlich nicht für andere Datenbanken im vorhandenen SQL Server oder andere Komponenten, bei denen eine ganze Reihe von Aspekten beschrieben sind, die man vor einer Aktualisierung beachten sollte.

Dies ist aber ein mögliches Problem bei einer *side-by-side*-Installation.

Wenn Sie beispielsweise schon den SQL Server 2005 mit den Reporting Services in der Standard-Installation installiert haben, dann werden vom Internet Information Server die Standard Pfade

http://localhost/reports für den Berichtsmanager (wenn Sie nicht im SharePoint Integrated Mode fahren)

und

http://localhost/reportserver für den Berichtsserver bereit gestellt.

Sie sollten dann die Berichtsserver-Datenbanken sichern und die Reporting Services der alten Version deinstallieren. Eine *side-by-side* Installation der Reporting Services 2008 mit anderen Versionen wird nämlich nicht empfohlen.

Daher gibt die Online-Hilfe den klaren Ratschlag, alle Reporting Services-Instanzen (auch die Reporting Services unterstützen benannte Instanzen) in einer Version zu betreiben.

Eine andere Möglichkeit ist es, die Reporting Services nur zu installieren, aber nicht zu konfigurieren und dieses dann später nachzuholen. Alle entscheidenden Einstellungen für die Reporting Services können mit dem *Reporting Services Configuration Manager* auch nach der Installation gemacht werden.

Die Konfiguration mit Standard-Einstellungen hat so viele Einschränkungen, dass wir in den meisten Fällen von einer Installation mit diesen Einstellungen in einer Produktionsumgebung abraten. Auf einem Test- oder Entwicklungssystem vereinfacht diese Option die Inbetriebnahme der Reporting Services natürlich erheblich.

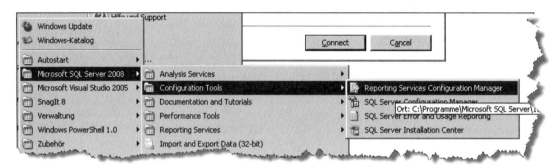

Abbildung 10.3   Unter den Konfiguration Tools findet man den Reporting Services Configuration Manager

Dort kann man dann auch unproblematisch virtuelle Verzeichnisse einstellen, die nicht in Konflikt mit eventuell vorhandenen Pfaden früherer Reporting Services-Installationen stehen.

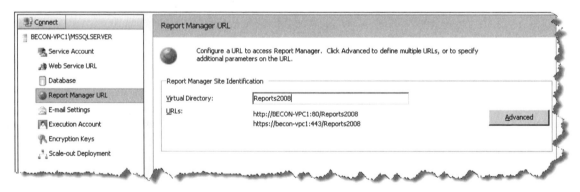

Abbildung 10.4   Bei der nachträglichen Konfiguration sind beliebige Pfadnamen möglich

Reporting Services Datenbanken

Sehr einfach ist die Migration bestehender Reporting-Datenbanken.

Bei der Installation der Reporting Services werden zwei Datenbanken entweder auf dem lokalen SQL Server oder einem entfernten frei zu wählenden Server angelegt. Diese Datenbanken müssen dann aktualisiert werden. Sie finden diese einfach in Ihrer SQL Server Instanz.

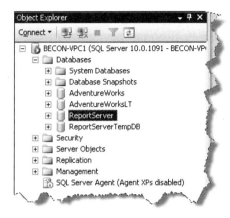

Im SQL Server 2008 wurde eine Funktion umgesetzt, die sich auto-upgrade nennt. Daher können im SQL Server 2008 einfach Report-Datenbanken aus vorherigen Versionen (ab SQL Server 2005) benutzt werden.

Die Aktualisierung der Datenbanken ist daher entsprechend simpel.

- Das Setup kann während der Installation eine vorhandene Reporting Services-Instanz aktualisieren.

- Die eben schon vorgestellte Reporting Services Configuration-Anwendung kann eine ältere Version einer Reportserver-Datenbank von einem lokalen oder entfernten SQL Server aktualisieren, wenn Sie diese als bestehende Datenbank auswählen. Sie müssen die Aktualisierung allerdings bestätigen. Es gibt im SQL Server 2008 Reporting Services Configuration daher keine *Upgrade*-Schaltfläche.

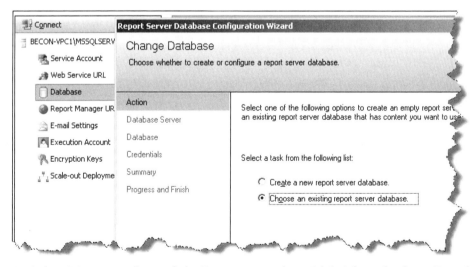

- Bei jedem Dienststart überprüft der Reportserver, ob es sich bei der gefundenen Datenbankversion um die erwartete Version handelt. Ist dies nicht der Fall, wird die Datenbank automatisch auf das Format der Version des ausgeführten Reportservers aktualisiert.

Diese *auto-upgrade* Funktion ist ausgesprochen wertvoll, wenn Sie einfach eine ältere vorhandene Datenbank in den SQL Server »einhängen« oder wiederherstellen. Beim Start des Dienstes werden diese einfach konvertiert. Einen entsprechenden Eintrag finden Sie dann im *trace log file* des Berichtservers, das Sie unter

C:\Programme\Microsoft SQL Server\MSRS10.MSSQLSERVER\Reporting Services\LogFiles

bei einer Installation mit Standardwerten finden.

Attachen (Anhängen) von Datenbankdateien

Unter dem »Einhängen« wird im SQL Server verstanden, dass eine vorhandene Datendatei (also eine **.mdf*-Datei) einer laufenden SQL Server-Instanz hinzugefügt wird. Der Vorgang wird als ATTACH bezeichnet. Ab dem SQL Server 2005 finden Sie auch die neue Syntax:

```
USE [master]
GO
CREATE DATABASE Northwind ON
( FILENAME = N'C:\dbs\northwind.mdf' )
 FOR ATTACH ;
GO
```

Wenn dabei keine Transaktionsprotokoll-Datei angegeben wird, wird diese während der Erstellung erzeugt. Aber auch auf die Oberfläche ist eine Datenbank komfortabel »einzuhängen«.

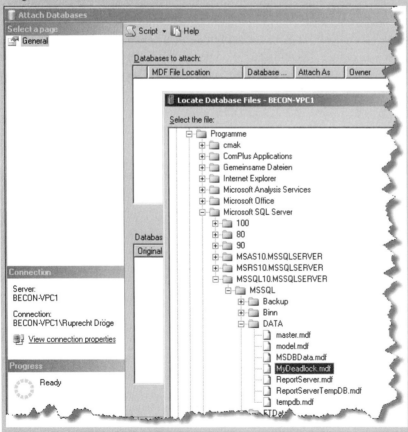

Dieser Vorgang ist manchmal eine einfache Alternative zum Sichern der Datenbank auf einem Server und anschließendem Wiederherstellen auf einem anderen: Die Datenbank wird auf dem einen Server getrennt, die Datei kopiert oder verschoben und dann auf dem anderen Server neu angefügt.

Der Vorgang des Trennens geschieht aber offline, d.h. im Gegensatz zum Backup/Restore müssen die Benutzer von der Datenbank getrennt werden.

Die Datenbank wird dabei in drei Schritten konvertiert:

- Die Datenbank selber wird dabei wie eben beschrieben entweder automatisiert (beim Setup oder weil beim Dienststart eine ältere Version entdeckt wurde) oder manuell (im Configuration Tool) aktualisiert.

- Die Metadaten und vor allem die Sicherheitsbeschreibungen werden aktualisiert, wenn die aktualisierte Berichtsdatenbank das erste Mal benutzt wird.

Bereits veröffentlichte Berichte und vorhandene Berichts-Snapshots (im deutschen Verlauf) werden bei der ersten Benutzung aktualisiert.

Stichwortverzeichnis

$Action 127
.NET
   Anwendungsarchitektur 159
   Benutzerdefinierte Datentyp 196
   DLL 180
   Framework 152
   gespeicherte Prozeduren 185
   im SQL Server 2008 178
   Remoting 172
   Softwareprojekte 167
   Trigger 194
   Visual Studio 153
   Vorteile von ASP.NET 220
   Webservice 176
.NET Datentypen 133
@@identity 129

A

Abfragegenerator 305
Abfrage-Optimierer 75, 79, 114
Abonnements 322
Access 24
Acronis True Image 414
Actions siehe Aktionen
Activity Monitor 10
AFTER 142
Against Targets 380
Aktionen 338
Aliasdatentypen 71
ALLOW_SNAPSHOT_ISOLATION 372
ALTER DATABASE 53, 144
ALTER EVENT SESSION 9
ALTER INDEX 115
AMO-Warnungen 33
Ampeln 340, 341
Analysis Services 3, 119, 254, 336
   Aggregationsentwurf 35
   Backup 34
   best practices 32

Block Computations 33
Detach / Attach 34
Dynamic Management Views 35
Instanzen 283
natürliche Hierarchien 269
Rückschreiben 34
Scale Out 33
Spreading 34
Standardinstanz 283
Subspace Computations siehe Block Computations
Upgrade 418
Analysis Services 2005 260
Analysis Services Migration Wizard siehe Migrations-
   Assistenten für Analysis Services
Analysis Services Scripting Language 119, 282
Anlegen der Datenbank 51
Anmeldung 85, 87, 100
Annotated XML Schema 70
Anwendungsarchitektur 159
Anwendungsserver 360
Apose 297
Arbeitsspeicher 377
ASP.NET 326
ASSL siehe Analysis Services Scripting Language
Attribut 58
Attributdatenübersetzung 286
Attribute 267, 286
Attributhierarchien 268
Auditing 16
Aufbereiten 257
Aufträge 119
Ausführung 318
Ausführungskontext 96
Ausführungsplan 76
Ausführungs-Snapshot 319
Auslieferung 322
Authentication extension 38
AUTO_SHRINK 53
AutoShrink 379
auto-upgrade 421
AXSD siehe Annotated XML Schema

B

Backup 8
Backup Compression 139
BACKUP LOG 56
BACKUP LOG WITH NO_LOG 148
BACKUP LOG WITH TRUNCATE_ONLY 148
BACKUP TRANSACTION 148
Backup-Komprimierung 16, 103, 140
Balanced Scorecard 275
Bandlaufwerk 102
BASEL II 16, 275
bcp 107
BEGIN TRANSACTION 376
Beispieldatenbanken 6
Benachrichtigung 272
benannte Mengen 339
Benutzer 91, 100
Benutzerdefinierte Datentyp 196
Benutzerdefinierte Datentypen 71, 163
    in .NET 29
benutzerdefinierte Elementformeln 274
Benutzerdefinierte Funktion 181, 184
benutzerdefinierte Rollupoperatoren 274
Benutzerdefinierter Typ 25
berechnete Elemente 340, 343
Berechnete Spalte 134
Berechtigungsebene 192
Bereichspartitionen 365
Bereitstellung 261
Berichtserver 38
Berichts-Manager 317
Best Practices 379
BI Development Studio siehe Business Intelligence
    Development Studio
BIDS siehe Business Intelligence Development Studio
bigint siehe integer
binary 65
bit 64
Bitmap Filter 30
BLOB-Datentypen 68
bulk copy 107
BULK INSERT 107
Bulk-Logged Recovery siehe Massenprotokolliertes
    Wiederherstellungsmodell
Business Intelligence 29
Business Intelligence Development Studio 260
business rules siehe Geschäftsschicht
Business Scorecard Manager 2005 275

C

C++ 154
CAST 135
CDC 387
cdc.change_tables 389
Change Data Capture 387
Change Tracking 14, 387
changetable 15
char 65
CHECK 362
Check Condition 379
CHECK_EXPIRATION 89
checkpoint siehe Prüfpunkt
Classifier function 382
Client/Server 162
CLR siehe Common Language Runtime
clr enabled 180
Cluster 403
clustered Index siehe gruppierter Index
Clustering 284
Code Page siehe Sortierreihenfolge
Codeplex 6
COM 158
COM+ 172, 179, 361
Common Language Runtime 71, 179
COMPATIBILITY_LEVEL 144
Configuration Server 13
Constraints siehe Einschränkung
CONTENT 206
CONVERT 135
COPY_ONLY 110
Covered Index 378
CREATE ASSEMBLY 182, 183
CREATE EVENT SESSION 9
CREATE FUNCTION 182, 184
CREATE LOGIN 87
CREATE ROLE 148
CREATE SCHEMA 96
CREATE TABLE 200
CREATE USER 93, 148
CREATE XML INDEX 212
Credentials 325
Crimson 9
Cube Wizard 262
CUBEELEMENT() 342
CUBEELEMENTEIGENSCHAFT() 342
Cube-Formeln 341
CUBEKPIELEMENT() 342
CUBEMENGE() 342

CUBEMENGENANZAHL() 342
CUBERANGELEMENT() 343
Cubes 255
CUBEWERT() 343
custom member formula siehe benutzerdefinierte
    Elementformeln

D

Data Change Capture 9
Data Compression 16
Data Definition Language 282
Data Entity Model 168
Data Flow siehe Integration Services: Datenfluss
Data Mining 259, 288, 344
    Cross Validation 37
    Drillthrough 37
    Filter 37
    Genauigkeitsdiagramm 37
    HoldoutMaxPercent 37
    Lift Chart 37
    Miningstruktur 37
    Time Series 38
    Vergleichsprüfung 37
Data Mining Client für Excel 36
Data Mining-Add-In für Office 2007 36, 288, 346
Data Mining-Client für Excel 348
Data Mining-Vorlagen für Visio 349
Data Profiling 31, 246, 335
Data Relation 266
Data Source View siehe Datenquellensicht
Database Generator 82
Database Mail 123
Database Mirroring siehe Datenbankspiegelung
Database Snapshots siehe Datenbanksnapshots
Database Tuning Advisor siehe Datenbankmodul-
    Optimierungsratgeber
Datamart 263
Datawarehouse 262, 263
date 131
Dateien
    in Dateigruppen 367
Dateigruppen 56, 114, 354
    schreibgeschützt 355
Dateigruppen 367
Datenbalken 341
Datenbank
    anlegen 51

Datenbankdateien
    Verschieben 357
Datenbank-E-Mail 123
Datenbankmodul-Optimierungsratgeber 80
Datenbankrollen 98, 100
Datenbanksicherung 102
Datenbanksnapshots 402
Datenbankspiegelung 19, 399
Datenbankwartungsplan 116
Datenexplosion 257, 271
Datenfluss siehe Data Flow
Datenkomprimierung 141
Datenmodellierung 348
Datenquelle 304
Datenquellensicht 262, 266, 279
Datenschicht 164, 360
Datenseite 133, 375
Datensicherung 101
Datentypen 64
Datentypen mit umfangreichen Werten 67
Datenvorbereitung 348
datetime 141
datetime2 65, 132
datetimeoffset 65
Datetimeoffset 132
db_data_reader 321
DB2 24
DBCC CHECKDB 117
DBCC CONCURRENCYVIOLATION 149
DBCC SHRINKDATABASE 117
DBCC SHRINKFILE 56
DBGen.exe siehe Database Generator
DDL siehe Data Definition Language
Deadlocks 376, 393
decimal 64
Decision Support Services 258
Declarative Management Framework 11, 14, 94, 378,
    384
Default Instance siehe Standardinstanz
DEFAULT_SCHEMA 96
Deklaration und Initialisierung 134, 137
Dekrement 137
deleted 129
denormalisieren 63
DENY 98
Deployment siehe Bereitstellung
DGV siehe Service-Level-Agreements
Diagramm 39
Dienstgütevereinbarungen siehe Service-Level-
    Agreements

Dienstverweis 218
differenzielle Backups 103
Dimensionen 255
Dimensionstabellen 30, 262
Dirty Reads 371
DISTINCT COUNT 259
DLL 161, 171
   Hölle 158
DLLHOST.EXE 173
DML 210
DMV siehe Dynamische Verwaltungssichten
DOCUMENT 206
Drilldown 257, 269
Drillthrough 259, 339
Drillup 257
Dritte Normalform 61
Drive Image 414
DTA siehe Datenbankmodul-Optimierungsratgeber
DTS
   Structured Storage Files siehe DTS: Strukturierte
      Speicherdateien
DTS siehe Data Transformation Services
   Benutzerdefinierte Tasks 417
   Paket 417
   Strukturierte Speicherdateien 417
DUMP 148
Dundas 39, 310
dynamic management views siehe dynamische
   Verwaltungssichten
Dynamic Management Views siehe dynamische
   Verwaltungssichten
Dynamische Entwicklung 24
Dynamische Verwaltungssichten 9, 10, 18, 52, 385

E

Ebenen 256
Echtzeit-ROLAP 272
Editionen 409
edlin 315
EDM siehe Data Entity Model
EF siehe Entity Framework
Einfaches Wiederherstellungsmodell 55, 106, 112
Einschränkung 362
Elemente 256
Elementeigenschaft 338
ENDPOINT siehe Endpunkt
Endpunkt 401
Endpunkte 218
   Erstellung 215

   Nutzung 218
   Zugriff einstellen 216
Enterprise Services 172
Entity Data Model 28
Entity Framework 168
Erste Normalform 58
Erstellen eines Endpunktes 215
ETL 3, 225, 240
Excel 2002/2003 Add-in für SQL Server Analysis
   Services 336
Excel 2007 335
Excel-Listen 335
Excel-Tabelle 335
EXECUTE AS 97
EXE-Datei 171
Extended Events 9
Extensible Application Markup Language 169
Extensible Key Management 17
EXTERNAL 192
External Key Management 17

F

Fabrik 165
Failover 286
Failover Cluster 19
Faktentabellen 29, 262
Fallstromvergaser 346
Farbskalen 341
FASMI-Test 255
Fat Client 326
Feature Pack 418
Festplatten-Image 414
Filegroups siehe Dateigruppen
FILESTREAM 22
Filtered Index 23
Filtered Indexes 77, 84
float 64
FOR XML
   AUTO 204
FORCESEEK 25, 145
formfrei 342
Formularauthentifizierung 297
FQN siehe full qualified name
Framework siehe .NET
Fremdschlüsseleinschränkung 375
full qualified name 204
Full Recovery siehe vollständiges
   Wiederherstellungsmodell

G

Genauigkeitsdiagramm 346
Geo-Datentypen 133
Geography 133
Geometry 133, 221
Geschäftsschicht 164, 166
Gespeicherte Prozedur 25, 137, 138
Gespeicherte Prozeduren 359
   Ausführungskontext 96
gleitende Durchschnittswerte 273
GPT-Festplatten 405
GRANT 98
GRANT CONNECT ON ENDPOINT 216
großen Datenbank 352
Grouping Sets 130
gruppierter Index 73, 145
guest 93

H

Hardware Compatibility List 404
Heap 75
Heartbeat 403
Heatmap 341
Hierarchische ID 135
hierarchyid siehe Hierarchische ID
HierarchyID 198, 221
high-availability mode 400
high-performance mode 400
high-protection mode siehe Hochschutzmodus
Hochschutzmodus 400
Hochverfügbarkeit 396
HOLAP 272
Hot Add Memory Support 8

I

ident_current 129
IDENTITY 250
IIS siehe Internet Information Server
IIS Agnostic Report Deployment 294
image 68
Import and Export Wizard siehe Import/Export-
   Assistent
Import/Export-Assistent 232
Increment 24
Index 145
   geometrische Daten 134

gruppierter 145
   XML 211
Index Seek 76
Index Tuning Wizard siehe Indexoptimierungs-
   Assistent
indexed views siehe Indizierte Sichten
Indexoptimierungs-Assistent 81
Index-Statistiken 79
Index-Tuning 80
Index-Wartung 114
Indizes 57, 73, 357, 375
   Covered 378
Indizierte Sichten 7, 78, 84
Information Servers 419
Inkrement 137
inserted 14, 129
Installation 408, 414
Installation des SQL Servers 6
Instance Rename Utility 284
INSTEAD OF 142
integer 64
Integration Services 118, 119, 280
   Ablaufsteuerung 226, 231, 238, 246
   ADO.NET-Komponenten 31
   Aggregationsdesign 270
   Attribute Relationships 269
   Attributbeziehungen 269
   Auftrag 237
   Ausdrücke 239
   Ausführen von DTS 2000 Paketen 417
   Bereitstellungsprogramm 235
   Breakpoints siehe Integration Services: Haltepunkte
   Cache Connection Manager 251
   Connection Manager siehe Integration Services:
      Verbindungs-Manager
   Container 226, 229, 244
      For-Schleife 244
      Foreach-Schleife 244
      Schleifencontainer 244
   Control Flow siehe Ablaufsteuerung
   csv-Datei 244
   Data Flow siehe Integration Services: Datenfluss
      Ziele 234
   Data Flow Task siehe Integration Datenflusstask
   Data Profile Viewer 246
   Data Profiling Task 31, 246
   Data Sources siehe Integration Services:
      Datenquellen
   Data Source Views siehe Integration Services:
      Datenquellensichten

Integration Services (*Fortsetzung*)

  Datenfluss 226, 227, 248

    Abgeleitete Spalte 248

    Bedingtes Teilen 249

    Conditional Split siehe Integration Services: Datenfluss: Bedingtes Teilen

    Derived Column siehe Integration Services: Datenfluss: Abgeleitete Spalte

    Destinations siehe Integration Services: Datenfluss: Ziele

    Flatfilequelle 248

    Quellen 234

    Transformationen 234

    Sources siehe Integration Services: Datenfluss: Quellen

  Datenquellen 226

  Datenquellensichten 226

  Daten-Viewer 234

  Debug-Modus 231

  Debugger 230

  Deployment siehe Integration Services: Weitergabe

  Deployment Utility 235

  DTS 2000-Paket migrieren 417

  Enumeratoren 245

  Ereignishandler 229

  Event Handler siehe Integration Services: Ereignishandler 240

  Ereignisse 229

  Execute Package Task siehe Integration Services: Task »Paket ausführen« siehe Integration Services: Task »SQL ausführen«

  Expressions 239

  Flatfileziel 233

  Flat File Destination siehe Flatfileziel

  Flatfileziel 233

  Haltepunkte 230

    Ereignisse 230

    Hit Count siehe Integration Services: Haltepunkte: Trefferanzahl

    Hit Count Type siehe Integration Services: Haltepunkte: Typ der Trefferanzahl

    Trefferanzahl 230

    Typ der Trefferanzahl 230

  Import/Export-Assistent 31

  Lookup siehe Integration Services: Suche-Task

  Lookup Task 30

  Package protection level siehe Integration Services: Paketschutzebene

  Paket-Explorer 239

  Pakete 225

  Paketinstallations-Assistent 236

  Paketkonfigurationen 240

  Paketmigrations-Assistent 417

  Paketschutzebene 236

  Projekt 225, 237

  Projektmappen-Explorer 235

  ProtectionLevel 237

  RelationshipType 270

  Schleife 226, 230, 244

  Solution 225

  SSIS Package Installer siehe Integration Services: Paketinstallations-Assistent

  SSIS Packages siehe Integration Services: SSIS-Pakete

  SSIS-Pakete 417

  Status-Registerkarte 231

  Suche-Task 30, 250

  Task 226, 229, 246

    Deaktivieren 246

  Task »Paket ausführen« 240

  Task »SQL ausführen« 242

  Transformation 227, 248

  Transformationen 234

  Upgrade 417

  Variablen 239, 243, 249

  Verbindung 248

  Verbindungs-Manager 226

  VSTA-Skripte 245

    IntelliSense 242

    Syntax Highlighting 242

    VariableDispenser 241

  Weitergabe 226

  Workflow 231, 240, 248

Intellisense 26, 46

Internationalisierung 286

Internet Information Server 38, 176, 213, 294

Internet Report Deployment 296

INullable 197

IO-System 141

J

Jobs siehe Aufträge

JOIN 126

K

Kardinalität 76
Kennzahlen siehe Measures
Kennzahlengruppen 266, 338
Key Performance Indicators 275, 340
Kimball 279
Klassendiagramm 168
Komprimierung
    einer Sicherung 139
Kontrollfluss siehe Control Flow
KPIs siehe Key Performance Indicators

L

langsam veränderliche Dimensionen 251, 277, 279
Large Object Data Types 66, 68
Large Value Data Types siehe Datentypen mit
    umfangreichen Werten
Leistung 377
Leistungsüberwachung 122
Levels siehe Ebenen
Lift Chart siehe Genauigkeitsdiagramm
LIKE 8
LINQ 27
Liste 306
LOAD 148
LOB siehe Large Object Data Types
LOCK ESCALATION 145
Log File Viewer siehe Protokolldatei-Viewer
Log Sequence Number 110
Log Shipping 108 siehe Protokollversand
Logdatei 55
Login 85, 87, 100, 321
Lokale Sicherheitsrichtlinie 89
LSN siehe Log Sequence Number
LVT siehe Datentypen mit umfangreichen Werten

M

Maintenance Plan siehe Datenbankwartungsplan
Majority Node Set 403
Management Studio siehe SQL Server Management
    Studio
MapPoint siehe Microsoft MapPoint
Massendaten 107
Massenprotokolliertes Wiederherstellungsmodell 107
master 51

Matrix 306
MDF-Datei 53, 354
MDX 120, 274, 283
Measure Groups siehe Kennzahlengruppen
Measuregruppen 266
Measures 255
Member Property siehe Elementeigenschaft
Members siehe Elemente
MERGE 25, 126
MessageBox 155
MFC 155
Microsoft Cluster Server 403
Microsoft Cluster Service 284
Microsoft MapPoint 214
Microsoft Office SharePoint Server 291, 292
Microsoft Transaction Server 172, 179
Microsoft Virtual Server 9
Middle Tier 360
Migrations-Assistent für Analysis Services 418
Mining-Algorithmen 345
Mining-Modell 344
Mining-Struktur 345
Mirror Server siehe Spiegelserver
Mission Impossible 120
model 52
MOLAP 271, 343
money 64
Mono 153
Monolithen 159
Moonlight 153
Moving average siehe gleitende Durchschnittswerte
MSCS siehe Microsoft Cluster Server, siehe Microsoft
    Cluster Service
msdb 52
mssqlsystemresource.mdf 52
MTS siehe Microsoft Transaction Server
Multi-Instance Cluster 285
Multiple Instance Cluster 404
Multiserver Administration 119
Multiserver-Abfragen 13

N

Named Sets siehe benannte Mengen
NAS 54 siehe Network Attached Storage
nchar 65
Network Attached Storage 403
Network Load Balancing 33

Nicht mehr unterstützte Funktionen im SQL Server 2008
    BACKUP LOG WITH NO_LOG 148
    BACKUP LOG WITH TRUNCATE_ONLY 148
    BACKUP TRANSACTION 148
Nicht mehr unterstützte Funktionen im SQL Server
    2008 (*Fortsetzung*)
    DBCC CONCURRENCYVIOLATION 149
    DUMP 148
    LOAD 148
    sp_addalias 148
    sp_addgroup 149
    sp_changegroup 149
    sp_dropgroup 149
    sp_helpdevice 149
nichtgruppierter Index 74
NOCHECK 362
NOLOCK 371
nonclustered Index siehe nichtgruppierter Index
NORECOVERY 104
Normalform
    dritte 61
    erste 58
    Hinweise für die Praxis 62
    zweite 60
normalisieren 59
Notification siehe Benachrichtigung
Notification Services 9
no-touch deployment 299
ntext 68
numeric siehe decimal
nvarchar 65, 201

O

Objekt-Abhängigkeiten 25
ODBC 162
Offline-Backups 112
OLAP 254
OLAP Services 258, 344
OLAP-Cubes 336
OLE DB für OLAP 334
Online Restore siehe Partitionierung
Open Geospatial Consortium 133
Optimierer siehe Abfrage-Optimierer
Optimierungs-Hinweisen siehe Optimizer Hints
Optimizer Hints 145
Oracle 24, 165
Outlook 15
Output 126

P

Package configurations
    Integration Services siehe Integration Services:
        Paketkonfigurationen
PAGE_VERIFY 109
Panorama 258
Parent-Child-Dimension 259
Partial Backups siehe Partitionierung
Partitionierte Sichten 6, 361
Partitionierte Tabelle 145, 369
Partitionierte Tabellen 6, 364
Partitionierung 80, 84, 114, 354
Partitionierungsfunktion 366
Partitionierungsschema 368
Partitionsschlüssel 363, 366
Partitionswechsel 7
PDF siehe Portable Document Format
PDS siehe Physikalische Entwurfsstrukturen
Performance Data Collection 10
Performance Monitor siehe Leistung, siehe
    Leistungsüberwachung
Performance Tuning 374
Performance Warehouse 386 siehe Performance Data
    Collection
Persistent Lookups 30
Perspectives siehe Perspektiven
Perspektiven 276, 337
Pervasive Inside 29
PetShop 166
Physical Design Structures 84
Physikalische Entwurfsstrukturen 84
Pipe siehe SqlPipe
PIVOT 67
Pivottabelle 306
Pivot-Tabelle 336
Plato 258
Plugable CPU 8
Policy 384
Policy Management 378
Portable Document Format 297
Powershell 18
Präsentationsschicht 164, 168, 360
Primärer Index 212
Primärschlüssel 59, 73
primary key siehe Primärschlüssel
Principal siehe Prinzipalserver
Prinzipalserver 399
proactive caching siehe Proaktives Zwischenspeichern
Proaktives Zwischenspeichern 272
Procedure Cache 78

Profiler 10, 83, 91, 389 siehe SQL Server Profiler
Programmability 182
Projekt REAL 33
Protokolldatei-Viewer 120
Protokollierung der Datenänderungen 14
Protokollversand 396
Provider Factory 166
Proxy 214
Proxyklasse 324
Proxys 121
Prüfpunkt 106
Prüfsummen 108
public 98

Q

Quorum Disk 403

R

RAID 54
Rapid Application Development 154
RDL siehe Report Definition Language
RDLC 328
READ UNCOMMITTED 371
READ_COMMITTED_SNAPSHOT 373
read-only scalable database 34
real siehe float
Real-time ROLAP siehe Echtzeit-ROLAP
Recovery Model siehe Wiederherstellungsmodell
reference dimension siehe referenzierte Dimension
referenzierte *Dimension* 265
Relation 58
Replikation 387
Report Builder 299
Report Definition Language 309
Report Designer 39, 299
Report Manager 292
Report Model 300
Reportgestaltung 299
Reporting Service
    Auslieferung 322
    Word Render Extension 297
Reporting Services 3, 38, 291
    Abonnements 322
    Ausführung 318
    Ausgabe 296
    Auslieferung 297
    Berichte ohne Report Server 328
    Datenbanken 294

    Datenzugriff 295
    Eigene Anwendungen 323
    E-Mail Versand 293
    Erweiterungsmöglichkeiten 298
    Formularauthentifizierung 297
    Native Mode 292
    SharePoint Integration 292
    Steuerelement 326
    Steuerelemente in Visual Studio 324
    Upgrade 419
    URL Access 295
    Verlauf 321
    veröffentlichen 309
Reportserver 310
ReportViewer 330
Resource Governor 381
Ressourcen-Datenbank 52
Restore 8
RESTORE DATABASE 399
RESTORE LOG 399
RESTORE VERIFYONLY 109
REVOKE 98
Ribbon Bar 306
Richtlinienmanagement 378
ROLAP 272, 343
ROLLBACK 14
Row Constructor 25, 129
Row-overflow data 66
Ruheintervall 273

S

SAFE 192
SAN 54, 141, 405 siehe Storage Area Network
SAN-Snapshots 34
SAP 5
Sarbanes-Oxley 16, 275
Scalarfunktion 181
Scan 146
SCD siehe Slowly Changing Dimensions
Schema 94, 100, 204
    cdc 387
    sys 389
SCHEMABINDING 78
Scorecard siehe Balanced Scorecard
Scripting 281
Secure Socket Layer 176, 217
Security Extension 297
SecurityException 192
Seek 146

Sekundäre Index 212
semi-additive Kennzahlen 274
Semikolon 127
SendResultsRow 192
Serializable 198
Server Groups siehe Servergruppen
Servergruppen 13
Server-Hosting 284
Serverkomponenten 409
Serverkonsolidierung 284
Serverrollen 90, 100
Service-Level-Agreements 386
SET STATISTICS IO 48, 377
SET STATISTICS TIME 48, 377
SharePoint 295
Sicherheit
     Reporting Services 296
Sichern und Wiederherstellen 416
Sicherung
     Komprimieren 139
     Transaktionsprotokoll 377
side by side-Installation 414
Silence interval siehe Ruheintervall
Silverlight 153
Simple Mail Transfer Protocol 123
Simple Object Access Protocol 175
Simple Recovery siehe Einfaches Wiederherstellungs-
     modell
Single Instance Cluster 285, 404
Skalar-Funktionen 184
SLA siehe Service-Level-Agreements
slowly changing dimensions siehe langsam
     veränderliche Dimensionen,
smallint 141 siehe integer
SMO siehe SQL Server Managed Objects
SMTP siehe Simple Mail Transfer Protocol
Snapshots siehe Datenbanksnapshots
Snowflake-Dimension siehe Schneeflocken-Schema
SOAP 213, 220, 324 siehe Simple Object Access
     Protocol
softartisans 40
Sortierreihenfolge 286
SOX siehe Sarbanes-Oxley
sp_addalias 148
sp_addgroup 149
sp_addsrvrolemember 90
sp_attach_db 416
sp_changegroup 149
sp_configure 87, 140, 179
sp_dropgroup 149
sp_helpdevice 149

sp_send_dbmail siehe Datenbank-E-Mail
Sparse Columns 23, 66
sparse files 402
Spatial Data 133
Speichermodi 271
Sperren 373
Spiegelserver 399
Spiegelung von Sicherungsmedien 110
SQL Express with Advanced Services 198
SQL Mail 123
SQL Profiler 9
SQL Projekt 180
SQL Server
     Management Studio 237
SQL Server Agent 9, 119, 237, 386
SQL Server Change Tracking 13, 29, 388
SQL Server Express 2008 with Advanced Services 412
SQL Server Integration Services-Dienst 225
SQL Server Managed Objects 18
SQL Server Management Studio 26, 280
SQL Server Profiler 282
SQL Trace siehe SQL-Ablaufverfolgung
sql_variant 64
SQL-Ablaufverfolgung 16
sqlcmd 112
SQL-Datenbanken
     Upgrade 416
sqllogship.exe 398
SqlMetaData 192
SSAS siehe Analysis Services
SSIS siehe Integration Services siehe SQL Server
SSIS Migration Wizard siehe Integration Services:
     Paketmigrations-Assistent
SSIS-Pakete siehe Integration Services
SSL-Zertifikate 17
Staging-Datenbank 278
Standby Server siehe Protokollversand
Star-Joins 29
STAsText 134
Statistiken 145
Stern-Schema 29, 264
Steuerelement 326
STGeomFromText 134
STOPAT 111, 113
STOPBEFOREMARK 111
Storage Area Network 403
streamlined installation 6, 414
Subplans siehe Unterpläne
SWITCH PARTITION siehe Partitionswechsel
Sybase 24

Symbolsätze 341
Synchronisierung 15
Synchronization Programming Model 29
sys 52
sys.backup_devices 149
sys.dm_db_index_physical_stats 66
Systemdatenbanken
    master 51
    model 52
    msdb 52
    tempdb 52
Systemsichten 369

T

Tabelle 306
    Anlegen 57
    sinnvoller Aufbau 57
Tabelle als Parameter 25, 137
Tabellen
    Partitionierte 364
Tabellenanalysetools für Excel 36, 347
Table Scan 76, 81
Tablix 39, 306
tempdb 52, 83, 357, 373
Testinstanz 284
Test-Phase 345
text 68
time 131
timestamp 10
tinyint siehe integer
ToString() 136
Trace siehe Ablaufverfolgung
Trainings-Phase 344
Transact SQL 126
    Erweiterungen 24
Transaction Isolation Level 370
TRANSACTION ISOLATION LEVEL 162
Transact-SQL 24
Transaktionslog 102
Transaktionslogsicherung 104
Transaktionsprotokoll 9, 55, 377
    Prüfpunkt 56
    verkleinern 56
Translations siehe Übersetzungen
Transparent Data Encryption 138
transparentes Failover für die Datenbankspiegelung
    19, 402
Trigger 14, 194
    DDL 9

truncate log on checkpoint 106
TRUNCATE_ONLY 56
T-SQL 14 siehe Transact-SQL
Typisiertes XML siehe XML

U

Übersetzungen 286, 340
UDT siehe User-defined Types
unary operator siehe benutzerdefinierte
    Rollupoperatoren
Unified Dimensional Model 260, 287
UNION 363
UNIQUEIDENTIFIER 59
UnknownMember 273
UNSAFE 193
Unterpläne 117
UPDATE STATISTICS 80
Updateratgeber 5
UPDATETEXT 107
Upgrade 408
    Analysis Services 418
    Integration Services 417
    Reporting Services 419
    SQL-Datenbanken 416
Upgrade Advisor siehe Updateratgeber
Upgraderatgeber 415
Upsert 126
URL-Access 295
User 100
user schema separation 96
User-defined Types 71
UTC 65, 132

V

varbinary 65
varbinary(max) 133
varchar 65
varchar(max) 133
vardecimal 16, 22, 141
Verarbeitung 281
VERIFYONLY siehe RESTORE VERIFYONLY
Verlauf 321
Verschlüsselung 17
Verteilte Anwendungen 171
very large databases 5
virtuelle Cubes 266
Visio 349

Visual Basic 154
Visual Source Safe 225
Visual Studio .NET siehe .NET
Visual Studio 2005 24
Visual Studio 2008 24
    SQL Projekt 180
Visual Studio Tools for Applications 30, 241
VLDB siehe Große Datenbanken, siehe very large
    databases
vollständiges Wiederherstellungsmodell 108
Volltextsuche 8
Vorhersage-Phase 345
VSTA siehe Visual Studio Tools for Applications

W

Währungsumrechnung 340
Warnungen 121
Wartungsfenster 353
Web Service Description Language 175
Webservice 175
    im SQL Server 2008 213
WHEN MATCH 126
WHEN NOT MATCH 126
WHEN SOURCE NOT MATCHED 127
Wiederherstellung 101
Wiederherstellungsmodell 105
Windows Management Instrumentation 122
Windows Management Instrumentation Query
    Language 122
Windows Präsentation Foundation 169
Windows Scripting Host 18
Windows Server 2003 217
Windowsanwendungen 326
Windows-Authentifizierung 100
WITH NO_LOG 56
WMI siehe Windows Management Instrumentation
Wohlgeformtheit 202
Wolfpack siehe Microsoft Cluster Server
Workload-Group 382
WPF siehe Windows Präsentation Foundation
WQL siehe Windows Management Instrumentation
    Query Language
Writeback siehe Zurückschreiben, siehe Rückschreiben
WRITETEXT 107

WSDL 213, 216, 324 siehe Web Service Description
    Language
WSH siehe Windows Scripting Host

X

XAML siehe Extensible Application Markup Language
XCOPY Deployment 158
XEvent 9
XML 175
    Datentyp 200
    DML 210
    Fragment 203
    im SQL Server 2008 199
    Index 211
    Typisiertes 205
    Viewer 202
    XPath 210
    XQuery 208
XML for Analysis 259, 281
XML Schema Collection 21
XML/A siehe XML for Analysis
XMLA siehe XML for Analysis
XML-Datentyp 68
XML-Schemadefinition 70
XML-Webservice 38
xp_cmdshell 87
XPath 210
XQuery 69, 208
XSD 205

Y

Year-To-Date 321

Z

Zeilenkonstruktor 129
Zeilen-Konstruktor 25
Zurückschreiben 259, 343
Zweite Normalform 60